U0802458

中国南车年鉴

2014

《中国南车年鉴》编委会

中国铁道出版社
北京

《中国南车年鉴》

（2014刊）

编纂委员会

主任委员 郑昌泓 刘化龙

副主任委员 陈大洋 张　军 傅建国 詹艳景 王　军 楼齐良 徐宗祥

委　　员 王　研 张新宁 邵仁强 吴建兴 郭炳强 苗永纯 饶　庶 谷大存 王　宪 孙　克 张　作 罗燕鸣 王　奇 王松文 孙学军 王家骐 朱龙驹 邱　伟 黄十周 徐伟锋 何树高 阴明月光 薛　松 陈　笃 曹钢材 杨志华 徐洪春 林　田 邱立成 王佳欣 丁有军 赵明德 刘　江 陈　勇 周爱武 张慈宏 符　刚 沈家骏 何明新 李国强 陈　雄 陈明军 张洪权

《中国南车年鉴》

（2014刊）

特 约 编 委

张在中	傅成骏	邓恢金	王海玉	赵大斌
周军军	王石山	黄核仁	黄纪湘	胡海平
王文虎	赵维宗	王宫成	王洪年	赵 蔚
史硕致	曾金传	赵晓谦	姚卫东	

编辑工作人员

主　　编　张　军

副 主 编　何树高　刘国岩

执行副主编　周秀梅

编　　辑　程伯瑶　高铁军　简　勇　肖洪乐　常宏岩　高　微　俞鸣霞　哈　鸣　张　莉

● 8月21日，中共中央政治局委员、广东省委书记胡春华到株机公司视察

● 2月21日，全国政协副主席李金华到株机公司视察

● 5月3日，江苏省委书记罗志军、省长李学勇与苏南现代化建设示范区推介会代表到戚墅堰所考察

● 1月16日，四川省委书记王东明到资阳公司考察

● 4月20日，湖南省委副书记、代省长杜家毫到株机公司考察

● 12月21日，国资委副主任徐福顺到资阳公司考察

● 10月23日，国资委监事会主席杨坚到浦镇公司考察

● 9月4日，国家铁路局副局长傅选义到长江公司考察

● 1月31日，原铁道部科技司司长周黎到戚机公司检查指导工作

● 5月23日，中国铁路总公司运输局副局长、机务部主任申瑞源到资阳公司检查指导工作

● 2月23日，原铁道部运输局副局长、车辆部主任陈伯施到眉山公司检查指导工作

● 8月7日，国家铁路局设备监督管理司司长褚飞跃到浦镇公司检查指导工作

● 6月2日，中国南车董事长郑昌泓获“2013年中国企业最具创新力十大领军人物”称号

● 10月29日，中国南车董事长郑昌泓到四方股份公司调研

● 5月12日，中国南车总裁刘化龙到株机公司调研

● 8月16日，中国南车总裁刘化龙到戚机公司调研

● 8月1日，中国南车党委副书记、纪委书记、工会主席陈大洋到石家庄国祥公司调研

● 11月12日，中国南车副总裁张军到四方有限公司调研

● 2月25日，中国南车副总裁傅建国代表中国南车与东方电气集团签订战略合作协议

● 10月22日，中国南车副总裁、财务总监詹艳景到浦镇公司调研

● 11月15日，中国南车副总裁王军与泰国有关机构洽谈“中泰高铁联合研究中心”建设项目

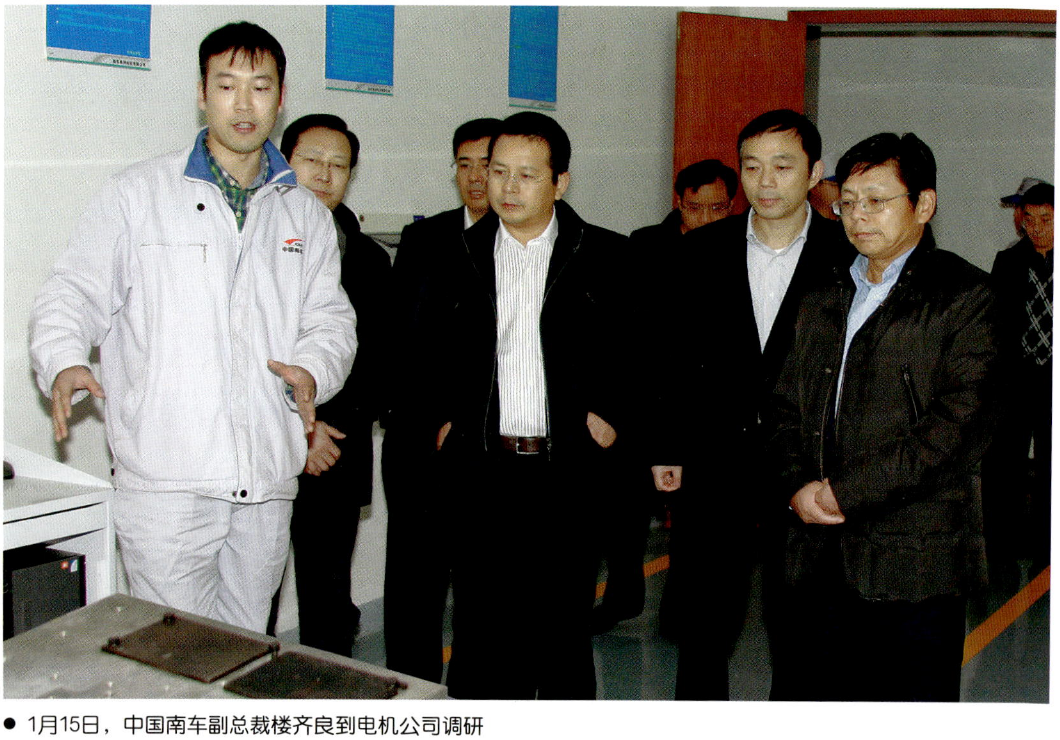

● 1月15日，中国南车副总裁楼齐良到电机公司调研

● 9月29日，中国南车副总裁徐宗祥到长江公司常州分公司调研

● 7月15日，中国南车召开党的群众路线教育实践活动动员大会

● 10月9～10日，中国南车召开党的群众路线教育实践活动领导班子专题民主生活会

● 10月31日，中国南车以视频会议方式召开党的群众路线教育实践活动领导班子专题民主生活会情况通报会

● 2月26日，中国南车召开反腐倡廉建设暨纪检监察工作会议

● 3月1日，中国南车召开制度执行情况大检查动员视频会议

● 3月18日，中国南车召开精益管理暨管理提升工作会议

● 4月22～23日，中国南车召开2013年科技工作会

● 8月22～23日，中国南车2013年高峰论坛在北京举行

● 3月7日，中国南车召开2013年度财务工作会议

● 1月11日，中国南车召开2013年度安全生产工作会议

● 5月30日，中国南车股份有限公司2012年度股东大会在北京召开

● 5月29日，中国南车投资工作座谈会在株机公司召开

● 1月22～23日，中国南车国际化经营座谈会在青岛召开

● 1月16日，中国南车召开2013年度人力资源工作会议

● 1月15日，2013年中国南车城轨工作会议在株机公司召开

● 3月26日，中国南车召开货车企业工艺优化、安全工位建设、安全水平提升调研会

● 11月21～22日，轨道交通装备制造"三基"技术创新论坛在常州举行

● 6月11日，中国南车与青海省政府签订战略合作框架协议

● 5月29日，中国南车与中铁建、中普天签订城市轨道交通项目联合体战略合作框架协议

● 2月20日，中国南车与浦发银行签订战略合作协议

● 2月26日，中国南车与中国进出口银行签订战略合作协议

● 12月4日，中国南车中央研究院与杜邦（中国）研发管理有限公司签订战略合作仪式

● 5月3日，中国南车与乌鲁木齐铁路局签订战略合作协议

● 9月16日，中国南车与中国能建集团签订战略合作协议

● 2月25日，中国南车与东方电气集团签订战略合作协议

● 8月26日，中国南车与中国铁道科学研究院签订战略合作协议

● 11月13日，中国南车与中国建材集团签订战略合作协议

● 3月20日，中国南车与兰州铁路局签订战略合作协议

● 11月6日，中国南车与太原市人民政府签订战略合作框架协议

● 4月16日，中国南车中央研究院成立

● 4月16日，南车国际装备工程有限公司揭牌

● 8月2日，宁波南车新能源超级电容研究所揭牌

● 9月27日，常州南车轨道交通车辆有限公司城轨车辆基地举行开工仪式

● 9月26日，合肥南车轨道交通有限公司举行奠基仪式

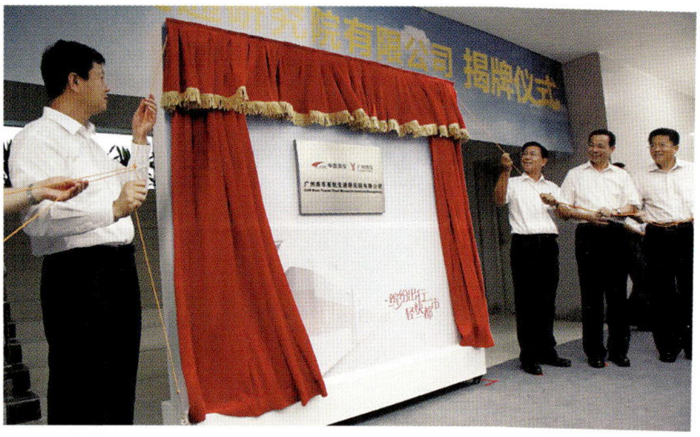

● 7月9日，广州南车有轨交通研究院有限公司揭牌

● 11月15日，宁波南车电气设备有限公司举行奠基仪式

● 当地时间4月12日，中国南车土耳其公司在安卡拉举行奠基仪式

● 6月6日，深圳地铁3号线增购车辆采购订单签约仪式

● 12月7日，株机公司签订深圳地铁11号线车辆合同

● 4月17日，南京河西新城有轨电车项目签约仪式

● 1月9日，浦镇公司签订苏州有轨电车1号线车辆采购合同

● 10月22日，印度项目暨马来西亚项目签约仪式在株机公司举行

● 9月13日，株机公司签订马来西亚增购动车组订单

● 6月25日，戚机公司出口泰国交流传动内燃机车签约仪式

● 11月21日，四方有限公司签约孟加拉改造项目

● 6月8日，神华十二轴大功率电力机车在株机公司下线

● 1月6日，广州公司首台电动轮自卸车下线

● 6月30日， HX_D1型新八轴大功率交传电力机车下线

● 2月28日，苏州市轨道交通2号线首列车在浦镇公司下线

● 12月18日，首列“宁波制造”地铁列车下线

● 5月6日，浦镇公司首列时速200公里和谐号CRH6型城际动车组下线

- 8月20日，株机公司举行出口南非电力机车下线仪式
- 11月18日，出口南非电力机车在南非举行交接仪式

- 7月16日，浦镇公司举行出口土库曼斯坦客车项目首列车下线仪式

- 8月1日，出口土耳其安卡拉地铁车辆在株机公司下线

- 1月25日，无锡地铁1号线车辆在株机公司下线

● 5月7日，上海国际轨道交通展中国南车展台

● 5月5日，浦镇公司出口产品参加上海国际轨道交通展

● 6月26日，中国南车产品亮相南非铁路展

● 10月3～5日，中国南车产品亮相印度轨道交通装备展

● 8月19日，第23届国际车辆动力学会议代表参观四方股份公司

● 7月17日，澳大利亚Aurizon公司客人访问长江公司

● 6月6日，中国南车董事长郑昌泓应邀出席2013成都《财富》全球论坛

● 1月24日，中国南车总裁刘化龙会见阿根廷驻华大使

● 9月17日，阿根廷内政与交通部代表团访问四方股份公司

● 3月11日，澳大利亚BHP公司代表到长江公司访问

● 7月8日，俄罗斯客商访问眉山公司

● 4月20日，非洲英语国家外交官访问株机公司

● 4月18日，南非客人到电机公司访问

● 11月7～13日，中国南车举办第二届核心管理人才评审会

● 3月29日，中国南车—兰州交通大学『国家级工程实践教育中心』揭牌仪式在中国南车大学举行

● 6月26日，南车国际化人才培养项目第一阶段培训结业

● 11月27日，南车国际化人才高级培养项目结业

● 10月10日，中国南车启动2014届高校毕业生校园专场招聘工作

● 9月23～27日，中国南车优秀青年人才领导力培训在南车大学常州校区举办

● 7月18日，中国南车催化师培训在北京结束

● 11月16日，中国南车获2013“中国人力资源管理十大最佳实践奖”

● 9月15～20日，中国南车代表队赴美国参加中美国际数控机床技能大赛获金奖

● 4月18日，中国南车班组长培训班在南车大学常州校区开班

● 8月，中国南车举办两期国际工程总承包项目经理人培训班

● 8月7日，中国南车董事长郑昌泓为资阳公司劳模创新工作室揭牌

● 8月16日，中国南车总裁刘化龙为戚机公司劳模创新工作室揭牌

● 2月26日，中国南车工会召开第三届委员会第二次全体（扩大）会议

● 3月29日，中国南车工会召开第三次女员工代表大会

● 9月4～16日，中国南车工会举办劳模素质提升培训班

● 9月7日，南车劳模培训班进行拓展训练

● 中国南车组织企业历史文化资料征集整理工作

● 中国南车开展“南车之歌”征集活动

● 中国南车获“全国五一劳动奖状”

● 石家庄公司举办青年员工礼仪风采秀

● 4月30日，洛阳公司团委举办“五四”表彰暨青年联欢会

● 长江公司团委开展学雷锋活动

● 石家庄公司团委开展青年志愿者服务

● 9月25日，中国南车派队参加全路职工毽球比赛

● 12月3日，中国南车获“全国职业经理人队伍建设先进单位”称号，董事长郑昌泓荣获“全国职业经理人伯乐”称号

● 11月28日，中国南车董事长郑昌泓获2013年度“最具影响力上市公司领袖”奖

● 4月18日，中国南车董事长郑昌泓获“十大创新人物”称号

● 金蜜蜂2013优秀企业社会责任报告–领袖型企业

● 金圆桌奖

● 12月18日，中国南车获“2013年中国品牌企业500强”称号

● 港股100强

● 世界品牌实验室《中国500最具价值品牌》排行榜

● 12月10日，“全国企业先进生产力示范基地”授牌仪式在南车总部举行

● 1月23日，在第八届“中国·企业社会责任国际论坛”上，中国南车连续第四次获“最具责任感企业”称号

● 金鼎奖

● 五星级企业品牌

● 1月19日，中国南车获“中国创造力技术”大奖

● 全国先进生产力典范企业奖

● 亚洲品牌500强

● 第二十七届ARC年报金奖

● 12月12日，在香港公司管治卓越奖颁奖典礼上，中国南车获管理卓越奖

● 时速200公里CRH6型城际动车组

● 时速200～250公里统型动车组

● 时速160公里CRH6F型城际动车组

● 智能化高速列车

● 广深港高速动车组

出口尼日利亚内燃动车组

新八轴交流传动HX_D1型电力机车

出口阿根廷内燃机车

时速160公里HX_D1D型客运电力机车

出口苏丹动车组

神华号电力机车

出口伊拉克动车组

出口南非电力机车

● KM98A(H)型煤炭漏斗车

● FMG40吨轴重不锈钢矿石敞车

● 30吨轴重铝合金煤炭漏斗车

● PN准轨煤炭漏斗车

● 出口毛利塔尼亚油罐车

● 出口毛利塔尼亚漏斗车

● 出口毛利塔尼亚敞车

● 出口毛利塔尼亚敞车

● 出口澳大利亚平车N80

● 出口加蓬矿石敞车

● 出口摩洛哥石砟漏斗车

● 出口澳大利亚MRL矿石漏斗车

● 出口哥伦比亚铝合金敞车

● 出口委内瑞拉矿石漏斗车

● 出口土库曼斯坦客车

● 出口喀麦隆客车

● 出口阿根廷客车

● “园博号”地铁车辆在北京14号线投入运营

● 东莞R2线地铁列车

● 青岛地铁3号线首列车

● 南京机场线地铁列车

● 无锡地铁2号线列车

● 杭州地铁2号线列车

● 苏州地铁2号线首列车

● 出口伊朗地铁列车

● 出口土耳其安卡拉地铁列车

● 上海地铁16号线车辆

● 武汉地铁4号线列车

● 无锡地铁1号线列车

● 长沙地铁列车

● 电动汽车

● 电动轮自卸车

● 海南高架单轨电动游览车

● 100%低地板有轨电车

● 槽型轨闪光接触焊机组

● 6MW风力发电机

● 空中救援保障车

● 大功率变频掘进机

● WT2000型风力发电机组

● 260t履带式起重机

● 朔黄铁路轨道检测车

编 辑 说 明

一、《中国南车年鉴》（2014）是中国南车年鉴编纂委员会编辑出版的第13部年鉴，主要记述中国南车总部及下属单位2013年1月1日至12月31日生产经营、科技进步等各项工作情况，是本年度内中国南车行政和党群各项工作活动的史册，是具有权威性和实用性的资料性工具书。

二、本年鉴设特载、专文、大事记、概况、法人治理、经营与销售、技术管理、人力资源管理、党群工作、下属单位、存续企业、合资合作经营企业、人物与荣誉、统计资料、附录等栏目，栏目下设类目、条目。条目为年鉴基本单元和记述信息数据资料的主要形式，是全书主体。本年鉴在正文前设有目录，在书后设立索引，以便读者检索。

三、本年鉴主要由中国南车总部及下属单位撰稿，经部门和单位领导审核。总部及各单位领导干部名单，以总部及各单位提供的名单为准，下属单位仅登载中国南车任命的主要领导。年鉴特约编委会成员，以各单位上报名单为准。人物荣誉栏目内的先进人物和先进集体以中国南车党政工团提供的资料为准，仅登载2013年度获得的省部级（含）以上荣誉称号。

四、为了叙述简便，中国南车集团公司、中国南车股份有限公司在文中一般简称为“中国南车”，在有必要加以区分时使用内部简称，如中国南车集团公司简称为“集团公司”，中国南车股份有限公司简称为“股份公司”。下属单位的名称除类目标题使用全称外，文中记述时一般统称为“各一级子公司”，在有必要指明时一般使用内部简称，如××公司等。

五、按照年鉴条目署名要求，本年鉴凡多个条目或类目由一个部门或一个单位撰稿，仅在最后一个条目或类目末尾注明××部门或××单位供稿。

六、本年鉴的编辑出版工作，得到了中国南车各级领导和总部各部门、各子公司的关心和帮助，得到了中国铁道出版社和中国北车大连机车研究所有限公司的支持，编辑人员也付出了大量的心血，谨此致谢。

七、由于编辑水平所限，本年鉴难免存在疏漏笔误之处，恳请读者指正。

目 录

特 载

专 文

大　事　记

概　　况

法　人　治　理

经　营　与　销　售

技　术　管　理

人力资源管理

党群工作

下 属 单 位

存 续 企 业

中外合资经营企业

人物与荣誉

统 计 资 料

附　　录

特载

深入贯彻落实三中全会精神　推动国资国企改革发展再上新台阶

——国务院国资委主任、党委书记张毅在中央企业、地方国资委负责人会议上的讲话（摘要）（2013 年 12 月 26 日）

全面深化铁路改革　努力开创铁路工作新局面

——中国铁路总公司总经理盛光祖在中国铁路总公司工作会议上的报告（摘要）（2014 年 1 月 9 日）

深入贯彻落实三中全会精神
推动国资国企改革发展再上新台阶

——国务院国资委主任、党委书记张毅在中央企业、地方国资委负责人会议上的讲话（摘要）

（2013 年 12 月 26 日）

这次会议的主要任务是，全面贯彻落实党的十八大、十八届三中全会和中央经济工作会议精神，总结 2013 年工作，研究深化国资国企改革，部署 2014 年工作。下面，我代表国资委讲三点意见。

一、2013 年重点工作进展情况

今年以来，中央企业和各地国资委认真贯彻落实党中央、国务院各项决策部署，牢牢把握稳中求进工作总基调，积极应对复杂多变的国内外经济形势，着力保增长、抓改革、调结构、促转型、强管理，完善国资监管，扎实开展党的群众路线教育实践活动，各项工作取得明显成效。

（一）采取扎实有效措施，实现经济平稳增长。

中央企业和各地国资委以高度的责任感和使命感，紧紧围绕保增长工作目标，做了大量工作。一是加强分类指导，抓两头带中间。针对企业经营状况分化的现象，中央企业和各地国资委普遍加强了对重点单位和困难企业的指导和帮助，落实相关政策，诊断解决生产经营中的突出问题和困难，鼓励盈利大户多作贡献，狠抓亏损大户止亏减亏。二是把握大势，及时调整经营策略。各单位普遍加强了对经济形势研判和经济运行监控，着力做好各项应对措施和预案。许多企业针对产能过剩矛盾突出、市场需求不足等问题，创新商业模式，优化产品结构，大力开拓国内外市场，市场份额进一步提高。三是全力抓好管理提升，大力推进降本增效。中央企业把管理提升作为保增长的重要措施，扎实开展专项提升，对标先进找差距，强化管理提效率，加强精益管理和风险管控，企业发展质量和效益不断提升。

（二）企业改革不断深化，结构调整取得新的进展。

中央企业和各地国资委持续深入推进改革调整，企业活力进一步增强，布局结构进一步优化。一是企业改革稳步推进。公司制股份制改革取得新进展，中央企业中公司制企业比例已达 89%，混合所有制企业比例达到 52%，控股境内外上市公司达到 385 家。深入推进规范董事会建设，已有 52 家中央企业开展了建立规范董事会试点，地方国资委也加强了这方面工作。积极推进市场化改革，一些企业在下属单位公开竞聘总经理，部分中央企业和地方国有企业控股的上市公司规范实施了股权激励。加快解决企业历史遗留问题，15 个省（区、市）和 18 家中央企业启动了厂办大集体改革，驻黑龙江省中央企业“三供一业”分离移交工作取得积极进展。二是重组整合取得新进展。适应行业发展和市场竞争的需要，中央企业加大了战略性重组力度，资源配置效率进一步提升。国资委系统监管的企业中，有 67 家进入 2013 年世界500强。三是结构调整力度加大。中央企业进一步突出主业发展，加快清理低效无效资产，推动优质资源更多向主业集中。一些企业加快下属单位重组整合，减少集团的管理幅度和层级，不断优化组织结构。按照市场化退出机制，两家中央企业子企业实施依法破产重整。中央企业和地方战略合作进一步推进，地方企业之间合资合作积极展开，国有经济整体布局不断优化。

（三）转型升级步伐加快，发展方式进一步转变。

中央企业和地方国资委加快推进转变发展方式，发展质量和效益不断提高，核心竞争力进一步增强。一是产业升级步伐加快。中央企业和地方国有企业把产业升级放到更加突出位置，按照“四个一批”的要求，认真贯彻落实国务院关于化解产能严重过剩矛盾的部署，加快淘汰落后产能，加大技术改造力度，提高先进产能比重。不少企业瞄准物联网、生物医药、低碳技术、智能电网等新兴产业，加大投入，抢占市场先机。一些企业着力培育打造高附加值和特色产品，产品换代升级步伐加快。二是科技创新能力显著提升。中央企业不断健全技术创新市场导向机制，努力加大科研开发投入，大力整合科技资源，完善科技创新体系，广泛开展协同创新，突破并掌握一批关键核心技术，取得一批重大科技成果。神舟十号与天宫一号成功交会对接、探月工程嫦娥三号任务圆满成功、蛟龙号正式应用于深海研究勘探、4G移动通信技术投入商业运用、高新武器装备研制取得重大突破等，有力提升了国家科技实力。三是国际化经营取得积极进展。中央企业和许多地方国有企业积极参与国际竞争与合作，全球配置资源能力进一步提高。中央企业境外经营单位资产和利润总额占比均达10%以上，营业收入占比接近20%。

（四）国资监管进一步加强，针对性有效性不断提高。

各级国资委围绕“两新目标”，在不断完善体制机制方面进行了富有成效的探索与实践。一是监管体系不断完善。各地加强国资监管组织和法规体系建设，有的地方颁布了国资监管地方性法规，还有不少地方已纳入立法规划和计划。有的地方进一步明确和强化市（地）级国资监管机构职能定位，一些具备条件的地方探索推进县级国资监管机构设置。不少地方在国有资产集中统一监管方面迈出较大步伐，实现经营性国有资产监管的全覆盖。各地普遍建立了国有资本经营预算制度，一些地方还开展预算支出的绩效评估。二是监管方式不断改进。各地结合实际，梳理监管流程，优化监管方式，创新监管方法。有的地方根据国有企业不同类型、特点和分布领域，采取直接监管、参与监管、协助监管等多种模式。有的地方探索分类监管、分类考核、分类激励，提高了监管的针对性和有效性。许多地方积极推进简政放权，取消或下放一些审核职能，监管效率进一步提高。三是监管力度不断加大。有的地方针对企业管理短板、债务风险等加强了专项监督。有的地方依照相关法律规定，对造成国有资产损失的相关责任人进行责任追究。各地积极改进监事会工作，通过加强当期监督、委派专职监事等方式，进一步深化出资人监督职能。

（五）党的群众路线教育实践活动扎实开展，党建工作进一步加强。

按照中央部署，中央企业和各地国资委认真开展群众路线教育实践活动，各项工作做到了领导有力、组织有序、严肃认真。各单位领导班子按照“照镜子、正衣冠、洗洗澡、治治病”的总要求，聚焦“四风”，深入查摆和整改突出问题，召开高质量专题民主生活会，针对社会关注度高、群众反映强烈的问题，边整边改，立行立改，密切了与广大职工群众的血肉联系，营造了风清气正的良好氛围。各单位认真贯彻中央八项规定精神，大兴求真务实之风，深入基层调查研究，倡导厉行节约，反对铺张浪费，工作作风明显转变。加强学习型、服务型、创新型党组织建设，党组织战斗堡垒作用和党员先锋模范作用进一步发挥。加强国有企业领导班子建设，选人用人渠道不断拓宽，班子结构持续优化，领导科学发展的能力和水平不断提高。深入推进巡视工作，加强反腐倡廉宣传教育和制度建设，加大预防和惩治腐败力度，发现和解决了一些突出问题，严肃查办了一批违纪违法案件。切实加强新闻宣传和舆论引导工作，加大对国企改革发展的正面宣传报道，通过拍摄《国企备忘录》、开展“走进新国企”活动、开通国资委官方微博、宣传报道先进人物事迹和改革发展成果等工作，树立国有企业的良好形象，凝聚支持国企改革发展的正能量。

在充分肯定成绩的同时，我们也要清醒地看到存在的问题和不足。主要是：企业改革有待进一步深化，治理结构还不完善，权力缺乏有效制衡，经营机制仍待转换。有的企业经营管理粗放，成本费用控制不力，运行质量和效益不高，少数企业亏损严重。有的企业超越自身能力盲目扩张，违规从事高风险业务，加大了财务风险和经营风险，少数企业甚至因此陷入困境。国资监管的针对性有效性还不够强，既存在管得过多、过细的现象，也存在监管不到位的情况。特别是今年以来发生的严重腐败案件和重特大生产安全事故，影响恶劣，教训深刻，必须引起高度重视。对这些问题，我们要采取有效措施，切实加以解决。

二、学习贯彻三中全会精神，全面深化国资国企改革

党的十八届三中全会提出了全面深化改革的指导思想、总体思路、目标任务，对深化国资国企改革作出了重要部署，提出了一系列新思路、新举措、新任务，对在新形势下坚持和完善基本经济制度，发挥国有经济主导作用，增强国有经济活力、控制力、影响力，具有十分重要而深远的意义。我们要把学习贯彻三中全会精神作为当前及今后一个时期的重要任务，深刻领会、准确把握全会精神，自觉把思想和行动统一到中央的决策部署上来。对全会提出的各项深化国资国企改革的任务，都要逐项研究落实，特别是要着力在一些事关国资国企改革全局的重大问题上下功夫。

（一）在积极发展混合所有制经济上下功夫。

党的十八届三中全会指出，“国有资本、集体资本、非公有资本等交叉持股、相互融合的混合所有制经济，是基本经济制度的重要实现形式”，并提出“两个有利于”、“三个允许”和“三个鼓励”。中央对发展混合所有制经济的方向、思路和要求十分明确，我们必须认识到位、积极推进。改革开放以来，我们党一直在努力探索公有制和基本经济制度的有效实现形式。党的十四届三中全会提出，“随着产权的流动和重组，财产混合所有制的经济单位越来越多，将会形成新的财产所有结构。”十五大、十五届四中全会、十六大对探索公有制多种实现形式、发展混合所有制经济提出了明确要求。十八届三中全会对混合所有制经济“是基本经济制度重要实现形式”的新论断，是我们党的一个重大理论创新。发展混合所有制经济，对于放大国有资本功能、保值增值、提高竞争力，提升国有资本运营效率，促进各种所有制资本取长补短、相互促进、共同发展，具有十分重要的意义。随着改革的不断深入，混合所有制经济发展取得了一定的进展，但国有资本一股独大的现象较为普遍，许多企业经营机制没有得到真正转换。我们要改变传统观念，彻底消除“国退民进”“国进民退”的争论，扫除思想上和体制机制上的障碍，积极创造有利于国民共进、协调发展、富民强国的良好环境。要进一步推进公司制、股份制改革，更多地引入非公有资本参与国有企业改制重组和重大项目建设，探索混合所有制经济实行企业员工持股，推进国有资本和非公有资本相互融合、携手并肩，共同为中华民族伟大复兴作出贡献。

（二）在完善现代企业制度上下功夫。

党的十八届三中全会强调，要推动国有企业完善现代企业制度，并提出要以规范经营决策、资产保值增值、公平参与竞争、提高企业效率、增强企业活力、承担社会责任为重点，进一步深化国有企业改革。建立现代企业制度是国有企业改革的方向，是我们党推进国有企业改革发展的重要制度创新。党的十四届三中全会明确提出了推动国有企业逐步建立“产权清晰、权责明确、政企分开、管理科学”的现代企业制度。十五届四中全会进一步强调，“建立现代企业制度是发展社会化大生产和市场经济的必然要求，是公有制与市场经济相结合的有效途径，是国有企业改革的方向”。十六大、十六届三中全会、十七大对建立和完善现代企业制度作出了进一步部署。经过多年的探索，现代企业制度已经形成了一套制度安排，为下一步深化完善奠定了基础，但同时企业治理结构还不完善，经营机制还不能满足市场竞争的需要。我们要按照三中全会的部署和要求，加快建立规范有效的董事会，进一步健全协调运转、有效制衡的公司法人治理结构，深化企业内部管理人员能上能下、员工能进能出、收入能增能减的制度改革，形成更加市场化的经营机制，提高国有企业作为市场经济主体的活力和竞争力。

（三）在完善国有资产管理体制上下功夫。

党的十八届三中全会指出，“完善国有资产管理体制，以管资本为主加强国有资产监管，改革国有资本授权经营体制，组建若干国有资本运营公司，支持有条件的国有企业改组为国有资本投资公司。”这对进一步完善国资监管体制提出了明确的要求，也为提高国资监管的针对性有效性创造了更加有利的条件。党的十六大提出推进国有资产管理体制改革的重大任务，在政府机构设置上实现了社会公共管理职能与国有资产出资人职能的分离，国家对国有企业的管理发生了根本改变。国资委成立以来，牢牢把握定位，依法履行职责，建立和完善业绩考核、薪酬分配、重大责任追究等机制，基本形成企业国有资产监管体系，有力地推动了国有企业改革发展。我们要按照三中全会以管资本为主加强国有资产监管的要求，进一步完善国有资产管理体制，围绕国资委的职能定位，认真研究与之相适应的监管模式、监管内容、监管方式、监管手段，在管控资本投向、提高资本使用效率和效益上加大探索创新力度，该管的一定要管住管好，不该管的坚决不管，真正做到不缺位、不错位、不越位，不断完善国资监管体制。要针对所监管企业所处不同行业和领域，以及承担的不同功能等特点，探索实施分类改革、分类监管，不断提高国资监管的针对性和有效性。

国资国企改革涉及方方面面，内容多，范围广，挑战大。我们要全面贯彻落实中央决策部署，进一步强化进取意识、机遇意识和责任意识，坚定信心，统筹安排，系统推进，在工作中要注重把握以下几点。

——必须坚持原则、把握方向。坚持原则，就是在中国特色社会主义道路上不断前进，始终坚持基本经济制度不动摇，始终坚持发展壮大国有经济不动摇。把握方向，就是坚持市场化改革方向，坚持国有企业的市场主体定位，遵循市场经济规律和企业发展规律，在公平市场竞争中发展壮大，增强活力、控制力、影响力。

——**必须解放思想、开拓创新**。解放思想，就是要努力消除观望心理、克服畏难情绪，敢于大胆实践，善于从政策上找机遇，从实践中找对策，从群众中找办法，用创新的思维和举措破解改革难题。开拓创新，就是要敢于突破传统观念和思维定势，敢于打破条条框框。

——**必须统筹兼顾、协同推进**。既要加强顶层设计，又要摸着石头过河；既要整体推进，又要重点突破；既要不断完善，又要不断创新。在推动国资国企改革过程中，要注意处理好三个关系。一是近与远的关系。有些问题是需要当前做的，有的则需要时间放长一些。我们既要立足当前，着力解决影响改革发展的阶段性突出矛盾和问题；又要着眼长远，努力解决制约企业科学发展的根本性、长远性问题。二是急与缓的关系。对于方向明、见效快的改革，对于亟待解决的突出矛盾和群众反映强烈的问题，应当抓紧研究解决；对于一时还拿不准、需要进一步研究论证的问题，要慎重对待、逐步推进。三是难与易的关系。按照先易后难的原则，易做的先做，难做的要认真谋划，积极创造条件渐进前行。

——**必须加强领导、务求实效**。各级领导干部要成为改革的实践者、探索者、推动者，保证各项改革有部署、有举措、有督查。要进一步落实责任，形成分工明确、责任具体、环环相扣、层层传递的“责任链”。加强与政府其他部门的协调沟通，促进各项改革措施横向协调、纵向衔接，确保改革更具系统性、整体性和协同性。一分部署，九分落实。希望各单位要以抓铁有痕、踏石留印的精神，一步一个脚印地推动各项改革，确保取得实实在在的成效。

三、2014 年重点任务

2014 年是全面贯彻落实党的十八届三中全会精神的开局之年，也是实现“十二五”规划目标的关键一年，改革发展的任务重大而艰巨。从总体上判断，明年经济形势仍然错综复杂，国有企业改革发展机遇与挑战并存。从有利条件来看，世界经济发展虽然还有很多不确定因素，但总体上呈缓慢复苏态势，国内经济发展长期向好的基本面没有改变，国有企业仍然具备稳定发展的大环境；经济全球化迅猛发展，国际产业分工和国际经济秩序的加速调整，为我们发挥自身优势参与全球资源配置提供了新的机遇；城镇化建设加快和政府增加民生领域支出，投资和消费保持增长，将为企业提供更大的市场空间；党的十八届三中全会对全面深化改革作出总体部署，将进一步释放改革红利、激发市场活力、稳定市场预期，也为国有企业改革发展注入强劲动力。从不利因素来看，全球贸易总体上依然低迷，贸易和投资保护主义明显抬头，发达国家再工业化和发展中国家与我国同质竞争带来的双重影响加大，使企业面临更加激烈的国际竞争；我国经济稳中回升的基础还不牢固，经济运行仍然存在下行压力，企业面对更加复杂的市场环境；要素价格刚性上升、资源环境约束增强，企业控本增效难度加大。我们要清醒地看到，国有企业不少分布在传统行业和产能过剩领域，面对更加激烈的市场竞争，实现持续健康发展任务十分艰巨，电信、煤炭企业等传统盈利大户增速可能进一步放缓，钢铁、有色金属、机械设备、化工、交通运输等行业企业将面临较大困难。总体看，机遇与挑战同在，动力与压力并存。我们既要清醒认识面临的严峻形势和巨大挑战，进一步增强忧患意识，凝聚力量，锐意进取；又要紧紧抓住发展的积极条件和有利因素，进一步增强机遇意识，坚定信心，砥砺奋进，在迎接挑战中把握机遇，在攻坚克难中转型升级，在深化改革中科学发展。

2014 年工作的总体思路是：全面贯彻党的十八大和十八届三中全会精神，认真落实中央经济工作会议的部署和要求，坚持稳中求进、改革创新，以深化改革为动力，以提质增效升级为重点，以加强党建为保障，深入落实“一五三”战略和“两新”目标，推动国资国企改革发展再上新台阶，为国民经济持续健康发展作出新贡献。要着力做好以下几方面工作：

（一）着力提高发展质量和效益，推动企业运营管理再上新台阶。

发展是解决我国所有问题的关键和基础，促进经济发展是我们的中心任务。中央企业的经济增长速度和效益，要与全国经济发展要求相适应、与中央企业在国民经济中的重要地位相适应，努力为国民经济持续健康发展作出积极贡献。

一要全力抓好经济运行。中央企业要充分发挥市场主体作用，采取切实有效措施，确保经济持续健康发展。要高度关注经济运行中的新情况，加强运行分析，牢牢把握主动权。对预示未来发展方向的积极因素，要把握机遇、乘势而上；对苗头性、倾向性问题，要分析原因、积极化解，防患于未然。创造条件培育新的经济增长点，大力开拓国内外市场，深耕细作传统市场，加大高端市场开发和销售力度，积极拓展发展空间。加快清理低效无效资产，对长期亏损的项目、产业前景不明的项目、缺乏控制力的项目要采取切实有效措施，最大限度地止住出血点。

二要持续推进管理提升。管理是企业的永恒主题，没有休止符。要巩固管理提升活动成果，健全管理提升工作机制。强化精益管理，加强基础管理和管理创新，推动企业管理工作加快走向规范化、集约化。持续推进降本增效，切实采取措施开源节流，向管理要效率、要效益。完善内控机制，加强风险管控，提高企业运行的稳健性。

三要大力推动绿色发展。走绿色发展之路，既是提高经济发展质量和效益的必然要求，也是国有企业加强生态环境保护、履行社会责任的必然选择。从“十二五”中期评估情况看，未来两年国有企业节能环保任务十分繁重，特别是一批列入“万家企业节能低碳行动”的国有企业，完成节能环保任务异常艰巨。各单位要按照党中央、国务院要求，坚决淘汰一批高耗能、高排放、高污染的落后产能和企业，坚决不上排放不达标、不符合环境政策和保护要求的项目，坚决不干乱排乱放、破坏生态环境的事。大力发展循环经济，加大节能减排投入，实现低投入、低消耗、低排放和高效率的集约型发展。

四要切实加强安全生产。安全生产事关人民群众生命财产安全，事关改革发展稳定大局，必须警钟长鸣、常抓不懈。要严格落实企业安全生产责任制，落实“党政同责”、“一岗双责”，进一步明确各层级、各岗位的安全生产责任，抓紧建立与责任体系相配套的制度规定。按照“全覆盖、零容忍、严执法、重实效”的要求，持续深化安全生产大检查，加大对管网、老化设施等重大风险源和安全隐患的治理力度，严密防范重特大事故发生。全面提升应急处置能力，强化应急预案可行性和适用性，抓好企业与当地政府、周边社区的联动联防机制建设，探索建立区域性应急保障平台。岁末年初和节假日往往是安全事故的易发期，更要毫不放松地抓好安全生产工作。

（二）着力增强企业活力竞争力，推动国资国企改革再上新台阶。

全面深化国资国企改革是明年的首要任务，我们必须以积极的态度、扎实有效的工作抓好落实。对涉及面广、事关全局的问题要积极研究，尽快向上级机关和有关部门提出意见建议；对于方向明确、条件成熟的改革要下决心着力推进。明年要在以下几个方面取得实质性进展。

一是准确界定不同国有企业功能。准确界定不同国有企业功能对于有针对性地推进国有企业改革调整、加强国资监管，具有十分重要的意义。要根据国有企业所处不同行业或领域、不同业务属性、不同目标责任、不同市场定位进行科学分类，准确界定不同国有企业功能定位。探索分类推进改革、分类调整结构、分类实施考核、分类加强监管等措施。要因地制宜，根据当地经济发展不同情况、所监管企业的不同特点，界定不同国有企业的功能，积极探索、积累经验，有针对性地推进国资国企改革。

二是积极发展混合所有制经济。进一步推进国有企业公司制股份制改革，继续推选改制上市，有条件的实现整体上市。鼓励民间投资主体积极参与国有企业改制重组和国有控股上市公司增资扩股。积极引入股权投资基金参与国有企业改制上市、重组整合、国际并购。在有条件的企业和领域加快向非公资本推出一批符合产业导向、有利于转型升级的合资合作项目。研究制定混合所有制企业员工持股的条件和具体操作办法。切实依法规范运作，防止国有资产流失，推动混合所有制经济健康发展。

三是不断深化企业内部改革。按照现代企业制度要求，完善治理结构，合理增加企业管理人员市场化选聘比例，建立市场化退出机制，探索建立职业经理人制度。合理确定并严格规范国有企业管理人员薪酬水平，探索采取业绩股票、股票期权、限制性股票、岗位分红权等激励方式，进一步完善与业绩考核紧密挂钩的任期激励和中长期激励机制，健全与激励机制相配套的财务审计、信息披露、延期支付、追索扣回等约束机制，同时严格规范国有企业管理人员职务待遇、职务消费、业务消费。进一步深化劳动用工和收入分配制度改革，依法建立以合同管理为核心、以岗位管理为基础的市场化用工机制，逐步建立反映劳动力市场供求关系和企业经济效益的市场化工资决定和正常增长机制。

四是进一步完善国有资产管理体制。按照以管资本为主加强国有资产监管的要求，对国资委目前承担的工作事项和现有的国资监管法规规章制度进行全面梳理和必要调整，把应该由企业管理的事项全部交给企业，彻底解决管得过多过细的问题。积极探索改组或组建国有资本投资运营公司，国资委履行出资人职责，对国有资本投资运营情况进行监管。深化经济增加值考核。研究完善国有企业经营投资责任追究制度，有效开展资产损失责任追究工作。以问题和风险为导向，做深做实做细当期监督，推动监事会监督与出资人财务审计监督、纪检监察监督、巡视监督的有机结合，发挥监管合力。完善国有资本经营预算制度，适当提高企业国有资本收益收取比例，逐步提高国有资本经营预算支出调入政府公共预算用于社会保障的比例。推进经营性国有资产集中统一监管，建立健全统一的国资监管法规规章和基础管理工作体系，加强上级国资委对下级政府国资监管工作的指导监督，努力构建国资监管大格局。

五是大力推进解决历史遗留问题。企业办社会、厂办大集体等问题长期以来严重影响企业改革发展，必须集中力量、集中资源抓紧解决。要全面完成正在进行的中央企业“三供一业”分离移交试点工作，试点范围还要逐步扩大。抓紧解决政策性破产企业有关遗留问题。积极推进国有企业棚户区改造，有关国有企业要带头按计划完成相关工作。明年是厂办大集体改革的关键一年，各地及重点企业要抓住政策机遇，积极稳妥推进改革，力争在政策期限内完成改革任务。

落实十八届三中全会精神，全面深化国资国企改革是一项事关党和国家全局的系统工程，我们要认真履行职能，积极做好相关工作。三中全会结束以后，国务院国资委立即集中力量研究全面深化国资国企改革的意见和建议，按程序报批后将组织实施。

（三）着力转方式调结构，推动科学发展再上新台阶。

面对经济转型压力和环境资源约束，主要依靠要素投入、规模扩张的粗放式发展已难以为继。我们必须在转方式调结构上下功夫，推动企业科学发展。

一是不断优化布局结构。要进一步明确优化国有经济布局的主攻方向和发展路径，立足于国有资本功能和整体效率最优化，促进国有资本合理流动，更好地服务国家战略目标。推动国有资本向重点行业和关键领域集中，向优势企业集中，向企业主业集中，严格控制盲目无序扩张。进一步推进企业间的横向联动与产业链纵向整合，发挥协同效应，优化竞争格局。完善劣势企业市场化退出机制，推动长期亏损、资不抵债、缺乏竞争优势、不能清偿到期债务的企业有序退出。

二是加快推进转型升级。要构建现代产业体系，紧贴市场脉搏，综合各领域先进技术，推动制造业与现代服务业融合，传统产业与信息技术融合，创造出更加高效的新业态和新商业模式。加快产品升级，加强品牌建设，以产品力、品牌力推动产业链和价值链由低端向高端攀升。把有效化解产能过剩作为推动产业结构调整升级的重要内容，坚决淘汰钢铁、水泥、电解铝、平板玻璃、船舶等传统产业的落后产能，严控风电、光伏设备、多晶硅等过剩产业的投资项目，发挥国有企业在化解产能过剩中的示范带头作用。

三是大力加强科技创新。要大力实施创新驱动发展战略，完善科技创新体系，发挥企业创新主体作用，提升原始创新和集成创新能力，加快推进创新型企业建设。健全技术市场导向机制，加快科技创新平台能力建设，推进先进技术实现工程化、产业化、市场化。紧紧把握产业调整升级对科技创新的需求，加大研发投入，加强联合攻关，重点突破一批制约企业、行业发展的关键技术、共性技术、基础技术。加大知识产权创造、应用、管理和保护力度，掌握一批具有自主知识产权的核心技术。加快培育和聚集一批科技领军人才，打造一批具有世界影响力的创新团队，建立科技人才的中长期激励机制，培育创新文化，充分激发创新活力。

四是积极开展国际化经营。要按照中央的统一部署，积极投身丝绸之路经济带、21世纪海上丝绸之路建设，服务国家经济外交工作，积极拓展国际市场空间。加速国际化进程，积极融入全球产业与贸易分工体系，立足全球配置资本、技术、市场等各类资源，建立国际化人才队伍，统筹国际国内市场，实现效益最大化。发挥参与国际竞争的协同效应，增强在世界重要行业中的话语权。高度重视国际化经营中的政治、经济、法律、文化等因素，熟悉掌握国际市场规则和投资国国情，提高跨国经营管理能力和风险管控能力。

（四）着力发挥政治优势，推动党建科学化再上新台阶。

加强党的领导是加快国有企业改革发展的根本保证。面对新形势、新挑战，我们要以改革创新精神加强和改进国有企业党的建设，努力将政治优势转化为企业核心竞争力。

一是扎实抓好党的群众路线教育实践活动。开展教育实践活动是党中央作出的重大战略部署。第一批开展活动的单位，要在抓好整改落实、巩固成果、建章立制上下功夫，加强监督检查，严格纪律约束，完善制度体系，形成长效机制。第二批开展活动的单位，要学习借鉴第一批活动的好经验好做法，以严字当头的态度和整风的精神，切实抓好各个环节工作。更加注重发挥职工群众积极性，更加注重强化问题导向，更加注重严格要求，更加注重衔接带动，更加注重分类指导，以作风建设的新成效推进改革发展各项工作。

二是充分发挥党组织政治核心作用。进一步完善“双向进入、交叉任职”的企业领导体制，保证党组织参与决策、带头执行、有效监督，发挥政治核心作用。坚持把党管干部原则与董事会依法选择经营管理者以及经营管理者依法行使用人权相结合，逐步建立适应市场经济要求的选人用人新机制。要融入发展、进入管理，把国资国企改革发展的难点和重点作为党建工作的切入点和着力点。创新基层党建工作方式方法，不断增强基层党组织的活力和战斗力。

三是加强企业领导班子和人才队伍建设。坚持德才兼备、以德为先标准，突出实绩导向，选优配强各级领导班子，注重选拔科学发展意识强、推动改革能力强的优秀人才，增强班子合力和整体功能。要选拔一批45岁以下的优秀年轻干部进入领导班子，本企业内部没有合适人选的，可从其他企业交流，使中央企业领导班子形成合理的年龄梯次。集中开展新一轮后备干部选拔工作，为加强领导班子建设储备人才。依据综合考评结果，下决心调整一批不在状态、不胜任现职岗位的领导人员，进一步增强领导人员队伍活力。大力实施人才强企战略，落实人才队伍建设规划，抓好“千人计划”、“万人计划”等国家级重大人才工程的实施，加大国际化人才培养开发力度，为国有企业改革发展提供智力支持和人才保障。

四是加强宣传思想工作。要深入学习贯彻党的十八大、十八届三中全会和习近平总书记系列讲话精神，引导广大干部职工进一步坚定全面深化改革、搞好国有企业的信心和决心，积极投身改革、支持改革、推动改革。加强企业精神文明建设，弘扬国有企业先进精神，建设先进企业文化。坚持以人为本，重视基层职工的合理诉求，注重人文关怀和心理疏导，及时做好矛盾化解工作。完善职工民主管理制度，切实维护职工合法权益，构建和谐劳动关系。加大正面宣传力度，讲好国企故事，树立国有企业的良好形象。完善新闻发言人制度，加强舆情监测，健全新闻危机应对机制，为深化国资国企改革营造良好的舆论环境。

五是加强反腐倡廉建设。要加强反腐败体制机制创新和制度保障，推动纪律检查工作双重领导体制具体化、程序化、制度化，强化上级纪委对下级纪委的领导。严格执行党风廉政建设责任制，制定贯彻《建立健全惩治和预防腐败体系 2013—2017 年工作规划》的实施办法。持之以恒抓好中央八项规定精神的落实，坚决纠正“四风”。强化对企业领导人员的监督、管理和教育，加强对企业“三重一大”决策制度执行情况的监督，深入开展效能监察，推进廉洁风险防控，防止国有资产流失。进一步加强和改进巡视工作，突出监督重点，着力发现问题，强化成果运用。要加大办案力度，坚决遏制腐败蔓延势头。

国有企业改革发展，事关完善基本经济制度，事关健全社会主义市场经济体制。中央寄予厚望，社会广泛关注，职工群众充满期待。这里，我再提三点要求。一要政治坚定，头脑清醒。各级领导干部要始终牢记使命职责，高举中国特色社会主义伟大旗帜，坚持道路自信、理论自信、制度自信，保持政治上的清醒坚定，坚决贯彻落实党中央、国务院的决策部署，时刻在思想上、政治上、行动上与以习近平同志为总书记的党中央保持高度一致，扎实做好国资国企改革发展各项工作。二要敢于作为，勇于担当。深化国资国企改革是一场攻坚战，各级领导干部必须身体力行，尽职尽责，坚决克服事事求安求稳、时时患得患失、处处畏首畏尾的消极心态，不怕担责任、不怕担风险、不怕得罪人、不怕遭非议，遇到问题不回避、遇到困难不躲避、遇到风险不逃避。要培育和塑造企业家精神，始终充满创新创业的激情，始终保持锐意进取的状态，始终坚持敬业尽职的操守，做到有胆有识、有勇有谋、真抓实干、求真务实。三要廉洁从业，一身正气。要严以律己，时刻牢记手中的权力属于党和人民，做到自重、自省、自警、自励。要牢牢把握好世界观、人生观、价值观这个总开关，经得起考验、受得住诱惑，筑牢拒腐防变的思想道德防线和党纪国法防线。

全面深化铁路改革
努力开创铁路工作新局面

——中国铁路总公司总经理盛光祖在中国铁路总公司工作会议上的报告（摘要）

（2014年1月9日）

这次会议是中国铁路总公司成立后召开的第一次工作会议。会议的主要任务是，深入学习贯彻党的十八届三中全会、中央经济工作会议和国务院33号文件精神，总结2013年工作，分析面临的形势，部署2014年任务，动员全路干部职工锐意改革，团结奋战，全面做好铁路各项工作，为国民经济和社会发展作出新的贡献。

一、2013年铁路工作回顾

刚刚过去的2013年，我们按照中央关于铁路管理体制改革的部署，顺利实施铁路政企分开改革，完成了铁路总公司组建工作；以改革为动力，深入实施安全风险管理年、运输组织改革年、体制机制转换年、党风廉政建设年，扎实开展党的群众路线教育实践活动，统筹推进铁路各项工作，取得显著成绩。进一步加快铁路建设，一批重点工程建成投产，铁路营业里程突破10万公里，其中高铁运营里程突破1万公里；加大铁路走向市场步伐，积极推进客货运输改革，努力增运增收，旅客发送量突破20亿人、高峰日突破1000万人，货物发送量达到32亿吨，多元化经营收入突破1万亿元。这些都具有里程碑意义，标志着我国铁路发展又迈上新的台阶。

（一）教育实践活动成效显著。按照中央统一部署，总公司、铁路局两级班子和两级机关认真开展党的群众路线教育实践活动，大力整改“四风”问题。总公司党组和铁路局领导班子加强学习研讨，广泛听取意见建议，深入查找“四风”方面存在的突出问题，深刻吸取刘志军等腐败案件教训，以整风精神开好专题民主生活会，狠抓整改落实和建章立制。在活动中，总公司党组共征求到意见建议2300多条，对70多个具备条件解决的问题，立即制定措施进行整改；对文山会海等4个突出问题，制定专项整治工作方案，由党组成员牵头组织整治，形成了一批整改成果。深入开展具有铁路特点的“两清”“两保”“两满意”活动，取得明显成效，有效推动了各项工作开展。

（二）铁路管理体制改革顺利实施。按照中央关于铁路管理体制改革的决策部署，3月14日中国铁路总公司正式挂牌成立。总公司成立后，我们根据国务院批准的组建方案和公司章程，及时制定了“三定”方案，研究确定了内设机构、部门职责、人员编制，稳妥做好人员安排等相关工作，顺利完成总公司组建任务。适应新的管理体制，明确了总公司和铁路局两级企业法人的职能定位，提出了总公司管理制度框架体系，全面展开各项管理制度的修订完善工作，构建总公司内部新的运行机制。积极支持国家铁路局组建，确保了相关工作有序衔接和平稳推进。

（三）**运输安全保持基本稳定**。全路把运输安全作为重中之重，按照"问题在现场、原因在管理、根子在干部"的思路，从管理源头入手，深入推进安全风险管理。按照国务院的部署，以查班组作用、查管理基础、查领导作风为重点，进行"全覆盖"的安全大检查。以高铁和客车安全为重点，集中整治施工、防洪、设备、现场作业、治安环境等方面存在的突出问题，消除了一批安全隐患。明确了新体制下总公司、铁路局、基层站段安全管理职责，落实各级干部安全管理责任，强化安全基础。有效应对极端恶劣天气影响，强化防洪防汛工作，提升了应急处置能力。全年杜绝了责任重特大铁路交通事故。

（四）**运输组织改革实现重要突破**。在调研论证、顶层设计、制定配套政策措施的基础上，大力实施货运组织改革。以实现货制运输为核心，打造"前店"货运办理平台，改进"后厂"运输组织方式，推行"一口价"收费，发展全程物流服务，推动铁路运输组织实现由依靠计划向主动适应市场需求的重大转变，受到客户和社会的广泛好评，李克强总理、马凯副总理等中央领导对铁路货运改革也给予了充分肯定。继续深化客运改革，实现春运工作常态化，完善售票组织方式，动态优化旅客列车开行，强化站车服务措施，铁路客运服务水平持续提升。2013 年，国家铁路旅客发送量完成 20.75 亿人，同比增长 10.7%；在大宗货物运输需求下降的情况下，下半年货运量持续增长，全年货物发送量完成 32.16 亿吨，与上年持平。

（五）**经营开发和管理进一步加强**。深入实施多元化经营战略，结合铁路运输组织改革，推动非运输业结构调整和转型升级，大力发展站车商贸、广告旅游、建筑施工等重点产业，进一步增强非运输业持续创效能力。深入研究铁路资产经营开发思路、措施和办法，积极推进铁路土地等资产的综合开发利用。加强全面预算管理，完善运输企业盈亏总额考核机制，建立总公司机关部门绩效考核办法，推进物资公开招标采购，加大审计监督力度，加快转换铁路经营机制，调动各层面增收创效的积极性。2013 年，总公司多元化经营总收入完成 10426 亿元，同比增长 7%，其中运输总收入完成 6051.2 亿元，同比增长 14%，全年实现盈亏平衡。

（六）**铁路建设有序加快推进**。认真贯彻中央关于加快铁路建设的部署，积极推进铁路投融资体制改革，进一步开放铁路建设市场，对新建铁路实行分类建设，推动设立铁路发展基金，加大投资力度，继续保持加快铁路建设的势头。以保质量、保安全为重点，统筹安排建设资源，优化重点项目施工组织，加强建设项目标准化管理，全面完成了年度建设任务。全路完成固定资产投资 6638 亿元，投产新线 5586 公里。适应铁路建设和运营需求，强化关键技术创新，完善铁路技术标准体系，进一步增强铁路科技创新能力。积极推进铁路"走出去"，成功举办泰国高铁展和罗马尼亚铁路展，中泰、中匈塞铁路合作项目取得重要进展，扩大了中国铁路的国际影响力。

（七）**党风廉政建设取得新进展**。深入推进惩治和预防腐败体系建设，在总公司机关和所属单位开展领导干部廉洁自律突出问题专项整治，严肃查处违反中央"八项规定"的问题，促进了领导干部廉洁自律。落实党风廉政建设责任制，将党风廉政建设情况纳入总公司机关管理行为考核和铁路局经营业绩考核，确保廉政措施落到实处。突出抓好物资设备采购、车皮管理等重点领域源头治理，加大铁路建设招投标监管力度，加强执法监察、路风监察和专项检查，查处了一批违纪问题。加大案件查办力度，保持惩治腐败高压态势，促进了各级干部依法用权、廉洁从业。

（八）职工生产生活条件持续改善。各级组织坚持把维护职工群众利益摆在重要位置，全面落实“十二五”改善职工生活规划，不断提高职工物质文化生活水平。继续增加职工收入，坚持收入分配向一线职工倾斜，全路职工工资收入实现稳步增长；保障性住房建设和棚户区改造加快推进，职工住房条件进一步改善；加大“三线”建设力度，一线生产生活条件明显改善；下力量解决职工实际困难，职工通勤、就医、带薪休假等问题逐步得到解决。全面做好对困难职工的帮扶救助工作，全年支付帮扶救助资金 9.1 亿元。全面做好铁路离退休老干部工作，老同志的政治待遇和生活待遇得到较好落实。

（九）思想政治工作进一步加强。在全路深入开展党的十八大、十八届三中全会精神宣讲活动和“铁路走向市场”大讨论，加强铁路改革发展形势任务教育，引导干部职工进一步解放思想、转变观念。大力选树各类先进典型，广泛开展向全国道德模范孙奇、刘洋同志学习活动，营造了学先进、赶先进的浓厚氛围。加大正面宣传力度，大力宣传铁路建设、运输改革等工作成果和一线职工的无私奉献精神，主动做好网络舆情引导工作，为铁路改革发展创造了良好的舆论环境。加强信访稳定工作，认真解决职工群众合理诉求，维护了职工队伍稳定。扎实推进铁路文化建设，成功举办第二届“铁路职工才艺大赛”和摄影、书画大赛，进一步丰富了职工文化生活。

回顾一年来的铁路工作实践，我们深刻体会到，在实施铁路管理体制改革和推动铁路发展的新形势下，党中央、国务院对铁路工作高度重视、亲切关怀，中央和国家机关各部门、各省区市党委政府和社会各界给予强有力的支持和帮助，为我们推进铁路改革发展创造了良好条件。全路干部职工讲政治、讲大局、讲纪律、讲奉献，自觉与中央的决策部署保持一致，积极支持改革、拥护改革、投身改革；全路各级组织坚持一手抓改革，一手抓发展，主动谋划，精心组织，狠抓落实，实现了新体制下铁路事业的蓬勃发展。

在充分肯定成绩的同时，也要清醒看到，铁路工作还存在一些问题和不足。一是铁路安全管理基础依然薄弱，影响安全稳定的问题仍然不少；二是运输组织改革亟待深化，铁路市场竞争能力需进一步提升；三是深化铁路投融资体制改革、拓宽筹资渠道还有不少课题需要解决，铁路建设管理尤其是工程质量、施工安全、工期控制、投资控制需进一步强化；四是部分领导干部工作作风不适应铁路改革发展要求，反腐倡廉建设任重道远。对这些问题，我们要采取有力措施，切实加以解决。

二、铁路改革发展面临的新形势新要求

当前和今后一个时期，是我国铁路发展进程中极为关键的时期。铁路管理体制改革后，总公司实施垂直管理，负责国家铁路客货运输经营管理，负责铁路运输统一调度指挥，负责铁路建设工作，肩负着重要的使命和责任。在新的历史时期，无论是服务经济社会发展，还是推动铁路自身发展，我们都面临着新的形势和新的要求。

首先，党的十八届三中全会对全面深化改革作出了战略部署。党的十八届三中全会强调经济体制改革是全面深化改革的重点，要求积极稳妥地从广度和深度上推进市场化改革；强调进一步深化国有企业改革，推动国有企业完善现代企业制度。中央经济工作会议明确提出要把改革创新贯穿于经济社会发展各领域各环节，着力在重要领域和关键环节取得实质进展。铁路作为国民经济的重要行业，贯彻落实中央的决策部署，全面深

化铁路改革的任务艰巨。我们必须进一步加大改革力度，按照国务院《关于组建中国铁路总公司有关问题的批复》（国函［2013］47号）要求，全面推进总公司运行机制创新，不断提高管理水平和市场竞争力，适应市场化、国际化的新形势。

其次，国务院33号文件对改革铁路投融资体制、加快推进铁路建设、搞好铁路经营作出了重大部署。去年8月，国务院下发了《关于改革铁路投融资体制加快推进铁路建设的意见》，明确提出了“十二五”后三年铁路建设、经营发展的目标和重点任务，对支持铁路改革发展相关政策作出安排。这是继1975年中央下发《关于加强铁路工作的决定》之后，党和国家又一次专门对铁路工作作出重大部署，是指导当前和今后一个时期铁路改革发展的纲领性文件。深入贯彻落实国务院33号文件精神，深化铁路投融资体制改革，加快推进铁路建设，增强企业自我发展能力，我们的任务十分繁重。

再次，中央领导对铁路工作作出一系列重要指示，为铁路改革发展指明了方向。去年铁路管理体制改革以来，习近平总书记、李克强总理、马凯副总理等中央领导多次听取总公司工作汇报、考察铁路工作，组织研究铁路改革发展重大问题，对加快铁路建设、确保运输安全、深化运输改革、推动铁路“走出去”等作出一系列重要指示。李克强总理还在多个重要外交场合宣传推介中国铁路。中央领导的高度重视和亲切关怀，既为我们指明了工作方向，也提出了更高要求。

我们必须清醒地看到，当前和今后一个时期，铁路总公司既面临难得的发展机遇，也面临许多新任务、新要求，机遇与挑战并存。全路一定要坚持以改革为动力，着力解决铁路工作面临的矛盾和问题，推动铁路事业实现持续健康发展。

第一，完成繁重的铁路建设任务，必须深入推进铁路投融资体制改革和建设管理机制创新。近年来，铁路尽管实现了较快发展，但仍然是综合交通运输体系的薄弱环节；同时，铁路建设对于拉动经济增长、带动相关产业发展、消化过剩产能具有不可替代的重要作用。因此，必须进一步加快铁路建设发展。按照确定的铁路建设规划，今明两年，国家铁路要完成固定资产投资1.2万亿元，“十三五”期间铁路投资仍将在高位运行。完成繁重的建设任务，需要切实解决好资金筹措和建设管理两大课题。我们要按照国务院33号文件部署，深化铁路投融资体制改革，通过推进铁路分类建设、设立铁路发展基金等途径，吸引社会资本投资铁路，拓宽铁路建设资金筹集渠道；要不断完善建设管理机制，提升建设管理水平，确保优质高效地完成铁路建设任务。

第二，加快铁路走向市场步伐，必须坚定不移地深化运输组织改革。近两年，我们通过实施客货运输组织改革，在推动铁路走向市场方面取得了重要突破，但与市场化要求相比还有很大差距。尤其是随着我国经济发展方式的转变，社会运输需求结构正在发生深刻变化，大宗物资运输需求下降，运输市场竞争加剧，迫切要求铁路运输更加贴近市场，实现转型发展。我们要站在更好地服务经济社会发展和加快铁路企业自身发展的高度，坚持以市场为导向，进一步深化客货运输改革，将运输方式、服务手段纳入市场化轨道，全面提升铁路市场竞争力。

第三，增强企业发展活力，必须推进总公司管理和运行机制创新。铁路管理体制改革后，现行的总公司、铁路局、站段两级企业法人、三级垂直管理模式和铁路局布局，符合我国铁路发展实际。在这一管理格局的基础上，为增强企业发展活力，推进企业化、市场化经营，必须继续深化铁路内部改革，推进管理机制创新。我们要按照现代企业制度要求，进一步理顺总公司与铁路局两级企业法人的关系，明确各自职责，创新企业运行机制，深化企业干部人事制度、劳动用工制度、收入分配制度改革，提高经营管理水平。

第四，确保铁路安全持续稳定，必须大力推进以安全风险管理为核心的安全管理创新。安全是铁路的“饭碗工程”，是推进铁路改革发展最重要的前提、最根本的保障。两年来，全路通过推行安全风险管理，铁路安全工作有了长足进步，但安全管理基础还不牢固，特别是随着铁路网规模扩大和高速铁路集中投产，铁路安全面临的风险不断加大。面对运输安全的新考验，我们必须认真总结近年来安全风险管理实践经验，以改革的精神破解管理不规范、不落实的问题，创新安全管理机制，强化安全管理基础，整体提升铁路安全管理水平。

三、2014 年铁路重点工作

2014 年铁路总公司工作的总体要求是：认真贯彻落实党的十八届三中全会、中央经济工作会议精神和国务院国函 47 号、国发 33 号文件部署要求，以深化改革为动力，以经济效益为中心，推进铁路管理机制创新，深化安全风险管理，加大运输改革和经营开发力度，加快铁路建设步伐，完善技术创新体系，实施“走出去”战略，提升职工物质文化生活水平，加强企业党建和思想政治工作，努力开创铁路改革发展新局面。

（一）推进铁路管理机制创新，确保企业有序高效运行。按照实现企业化、市场化运行的要求，深化总公司内部改革，加快构建适应社会主义市场经济要求、与新的铁路管理体制相适应的运行机制。

1. 理顺总公司与铁路局的关系。科学界定总公司和铁路局的职责定位，规范两级法人的管理行为，是提高铁路企业管理效能、增强发展活力的基础性工作。总公司党组在组织深入研究的基础上进一步明确：总公司作为管理型企业，依法对所属企业实行统一管理，履行对铁路局的出资人职能、铁路运输统一调度指挥职能和铁路建设管理职能；铁路局作为总公司的全资子企业，是生产经营型市场主体，承担安全生产、市场经营、工程建设管理、职工队伍建设、资产保值增值等主体责任，应成为自主经营、自负盈亏、自我发展、自我约束的铁路运输企业。这一职能定位，突出了铁路局的市场主体地位。总公司要创新对铁路局的管理方式，完善顶层管理制度和规范，落实铁路局市场经营权责，加强对铁路局经营活动的过程监控，突出对经营行为和结果的考核，为铁路局发挥市场主体作用创造条件。

2. 建立适应市场的企业经营机制。着眼于实现总公司整体效益最大化和落实铁路局经营权责，制定完善相关制度办法，形成两级企业既统一协调、又充分体现各自职能特点的运行机制。总公司强化对运输企业的规范、监督、协调和指导，以盈亏总额考核为核心，完善经营业绩考核办法，激励铁路局切实承担起经营责任；完善内部清算办法，调动铁路局增运增收的积极性；完善工资总额宏观调控机制，实现职工收入与企业经济效益和劳动生产率同步提高；积极推进铁路运价机制改革，增强铁路局适应市场的能力。铁路局要健全内部管理体系和运行机制，重点强化以市场为导向的营销机制，以全面预算管理为核心的成本控制机制，以经营业绩为结果的考核奖惩机制，更好地适应走向市场和应对市场风险的需要。

3. 深化企业内部改革。深化干部人事制度改革，创新人才使用评价机制。改进两级机关选人用人工作，坚持组织选拔和竞争性选拔相结合，拓宽选人用人的视野和渠道；在站段等基层单位稳步推行中层及以下管理人员、专业技术人员岗位管理，打破身份、年龄、学历、级别等限制，打通管理人员、专业技术人员、操作技能人员相互流动通道，鼓励各类人员岗位成才，拓展人才发展空间。深化劳动用工制度改革，加强劳动合同动态管理，严格岗位准入和岗位动态达标管理，充分利用社会劳动力市场，提高企业用工效率。深化工资分配制度改革，完善职工工资与岗位履职情况和企业效益挂钩机制，充分发挥工资分配的激励作用。

（二）深入推进安全风险管理：确保铁路安全持续稳定。要坚持“三点共识”和“三个重中之重”，从管理源头入手，以管理规范化、作业标准化为重点，深化安全风险管理，提升铁路安全管理水平。

1. 推进安全管理规范化。科学界定各单位、各部门、各岗位的安全管理职责，认真落实《铁路安全管理条例》，结合铁路安全生产的新情况，修订完善安全规章制度，形成科学严密、简洁管用的安全管理制度体系。充分发挥业务部门的专业管理作用，加强对各系统关键性、倾向性问题的分析研判，及时采取措施，补强管理薄弱环节。完善安全工作考核机制，强化对干部日常履责情况的检查考评，严格安全管理责任追究，促使各级干部认真履职尽责，确保各项安全措施落实到位。

2. 推进现场作业标准化。进一步完善各种设备质量标准、岗位作业标准和作业流程，形成保证安全、符合实际、易于执行的标准体系。围绕提高职工标准化作业能力，强化职工遵章守纪教育，抓好以基本规章、作业标准和应急措施为主要内容的业务培训，完善职工作业自控和岗位互控制度，全面规范职工作业行为。加强对安全关键环节、重点部位的检查，发挥安全监控技术手段的作用，督促岗位作业人员严格落实作业标准。完善非正常情况下的行车安全措施和处置流程，加强应急演练，提高应急处置能力。

3. 推进检查整治常态化。以解决安全管理问题和强化现场控制为重点，用好安全检查、专项整治等载体，建立完善安全工作日常监督检查机制。严格安全检查监督责任落实，明确检查标准和工作规范，确保安全检查不走形式、见到实效。改进安全检查方式，更多地采取不发通知、不打招呼、不听汇报、不用陪同，直奔基层、直插现场、暗查暗访等手段，及时发现和解决安全隐患和问题。深入开展安全专项整治，加大对安全关键问题的攻关力度，挂牌督办重大整治项目，注重从管理上采取措施，确保专项整治取得实际效果。

（三）全面加快铁路走向市场步伐，提高企业综合经济效益。适应经济社会发展需求和运输市场变化，进一步加大客货运输组织改革力度，加强经营开发和经营管理，不断提升效率和效益。2014 年，国家铁路预期完成旅客发送量 22.7 亿人，货物发送量 32.8 亿吨，同比分别增长 10%、2%；国铁及国铁控股企业完成运输总收入 6542 亿元，同比增长 8.1%；多元化经营总收入完成 10916 亿元，同比增长 4.7%，确保实现收支平衡。

1. 巩固扩大客运组织改革成果。牢固树立“以服务为宗旨，待旅客如亲人”的理念，以“开拓客运市场，方便旅客出行”为重点，对列车开行、售票组织、服务手段进行创新。今年春运，要以让旅客“安全出行、方便出行、温馨出行”为目标，围绕旅客出行的各个环节，细化落实安全、方便、温馨等方面的措施，实现铁路春运服务质量跨上新台阶。

2. 全面深化货运组织改革。以实现全面敞开受理、满足实货需求为核心，强化重点、难点问题攻关，加大推进落实力度。健全“前店”货运营销体系，畅通受理渠道，优化业务流程，坚决做到敞开受理、随到随办。健全“后厂”组织保障体系，强化结合部管理，做到“前店”“后厂”无缝衔接。总公司有关部门要加强运输组织，以确保各局货运需求为目标，为铁路局开拓市场提供服务和保障。铁路局要加强市场营销，保证装车上量，确保管内运输畅通高效。坚持实行货运“一口价”，坚决清理价外收费，严肃处理违规收费行为。大力发展门到门运输服务，积极承揽大客户物流外包业务，拓展接取送达服务网络，提升全程物流服务功能。瞄准货运新兴市场，重点组织好集装箱运输、中欧班列、高铁快件、特货运输，提高铁路在高附加值货运市场的竞争力。

3. 加大经营开发力度。充分利用国家的支持政策，发挥铁路行业优势和资源优势，盘活既有资源，利用新增资源，科学组织资产经营开发。积极推进土地资产经营开发，根据国家对铁路土地授权经营的政策，统筹利用新增和既有土地资源，拓展土地开发增值空间。充分利用铁路网络、技术、设备、资信等资源，开辟新的经营业务和新的经济增长点。大力发展餐饮旅游、站车商业、信息传媒、商贸经营、设备维修、工业制造等经营项目，创新商业与管理模式，推动非运输企业重组整合，提高产业集中度和资产经营效益。

4. 加强企业经营管理。深入推进集约化经营，加强全面预算管理，完善效益评价、成本核算、绩效考核制度，强化财务和资金管理，杜绝无预算、超预算支出，有效控制建设和运营成本。加强物资管理，进一步推进物资公开招标采购，通过扩大招标范围、规范采购程序、公开采购信息、加强源头管理等措施，降低物资采购成本，保证物资采购质量。加强合资铁路公司资产管理，明晰合资铁路公司资产边界，建立以产权关系为纽带的管理制度和运行机制，完善委托运输管理模式，促进合资铁路健康发展。强化审计监督，促进企业规范运行。

（四）加快推进铁路投融资体制改革，确保全面完成建设任务。2014年，国家铁路安排固定资产投资6300亿元，投产新线6600公里以上。全路要以中西部地区铁路建设为重点，以质量安全为核心，深入开展“保质量、保进度”主题实践活动，加大组织实施力度，推行标准化管理，确保优质高效完成全年建设任务。

1. 深入推进铁路投融资体制改革。按照国务院33号文件部署，深入研究相关政策措施，加快向社会资本放开城际铁路、市域铁路、资源开发性铁路和支线铁路的所有权和经营权，支持地方政府、社会企业以股权投资、资产重组、特许经营等方式，投资铁路建设或参与铁路经营开发。积极做好设立铁路发展基金相关准备工作，待国务院批准后立即启动实施。充分运用各种融资工具，多方式多渠道筹集建设资金，为铁路建设提供可靠的资金保障。

2. 优质高效推进建设项目实施。全力抓好年内计划开通项目，加快完成剩余工程，搞好工程验收和安全评估，精心做好运营准备工作。加大在建项目推进力度，以施工组织设计为龙头，优化配置建设资源，加快推进征地拆迁，强化质量安全管理，加强沟通协调，确保按进度完成建设任务。加快项目前期工作，有序推进用地、环评、水保等前置审批工作，做好设计和开工准备，确保年内开工建设44个新项目。结合经济社会发展需要，开展“十三五”铁路发展规划研究，搞好项目储备。

3. 完善铁路建设管理机制。根据铁路建设任务和重点项目情况，推进建设管理机制创新，提高建设管理专业化水平。探索实行新建项目投资包干管理办法，强化对投资控制的激励约束。完善对建设单位的监督考核机制，落实各项工作责任，保证铁路建设有序推进。加强与国家有关部门和各省区市的沟通协调，共同做好用地审批、环保水保、征地拆迁、资金筹集等工作，为加快建设进度创造必要条件。注重发挥合同管理在建设管理中的重要作用。

（五）完善企业技术创新体系，提高铁路技术创新能力。认真贯彻中央关于深化科技体制改革的要求，发挥铁路总公司的技术创新主体作用，加快构建铁路技术创新体系，全面提升铁路技术创新水平，为我国铁路改革发展提供强有力的科技支撑。

1. 完善铁路科技创新和技术管理体系。加快构建以总公司为主体，以铁科院为研发中心，相关单位广泛参与的铁路技术创新体系。加强铁路知识产权申请、运用、保护等工作，建立与铁路新体制相适应的知识产权管理制度。加大科技投入，扩大铁路科研创新资金来源，实现铁路科技投入的合理增长。进一步明确相关部门、岗位的技术管理责任，落实各级总工程师在技术管理中的主管职责。完善铁路技术管理流程，推进铁路技术标准制定，切实解决技术规章、技术规程、技术规范以及跨专业综合性技术存在的不协调问题。发挥总公司的优势和作用，全面参与铁道国家标准、行业标准制定审查工作。加强国际铁路技术交流，推动我国铁路技术标准纳入国际标准。

2. 加强重点领域科技攻关。根据铁路建设和运营需求，加大科技攻关力度，提高关键技术自主创新能力。在高铁领域，要加快铁路核心技术的全面自主化工作，推进中国标准动车组的研制，力争在年内完成设计和主要部件的研发，用 2 年左右的时间完成中国标准动车组的研制工作。总公司有关部门要全力以赴，协同作战，确保按期完成。在安全领域，要构建移动设备动态检测、固定设备在线监测、安全信息综合运用为一体的铁路行车安全监控体系。在运营领域，组织开展调度指挥、客服系统、电子商务等方面的研究，为铁路开拓市场提供技术支撑。

3. 大力推进铁路信息化建设。坚持把信息化建设作为铁路发展的一项战略任务，加强顶层设计，搞好总体规划，推动资源整合、互联互通、信息共享，不断提高铁路信息化应用水平。加快推进总公司数据中心、灾备中心和铁路通信网建设，适应运营和建设需要。加强信息化基础管理和队伍建设，强化信息安全管理和信息系统运行维护，确保铁路信息系统安全稳定运行。

（六）实施铁路“走出去”战略，提高我国铁路的国际竞争力。要按照国家的战略部署，发挥自身优势，联系和协调国内相关企业，以开拓周边互联互通铁路通道建设、高速铁路建设市场为主攻方向，在规划研究、勘察设计、工程建设、运营管理、维修养护等领域广泛开展国际合作，打造中国铁路品牌，大力拓展国际铁路市场，提升我国铁路企业在国际市场上的竞争力。当前，要加大老挝铁路、匈塞铁路、泰国高铁等重点项目的工作力度，积极务实地加以推进，力争取得实质性突破。积极与国家有关部门沟通协调，争取知识产权保护、金融财税等方面的政策支持，为铁路“走出去”创造良好环境。

（七）切实维护职工利益，让职工群众共享铁路改革发展成果。各级组织要把关心职工生活、维护职工利益作为开展群众路线教育实践活动的重要内容，全面落实改善职工生活规划，不断提高职工物质文化生活水平。在企业效益增长的前提下，稳步提高职工工资收入水平。规范推进职工保障性住房建设，加快实施铁路棚户区改造，按期完成规划建设任务。全面深化和拓展“三线”建设，做到全覆盖、无盲区，努力建设优美整洁的生产生活环境、积极向上的文化环境和健康文明的卫生环境。继续推进异地职工通勤、职业病防控、带薪休假等问题的解决，组织开展职工健康休养，切实维护职工权益。健全帮扶救助工作长效机制，进一步丰富帮扶内容，扩大帮扶效果，让困难职工感受到企业温暖。加强信访稳定工作，畅通诉求表达渠道，使职工群众的问题能够及时反映、矛盾能够及时化解，确保职工队伍稳定。

四、创新党建和思想政治工作，为铁路改革发展提供坚强政治保证

加强党的建设和思想政治工作是我们党的政治优势，也是铁路的光荣传统。面对全面深化改革、加快铁路发展的繁重任务，全路党政工团各级组织要紧密围绕中心，坚持改进创新，充分发挥政治工作优势，进一步把广大党员和职工群众凝聚起来，汇聚起推进铁路改革发展的强大正能量。

（一）深入开展党的群众路线教育实践活动。这是今年全路的一项重要政治任务，也是推动铁路改革发展的强大动力。目前，全路第一批教育实践活动已经进入收尾阶段，总公司、铁路局两级班子和两级机关要认真落实整改方案，建立长效机制，巩固取得的成果。全路第二批教育实践活动即将启动，参加的单位包括总公司直属单位、铁路公司（筹备组）、各铁路公安局、铁路局所属单位及站段党组织，涉及面大，也更接近群众。要按照中央的要求，用好第一批活动的成功经验，突出基层特点，严肃认真地抓好各环节的工作。更加注重发挥群众积极性，坚持开门搞活动，全过程接受群众监督；更加强化问题导向，聚焦反对“四风”，切实把查找和解决问题贯穿始终；更加注重严格要求，严标准、严措施、严纪律，做到时间服从质量，决不能降格要求；更加注重衔接带动，上级机关的整改成果要落实到基层，基层出现的新情况新问题要向上反馈，做到以上带下、以下促上；更加注重分类指导，分系统、分层次组建督导组，确保教育实践活动取得实实在在的成效。

（二）加强企业领导班子建设。全面推进铁路改革发展，关键在领导。要适应新形势、新任务、新要求，以创建学习型班子为载体，以精神状态、能力素质、责任落实、结构优化为重点，加强领导干部队伍建设，提高各级领导班子的凝聚力和战斗力。今年上半年，分层组织对全路处级以上干部进行学习贯彻习近平总书记系列讲话精神集中轮训，把各级干部的思想和行动统一到党中央的决策部署上来，统一到习总书记系列重要讲话精神上来。完善领导干部教育培训和实践锻炼制度，健全领导干部交流机制，深入开展铁路局领导班子工作状况调研，在全路范围内合理调配领导干部力量，增强领导班子整体功能。加强民主集中制建设，进一步完善“三重一大”事项集体决策制度，制定检查监督、责任追究等配套制度，组织开展好对改革思路和重要举措的研究论证，增强决策的科学性、协调性、实践性。强化对领导班子履职情况的检查监督和动态考核，完善干部考核评价制度，注重干部一贯表现和全部工作，用好各个年龄段的干部，引导干部在实干、实绩上竞争，使那些重实干、品行正、口碑好的优秀干部充分涌现出来。

（三）加强基层党组织建设。总公司党组研究确定，从2014年到2016年，在全路实施运输一线党支部建设“三年基础工程”，更好地发挥党支部的战斗堡垒作用。各铁路局党委要对运输一线党支部建设情况进行深入调研，研究制定具体实施方案，有计划、分阶段地推进落实。适应生产组织和劳动组织变化，优化运输一线党支部设置，重点加强班组党支部建设，健全党支部基本工作制度。加强党支部书记队伍建设，结合党群机构编制优化调整，将不少于60%的政工编制放在运输一线，主要用于配齐配强一线党支部书记，全面开展党支部书记岗位培训。加强党员队伍建设，深入开展党内无违章、无违纪、无事故竞赛活动，着力形成党组织活

力在基层、党员作用在岗位的生动局面。

（四）切实加强党风廉政建设。按照党中央、国务院和中央纪委的部署要求，围绕加强权力运行制约和监督体系建设，推进惩治和预防腐败体系建设和机制创新，坚决遏制腐败问题的滋生和蔓延，为铁路健康发展提供纪律保证。认真落实党风廉政建设责任制，各级党政组织要承担起党风廉政建设的主体责任，切实将党风廉政工作纳入党委和行政工作总体安排，统筹推进；纪检监察组织要认真履行监督责任，搞好执纪办案。推动纪委双重领导体制具体化、程序化、制度化，强化上级纪委对下级纪委的领导，查办腐败案件以上级纪委领导为主。认真执行中央各项廉政规定，切实解决职工群众反映强烈的突出问题，严格执纪监督，强化领导干部廉洁自律。加强物资采购、车皮管理、工程建设等重点领域源头治理，推进两级机关廉政风险内控机制建设，规范权力运行监管，实行关键岗位人员定期交流轮岗制度，形成科学有效的权力制约机制。加大查办案件工作力度，建立健全案件查处和监管机制，始终保持惩治腐败的高压态势。实行“一案双查”制度，对发生重大腐败案件和严重违纪行为的单位、部门，不仅要追究当事人责任，还要追究相关领导责任，确保各项廉政措施落到实处。

（五）加强宣传思想工作和文化建设。坚持围绕中心、服务大局，贴近一线、服务职工，进一步加强铁路宣传思想工作和文化建设，充分发挥思想引领、精神激励、舆论推动和文化支撑作用。以学习宣传习近平总书记系列讲话精神为重点，深入开展中国特色社会主义、中国梦和社会主义核心价值观教育，大力弘扬“安全优质，兴路强国”的新时期铁路精神，突出抓好以安全文化、服务文化为主要内容的企业文化建设，巩固全路职工团结奋斗的共同思想基础。坚持不懈开展铁路改革发展形势任务教育，巩固发展近年来围绕中心工作，每年突出一个主题开展全路性宣传思想工作的好做法，今年在全路组织开展“安全风险管理大家谈”活动，推动安全工作的全面加强。运用网络媒体，打造职工网上精神家园，充分调动干部职工的积极性、主动性和创造性。广泛开展“铁路之星”评选活动，树立先进典型群体。搞好群众性文化体育活动，满足广大职工的精神文化需求。坚持“低调、平和、据实”和主动发声的原则，把镜头更多地对准一线、对准职工，讲好铁路故事，传播好铁路声音。加强铁路网络平台和网络信息员队伍建设，健全和落实舆情工作制度，唱响网上主旋律，不断提高舆论引导水平，为铁路改革发展营造良好舆论环境。

（六）充分发挥工会和共青团作用。工会、共青团组织作为党联系群众的桥梁和纽带，要充分发挥各自优势，进一步把广大职工和团员青年凝聚起来，形成推动铁路改革发展的强大合力。各级工会组织要立足于铁路建设和运营主战场，广泛开展劳动竞赛活动，大力选树劳动模范和先进典型，激发职工群众的创造活力。加强企业民主管理，以总公司职工民主管理联席会议和各单位职工代表大会为基础，完善厂务公开等民主管理制度，保障职工群众参与管理和监督的权力。积极扩大工会工作覆盖面，使工会工作更加贴近基层、贴近职工群众，真正使工会组织成为“职工之家”。共青团组织要紧密围绕铁路中心工作，积极创建共青团工作品牌，通过开展技术比武、创新创效等活动，充分发挥广大青年的生力军和突击队作用。要把握广大青年的思想脉搏，关注青年心理需求，有针对性地做好青年思想教育工作，在实践中帮助他们成长进步。铁路广大团员青年要有理想、有担当。立足岗位，拼搏奉献，努力在推动铁路改革发展的实践中放飞青春梦想。

专文

落实十八大精神　加快建设双效南车　坚定不移地向世界一流企业迈进

——集团公司总经理，股份公司董事长、党委书记郑昌泓在中国南车集团公司暨中国南车股份有限公司工作会议上的讲话（摘要）（2012 年 12 月 28 日）

转型与突破

——集团公司总经理，股份公司董事长、党委书记郑昌泓在 2013 中国南车高峰论坛上的讲话（摘要）（2013 年 8 月 22 日）

深刻认识意义　准确把握要求　扎实开展活动　切实转变作风

——集团公司总经理，股份公司董事长、党委书记郑昌泓在中国南车党的群众路线教育实践活动动员大会上的讲话（摘要）（2013 年 7 月 15 日）

继往开来　创新发展　为做强做优中国南车奠定坚实基础

——集团公司党委书记、股份公司总裁刘化龙在中国南车集团公司暨中国南车股份有限公司工作会议上的报告（摘要）（2012 年 12 月 28 日）

关于南车转型发展的思考

——集团公司党委书记、股份公司总裁刘化龙在 2013 中国南车高峰论坛上的讲话（摘要）（2013 年 8 月 22 日）

持续提升管理水平　助推南车转型发展

——集团公司党委书记、股份公司总裁刘化龙在中国南车管理提升活动第二阶段转段视频会上的讲话（摘要）（2013 年 10 月 18 日）

强化内部管控　防范经营风险　促进企业健康发展

——党委副书记、纪委书记、工会主席陈大洋在内部审计、内部控制和风险管理工作会议上的讲话（摘要）（2013 年 2 月 27 日）

全面梳理　狠抓落实　确保制度发挥应有作用

——副总裁张军在中国南车制度执行情况大检查视频动员会议上的讲话（摘要）（2013 年 3 月 1 日）

以战略为引领　做好中国南车投资工作

——副总裁傅建国在中国南车投资工作座谈会上的讲话（摘要）（2013 年 5 月 30 日）

夯实管理基础　创新运行模式　为打造“双效”南车而努力奋斗

——副总裁詹艳景在中国南车财务工作会议上的报告（摘要）（2013 年 3 月 7 日）

加强创新能力建设　加快实现技术引领　为做强做优中国南车提供核心科技支撑

——副总裁王军在中国南车科技工作会议上的报告（摘要）（2013 年 4 月 22 日）

突出重点　抓住关键　通过推进精益管理全面提升安全生产水平

——副总裁楼齐良在中国南车安全生产工作会议上的讲话（摘要）（2013 年 1 月 11 日）

提高认识　夯实基础　开创性地做好南车外事管理工作

——副总裁徐宗祥在中国南车外事专办员培训班上的讲话（摘要）（2013 年 6 月 7 日）

落实十八大精神　加快建设双效南车
坚定不移地向世界一流企业迈进

——集团公司总经理，股份公司董事长、党委书记郑昌泓在中国南车集团公司暨中国南车股份有限公司工作会议上的讲话（摘要）

（2012 年 12 月 28 日）

党的十八大提出，2020年我国要全面建成小康社会，国民生产总值和居民人均收入都要比2010年翻一番。南车作为中央企业，在我国全面建成小康社会的进程中，理应有更快的发展，承担更大的责任。因此，发展仍然是南车今后一切工作的主线。要通过有质量的、可持续的增长，为我国经济社会发展做出应有的贡献。

一、成长为具有国际竞争力的大企业集团是南车发展的目标

当今世界，各国企业之间的竞争，尤其是大公司、大企业集团之间的竞争，代表的是国家综合国力竞争的重要一面。十八大报告指出，要培育一批世界水平的跨国公司。南车成长为具有国际竞争力的大企业集团，既是国资委对南车作为中央企业的要求和希望，也是企业自身发展的需要，是南车作为国有企业必须担负的历史使命。

对于中央企业是不是一个具有国际竞争力的大企业集团，国资委有一个衡量标准，就是：主业突出，公司治理良好；拥有自主知识产权的核心技术和国际知名品牌；具有较强的国际化经营能力和水平；综合指标在国际同行业中处于先进水平。按这个标准衡量南车，应该说我们各方面都还有差距，但只要奋力追赶，差距是能够很快弥补的。

南车经过这十多年的快速发展，在技术研发、内部管理、国际化经营等各个方面都取得了很大的进步。但是，与美国GE、德国西门子等一流的国际大企业集团深入对比，我们还是有许多的不足和差距：一是产品的国际影响力不够，特别在高端领域还没有真正树立起品牌。产品的品质还难以做到无可挑剔，产品影响力主要集中在几个区域，没有覆盖到整个世界范围。二是技术的独特性不足。除了相对优秀的系统集成技术和制造技术外，南车还缺乏足够份量的相关核心技术。新产业发展缓慢，就有这种因素，核心技术辐射相关产业的力度不够。三是企业的效益空间不深厚。南车的业务结构过于集中在轨道交通领域，产品定价权、市场话语权受到较大局限，效益提升的纵深空间不足，效益压力很大。四是员工的凝聚力还有待提升。在南车工作的员工，充满自信心和自豪感，以身在南车为荣，发自内心地愿意在企业工作，这一点还比不上跨国公司。南车员工的收入、薪酬福利还没有足够的吸引力，员工收入还不高，也不均衡，有些企业在当地平均线之下。南车员工的幸福指数还需要大幅提高。这些都说明，南车还是一个成长性的公司，还处在开疆辟土的阶段，要走的

路还很长。

未来一个时期，中国南车的发展，还是要立足国内，放眼世界，具有全球视野。一是成长为具有国际竞争力的大企业集团，二是在2020年我国全面建成小康社会之前跻身成为世界500强。成为具有国际竞争力的大企业集团，是从行业的角度衡量的，规模不一定非常大，但综合实力要在国际同行业里成为第一。南车提出2013年全力以赴进入千亿级企业行列，就是要巩固在行业里的地位，进一步提升国际竞争力。成为世界500强是一个伟大目标，以南车现有状况，不是近期能做到的，要努力更长的时间。业务不能局限在轨道交通装备行业，在其他一些行业领域也必须有较大的市场份额和影响力，这样才有足够大的规模跻身500强。

实际上，这些年南车一直在朝着这个目标努力。在努力的过程中，我们就是以美国GE、德国西门子等国际巨头为标杆，推动南车全面与国际接轨，力争在大多数方面能和GE、西门子处于一个平面。我们的主线一直十分清晰，就是最终推动南车成长为具有国际竞争力的大公司大集团，成为中国制造业的标志性公司。

二、成为我国先进制造业的排头兵是南车发展的方向

先进制造业是一个强盛国家赖以发展的基石。在我国新型工业化、信息化、城镇化、农业现代化的进程中，先进制造业市场空间广阔。我们目前从事的轨道交通装备制造属于先进制造业的范畴，而且处于高端位置。南车能制造出CRH380A、大功率电力机车等产品，而且有较好的商业化水平，说明在高端制造方面，我们有强大的制造能力、工艺能力、系统集成能力，我们的商业模式是成功的，是可以向其他领域的中大型高端装备复制的。

南车未来发展，仅凭轨道交通领域这一块是远远不够的，需要更多的业务增量的支撑，必须打开新的发展空间。对于要继续发展壮大的南车来说，轨道交通装备领域的市场空间，不仅营收规模增长确实太有限了，而且正在向一个完全市场竞争的格局演变，效益前景也不太乐观。对这个市场的过于依赖，还限制了我们已有的优势资源（制造能力、设计研发工艺能力、系统集成能力）的充分利用。因此，必须依靠我们的优势资源进入其他的制造领域，在轨道交通领域之外寻求更大的市场增量。在高端制造领域，可以发力的重点，应该是绿色环保的大型装备。也就是说，以轨道交通为轴心，依靠在轨道交通领域积累的核心技术和制造优势，实现前伸后延，形成几个产业平台，轨道交通领域只是其中最大的一个，尽快构建以绿色环保的大型装备为主的业务结构。十八大提出了建设生态文明、美丽中国的概念，可以预见，未来十年，国家在绿色环保领域的投入将是巨大的，市场需求可能出现爆发式的增长。对于我们这样一直致力于绿色环保的交通运输工具的企业，需求推动就是最大的政策利好。我们要沿着这个方向，把我们的优势牌打足，把南车绿色环保的形象塑造得更完美、更丰满。这与南车一直倡导的绿色、节能、环保的企业理念是相通的。

成为我国先进制造业的排头兵，是南车未来的发展方向。要勇为第一，保持第一。发展先进制造业是国家战略，是国家大力扶持的行业。南车在先进制造业方面表现出来的国际竞争力越强，就会越容易获得国家相对更多的政策优势、资源优势，逐渐占据市场竞争的主导地位，在中国下一轮的发展版图上就有可能获得优先发展的权利，把握住未来企业的命运。

南车虽然是我国轨道交通装备制造领域中最有影响、最有实力的两大集团之一，但

要看到，我们原来的起点并不高，技术积淀也不十分深厚，在国家层面整个高端制造领域影响力和号召力也并不强，要想成为我国先进制造业的排头兵，必须付出很多努力，走很长的路。

与世界先进水平相比，我国高端装备制造业整体仍存在较大差距。主要表现在：创新能力薄弱，核心技术和核心关键部件受制于人；基础配套能力发展滞后，装备主机面临“空壳化”；产品可靠性低，产业链高端缺位；产业规模小，市场满足率低；产业体系不健全，相关基础设施、服务体系建设明显滞后等。这些差距，换一个角度去看，就是机会。在国家今年发布的高端装备制造业“十二五”发展规划中，列出了很多南车都有能力介入的领域。我们可以依托已有的优势，以进口替代为前提，在深入研究的基础上，强力切入一两个行业。南车在高端装备制造业精耕细作这么多年，具备了一定的基础和能力。现在必须乘势而上、当仁不让，把我们的优势充分展现在市场上，展现到其他一些行业中，谋求更大的发展。我把这个叫做跨行业发展。

目前，高端装备制造的内涵正在变化，已上升到了国家竞争力的层面。中国制造正在面临“前堵后追”的双重夹击，制造业树立新的竞争优势已关乎中国经济的命运。所谓“前堵后追”，指的就是前有美国等国家“再工业化”围堵，后有新兴发展中国家的追赶竞争。我国中低端制造业产品的竞争力在不断被削弱，亟需在高端制造业产品上形成足够的竞争力，以保持和增强我国全球制造业大国的形象和实力。2008年金融危机之后，以“智能制造+低碳能源”为主要特征的“第三次工业革命”，正成为美国等国家走出危机的解决方法和新的经济增长点。美国、日本等国家制造业回归和“再工业化”，形成了当前国际产业转移中的“逆向流动”。第三次工业革命浪潮，是将人类第三次科技革命最为核心的技术——空间技术、生物工程、信息技术、新能源技术、新材料技术、海洋技术等诸多领域的技术革命，有意识地运用到传统产业和新的制造业中，发展高附加值的制造业。可以说，南车这几年实际上就是迎着第三次工业革命浪潮在前进，并且从中获益很大，只是我们还没有完全上升到自觉认识罢了。我们的成功产品，如CRH380A、大功率电力机车，都是把空间技术、信息技术、新材料技术等具体转化为网络控制技术、传感技术、车体轻量化技术后，运用到产品中，进而形成了高附加值的产品。未来制造业的方式也在发生变化，如大家热议的3D打印机等，都在悄悄地改变制造业的传统理念。外国公司在制造业上行动都如此紧迫，我们当然也不能停滞不前，必须奋起直追。

从CRH380A到大功率电力机车，我们高端制造的产品集中在机电制造领域，机电制造领域确实有足够的绿色环保节能的文章可做。我们现在已涉足了新能源设备、煤机、节能电机，还有海水淡化，这些方向都符合国家未来发展的需求，都有进口替代的机会。在方向明确以后，怎样快速做好做强是我们下一步要思考的关键。中国市场巨大，南车作为本土企业，同时还有央企的身份，这是那些国际制造业巨头在市场开拓方面不具备又特别羡慕的优势。现在很多巨头主动跟我们合作，就是看到了中国未来的市场潜力。所以我们自己肯定要先利用好这种潜力。

三、打造“效率南车、效益南车”是南车发展的原则

严峻的市场环境告诉我们，推动发展方式的转变刻不容缓。只有加快打造“效率南车、效益南车”，南车才能克服发展中的结构性矛盾，让发展之路变得平坦。国资委王勇主任7月份在央企负责人座谈会上指出，我国

发展方式正处在从规模数量型向质量效益型的转变过程中，要求中央企业加快转型升级，增强内生动力，在突出做强做优上，下更大功夫。刚刚结束的中央企业负责人会议又强调，要加快转变发展方式，提高发展质量和效益。南车今后的经营发展，必须要加快从重产能、产量向重效益、价值转变。在转型升级上，我们要有强烈的危机感和紧迫感。

目前，南车经营中主要有四大问题困扰。一是集团整体上增收不增利的趋势比较明显，经营质量亟需改善。二是高强度投资的消化问题。目前各种产品的产能都处于饱和甚至过剩的状态，难以达到预期回报。在市场瞬息万变的情况下，固定资产投资的风险系数越来越高。投资有时候就变成了负担。三是经营性现金流入不敷出的问题。去年到今年，集团经营活动现金呈现流出状态。在经济放缓的背景下，现金流就是企业的生命线。我们必须高度重视经营性现金流，千方百计平衡好收入增长和现金流的关系。四是新的支柱产业形成缓慢的问题。目前我们的主营业务过分集中在大铁路、集中在轨道交通领域，占到总收入的80%以上，不能有效对冲需求波动的风险，难以实现均衡经营。虽然这些年我们大力发展新产业，但发展的速度和效益与我们的期望有一定差距，存在着规模效应不够，核心技术缺乏，产品附加值低，经营粗放，盈利能力不强，市场竞争激烈等问题。

这些问题的出现，是市场环境变化的结果。我们正在面对一个产能过剩、竞争充分、需求不足的市场，包括大铁路市场也不例外。从大铁路市场来看，最近货车招标、客车招标改变办法，信号很明显，就是不再强调政策庇护的手段。所以，铁路市场过去那种订单份额比较固定、交货时间相对均衡、盈利空间相对有保障的经营大环境正在离我们远去，经营的不确定因素正在增多，一个相对充分竞争的市场环境正在加速形成。从城轨市场看，无序竞争把平均利润水平拉低到一个较低的水平，一直处于高投入而低回报甚至亏损的状态。从国际市场来看，欧美国家重振制造业的呼声愈演愈烈，我国人工成本、材料成本持续攀升，我们在国际市场招标中屡屡出现外国公司报价低于我们的现象，我们的价格优势正在失去。

要想改变这种市场格局，我们只能依靠从效率、效益两方面入手，内部增强发展动力，来加以克服和解决。

要结合精益生产，打造“效率南车”。南车的效率要从以下方面体现出来：一是市场反应度。快速响应市场需求，快速推出新产品，并形成简统化、模块化、型谱化，全面采用国际标准。这些要靠自主创新能力、创新的效率机制来保障；二是决策及时性。管控模式能够及时适应市场变化，有高效运转的决策和协调机制；信息化水平高，总部和子公司之间信息通畅、共享。三是劳动生产率高。改变部分企业仍然存在的，以劳动密集型的方式追求企业发展的做法，积极探索并形成人力资源节约型的有效机制，使南车的生产效率高出行业平均水平；四是执行力强。集团的决策执行到位，上下一致，内部管理扎实有效。

回顾南车发展快的原因，轨道交通建设的外部拉动是一方面，但我们内部勤奋、有激情、追求效率也是重要的因素，很多事情由于先人一步而在市场上争取到了主动地位。近些年，通过精益管理，我们在效率提升方面有了很好的基础，很多子公司摸索了很多切实可行的经验。现在强调效率，就是要在之前取得成绩的基础上，毫不松懈地把精益管理、管理提升工作做得更扎实、更到位。希望在我们工作的所有环节都追求效率，把关系到未来南车发展的最需要思考的和最重要的事，放在目前精神状态最好、最容易出成果的阶段来完成。

要以回报国家、社会、股东和员工的强烈的历史使命感，打造“效益南车”。南车的效益要从以下方面体现出来：一是产品高附加值。通过不断增加产品功能，加速升级换代，让产品价格保持在价格区间的高端。二是投资高回报率。更加有效地利用资源，用较少投资获取最大产出。三是品牌高价值。要努力让南车品牌产生溢价效应，形成更多的无形资产。四是服务高增值。精心打造产品维保服务体系，增加服务增值的比重。五是员工高收入。让员工享受企业发展的成果，增强企业凝聚力。“人民对美好生活的向往，就是我们的奋斗目标”。这是习近平总书记就职演说的一段话。员工收入不断提高，这是企业高管的责任。

“效率”体现在“快”，更体现在“实”；“效益”要体现在“好”。这两者结合起来就是国资委一直要求的又好又快。提升效率靠科学管理，提高效益靠高端制造。集团一直在抓精益管理。但子公司工作的水平高低不一。现在市场环境变了，我们要把更多的精力放在内部管理上，扎扎实实练内功，做好过冬的准备。打造“效率南车”的过程，就是督促大家彻底改变管理粗放状态的过程。要以精益管理为途径，围绕效率扎实开展管理提升活动，优化流程，堵塞漏洞，改善薄弱环节，真正提高效率。集团所有的子公司不可能都进入制造业的高端，难以都通过高附加值的产品获取较高效益，但可以通过效率提高、资产有效利用、成本降低获取合理的效益。

高端制造是确保经济效益的强力支撑。从CRH380A到大功率电力机车，这些高端产品的毛利率都相对好一些。高端制造的一般都是精致产品，讲究和强调产品的造型、设计、色彩搭配、核心功能和制造工艺的精细程度。我们中标港铁动车组，中标安卡拉地铁、南非电力机车，就是我们强调设计、强调材料、强调高水平加工的结果。我们奉献给了用户精致的产品，产品的高附加值才得以体现，在制造行业才能获得较可观的效益。

南车现在没有多少可以骄傲的资本。只有扎扎实实走过了“效率南车”、“效益南车”这个阶段，才会出现真正的责任南车、创新南车、幸福南车、绿色南车，成为我国高端制造的排头兵，牢固确立在我国制造业中的地位。这些年，我们发展得比较快，其他中央企业也发展迅速。南车要想在中央企业中脱颖而出，得到国家的更多扶持，还是要秉持加速追赶的态度和精神。

四、创新驱动是南车发展的路径

南车这些年的发展，成功的一条经验就是创新和变革。在当前环境下，要想提升核心竞争力，发展得更好更快，一定要坚持创新驱动的道路。国资委一直在推动中央企业培育国际竞争力，要求在经营中贯彻“战略引领、做强主业；价值导向、成本领先；标杆先进、质量提升；稳健发展、风险可控；系统推进、全面协同”的原则，推动企业更加高效地配置经济资源，更加有效地管控经营风险，实现做强做优。从南车实际经营情况看，我们要贯彻好上述原则，就必须在投资方式、业务结构、技术创新、并购重组上取得明显的突破和改变。要直面困难，敢于挑战，通过创新驱动，解决发展中的问题。

一是更加高效地配置资源。

关键是两项工作：谨慎投资，盘活存量。制造业未来走轻资产的路子是大趋势。可以说，南车大规模的固定资产投入将告一段落，每年60亿左右的高强度投资将不会再持续。今后的投资决策，要从产出回报的角度进行更加严谨的论证，投资额控制在30亿左右的规模。投资的方向将侧重于第二支柱产业的形成。单纯扩大轨道交通产能的投资项目将从严掌握，与地方政府合作的、市场前景不明朗的投资项目将从严掌握，主要形成非经营性资产的投资项目将从严掌握，产出回报率不到10%的投资项目将从严掌握。

分析这几年南车的投资情况，2007年至2011年，5年间南车共投资216亿元，总体来看，投资回报的总体状况还是比较合理的。营业收入从327亿元增长到826亿元，200亿元的投资撬动了500亿元营业收入的增长，营收增长是投资额的2.5倍。

投资回报的效果，可分为三大类型：一类投资相对集中在市场需求大、产能有瓶颈的铁路新产品，如动车、大功率机车，回报率比较高。第二类投资于一些市场竞争激烈的社会化产品，项目小、相对分散，这样的投资回报率低，速度慢，没有带来多少收入增量。第三类，主要是一些轨道交通产业的填平补齐项目，虽然投资较少，但带来了收入的稳定增长。

一个公司强大与否，不在于规模大小、资产雄厚与否，而在于盈利能力。集团内部相对强的几个子公司，如四方、株机、株所，大家看重他们的，不在于他们资产规模大，而是他们拥有核心技术能力，还有较高的盈利水平。

随着投资减少，后续发展的资产支撑，重点要考虑的必然是盘活现有存量资产。要把“四化”做彻底。“主机产品集约化、重要零部件专业化、一般零部件市场化、后勤辅助社会化”这个思路，我们做了许多年，但有些地方不到位。要强力推动形成内部科学的业务分工布局，真正达到规模化、集约化发展的目标。盘活存量，还要强力抓内部配套率，利用好集团内部的产能。随着铁道部的改革，过去统得过死的局面正在被打破，这为我们抓内部配套率创造了条件。要从业绩考核等方面推动子公司之间相互利用闲置产能和低效资产。最近南方汇通租借四方有限的铸锻产能，用来生产出口俄罗斯的摇枕侧架就是这种合作模式。各子公司都要有大局意识、整体意识，把集团整体利益放在第一位。

二是加快业务的结构性调整。

业务结构调整的关键，取决于新的支柱产业能不能快速崛起，支撑未来发展所需要的增量业务。形成新的支柱产业，需要全新的思维和观念。首先是对新产业重新定义。新产业应该有两层含义，一是应该是和轨道交通并驾齐驱、规模相当或相近的新的战略性产业；二是我们轨道交通领域的核心技术延伸到其他产业领域形成的新产品。这些年，我们只是把新产业作为轨道交通产业的副产品、补充业务，所以很难有高起点、大手笔的想法，无形中抑制了它的发展。这也是目前新产业涉足了10多个产业领域，但规模一直做不起来的原因。新产业要成为支柱，就要集中瞄准国家扶持的战略性新兴产业的一到两个分支，以绿色环保大型装备为主，和轨道交通装备一道，形成几个产业群。也就是说，依靠在轨道交通领域积累的核心技术和制造优势，形成几个跨领域的产业平台，规模应该是轨道交通业务规模一半或三分之一，丰富和强化南车作为绿色环保大型装备制造商的形象，为南车的更大发展提供市场增量。现在我们做的煤机，就是这种思路。

现有的新产业有很多经验教训值得总结。只关注制造环节，核心技术并不完整。核心技术存在着起点不高，整体性不强的问题。因此，在市场竞争十分激烈的领域，不仅产品价格比较低，而且回款非常困难，未来的发展道路就比较艰难。

选择战略产业平台并推动快速发展，要和集团的规模、实力、目标相匹配，更加借重集团优势。这就要求在集团层面完整地、全面地规划一个整体方案。产业领域的选择，进入的方法途径的选择，市场拓展方式的选择，资源投入的重点企业的选择等等，都要有一个完整的构想。新产业的拓展，和轨道交通运作类似，也要发挥集团、子公司两个积极性。集团规划产业发展模式，控制资金投入的规模、节奏，项目具体执行由子公司完成，这样既能发挥南车的集团优势，也利于具体运营效率的提高。新的产业不是全面铺摊子，要求所有子公司都去做，而是明确几个重点子公司来实施。新产业发展初期，职业经理人的作用十分关键。要有一些人大胆去想、去闯、去干，去捕捉稍纵即逝的市场机会。所以在培育机制上、激励机制上也要有突破、有新办法。

三是完善技术创新体系。

技术创新是南车发展的不竭动力。在南车处于转型攻坚、创新发展的重要关头，加快提升技术创新实力，关乎南车未来发展。我们现在已建立了产学研用的创新模式，要紧紧围绕市场需求，加快技术创新。一要加速核心技术的研究。包括制造业基础共性技术、轨道交通专有技术以及工程化制造技术等三个方面，夯实技术底蕴。只有形成完整的、谱系化的核心技术实力，南车在重大装备制造领域才会真正拥有行业核心地位和话语权；南车未来的核心技术，要集中体现为一种快速设计、快速制造能力，在最短时间内提供满足用户个性化需求的定制产品。二要有效整合现有的技术创新资源。通过建立中央研究院，有效定位集团和子公司技术研发的不同侧重点，分层级研究相关技术。建立技术共享机制，消除集团内部人为的技术分割，从市场层面上约定分享创新带来的市场成果。整合科研人才资源，最大程度地提高研发效率，避免低水平的重复研究。三要围绕客户需求带动技术创新。创新技术要涵盖产品整个价值链。要加大产品技术储备的力度，以产品平台为依托，提供不同运营环境下的细化品种。结合产品运用安全，把解决源头质量问题作为技术创新的重点。

四是加快推动并购重组。

大型制造企业的发展，很多时候都伴随并购重组的过程。GE的商业模式，南车可以借鉴很多东西。目前我们在资本运作方面已做了许多尝试，开展资本运作的条件和环境正在逐渐形成。

并购重组是南车快速壮大、提升核心竞争力的重要途径。但对并购什么样的公司，并购后能够承担多大风险，事先我们一定要心中有数。目前的并购，可以有两个方向，风险都是相对可控的。一个方向是国际小型公司。并购的几条基本原则，一是规模较小，在我们的能力范围内，风险能够自我消化；二是技术公司为主，拥有核心技术、专业化程度高的设计公司或关键零部件公司，与南车主业发展有互补关系；三是并购的价格比较合适，性价比较高。总的来说，要把风险可控放在第一位。第二个方向是国内的大型国企或规范的股份制公司，风险也较小。目前国内一些机械行业的企业，经营遇到了较多困难。类似的企业可以作为我们追踪的方向。

对于并购，重要的是前期的准备工作要做得很扎实。很多成功的并购案例都是跟踪了很多年才得以完成的。所以，我们当前首要工作是积极寻找和筛选战略协同效应好、资产规模适中、公司迫切需要的目标企业，分析研究跟踪潜在的并购对象，等待并购良机的到来。现在集团有投资公司、租赁公司、财务公司、国际公司，业务开展中会接触或参与一些股权项目。这为我们开展一些新兴产业的并购打下了基础。

五、奋发有为的企业文化内核是南车发展的精神动力

企业文化影响企业发展的快慢。突出“积极向上、奋发有为”的文化内核，不断深化南车企业文化建设和品牌推广，能够为南车员工攻坚克难、创新发展提供精神动力。

第一，提升整体履职能力，建设充满斗志的领导团队。今年，子公司领导班子调整的幅度比较大，而各项工作的新突破、新起色，要求带头人必须充满激情、充满斗志，所以班子建设是2013年的一项重点工作。一是加强能力建设，提升决策水平。一个规范公司的标志之一，就是“三会一层”正常运转。不断加强集团董事会建设，既是国资委倡导的，也是南车国际化的自身需要。要通过董事会建设，形成完善的公司治理机制，依靠集体智慧，保证科学决策，避免重大决策失误，确保国有资产保值增值。今年，为提高各子公司领导班子成员的能力，集团推出了“CSR•V”领导力模型，建立了中高级职业经理人评价标准体系，大家要据此为指导，加强学习，提升各方面的素质和能力，提高履职水平。二是改进工作作风，做好表率作用。中央八条规定，向我们各级领导干部发出了改进工作作风的动员令。改进工作作风，就要从大处着眼，从小处入手，从严从实。我们要以“君子检身，常若有过”的态度，经常检视自己的工作和思想，时刻保持清醒的头脑，时刻把握住自己，确保“大道”不偏离，“小节”不丧失，以自身正气鼓舞员工斗志。要时刻保持克难攻坚、奋发有为的精神状态，树立求真务实、真抓实干的良好作风，切实增强忧患意识、危机意识、大局意识、进取意识、实干意识，努力形成团结奋进干事业的良好局面。

第二，紧紧依靠员工群众，建设充满创造的员工队伍。每一家国际化公司，都是员工创造力异常活跃的公司。在加快转型升级，增强内生动力的过程中，员工创新对南车发展至关重要。我们的很多经营举措、技术革新都来自于员工的智慧和创造力。要充分认识到，我们为员工提供的发展平台有多大，员工的创造力就有多大。一是形成“人才优先、以用为本”的机制，促进人才辈出。完善核心管理人才、核心技术人才和核心技能人才选拔管理办法。积极参与新世纪百千万人才工程，促进专家人才发展；搭建高端技能人才开展技术攻关创新和高技能人才培养的平台，发挥好技能大师的作用。坚持价值引领分配导向，提升激励效能。通过“提低、扩中、限高”，保持员工工资水平的适度合理增长。提供员工参与企业管理的平台，容忍探索和失败，形成鼓励创造的机制。高度重视民生，及时解决员工的合理诉求，认真解决员工最关心最直接最现实的利益问题，把员工的力量都凝聚到南车创新发展的过程中。

第三，提高党建科学化水平，营造充满和谐的企业环境。2013 年党建的首要工作是认真学习贯彻党的十八大精神。党的十八大报告，博大精深、意义深远，要学习好、领会好、贯彻好，必须花更多的时间，下更大的功夫。要专题研讨十八大报告的新思想、新观点、新论断，进一步提高认识，统一思想；要采取“紧扣主题、分层实施、联系实际、推进工作、强化落实”的方式提高学习效果，把十八大精神的学习领会贯彻全年工作的始终。党建工作还要充分发挥好思想引领的作用，把党的思想组织优势转化为企业发展的经营优势和市场优势。要通过对热点、焦点问题的关注和研讨，营造企业良好工作氛围，引导全体员工团结一心，以更加饱满的精神风貌投入到工作中去。要加强党风廉政建设。以落实责任制为龙头深入推进惩防体系建设，制订好下一个五年惩防体系工作规划，强化党内监督，完善领导干部廉政考核制度，以廉政促发展。董事长、党委书记，在抓好党建、管好班子、带好队伍的同时，也要抓管理、抓市场，推动精益生产、管理提升，增加在手订单。

转 型 与 突 破

——集团公司总经理，股份公司董事长、党委书记郑昌泓在2013中国南车高峰论坛上的讲话（摘要）

（2013年8月22日）

经过几年的高速发展，面对市场环境的深刻变化，有必要对集团的战略目标、经营策略、商业模式、组织架构进行梳理和反思，以确保南车在未来发展中占据主动。

任何成功的改革，都是凝聚共识，进而调动各方力量共同推动的结果。当前，形势逼人，改革正在与时间赛跑，不改革就无法创造新一轮“制度红利”，无法释放集团内部蕴藏的巨大潜力，无法顺应转换增长方式的要求、抓住新时期的战略机遇。可以说，“要不要改革”已无疑义，而“改什么”、“从哪改”、“怎么改”需要进一步增进共识。在改革和转型升级的问题上，思考要主动，行动要坚决，越等越被动。

一、围绕员工收入倍增谋划南车未来

南车未来发展需要一个振奋人心、比较量化的目标。我认为，这个目标就是“员工收入倍增计划”。“员工收入倍增计划”，即南车员工工资收入到2018年达到10万元，在2010年5万元水平上翻一番，比党的十八大提出的两个翻一番目标提前两年。

提出这个目标的重要考虑，就是以员工收入倍增为牵引，优化业务结构，提升增长质量，加快南车发展。“员工收入倍增计划”就是南车未来发展的牛鼻子。牵住了这个牛鼻子，就可以提纲挈领，围绕这个计划制定相应的业务调整计划、资源整合计划、效益提升计划、机构改革计划、人力支撑计划等等，形成一个完整的目标支撑体系，推动南车进入新的发展轨道。

南车员工2012年人均工资是6.4万元，若要实现翻番，从2013年开始，这6年每年增幅需在7%—8%。2008—2012年南车人均工资平均增幅是16.8%。今后几年绝对增幅虽然看起来不高，但要实现并不容易。

员工收入倍增计划，主要承受三方面的压力：

一是盈利压力。按照“两低于”原则，从薪酬增幅倒推净利润增幅，2018年南车股份的归属母公司净利润要达到62.4亿元，这样才能满足国资委提取工资总额的要求。按2012年数据，营业收入905亿元，归属母公司净利润40.1亿元，6年间净利润增幅是近30亿元，而且产品毛利率还要保持在17.5%左右。考虑2013年的实际情况，今后5年利润增幅必须更高些才能弥补今年的不足。另外，今后几年利润的增长还要相对均衡，以避免单一年度过多增长触及工资调控的上限。总之，在现有产品、业务的盈利潜力基本都被发掘的情况下，如何保持高盈利水平，找到新的高盈利业务，对我们是一个考验。

二是营收压力。简单类比测算，若2018年员工工资增长到10万元，营业收入至少要1685.5亿元，才能消化高达170亿元的人工成本。今后5年营业收入的年均增幅需在

11%以上。虽然以往 5 年我们营收增幅是年均 26.1%，但未来几年，11%的年均增幅难度也很大。

三是人员压力。以往 5 年，我们的从业人员是按年均 3.81%的速度增加的。未来几年，业务增长，需要员工的数量也会相应增长，即使按年均 3.81%的增幅，2018 年也在 11.3 万人左右。要提高全员平均工资水平，就必须严格控制人员数量，提高劳动生产率。

推动实现员工收入倍增计划，是我们的使命和责任：

一是阐释了南车人的中国梦。习总书记描述中国梦时，用了“三个共同”：共同享有人生出彩的机会，共同享有梦想成真的机会，共同享有同祖国和时代一起成长与进步的机会。中国梦表达的就是中国人共享幸福。在南车这个大集体里，员工收入倍增，就是激励 9 万名员工去圆一个实实在在的中国梦。这个梦，会把大家的利益都和集团发展牢牢绑在一起，凝聚大家的力量，发挥每一个人的聪明才智，朝一个方向努力，形成全集团强大的合力。

二是倡导了新的经营理念。党的十八大提出的翻一番目标，与过去明显不同，除国民生产总值外，多了全民收入这个指标。其深刻的意义就是扭转单纯追求 GDP 的发展理念，关注普通民众的幸福。未来南车的经营，也必须更加注重增长的质量和效益。收入倍增计划，就是要通过员工收入这个载体，强调经济效益、员工收入的硬性要求，淡化对营业收入的刻意追求，把经营的落脚点放在高质量的增长上，放在发展高盈利的业务上。

三是体现了班子对未来发展的信心。提出 2018 年实现员工收入倍增，比全国提前两年，这是领导班子自我增添工作压力和动力，对南车未来充满信心的表现。同时，也逼着大家振作努力，多想事情、干好事情。

实现这个目标，我们还是有信心和基础的。

一是轨道交通领域，未来几年需求稳定，奠定了我们进一步在其他领域发展的基础。就铁路来说，目前国家正在进行铁路投融资体制改革，以中央财政性资金为引导，多方式多渠道筹集建设资金。资金问题的解决，将助推铁路加快建设。按照规划，2015 年，我国铁路营业里程将达到 12.3 万公里，但截至 2012 年年底，全国铁路营业里程为 9.8 万公里，差距为 2.5 万公里。如果要完成规划，则“十二五”后 3 年，平均每年要开通运营 8300 公里铁路。今年铁路固定资产投资从年初计划的 6500 亿元上调到 6900 亿元，明后两年总计将完成投资 1.4 万亿元。铁路建设的推进，就意味着铁路装备的稳定需求。

二是南车作为中央企业，以高端装备制造的优势，我们有着更强开拓新业务的能力、更多捕捉高盈利机会的能力。最近国资委公布了央企上市公司 2012 年度综合实力排名，截至 2012 年底，115 家央企中，91 家实际控制了 373 家境内外上市公司。中国南车排名第 13 位，北车排名 35 位。这个排名是根据市值、净利润、净资产收益率、收入增长率和利息保障倍数 5 个指标的评价分数确定的。在整个央企范围内，社会对我们的评价还是很正面的。推进中央企业做强做优的 10 家重点联系企业之一，这些外部资源是一笔财富，我们要利用好。

二、优化业务结构是当务之急

上半年经营的被动局面，让我们深深感到，必须尽快改变业务结构单一的问题。不断拓展新的发展空间，是企业家永恒的课题。没有新的业务增量，没有新的市场支撑，没有新的经济增长点，员工收入倍增计划就无法实现。要通过打基础，经过两三年的过渡期，重新回到高增长的轨道上。

南车的发展，眼睛不能不盯着轨道交通，但眼睛也不能只盯着轨道交通。要瞄准中国经济升级版的机遇，形成一种“主业突出、适度多元、体系协同、产融结合”的新的业务格局。主业突出，就是突出在轨道交通领域的特色和优势；适度多元，就是新业务领域不要太宽，产品跨度不要太大，投资相对集中；体系协同，就是新拓展业务与现有业务能够协同，共享技术和制造等要素平台；产融结合，就是联手金融资本，拓展市场，争取发展空间。要通过业务结构调整，为轨道交通业务注入新的生命力，让新兴产业尽快走上稳定高效的发展轨道。

目前南车业务的结构比例过于单一。轨道交通收入占到了 80%，其中大铁路占到了 60%以上，企业发展完全依赖于轨道交通领域，制约了未来发展的高度和空间。要经过几年的努力，着力把业务构成调整到合理的比例状态。可以分两步走：第一步，到 2018 年轨道交通收入占 60%，其他产业 40%；利润构成，轨道交通业务为 70%，其他业务为 30%。第二步是中期目标，轨道交通收入占 40%，其他产业 60%；利润构成中轨道交通为 40%，其他业务为 60%。

业务结构调整我们提了多年，进展不明显的原因，可归纳为三点：一是除轨道交通外，重点要进入什么产业领域一直不明晰；二是新产业的发展，没有以资源为支撑的系统规划，没有营造快速壮大的环境；三是我们的指挥棒一直围绕轨道交通转，跨行业发展没有真正上升为集团的战略任务。

现在，跨行业发展必须真正成为集团的战略任务抓紧实施。集团做好顶层设计，明确产业领域、业务方向，然后寻找具体的突破点，明确具体运作方式。当前要做好以下工作：一是今年底以前，对重点进入产业领域，有一个明确的说法；二是今年底以前，对新进入产业领域的重点研发产品、相关技术有一个明确的意见；三是今年底以前，对资源支撑要有一个详细的规划；四是明年 6 月底以前，要拿出一个能够支撑员工收入倍增计划的完整的业务结构调整总体方案。为此，要倾集团之力，成立一个由精兵强将组成的比较庞大的市场调研队伍，分成多个小组到相关市场领域进行调研分析，最后进行决策。

业务结构调整，要聚焦主业，突出主营业务。我们的主业就是高端制造。实行“跨行业发展、国际化经营”，就是依托高端制造的平台，在国际上把轨道交通产品做成世界品牌，并利用南车的品牌，整合社会资源，向轨道交通之外的其他业务领域有限而集中地扩张。

我们重点跨入的行业领域，推出的产品和服务，大的思路还是坚持打绿色制造牌，深耕节能环保领域，把制造业的数字化智能化和节能环保的装备需求相融合。我们的核心技术，如变流技术、车体轻量化技术等，一直走的是节能环保的路线，我们有条件把相关技术整合成一个节能环保的技术包。我们的生产方式，主要是多品种、小批量，基本上属定制化生产。这些都契合未来节能环保领域的市场需求。在轨道交通领域，我们是“以产品求发展”。未来打绿色制造牌，要“以技术求发展，以理念求发展”。我国的产业升级，经历了轻纺、家电、基础设施建设，再到目前的住房汽车，下一步应该是“美丽中国、城镇生活”的时代。生态环保是全社会的热点焦点，政府的压力很大，目前也有钱来改善生态环境，所以未来商机广阔。为节能环保领域提供高端装备和服务，我们的产品，都要加快向数字化和智能化靠拢，抢占制造业未来的制高点。

南车这几年发展快，追根溯源是 2004 年的产业升级。但 2004 年的产业升级不是一次我们企业的主动升级，是被国家政策、被铁道部推动的，在技术引进没风险、产品市场没风险的情况下顺利完成了。因此，这一次升级并没有真正考验和锻炼我们转型升级的决策能力。现在的转型，相比2004年，难度和复杂程度超乎想象，要跳出熟悉的领域，定位新产业，统筹规划，寻找突破口，是对我们驾驭市场能力的一次考验。所以，我们要上下努力，以清晰的思维和行动紧迫感，在集团"顶层设计"与子公司摸索的有机结合中协调推进。转型升级会有阵痛期，可能出现业务调整带来的收入低潮，所以，我们要有容忍目前低增长的心理准备，同时，扎实做好各项工作，对未来的高增长抱有信心、充满期待。

三、下定决心重塑商业模式

商业模式主要解决两大问题：价值创造和资源效率。过去这些年，南车的商业模式，是在生产制造环节获取价值的模式，属于非常典型的传统制造业的盈利模式。这个模式比较成功的原因，是由于当时比较特殊的市场环境，是铁道部的准入壁垒和政策保护以及南车先天央企优势共同作用的产物。这种商业模式之所以能够大行其道，核心原因在于我们处于政府主导的以产品为中心的保护性的市场体系，需求旺盛。

现在一切都在悄然变化，原来的市场体系正在瓦解，产能过剩造成供求关系倒置，低成本时代到来了。

1. 产品供需失衡。我国的制造业普遍存在产能过剩的问题，大家都为富余产能找出路。消化产能的周期，可能需要2～3年时间，也就是到2016年。考虑到外部红利快速减退等因素，这一周期甚至会被拉得更长。

2. 客户环境变化。铁路总公司成为经营主体，我们不会再享受政策保护，过去的准入壁垒和寡头优势在减弱。各城市地铁受地方债务平台风险制约，建设放缓。客户喜欢性价比更高的产品。客户转嫁过来的经营压力，我们要接得住。

3. 要素成本上升。产品价格是下降的趋势，而人工成本刚性增长。其他如融资成本、研发成本、营销费用也在上升。价格下降、成本上升挤压利润的空间。我国工资水平上升是未来的趋势，是中国梦的一部分。

要不断提升利润水平，进而保证员工收入倍增计划的完成，就需要创新商业模式。新的商业模式必须在价值创造和资源效率上适应低成本时代的内在要求，用较小的投入、较少的资源获得更多的回报、更好的效益。我认为核心有两点：一是大制造概念，二是轻资产运作。大制造概念，就是以装备制造为平台，发挥产业杠杆作用，开展混业经营，把南车发展成为一个综合性的制造服务业集团，从单一专业化制造的企业转变为一个包括制造在内的混业经营的企业。具体到经营方式上，就是从偏重于制造过程扩展到重视产品功能和服务方面。过去我们注重制造优势，把生产制造这个环节打造得很强，所以有世界一流的厂房、设备。未来要在此基础上，进一步强化技术，强化品牌，挖掘设计、技术、服务、品牌渠道等方面的商机，向微笑曲线两端要效益。第三次工业革命，重点就是通过新能源和新材料的应用及其与互联网技术的融合，强化设计和服务，以个性化定制为主的生产方式，更有效地满足用户需求。今后我们的资源投入更多地要用于研发和品牌建设。轻资产运作，就是注重利用资源杠杆，提高利用外部资源的能力。作为知名央企，我们自身有很多潜在的政策、金融、产业的便利和红利，要做好战略协议签订的后续工作，开发利用好南车品牌的附加值。这就要求我们的经营思维要从专注于制造中跳出来，逐步转向以产品推广、引导需求为主。

产融结合要有新突破。高盈利业务在南

车总业务中的比重要不断提高。成为央企佼佼者，就要有佼佼者的做事方式。目前我国100 多家央企集团中约有 1/3 以上开展了不同程度的产业投资金融业务。开展产融结合，可以获得高收益，满足集团产业的金融服务需要，降低金融交易成本，促进国际化经营，提高管理水平，提升公司价值。

四、以勇气和智慧进行组织变革

南车目前在集团管控方面，存在两个问题：一是“管不好”、“管不了”。总部的很多职能管理没有有效执行。二是“内部打架”的问题。集团同质性业务内部竞争严重，难以做到对业务的全盘部署，无法形成协同效应。这种“集而不团”的问题主要是历史原因造成的，是“先有儿子后有老子”的必然反应。在当前铁路改革的情况下，为了实现南车员工收入倍增计划，必须改变集团管控方式，进行组织变革，发挥好集团这只“看得见的手”的作用，实现集团整体的高效率、高效益。

国际领先企业的组织架构，一般都是“集团公司——业务单元”的架构，这种通过划分业务线条构建业务管理架构的模式，有利于业务组合的管理和投资方向的把握，实现企业总体价值的最大化；有利于设定绩效目标，合理分配资源，实现专业化管理，不断提升各业务领域的核心竞争力；有利于绩效责任层层落实到人，实现奖惩分明有力；有利于在同质性业务中建立标准化、统一化的管理基础，形成协同效应。

南车也要从“集团公司——成员单位”向“集团公司——业务单元”转变，向“小总部、大战略”转变。这种转变，实质上就是要向做实事业部的方向努力。事业部作为业务单元，负责业务的总体发展和占用资本回报，以实现业务绩效管理和核心竞争力提升。考虑到轨道交通市场招投标的特殊性，事业部重点突出业务管理的线条，法人实体的目的是满足法律和合同要求。

转变为“集团公司——业务单元”的管控模式，总部的角色定位必然发生实质性的变化，将从集中的职能管控向战略管控转变，重点管控战略。会形成一个以战略为导向、以组织架构为框架、以管理控制内容为核心、以流程和制度为基础的评估调整的动态系统。转变为战略管控，总部对业务单元的强大财务管控能力是成功的关键。

在组织变革上，我们可以采取渐进式变革，以不引起剧烈震荡为前提，随着业务调整的进程和效果，相应地调整和变化有关组织机构。要通过组织变革，达到以下目的：一是保证新的产业在拓展时得到足够的资源支持，包括人员、资金等；二是提高南车业务结构调整和商业模式重建的工作效率；三是从长远看，要按照新业务的开展，有利于对子公司的资产顺利实施整合。

在轨道交通市场复杂多变的环境下，我们的组织架构必须保持灵活性和适应性。要以资源高效利用为思路，规范调整集团与子公司之间、子公司与子公司之间的关系，按照业务线条建立一种新的管控方式。要把业务调整和组织变革有机结合，共同推进。按照业务线条进行管理，可以清晰看到各个核心业务单元的业绩表现，对业务和投资组合做出明确判断。企业规模不同，业务构成不同，技术创新能力不同，管理水平不同，市场对象不同，发展也需要梯度升级。我们未来要发展的是高技术含量的新业务，依靠的主体主要是有核心技术的子公司。新业务的发展要和子公司业务、资源的整合结合起来，规划一个现有业务的有序转移的路径。

五、创新管理丰富管理内涵

要创新管理，尽快构筑低成本的经营能力。现在的市场，是一个无序的市场，也是一个理性的市场，是无序中充满理性。这种市场状态，更加考量我们管理的真功夫。这些年南车的管理一直在进步，一个阶段有一个阶段的特色。现在又到了一个以成本为中心的管理提升阶段了。

与市场竞争的激烈状况相比，要看到我们的管理现状并不乐观。与优秀的民营企业相比有差距，用外面的眼光深入到我们内部，管理上问题也不少。民营企业的管理，许多环节基本能和国际知名企业在一个层面上，管理水平让人吃惊。借助外面的眼睛审视我们的管理，去年末开展的国资委经济责任审计，审计报告第一稿共提出 6 大类 130 个问题，很多问题让人如坐针毡。

南车作为“做强做优、培育具有国际竞争力世界一流企业”的重点联系单位，国资委对于我们在管理方面达到一流水平也给予了厚望，希望我们成为一流管理的先行探路者和经验提供者。因此，南车要按照国资委的要求，扎实深入开展管理提升活动，持续推进制度化、标准化、流程化、信息化的管理体系建设，通过创新驱动不断深化和丰富管理内涵，全面构筑低成本的经营能力，为转型升级和商业模式创新提供支撑和基础保障。

一是思想意识上高度重视管理。低成本时代，成本就是管理的落脚点和突破点。现在，中国铁路总公司转换为企业后，必然向供应商转嫁经营压力，其他市场主体也是这样。在这种用户环境下，各项业务面临的成本压力越来越大，特别是人工成本刚性上升的情况下，必须在其他方面降低成本，才能保持“低成本竞争、高品质管理”的竞争优势。因此，集团全体员工都要在思想上、意识上、文化上，围绕成本这个核心，把强化管理作为企业生存的必修课。

二是工作环节上夯实管理基础。要持续精益管理，通过细节管理促提升。管理上要关注细节，见微知著。以出国团组来看，近几年都是 20%以上的增长。我们是要坚定不移地走出去，但在出国人员的控制方面还是要精细，费用还是要节省。其他费用如业务招待费也是这样。集中采购是降本增效的重要手段，还要强力推行。许多央企集采比例比较高，抓好集采就是在“寻找富矿”。我们的大宗物资的集采率要逐步达到 40%以上。集团统一建集采平台，有统一的采购标准，按照统一的采购流程实施。现在的管理提升都和信息化建设有密切关系。要加快集团的信息化建设步伐，扩大信息共享的幅度和深度，减少企业内部以及企业之间“信息孤岛”。

三是目标责任上落实成本指标。今年，为了做到降本增效，我们提出了管理费用、销售费用的可控部分较年初下降 5%的指标。压缩未发生的年度会议费支出预算 50%，压缩未发生的年度业务招待费支出预算 50%，压缩未发生的年度差旅费支出预算 30%。这些经营的目标责任，要分解到班组甚至个人，实现“指标层层分解、责任层层落实、压力层层传递、活力层层激发”。严格管理、严格考核看起来不近人情，但会实实在在提高企业的经营效益和质量。管理无止境，提升无终点。我们就是要通过强化管理，打造竞争新优势。

南车现在站在了历史和未来的转折节点，成为世界一流企业是我们的内心呐喊。面对压力和挑战，激发出的是南车人那种敢创造的精神、担天下的情怀、不服输的劲头。我们要把这种精神和劲头转化为实际态度和行动，向着我们的目标昂扬进取，奋蹄疾驰。

深刻认识意义　准确把握要求
扎实开展活动　切实转变作风

——集团公司总经理，股份公司董事长、党委书记郑昌泓在中国南车党的群众路线教育实践活动动员大会上的讲话（摘要）

（2013 年 7 月 15 日）

在全党深入开展党的群众路线教育实践活动，是党的十八大作出的重大战略部署。根据中央和国资委的统一安排并经国资委督导组同意，今天，我们召开中国南车党的群众路线教育实践活动动员大会，对中国南车教育实践活动进行动员部署。

一、充分认识开展党的群众路线教育实践活动的重要性

党的十八大明确提出，要在全党深入开展以“为民、务实、清廉”为主要内容的党的群众路线教育实践活动。按照中央和国资委党委部署要求，开展好党的群众路线教育实践活动，是南车当前和今后一段时期最重要的政治任务。

1. 开展党的群众路线教育实践活动，是落实党的十八大精神，推动实现中国梦的重大举措。

在长期的革命、建设和改革实践过程中，我们党在马克思主义群众观点的基础上，形成和发展起了独具魅力和强大生命力的群众路线。一切为了群众、一切依靠群众、从群众中来、到群众中去，已经成为我们党的根本工作路线、优良传统和政治优势。党的十八大在我国新的历史时期和新的发展起点上，继往承前，对全面推进社会主义建设作出了新的战略部署，提出了两个一百年的奋斗目标。十八大之后，习近平总书记提出了中华民族伟大复兴的中国梦。实现党的十八大确定的奋斗目标，实现中国梦，必须继续坚持群众路线，紧紧地依靠人民群众。开展党的群众路线教育实践活动，就是为了改进作风，增强我们党在新时期的凝聚力、号召力，就是为了进一步坚定自信、增强自觉、实现自强，激发社会活力，把最广大人民群众的积极性、主动性和创造性都发挥出来，汇聚成实现十八大目标和中国梦的强大智慧和不竭动力。落实十八大目标和中国梦，具体到南车，就是要按照国资委十家重点联系企业的具体要求，“做强做优、培育具有国际竞争力的世界一流企业”。当前就是要加快转型发展，按照“国际化经营、跨行业发展”的指导思想，打造“双效”南车，努力成为我国先进制造业的排头兵。南车教育实践活动的出发点和立足点就是坚持党的群众路线方针，凝聚全体员工的智慧和力量，团结全体员工全力以赴促进南车发展，助力中国梦。

2. 开展党的群众路线教育实践活动，是密切党同人民群众的血肉联系，巩固党执政的群众基础的必然要求。

历史告诉我们，人心向背，是决定一个政党、一个政权盛衰的根本因素。“求木之长者，必固其根本，欲流之远者，必浚其泉源。”人民群众就是我们党存在和发展的根本，就是我们党永葆青春的活力源泉。我们党历来重视保持同人民群众的密切关系。回顾92年党的光辉历程，群众路线是一条非常突出的主线。顺民意、谋民利贯穿始终，形成了我们党同人民群众的鱼水关系和血肉联系，牢固铸就了我们党的执政根基。当前，我们党面临的形势十分复杂，需要应对各种风险、矛盾和挑战，包括来自内部的。一些领导干部形式主义、官僚主义、享乐主义和奢靡之风严重，损害了党的形象和党群关系。开展党的群众路线教育实践活动，就是要继承和发扬我们党群众工作的优良传统，改进作风，增强宗旨意识，把人民群众最关心、最直接、最现实的问题放在心上、落到实处，让人民群众得到实实在在的利益，提高党在人民群众中的威信和人民群众对党的政治认同，巩固党执政的群众基础。对于南车而言，就是要通过教育实践活动，加强对党员干部尤其是领导干部的马克思主义群众观点和党的群众路线教育，相信依靠员工群众，以优良的作风团结员工群众，共同推动南车科学发展，并真正让员工群众从中获益。

3. 开展党的群众路线教育实践活动，是解决“四风”方面的突出问题，保持党的先进性和纯洁性的迫切需要。

对当前各级党组织和党员、干部贯彻执行党的群众路线情况和党群干群关系，中央总体上是肯定的。中央也看到，面对世情、国情、党情的深刻变化，精神懈怠危险、能力不足危险、脱离群众危险、消极腐败危险正在更加尖锐地摆在全党面前，党内脱离群众的现象大量存在，一些问题还相当严重，集中表现在形式主义、官僚主义、享乐主义和奢靡之风这“四风”上，并对每个方面的具体表现作了进一步总结阐述。其中一些问题在我们企业也有不同范围、不同程度的存在，并表现为一定的形式：

在形式主义方面，主要表现为知行不一，学习工作不够扎实、深入，不够重视实效。有的不认真学习党的理论和做好工作所需的知识，不重视学习，不珍惜学习机会，学了也是浅尝辄止，不求甚解，更不会在实践中认真运用；有的工作浮在表面，注重形式多过实质，讲求对上有个交代，以会议落实会议、以文件落实文件，表态积极、反映热烈，就是工作不见成效；有的抓工作不够持之以恒，虎头蛇尾，检查整改一轮接一轮，很多问题却屡禁不止；有的不注重调查研究，调查研究也是走马观花，不够深入实际；有的对虚假情况、虚报数字、虚增收入听之任之，报喜不报忧。

在官僚主义方面，主要表现为服务意识不够，高高在上，唯我独尊，自我膨胀。有的对实际情况了解关注不够，不愿帮助困难企业解决实际问题，工作上敷衍塞责、推诿扯皮、得过且过；有的对待上级部署囫囵吞枣、断章取义，执行上级决定照本宣科、生搬硬套，不顾本单位实际情况；有的独断专行，一切向我看齐、听我指挥，不能以开放的胸怀对待批评和建议；有的不顾实际情况，不管经济效益，盲目争资源、铺摊子、上项目，留下一堆后遗症；有的没有正确处理管理和服务的关系，摆官架子，脱离员工群众；有的不会做员工群众工作，不懂员工群众心理，工作方法生硬粗暴，缺乏张弛有度的人格魅力。

在享乐主义和奢靡之风方面，主要表现为不思进取，信念动摇，贪图享受，讲究排场，铺张浪费。有的拈轻怕重，安于现状，满足于现有的学识和见解，缺乏目标和动力；有的追求物质享受，丧失艰苦奋斗的优良传统；有的超标准享受职务消费，并对此安之若素、习以为常；有的用公款大吃大喝，以各种名义用公款安排高档娱乐消费活动。

应当肯定的是，我们企业各级领导干部队伍的整体素质和作风形象是好的，党群干群关系也是比较好的，这是主流。对于存在的少数问题和不良风气，我们要按照中央部署和国资委党委要求，来一次大排查、大检修、大扫除，以作风建设促进企业党的各方面建设，始终保持企业各级党组织、党员领导干部的先进性、纯洁性。

4. 开展党的群众路线教育实践活动，是凝聚广大员工群众的心智，推动双效南车建设、实现世界一流目标的强大动力。

坚持群众路线，最重要的是能够为员工群众谋利益。企业健康发展是员工群众最大的也是最根本的利益保障。因此，我们开展党的群众路线教育实践活动的出发点和归宿应当落在推动企业发展上面。目前我们的发展任务就是打造“双效”南车，把南车做强做优、培育成具有国际竞争力的世界一流企业。在国内外宏观经济形势和行业环境变化的影响下，眼下我们南车正在面临发展瓶颈，亟待转型突破。关键是如何在业务结构优化上取得突破，归纳起来主要是两个方面的问题：一个是如何继续发展好我们的传统主业——轨道交通装备产业，一个是如何打造新的支柱产业或新的增长点。对此，我们正在加紧研究、深入研究。这个过程中需要紧紧依靠全体员工，发挥大家的智慧，凝聚大家的力量，上下左右广泛互动，谋求企业转型发展之道。开展党的群众路线教育实践活动，加强企业领导干部的作风建设，密切同广大员工群众的关系，有助于我们发挥党组织的政治核心作用，更好地激发和调动广大员工群众的积极性、主动性和创造性，齐心协力谋划和推动南车发展，形成推动双效南车建设、实现世界一流目标的强大动力。

二、准确把握群众路线教育实践活动的指导思想和目标要求

中国南车党的群众路线教育实践活动在全体党员中开展，重点抓好中国南车总部、各一级子公司中层以上领导班子和领导人员。活动从今天正式启动，到10月底基本结束。

根据中央部署和国资委党委要求，这次教育实践活动的指导思想是：高举中国特色社会主义伟大旗帜，全面贯彻落实党的十八大精神，坚持以马克思列宁主义、毛泽东思想、邓小平理论、“三个代表”重要思想、科学发展观为指导，紧紧围绕保持党的先进性和纯洁性，以为民务实清廉为主要内容，以各级领导班子和党员领导干部为重点，以贯彻落实中央八项规定作为切入点，以解决形式主义、官僚主义、享乐主义和奢靡之风等“四风”方面员工群众反映强烈的突出问题为着力点，切实加强全体党员马克思主义群众观点和党的群众路线教育，进一步改进作风、树立形象、凝聚力量，为加快建设“双效”南车、向世界一流企业迈进提供坚强保证。

此次教育实践活动要把握好以下几个关键方面：

1. 准确把握总要求。中国南车党的群众路线教育实践活动应当着眼于自我净化、自我完善、自我革新、自我提高，以“照镜子、正衣冠、洗洗澡、治治病”为总要求，教育引导党员领导干部牢固树立马克思主义群众观点，始终坚持党的群众路线，弘扬中国南车优良传统作风，保持务实清廉进取本色。照镜子，主要是以党章为镜，对照党的纪律、员工群众期盼、先进典型，对照改进作风要求，对照企业转型发展需要，在宗旨意识、工作作风、廉洁自律上摆问题、找差距、明方向。正衣冠，主要是按照为民务实清廉的要求，勇于正视缺点和不足，严明党的纪律特别是政治纪律，敢于触及思想，正视矛盾和问题，从自己做起，从现在改起，端正行

为，自觉把党性修养正一正、把党员义务理一理、把党纪国法紧一紧，保持共产党人良好形象。洗洗澡，主要是以整风精神开展批评和自我批评，深入分析在贯彻落实中央八项规定、“四风”等方面发生问题的原因，清洗思想和行为上的灰尘，保持共产党人政治本色。治治病，主要是坚持惩前毖后、治病救人方针，区别情况、对症下药，对作风方面存在问题的党员、干部进行教育提醒，对问题严重的进行查处，对损害员工群众利益的不正之风和突出问题进行专项治理。

2. 着力解决“四风”问题。这次教育实践活动的主要任务是集中解决形式主义、官僚主义、享乐主义和奢靡之风这“四风”问题。“四风”问题严重违背了我们党的性质和宗旨，是当前员工群众深恶痛绝、反映强烈的问题，损害了我们企业的党群干群关系，影响了企业健康发展，以及作为国有企业和上市公司的形象。在反对形式主义方面，要解决好工作学习不实的问题，教育引导各级党员领导干部把心思用在推动企业发展上，把功夫下到察实情、出实招、办实事、求实效上。在反对官僚主义方面，要解决好在员工群众利益上不维护、不作为的问题，教育引导各级党员领导干部虚心向员工群众学习，真心对员工群众负责，诚心接受员工群众监督。在反对享乐主义和奢靡之风方面，要破除特权思想和及时行乐思想，教育引导各级党员领导干部牢记“两个务必”，克己奉公，勤政廉政，狠刹挥霍享乐的不良风气，做到艰苦朴素、勤俭办事。要立足实际，找准突出问题，深刻剖析根源，拿出可行的办法，真正解决问题，扎实改进作风。

3. 牢牢抓好三个环节的工作。按照中央部署，这次教育实践活动，在方法步骤方面要重点抓好以下三个环节。一是学习教育、听取意见。重点是搞好学习宣传和思想教育，深入开展调查研究，广泛听取员工群众意见。要组织党员通过各种形式，认真学习习近平总书记一系列重要讲话精神，学习教育实践活动的专题辅导材料，学习党的光辉历史、优良传统和有关理论等。总部和子公司领导班子要围绕贯彻落实中央八项规定、“四风”方面的问题开展专题学习讨论。各级党组织和党员领导干部要走进基层、贴近员工群众，广开言路，通过多种途径充分征求意见，为查摆问题、开展批评与自我批评以及解决问题打好基础。二是查摆问题、开展批评。重点要通过群众提、自己找、上级点、互相帮，认真查摆“四风”方面的问题。对照党章、对照廉政准则、对照改进作风要求、对照员工群众期盼、结合企业转型发展的需要，进行党性分析和自我剖析，开展批评与自我批评。各级党委要召开一次高质量的专题民主生活会。集团公司派出的督导组要全程参与子公司的专题民主生活会。各党支部或党小组要召开一次专题组织生活会。三是整改落实、建章立制。重点针对作风方面存在的问题，提出解决对策，制定和落实整改方案。要抓住重点问题，制定整改任务书、时间表，并在一定范围内公示，接受员工群众监督。要组织对各单位贯彻落实中央八项规定、“四风”方面的情况开展专项监督检查，发现重大违纪违法问题，要严肃查处。对照贯彻群众路线和加强作风建设的要求和需要，梳理修订现有制度，并研究制定新的制度。要通过制度建设，推动改进工作作风、密切联系群众常态化、长效化。要坚决纠正有令不行、有禁不止、无视制度的问题。以上三个环节是从思想入手、见诸行动、落脚章制的一个完整过程。

4. 确保取得实实在在的成效。企业的教育实践活动，应与企业的中心工作紧密结合起来，做到“两不误、双促进”，这样才能取得实效。从去年开始，尤其是今年以来，在外部经济环境低迷、市场需求不振、市场竞争加剧、要素成本趋势性上涨等因素的叠加影响下，南车发展面临的瓶颈问题越来越突出、挑战越来越严峻。在资本市场和产品市场，我们的竞争对手越逼越近，双方差距快速缩小。与此同时，今年国资委加大了对中央企业EVA的考核力度，并提出“保增长”的要求。我们今年的目标任务是营业收入突破千亿、EVA增长5%。深入开展党的群众路线教育实践活动，一方面要使党员、干部群众意识进一步提高、作风进一步转变，党群干群关系进一步密切，为民务实清廉形象进一步树立，同时，还应当以活动的开展为契机，广泛发动员工群众，共同努力，推动南车保持平稳健康发展。

三、切实加强对群众路线教育实践活动的组织领导

党的群众路线教育实践活动是当前和今后一段时间中国南车的一项重大政治任务。各级领导班子和领导干部一定要有强烈的责任感和紧迫感，切实加强组织领导，紧密结合生产经营实际和本职工作，把活动抓紧抓好抓实。

1. 坚持主要领导亲自抓。各子公司党委是抓好教育实践活动的责任主体，务必高度重视，认真负责。各子公司党委主要负责同志要承担起第一责任人的责任，相关部门要明确责任、密切配合，形成良好的组织指导体系。各级领导干部既是活动的组织者、推进者、监督者，更是活动的参与者，要以普通党员身份把自己摆进去，力争认识高一层、学习深一步、实践先一着、剖析解决突出问题好一筹。同时，要坚持开门搞活动，防止“封闭式”，要把广大员工群众参与活动的积极性调动起来，真正把员工群众反映强烈的问题摸上来、分析透、解决好，真正为员工群众做好事、办实事、解难事。群众的眼睛是雪亮的，对活动开展的体会是切身的，活动开展不务实，查摆问题不彻底，避重就轻、避实就虚，搞“鸵鸟”政策，掩耳盗铃，都是自欺欺人的行为，换来的只能是员工群众的不信任、不支持，这样效果就会大打折扣。因此，各级领导要以身作则，率先垂范，以务实的作风，确保教育实践活动取得实效。

2. 认真制定实施方案。动员会后，各子公司党委要在深入调查研究的基础上，按照国资委党委部署和南车整体要求，借鉴以往党内集中教育活动的经验，结合自身实际，抓紧制定完善实施方案，对重点任务周密部署。除“规定动作”外，还可以开展一些紧贴自身实际、富有特色的“自选动作”。要制定详细的推进计划，时间上要紧凑连贯、内容上要充实完备、责任上要明确到位、要求上要严格具体、层次上要清晰分明。要坚持统筹兼顾，把开展活动同做好当前生产经营工作紧密结合起来，同完成年度重点工作任务紧密结合起来，同推动企业长远发展紧密结合起来，做到两手抓、两促进、两不误。要坚持分类指导，区别不同情况，不搞“一刀切”、“一锅烩”。随着活动的深入，中国南车党委将按照中央和国资委党委后续要求，陆续出台一些新的指导性意见，对此，各子公司党委要密切关注、认真学习、快速领会，不断改进和完善活动实施方案，确保活动健康有序进行。

3. 强化活动监督指导。按照中央和国资委党委有关活动督导的要求，中国南车党委将派出4个督导组，分赴各子公司，对教育实践活动进行全程监督指导。督导组是南车党委了解掌握各子公司活动情况的重要渠道，是确保活动扎实有序推进的重要保证。督导组成员是公司挑选的党性强、作风硬、工作认真负责的同志。督导组要深入学习上级党委精神和中国南车党委工作要求，切实履行好自身职责。要坚持高标准严要求，同时注意加强与所督导企业的密切配合，做到

尽职不越位、督导不包办，确保各子公司“规定动作”到位、出成效，“自选动作”精彩、有特色。督导组的同志要严格遵守有关纪律和工作规范，用好的作风开展督导工作，圆满完成督导任务。各子公司要认真配合督导组工作，共同负责把教育实践活动开展好。

4. 加强宣传引导工作。要积极宣传中央部署、国资委党委要求和中国南车安排，宣传活动的重大意义，宣传活动取得的经验成效，营造良好的活动氛围。要根据活动进度需要，把握活动各环节的特点，做好各个阶段的宣传工作。要重视典型宣传，既宣传正面典型、发挥示范作用，又要抓住一些带有普遍性、群众反映强烈的反面典型、开展警示教育。

深入开展党的群众路线教育实践活动，意义重大、影响深远。要认真贯彻中央决策部署，落实国资委党委各项要求，以对党负责、对南车发展负责、对员工群众负责的态度，统一思想，坚定决心、务实求效，扎实做好这次教育实践活动，以改进作风的新成效汇聚起推动南车转型发展的强大正能量，进一步加快建设双效南车、实现世界一流企业的目标。

继往开来　创新发展
为做强做优中国南车奠定坚实基础

——集团公司党委书记、股份公司总裁刘化龙在中国南车集团公司暨中国南车股份有限公司工作会议上的报告（摘要）

（2012年12月28日）

这次会议的任务是，深入贯彻党的十八大精神，落实中央经济工作会议和中央企业负责人会议要求，总结2012年工作，客观分析形势，部署2013年任务，团结动员广大员工，积极进取，创新发展，为做强做优中国南车奠定坚实基础。

一、团结奋进、积极拼搏的2012年

（一）经营业绩再创新高。积极应对市场变化，认真落实发展战略，加强运营管控，继续保持快速发展势头，营业收入稳步增长，经营效益不断提高。集团公司全年预计实现营业收入920亿元，同比增长11.38%；实现净利润21亿元，同比增长2.19%。其中南车股份预计全年营业收入900亿元，同比增长11.52%；实现归属母公司净利润40.1亿元，同比增长3.89%；净资产收益率13.92%，成本费用占营业收入比率94.59%。主要指标再创历史最好水平，圆满完成了国务院国资委和董事会下达的经营目标任务。

（二）市场拓展取得突破。加强市场营销，发挥协同效应，年内预计新签订单近700亿元，其中，机车、客车、货车、动车组新造和修理预计450亿元，城轨地铁整车及牵引系统约90亿元，新产业约130亿元。海外市场出口签约额22.2亿美元，同比增长148%。全年海外收入96亿元，同比增长57%，占营业收入比重首次超过10%。

（三）科技创新硕果累累。深化自主创新，持续优化、重点提升三大技术平台建设工作。与中国工程院签署科技合作协议，支撑南车在全球技术创新竞争中实现从“追随者”向“引领者”的转变。新产品开发成效显著，在高速、重载、绿色、智能等方面均有较大突破。更高速度试验列车在实验室滚动平台上创造了每小时605公里的国内实验室最高速度；首列时速200公里的CRH6型城际动车竣工下线，核心技术实现了自主化、产业化，填补了我国轨道交通城际客运装备领域的空白。高原电力机车、时速160公里客运电力机车、新八轴电力机车、HXN5型双司机室内燃机车、4400马力调车内燃机车纷纷研制成功；代表我国同类车型最高技术水平的新型国际联运车竣工下线；自主研制的国际上载重最大、技术性能最先进的铁路石砟漏斗车交付澳大利亚用户。我国首台用于商业运营的新型绿色交通中低速磁浮列车、世界首台采用超级电容作为主动力能源的储能式轻轨车、我国首列轻量化不锈钢A型地铁车辆成功下线，将对我国城市轨道交通车辆的发展起到重要的示范作用。时速160公里交流传动重型轨道车研制成功，开辟了电传动轨道工程机械的新领域。纯电动乘用车电驱动系统研制成功并装车。我国最

大轴颈全纤维钢曲轴首次批量出口，实现了从依靠进口到批量出口的跨越。加强知识产权保护和专利申请，全年申请专利2064件，其中发明专利703件（含国外专利6件）；获得授权专利1398件，其中发明专利181件（含国外专利1件）；1项专利获第十四届中国专利金奖，4项专利获第十四届中国专利优秀奖。

（四）质量管控进一步加强。完善质量管控体系建设，技术和工艺保障能力不断增强。产品可靠性（RAMS/LCC）管理深入推进，PDM管理进一步推广，三维工程化试点应用工作有效推进。按照铁道部要求，全面开展安全风险管理工作，建立健全了包括“危险源识别、风险分析、风险评估、风险控制”等环节内容的质量安全风险管理机制，切实提高了质量安全风险防范和应急处理能力。深入开展质量安全大检查大整治和“质量年”活动，有效提高了产品实物质量的本质安全。全面加强产品质量问题源头整改和评审把关，深入解决运用中暴露出来的问题，取得了阶段性成效。

（五）管理提升扎实开展。按照国资委要求，系统部署、全面开展以精益管理为主线的管理提升活动，确立了“转方式、调结构、强管理、增效益”的活动主题，制定了覆盖15个专项提升领域的工作推进方案，并成立专项工作组，明确活动推进过程管理机制，扎实有效地开展管理提升活动。管理提升活动的开展，有力地拉动了企业基础管理。完善公司治理体系，严格执行上市公司规定，加强投资者关系维护、市值管理和信息披露工作，维护股东利益。持续推进工位制、节拍化生产模式，深化精益示范区（线）建设，试点推进精益车间建设，强化精益管理改善活动，持续夯实5S、TPM、创意提案和班组建设等基础工作。强调运营管控，加强对生产经营过程的控制和调度，保证了生产经营的平稳有序。推动与国内外先进企业的对标和集团内部企业的对标工作，查找差距，积极整改，取得一定成效。深入推进物资与供应链管理体系建设，试点推行供应链再造，开展集中采购，降本效果显著。积极拓展融资租赁业务范围，签订合同22个。落实安全生产责任制，推动子公司开展国家安全生产标准化一级达标工作，安全生产水平进一步提升。狠抓节能减排，加强工程治理，推动清洁生产，促进了企业绿色发展。信息化建设深入推进，总部决策支持系统框架初步搭建，经营管理、安全生产等系统不断完善和应用，信息安全治理工程建设初见成效；在央企中率先建立了基于集团统一AD管理的网络基础平台，南车信息化建设水平达到国资委标准的A级水平。进一步加强内部控制和全面风险管理体系建设，开展募集资金、科研经费专项审计；开展降本增效、废旧物资处理、工程项目管理等效能监察，促进管理水平不断提升。扎实推进法治工作第三个三年目标，不断完善法律工作体系，重要决策、重大项目与合同的法律审核把关率100%。“CSR”被认定为2011年度北京市著名商标，获得国家特殊保护，提高了中国南车的名牌效应和无形资产附加值。

（六）财务管理和资本运作不断创新。深入实施全面预算管理，加强预算滚动管理和调控，合理确定关键节点的预算目标，促进经营指标的均衡性。开展资金集中管理和精细化管理，加强经营性现金流和应收账款管理，不断加大开源节流、降本增效力度，缓解经营压力，保证了生产经营工作的正常开展。积极开展财税筹划，维护集团利益。争取国家政策支持，获得进口设备免税、国家重大技术创新及产业化资金、产业振兴和技术改造专项资金等支持。打赢资本运作攻坚战，顺利完成股份增发，募集资金87.5亿元，有效利用募集资金两次补充流动资金，节约财务成本。先后投资华电福新项目、中信重工项目和国机工程项目；积极探索PE投资，成立南车基金，加强股权管理，有效保证了集团投资安全。财务公司挂牌成立，将促进金融业务板块逐步做强做大。

（七）产业布局稳步推进。适时调整投资策略，强化投资责任落实，积极稳健地推进重大投资项目建设。深化落实战略合作项目，加快产业战略布局，扎实推进杭州、宁波、昆明、广州、江门、合肥、成都、石家庄等产业基地建设，启动了与广州市合作筹建轨道交通装备研究院的工作。先后完成3个境内并购项目，积极落实新产业布局。推动内部产业调整，广机公司顺利启动和谐电力机车二年检生产；CRH6型城际动车的技术和产业平移取得阶段性进展。加快国际合作步伐，密切跟踪探索境外投资并购项目，积累了一定经验；相继成立了多家海外维保中心和子公司，为深度拓展海外市场和业务奠定了基础。

（八）人才队伍加快建设。加强各级领导班子建设和领导干部管理，完成了部分子公司领导班子的补充调整。所有子公司全部完成以岗位绩效薪酬制为主的分配改革。建立健全国际化人才薪酬福利、领导干部职务消费等激励约束制度。人工成本和用工总量得到有效控制，人均工资收入实现稳步增长。系统推进培训工作，成立南车大学，积极培育具有国际化视野的高级管理人才，完成中高级职业经理人和核心管理、技术、技能人才培训355人，车间级管理人才领导力培训351人，班组长培训226人。英国项目采取境内、外结合，语言技能、先进理论与岗位实践结合的模式，成功培育首批复合型国际化精英人才。高技能人才和复合型技能人才培养力度进一步加大，组织南车技能大师、技能专家申报攻关课题69项，成立技能大师工作室12个、技能专家工作室24个；公司1人获得“中华技能大奖”，4人获得“全国技术能手”称号。人力资源管理体系化建设收获多项成果。人力资源信息系统应用不断深入。

（九）品牌建设持续深化。深入推进南车核心价值观和品牌理念的宣传和实践，扎实推进BI建设，广大员工对南车文化核心和品牌理念的认同感进一步增强。精彩亮相第八届世界高铁大会和2012年柏林轨道交通展等行业展会，展示了良好的企业形象。积极开展危机公关，有效控制和化解了负面舆情的影响，维护了南车品牌形象。创新品牌传播方式，策划实施了“车迷有约、走进南车”等活动。中国南车以210.89亿元品牌价值位列世界品牌实验室发布的《2012年中国最具价值品牌》排行榜第54位，机械行业第1位，品牌影响力被评定为“世界性”。中国南车品牌在海内外的知名度和影响力不断提升。

（十）党群工作全面加强。组织学习贯彻党的十八大精神，围绕中心工作，持续改进和加强企业党建工作，深化“四好”领导班子建设，引领企业科学发展。深入推进“两优一先”活动和创先争优活动，形成了各级党组织和广大党员在企业改革发展中，竞相发挥积极作用的良好局面。开展基层组织建设年活动，全面夯实了企业党建工作，形成了长效机制。加强理论建设，在中央党校开办学习十八大精神培训班。反腐倡廉工作深入开展，层层落实党风廉政责任制，基本完成惩防体系建设五年规划工作任务。不断加强宣传工作，思想教育、氛围营造和舆论引导作用有效发挥。积极开展企业社会责任管理，完成集团首份社会责任报告的编制和发布工作。加强职代会建设，落实工资集体协商制度，深化企业民主管理，维护广大员工的合法权益。“八比八创”技能竞赛深入开展，“三关心，三保证”措施有效落地，走访慰问和帮扶救助工作扎实推进。妥善处理信访问题，化解历史遗留问题和矛盾，维护了企业和谐稳定。共青团、各协会、老干部工作等有效开展，较好地发挥了作用。

在看到成绩的同时，也要充分认识到南车当前发展存在的问题和不足：一是业务结构单一的状况没有得到根本改善，支柱型新产业尚未形成，亟待实质性突破；二是海外资源配置水平不高，国际市场拓展和合作并购还有很大空间；三是内部资源整合尚需完善，产业链创新亟待加强，内部配套协作和资源共享的力度还需进一步加大；四是受市场竞争加剧和要素成本上升等因素综合影响，南车持续盈利能力正在经受考验，营业收入增长与效益增长不匹配；五是在市场需求不足的情况下，产能过剩迹象开始显现，既有资产效能的发挥和后续投资方向与节奏的把握需要深入研究；六是产品运用过程中存在质量安全问题和隐患，必须加大整改力度；七是技术储备不足，研发资源分散、效能不高，南车长远发展的技术支撑不够；八是集团管控模式和基础管理需进一步改进，总部的协调、管控作用和工作效率需要进一步提高。

回顾2012年的工作，我们深刻体会到：

（一）促进南车做强做优，必须敏锐把握机遇，快速响应市场需求。积极适应外部形势，抓住机遇先人一步响应市场，推动了南车近几年的快速发展。目前国铁市场化改革趋势已经明朗，我们必须进一步解放思想，牢固树立市场竞争的忧患意识，深入研究国铁改革对市场需求结构和竞争格局的影响，积极应对变化，抢抓市场机遇，满足用户需求，努力保持国铁业务持续稳定发展，快速做强做大新产业、海外业务和城轨地铁产业，打造南车未来发展的增量主力。

（二）促进南车做强做优，必须创新发展模式，拓展企业发展空间。创新发展模式和发展路径，越来越成为我们解决后续发展问题的清晰选项。我们已经在工程总包、“服务+制造+服务”业务模式创新，在新产业布局、海外拓展、资本运作、兼并收购、融资租赁等方面进行了有益探索和实践，积累了经验。我们要进一步加快发展模式的创新步伐，积极优化业务结构，促进经营业务和利润结构相对均衡合理。

（三）促进南车做强做优，必须提升产品质量，巩固技术创新优势。通过自主创新，我们逐步确立了在行业内的技术优势，密集推出了代表行业先进水平的一系列高端产品，为企业赢得了荣誉。我们必须深化自主创新，发挥领先一步的技术优势、精益求精的质量管理和快速响应的服务理念，强化设计制造源头质量意识，充分展现南车产品安全可靠的运行品质；加强原始创新，抓好基础性和前瞻性研究，增加技术储备，全力研发高端产品，抢占市场先机，促进企业发展。

（四）促进南车做强做优，必须夯实基础管理，提高管理效率和效益。世界一流企业必须要有先进一流的企业管理。我们要进一步抓好以精益管理为主线的管理提升活动，向管理要效率、向管理要效益；加强制度建设，完善业务流程，并运用科学先进的信息化工具和手段，强化执行力，促进各项管理制度化、规范化、科学化、先进化；深化精益生产，在完善质量、降低成本和提高效率方面取得更大成效，确保企业在未来的市场竞争中立于不败之地。

（五）促进南车做强做优，必须打造文化实力，增强企业发展活力。面对激烈的市场竞争和复杂的改革发展局面，优秀的人才团队和企业文化是极其宝贵的财富和核心资源。我们必须充分挖掘人力资源的巨大潜力，坚持人才优先理念，培育一流人才队伍，发挥团队精神，确保各项工作顺利实施；深化企业文化和品牌建设，不断打造企业软实力，进一步激发创造力、增强凝聚力，提升企业发展实力和竞争力。

二、认清形势，适应变化，扎实推进企业持续健康发展

（一）深入贯彻党的十八大精神，积极推动南车科学发展。党的十八大确立了科学发展观的历史地位，描绘了全面建成小康社会和全面深化改革开放的宏伟目标。中国经济发展正在进入一个转折变化的时期。总的来看，我国发展仍处于可以大有作为的重要战略机遇期，长期向好的趋势没有改变，内需潜力巨大，发展空间巨大。宏观经济环境为装备制造业和中国南车的科学发展提供了难得的历史机遇。一是到2020年实现国内生产总值和城乡居民人均收入比 2010 年翻一番，为我们实现做优做强和员工收入倍增计划提出了新的奋斗目标和发展要求。二是把推动发展的立足点转到提高质量和效益上来，加快转变发展方式，将促进企业从过度关注速度和规模转为更加关注质量和效益，为我们优化结构、转型发展创造了良好条件。三是实施创新驱动发展战略，着力构建以企业为主体、市场为导向、产学研用相结合的技术创新体系，将有利于企业进一步激发创造活力，不断增强科技创新能力。四是推动战略性新兴产业、先进制造业健康发展，将高速铁路与载人航天、探月工程等作为创新型国家建设的“重大突破”，为企业发展绿色环保、高端先进的装备业务指明了方向、提供了发展空间。五是提高大中型企业核心竞争力，加快走出去步伐，增强企业国际化经营能力，培育更多具有国际竞争力的大企业大集团，有利于装备制造业在国家政策支持下不断做强做优。贯彻落实党的十八大精神，结合中国南车的实际，就是要进一步解放思想，创新发展，树起中国装备制造的一面旗帜，打造一个为国家创财富、为员工谋福利、为社会添和谐的受人尊重的企业，充分发挥好中央企业的顶梁柱作用，为全面建成小康社会作出应有贡献。

（二）深刻分析面临的外部形势，抢抓企业发展机遇。2013 年我国经济逐步企稳回升，中央经济工作会议提出，要以提高经济增长质量和效益为中心，稳中求进，开拓创新，扎实开局，保持宏观经济政策的连续性和稳定性。就我们所处行业的发展来看，轨道交通装备业仍然大有可为，战略性新兴产业方兴未艾，国际市场和海外业务空间很大。一是随着《高速列车科技发展“十二五”专项规划》《高端装备制造业“十二五”发展规划》《国家铁路“十二五”发展规划》《“十二五”国家战略性新兴产业发展规划》等一系列政策措施的连续出台和深入实施，为轨道交通装备行业和南车的持续发展带来了良好的政策环境和有利的外部条件，我们在高端装备制造、风电装备等新能源、电动汽车、新材料及节能环保、信息技术等新产业方面的发展前景广阔。二是在国家政策推动下，铁路建设加快推进，铁路投资加大力度。2013年铁路基建投资预计为 5300 亿元，机车车辆购置费预计 1000 亿元左右。“十二五”时期，铁路固定资产投资 2.8 万亿元左右，将比“十一五”增长 15.7%；新线投产 3 万公里左右，比“十一五”增长 87%。未来三年，铁路计划新增时速 250 公里及 350 公里线路里程将达到 14383 公里，动车需求量或达到 1400 列。这将进一步释放出对铁路装备和服务的更大需求。三是我国高速铁路网络形成后，将迎来短距离的城际路网时代。目前由国家发改委批复的城际铁路线已经达到 5600 公里，在建的城际铁路线达到 1600 公里。城际动车组运能大、起停快、乘降方便的特点将会逐步取代省际公路大客车，成为短距离出行的主力军，有利于我们领先一步抢占城际铁路市场。四是随着城镇化进程加快，城轨建设力度将进一步加大。国家发改委集中批复了25个城市轨道交通项目建设规划，总投资达8400亿元；到2015年全国城市规划交通总投资将达1.2万亿元。这对我们集中力量拓展城轨市场、推进总包步伐、加快新一轮发展十分有利。五是国际市场容量巨大，需求旺盛。特别是高铁建设在世界各国悄然兴起，我国高铁技术优势明显、竞争力较强，利于高铁技术输出。欧美经济长期低迷，相关企业发展也面临危机，有利于我们在国家政策支持下开展国际并购。我们要善于抓住机会，勇于开拓经营，更加积极主动地适应市场需求，推进企业持续发展。

（三）深度思考铁路改革的影响，积极应对市场变化。随着铁路体制机制的持续深入改革，将对我国铁路机车车辆行业和南车未来经营带来愈加深刻的影响。一是采购主体的下移，用户对产品的多样化、个性化需求增多，将对我们的市场营销、生产组织、产品交付、合同执行、货款支付等带来复杂变化，我们要主动适应，积极应对，争取在确保客户价值的同时，实现企业稳步经营。二是招标平台的变化，带来行业竞争秩序的变化，将对我们的投标策略、定价模式和市场占有率造成冲击。铁路市场将加快向相对充分竞争的市场环境转变，目前货车市场已有民营企业进入，价格战及恶性竞争已经显现。竞争对手的迅速发展和民营企业的快速成长，将使市场竞争格局更趋复杂，市场竞争将越来越惨烈，市场洗牌在所难免，我们必须要有充分的思想准备和应对措施，更好地提升产品质量，严格控制成本，加强内部协调，维护行业秩序，保证市场份额稳中有升。三是采购主体的分散，不仅对我们的市场营销、技术研发、质量安全、售后服务带来重要影响，也将影响我们的经营绩效，带来货款回笼、现金流紧张、存货增加、配件和原材料采购不确定等问题，如何既要保证市场反应速度，满足用户需求；又要有效控制存货，保证生产经营合理有序，需要我们认真思考和解决。同时，集团的管控模式也将受到新的冲击，管控方式、力度和思路都需要调整，努力做到管控合理、组织得力、协调有力，充分调动子公司的积极性，实现集团利益最大化。四是积极适应铁道部目前按流程办事的管理现状，抓好当前的各项工作，以良好的技术储备和领先的系列产品，及时为铁路运输提供更多优质可靠的装备产品和一流的服务。五是运输安全和用户要求越来越高，铁路专用设备准入管理不断规范，质量追究和召回力度不断加大，我们在产品质量和运行安全上面临巨大压力。我们必须认真研究把握这些变化，加强管理创新，提高企业应对市场变化的能力，积极化解业务结构过于集中在轨道交通领域的风险；加强营销、技术、产品和商业模式的创新，重塑企业竞争力，实现企业的持续健康发展。

（四）清醒认识发展环境的复杂性，迎接挑战、防范风险。一是国际金融危机影响深远，世界经济复苏的步伐缓慢，各种保护主义抬头，我们的国际并购、海外市场拓展还面临不少制约因素，履约和汇率方面也存在较大风险。二是发达国家实施再工业化战略，以“智能制造+低碳能源”为主要特征的第三次工业革命正在兴起，新兴工业化国家的全面追赶，对我国产业和企业形成双重挤压。国际竞争将越来越激烈，我们的全球资源整合能力、自主创新能力、国际化经营能力面临更大考验。三是我国经济正处在从高速增长阶段向中速增长阶段转换的关键时期，经济企稳的基础还不够稳固。经济增长速度的下降，为优势企业通过兼并重组提高行业集中度和竞争能力带来空间，行业整合与市场竞争不断加剧。四是全球流动性过剩带来大宗物资价格波动，国内能源价格调整，以及城乡居民收入水平和消费能力上升等因素，将造成企业生产成本特别是人工成本的进一步上升，企业经营成本控制难度加大。五是国内市场潜力巨大，但城轨市场竞争加剧，新产业培育期较长，我们在支柱产业拓展方面需要进一步加大突破力度。六是在新的市场环境和发展阶段下，传统的速度效益型盈利模式难以为继，企业盈利压力巨大。七是企业内部管理仍需不断夯实和提升，国资委监事会和审计组对我们在产品结构、集团管控、投资管理、制度执行、国资监管等方面提出了许多需要改进的问题，我们要高度重视，切实整改。

中国南车的转型升级和创新发展迫在眉睫，我们必须正视铁路市场总需求平缓释放与产能相对过剩的矛盾、营业收入增长与经营效益不匹配的矛盾、产品价格走低与创新能力不足的矛盾、企业成本上升与员工收入倍增期望的矛盾，以思维创新引领技术创新和管理创新，坚持走速度、质量、效益兼顾的发展之路，扎实培育内生应变能力和增长动力，努力增强企业的竞争实力和发展活力，积极打造"效率南车"、"效益南车"，不断提升企业发展的质量和效益。

三、积极稳健，创新发展，全面完成 2013 年各项目标任务

中国南车 2013 年工作的总体要求是：**深入贯彻党的十八大精神，积极落实中央经济工作会议、中央企业负责人会议和全国铁路工作会议精神，加快战略实施，促进科学发展，加大创新力度，优化业务结构，完善管控模式，提升管理水平，加强国际经营，拓展市场领域，为做强做优中国南车、打造世界一流企业奠定坚实基础。**

中国南车 2013 年的主要经营目标是：**实现营业收入突破 1000 亿元，利润同比增长 5%，全面完成国资委下达的各项经营业绩考核指标。其中，南车股份实现营业收入 980 亿元，净利润持续增长，继续保持良好的经营业绩，员工收入稳步增长。**

根据以上总体要求和经营目标，我们要遵循"持续、稳健、优质、一流"的经营原则，按照"提高运营质量，优化经营指标，夯实发展后劲，突出风险管控"的指导思想，落实"1234"的经营思路，不断增强南车持续发展的内生活力和动力。即坚持 1 个深化——持续深化轨道交通装备市场，特别是大铁路市场的"精耕细作"；强化 2 个能力——不断强化国际化经营能力、新产业培育能力；扩展 3 个市场——深入拓展国际市场、新兴产业市场和城轨地铁市场，巩固市场地位；努力实现 4 个突破——营业收入过千亿、国际化经营取得实质性进展、业务和利润结构相对均衡合理、集团管控模式更加合理高效。

为此，要重点做好以下工作：

（一）全力拓展市场，增强持续发展能力

1. 积极创新营销策略和模式。密切关注宏观经济形势、铁路改革和行业发展动态，根据市场变化和经营战略的需要，投入更多精力、更加主动、更加专业地研究竞争格局的变化，分析国内铁路市场、城轨车辆市场、海外市场和新产业市场的发展趋势、用户需求、竞争特点和市场风险等，做好市场细分，创新营销手段。及时调整市场策略，转变市场营销方式，走进用户价值链，逐渐实现从"产品营销"向"战略营销"转型，高度关注营销的整体性和长远性，积极与用户建立同盟或合作关系；满足用户多样化需求，促进制造服务化，提供全面解决方案，减少市场的同质化竞争。以灵活的策略拓展市场，精心做好营销策划和各项投标工作；采取科学手段和有力措施，确保合同全面兑现，提高用户满意度。加强与竞争对手的沟通，争取竞争有序、合作共赢。

2. 精耕细作国内轨道交通市场。深刻洞

察国铁市场和国内轨道交通市场的格局变化和走向，发挥差异化的竞争优势，利用自主创新能力先人一步，及时满足用户的多样化、个性化需求。巩固和扩大南车在产品、技术和服务方面的优势，继续完善售后服务体系，加速“服务+制造+服务”商业模式的形成，为用户创造更多价值。跟踪轨道交通投资动态和线路建设进度，密切与用户的沟通，有效应对新招标办法和平台带来的冲击，加强内部子公司间的组织与协调，保持和巩固市场份额。加快推进新造电力机车独立投标资质的相关工作，扭转电力机车招标的被动局面。挖掘路外自备车市场潜力，稳定重要市场和重要客户。加强地方合作，抢占城际轨道交通市场。大力拓展城轨地铁市场，发挥技术能力和市场布局的优势，优化市场拓展策略，市场份额争取超过 55%。积极构建系统总包能力，实现从单一提供轨道装备向为用户提供系统解决方案的转变；密切追踪南京、宁波、常州、青岛等城轨总包项目动态，把握市场机会，力争中标。

3. 全面加强海外市场拓展。学习跨国公司国际经营理念和市场开拓模式，打破现有海外市场开拓的单一模式，进一步加强战略谋划和前瞻布局，积极推进南车区域公司及境外机构的设立，发挥南车整体优势，深度开发海外市场，实现海外市场开发模式由“游击战”到“阵地战”的转变。组建南车国际公司，以新的经营模式开拓国际市场，由单纯提供产品向提供产品、服务和综合解决方案转变，努力提高跨国经营指数。加快建设与国际化经营相适应的高素质人才队伍，全力扩展海外市场。全年海外新增订单力争超过 20 亿美元。加大合资合作力度，争取在海外并购、投资建厂、总包业务等方面取得实质突破；积极与跨国公司深入合作，建立国际战略联盟，共同开发国际市场。

4. 迅速扩张新兴产业市场。充分利用国家大力发展战略性新兴产业的有利政策，坚持以市场机制为主导的经营理念，深层次挖掘和开拓“智能、绿色、环保”产品市场，精心培育并快速扩张新兴产业，全年新产业收入力争 160 亿元以上。以集团为主导，集中新产业开展比较好的子公司的智慧，根据国家政策，结合南车实际，尽快形成完整的战略产业培育方案。创新产业发展模式，积极通过兼并收购、合资合作、产业合作等多种方式加快新产业发展；建立新产业激励机制，加强人、财、物投入，把握好投资的规模和节奏，调动集团和子公司的积极性；加强市场协同，充分利用我们在各地的产业投资，以及与地方政府的合作关系，协同拓展新产业市场，加速培育新兴支柱产业。

（二）深化自主创新，培育内生增长动力

1. 建立、完善符合战略需要的创新体系。落实国家创新驱动发展战略，积极牵头做好高速列车产业技术创新联盟的相关工作，深化与中国工程院的科技合作协议，深入抓好三大技术平台持续优化和重点提升工作，不断促进企业集成创新和原始创新步伐，加强前瞻性和基础性研究，进一步提升核心竞争力。继续推进中央研究院建设工作，争取 2013 年一季度挂牌。落实科技创新专项行动计划，组织做好国家级科技创新平台创建工作。强化创新考核机制建设，营造氛围，强化激励，鼓励创新，包容失败。积极参与国际标准制订，研究海外目标市场技术标准，推进中国铁路标准的国际化；贯彻实施南车三维制图标准，全面开展三维工程设计工作；深入实施南车 17 项工艺管理标准，不断完善工艺技术标准体系；深化高速列车、大功率机车、城轨地铁、货车、新产业等产品技术标准分析研究，进一步完善具有国际先进水平的企业技术标准体系。加强科技项目管理，立足长远性和广泛性，贴近市场，加大技术储备。

加强知识产权保护工作，持续开展与中国专利技术总公司的战略合作，开通专利技术绿色通道。

2．深入推进新产品和核心技术研发。一是推动高速动车组技术储备和科学试验，加强高速列车谱系化技术研究，抓好更高速度试验列车的试验和数据采集工作，推进新一代智能化高速动车组研制，不断提升高速动车组的研制水平。二是按照用户需求和行车安全风险控制需要，深入推进高速动车组统型和优化设计，加强新系统和部件试验验证，确保安全可靠。三是开发时速140～160公里区域城际/通勤动车组，提升城际市场的竞争力。四是组织开展时速200公里机车加客车整列编组方案的研究与优化，进一步引导市场需求。五是做好CRH6动车组、时速160公里客运电力机车、4400马力调车内燃机车等产品的试验和运用考核，尽快形成批量生产能力；并以产品平台为依托，提供不同运营环境下的细化品种，丰富各类产品谱系，掌握核心子系统和部件技术。六是继续开展重载、快捷货车技术的研究，按计划完成载重80吨级货车线路适应性试验，继续开展30吨轴重专用货车研制及试验等工作。七是对关键技术或重要零部件进行技术攻关，包括牵引控制、网络系统、制动控制、车轮、齿轮箱等，尽快实现国产化替代。八是根据城轨交通环保节能的发展趋势，快速推进低地板车辆、低速磁悬浮列车、单轨车辆、轻轨车辆等研制工作，形成模块化、标准化、系列化、多元化的城轨车辆产品。九是加快新产业的科研步伐，推进2兆瓦低风速风机、光伏发电电气系统、插电式混合动力系统和整车系列化、船舶电驱系统、大型铁路工程机械、船用发动机、工业高效电机、风电齿轮箱、大功率半导体器件、复合材料等项目研发，充分发挥集团整体资源优势，联合研发、分工负责、协同配合，加快产品研发和产业化步伐。

3．全面提高产品质量和服务水平。抓好源头质量控制，把好设计和工艺关，完善制造工艺标准，严细过程质量控制，延伸对供应商质量的管控。加强重点项目质量审核，落实质量责任，加强质量整改，实现闭环管理，建立“销号”制度，深入改进运营中发现的问题，特别要加强高速动车组、大功率机车的设计结构改进和验证，不断提升产品的可靠性和安全性。突出主机厂质量责任主体，抓好关键零部件的入厂检验，突出对危及行车安全的关键件的质量卡控，开展惯性质量问题的攻关工作，强化质量风险评估和质量改进的各方联动。加强维保体系建设，提升服务价值，在现有售后服务体系的基础上，进一步提高市场快速响应的能力，提供更加迅捷、高效的运营服务，为用户创造更多价值。进一步完善售后服务标准化建设，以优质的产品和优良的服务，确保用户满意工程落实到位；春运、暑运、黄金周期间，各单位要全力以赴做好服务，保证运输安全。近期要特别做好京广高铁的技术支持和售后服务工作，确保运行安全可靠。

（三）加大改革力度，激发创新发展活力

1．调整优化业务结构。加快和谐电力机车二年检和六年检基地建设，推进石家庄、成都产业园建设和产业发展，落实四方有限退城进郊工作。按照“服务+制造+服务”的思路，积极融入客户价值链，探讨和推进服务业务的创新发展。深入推进战略合作，积极整合外部资源，抓紧落实产业布局和合作项目，继续扎实做好各地城轨地铁和新产业发展基地建设。广东江门基地尽快形成整车制造能力，确保2013年5月份产品下线；加快推进与广州合作筹建轨道交通装备研究院项目，与宁波合作发展新型轨道交通装备和新兴产业项目。梳理分析固定资产投资，特别是基地建设的后续风险、投资节奏、市场定位，积极化解投资风险。进一步优化投资决策权限和工作流程，建立投资责任落实机制，实现“谁投资、谁决策、谁负责”。全年固定资产投资预算控制在45亿元以内，重点向在建重大项目和境外投资倾斜，严格控制新开工项目。继续做好募投项目管理，力争大部分项目完工并投入使用。

2. 深化人力资源创新。推广应用“南车魂CSR•V”领导力模型，持续加强领导班子建设，建立中高级职业经理人评价标准体系，提高选人用人工作的公信度和满意度。完善中高层管理人员选拔任用机制，加大年轻干部的选拔比例；加强中高层管理岗位接班人计划管理，推进后备人才选育体系创新，构建职业经理人才梯队。继续推进中高层管理人员轮岗交流、异地交流、挂职交流和上下交流。完善核心人才选拔管理制度，探索制定分层、分类、分专业的“核心人才地图”。以技能大师、技能专家工作室为重点，搭建高端技能人才开展技术攻关创新和高技能人才培养的平台。采取灵活政策，加大高端技术人才、国际化经营人才引进力度，增强人才吸引力。全面深化培训开发体系建设，立足南车大学，整合外部资源，围绕提升领导力、加快国际化和推进管理提升等核心需求，导入和实践行动学习法，创新培训方式，提升培训效果，组织实施重点培训项目。坚持价值引领分配导向，理顺内部分配关系；创造条件逐步提高员工的工资水平，努力提高一线员工收入水平；建立工资总额和工资水平双重调控机制，保持子公司横向间的合理差距。

3. 完善激励考核机制。突出目标管理，引导企业实现平稳较快增长；突出价值创造，引导企业切实提高发展质量；突出创新考核，引导企业加快转型升级；突出企业短板考核，引导企业提升管理水平。扎实推进经济增加值管理工作，健全价值导向、效益导向的考核机制，建立以经济增加值为核心的业绩衡量指标体系和管理体系。加强总部能力建设，完善管控模式，明晰管控内容，提高管理效率，以流程再造为保障，以体系建设为抓手，以素质提升为驱动，优化公司管控模式和总部部门职能，实施薪酬制度改革和全员岗位竞聘，积极建设“专业、高效、创新、魅力、一流”的“五星”总部。贯彻“不养闲人、鞭策懒人、善待能人、鼓励达人”的绩效管理理念，落实效率问责制，创新总部员工的绩效管理模式；修订总部部门考评办法，细化考核内容、量化考核指标、兑现考核奖惩。努力营造总部积极健康、清廉正派、和谐凝聚的氛围，打造想干事、有激情、奋发有为的组织。

4. 积极推进资本运营。以利润最大化和资本增值为目的，做好集团资本运营顶层设计，研究制订并购工作指引等指导意见，建立完善投资绩效问责和激励机制，充分利用好境内外两个资本市场，积极推进并购重组项目，加强对子公司股权管理，优化股权结构，压缩管理层级。进一步加强投资者关系、信息披露和市值管理，切实维护南车在资本市场的形象。

（四）夯实基础管理，提升科学管理水平

1. 全面深化管理提升活动。落实管理提升活动第二、第三阶段的重点任务，以集团15个专项提升组为主体，以重点项目和专业管理条线为重点和突破口，优化管理流程，建立工作模板，固化工作成果，完善制度体系，实现管理制度化、制度流程化、流程信息化，达到提升管理增效益、完善管控防风险的目的。以管理提升活动为抓手，全面提升基础管理水平。按照“积极、稳健、优化”的原则，突出“对标、提效、一流、超越”，持续深化运营管控，确保年度经营目标兑现和对公司运营的有效监控。持续深化对标工作，坚持与国际先进企业、国内同行业以及集团内部企业对标，针对管理中的薄弱环节，下功夫练好内功，夯实发展基础。结合管理提升，完善制度建设，按照“方便、简洁、实效”的原则，细化完善相关制度，注重其操作性、实效性；强化制度的落地与执行，开展制度执行情况检查，提高制度执行力。坚持精益安全理念，完善安全管理体系建设，落实安全生产责任制，努力实现安全“三零”目标；深入推进节能减排工作，促进清洁生产、低碳发展，建设资源节约型、环境友好型企业，维护生态文明。继续实施法制工作第三个三年目标；重点推进全球商标的注册工作；规范法人授权管理，清理现行授权情况并作出法律分析；抓好重大合资合作项目的法律前期审核和过程把关，规范合同审核与批准流程，全面提升公司法治管理水平。全面落实保密工作责任制，确保核心技术、经营信息、涉外信息、国家秘密的安全。

2. 持续推进精益管理。持续落实精益管理实施规划，用精益理念统领经营活动，用精益思想优化管理流程，建立支撑精益制造的精益管理体系；持续深化精益现场、精益车间建设，进一步推广工位制节拍化生产方式，拓展精益制造模式；遵循模块化理论，借鉴标准工位建设经验，探索管理工位化和管理流水线建设，使每个管理岗位都有明确的管理输入、管理输出和工作流程。继续推进精益供应链建设，推进与供应商的战略合作，形成更加科学合理的供应商准入、评价、退出机制和质量监控机制，打破独家垄断，完善竞争机制，加大监控力度，强化源头质量和成本控制力度。加强采购管理，增大集采比重，2013 年要建成统一的信息化采购平台，改进采购管理方式，降低整体采购成本。加强集团内部产业链配套管理与协调，加大集团干预力度，创新配套机制，鼓励内部协作，力争 70%以上的内部配套率，提高集团整体效益。继续加大租赁业务拓展力度，创新盈利模式。

3. 不断强化财务管理。深化全面预算管理，拓宽预算覆盖面，加强滚动预算在日常经营管理工作中的协调调度作用，提高预算管理的制度化、规范化和流程化水平，确保预算目标顺利实现。推进财务公司发展，拓宽资金筹措渠道，提高资金使用效率，发挥集中资金优势，努力降低财务费用。加强产品成本的项目分析，采取积极的成本对标措施，在城轨地铁、机车修理、客车修理等业务板块全面对标，博采众长，努力挖掘降低产品成本的空间。切实增强“过紧日子”的意识，进一步加大降本增效的力度。加强应收账款和现金流管理，确保企业良性健康的经营状态。研究利用国家政策，实现集团财税资源共享，加大财税筹划力度，实现财税利益最大化。

4. 加强监察审计和风险管控。加强对经营管理关键环节的监督检查，推进降本增效管理效能监察，重点抓好制度执行、集采和内部配套措施落实、供应链建设等方面的效能监察。继续开展企业负责人离任经济责任审计，认真做好募集资金、企业绩效、内部控制自我评价等专项审计，开展内燃机车、客车修理业务的审计对标工作。坚持履行内部审计独立确认和咨询职责，继续深化内部控制体系建设，不断提升内部控制水平，促进企业实现增值和改善运营目标。继续研究制定风险管理和内部控制指引，开展对公司管控重点难点的风险评估和风险预警分析，不断增强风险管控能力。

5. 提高信息化建设水平。以深度融合、深化应用为主线，强化总部对子公司信息化的管控力度。组织完成总部决策支持系统一期项目，进一步优化、完善系统功能，逐步拓展系统应用范围和深度；继续做好经营管理信息系统建设，完善数据采集体系，实现经营统计数据的统一归口管理，支撑经营决策和总部管控。组织开展子公司层面信息系统集成和综合应用项目，研究虚拟化与云计算技术应用，提升信息化平台的应用效果；继续推进企业资源计划建设，制定 ERP 系统运行绩效指标，进一步提升系统支持的质量和效果。

（五）打造文化实力，营造和谐稳定氛围

1. 加强企业文化和品牌建设。持续加强对南车核心价值观与文化理念的传播，促进广大员工对南车文化核心理念的全面认同，使员工价值追求与企业文化保持一致性并得以实现，充分展示中国南车的企业魅力。开展南车司歌征集创作和形象大使评选活动，振奋员工精神，增强企业凝聚力。强化品牌与企业的内生性联系，继续抓好 BI 建设落地工作，规范售后服务等品牌关键接触点岗位的品牌行为，全面推广员工日常行为规范，形成具有企业精神内涵的行为方式。继续加强品牌对外传播推广工作，通过品牌辐射效应带动产品销售和市场开发，持续提升品牌价值，打造国际知名的品牌形象。

2. 提高党建科学化水平。加强领导，周密组织，精心指导，深入学习贯彻党的十八大精神，引领中国南车科学发展。加强“四好”领导班子建设和年度绩效考核，推进经营业绩提升。加强基层党组织建设，努力形成学习型、服务型、创新型的党组织。加强学习型组织建设，提升全体员工主动学习、持续学习、团队学习和创新学习能力。加强党风廉政和反腐倡廉教育，深入推进惩防体系建设，抓好党风廉政建设责任制的落实；加强廉洁文化建设，抓好廉洁风险防控工作，进一步加强各级领导干部的作风建设，改进文风会风，勤俭节约，密切党群干群关系，为南车发展创造更好的和谐环境。健全社会责任管理体系，切实履行中央企业的社会责任。落实维稳和信访工作机制和责任制，稳妥解决历史遗留问题，努力消除不稳定因素，防止发生大规模群体性事件。坚持抓好职代会制度建设，全面深化厂务公开民主管理；继续开展“八比八创”劳动竞赛和技术创新活动，引导员工岗位成才；完善“三关心、三保证”活动，积极关心困难员工生活，及时解决员工群众的合理诉求，使员工共享改革发展成果，共建和谐美丽南车。

3. 抓好存续改善民生。推进企业办医疗职能的移交，启动襄樊厂、株辆厂生活区供电系统的改造移交项目，加快处置低效无效资产。积极抓好老旧住宅区改造工作，加快二七车辆、昌平、四方等生活区改造和浦镇厂、襄樊厂单身公寓建设。全面推进厂办大集体企业改革改制工作。

关于南车转型发展的思考

——集团公司党委书记、股份公司总裁刘化龙在2013中国南车高峰论坛上的讲话（摘要）

（2013年8月22日）

目前，国家的宏观形势和南车的经营现状都提醒我们，南车发展遇到了成长的烦恼，已经进入一个新阶段。如何做好进入新阶段的准备工作，确保南车在阵痛中实现转型升级，是我们目前面临的重大课题。

一、南车转型升级的重要性和必要性

1. 党的十八大部署了"转方式，调结构"的经济工作方向。党的十八大报告指出，以科学发展为主题，以加快转变经济发展方式为主线，是关系我国发展全局的战略抉择；推进经济结构战略性调整是加快转变经济发展方式的主攻方向。转方式，是贯彻落实科学发展观的内在要求和推动科学发展的重大举措；调结构，是转方式的基本途径和重要手段，是提升发展质量、发展效益的必由之路。南车要实现经营管理上台阶、科学发展上水平，根本之策就是转方式、调结构，在转变发展方式中保持良好经营局面、破解发展难题，在调整优化结构中提高资源配置效率、实现集团整体利益。我们必须坚持科学发展的主题，"转"出新天地，"调"出新水平，不断提高发展质量，拓展发展空间，积极打造一个为国家创财富、为员工谋福利、为社会添和谐的受人尊重的企业。

2. 国资委对中央企业的转型升级提出了明确的要求和任务。国资委提出，中央企业要把推动发展的立足点转到提高质量和效益上来，大力实施转型升级、科技创新、国际化经营、人才强企、和谐发展战略，实现做强做优、培育具有国际竞争力的世界一流企业的目标。其中，转型升级战略居于枢纽位置，是中央企业能否把握机遇、战胜挑战、实现做强做优目标的关键。南车所处轨道交通装备制造行业，是关系国家安全和国民经济命脉的重要行业和关键领域，对于加快转变经济发展方式具有基础性、主导性意义。同时，中央企业是我国参与国际经济合作与竞争的领头羊，加快转型升级、增强综合实力，事关我国经济国际竞争力的提高。

3. 南车遭遇"成长的烦恼"需调整相应策略。从当前的市场环境和南车现状来分析，我们面临的成长烦恼，可以用两句话概括：经济下滑抑制市场需求，转型关头矛盾逐渐暴露。前一句话说的是宏观大环境给南车持续快速发展带来挑战，后一句话说的是南车在市场冲击下自身有许多问题要尽快解决。具体到轨道交通领域，经济下滑将极大抑制市场需求，国内轨道交通装备市场需求增速趋于缓和。铁路运输量增速显著降低，机车车辆购置谨慎；地方政府财政收入下降，债务平台受到约束，轨道交通项目资金紧张。南北车两大企业高度同质化，在市场容量有限、行业产能过剩的背景下，如果没有协同，价格战为主的市场竞争将更趋激烈。南车自身的业务结构特点决定了，市场一变化，特

别是大铁路一变化，我们很多问题都凸显了出来。主营业务集中在轨道交通，思维出发点基本是轨道交通；新产业多点发散，主线不突出；内部低水平重复，局限在轨道交通找增量；成本控制能力不强，盈利下降，不能适应低价位竞争；质量体系执行不过硬，产品质量问题呈多发态势；国际化经营离跨国公司的水准仍有相当差距；缺乏开辟新业务领域的人才支撑。南车目前确实正处在矛盾凸显期、改革攻坚期、发展转型期，必须及时修订发展战略，调整经营策略，加快转型升级，实现有效突破，推动南车持续健康发展。

4. 高速发展后的南车需有效解决组织内部深层次的矛盾和问题。一是业务结构与经营绩效的矛盾。南车业务结构单一，轨道交通装备产业作为主业，支撑了南车近80%的销售收入和超过80%的利润。发展遭遇“天花板”，南车的经营绩效目标面临重大挑战。二是企业转型与资源支撑的矛盾。南车优质资源几乎全部集中在轨道交通装备产业，转型发展到新的市场和产业所需的人才、技术、资源、网络等方面的积累和储备不足。三是市场拓展与恶性竞争的矛盾。轨道交通装备领域，价格恶性竞争。在专有技术延伸产业领域，市场竞争环境也十分严酷。四是投资回报与产能过剩的矛盾。目前的市场环境和地方政策，不投资影响我们的市场战略布局；投资换市场，又带来资金压力大、后续产能相对过剩、投资回报前景不明的问题。如何在市场布局和投资回报之间找到平衡，为投资的基地寻找持续的业务支撑，需要深入研究。五是盈利空间与收入倍增的矛盾。轨道交通装备市场竞争加剧，产品价格存在较大的下行压力，而要素成本不断上涨，盈利空间越来越小。盈利能力、资产规模、资本成本、EVA值提高与员工收入倍增的目标要求存在矛盾（国资委3%的控制线）。六是资本运营与风险承受的矛盾。资本运营兼有高收益性和高风险性的特点，而目前南车在这方面缺乏经验和足够的风险控制能力，尤其是如何确保企业资金链安全、风险可控方面，需要深入研究。七是长远发展与当期经营的矛盾。出于当期经营指标的压力和应对绩效考核的考虑，重眼前，缺长远！需要研究建立有效平衡兼顾的引导机制。八是个性发挥与团队和谐的矛盾。需要有效研究打造更加开放包容和充满活力的团队文化，促进个人和团队间形成有效的呼应和协同，促进我们的各级领导班子建设和各类人才队伍建设。

二、南车转型升级的目标和策略定位

1. 目标——打造一个受尊重的公司。能够得到政府、社会、同行尊重的企业，其内涵至少包含以下五条：一是有规模且经营业绩好，持续发展能力强。坚持科学发展观，树立追求发展质量和效益的理念，兼顾发展速度、质量和效益的统一，既能实现经营目标、确保市场地位，又能使企业在已经领先的竞争领域和未来的扩展经营环境中保持优势、持续盈利，并长期稳健成长。二是行业排头兵地位牢固，能引领行业发展。不断推进业务和技术的创新，管理手段和领导力的创新，拥有一流的技术，生产一流的产品，培养一流的员工，向用户提供最有价值的绿色产品，打造最具社会责任的行业先锋和国际化跨国公司，成为引领行业发展的全面解决方案供应商。三是供应商及合作方敬重，用户能持续满意。建立战略合作关系，形成供应商战略联盟，合理配置内外部资源，产业链和价值链优化，客户关系完善，提供物有所值的高附加值产品和高品质的服务，用户高度认可和信任。四是积极履行社会责任，公众评价积极正面。坚持责任内核，打造核心竞争力，与利益相关方共享价值与利益，与利益相关方积极沟通并回应其期望与要求，树立良好的企业形象和品牌效应，成为一个负责任的企业。五是“股东、企业、员工”关系和谐、共赢。公司市值持续上升，资本市场认可，股东满意；企业快速、健康、持续发展；员工收入稳步提高，生活质量逐年改善，共享改革发展成果，共建和谐美丽南车，对企业的认同感、归属感不断增强。上述目标的现阶段体现，就是做到“四强四优”：自主创新能力强、资源配置能力强、风险管控能力强、人才队伍建设能力强；经营业绩优、公司治理优、布局结构优、社会形象优。

2. 策略定位——突出重点，选准突破口。至少抓好以下 5 个关键点：首先，商业模式再造是核心。商业模式是企业最高形态的竞争，关系到企业的生死存亡和兴衰成败。商业模式的创新形式贯穿于企业经营的每一个环节，每个环节的创新都可能是一种成功的商业模式。其次，深化创新驱动是根本。创新驱动发展是适应新的科技革命和产业变革的迫切要求，是企业转型升级“最根本、最关键”的力量，是企业进一步提升自主创新能力、引领行业发展的紧迫需要。再次，优化资源配置是基础。以发展质量和效益为中心，合理配置和优化资源，从生产能力提高型向业务结构优化升级型转变。还有，竞争策略调整是关键。尽快达成“竞合策略”与“盈利模式”的共识，探索与国内主要竞争对手建立新型竞合关系。最后，内部挖潜增效是必然。化解不断下降的产品价格和不断上升的人工成本之间的矛盾，有效应对低成本时代。

三、南车转型升级需要重点突破的四个方面

在复杂的环境条件下，在诸多的矛盾和问题面前，我们如何抓住重点，形成共识，有效突破？要解决好以下四个问题：一是如何构建新的商业模式，二是解决优质资源往哪里集中，三是南北对峙时采取什么市场策略，四是降本增效如何出实招、出新招。其中，解决商业模式、资源整合的问题，是为了长远求发展；解决市场策略、降本增效的问题是为了短期保增长。

1. 加速构建新的商业模式。实践证明，现有商业模式的局限性已经充分暴露。南车业务结构的调整是目前转型升级的主攻方向。由于历史原因，南车过去基本上是按照一个“专业生产工厂”的模式运作，产业领域固定，业务结构单一，容易受到经济周期波动的影响。

要从五个维度来构建新商业模式。第一个维度是企业中心定位。南车要成为我国高端装备制造的排头兵，最终打造一个基业长青、倍受尊敬、具有国际竞争力的大型综合性装备制造企业。第二个维度是业务形态支撑。南车要顺应制造业服务化的趋势，适应目前成套设备、交钥匙工程、系统解决方案等市场需求，从单纯制造商成长为系统方案提供商，从专业化制造企业转变为综合性制造服务集团。第三个维度是转化路径安排，实现四个转变。从突出速度、高速增长向注重质量和效益、适度增长转变；从技术引进依赖型向自主创新驱动型转变；从产品优势向技术优势和品牌优势转变；从生产能力提高型向业务结构优化升级型转变，进而实现产品升级、技术升级、结构升级、效益升级。第四个维度是盈利模式再造。通过自主创新、自主研发，优化和改变现有的商业模式，从主要只卖产品提升为卖技术、卖服务，为用户提供增值服务，提升自身品牌影响力，注重从微笑曲线的两端提升产品的毛利率。在坚持精于制造环节的同时，深刻把握产品设计、工程承包、现代制造服务业等价值链高端的商机。第五个维度是竞争优势提升。推进面向国家战略需求的关键技术创新与集

成，培育新的高技术产业生长点，强化高端制造的形象，加速产融结合，提高国际化经营的程度，增强抗市场冲击能力。

南车要向大型综合性装备制造企业发展，更好地适应当前成套设备、交钥匙工程、系统解决方案之类的需求，形成较强的自我调整能力，消化产能迅速扩张所带来的部分产能闲置的压力和风险。要把“有质量、有效益的增长”的经营理念贯穿于企业发展的全过程。要在重视营业收入增长、规模扩大的同时，更加注重包括经济效益的提高、收入分配的改善、体制机制的创新、文化品牌的建设等全面发展、科学发展，促进企业由大变强变优。

2. 大力整合优质资源。特别是投资问题，要向着最有利于企业全面发展的方向集中。在轨道交通领域，就是要向强企和研发集中；在非轨道交通领域，要向重点发展的产业和产品的突破口的地方集中。要严控规模扩张，强力压缩固定资产投资，特别是新增轨道交通固定资产投资的规模要深刻研究，放缓投资节奏，提前避免“以投资换市场”带来的后续风险。要尽快制定与南车转型升级相配套的子公司业务发展的整体战略规划，逐步化解局限在轨道交通领域找增量的问题。要明晰业务单元，在此基础上规划出一张子公司业务发展的路线图，大致明确子公司的业务调整方向（包括轨道交通、新产业、其他），形成一个集团内部“高—中—低”业务协同配套的“业务梯度升级转移走廊”。据此路线图，提出具有操作性的过渡措施，处置低效和闲置资产。要按优质资源的拥有量为主线来考核评价经营业绩，利用好考核评价体系这个杠杆。值得注意的是，资源配置必须严格遵循“合理、公平、优先”三原则。合理配置，就是统筹兼顾、合理规划和使用资源，在一个相对较长的规划期内，根据企业经营成果确定资源总量，按照集团发展规划设定资源投放，进而科学地、有序地分配和调剂资源，不是“先到先得”，不搞“亲疏有别”。资源配置是企业行为，不是个人与个人、个人与企业之间的嗜好和交易，配置不公平，会打击大多数子企业的积极性，影响集团的整体利益；优先配置，就是把资源优先配置到有优势、有效益、有竞争力的主业板块和优势子企业中去。

3. 选择力争效益最大化的市场策略。轨道交通市场是南车经营的主战场，也是未来转型升级的根据地。“精耕细作轨道交通市场”仍然是南车的首要经营策略，要有效实施战略性的市场营销策略，加强国内国外市场开拓。南车要确保对国内市场有一定的控制力和影响力。竞争策略方面，主要体现在两个层面的策略安排：一个是内部竞争，一个是外部竞争。内部竞争问题，就是要在集团利益最大化的前提下，突出强化内部协调的力度和子公司间相互协同的问题。外部竞争问题，就是要逐步解决好与北车的竞争关系问题，力争构建效益最大化的新型竞合关系。要抛弃“冷战”思维模式，本着“多赢”的理念，与北车加强合作和沟通，进行市场的划分与协调，尽快在南北车之间达成“竞合策略”与“盈利模式”的共识，共同应对不断恶化的外部环境。目前地方政府多采取以“投资换市场”的模式发展当地的轨道交通，这种模式加剧了行业已存在的产能过剩。客观现实要求我们要深度研究此方面的市场策略，有效摆脱这种“投资换市场”模式的绑架，积极探索出一个既能实现共赢，又能适应市场扩展的新路径，从而减少国有资产的重复投入和浪费，提高投资回报的水平，化解投资风险。在与跨国公司竞争的同时，也要研究如何加深与之在产品、技术、市场方面的合作，实现优势互补、协同发展等。

4. 降本增效要倒逼管理提升。一方面能够承受低价格拿单并且不亏损还盈利；另一方面，有创新的产品能够拿到市场的新需求、新增量。这两方面，我们都有值得认真总结的地方。地铁最近的丢单，货车新品不能及时拿到资质，都说明我们的市场敏感度不够，管理还没有做到极致。为了保增长，我们最近出台了一系列压费用、控工资的措施，这些都是短期的、有限的，降本增效的思路不能停留在“压”字上，长期还是要通过科学管理来降本增效。市场环境倒逼我们必须进一步搞好精益生产、管理提升工作。通过近期的调研发现，我们的基础管理还有很多薄弱环节。要继续实施精益管理，优化完善制造工艺流程，强化生产现场管理，确保高度防范质量风险，打造精品工程。科技投入还要做深入细致的工作，投进去的钱一定要发挥作用。投入的方向、考核评价机制、科技经费的管理、后评价机制、科技资源和成果的共享机制等都有待更加深入的研究。我们存在“大企业病”，管理的各个环节之间，沟通不力、信息不畅、协同不够，设计、制造与售后服务等环节形成了某种程度上的信息孤岛。设计失误导致的浪费有多少，惯性故障重复得不到解决导致的浪费有多少，每个管理环节都有漏洞可以堵。要把信息化全方位覆盖采购、售后服务、办公等等，这样管理运行处于相对透明状态，可以基本上把每个环节的不合理都暴露出来，把成本的水分都挤出来。要持续深化对标工作，管理标准同国际接轨。要对收入实现、费用发生等的均衡性、匹配性进行系统性的策划和控制，严格控制各项费用的增长，不断降低整体成本费用。

四、南车转型升级的组织保证问题

转型升级就是一场改革发展的攻坚战，我们必须大力转变发展观念，以改革为动力，推动企业创新发展。思想是行动的先导，转方式、调结构首先要“换脑筋、变思路”，抛弃传统发展的惯性思维，在发展观念上加快转型，以更大的勇气和智慧，坚决破除一切妨碍科学发展的思想观念。转型升级是我们当前一项刻不容缓的重要任务。能否打好这场硬仗，关系到南车未来的发展。各级领导干部要进一步转变发展观念，牢固树立全局观念和一盘棋的思想，紧紧围绕转型升级全局性工作，思考问题、研究问题、解决问题；要增强不转型就没出路的责任感、紧迫感和危机感，要有舍得放弃一些眼前利益的眼光和胸怀，带领广大员工闯关突破。各级领导干部要牢固树立效益观念，切实追求发展质量和效益，以思想解放推动思维更新，以思维更新推动思路创新、机制创新、工作创新和作风转变，着力在“转型”上动真格、在“突破”上见实效，提升可持续发展能力。各级领导干部在保持优良传统的基础上，结合新的形势任务，还要突出侧重以下四点，这也是我们的责任和使命所在。

1. 世界眼光，战略思维（超前、系统，论道、布道）。要立足全球去定位南车的战略方向，面向未来去思考南车的发展蓝图，跳出南车去看待南车的改革创新，打破传统的惯性思维和僵化的思想观念，超前谋划，系统思考南车的未来。要学会“弹钢琴”，顾大局、议大事、抓大事，正确处理当前与长远、局部与整体、改革发展稳定的关系，统筹做好各项工作。

2. 履职尽责，勇于担当（能说、会说，真做、会做）。要大力弘扬担当精神，认真履行职责，直面矛盾和问题，接受挑战、迎难而上，开拓创新、奋发有为，以强烈的事业心和责任感，充满激情地去推动工作。要一身正气，敢抓善管。公生明，廉生威。不但思想作风要正，工作作风要正，生活作风也要正。以德服人，以身作则，做到能说、会说，真做、会做，敢管、善管、能管、会管。

3. 集思广益，提升本领（能适应，有能力，重合力）。要对自己从事的职责有清醒的认识和深入的理解，认真查找履职能力方面的不足，抓紧时间学习必备的理论知识和业务知识，提高领导水平和服务水平。要树立正确的权力观、事业观、政绩观，对岗位赋予的权力心存敬畏，秉公用权。要在鼓实劲、办实事、求实效上下功夫，一届接着一届干，一级做给一级看，使工作迈上新台阶。

4. 积极主动，有效协同（主动，互补，配合，默契）。工作中要相互包容和补位，凝聚一种想事、干事、干成事的氛围，打造一股我干、你干、大家干的合力，主动配合，默契工作，在相互包容中求同存异，在积极补位中团结共事。要用心干事、专心谋事、勇于任事、善于成事，认真负责地搞好本职工作；要虚怀若谷，见贤思齐，虚心向他人学习，取长补短，相互支持，相互配合，做到分工不分家，形成工作合力。

总之，南车需要我们统一思想，达成共识，有大的举措，大的改变。只有这样，未来我们才会更主动、更从容。

持续提升管理水平　助推南车转型发展

——集团公司党委书记、股份公司总裁刘化龙在中国南车管理提升活动第二阶段转段视频会上的讲话（摘要）

（2013年10月18日）

虽然管理提升活动即将进入“持续改进、总结评价”的收官阶段，但强化管理是企业发展永恒的主题，提升管理水平，打造管理竞争力，是一个永无终点征程。就如何持续深化管理提升活动，提三个方面要求。

一、进一步统一思想，提高对管理提升活动的认识

管理提升活动对强化基础管理、突破发展瓶颈、提升核心能力发挥了积极作用，取得了初步成效，但离“做强做优、世界一流”的目标，仍然任重道远。强管理、增效益、提能力，首要的还是要统一思想认识，关键要落实到行动上。

1. 持续提升管理水平是南车转型发展永远的主旋律。回顾南车发展历程，离不开我们始终对强化管理、打造软实力的坚持和努力。从推进整体改制上市、建立规范法人治理结构、强化风险管控、实施精益生产等等，助推了南车近几年的快速发展。进一步营造发展优势，突破发展的“天花板”，建设“双效”南车，将南车打造成倍受尊重的企业，提升管理水平仍然是重中之重。

2. 当前形势环境的变化对管理能力提出更高的要求。在当前经济形势和经营环境下，持续提升管理水平，显得尤为紧迫和重要。一是盈利的压力倒逼我们管理上水平。我们面对的是一个盈利空间越来越小的市场，无论是大铁路、城轨、新产业还是海外市场，维持一定的毛利水平是一个严峻挑战。二是“保增长”的高要求倒逼管理提升。落实“保增长”目标，既是政治任务，又是内在客观需要。只有通过指标的压力，拉动管理的精细化、高效化，指标的优化才有持续性。三是市场环境变化倒逼我们必须提升管理。铁路总公司回归企业主体位置，按照企业模式的运作，必将对南车未来经营、盈利模式产生较大影响；国内轨道交通产能过剩，尤其在城轨市场，面临残酷的价格竞争；在专有技术延伸产业领域，市场竞争环境也十分严酷；海外市场的高风险和高度竞争等等因素，都倒逼我们要提升内部管控能力，强化内功内力和系统能力，去适应市场的要求和环境的变化。

3. 推动转型发展必须以提升管理为基本保障。南车要实现经营管理上台阶、科学发展上水平，根本之策就是转方式、调结构，转型升级。要从突出速度、高速增长向注重质量和效益、适度增长转变；从技术引进依赖型向自主创新驱动型转变；从产品优势向技术优势和品牌优势转变；从生产能力提高型向业务结构优化升级型转变，进而实现产品升级、技术升级、结构升级、效益升级。目前，我们正处在矛盾凸显期、改革攻坚期、发展转型期，管理方式要从粗放向集约化、精细化转变，管理手段从传统向现代化、信息化转变，全面提升管理水平、管控能力、系统能力，是实现转型升级的基础和保障。

二、进一步聚焦目标，抓住重点打造管理核心能力

管理提升活动第三阶段总体要求是，按照“提高运营质量，优化经营指标，夯实发展后劲，突出风险管控”的指导思想，围绕“一个转向、两个聚焦、三个强化、四个提升”的目标，继续集中力量解决制约和影响发展的关键问题，切实建立健全管理提升长效机制，为实现“做强做优、世界一流”目标奠定坚实基础。各企业要结合自身实际，重点抓好以下三个方面。

1. 夯实基础管理平台，提升基础管理水平。一是要加强制度建设，提高制度的执行力。要结合管理提升，丰富、细化、完善制度建设；要按照“方便、简洁、实效”的原则，细化完善相关制度，注重其操作性、实效性；要强化制度的落地与执行，用制度说话，按制度办事。二是要优化管理流程，提高管理的效能。在流程协同、流程高效、流程信息化建设等方面大力突破，提高流程效率，提升管理效能。三是进一步深化精益管理，实现降本增效。要进一步夯实精益生产现场基础，拉动基层、基础管理平台上水平、上台阶；要用精益理念统领经营活动，从研发、工艺、采购、制造、服务等全过程要在成本控制、内部管理、经营效率、劳动效率等方面，建立项目运营的高效管控平台；进一步加大降本增效的力度，创新工作方法，培育增长点，止住出血点，控住风险点。

2. 针对发展具体实际，突破专项提升领域。一是要立足当前，实现“三个确保”。对当前存在的主要和关键问题，要集中资源，快速突破，迅速解决。当前生产经营面临较大的压力，集团也提出了“三个确保”工作要求，就是要确保合同兑现，确保产品质量，确保作业安全。在这种超常态的生产下，更是对管理响应能力、控制能力、协调能力的验证。二是要抓住重点，突破关键能力。要结合近期重点工作，迅速突破形成五项能力。一要加强采购管理，增大集采比重，降低综合采购成本；二要加强集团内部配套，创新配套机制，确保集团利益最大化；三要加强财务基础管理，深化全面预算管理工作，突出计划管控的科学性、严肃性和实效性；四要质量管理体系要做到有效落地，建立从研发到服务的全过程控制能力；五要加强风险控制，高度防范质量风险，积极化解投资风险，时刻关注财务风险，提升风险预警和管控能力。三是要立足长远，提升发展能力。要选准突破点，积聚国际化经营、新产业发展在技术、人才和管理的能力。

3. 注重系统能力建设，形成南车管理特色。强化系统能力建设，就是要积极应对外部环境的变化，以流程再造为保障，以体系建设为抓手，提升组织职能的系统性，优化资源配置，支撑战略目标的实现。围绕南车转型突破的四个方面，在创新商业模式、整合优质资源、竞合市场策略、创新降本增效途径上，都需要我们统筹规划，系统推进。一是系统要抓好顶层设计，做好战略规划，设计好途径和方法，要从战略和战术、顶层到基层、目标到任务，全系统提出解决方案。二是坚持精益为主线，致力构建南车特色的管理体系，全面提升我们的系统能力。坚守精益之道，就是要精耕细作传统市场，实施好差异化的竞争策略，杜绝浪费，提高效率，拓展盈利空间；就是要以最少的投入，追求最大的产出，走轻资产、高质量的发展之路；就是要持续改善，强化内部能力，以对市场和用户快速响应，满足市场需求；就是要形成特色的管理模式，在精益研发、精益制造、精益供应链等全系统，打造高效的价值链，形成内外协同和谐的价值创造体系。不仅要在市场地位、技术领先、盈利能力、产业布局等保持优势，更要在内功、内力和系统能

力上彰显实力，才能够做到“四强四优”，赢得市场、用户、投资者和对手的尊重。三是要全系统的组织推动。在转型突破的关键期，提升全系统的管理能力，离不开顶层统筹推进，离不开系统的策划和组织，离不开全员的协同和合力。要进一步发挥总部在南车可持续发展中引领性的作用，要进一步突出子公司在转型突破的主体责任，要进一步凝聚全员发展的智慧和能量。

三、进一步巩固深化，确保管理提升活动取得实效

管理提升活动第三阶段具体任务是“持续改进、总结评价”，就是要深化和固化工作成果，以总结提炼、考核评价进一步促进管理提升，持续提升管理能力和管理绩效。管理的惟一权威就是可衡量的绩效。管理提升活动的成效，要体现到可衡量的绩效指标上，要体现到可感知的管理效能优化上，要体现到攻坚克难的具体行动上。持续深化管理提升，要突出以下三个方面成效。

1. 要以管理提升活动的明显成效，作为培育世界一流企业的重要支撑。管理提升活动是培育世界一流企业的具体步骤。南车作为国资委“做强做优、世界一流”的十大重点企业，要通过管理提升活动的持续推进和深化，为培育世界一流企业提供坚强支撑和保障。一是基础管理要进一步夯实。要在基础管理方面持续开展与国际一流企业的对标，拾遗补缺，全面建设管理制度化、制度流程化、流程信息化的基础管理体系，不断提升基础管理成熟度。二是科学管理水平要进一步提升。要依靠科学的管理方法和手段，进一步激活全体员工的创新能力和价值创造力，提升企业的市场竞争力和风险管理能力。三是要培育高素质的企业管理队伍。要高度重视管理队伍建设，加快培养一支具备国际化经营能力的优秀管理队伍。

2. 要以完成保增长和年度生产经营任务，作为下阶段管理提升的核心任务和重要验证。当前生产任务繁重，仅剩的 3 个月时间，要完成近 50%收入和利润指标，对企业的生产能力和管理能力带来巨大压力，提出严峻挑战。完成年度经营任务、实现保增长的目标，坚决不能动摇，这既是国资委的要求，也是我们的内在需要。结合各自的情况，集团总体上作了部署，在预算上作了调整，明确了保增长十七项具体指标，分解了工作任务和措施，明确提出了“三确保”的工作要求。能不能完成任务和指标，也是对大家工作能力、前阶段活动是否扎实有效的一个考验。短板是不是找得准，整改是否有成效，能力是否有提升，就要在现在的环境下来验证。任务指标不仅要完，还要完得有质量、有效益，体现高效率，这也是“双效”南车的根本要求。大家既要有坚定的决心，又要有充分的信心，更要有落实的行动，深挖潜、提效率、增效益，狠抓措施落实。

3. 要以管理提升长效机制建设，作为检验第三阶段活动成效的重要依据。要建立起管理长效机制，使管理提升工作真正成为企业的自觉行动。一是要固化方法和经验。发现问题、制定对策解决问题、实施过程评价、持续改进，这种改善循环要坚持；要抓住指标对标这一有效的工作手段，推进管理对标的深入；要通过科学的方法和工具，系统诊断和解决关键问题，实现短板消除、瓶颈突破。二是要从企业战略角度统筹考虑，统一规划，分级实施管理提升工作。企业一把手要亲自抓，将管理提升纳入战略滚动规划。要明确制度，细化流程，落实责任，落实资金、人力和政策方面的支持。三是要确立检查评价机制，特别是对一些关系到企业长远的、基础的、前沿性的管理提升课题，要确立责任部门长期推进，持续开展督导检查，切实建立管理提升长效机制。

强化内部管控　防范经营风险
促进企业健康发展

——党委副书记、纪委书记、工会主席陈大洋在内部审计、内部控制和风险管理工作会议上的讲话（摘要）

（2013 年 2 月 27 日）

内部审计、内部控制、风险管理是企业内部管理的重要工作内容。尤其是在市场经济日趋成熟和完善的现代社会里，加强企业内部风险管控，对促进企业健康发展有着至关重要的作用。同时，如何做好企业内部审计、内部控制、风险管理，是我们每一位员工特别是从事企业内部管控工作员工需要认真思考的问题。

一、明确定位，服务企业促发展

1. 工作定位要站在集团利益的高度。从内部审计、内部控制和风险管理的定义来看，这三项工作的核心主旨是要为企业提供管理咨询意见。要确保达到良好的工作效果，就要准确定位工作方向。在确定工作定位时，要从高处着眼，从细微处入手，始终站在集团利益的高度，围绕促进企业发展这一目标来开展工作。从工作定位具体要求来说，要能够辅助管理层做到“三个确保”：一是要确保集团利益最大化。无论通过什么形式，我们的工作目标都应该是一致的，所有的工作都应体现在确保集团利益最大这一目标上来。二是要确保公司整体风险可控。企业经营过程中，风险是不可避免的，同时也是无需避免的，因为风险与机遇往往存在着伴生关系。开展风险管理的目标不是完全的回避风险，而是要正确评估公司面临的风险，通过管控措施将风险置于掌控之中。三是要确保公司合法合规经营。内部审计是企业中独立于管理者和被管理者之外的“第三双眼睛”，我们要让这双眼睛看得清、看得准，随时提醒公司纠正偏差，依法合规经营。

2. 工作目标要围绕促进企业战略目标展开。内部审计、内部控制和风险管理是保证企业实现战略目标的“三个基石”。要确保这个“基石”发挥作用，就要在工作中树立四种意识：一是服务意识。要秉承为企业提供增值性服务的意识和理念开展工作，想企业之所想，急企业之所急，工作所到之处即是企业发展所需之处。去年，公司出台了海外并购、产品出口和现金流三个风险指引，契合公司经营重点，及时满足了公司发展的需要，体现了主动服务的意识。二是全局意识。要从集团发展的大局把握工作方向，针对企业不同发展阶段、不同的工作重点，认清形势，明确目标，找准位置。三是风险意识。现代内部审计的核心思想就是要以风险为导向，内部控制的设计也是为了解决风险问题，因此在开展工作时要抓大放小，有的放矢，以解决企业风险作为作力点。四是监督意识。内审人员要坚持原则、勇于担当，敢于对不合规、不合理现象说“不”。

3．工作内容要满足企业不同层次的需要。南车上市后，外部监管环境和内部管控模式发生了很大变化。内部审计、内部控制和风险管理工作要适应这种变化，在工作内容安排和标准上要注重满足三个层次的需要：一是要满足国资委、证监会等外部监管需要。2006年，国资委发布了《中央企业全面风险管理指引》，要求央企建立全面风险管理体系。2008年，财政部等五部委发布了《企业内部控制基本规范》，2010年又发布了《企业内部控制基本规范配套指引》，要求A+H上市公司首先执行。2012年，国资委、财政部联合下发了《关于加快构建中央企业内部控制体系有关事项的通知》，对中央企业实施内部控制提出了具体要求。这些文件和规范都是监管机构提出的法定要求，我们在开展工作时要认真理解，严格执行，不能出现偏差。二是要满足股东会、董事会和管理层的内部监控需要。现代企业管理打破了内部治理的传统格局，通过外部人参与公司治理，增加企业管理的有效性和透明度。在开展内部审计、内部控制和风险管理工作时，要注重了解股东会、董事会和管理层的要求，从公司治理层面完善和丰富工作内容。三是要满足企业执行层面具体操作的需要。即要分析和判断企业运营管理操作层面的需求，根据企业运管需求来确定具体工作内容。

二、突出重点，全面推进工作内容提升

1．内部审计要坚持以风险为导向开展工作。内部审计工作要做到监督与服务并重，工作重心要以企业风险为导向展开。2012年9月开始，国资委对公司开展了总经理任期经济责任审计。从前几轮审计报告初稿和现在了解的情况来看，审计报告在肯定南车近年来取得成绩的基础上，指出了现阶段还存在的一些问题，包括8个方面25个问题，涉及到130个项点。这些问题涵盖了公司经营管理的各个方面，有些是发现的新问题，有些是一直存在的老问题，有些则是我们多年已经习以为常、不认为是“问题”的问题。这反映了我们的基础管理、制度流程还有很多地方需要加强。今年，要结合对这些问题的整改，在审计力度上做到“四个加大”：一是加大对工资、现金支出管理规范和检查力度，二是加大绩效审计力度，三是加大对重大投资项目的跟踪审计力度，四是加大对违法违规问题的查处力度。

2．内部控制要围绕机制健全开展工作。内部控制工作要结合国资委、证监会对公司的要求，从强化基础管理入手，促进企业建立健全各项管理机制。具体来讲，要从三个方面进行优化：一是优化内部控制矩阵，认真梳理内部控制节点和控制措施，建立全面覆盖的内部控制矩阵体系。二是优化内部控制管理机制，完善“内部控制梳理—内部控制测试—内部控制整改”的管理机制。内部控制建设要形成闭环管理，控制环节要做到全面覆盖，不留死角。三是优化内部控制缺陷认定和管理机制，对内部控制缺陷要建立缺陷档案，监测内部控制缺陷整改情况，对缺陷整改要实行“销号”制度。在安永事务所对公司2012年度的内部控制审计中，发现可能存在问题的内部控制缺陷点共166个，我们必须要高度重视这些控制缺陷，并严格按照要求进行整改。公司内部控制绝不允许出现“重大缺陷”和“重要缺陷”，对于事务所发现并确认的“一般缺陷”应逐一落实，全部整改。

3．风险管理要从提高企业风险防范能力着手。近两年，公司在内部控制体系建设和内部审计工作方面取得了较好的工作成效，获得了包括证监会、审计署、中国内审协会的表彰。2011年在证监会主导发布的“上市公司内控指数”排名中，中国南车在全部2106家上市公司中名列第7。2012年中国南

车被中国内审协会授予“全国内部审计领军企业”称号。2013年，公司应力争在风险管理体系建设中取得新的突破。按照国资委对中央企业风险管理工作的要求，要从提高防范风险能力入手，重点做好三项工作：一是要建立重大风险预警指标体系和动态预警机制，实施风险管理考核制度，强化风险的事前防范和事中控制，综合采取风险回避、风险控制、风险转移和处置等方式，使公司风险防控的能力和水平不断提高。二是要健全全面风险管理体系，不断完善风险评估和内部控制评价机制。2013年，公司要根据管理提升和公司发展的要求，出台新版的《全面风险管理手册》，增加定量识别风险方法，进一步提升风险管理工作的可操作性。在2012年发布三个风险管理指引的基础上，还要研究发布第四号指引“BT项目”以及其他风险管理指引。三是要与内部控制和内部审计工作充分融合，通过内部审计揭示和发现风险，并通过内部控制加强机制建设，防范风险。

三、理清思路，进一步提高工作实效

1. 继续推进工作制度体系建设。公司内部审计、内部控制和风险管理制度建设卓有成效，已分别构建了三个制度体系，5本工作手册，6个工作指引，以及近百个工作制度和模板。要组织系统内专业人员定期补充完善各项制度，特别是要不断完善内部控制矩阵，并加强内部控制和风险管理指引的建设。各项工作制度要做到“结构清晰、内容完整、便于执行、及时修订”，内部控制和风险指引要结合公司发展的需要，力求做到高效与实用。所有这些制度要通过“管理制度化、制度流程化、流程信息化、改善持续化”的要求予以落实实施。

2. 不断改进工作方法，提升效率。一是要以国内外先进企业为标杆，向高标准、严要求看齐，努力打造成为行业内的领先企业。国资委开展管理提升活动，主旨就是要通过企业间的对标查找差距，不断提高和完善自我。公司在风险管理工作还要加强与同行的对标，不但要从工作思路上对标，更要从具体的工作方法、工作效果上对标。二是工作方法要不断创新，运用内部审计、内部控制和风险管理的最佳实践提升工作能力。三是要使用科学的工具提高工作效率，探索开展自动化，推进审计治理、风险和控制一体化，运用先进有效的内部控制自我评估工具、舞弊防范和调查工具协助工作。

3. 充分发挥内部审计评价、确认、咨询的增值作用。内部审计是一种旨在增加组织价值和改善组织运营的独立、客观确认和咨询活动。它通过系统化、规范化的方法来评价和改善风险管理、内部控制和治理程序的效果，以帮助实现组织目标。2012年，股份公司组织实施了厂修货车成本审计对标，取得了不错的效果。今年，公司将组织厂修内燃机车、厂修客车等业务板块的审计对标工作，通过对标，找出差距，取长补短，提高产品质量，降低产品成本，增强这些业务板块的盈利能力和盈利水平。

4. 强化整改固化流程。一是要从观念和行动上重视“整改”，明确整改不是走过场，应体现在实实在在的管理流程中。二是在机制上要保障整改的落实，要建立审计意见整改的检查追踪制度，并每年都应对审计意见整改情况进行检查并向管理层进行报告，对审计意见不落实的应予以考核。三是对审计意见整改和成果予以固化，将审计测试发现的缺陷在流程中予以修订，避免同样的问题反复出现。

5. 强化人才队伍和专业素质建设。当前，南车已拥有一支200人的内部审计、内部控制和风险管理专业人员队伍，这支队伍每年要完成数百个内部审计、内部控制评估和风险评估项目，为公司创造直接经济效益，承担着为公司发展保驾护航、参谋决策的作用，责任重大，挑战同样巨大。这就要求我们要不断地锤炼这支队伍，不断地强化专业素质建设，提高业务人员工作能力。在具体的人才培育环节，各单位要做到“三个坚持”：一要坚持恪守职业操守，培养造就一支政治坚定、业务精湛、作风扎实、纪律严明的审计、内部控制和风险管理队伍；二要坚持独立审计、独立思考、敢于负责、敢于碰硬，杜绝工作的主观性和随意性；三要坚持求真务实、严谨细致的工作作风，对查出的问题，要反复核对，多方听取意见，确保审计结果客观公正。

总之，内部审计、内部控制和风险管理工作在企业管理中发挥日益重要的作用，同时也面临着更多的挑战。我们要以勇于挑战自我、开拓创新、追求卓越的精神，不断提升工作能力，完善自我，为公司健康、快速发展而努力奋斗。

全面梳理　狠抓落实
确保制度发挥应有作用

——副总裁张军在中国南车制度执行情况大检查视频动员会议上的讲话（摘要）

（2013 年 3 月 1 日）

这次制度执行情况大检查工作，既是全面深入开展管理提升活动的客观要求，也是中国南车加强基础管理、防范管理风险、提升制度执行力、确保又好又快发展的重要举措，同时也是今年中国南车的一项重点工作。各部门、各单位要高度重视，严格按照统一部署做好每一项工作。

一、统一思想，提高认识，切实增强抓好大检查工作的责任感

1. 开展制度执行情况大检查是深化管理提升活动的有效载体。根据国资委的统一部署，我们全面启动了管理提升活动，涉及范围广、历时时间长、工作要求细。尽管各个系统、各个层面有不同的工作侧重，但活动最终要体现在公司的效率、效益上，落脚在制度的建设与执行上。为此，总部明确了“重点围绕完善制度、优化流程、强化制度执行、夯实基础管理”的工作任务，制定下发了《总部规章制度管理提升实施方案》，并将方案的实施作为“五星”总部管理提升活动的重要内容；各一级子公司在 15 个管理领域开展了管理对标、流程梳理工作，查找了 320 余项制度流程方面存在的问题，取得了阶段性工作成果。

此次大检查，既是总部机关落实管理提升工作任务的要求，也是中国南车对于管理提升活动前期工作的一次全面诊断和检查。检查的目的就是要深入推进“专项提升、协同推进”阶段工作，确保活动成果不只是写在纸上、贴在墙上、印在书上、说在嘴上，而是要转化成具体的行动方案，固化为管理制度、工作流程和工作标准，真正体现到工作和管理的效果上。

2. 开展制度执行情况大检查是防范企业发展风险的重要举措。后危机时代，企业面临着更加复杂的发展环境，各类生产要素的市场化和国际化，政府、社会、股东、市场的监管力度进一步加强，技术、市场、质量、环保、安全、劳工、汇率、知识产权等风险更加复杂，管理风险呈现高发、高危、高经济性的新特点。特别是随着网络时代的来临，微小因素都可能诱发蝴蝶效应，使企业付出惨重代价，甚至如多米诺骨牌般迅速倒下。质量门，使得丰田公司召回汽车超过 1200 万辆，不得不向美国政府支付巨额罚款，损失总计可能超过 50 亿美元；瘦肉精，使双汇公司损失接近 200 亿元，销售几近停滞；致癌奶，使蒙牛乳业股价一度重挫 24%，销售大幅下滑；身份造假，最终使达芬奇公司被赶出家具市场；修正药业，这个用 15 年时间崛起的品牌，曾经创造 1876%的增速神话，却因毒胶囊而在几天内轰然倒塌；“王老吉”之争，源于“加多宝”公司长达 15

年对商标管理的重大内控缺陷熟视无睹，最终只能忍痛割爱，投入巨资另起炉灶。

“千里之堤，溃于蚁穴”。作为行业的翘楚，上述企业无不激情满怀而又富有理想。意气风发的扩张、不断改写的历史，使他们成为业内明星。巨大的成功，掩盖了集聚的管理风险，也冲淡了领导者的风险意识。管理失效最终成为他们的“阿喀琉斯之踵”。基业长青，无疑是每个优秀企业追求的目标。如果轰轰烈烈的扩张缺少有效的管理支撑，搭起的只会是空中楼阁，最终还将从天上摔回地面。

伴随着整体改制上市，中国南车产业规模迅速扩张，业务规模快速膨胀，市场领域不断拓展，经营规模持续壮大。在快速发展中，我们的“硬实力”有效增强，一些能力甚至达到世界一流水平。但客观讲，我们的管理“软实力”还有差距，许多管理问题和薄弱环节不断暴露，已经影响到管理效益和企业发展，并给企业带来了麻烦和损失。此次大检查，就是要在固化已有成功模式和优秀管理方法的基础上，做好循环优化、持续改善工作，为内部控制、全面风险管理和惩防体系建设提供制度层面的支撑和保障，确保企业各项管理工作按照既定“轨迹”运行，最大限度避免偏离目标，有效规避发展风险。

3．开展制度执行情况大检查是强化企业基础管理的关键环节。管理，已经成为土地、劳动和资本之外，构成现代生产力的第四要素。美国经济之所以领导全球，三分靠技术、七分靠管理。德国、日本之所以能够从战后的废墟中成长，也得益于管理。“台塑”从微小经营规模起步，发展成为巨型企业集团，有赖于其独特的管理架构、完善的规章制度、有效的信息化建设，有赖于其到位的日常稽核、规范的管理反馈、高效的异常管理，以及公司上下对管理近乎偏执的持续雕琢。

中国南车多年的发展历程和实践，使我们积淀了深厚的企业文化和管理经验。但从发展的角度来看，很多企业的基础管理还远远滞后于发展，甚至影响和制约着企业的发展。一些单位“一把手”主动抓制度建设的意识不强，对制度家底不清楚，也不善于从全局高度去谋划制度建设。有的子公司对于上级制度深入研究不够，习惯囫囵吞枣、照搬照抄，导致制度的“水土不服”。有的系统对新情况、新问题研究处理不够，制度修订不及时，跟不上形势发展需要。有的主管部门超前思维不足，朝令夕改，使得制度缺乏稳定性。有的业务部门缺乏有效沟通与协调，制定制度互不通气，造成制度相互“打架”。有的领导思想松懈，缺乏有效的过程管控，认为制度出台就万事大吉，导致执行脱轨。有的管理人员不重视学习，对规章制度陌生，主动执行意识差。有的单位虎头蛇尾，不注重制度执行的跟踪，随着时间推移，制度逐渐被淡化，最后成为摆设。有的制度本身标准不明、弹性过大，导致变通执行、下不为例，逐渐丧失制度的严肃性。此外，总部和子公司均存在管控力量分散、稽核力度不大、检查频度不足、监督深入不够、问责流于形式等问题。

强化基础管理，始于制度建设，重在贯彻执行，关键在责任落实，动力是严格考核。此次大检查是中国南车加强基础管理的关键一步。通过检查，要进一步掌握中国南车各专业管理系统和各子公司制度建设的现状，查找制度建设的薄弱环节；要加强“合规”文化建设，大力倡导“用制度管权、按制度办事、靠制度管人”的理念；要进一步完善制度体系，优化工作流程，规范管理标准，明确管理要求，强化内部管控，促进廉洁建设，推进健康发展，确保中国南车稳步向“做强做优、世界一流”迈进。

二、突出重点，把握原则，全力确保大检查的效果

1. 抓好制度管理体系检查，突出规范性。制度无处不在、无时不有，深入到组织的各个环节角落。制度与制度之间的缝隙、制度本身的漏洞，有可能导致投机事情发生；制度与制度之间的矛盾和交叉，更会导致制度效力衰减，进而导致整个组织制度效用的减弱。因此，抓制度建设，首先要抓好制度管理体系建设，真正使其成为一个闭合、关联、科学的系统。要以建立全面覆盖、责权匹配、管控到位、科学先进、制约有效的规章制度为目标，建立源头控制、严格程序、突出审核、统一出口的制度形成机制，实现申请立项、起草、审核、颁布、实施、监督、评估的制度全过程管理，真正使规章制度建设成为防控各类风险、实现科学发展的重要支撑和保障。

此次大检查，要以中国南车《规章制度管理办法》、《关于对‘三重一大’实施监督管理的规定》、《全面风险管理制度》等规章制度以及中国南车颁布的相关规范性文件为依据，从制度管理体系入手，系统梳理，全面诊断。检查对象既包括总部各职能部门，也包括各一级子公司和重要的二级子公司；检查范围涵盖规章制度的管理、执行、监督全过程；检查重点包括整体的系统性、体系的完整性、职责的明确性、管理的统一性、内容的合规性、标准的规范性、修订的实效性、反馈的及时性、执行的到位性、考核的严肃性和评价的有效性。

2. 抓好制度内容体系检查，突出科学性。古人云，“君子慎始，差若毫厘，谬以千里”。规章制度是企业的内部立法，其本身必须具有科学性、权威性和严肃性。规章制度定义不准确、不清晰，使人可以从多种角度予以解释，必然造成管理的随意性。规则内涵不严谨、不周延，容易使执行者各取所需、差异执行。权限责任不明确、不具体，既容易造成管理矛盾，也无法落实责任，甚至严重影响执行效果。管理要求不统一、不规范，则会带来执行中的冲突、重叠或遗缺等问题。

针对上述问题，总部机关要结合《关于印发总部规章制度管理提升实施方案的通知》文件精神，做好规章制度的修订完善工作，确保规章制度协调配合、分类清楚、标准统一、内容合规、结构合理、逻辑清晰，利于理解、执行与实施。各子公司要结合管理提升第一阶段发现的问题，做好自查自纠工作，重点关注“四个一致”，即与国家法律法规是否协调一致；与中国南车管理要求是否协调一致；与企业管理实际是否协调一致；同一事项的表述、同一行为的规范、同一规章制度的前后、不同规章制度之间是否协调一致。

3. 抓好制度执行体系检查，突出有效性。企业的规章制度是否行之有效，关键在于执行。企业内控失效的主要原因就在于执行过程中的走过场、被走样、管不住、不敢管。此次检查要根据内部控制、全面风险管理和惩防体系建设的要求，围绕制度设定、标准设立、时间规划、岗位要求、过程控制、结果评估、信息沟通与交流等方面，抓好制度执行体系的检查。一要检查规章制度本身是否具有针对性和可操作性。二要检查能否根据国家法律、法规和企业实际情况，及时修订、补充、完善乃至废止相关制度。三要检查领导干部是否率先垂范、以身作则，自觉遵守和执行制度。四要检查信息处理和流转是否及时有效，形成闭环。五要检查制度宣贯、培训是否到位，是否形成常态，管理者和执行者是否了解、掌握规章制度的内容。六要检查执行中的评价反馈是否到位，对于执行过程中暴露的问题是否及时向制度主管

部门反馈，主管部门是否一追到底、有效解决。七要检查绩效管理体系是否完善，能否确保责任落实、考核到位。八要检查能否严格执行责任追究制度，是否做到“问事必问人、问人必问责、问责问到底”。

三、明确责任，细化要求，不折不扣抓好大检查工作的落实

1. 统一思想，加强领导。为有效推进大检查工作，中国南车成立了专门的组织机构。各一级子公司要成立相应的组织机构，主要领导要亲自参与，班子成员要分工负责；制度归口管理部门要牵头制定方案，做好自查自纠、报告形成等工作；法律、审计、纪检监察等部门要积极参与，密切配合。总部机关各职能部门要指派专人具体负责，在抓好本部门自查自纠工作的同时，要高度重视本系统的专业管理制度检查，落实检查要求，确保工作实效。

2. 集中力量，确保进度。本次大检查时间紧、范围广、任务重、要求细。总部各职能部门、各一级子公司要立即行动，做好动员、安排、落实工作，从全系统、全流程去梳理问题，迅速开展自查自纠，真正挖掘薄弱点，找出风险点，止住出血点。

3. 突出重点，保证质量。要从制度管理体系、内容体系和执行体系着手，重点检查各专业系统和各一级子公司制度的系统完善程度、管理规范程度和风险管控程度。要结合内部控制、风险管理和惩防体系建设的要求，结合国资委经济责任审计问题整改，以及“专项提升、协同推进”阶段的工作要求，加强重点单位、重点环节、重点领域的检查，并出具现场评价报告。要坚持实事求是、全面客观的原则，认真做好方案细化、现场检查、总结报告等工作。

4. 上下联动，条块结合。各一级子公司要面向业务、面向流程，做好自查自纠和整改完善工作；要加强与总部职能部门的沟通，更好地理解和落实管理要求；要积极反馈中国南车专业管理实施中存在的问题，加强信息沟通与交流。总部各职能部门要坚持条块结合、上下联动，在做好本部门自查的同时，要加强系统检查；要深入基层、深入实际，从系统提升的层面给予子公司更多指导；要及时研究各一级子公司反馈的制度执行问题，针对管理异常提出具体的处理意见和建议。

5. 举一反三，抓好整改。要站在持续发展的高度，运用发展的眼光，认真剖析和梳理检查发现的问题。要对标国际一流企业，力求取得管理“真经”，确保神形兼备。要科学制定整改措施，切实加强基础管理，理顺管理流程，创新管理思路。要沉心静气，举一反三，自我加压，坚决整改，不走形式，不走过场。要针对检查中存在的系统性问题和普遍性问题，组织专家认真研究，提出具体整改措施。要加强对重大问题整改的跟踪，确保责任到位、考核到位、工作到位。

6. 固化成果，持续改善。制度建设的关键还在于建立长效机制。要加强此次大检查工作的总结，及时总结经验，固化成果。要以此次大检查为契机，确保制度执行情况检查的常态化、长效化和规范化。要在中国南车内部形成上级专项检查、系统专业检查、体系评审检查、企业日常检查的制度检查合力，形成业务主管部门、审计和内控部门、纪委监察部门的监督合力，确保制度有效执行，制度建设再上台阶。

以战略为引领　做好中国南车投资工作

——副总裁傅建国在中国南车投资工作座谈会上的讲话（摘要）

（2013 年 5 月 30 日）

大家的发言和交流很有深度，对于公司修订“十二五”发展战略，更好地发挥投资工作对战略的支撑作用有很多好的建议和启发。我从三个方面和大家进行交流讨论。

一、关于南车战略的思考

南车非常重视战略对公司发展的引领。经过“十五”“十一五”以及正在实施的“十二五”发展战略的推动，公司取得快速发展。根据国家当前的宏观经济形势以及国家战略要求，公司已经启动“十二五”发展战略修订工作，“做强做优，努力打造世界一流企业”应该成为南车“十二五”以及今后的长期战略，在这次战略修订过程中将予以明确。

什么是做强做优？其内涵是什么？国家发改委、工信部和国资委已经提出了非常具体的要求，提出了“四强四优”：自主创新能力强、资源配置能力强、企业风险管控能力强、人才队伍强；经营业绩优、公司治理优、布局结构优、企业形象优。南车经过了这一轮的引进、消化、吸收、再创新之后，不仅是高速列车、大功率电力机车、内燃机车，包括我们自主创新的货车产品，具备了基本条件，或者正按照这样一种方向在走，尤其是走向国际化、走向全球市场。按照国家一再强调的科学发展的角度来看，企业不一定是越大越好，尤其是南车被国资委确定为“做强做优，培育世界一流企业”的 10 家重点联系企业更说明这一点。按规模来说我们在 110 多家中央企业中排在 50 到 60 名。央企中有很多规模上万亿的企业，但是国资委确定南车为装备制造行业中唯一的一家“10 家重点联系企业”，这说明我们具备一定的基础，也说明国家在确定目标企业时，并不是按照规模来选择，关键要看企业的质量和效益。与竞争对手比较，我们的产品品质、盈利能力、资产效率，处于相对优势的地位。还要看在行业里的话语权，国家发改委、工信部、国资委在做一些行业研究的时候，经常需要南车提供很多资料，甚至要求我们的人员到位，参与一些座谈讨论，我认为这就是话语权。当然这只是一个方面，还有在整个行业里面的话语权，比如标准的制定，株洲所就承担着国家城际铁路以及地铁变流器标准的制定。更重要的是我们企业持续经营与发展的能力。

“十二五”期间是国家全面建设小康社会非常重要、关键的时期，也是国家深化改革、加快经济增长方式转变的关键时期。粗放型经济、资源消耗带来的后果已经显现。这种粗放经济已经被国家最高领导视为必须要尽快解决的问题。国家加快经济增长方式转变对企业来说是个转型升级的时机。

我们应该怎么办？制造业本身属于传统产业，如何向新型工业化进行转变，这是国家所提出来的重大课题。南车怎么转型升级？在企业的技术结构、组织结构、布局结构方面，如何来做？作为央企，作为涉及国家支柱型产业的企业，我们的转型升级应该是国家经济方式转变的重要支撑。央企的转型升级做不好，既影响企业的发展，更重要的是涉及国家战略的实施。南车成立13年以来，特别是最近5年来，通过改制上市，大强度投资所带来的业绩的提升、产品的更新换代、体制机制上的初步转换，包括资产规模的发展，有了很好的基础。但是必须看到我们还存在很多不足和问题，而这些不足和问题恰恰是我们在研究未来的发展过程中、修订南车“十二五”发展战略过程中，以及落实我们今天这个会议具体工作中，在投资的投向方面如何去研究、去解决。

按照“四强四优”做个简单的分析。

在自主创新方面。南车有很多很好的产品，这主要是自己和自己比。如果把南车纳入到全球市场的坐标和体系中来，和西门子、阿尔斯通、庞巴迪三大家以及其他一些具有独特的产品的企业（如GE公司）进行比较，无论是产品的表现以及产品开发的能力，问题都非常明显。随着国家城镇化建设、城轨建设，特别是低地板项目市场的显现，我们还不具备自主开发产品的能力，要靠引进、花钱买技术，怎么能够说我们具备很强的、能够比肩世界巨头的能力？在产品的可靠性方面，包括核心部件、噪音、温升都存在一定的问题。去年南车组团参加德国装备展，这是南车第一次组团参展，效果很好，甚至有官员说，南车确实可以代表中国。但是，我去1号大厅参观，差异就很大。我们基本上展示的是产品，而这三大家是一种理念上的展示，比如绿色、先进的技术。他们通过展示方式、语言、表达的信息可以看出他们在代表着行业的趋势，站在行业的前列。

在资源配置方面。我们目前在全球的资源配置能力几乎没有。西门子拿到一个项目可以调动中国的企业资源为他生产，这就是资源配置能力。而我们目前还做不到，在内部做一些资源组合都比较难，更谈不上高效、有效的配置。

在风险管控方面。目前，我们对于风险的认识能力尚且不足，更不用说风险管理能力了。去年公司曾经在广东和西门子有合作意向书的签字，西门子从这个项目的合作备忘到最后真正启动项目谈判，用了近一年的时间，用西门子的话说是因为内部流程没有走完，各个部门包括十二个决策委员会成员都需要在上面签字，而在签字之前，会提出一系列问题，而这些问题恰恰是风险所在。

在人才队伍方面。我们缺少国际化经营人才，在企业内部经营管理方面，我们也是缺少一些精英，特别是在理念方面。

在四优方面也是一样。经营业绩方面，根据欧洲的一家咨询机构分析，2010年主营业务收入南车已经是世界第一了。但是从运营指标来看，我们在盈利能力、效率等方面，差距就比较大。

公司治理也是一样。南车成立13年，我们的体制没有根本的改变，2000年公司销售收入101亿元，2012年公司销售收入930亿元，40多亿的利润，资产规模也翻了几番，但是我们的体制没有改变。一个人在少年时代穿的衣服很舒服，到长成一个青年，这件衣服就很不合适了。

在布局结构方面。按照布局结构优的要求，我们的差距就更大。南车仍然是一个“内向型”的企业，整体业务主要依靠国内的轨道交通支撑。去年是最好的一年，海外收入不到100亿元，占比不到10%。在业务结构上，公司提出发展新产业已经几年了，国内轨道交通业务仍占到70%-80%，我们的新产业是十几个业务板块的合并。庞巴迪由飞机和交通业务构成主营业务；西门子的城市智能化、医疗器械、能源等，都是高端的产业，轨道交通产业只占整个收入8%左右；阿尔斯通有发电、可再生能源、电网、轨道装备；

GE有内燃机车、工程机械，航空发动机全球一流；川崎是一个军工企业，有船舶，轨道交通也是它的一部分。比照这几大家的业务结构，南车除了轨道交通之外的新产业能不能成为南车未来5—10年的业务支撑？单项能不能做成百亿？我们要投资哪个领域？项目符不符合南车的发展战略？这些问题要有清晰的答案。

在企业形象方面。企业形象是企业核心能力的表现，为社会、客户、合作者和竞争者所接受。什么是核心能力？就是企业的形象、品牌是客户的高度认可。要做到我有人无，而且不是一种简单可复制的能力。

二、投资是战略的重要支撑

投资是一个战略行为，是支撑南车未来发展的重要手段。

1. 必须全面真正树立战略意识，提升自身战略规划和管理能力。回顾南车十几年的发展，一个非常重要的支撑就是对战略的重视和战略引领。南车组建之后第一个文件就是要求各工厂制定“十五”战略。南车有很好的“十五”“十一五”“十二五”战略，能够审时度势，紧紧抓住国家铁路“引进消化吸收再创新”的建设发展期，当然也包括城市轨道交通，才使我们有了今天。

现在形势发生了很大的变化。第一是铁道部的改革。过去分析铁路形势变化，从铁道部工作会议和日常工作交流等方面，基本能够把握。但是现在，未来的铁路、当期重点问题，只能够知道大概。当然，整个国家铁路发展趋势，作为一个国家重点支柱产业是没有问题的，我们国家的特性决定了铁路运输的地位是不可动摇的，无论是铁道部保留或改革，还是在围绕“十二五”铁路发展规划和中长期发展规划，都要进一步促进铁路发展，这是我们国家经济结构，或者说铁路在我们国家经济社会中的地位所决定的。第二是国家宏观经济走势。2008年经济危机，国家有4万亿投资；而现在无论是经济学者或者政府官员都在讲不要再指望再有一个4万亿了。第三是行政审批权限的下放。行政审批高度的集权，有利和不利的面都有，但是关键问题是，我们已经适应了这种环境，我们在这种环境下形成了一种相互的默契，这种变化可能会带来积极的一面，而问题是我们是否适应。我们是经济社会中的一个经济体，企业对这种环境的适应程度和一个专家学者来看这个问题是不一样的。我们对这些事情的研究、考虑是否到位？是否做了充分的准备？最近常在说的，行政放权以后，地方政府以投资换市场的工作，如何来应对？这确实是我们当前所面临的客观环境。这些问题的破解，要求我们必须全面细致，提高我们战略规划能力。就像前面说的，投资项目初步设计什么时候报批，这不是一个单一的问题，要把它放在这样一个大环境下。过去是非常习惯的一种方式，现在就出现了很多的变量，而这种变量就必须靠我们自己提高思考和规划的能力来解决。

2. 做强做优轨道交通核心业务。对南车而言，做强做优轨道交通产业是核心任务。大家可能说，做得再强国内市场就这样。在国内市场相对平稳的市场环境之下，增加市场份额，这才是做优做强的表现。铁路总公司、城市轨道交通、未来民营资本进入铁路行业所带来的机会、也包括城镇化过程中带来的市场机会，应该说空间还是比较大的。全国钢铁、煤炭等行业产能都严重过剩，而且钢铁几十家企业竞争、汽车产业20多个省区把它当做支柱产业，可想而知竞争多么激烈。相对来看，轨道交通行业只有两家公司竞争，是一个寡头垄断的行业。这是很多企业梦寐以求、不断追求的一种结构。我们现在身处这种结构中，关键问题是如何经营得好。按现在的基础，进一步强化轨道交通主业，形成对手不可比拟的优势，进一步增加市场份额，我觉得这是做强做优核心业务的要求和标志。与其说我们横跨一步进入到一个非常不熟悉的领域，投入大量的人力、大量的资金，还不如在这个行业真正精耕细作，把它做强做优，做出我们的品牌优势、核心能力。我们现在有一个很好的优势，主机产品的一些指标都优于对方，相信会有很好的回报。国际也是一样。国外有一个非常广阔的空间，有一个1000亿欧元的市场。通过前几年的积淀，中国的企业品牌形象已经有了很好地提升。特别是南车，具备了进一步拓展在国际市场生存空间的基础，我们应该通过做强做优主营业务，在我们擅长的、已经有了很好的基础的市场领域去争取更大的利益。在做强做优主营业务方面的投资一定是强化的，而不是削弱的，但是要集中在产品研发、试验验证能力及国际化布局方面的投资，而不是在国内生产能力方面的投资。

3. 加强南车产业规划研究。在南车“十二五”战略目标引领下，各单位都是比较积极的，做了很多产业方面的投入和尝试。但公司现在需要的是可持续、能够构成南车未来产业板块的业务，是有质量的收入，有质量的发展。关于有质量，我认为有以下几个方面：在战略性方面，一定是作为南车未来除轨道交通外的其它高端领域；布局性方面，现在看可能是很小的投入，但是我们看准的产业应该成为南车的未来，那么我们布点之后就要全面地投入；可持续性方面，要有持续的发展空间。需要做系统全面的产业研究，需要做顶层设计。通过分析其他公司的业务结构，给我们一些启发之后，再去寻找一些机会，来确定未来的产业方向。如果我们近20家企业都各自去搞一块，大家觉得是产业发展，还是多经呢？应该按照产业发展的模式，通过系统的研究来确定。怎样研究呢？需要总部和相关子公司上下结合，做一些相关产业的专项研究，看看符不符合南车未来的战略方向，会不会给我们带来可持续的、高端的产业板块支撑。同时，还要内外结合。我们虽然很熟悉轨道交通产业，但需要利用外部相关咨询机构去做一些研究之后，来确定南车未来的业务结构，再组织投资。投资的方式很多，可以参股、并购。

4. 加强全面创新管理。不仅仅是技术创新，还包括体制、机制创新。跨国公司的体制和技术，对我们来讲是一种创新，是一种基于实践的管理模式。不能一提创新就是技术创新，管理创新对南车也是非常重要的。西方大的跨国公司广泛采取矩阵式的管理模式，但是否适用我们，需要研究。这种体制上的研究、转变可以解决很多既有体制的冲突和矛盾。最近媒体上出现12种颠覆性的技术将会驱动未来的经济发展，包括移动互联网、知识型工作的自动化、物联网、云计算、高级机器人、全自动和几乎全自动的车辆、下一代基因组学、能源储存、3D打印、高级材料、高级油气勘探和采集技术、可再生能源。南车作为立志于成为全球轨道交通一流企业，立志于除了轨道交通领域还想发展高端产业板块的企业，加强前沿技术研究是非常重要的，应该多做一些这方面的考虑和储备，这些领域的投资资金是不需担心的。技术创新不能急功近利。在产业布局及其他方面，现在要考虑为未来研究做了些什么。当然，现在环境平台不一样，过去没有引进技术，只能靠自己，现在研发速度比以前更好、更快。我们现在是否在想未来5年的主机产品是什么样，还是只关注明年项目的立项等问题。信息化问题也是一样。两化融合是国家的战略，目前公司在信息化上面临着一些问题。信息化的核心是五统一，过去有的企业内部就有很多平台，财务、技术、销售各自有系统平台。现在用信息化的角度放眼望去，南车存在很多问题。这方面的投入，一定是在整体、系统研究规划下的投入，否则这种结构性矛盾的问题会越来越突出。

5. 国际化发展是南车的责任，也是必经之路。国资委“做强做优、世界一流”的定位已经把南车推向了一个全球化的企业。南车目前也做了布局上的安排，土耳其、马来西亚、南非，以及区域公司的设立，但还是不够。我们目前仍以贸易为主，包括市场项目本地化驱动下的投资，是被动的，不得不投。在投资的过程中有很多值得总结和改进的地方。我们绝对不能把国内的投资模式转移到国外去。BST经营这么多年，就这么一块厂房，每年几十个亿的产值，利润很高。STEZ只租一块我们的厂房，虽然现在经营上出现了问题，但是当初资金投入的也非常少。Wabtec在中国有6个企业，共投资5000万美金，涉及轨道交通、能源、发电等很多领域。鼎鼎大名的智奇公司的厂房、土地等固定资产都不是合资公司投资的，而是智奇中方企业母公司投入的。这就是跨国公司在跨国投资方面的理念。现在我们有些市场项目已经走在前面，做了一些当地投资和国产化。在下一步国际化进程中，要注意资产额度、节奏，要有基于对全球市场分析情况下主动布局的考虑，由以市场项目拉动为主，转变为对全球或某个区域主动研究布局，找到相对的优势以及合适的合作伙伴，研究一种投资策略。我们过去重订单、轻布局，企业协同性也非常不好，在一个区域会有南车几家子公司竞争。以后我们应奉行“同一个中国南车”的理念，一出国门，南车后面不要加后缀，就是一个中国南车。

并购是企业发展壮大的战略措施，是一种战略性行为，要符合企业发展战略，不要把当期买进来合并收入作为目的。要有战略协同，1+1>2是非常关键的。并购要由南车统一组织安排，不能子公司单独做决策。并购虽是企业一种非常重要的战略性行为，但有时也是陷阱。

6. 提高人才队伍的素质。国际化人才需具有国际化思维、全球视野、跨文化管理实践经验、通晓国际商贸规则、外语技能与跨文化沟通能力。我们确确实实缺乏这样的人才。我们与国际企业对接，应该好好总结国外企业设置的合同条款，也可以通过组织参与过谈判的员工一起总结外方的谈判技巧、思维方式和各方面能力，这将对整体提升人才素质是非常有促进作用的。

现在很多人认为南车是在紧缩投资，事实并不是这样，南车是要对投资进行结构性的调整。一般的国内上能力的投资要严格控制，但是在新产业和国际化方面的投资，是有这方面的资金的。这体现了南车未来的发展，需要我们现在为未来的发展做一些基础性准备。而基于发展战略下的总体考虑，有力的投资支持和管理能力，将作为南车未来发展的基础和平台。

三、当前的重点工作

1. 战略修订工作。南车已启动了“十二五”战略修订工作，总部将以务虚会或高峰论坛的形式进行深入的交流，希望对“十二五”战略修订和未来发展做一些支撑。

2. 投资项目后评价工作。要尽快提出第一批能够开展投资后评价的项目，对照当年项目建议书、可行性研究报告里面的投资收益率、投资回收期等指标进行对比。

3. 加强战略规划的研究工作。要提高规划研究能力，包括初步设计和产业板块的确定。

4. 落实好投资项目责任制。各子公司应根据各自实际情况完善内部机制。

5. 认真落实投资管理工作中存在的问题。前段审计报告反映出来投资管理方面的问题，是南车结合前几年投资工作存在的问题发出的专项通报，各单位要及时整改。

夯实管理基础 创新运行模式 为打造“双效”南车而努力奋斗

——副总裁詹艳景在中国南车财务工作会议上的报告（摘要）

（2013年3月7日）

这次会议的主要任务是：贯彻落实中国南车工作会议精神和中国南车“十二五”战略，以科学发展观为指导，认真总结2012年财务工作，分析面临的形势，明确2013年工作思路和目标，部署重点工作任务，统一思想，坚定信心，团结动员全体财务人员，积极进取、扎实工作，推动中国南车持续健康发展。

一、2012年主要工作

（一）克服困难挑战，主要经营指标稳步增长。2012年，深入开展开源节流，降本增效工作，营业收入稳步增长，经济效益不断提高，全面完成了年度经营目标。集团公司全年预计实现营业收入928亿元，同比增长12.32%；实现净利润21亿元，同比增长5.33%。其中，南车股份全年预计实现营业收入904亿元，同比增长12.07%，实现归属母公司净利润40.1亿元，同比增长3.76%；净资产收益率13.36%，成本费用占营业收入比率94.70%。主要指标再创历史最好水平，圆满完成了国务院国资委和董事会下达的经营目标任务。

（二）周密部署安排，财务管理提升稳步推进。根据国资委管理提升活动工作要求，集团公司启动了中国南车财务管理提升活动。通过认真对标、全面总结和系统梳理，集团公司确定了以全面预算管理提升为中心，以资金管理精细化、财务业务标准化、财税管理精细化为主要内容的“1+3+X”中国南车财务管理提升实施方案，重点工作质量明显提高，效果显著。全面预算管理进一步拓展了横向和纵向管理幅度，加强了流程和指标体系建设，引领和协调作用增强。资金管理成绩斐然，筹措渠道拓宽，筹资成本优化，经营性现金流不断改善，财务费用大幅降低。财务业务标准化模板初步建立，基础工作水平不断提高。财税管理不断细化，政策资源实现共享，财税收益贡献明显。

（三）强化引领作用，预算管理水平全面提升。以“加强滚动预算分析与调度”和“细化2013年度预算编制”为重点，通过完善工作组织和工作流程，探索建立了预算指标分析与评价体系，推动了预算管理工作的标准化和精细化。一是突出分析管控。通过滚动预算管理，着重分析收入完成、效益提升、指标优化等方面的情况，分析问题、提出建议。二是加强纵向引领。通过对预算执行情况的及时跟踪，把控指标完成进度，合理确定关键节点的预算目标，进行经营和财务调度，确保经营指标的均衡性。三是提高横向融合。通过加强财务与相关专业部室的协调沟通，组织和利用经营例会、视频会、业务调研等方式，及时沟通和反馈预算执行情况，实现财务预算与业务预算有效融合。四是夯实基础体系。通过对年度预算报表的修订和完善，以预决算一体化为目标，积极探索预算指标分析与评价方法，促进各级公司经营业绩的提升和指标的优化。

（四）积极对标挖潜，降本增效力度持续加大。各级公司面对严峻的市场环境，创新成本管理方法，细化成本预算编制，实现产品成本的持续改进。加强对开源节流、降本增效工作的领导，认真组织研究制定方案，完善相关制度、落实工作责任，周密部署实施。一是优化设计成本。增强设计人员成本意识，在产品图纸设计和材料配件选型环节，从源头上降低产品成本。二是改进工艺成本。开展了与先进企业的对标，不断优化工艺定额；开展了实际消耗与定额消耗的对比分析，完善材料消耗定额，提高了材料利用率。三是降低采购成本。深入推进物资与供应链管理体系建设，试点推行供应链再造，大力开展集中采购，降本效果显著。四是严控期间费用。杜绝预算外或超预算支出，采取有效措施压缩会议费、差旅费、出国人员经费和业务招待费等费用开支，减少了与生产经营无关的支出。

（五）细化资金管理，资金使用效率明显提升。以保障资金供应为目标，拓宽资金来源，强化资金预算，控制融资成本。一是实施外源融资多样化。合理配置长短期融资结构，通过银行贷款、委托贷款、银行资金池贷款、发行中票和超短融等多种形式筹集资金，保证资金供应。二是发挥内源融资最大化。通过强化资金集中，全年平均资金集中额为30亿元，降低资金成本1.8亿元；提高募集资金使用效率，降低资金成本1.3亿元；采取董事会临时议案，缩短募集资金用于补充流动资金提经股东大会审批时间45天，节约财务费用2600万元。三是实现筹资成本最优化。集团公司发行40亿元中期票据置换了并购贷款，同比节约资金成本8000万元；股份公司发行20亿元超短融偿还了到期票据，同比节约资金成本3000万元。四是推进资金预算精细化。五是加强应收账款及经营性现金流的日常管理，并将经营性现金流纳入考核范畴。

（六）规范会计核算，会计信息质量不断提高。通过进一步加强会计信息质量管理，做好了财务会计报告编制工作，集团公司被国资委授予了“中央企业财务决算管理先进单位”称号。选用EAS作为财务报表管理平台，实施了财务报告标准化整合，并完成了财务月报表的设计。不断完善和推进会计信息化工作，提前谋划财务信息化平台。对集团统一使用的金蝶EAS信息平台，进行了全模块的版本升级优化，集团全级次150多家公司、5年历史数据、20个系统模块、460名系统用户同步升级，保证了在日常业务不间断操作情况下新旧版本的无缝对接。完成总部费控和总部预算在金蝶EAS系统平台的规划建设，实现了日常报销业务、预算控制及会计处理的有机结合。规范产权管理，推进产权登记管理信息化系统建设。建立起境外国有产权管理状况报告制度，运用国家出资企业产权登记管理信息系统实现产权登记业务办理、信息查询、数据分析等业务的信息化和标准化。2012年集团公司被国资委评为“中央企业产权管理工作先进单位”。

（七）加强政策研究，财税筹划工作日益深入。积极利用国家实行营改增税制改革的契机，实行了内部管理咨询费营改增，同时调整利润考核和利润分配的机制，全年共计节约内部税收成本4647万元。强化横向沟通，密切与有关职能部门的协作与沟通，宣贯财税管理知识，探索财税管理的新领域。加强纵向协调，挖掘和推广各级公司先进经验，构建财税政策知识平台，组织编写了《中国南车财税资源开发利用指南》，实现了集团内部财税资源充分共享。

（八）制定长远规划，会计人才培养有序开展。一是实施长远规划引领。通过制定《中国南车会计人才中长期发展规划》，对各子公司人才培养目标进行了具体化和明确化，并提出了切实可行的人才培养措施。二是实施先进表彰激励。制定《中国南车财务工作先进个人和先进单位评选表彰办法》，强化激励引导，树立典型标杆，鼓励广大财会工作者积极进取，勇创佳绩。三是保持外部培训有序。全年组织了四批22人次参加了国资委主办的总会计师岗位培训，各级公司也开展了形式多样的培训。四是坚持高端人才引领。一名同志新入选全国会计领军人才，中国南车会计领军人才达到4名。积极推进了财会学会建设，构建和完善了分学会组织架构体系，创建《南车财会》，加强学术研究，提高了学术成果应用。

在总结成绩的同时，也要清醒地认识到我们工作中还存在许多需要进一步提高的地方：一是业务增长放缓、投资与成本惯性增长带来的巨大盈利压力如何消化问题；二是今年订单不足和不均衡对财务目标的实现带来的巨大困难如何克服问题；三是新业务与海外业务拓展而进行的模式创新对财务结构和财务安全带来的挑战如何应对问题。

二、分析形势，明确工作方向

2013年，是贯彻党的十八大精神，深入实践科学发展观，转变经济增长方式，建设和谐社会的“关键之年”，在“稳增长、调结构、促发展”的政策指引下，我国经济仍将保持平稳较快发展。中国南车正处于转型攻坚、创新发展的重要关头，机遇与挑战并存。

2013年，国际宏观形势严峻，竞争压力加大。世界经济复苏一波三折、增速放缓，欧债问题仍处在高危阶段。国际经济环境将难以明显改善，经济增长低迷可能会持续较长一段时间，新兴经济体国家也都面临较大的增长调整压力，国际市场企业间竞争加剧。国内铁路和城市轨道交通行业将稳中有增。高速铁路对区域经济带动作用日益显现，各地对铁路建设需求迫切。由于铁路投资瓶颈有待突破，铁路投资规模仍将保持2012年水平。国务院部署优先发展城市公共交通，近期又新批准22个城市地铁建设规划，将进一步加快城市轨道交通建设步伐。

同时，本行业也面临着很多突出的问题和挑战。一是2013年是铁路体制改革关键的一年，铁道部具体改革内容尚不明晰，但经营主体下移，铁路局担当市场主体角色的发展趋势已经明确。这对铁路装备造修企业的经营策略、营销方式、财务收益、销售服务等带来实质性的变化，增加了市场竞争的压力和市场营销的难度。二是铁路投融资处于变革阶段，新的机制尚未形成，受建设资金制约，铁路投资规模难有较大增长。三是受金融危机影响，合同履约和汇率方面存在较大风险。四是铁路融资和体制改革带来的制度、流程滞后的影响未得到根本解决，给企业造成应收账款及存货增加问题难以彻底消除，企业资金紧张状态仍将制约企业的经营发展。五是全球流动性过剩带来大宗物资价格波动，国内能源价格调整，人工成本增加等因素，使得企业经营成本控制难度加大，利润空间缩小。六是国内市场潜力巨大，但城轨市场竞争加剧，新产业培育期较长，在支柱产业拓展方面需要进一步加大突破力度。

因此，我们务必要统一思想认识，明确工作方向。

（一）要实现企业健康发展，必须发挥财务引领作用。财务管理是企业管理的中心环节，财务资源是企业最基本的资源，财务控制是企业最有效的控制，财务风险也是企业最致命的风险。现代企业财务管理已经超越传统业务核算功能，拓展到企业资金筹集、并购重组、规划投资、成本费用控制、预算管理、预警监测等领域，并延伸到企业的战略管理、价值管理、资本运作、业务流程管理和风险管理等方面，对于企业提高资源配置效率和防范经营风险具有十分重要的作用。我们要高度重视财务管理工作，及时转变财务管理理念，准确把握财务角色定位和任务，调整财务管理战略，转变财务功能，创新财务管理体制，做好企业财务状况的分析监测和财务风险的评估预警，充分发挥财务理财作用。

（二）要实现企业健康发展，必须提升财务管理能力。财务管理能力是企业的核心能力之一。财政部为了推动企业强化内部约束和财务管控，实现管理创新，将逐步构建企业财务管理能力认证体系，实施企业财务管理能力评估，对企业实施财务管理能力进行认证。企业财务管理能力认证的主要工作内容是，构建企业财务管理能力认证体系，明确统一规范的财务管理标准、认证程序、认证方法和工作要求；引入资产评估等中介机构，对企业财务管理能力进行评估，并出具评估报告定期公布，促进企业全面提升财务管理水平，并与财政资金使用安排挂钩。

（三）要实现企业健康发展，必须借力资本运营。世界500强企业无一不是通过资本运作实现做大做强的。经过十三年来的辛勤耕耘，中国南车已经从传统国有企业集团成长为一个登陆境内外资本市场、具备较强国际竞争力的全球最大的轨道交通装备制造和服务商，具备了借助资本运营手段加速发展的内在条件。全球金融危机、欧债危机、A股低迷等因素影响，一些企业估值处于历史低位，为南车资本运营带来良好机遇和广阔空间。在当前这样一个复杂的历史条件下，发挥南车高端技术、高端制造的品牌优势，运用资本运营手段，在新一轮产业和行业洗牌中，推动中国南车做强做优，是中国南车的重要课题，也是我们财务系统一项重要战略任务。

（四）要实现企业健康发展，必须深化预算和考核。预算是落实战略规划、保证经营目标可靠实现、高效配置资源的重要工具。同时预算作为业绩考核标杆，在激励约束方面也发挥了很好的作用。公司将逐步建立和完善以可持续增长为中心的业绩评价体系，经营责任制考核将更加突出“效益、效率”导向。今年公司要对考核办法做一些优化调整，现有的考核指标中，总资产报酬率和经济增加值指标的考核基数拟由预算数调整为本企业过去三年的最优值和公司内同类企业平均值，以引导企业压缩资产占用，降低资本金的需求。同时，增加经营性现金净流量指标，要求利润要有质量，这个指标原则上不能低于同期的净利润。

（五）要实现企业健康发展，必须加快信息化建设。财务信息化是企业信息化的核心和基础。要高度重视财务信息化建设，充分利用现代信息和网络技术，支撑集团化会计信息采集与传递、财务管理方法创新以及集团财务管理体系建设。要积极发挥财务信息化在财务业务一体化、全面预算管理、成本费用控制和重大事项监控方面的作用。应拓展和完善管理会计方面的工作，为管理层和业务部门提供更多的决策支持信息。

（六）要实现企业健康发展，必须加强人才队伍建设。财务队伍强不一定企业强，企业强一定需要财务队伍强。近年来，集团公司会计人才队伍建设取得积极成效，通过考录、招聘吸收和选拔了一大批高层次、复合型人才，通过加强培训和岗位锻炼提高了财会人员素质，但整体水平与建设具有国际一流企业的要求还有差距。全体会计人员要自觉加强学习，不断提高专业技能与综合素质，提高参与决策的能力，努力成为企业健康发展参谋和助手。

三、2013 年重点工作

中国南车 2013 年财务工作思路是：全面贯彻中国南车工作会议精神，深入推进财务管理提升活动；以预算管理为龙头，确保年度经营目标；以决算管理为基础，提高会计信息质量；以资金管理为核心，提高资产运营效率；以成本管理为基石，落实降本增效措施；以财税筹划为补充，实现财税资源共享；以两化融合为手段，规范财务基础工作；以人才建设为保障，提高会计整体素质。

为此，我们要做好以下重点工作：

（一）以预算管理为龙头，确保年度经营目标。各级公司要客观分析国内外市场需求和行业发展趋势，准确把握机遇与挑战，以“持续、稳健、优质、一流”为总体原则，以“稳增长、保均衡、降成本、增效益、提质量、控风险”为基本任务，科学合理安排各项预算，深化全面预算管理，保证年度目标的完成。

1. 坚持总体原则，把握预算整体方向。要坚持战略引领，做强主业。要坚持价值导向，效益优先。以风险可控前提下的价值最大化作为资源配置效果的衡量标准，以价值创造水平作为预算分配资源的依据，将企业资源向高效益领域倾斜；推进成本领先，突出降本增效，预算收入规模增长要与效益增长和现金流量增长相匹配。要坚持标杆先进，质量提升。以国际先进水平、国内同行业优秀水平、企业历史最好水平为预算管理标杆，谋求关键绩效指标持续改进，不断提升发展质量。要坚持稳健发展，风险可控。科学分析评估市场形势变化趋势与影响，正确把握企业发展速度与方向，合理确定自身能力可承受的发展边界，兼顾好规模、速度与效益、质量、风险的平衡，保持健康、可持续的财务结构。

2. 强化滚动管理，确保目标均衡实现。要逐步建立兼顾规模、效益、质量的指标体系，加强对预算执行情况的分析与监督，建立多层次的预算执行分析制度。要把重点放在四个方面：一是加强待执行合同的滚动管理，重点关注下一季度在手订单和预算收入目标的差距，了解收入规模和结构。二是注重挖潜增加盈利。深入分析产品成本构成，分解落实综合毛利率不降低的措施和重点产品提升毛利率水平的措施；研究优化会计政策和会计估计中不尽合理的项目，对各项准备和计提进行复核，盘活财务资源。三是提高资产周转效率。降低占用比单纯降低成本对效益和效率的贡献都要大，但近几年在有效收入没有明显增加的情况下流动资产和固定资产每年分别增加 120 亿和 110 亿。今年的目标是总资产周转率指标较去年优化 10% 以上。四是尽量保持季度之间的均衡，避免主要指标的大起大落。

3. 着眼未来发展，合理安排投资。在确定新增投资项目时，要坚持效益优先和资金保障原则，要以提升价值创造能力为衡量标准，引导资源向高效益、高价值和高回报领域倾斜。坚决不允许安排不符合集团发展战略和主业方向、非经营性、投资回报率差、资金来源未落实、风险难以承受、处于产能过剩领域的投资项目。

（二）以决算管理为基础，提高会计信息质量。要进一步规范会计核算，优化工作流程，改进工作方法，夯实各项会计核算的基础工作，完善决算报表体系，加强决算备案和批复制度，继续推进“加快财务报告编制进度”专项工作。

1. 完善决算体系，提高财务会计信息编报能力。首先，各级公司要在不断提高单户决算质量和速度的同时，要对报表合并进行系统性持续改进，提高合并效率。要加强准则的学习，不断提高各业务岗位和决算人员业务素质，减少差错。其次，要加强决预算协同，要进一步健全完善管理会计报表和报告体系，改进报表内容，做好决算结果和预算的有机结合；认真分析差异化的管理需求，提供有针对性的管理会计信息，关注不同报表、报告口径和数据的一致性，提高会计信息的内部使用价值。

2. 加强数据分析，提高财务信息运用效果。一是开展同业对标。搜集同业竞争对手和产业链中上下游主要企业的相关财务信息，加强财务信息的差异分析，提报专题分析报告，为公司内部决策提供参考。二要坚持重大事项报告，对重大财务事项进行日常监控，及时搜集、分析和报告，对涉及公开披露的事项及时完成相关披露工作。三要加强评价监督。要加强债务风险分析，掌握企业的资产负债情况、现金流情况和债务负担，评判企业财务风险。利用财务决算数据和绩效评价工具，分析企业的运营效率，剖析业务板块的盈利贡献，评估企业经营风险，揭示管理短板。四是要增加服务内容，担当起业务部门和管理部门数据库的职能，今年重点研究业务增长放缓与资产和人工成本惯性增长的关系，为管理层提出一些基于数据分析的建议。

3. 重视外审环节，确保审计工作质量。一是要高度关注决算报表的编制质量，要加强上下沟通和内外沟通，充分发挥决算审计对经营管理的诊断作用，及时发现问题，改进管理，避免合并层面和子公司层面存在重大审计调整，要督促中介机构提高管理建议书的质量。二是高度重视监事会组织的专项审计工作过程中提出的问题并及时整改。三是高度重视任何外部检查和审计，财务总监一定要亲自组织，安排合适的人沟通，管理好审计过程。

（三）以资金管理为核心，提高资产运营效率。各级公司要统筹规划生产经营与投资活动的资金供给，充分挖掘内部资源，合理确定外部融资规模与结构，重视和优化经营性现金流，确保资金安全。

1. 拓展融资渠道，提高资金保障能力。一是融资活动要与企业战略相结合，在充分挖掘内源融资资源的基础上，合理确定外部融资需求规模。总部将进一步加强融资规划和策略管理，提升融资能力，构建巩固可靠稳定的融资渠道。二是融资活动要与商业模式相结合。目前，国内国际市场“服务+制造+服务”的商业模式已经逐步形成，海外并购、投资建厂、总包业务等也逐步成为发展方向，要积极探索研究海外大型项目的融资及防范金融风险的方案，借鉴吸收其它单位走出去的经验教训，积极开展项目融资和融资租赁，要采取资本出资和债务融资相结合的方式筹集资金，降低风险，提高收益。三是创新融资方式，合理选择上市融资形式与银行借款、发行债券和商业信用等负债融资形式；融资以集中直接融资和政策性融资为主，其他间接融资为辅，努力降低融资成本；合理确定长期债务融资和短期债务融资规模比率，保持合理稳健的财务结构，切实保障资金链安全。

2. 强化现金流管理，提高资金周转效率。完善长期、中期、短期资金滚动预算和计划，与月度现金流量预算紧密结合，统筹调度使用分散的存量资金，实现资金管理的高效可控。一是采取有力措施，确保货款及时收回。要按照项目落实到具体责任人，针对国铁产品货款结算下移各路局的情况，要及早分析和提出对策措施，应收账款降低目标为20%。二是压缩资金占用。要全力推进精益生产的基础上，及时清理在可预见的时间内交货无望项目、暂停执行项目占用的资金，减少各环节资金占用。从严控制融资性贸易、垫资性业务和风险性委托贷款，严控以资金长期大额占用为代价、不惜牺牲现金流扩张业务规模的经营模式。三是合理安排付款节奏，有效控制流出。要按照“量入为出、确保急需”的原则，合理安排资金使用计划，全年经营活动现金净流量应保持在同期净利润之上。四是积极研究汇率、利率变化趋势，充分利用香港公司境外平台，降低风险，节约成本。

3. 发挥财务公司职能，实现新的价值创造。财务公司已正式挂牌运营，要充分利用财务公司这一金融平台，统筹灵活调度内部存量资金，实现集团资金效益最大化。一是加快成员单位上线，完善资金集中模式。加快推进各一级子公司及重点二级子公司开户和直连上线，提高资金规模和集中度；稳步推进银行的直联建设工作，加强系统测试、调试，确保稳定运行；积极研究推进独立上市子公司资金归集方案，确保平稳合规上线。二是加快成员单位系统运营进度，充分发挥财务公司结算平台，提高资金周转速度，降低结算费用。三是推进业务服务创新，服务中国南车发展。有效发挥财务公司的金融职能作用和专业咨询服务功能，加强自身挖潜，优化业务流程，大力推进业务品种和服务创新，提高集团的资金使用效率和财务管控能力。

（四）以成本管理为基石，落实降本增效措施。要营造“过紧日子”氛围，严格控制五项费用（办公费、差旅费、会议费、招待费、出国经费）。财务部门要把降低产品设计成本、工艺成本、材料采购成本、人工成本和各项费用的指标分解下去，与收入、利润指标完成进度挂起钩来。要督促有关部门加强供应链建设，优化各项定额，加大内部配套比例，提升公司盈利能力。要对城轨地铁产品提高毛利率下达硬指标，督促相关部门采取措施。特别要提出的是，盘活存量资产是节省成本的重要措施。严控亏损或低效投资，压缩流动资金占用，加快闲置、低效资产的处置力度，都可以大大节省成本，多数人都忽略了这些。

（五）以财税筹划为补充，实现财税资源共享。一是加强与国家部委联系沟通。继续做好税收政策的搜集和研究工作，密切与财政部、科技部、发改委的联系，研究利用国家政策，充分享受国家各项财税优惠政策。二是加强集团内部信息共享。各企业要积极与总部沟通，及时将重要的涉税经济活动信息传递到财务部。财务部要继续做好对企业的专业支持和综合协调，做好财税管理精细化工作。建立税收风险识别库，组织税负率对标分析和监测，统筹管理财税优惠政策的利用，加强税务会计专业培训和业务能力提升。三是有计划地开展税收筹划。组织研讨城轨地铁运输业务营改增对进口免税的影响，以及下一步铁路运输业务营改增对货修免税的影响。做好南方汇通重大重组过程中税收筹划和相关收口工作，实现税收成本最优化。继续做好重装企业关键零部件进口免税工作，关注政策的趋势。

（六）以两化融合为手段，规范财务基础工作。两化融合就是要实现财务业务标准化、财务标准信息化的有机融合，规范、优化、固化我们的财务管理工作。深入推进财务业务标准化工作，建立财务业务标准化操作手册、财务管理制度和标准化流程，形成财务业务标准化体系，初步实现管理制度化、制度流程化、流程表单化、表单信息化。完成集团快报、月报、季报、年报和合并报表全过程的整合，完成集团全面预算体系的系统实现。在现有基础上，实现集团资金系统的集中管控和优化，并有效梳理各个企业财务信息化系统建设情况。在目前集团财务信息平台应用分散情况下，加大财务信息化系统平台应用程度的研究，发挥财务系统平台对财务管控的重要作用。

（七）抓好存续企业和存续资产处置，

确保保值增值。以继续加大对存续资产处置力度为抓手，继续强化基础管理，积极清理各项债权债务，不断优化存续资产结构；以国有资产保值增值为经营责任，确保存续企业不亏损；以厂办大集体企业改革改制为重点，全面组织厂办大集体企业开展改革改制工作；以推进“三供”系统改造移交为手段，努力营造良好的生产生活环境；以企业老旧住宅改造为载体，积极创造和谐稳定局面，全面推进二七车辆、昌平、四方等生活区的改造工作；以浦镇、四方职工医院为抓手，推进企业办医疗职能的移交；以强化出租资产管理为措施，落实存续企业资产出租管理办法；以主辅分离后续管理为己任，积极协调落实各项扶持政策，着力解决出现生存困难企业存在的问题。

（八）以人才建设为保障，提高会计整体素质。要组织制定有效措施，落实中长期发展规划的任务和要求，有计划地开展高层次会计人才、核心会计人才的培养工作。一是针对存在的突出问题开展课题研究和攻关活动，解决实际问题的同时培养综合素质人才。二是继续组织高素质的核心会计人才参加国有企业总会计师岗位培训班，组织符合条件的会计人员参加会计领军人才考试。三是开展财务工作先进单位和先进个人的评比表彰，树立财务工作的楷模，形成良好的会计人才成长氛围。四是办好《南车财会》这个专业交流平台。

2013 年的财务工作责任更加巨大，任务更加艰巨。我们要坚定信心，扎实工作，全面提升财务管理工作水平，为中国南车提高发展质量和效率，实现稳中求进，做强做优做出更大贡献。

加强创新能力建设　加快实现技术引领 为做强做优中国南车提供核心科技支撑

——副总裁王军在中国南车科技工作会议上的报告（摘要）

（2013 年 4 月 22 日）

这次会议的主要任务是：深入贯彻党的十八大精神，加快落实“十二五”科技发展规划和中国南车工作会议精神，稳步推进三大技术平台持续优化和重点提升工作，以中央研究院建设为契机，进一步夯实管理基础，加快科技创新体系建设步伐，实现技术引领，为做强做优中国南车提供核心科技支撑。

一、2012 年科技工作回顾

（一）三大技术平台不断优化，科技创新能力不断增强。

1. 三大技术平台持续优化和重点提升工作有序推进。围绕《纲要》确定的工作目标和任务，制定具体的评价标准，组织对 16 家子公司的建设工作进行了专项调研和检查，有力推动了项目计划的执行。

2. 三大技术平台建设成果平移全面实施。制定成果平移工作计划，加快推进步伐，完成了《可靠性管理（RAMS）工作手册》、《设计和开发管理工作手册》、《项目管理工作手册》3 项成果平移输出文件的编制，完成了基于 UG、CATIA、Pro/E 设计软件的 3 个三维标准件库的建立，对 6 项成果平移文件进行了评审和发布。

3. 试验验证体系建设步伐加快。完善中国南车试验验证体系建设方案，完成了《“十二五”中国南车试验验证体系建设项目指引》的编制，实现了南车试验验证体系“统一规划、定点建设和资源共享”的良好开端。

4. 南车协同仿真公共服务平台全面上线应用。充分利用好已建成的四个协同仿真分中心的软件、硬件资源，加快推进南车协同仿真公共服务平台建设，组织开展了结构分析、多体系统动力学、模型建模软件的培训，并完成了系统平台搭建和运用培训工作。目前，中国南车协同仿真公共服务平台已全面上线应用，所有子公司可以通过远程和本地两种方式共享南车的仿真设计资源，大大提高了资源投入的利用效率。

5. 中国南车 17 项工艺管理标准得到贯彻。组织对 16 个一级子公司 17 项工艺管理标准及执行表单的贯彻落实情况进行了专项检查，推动了中国南车 17 项工艺管理标准的有效贯彻。

6. 三维工程化应用试点工作积极展开。

（二）不断深化自主创新，重大科技项目攻关成效显著。

1. 铁路装备产品研发成果丰硕。更高速度试验列车在滚动试验台上创造了 605 公里的国内实验室最高时速；首列时速 200 公里的 CRH6 型城际动车竣工下线，核心技术实现自主化、产业化，填补了我国轨道交通城际客运装备领域的空白。高原电力机车、时速 160 公里客运电力机车、新八轴电力机车、

HXN5型双司机室内燃机车、4400马力调车内燃机车研制成功。代表我国同类车型最高技术水平的新型国际联运车竣工下线；自主研制的出口阿联酋硫磺漏斗车采用了电空制动、轴温监测、脱轨监测等先进技术，实现了车辆轻量化、操作智能化，是目前世界上技术最先进的铁路货车之一。

2. 城轨车辆产品研发成绩喜人。我国首台可用于商业运营的新型绿色交通中低速磁悬浮列车、世界首台采用超级电容作为主动力能源的储能式轻轨车、我国首列轻量化不锈钢车体的A型地铁车辆成功下线，将对我国城市轨道交通车辆的发展起到重要示范作用。

3. 出口产品研制能力不断增强。完成了广深港高速动车组、南非电力机车、巴基斯坦内燃机车、澳大利亚货车、土耳其安卡拉地铁车辆、马来西亚安邦轻轨车辆、新加坡地铁车辆等项目的研制或交付用户，提高了南车在国际市场上的知名度。

4. 专有技术延伸产业创新取得突破。时速160公里交流传动重型轨道车研制成功，开辟了电传动轨道工程机械的新领域；自主研制的220T电动轮自卸车顺利下线；纯电动乘用车电驱动系统研制成功并装车；我国最大轴颈全纤维钢曲轴首次批量出口，实现了从依靠进口到批量出口的转变。

5. 检修工艺技术及管理水平快速提升。积极开展货车检修技术研究，拓展了70吨货车检修能力。发挥内燃机车造修一体化优势，制定了HXN5机车检修规程，全面筹划了HXN5机车二年检工作。稳步开展高速动车及城轨车辆的运用维保工作。在HXD1型电力机车二年检中推行工序标准化作业，为实现机车检修标准化奠定了基础。完成HXD1C型电力机车二年检技术平移，并形成批量检修能力。

（三）技术标准化不断提升，科技创新体系建设成效显著。

1. 中国南车科技创新社会影响日益扩大。中国南车被国资委确定为十五家科技创新重点联系企业之一，获“中国创造力技术”大奖。中国南车科技创新管理经验材料入选中央企业管理提升系列丛书，在中央企业科技管理工作会上作了经验交流，并在中央企业负责人会议上作创新驱动发展的专题发言。

2. 技术创新体系持续完善。一是推进对外技术合作与学术交流，与中国工程院签署科技合作协议，在“战略咨询服务、加强合作研发和成果转化、开展科技合作与交流活动、引进和培养高端科技人才”四大领域携手开展合作。在美国举办的第八届世界高铁大会上，CRH380A高速动车产品得到了国际同行的广泛关注。参加在印度举行的第十届国际重载大会并在论坛上作专题交流发言，展示中国南车在大轴重货车研究领域的最新成果，增强了对世界发展重载运输技术的了解，促进了与国际企业的学术交流。二是围绕如何“实现技术跟随向技术引领的转变，实现项目总包能力的突破”的战略目标进行了专题研讨交流，提出了实现向技术引领转变的科技创新工作思路和实施路径。三是积极开展国家认定企业技术中心申报工作。四是积极利用社会科技资源，建立技术创新战略联盟和开放式研发体系。

3. 技术标准化工作取得新突破。持续优化轨道交通装备技术标准体系建设，实施了技术标准的动态管理。同时围绕高分子材料、风电设备、工业变流等新产业领域，开展技术标准体系的研究和建设。国际标准的制修订工作取得了新突破。

4. 科技投入持续加大。全年科技经费投入47亿元，占主营收入比例为5.2%。积极研究和利用国家及地方科技优惠政策，享受科技开发费加计扣除抵减企业所得税金额不断增加。各子公司共从国家和地方政府获得科研补助资金6.5亿元，其中株机公司、四方股份公司、株洲所公司均超过1亿元。

5. 专利管理工作进一步深化。发布了《中国南车“十二五”后三年专利工作规划》，确定了到“十二五”末要实现“完善研发、专利一体化的工作模式，在专利申请数量持续增长的同时，技术含量系数达到0.38，核心技术专利数量满足南车主营业务发展需要”。全年共申请专利2155件，比上年增长18.4%，其中发明专利730件,占比33.8%，申请数比上年增长36.7%；获得授权专利1503件，比上年增长11.7%，其中发明专利205件,占比13.6%，授权数比上年增长10.8%。有5项专利获得第十四届中国专利奖，其中南车时代电气1项专利获得了中国专利金奖。

6. 通用技术管理不断加强。组织开展了机、客、货系列探伤标准实施情况的专项检查，召开了中国南车焊接和无损检测技术交流会，征集应用论文113篇，并出版了论文集。

（四）推进质量安全风险管理，质量形象日益提升。

1. 安全质量形势总体平稳。全年未发生重大质量责任事故和用户批量质量投诉，没有发生因产品质量问题导致严重影响交货期的情况，特别是货车业务板块，全年约30万辆在质量保证期内的造修货车，未发生主要责任质量事故。

2. 质量管理认证工作扎实开展。所有新造为主企业均通过IRIS标准认证年度监审，部分子公司通过了IRIS标准的认证。同时，扩大EN15085标准的应用范围，组织在轨道工程机械、民用工程机械等产品上推广应用，不断健全质量管理体系。

3. 质量安全风险管理全面推进。组织编制了《中国南车质量安全风险管控指导意见》，将“八防”管理、“达标工位”建设等工作中取得的成绩进一步固化，健全质量安全风险管理机制，通过实施“危险源辨识、风险分析、风险评估、风险控制”，提高了风险防范和应急处置能力。

4. 质量基础管理常抓不懈。深入开展安全质量大检查大整治和“质量年”活动，形成质量整改落实的长效机制。建立中国南车技术质量例会制度，全面了解和掌握工作动态，及时通报质量信息，加强重点质量问题整改的督促。加快提升中国南车质量专业技术人员队伍素质，组织了质量工程师培训，截止到2012年末，各子公司取得国家注册质量工程师资格人数达646人，占质量管理人员比率由36.2%上升到52.5%。加强QC成果管理，2012年各子公司有44个质量管理小组获得“中国南车优秀质量管理小组”，有17个QC成果获铁道部优秀成果奖，有1个QC成果获国家优秀成果奖。

（五）多渠道加强创新团队建设，科技人才队伍不断壮大。

深化万名核心人才队伍建设工程，以国际化人才、复合型人才培养为重点，抓好各类人才的培养和选拔。目前，中国南车工程技术人员总数已达到22529人，其中高级工程师达到3270人，教授级高工达到324人，拥有2名中国工程院院士、16名南车首席专家、98名南车技术专家、231名南车拔尖人才，年内新增享受政府特殊津贴科技人员16人、获詹天佑铁道科技青年奖4人、茅以升铁道工程师奖8人，为中国南车持续发展提供了必要的人才保障和智力支持。

要清醒地认识到我们还存在差距和不足。概括起来，主要表现在：一是科技创新评价体系尚不健全，二是质量安全风险管理工作面临新形势，三是科技管理基础建设有待加强，四是科技创新工作对国际化南车的支撑作用需要进一步发挥，五是科技创新人才队伍与南车快速发展的需求还不相适应。

二、2013年科技工作重点

2013年，铁路体制改革的重大变化，给科技工作带来了新的压力。随着铁路改革的不断深入，势必给我们的产品研发、产品认证、技术标准等方面的管理模式带来新的变化；再加上铁路运输企业市场主体地位的进一步确立，采购主体的分散，用户对产品的多样化、个性化需求不断增多，势必给企业技术研发和售后服务带来重大影响。未来南车要成长为具有国际竞争力的大企业集团，成功跻身500强世界企业，给科技工作提出了更高要求，拥有自主知识产权的核心技术和国际知名品牌是其中的一个重要标志。

2013年中国南车科技工作的基本思路是：深入贯彻落实中国南车工作会议精神，以中央研究院成立为契机，进一步持续优化和重点提升三大技术平台，扎实开展科技管理提升活动，加强质量安全风险管控，落实重点科研项目，加快科技资源整合，为建设“双效”南车提供重要的科技保证。

要重点做好以下工作：

（一）强化资源共享，扎实练好内功，让科技管理软实力成为企业发展硬支撑。

1. 加快推进中国南车中央研究院建设。要以管理提升活动为载体，以中央研究院的建设为抓手，全面提升科技创新管理水平。要进一步充实行业研究职能，密切跟踪行业经济和技术发展动态，提出应对措施和建议，为管理层的决策做好参谋。要进一步充实政策和战略规划研究职能，加强对国家和行业政策的研究，积极参与相关政策的制订，为南车更好地利用和享受政策创造先机，系统组织好战略规划的制订和实施，充分发挥好战略引领的作用，为南车的中长期发展明确目标、指引方向。要进一步充实专利和标准管理职能，加快中央研究院的研究成果转化，从南车整体层面统一规划、部署，加强南车技术标准、规范的制订。要进一步充实科技情报信息收集和研究职能，实现从无到有、从有到精的转变，不断提高分析和应用能力。要按照项目管理模式，组织子公司围绕共性课题等开展协同研发、研究，建立项目评审、验收及后评价的工作流程。要强化产品规划研究，对南车的产品和技术现状进行系统的梳理和调研，摸清家底，开展与国际行业先进企业的对标，制订与南车发展相适应的产品规划。要强化产品平台研究，结合产品规划的制订工作，研究确定产品平台建设方案和推进计划，进行合理的分工与协作。要强化研发资源优化配置研究，整合内外部科研人才资源，最大程度地提高研发效率，避免低水平的重复研究，强化软件、硬件资源的共享。要组织做好现有创新平台、创新机构的功能完善和能力提升，统筹协调好国家认定企业技术中心、国家工程技术研究中心（工程中心）、国家重点实验室等创新平台申报工作。要充分利用好平台，广泛开展学术交流和国内国际合作。要组织科技人员参加国际性的学术会议和论坛，做好与国内外知名企业的对接，进一步提升中国南车的品牌影响力。

2. 强化科技优惠政策的研究和利用。加强对国家、地方科技创新政策的研究和利用，积极争取政策和资金的支持。各级科技管理部门要不断规范各种科技行为，积极与财务部门合作，充分利用国家科技创新税收优惠政策，提前筹划科技研发项目的立项备案工作，做好日常科技研发项目经费支出情况的核算、统计工作，最大限度地享受优惠政策。要避免重项目申报，轻项目管理、验收的现象。

3. 加强科技研发项目管理。要加强项目过程监督和推进，确保项目按照计划的进度、质量和成本完成。要组织研究科技经费统计口径问题，完善科技经费统计办法，合理归集科技投入费用，各子公司应充分利用信息化手段做好科技经费的预算和使用管理。各单位承担的国家和省部级科研项目，参照南车重大科研项目进行控制，应及时上报项目执行相关情况。

（二）强化自主创新，满足市场需求，全力推进年度重点科研项目。

紧盯国内国际行业发展新形势，细致分析市场需求，加速新产品、新技术的研发和储备，积极提供满足不同地域和个性需求的简统化产品，引导用户技术提升，满足用户多样化的需求，不断提高对核心技术、关键技术的掌控能力。年内要重点抓好 9 个方面的科技攻关。一是推进高速动车组技术储备和科学试验，加强高速列车谱系化技术研究，抓好更高速度试验列车的试验和数据分析工作，推进新一代智能化高速动车组研制，不断提升高速动车组的研制水平。二是按照用户需求和行车安全风险控制需要，深入推进高速动车组统型和优化设计，加强新系统和部件试验验证，确保安全可靠。三是开发时速 140～160 公里区域城际/通勤动车组，提升城际市场的竞争力。四是组织开展时速 200 公里机车加客车整列编组方案的研究与优化，进一步引导市场需求。五是做好 CRH6 动车组、时速 160 公里客运电力机车、4400 马力调车内燃机车等产品的试验和运用考核，尽快形成批量生产能力；并以产品平台为依托，提供不同运营环境下的细化品种，丰富各类产品谱系，掌握核心子系统和部件技术。六是继续开展重载、快捷货车技术的研究，按计划完成载重 80 吨级货车线路适应性试验，继续开展 30 吨轴重专用货车研制及试验和 30 吨轴重交流传动货运电力机车样机试制。七是针对牵引传动控制系统、网络控制系统、制动系统、齿轮传动系统等的核心技术、关键技术及重要零部件进行技术研究和攻关，做好国产化替代开发及深度优化工作。八是继续开展好储能式现代有轨电车、中低速磁悬浮列车等项目的试验，快速推进低地板车辆、单轨车辆、轻轨车辆等研制工作，形成模块化、标准化、系列化、多元化的城轨车辆产品。九是加快新产业的科研步伐，推进 2 兆瓦风机及其系列化研制、160Km/h 多功能接触网综合作业车自主开发研制、光伏发电电气系统、插电式混合动力系统和液化天然气（LNG）动力客车开发、船舶电驱系统、大型工程机械、船用发动机、工业高效电机、风电齿轮箱、大功率半导体器件、复合材料等项目研发，加快产品研发和产业化步伐。

（三）强化责任落实，完善项目管理，持续优化和重点提升三大技术平台。

1. 加强项目推进和管理。强化项目推进过程和关键节点的控制，切实提高推进的实际效果。要定期召开项目例会。各子项目原则上应实行月度例会制度，检查项目实施进度，及时协调解决实施过程中遇到的问题，并按要求定期上报项目进展情况。总部将召开季度技术例会，持续加强对子公司工作的检查和督导。同时，组织子公司开展各种形式的交流学习、专项研讨，共同提高。

2. 加快协同仿真公共服务平台的全面应用。组织中国南车协同仿真公共服务平台软硬件环境建设，完成南车协同仿真公共服务平台验收。将子公司既有仿真软件和开发的仿真设计模板纳入公共服务平台进行统一管理，实现资源共享。加强协同仿真设计模板开发管理，组织仿真模板设计工作成果交流。

3. 推进试验验证体系建设。要根据形势的发展，不断优化和完善《中国南车试验验证体系建设项目指引》，组织好项目建设方案的评审，年内要结合国家重点实验室、国家工程技术研究中心等建设工作，重点抓好大功率机车、重载货车、专有技术延伸产业试验能力建设等项目的实施，建立健全相应的管理流程和制度，充分发挥其利用效率，实现最大程度的资源共享。

4. 加快三维工程化应用试点项目的实施。有关单位要尽快完成实施方案的评审，试点单位要按照实施方案加快建设进程，在三维标注、三维工艺设计、三维可视化装配以及过程数据管理等方面形成相应的管理标准。

5. 积极推动知识管理。运用知识工程的理念，结合企业工作实际，确定重点领域。试点单位要在管理制度建设、信息化管理平台构建、知识的收集分类和有效重用等方面取得新的突破，逐步解决企业知识传承、知识重用和共享等问题，同时也为南车知识管理工作的整体推进积累经验、提供借鉴。

（四）强化体系建设，打造精品工程，进一步提升质量安全防控能力。

1. 加快完善质量管理体系建设。要把确保产品质量和安全时刻摆在最根本、最核心的位置，牢固树立产品质量第一的意识，高度防范质量风险。各子公司要进一步完善质量管理流程和制度，进一步研究和完善《中国南车总部质量管理体系建设方案可行性报告》，制订推进方案和计划并系统组织实施。

2. 精心组织铁路产品质量认证工作。围绕当前铁路产品认证管理模式改革，积极收集铁道行业主管部门关于CRCC认证的有关政策法规、信息，对子公司产品认证现状进行调查，努力实现铁路产品质量认证工作制度化、流程化、高效化。各子公司要系统筹划好产品认证工作，密切跟踪、制订详尽的认证工作实施计划，按时保质完成相关产品的认证工作。

3. 完善以可靠性为核心的质量安全风险管控机制。持续完善IRIS体系建设，消除管理短板。建立质量成本管理机制、加强内部质量体系审核，提升过程管理绩效。加强质量目标和指标的建立及评价工作，建立生产过程SPC项点，提高过程控制稳定性。继续深化可靠性工作，加强可靠性技术的培训和应用，年内要组织好可靠性工程师的培训与认证工作。大力推动质量改进活动，促进产品实物质量逐步提升。组织对各子公司质量安全风险管理工作开展情况进行调研，形成专题分析报告。结合铁路产品安全风险管理的有关要求，制定《中国南车质量安全风险管理实施意见》。

4. 加快质量信息管理系统的应用。组织做好系统的试运行，尽快完成相关基础数据和文件的导入，针对使用过程中存在的问题不断改进，确保系统的正常应用，加强质量信息的沟通和资源共享，结合使用情况完善管理制度。建立重大质量问题的销号管理制度，严格按要求在系统中实施重大质量问题的信息上报、原因分析、整改措施制定、实施情况跟踪和验证关闭。

5. 强化供应商管理和重大出口项目的质量审核。结合国外先进企业供方管理思路和方法，研究并提出供应商质量管理指南，逐步建立南车统一的供应商管理体系，强化源头质量控制。贯彻落实《中国南车出口产品技术管理办法》，加强出口项目从合同评审到产品交付、维护整个过程的质量风险的识别和控制，重点关注产品设计开发评审、首件试制、样车试制和试验、关键部件供应商和交付使用等环节，加强设计、制造、采购、维护等过程质量控制，确保出口产品质量，有效提升南车海外市场影响力。

6. 高度关注重大产品质量问题的整改。要完善和细化重大产品质量问题的应急管理机制，强化对重大产品质量问题的管控，实时跟踪问题整改的过程，建立重大质量问题销号管理制度，实现重大问题防范、问题发生后的应急处置、过程的跟踪和问题逐项关闭等全过程的管理，建立上下联动、横向交流机制，确保重大质量问题的有效管控。

（五）强化专利工作，对接国际标准，打造科技工作新优势

1. 加大专利工作力度。组织制定中国南车专利管理分类体系，全面梳理南车专利资产状况，通过对现行专利管理办法和科研项目管理办法进行修订，初步构建研发、专利一体化工作模式。科学合理地制定年度专利工作指标，引导企业从专利数量的积累向提升专利质量的方向转变，改善整体专利构成，显著提高技术含量系数，形成有效的专利组合。加强专利信息的收集和利用，在主机及关键零部件制造企业中选择试点企业，建设具备专题数据库、检索系统、分析系统的专利信息利用平台，提升专利信息利用能力。进一步开展海外专利申请布局工作，充分利用 PCT 申请途径，为实施“走出去”战略提供专利保障。加大专利培训力度，提升专利管理者的素质和工作水平。

2. 提升标准化工作水平。要继续组织标准化评价检查和南车三维建模及标注系列标准实施情况专项检查工作。有关单位要认真组织好承担的国际标准、国家标准和行业标准的编制工作。要积极借鉴、吸纳国外先进技术标准，加强高速、重载列车技术标准的研究，促进科技成果转化为标准。要重视和切实做好国家标准和行业标准项目立项的申报工作，进一步加强国际化标准工作，培养国际标准化专家，提高实质参与国际标准制修订的能力。积极跟踪重点领域国际标准制修订情况，研究提出新的国际标准提案，争取更多国际标准制修订项目，提高南车在国际标准中的话语权。要继续组织开展 TSI 技术规范和海外目标市场技术标准分析研究，为实施“走出去”战略提供技术标准支撑。

3. 研究建立南车科技创新能力评价指标体系。以国资委与中国工程院合作开展科技创新能力评价体系研究为契机，利用好南车作为国资委科技创新能力评价重点联系单位的优势，借鉴先进经验，建立起符合时代发展又具有南车特色的评价指标体系。

（六）强化横向联系，发挥整体作用，推进通用工艺技术研究和管理

1. 加强无损检测技术管理及研究工作。精心组织无损检测工艺技术人员探伤管理知识培训，开展新技术交流活动。继续做好 EN473 国际无损检测技术资质培训和取证工作，抓好出口产品探伤标准采标、整理及对比分析工作，组织机、客、货系统探伤标准工艺规程的修订。充分发挥无损检测技术委员会作用，组织力量加强 HXDIC 齿轮油孔疲劳裂纹检测、货车轮轴应力腐蚀裂纹检测等项目的技术攻关。

2. 抓好中国南车焊接和无损检测培训中心建设工作。加快建立健全管理机制，完善管理制度，尽快通过德国莱茵 TUV 审核，获得国际焊工培训和考试、焊接工艺评定和焊接质量体系咨询资格认可，为子公司提供系统的焊工培训、焊接工艺评定和 EN15085 及 ISO3834 焊接质量体系审核与认证等服务。

3.加强焊接技术研究。召开中国南车焊接技术经验交流会，加强激光复合焊技术的研究及在轨道车辆铝合金的应用科技项目研究、铝合金车体（搅拌摩擦焊技术科技项目研究）MIG 焊接残余应力残余变形对接头性能影响的研究、铝合金车体焊接变形模拟仿真研究。根据“中国南车新产业从业企业焊接管理评价标准”，对南车新产业从业企业进行检查。组织做好焊接方面技术改进和科学研究等项目的评审。

（七）强化团队建设，创新人才工作，为科技工作提供强有力的智力支持

要采取灵活政策，加大高端技术人才引进力度，增强人才吸引力。要继续落实《中国南车“十二五”万名核心人才队伍建设纲要》，加快创新人才培养。要特别重视加强对青年科技人才的培养，鼓励创新，宽容失败，通过不断给青年科技人员压担子、交任务，让他们在自主创新的第一线得到迅速成长。要发挥好身边老科技人员、老专家的传帮带作用，建立一代带一代的人才培养和成长机制。要大力推行设计项目招标制，通过项目制的具体实施，全方位调动各类科技人员的积极性和创造性，实现“项目育人才、人才出项目”的良性循环。要建立完善科技人才激励机制，推行全面薪酬激励，要通过重大科技活动的实施，加强对一线创新人才、青年技术人才和高技能人才的培养，打造一支创新型、国际化的科技人才队伍。

突出重点　抓住关键
通过推进精益管理全面提升安全生产水平

——副总裁楼齐良在中国南车安全生产工作会议上的讲话（摘要）

（2013年1月11日）

这次会议，全面总结了2012年安全生产情况，分析了安全生产和管理中存在的问题，提出了2013年安全工作的目标，部署了安全生产重点工作，这是2013年安全生产的纲领性文件。下面，我结合近几年来的安全生产情况，以及我个人对安全管理的理解，谈两个方面的意见。

一、正确认识安全生产形势和中国南车的管理现状，高度重视安全工作中存在的突出问题和主要矛盾

中国南车自组建以来，始终坚持科学发展观、安全发展、和谐发展的发展之路，贯彻实施“安全第一、预防为主、综合治理”的工作方针，制定和实施安全生产战略规划，不断强化安全生产意识，深入推动安全生产标准化建设，建立和运行安全十大管理体系，全面加强安全管理基础工作，重大安全事故总体可控，安全隐患得到消除和整改，安技队伍素质稳步提高，安全制度和流程不断规范。

党的十八大指出，要抓住重要战略机遇期，确保到2020年全面建成小康社会；加强小康社会建设，必须以保障和改善民生为重点，解决好人民最关心、最直接、最现实的利益问题；要强化公共安全体系和企业安全生产基础建设，遏制重特大安全事故。深入学习党的十八大精神，我们明确感到公共安全和企业安全是直接关系到社会稳定、人民幸福的头等大事，直接关系到和谐社会、小康社会建设的重要方面。中国南车是轨道交通装备的制造企业，一方面，产品直接关系到铁路运输和城市交通的安全大事，需要我们高度重视产品质量和售后服务，确保产品运行的安全稳定和万无一失；另一方面，中国南车作为国际化的公众公司，作为担负着社会责任的中央大型企业，确保生产和经营的安全稳定，也是企业生存发展、经营稳定和员工和谐的基本职责和重大使命。“7·23”事故的重大影响、部分中央企业重大安全事故的社会反响，应该给我们敲响了严重警钟。安全无小事，安全责任大如天！确保安全生产和职业健康，是中央企业的重大责任和基本义务，也是中央企业的道德“底线”和工作“底线”。要以对国家、对企业、对员工高度负责的态度和精神，充分认识做好安全生产工作的重要性和紧迫性，坚持以人为本，努力改善安全生产条件，夯实安全管理基础，有效控制事故危害，切实担负起增和谐、保稳定、促发展的安全重任来。

要认真分析安全生产的管理现状，切实抓好安全工作中的突出问题和主要矛盾。这些年来，中国南车安全形势总体稳定可控，但是，安全事故总有发生，“三零”目标不能实现。其中，货车企业事故多发、事故频发，使我们的安全形势受到了严峻的挑战。近五年来，货车企业各类安全事故占集团公司总事故量的70%以上。

反思这些年来的安全工作，我们一些企业的安全工作中确实还存在以下突出问题和主要矛盾：

一是对安全生产的重视不够，安全责任制落实不力。安全“说起来重要，干起来次要”的问题，在一些领导和部门的头脑中依然存在，导致安全责任制流于形式，得不到落实。安全事故出现以后，原因也分析得透彻，但是在落实责任、追究考核、进行整改、举一反三等方面，我们是否能够得到了“血”的教训，做到追根溯源、举一反三、彻底整改、永无反复呢？需要我们自问和反思。

二是工艺技术安全保障不够，设备设施管控不力。在技术和工艺中“重质量、轻安全”的思想意识较为普遍。在做产品设计、工艺方案时，考虑质量控制、保障质量的时候多，很少甚至不考虑影响安全生产、职业健康、环境保护的因素；在产品设计、工艺设计中，缺乏精益思想，工艺比较粗放，模块化设计不够，流水化规划不够，规范化工位不够，标准化操作不够，带来工艺技术对安全生产的保障能力不够。在落实工艺措施中，设备购置和工装制作“三同时”执行不力，安全防护先天不足，操作人员在操作设备时不能做好“三好”、“四会”，不认真开展TPM活动，设备工装维护保养不够，设备设施日常管控不力，也会给安全生产带来巨大的隐患问题。

三是重大危险源辨识不够，重点安全防范不力。突出重点抓住重大危险源，是预防和杜绝安全事故的前提和关键，危险源识别也是安全管控最基础的工作。在工艺设计、装备采购中没有扎实开展危险源辨识和风险评价，从设计源头和采购源头考虑安全预防措施。安全管理人员、现场管理人员和操作作业人员，没有严格按照要求自上而下、自下而上广泛开展作业现场的危险源辨识和风险评价。

四是员工作业操作规范不够，日常安全监管不力。根据对安全事故的统计分析，绝大多数的安全责任事故都是因为员工作业操作不规范，甚至违规作业、违章操作。“三违”现象的普遍存在和屡禁不止，反映着我们安全操作规程的普及率不高，日常安全监管不力的问题和矛盾，需要我们加大日常安全监管上，解决“老好人”、“怕得罪人”的思想，杜绝“不想管、不愿管、不敢管”的现象，真正从严治安、从严抓安。

五是对货车生产特殊性认识不够，安全工作指导不力。货车企业事故多发主要是因为货车制造企业的特殊性带来的系统风险：一是货车造修企业产量大，生产节奏短、频、快，产品流、物料流、人员流交叉流动，带来了安全的系统性风险；二是货车企业投入相对有限，工作环境相对恶劣、工艺装备相对简陋、劳动强度相对较大，安全隐患相对较多；三是近几年来货车企业生产不均衡，生产时断时续，加班加点情况突出，加之部分企业工序外包，劳务人员增加，临时用工增多，人的安全隐患影响增大；四是货车企业大量使用起重、调车、铸造等特种危险作业，作业环境安全隐患大，加之由于部分工位工艺作业指导书、设备操作规程描述简单抽象，经验操作、习惯操作、粗暴操作，习惯性违章违规行为多，也是重大的安全隐患。这些年来，集团公司及各货车企业认识不到位、安全监管意识淡薄、日常安全指导和安全监管存在漏洞，也是货车企业安全事故多发的原因之一。

二、突出重点，抓住关键，通过精益管理来促进安全生产水平再上新台阶

（一）精益管理是企业管理的精髓，也是安全管理的灵魂。要切实做好精益管理和安全管理的结合和融合。高铁和城轨等高端装备制造企业急需实施精益管理，提高企业效益也需要推进精益管理，精益管理也是企业核心竞争力，是企业管理的精髓和灵魂。推进精益生产，首先必须推进设计的模块化和工艺的模块化，从产品设计和制造源头就实现标准化；其次，是按照工艺模块化的要求，推动生产流水线标准工位制建设，实现工位制节拍化生产，巩固精益制造模式；第三，按照标准工位建设的要求，实现物料的工位制配送，推动模块化的物料配送制；第四，坚持推动作业标准化建设，实现作业操作的标准化，坚决杜绝“三违”行为。在全面推进精益制造中，要把安全管理的各种要素与精益管理的推进相互结合、相互融合，也做到“三同时”，使精益成为安全管理的精髓和灵魂。这样，安全管理的基础工作就能得到全面加强，安全生产也将具有基础保障。

（二）突出重点地推动货车系统的安全管理上台阶。反思集团公司及各子公司的安全生产状况，货车系统由于其特殊性，是安全生产的重点和薄弱环节。集中精力、突出重点地抓好货车系统的安全生产，下大力气从影响安全生产的人、机、料、法、环等各方面因素去分析问题、解决隐患，提升货车企业的安全管理水平。一是要高度重视货车系统安全生产。要组织安全专家诊断货车安全现状和问题，提出货车企业安全生产上水平的专项工作计划，并确保落实。二是各货车企业要更加重视安全生产，加强组织领导，改变工作作风，切实履行安全职责。三是在货车系统深入推动精益生产和安全管理的融合，针对生产节奏短、频、快的特点，打造精益生产线，推动流程化、节拍化生产，推动安全地图，完善作业方法，健全动作要领书，强调设备操作规程，做到简单、明了、准确、实用。四是适当增加对安全技措的投入，加强装备技术的升级改造，提高工艺装备的本质安全度。五是提升员工安全行为，积极营造安全氛围，深入开展BI建设，强化员工培训教育，合理控制劳务用工比例，落实安全责任包保、联保，加强监督考核，严惩违章行为。

（三）抓好安全生产的四项关键工作。

1. 全力促进工艺模块化和生产流水线、配送线建设，为安全生产提供最基础的保障。工艺模块化是提高劳动生产率，减轻员工工作量，提升产品品质和质量，保证生产作业安全，实现多品种、小批量生产的基本方向和源头保障。工艺模块化最重要的内容就是解决物料的定时、定点、定量配送问题，实现物料配送的模块化。各单位尤其是货车企业，要把推进工艺的模块化作为一项重要工作来抓。一是要推动模块化工艺。工艺技术部门对产品结构进行分析，划分出包含典型特征的模块，通过横向、纵向、复合拓展，确定特征模块工艺，最后通过工序合并、调序，融合制定总体的模块化工艺；二是要建生产流水线。按照模块化工艺要求，合理调整工艺布局，优化工艺流程，重排流水线工位，合理安排作业分工，均衡员工工作量，减少起重作业，减少交叉作业，增加机械化作业，减少劳动强度。三是要推动物料配送制，实现配送模块化。通过工艺模块化推动配送模块化，实现定时、定点、定量的配送制，减少产品和零部件在现场的储备和积压，保持现场物流畅通，提高现场容积率，提高物料周转率，提高现场安全度。四是要经常性开展现场5S活动。提高定置率，减少浪费，保持现场整洁。深入开展TPM活动，实现全员自主保全。

2. 坚持建安全标准工位，推进生产组织和作业操作的标准化，坚决杜绝“三违”现象。标准就是样板，是生产的基础、工作的依据、操作的规范。如果现场工序和作业次序随意变更，如果作业方法和操作规范随机改变，那么，稳定可控的生产流程、工作节拍、作业状态就难以维持，安全管控就会出现大的问题。因此，各单位尤其是货车企业，要高度重视生产组织的标准化和作业操作的标准化，重点建安全标准工位，重点抓表单管理。一是建安全标准工位，工艺部门要制定标准化作业指导书，从时间上分解，明确生产流程、生产节拍，确定操作顺序、操作规范；从空间上分解，确定物流、人流、甚至信息流的流动路线和最佳位置；从动作上分解，确定最佳作业位置和操作动作。二要学会使用表单，将标准工位里的精益安全要求，通过表单进行传递和落实，车间、工位、安技都要编制表单，要对表单里的信息进行统计分析，提高信息化程度。三是加强现场督导。督促员工养成按照标准化作业指导书的“规定动作”操作，做到正确的人在正确的时间、正确的位置、用正确的方法干正确的事，达到每个人都能以相同的方式解释标准，执行标准，达到谁都看懂、谁都会用、谁都愿做、谁都能做的境界。四要推进管理标准化。消除“剪不断，理还乱”、“藕断丝连”、推诿扯皮等现象，形成按制度办事、按流程办事的氛围，以制度约束人、以文化引导人、以标准规范人。五是持之以恒开展“反违章”活动。通过推进标准化管理和标准化作业，按标准规范管理，按标准规范操作，通过深入开展“反违章”活动，有效根除和杜绝“三违”现象，“三零”安全目标就一定能够实现。

3. 推进危险源 ABC 管理，基本解决安全生产的重大隐患。安全管理的基础是危险源辨识，安全管控的核心是危险源控制，安全管理的思想是分级控制、分线负责。各级领导要重视危险源识别和管理，一旦管理失控，就会出现安全隐患，引发安全事故。要加强危险源管理，特别是重大（要）危险源管控，基本消除重大安全隐患。一是辨识要“全”。要充分调动工艺、装备、生产、安全、岗位员工，全面辨识危险源，全面查找身边隐患，力争全面、充分。二是分级要“准”。要根据风险大小，确定危险源等级，对危险源实行 ABC 分级管理，特别是要高度重视关键的 A 类、重要的 B 类危险源的控制，要层层包保到班组、安全监督到岗位、明确责任到人头。三是管控要“严”，要完善危险源管理机制，细化危险源管理制度，健全危险源安全地图，加大安全投入比例，强化危险源管控培训，提高应急响应能力。四是执行要“力”。各项危险源管控措施要落地生根，对重大隐患要确保整改到位，对各种违章行为要及时处置，通过建立挂牌督办、整改消帐的管控机制，确保所有的危险源识别都是有效的、重大危险源都是可控的、危险源管控都是留有痕迹的。

4. 加强专业队伍建设，提高安全技术管理水平。一是专业人员要敢于管理。对没有形成流水线就不开工生产，精益安全工位没有到位就要喊停，标准不明确、工人未经四新培训就不能上岗作业。二是要落实到位。要将有关要求落实到工位上面去。三是要加强培训。专业人员既要懂经营管理，又要懂专业技术。要利用专业道场进行培训，精深地理解标准、掌握标准、贯彻标准。四是要学会使用精益工具。要充分掌握红牌作战、危险预知训练、安全日历、TPM、现场 5S 等精益工具，全面开展精益安全活动。要学会点检，按照分级管理、分线负责的要求，分别进行点检，对发现的问题要解决在现场。

提高认识 夯实基础 开创性地做好南车外事管理工作

——副总裁徐宗祥在中国南车外事专办员培训班上的讲话（摘要）

（2013 年 6 月 7 日）

这次南车外事专办员培训的主要任务是：以管理提升为契机，提高认识，转变观念，拓宽思路，夯实基础，进一步提升外事专办员的政策水平和业务能力，使南车外事管理和服务工作更加高效快捷，更好地服务中国南车的国际化发展。

一、统一思想，提高认识，增强做好外事管理工作的使命感

（一）全面与国际接轨要求外事管理要有新思路。

根据南车“十二五”发展战略乃至今后更长时期的发展目标，我们确立了“加快走出去步伐，增强国际化经营能力，成长为具有国际竞争力的大企业集团”的发展目标。南车成为具有国际竞争力的大企业集团，必须打破现有海外市场开拓的单一模式，进一步加强战略谋划和前瞻布局，全面加强海外市场拓展。中国南车国际化经营要由初级阶段向更高层次推进，要实现“三个转变”即国际化经营由“自发分散”形态到“自觉规模”形态转变，营销方式实现从主要依靠代理到自主建立境外机构和营销渠道转变，项目订单实现从游击战到阵地战的转变。今年 3 月，南车召开了国际化经营座谈会，修订了“十二五”国际化经营战略，提出要实现“将南车打造成最具社会责任的行业先锋和国际化的跨国公司”的战略目标。量化的指标是 2015 年南车海外业务年营业收入 50-80 亿美元，其中境外机构合并收入超过 25 亿美元，新产业实现 6 亿美元的海外收入。对比 2012 年全年实现出口收入 83.3 亿元人民币，新签出口订单达到 22.2 亿美元，要完成“十二五”量化的指标，针对海外营销工作，主要任务就是整合外贸资源，创新出口贸易模式，扩大国际市场份额。

要实现上述目标任务，把中国南车打造成具有国际竞争力的大企业集团，必须不断推进南车的制度创新、机制创新、技术创新和管理创新；必须进一步加强与国外企业特别是跨国公司的经济技术合作与竞争，通过“引进来”和“走出去”，进一步拓宽发展空间；必须进一步加快拓展国际市场，更好地利用国内国外的两个市场和两种资源；必须加快技术进步步伐，通过与国外公司合资合作和并购等多种途径，更多掌握和拥有具有自主知识产权的技术和产品；必须更多地运用国外公司的销售渠道和销售网络，拓展国际市场，提高南车的国际知名度；必须进一步实现企业经营管理人才的现代化、国际化，培养一大批高素质的国际型人才。这些，都要靠管理规范、运作高效的南车外事管理体系提供保障。因此，南车外事管理工作要把服务于南车国际化发展作为中心任务，不

断创新思路，积极发挥作用，履行好外事审批、协调、管理和服务职责，不断优化管理流程，大力提升服务质量，为南车拓展海外市场、提升品牌形象、推进国际化发展提供支持和保障。

（二）管理提升活动要求外事管理要有新突破。

2012年，南车按照国务院国资委要求，系统部署、全面开展了以精益管理为主线的管理提升活动，确立了“转方式、调结构、强管理、增效益”的活动主题，制定了覆盖15个专项提升领域的工作推进方案。管理提升活动的开展，有力地拉动了南车各项基础管理。今年是南车确定的“管理提升年”，南车外事管理工作是南车基础管理工作的一个重要组成部分，是完成南车中心工作和重点工作的重要保障。尽管经过近几年的体系建设，南车外事管理工作在建章立制、优化流程、提高效率、推进信息化建设等方面做了大量工作，外事管理和服务工作也实现了以“办事”为主向以市场为核心、“管事和办事”相结合的提升，但是就南车的管理工作来说，与其他央企以及一流的国际大企业集团对比，还是有许多不足和差距。因此，我们要以管理提升活动为抓手，全面提升南车的基础管理水平，包括南车外事管理工作。南车的外事管理工作要按照“方便、简洁、实效”的原则，结合管理提升活动的开展，进一步夯实外事管理基础，提升管理水平，要进一步完善制度，细化流程，注重操作性、实效性，最终形成规范高效、具有南车特色的外事管理体系。

（三）全面风险管控要求外事管理要有新举措。

目前，南车的海外业务范围已经涉及到74个国家和地区，随着对外业务不断扩大，会越来越多地涉及到一些风险较大的国家和地区，也可能会涉及到一些敏感的事情和人物。当前国际环境并非一片祥和，境外战乱、自然灾害时有发生，国际政治经济安全风险加大，恐怖主义等不确定因素增多，部分国家和地区社会治安状况恶化，各类突发事件时有发生而且波及面扩大，南车境外机构和人员的人身财产安全也将面临越来越多的安全问题。南车外事管理要建立健全风险管理报告制度，强化风险管理信息沟通机制，确保风险信息传递准确、顺畅，处理及时、有效。南车各级外事管理部门，要及时做好涉外人员和出国（境）团组的外事教育，督促他们提前做好应急预案，及时沟通有关信息，确保渠道畅通，最大程度地减少可能发生的突发事件所带来的人员和财产损失。要不断提高外事应急处理效率，有效降低南车国际化经营的风险。

二、总结工作，查找不足，增强做好外事管理工作的责任感

近年来，南车外事管理工作积极创新工作方式，努力探索管理新模式，不断加强统筹协调，进一步提高了南车外事管理工作的质量和水平。

（一）全力保障重点，服务南车国际化发展需求。

在欧债危机、全球经济复苏缓慢、国内市场萎缩、内需乏力的背景下，南车进一步加大了海外市场开拓力度。南车的因公出国（境）团组也呈现出主要领导出访多、团组人员规模大、出国（境）任务多元化、海外业务点多面广、涉及国家多的特点，为了确保南车每个团组顺利出行，南车各级外事主管部门和外事专办员积极协调相关部门，努力加快审批进度，主动联系组团单位和部门，及时与团组负责人沟通相关要求和时间节点，想方设法联系外交部和项目所在国驻华使馆，及时准备好证照，为按时完成多个重点项目的谈判和签约提供了保证。积极梳理

邀请外国人来华渠道，规范申报文本和流程，为南车“请进来”工作正常开展，提供了保障。

（二）夯实基础，提高外事管理水平和服务质量。

一是建立健全外事工作领导体制和工作机制。落实“统一领导、归口管理、分级负责、协同配合”的外事管理工作原则，建立和形成了“单位党委统一领导，外事部门综合归口管理、统筹协调，各级公司和主管部门明确职能职责、各司其职，业务主管部门相互配合、齐抓共管”的外事管理格局。多数子公司成立了由主管领导牵头主抓的外事管理部门，配备了专职或兼职人员，实现了统一归口管理，保证了外事工作的正常开展。

二是抓好外事工作制度建设。根据南车的行业特点和实际情况，制定了《中国南车外事管理工作实施细则》、《中国南车涉外突发事件应急预案》等规章制度。各子公司根据不同的业务发展情况，制定了相应的管理办法，外事管理工作基本上做到了规范化、制度化、程序化。

三是健全和优化外事管理流程。以服务企业国际化发展战略和提高企业市场化竞争能力为工作方向，根据企业实际情况和外事管理原则，将因公出国管理设计为“十二步”工作流程，对团组实施“生命周期”的管理，制定高效快捷、环环相扣的审批审核流程，做到了有章可循，有条不紊，并严格按照流程办事。

四是突出关键环节管理。结合南车管理提升活动的要求，从企业风险防范和加强基础管理两个方面出发，重点抓了“审核审批”和“证照管理”两个关键环节的管理工作，突出抓了邀请外国人来华和因公出国（境）证照管理工作，制定下发了《关于切实做好邀请外国人来华管理工作的通知》和《关于进一步加强因公出国（境）证照管理工作的通知》。组织对7个子公司进行了外事管理规章制度和工作流程建设情况检查，推进了一级子公司外事管理工作规范化和制度化。绝大多数子公司外事审批工作严格规范，坚持照章办事，逐级把关，未出现违规违纪事件。

五是加强外事管理信息化建设。建立了具有南车特色的外事网上审批和管理系统平台。经国资委外事局推荐介绍，先后有13家央企外事管理部门来南车学习交流外事管理信息化建设和外事管理工作。

六是加强外事队伍建设。根据南车外事管理工作发展不平衡，人员兼职多，流动性大的特点，采取“走下去、请上来”的方法，推进外事专办员队伍建设。通过子公司外事专办员到总部外事办实训和定期举办外事专办员培训的途径，进一步提升了南车外事专办员的工作能力和水平。

（三）加强安全应急机制建设，提高风险应对能力。

一是成立应急处置领导小组，建立健全相关管理制度。南车依据《国务院办公厅关于加强境外中国公民和机构安全保护工作的意见》、《国务院办公厅关于印发国家涉外突发事件应急预案的函》和国资委《关于印发〈国资委应对中央企业境外突发事件工作规则〉的通知》文件精神的要求，结合实际，制定了《中国南车股份有限公司涉外突发事件应急预案》，建立了南车涉外突发事件应急处置领导小组。制定了《中国南车境外企业机构与人员安全管理暂行规定》，印发了《关于加强出国人员和境外人员安全管理的通知》，建立了前往高危国家和地区团组必须制定风险防范预案审批、高危国家和地区出国团组往返情况快报、在政局动荡国家的项目情况汇报、派出人员出国前开展境外安全教育和应急培训等制度，建立了培训教育档案和出境人员往返登记表，建立了境外安全工作责任制，制定了派出人员行为守则，使派出人员切实遵守驻地国法律法规和尊重当地的风俗习惯。

二是建立动荡国家风险预警机制。南车下发的《关于加强出国人员和境外人员安全管理的通知》对南车所属各单位建立动荡国家风险预警机制提出了明确要求，南车外事管理系统门户也建立了《各国风险等级情况》实时信息发布窗口。南车各涉外部门注意收集可能发生涉外突发事件的各种信息，密切关注高危国家的局势变化，一旦出现风险信号，以最短时间向子公司发文，做出风险防范的预警，对于赴局势严峻的国家和地区的团组及时停止审批。

近年来，南车总部及各子公司外事主管部门和外事专办员，配合企业的生产经营活动，面对因公出国（境）和邀请来华的团组数及人次逐年递增，主动加班加点，积极协调相关部门，努力加快工作进度，想方设法克服各种困难，为南车海外市场拓展提供了保障。据统计，2011 年度，南车共办理因公出国（境）团组 576 个，审批和办理护照签证 3102 人次；2012 年度，共办理因公出国（境）团组 664 个，审批和办理护照签证 3920 人次；2013 年截止到 5 月底，办理的因公出国（境）团组已达到 424 个，审批和办理护照签证 2960 人次，团组数已与 2010 年全年持平，人数超过了 2010 年全年数。随着南车国际化的发展，南车因公出国（境）和邀请来华的团组数及人次，每年基本以 30%左右的幅度递增，业务量也在与日俱增。

南车外事管理工作尽管取得了一定成效，但必须清醒地看到工作中还存在的一些薄弱环节。比如，个别子公司对外事管理工作重视不够，机构机制不健全，制度流程不清晰；个别子公司对外事工作相关政策和文件不熟悉；个别子公司办理出访团组人为急件多，少数团组出访内容空泛；有的子公司对持因私护照执行公务的人员，存在放任自流的现象；有的子公司对出国（境）政审和行前教育不重视，致使团组在国（境）外安全防范意识不够，证照保管不善，影响了任务的执行；有的子公司对证照收缴、费用报销和提交出访总结重视不够，不能做到全流程管理；有的子公司外事岗位人员配备不够，人员变动频繁，不能很好地适应新时期外事工作的需要。

三、明确任务，健全机制，进一步提高南车外事管理工作的质量和水平

根据南车国际化发展战略和管理提升活动要求，当前和今后一个时期，南车外事管理工作的主要任务是：紧紧围绕南车中心工作和重点工作，以坚持科学管理和提高服务质量为主要目的，创新管理模式，加强统筹协调，更好地服务南车的国际化发展战略，为南车成为具有国际竞争力的大企业集团提供坚实的支持和保障。为实现这一目标，我们要着力抓好以下工作：

（一）加强领导，落实责任，为外事管理工作提供有力的组织保证。

各子公司要切实把外事管理工作摆到更加重要的位置上来，进一步加强对本企业外事工作的组织领导，进一步重视本企业外事工作的机构建设，始终坚持“统一领导、归口管理、分级负责、协调配合”的外事管理原则。统一领导就是本企业的外事工作必须坚持党委统一领导；归口管理就是一切对外交往的具体工作必须归口到外事管理部门；分级负责就是层层负起责任，严格把关，严格管理，保证外事管理工作有效实施；协调配合就是加强协作，形成一股合力，共同做好外事工作。

（二）健全制度，加强服务，提高外事管理工作科学化水平。

总部和各子公司要不断完善健全外事管理的相关规章制度，增强规章制度的规范化；

要进一步优化相关工作流程，提高工作流程的高效化；要加强外事工作的计划性，减少工作的随意性。南车各级外事管理人员要规范执行政策，坚持原则，严格把关；要在外事管理中体现服务，把服务贯穿外事管理全过程；要不断提高工作质量，改进工作作风，想他人之所想，急他人之所急。总部及各子公司要不断加强外事管理的信息化建设工作，进一步完善好、使用好南车外事管理信息化系统平台，不断提高外事办理的效率。各子公司要对照总部外事管理工作流程，结合企业实际，进一步规范和优化程序，制定出符合企业实际的管理流程，确保外事管理工作规范、有序、高效运作。

（三）强化意识，落实责任，提高境外突发事件的应急处置能力。

当前国际经济持续低迷，国际安全形势危机不断，中国出国（境）人员的生命、财产安全问题屡屡出现。境外的人质绑架、恐怖袭击、战乱纷争、地震海啸、交通事故等各种天灾人祸几乎都涉及到华人。因此，提高南车出国人员和境外人员的安全防范意识，加强安全管理工作非常重要和必要。南车各级领导、有关部门和相关人员，必须充分认识出国人员和境外人员安全工作的重要性和紧迫性。各子公司要对境外机构和人员进行全面梳理，制定和完善境外安全管理的制度和办法，落实对出国人员进行安全教育和加强安全管理的办法规定，确保做好出国人员和境外人员的安全管理。要密切关注境外剧变的社会局势和严峻的安全形势，密切关注出发国家和所在国（地区）的安全预警发布，全面评估可能出现的各类突发事件及其性质，制定各种异常、紧急情况下的各类应急预案和安全防范措施，开展经常性的应急演练活动和培训，提高逃生能力和应急响应水平。

（四）精打细算，讲求效益，从严控制外事活动费用支出。

中国南车已经提出了打造“ 效率南车、效益南车”的要求。因此，我们在组织各项外事活动时，要树立成本意识，讲究经济效益，从严控制外事经费支出，力争用较少的钱办更多的事。总部及各子公司应根据南车国际化经营、合资合作等工作的需要，在有明确任务和实质内容的前提下，本着节俭、合理的原则，安排相关的出国（境）活动。组织出访，要制订计划，并从严控制出国（境）天数和人数，不安排与任务无关的人员出访。要按照南车国（境）外考察管理制度、考察计划和各项费用标准，从严控制出国（境）费用支出。当然，从严控制不等于限制外事工作，围绕企业的市场经营、围绕南车海外市场拓展，该“走出去”要走出去，该“请进来”要请进来，关键要把握好外事活动要有效益、出成果，能取得扎扎实实的成效。

（五）加强学习，更新知识，培养一支高素质、专业化的外事工作队伍。

当今时代是信息时代、知识经济时代，新知识、新事物和新概念不断涌现。做好新形势下的外事管理工作，必须有一支高素质、专业化的外事工作队伍。随着南车海外市场的不断扩大，南车出访的国家在不断增加，而各国的签证政策随时不断变化。国家的相关政策也在不断调整。因此，从事外事工作的同志不能只满足于熟悉原有的外事政策和一般办事程序，要加强学习，更新知识，善于总结经验，把握工作规律，不断提高工作能力和水平，努力成为合格的外事工作者。外事部门承担了大量的政策性很强的事务性工作，十分具体、琐碎、繁杂，也十分辛苦，但这些工作的好坏对南车海外市场的顺利拓展，南车品牌的良好树立，具有不可忽视的影响。南车外事办要进一步加大对子公司外事部门的业务指导，加强对外事专办员的业务培训，使外事部门和外事专办员政策熟悉、业务熟练、能力突出。各子公司要关心外事人员的学习成长，关注外事部门的人员配备和能力建设，为他们更好地发挥作用创造条件。

企业外事工作既是促进国际交流合作的催化剂，也是加速企业走向国际舞台的发动机，对于推动南车成为具有国际竞争力的大企业集团具有重大意义。今后一个时期，南车将紧紧抓住国际化发展的良好机遇，通过产品销售、项目总包、合资合作、兼并重组、产业链融合、海外建厂、海外维保等多种模式，创新国际化经营模式，以高端产品的出口带动机、客、货、地铁等产品的更大发展，推动中国高端装备产品、技术、服务、资产快速进入国际市场。在这样的新形势下，外事工作在南车发展战略中的地位越来越重要，作用越来越突出。要进一步提升南车外事管理工作水平，不断提高南车外事管理工作的服务质量，为南车发展壮大和成为具有国际竞争力的大企业集团做出更大贡献。

大事记

2013年大事记

2013年大事记

1　月

5 日　股份公司董事长郑昌泓在安徽合肥分别会见安徽省省长李斌和合肥市市长张庆军，并到合肥开发区实地调研。

11 日　中国南车 2013 年度安全生产工作会议在长江公司召开。

19 日　发现中国创造力高层战略研讨会暨 2012 中国创造力年度盛典在北京人民大会堂举行，中国南车获“中国创造力技术”大奖，股份公司副总裁王军出席会议并演讲。

22～23 日　中国南车国际化经营座谈会在青岛召开。

23 日　在第八届中国企业社会责任国际论坛上，中国南车获“2012 最具责任感企业”奖。

24 日　股份公司总裁刘化龙在中国南车总部会见阿根廷驻华大使古斯塔沃·马蒂诺及公使胡安·卡洛斯·帕斯率领的代表团。

26 日　中国南车获“中央企业扶贫开发工作先进单位”称号。

29 日　股份公司董事长郑昌泓在美国华盛顿会见美国交通部部长拉胡德（Ray LaHood），就美国沙漠快线项目进行会谈。

31 日　中国南车浦镇公司中标土库曼斯坦 154 辆客车。

1 月　四方股份公司获得阿根廷总金额超过 34 亿元人民币的电动车组采购合同。

1 月　中国南车被国务院国资委授予“2012 年度中央企业管理提升活动优秀组织单位”称号。

2　月

1 日　中国南车与常州市政府签署城市轨道交通车辆项目合作协议。

同日　由南车北京时代自主研发的大吨位履带式起重机-260T 履带起重机（CQUY2600 型履带吊）成功下线。

4～6 日　第十届世界重载大会在印度新德里举行，中国南车众多重载产品参展。

17 日　资阳公司与澳大利亚 Qube 集团的 6 台交流传动内燃机车采购合同生效。

20 日　中国南车与浦发银行签署战略合作协议。

25 日　中国南车与东方电气在成都签署战略合作协议。

26 日　中国南车反腐倡廉建设暨纪检监察工作会议在中国南车总部召开。

同日　中国南车与中国进出口银行签署战略合作协议。

同日　中国南车工会召开第三届委员会第二次全体（扩大）会议。

27 日　中国南车召开 2013 年度内部审计、内部控制和风险管理工作视频会议。

2 月　浦镇公司试制成功国内首辆整车铝合金搅拌摩擦焊地铁车体。

2 月　中国南车首台 2 兆瓦风机在株洲所成功下线。

3　月

7～8 日　中国南车 2013 年度财务工作会议在株机公司召开。

12～13 日　中国南车 2013 年精益管理暨管理提升工作会议在株洲召开。

14 日　四方有限公司与庞巴迪德国公司签署意大利铁路转向架构架项目供货协议，协议包括四方有限公司在未来三年内按照欧洲铁路标准为庞巴迪德国公司提供 300 余个意大利铁路转向架构架。

20 日　中国南车与兰州铁路局签署战略合作协议。

25 日 中国南车 2013 年国际化人才培养项目开班典礼在宁波诺丁汉大学国际会议中心举行。

29 日 中国南车—兰州交通大学“国家级工程实践教育中心”揭牌仪式在南车大学举行。

3 月 2012 年国务院政府特殊津贴和詹天佑铁道科技奖评审结果揭晓，中国南车 9 名工程技术人员和 7 名高技能人才获国务院政府特殊津贴，4 名工程技术人员获詹天佑铁道科技青年奖。

3 月 全国妇联表彰全国三八红旗手和全国三八红旗集体，株洲所王进获“全国三八红旗手”称号，戚墅堰所翁敏红获“全国五一巾帼标兵”称号。

4 月

9 日 中国南车马来西亚轨道交通装备有限公司在马来西亚霹雳州八都牙也市奠基，马来西亚首相纳吉布启动挖机奠基。

同日 苏格兰交通部首席执行官 David Middleton 访问中国南车总部。

11 日 浦镇公司和西门子公司正式签订合同，向西门子公司提供 232 辆地铁不锈钢车体。

12 日 株机公司联合土耳其 MAPA 公司组建的中国南车土耳其公司在安卡拉 SINCAN 工业园举行奠基仪式。

16 日 南车国际装备工程有限公司、中国南车中央研究院在北京揭牌成立。

18 日 第三届中国自主创新年会在北京举行，股份公司董事长郑昌泓获“十大创新人物”称号。

22～23 日 中国南车 2013 年科技工作会在株洲召开。

26 日 中国南车与中国兵器工业集团公司合作交流会在北京举行。

28 日 全国总工会公布“五一劳动奖状”“工人先锋号”名单，中国南车股份有限公司获“全国五一劳动奖状”，股份公司董事长郑昌泓等 5 人获“全国五一劳动奖章”，株机公司电器设备分公司屏柜车间柜一班等 2 单位获“全国工人先锋号”称号。

4 月 浦镇公司首获南京麒麟、河西两个低地板有轨电车 BT 总包项目。

5 月

3 日 中国南车和乌鲁木齐铁路局签订战略合作协议。

6 日 浦镇公司生产的首列 CRH6 型城际动车组下线。

11 日 第九届中国上市公司董事会“金圆桌”论坛和颁奖盛典在北京举行，中国南车获“董事会建设特别贡献奖”，董事会秘书邵仁强获“最具创新力董秘奖”。

16 日 中国南车召开物资与供应链管理座谈会。

22～23 日 中国南车国际化经营座谈会在香港召开。

23 日 中共中央政治局委员、广东省委书记胡春华在北京会见股份公司董事长郑昌泓。

25 日 “售后服务”“品牌评价”两部国家标准宣贯一周年纪念大会在北京钓鱼台国宾馆举行，中国南车获“五星级企业品牌”称号，株洲所风电事业部获“售后服务星级认证”证书。

28 日 广东南车公司生产的首列 CRH6 型城际动车组下线，广东省省长朱小丹、股份公司董事长郑昌泓登上 CRH6 型城际动车组参观、体验。

29 日 中国南车股份有限公司、中国铁建股份有限公司、中国普天信息产业股份有限公司 3 家央企在京联合举行城市轨道交通项目联合体战略合作框架协议签署仪式。

29～30 日 中国南车 2013 年投资工作座谈会在湖南株洲召开。

30 日 中国南车股份有限公司 2012 年度股东大会在北京召开，大会审议通过《关于公司 2012 年度董事会工作报告的议案》《关于公司 2012 年度监事会工作报告的议案》等 10 项议案。

6 月

2 日 第五届中国企业创新活动日暨 2013 中国企业创新论坛在北京举行，郑昌泓出席论坛并作演讲，中国南车获“2013 年中国最具创新力企业”称号，股份公司董事长郑昌泓获“2013 年中国企业最具创新力十大领军人物”称号。

5 日 第八届中国企业社会责任国际论坛暨 2012“金蜜蜂企业社会责任·中国榜”发布典礼在北京举行，中国南车获“金蜜蜂·领袖型企业”。

6 日 2013 成都《财富》全球论坛开幕，股份公司董事长郑昌泓应邀出席论坛，并分别与四川省省长魏宏，美国杜邦公司董事长兼首席执行官、美中贸易委员会会长柯爱伦举行会谈。

9 日 神华集团与中国南车在株洲召开专题交流会，双方就神华系列大功率交流传动电力机车和 30 吨轴重铝合金煤炭漏斗车等既有合作项目，以及双源制机车、超级电容等潜在合作项目进行深入交流和探讨。

11 日 在“2013 中国·青海绿色发展投资贸易洽谈会”上，中国南车与青海省政府签署战略合作框架协议。

13 日 股份公司董事长郑昌泓在山西太原会见山西省省长李小鹏。

25 日 中华全国铁路总工会在北京召开全国铁路工会代表大会，中国南车党委副书记、工会主席陈大洋，长江公司株洲分公司欧清莲当选中国工会十六大代表。

同日 国内首列智能化高速列车在四方股份公司下线。

同日 戚墅堰公司中标泰国 20 台交流传动内燃机车项目签约仪式在泰国曼谷举行。

同日 株机公司获新加坡 18 台地铁工程维护车订单。

25～26 日 中国南车携时速 160～200 公里 CRH6 型城际电动车组等产品参加南非国际铁路技术设备展览会。

26 日 世界品牌实验室在北京发布 2013 年（第十届）《中国 500 最具价值品牌》排行榜，中国南车以 295.36 亿元列第 53 位，机械行业第 1 位，品牌影响力评为世界性。

27 日 浦镇公司和安徽皖投工业投资公司在安徽省合肥市举行合资组建合肥南车轨道交通车辆有限公司签约仪式。

28 日 中国南车召开人力资源系统视频会议。

6 月 中国铁道学会和茅以升科学教育基金会公布 2012 年度茅以升铁道工程师奖获奖人员名单，中国南车 8 人入选。

7 月

1 日 中国南车成立党的群众路线教育实践活动领导小组和工作机构，并同时成立派驻子公司的 4 个督导组。

2 日 股份公司董事长郑昌泓拜会河北省省长张庆伟，商谈中国南车与河北省深化战略合作事宜。

5 日 国资委派驻中国南车的新一届监事会正式进驻南车总部，并与上届监事会交接换届，杨坚为中国南车新一届监事会主席，监事会 20 办负责监督检查中国南车。

15 日 中国南车召开党的群众路线教

育实践活动动员大会。

16 日 中国南车与佛山市人民政府在佛山签订战略合作框架协议。

25～26 日 中央企业和地方国资委负责人研讨班在宁夏银川举行，股份公司董事长郑昌泓、总裁刘化龙参加研讨班，中国南车获“业绩优秀企业奖”和“科技创新企业奖”两个特别奖。中国南车连续第三年获评营业绩考核 A 级企业。

29 日 资阳公司与哈萨克斯坦签订 18 台内燃机车合同。

7 月 中国南车 2012 年年报获 LACP（League of American Communications Professionals）年度年报银奖。

8 月

20 日 国内首台出口南非的交流传动电力机车在株机公司下线。

22 日 安徽省与中央企业合作项目推进座谈会在北京召开。

22～23 日 中国南车 2013 年高峰论坛在北京举行，与会人员围绕“转型与突破”的主题展开讨论。

同日 中国南车与中国铁道科学研究院在北京签署战略合作框架协议，双方将加强在试验检测、产品认证、产品研发、标准研究、情报共享、市场开拓和人才培养等方面的合作。

9 月

3～6 日 第十届中国－东盟博览会、第十届中国－东盟商务与投资峰会在广西南宁举行，中国和东盟 10 国政要、企业家和专家学者出席，股份公司副总裁楼齐良应邀参加峰会，并与南宁市委书记余远辉等举行会谈。

4 日 中国南车与常德市人民政府签订战略合作框架协议。

13～14 日 马来西亚交通部与株机公司联合举办 10 列 60 辆 ETS 2 电力动车组合同签约仪式。

15 日 2013 中国—阿拉伯国家博览会在宁夏银川市开幕，股份公司副总裁徐宗祥应邀出席开幕式，中国南车携 CRH380A 型高速动车组、CRH6 型城际动车组等名牌产品参展。

16 日 中国南车与中国能建集团在中国南车总部签订战略合作协议，协议涉及工程总包、产业联合、资本合作、海外拓展及房地产开发等多方面内容。

23 日 股份公司董事长郑昌泓在南车总部会见阿根廷内政与交通部部长兰达佐。

23～27 日 中国南车优秀青年人才领导力培训在南车大学常州校区举行。

26～27 日 合肥南车轨道交通车辆修造基地和常州南车轨道交通车辆有限公司城轨车辆制造基地分别举行奠基仪式。

9 月 中国南车代表队参加在美国举行的中美国际数控机床技能大赛获金奖。

10 月

3～5 日 中国南车携众多产品参加印度轨道交通装备展（IREE）。

7～9 日 新加坡举办 2013 国际交通大会暨展览会（SITCE2013），股份公司副总裁王军等出席展会。

9～10 日 中国南车召开党的群众路线教育实践活动领导班子专题民主生活会。

12 日 第十五届中国杭州西湖国际博览会开幕，股份公司董事长郑昌泓赴会，并分别参加西博会杭州工业经贸洽谈会开幕式、浙江省、杭州市政府与工业经贸主题论坛和 500 强企业家圆桌会议等活动。期间，郑昌泓与浙江省省长李强、杭州市委书记龚正、代市长张鸿铭等举行会谈。

17～22 日 中国工会第十六次全国代表大会在北京人民大会堂召开，股份公司党委副书记、工会主席陈大洋，长江公司株洲分公司欧清莲出席大会。

23 日 温州·中国南车产业合作对接会在温州市举行，股份公司总裁刘化龙等出席相关活动，并与温州市委书记陈一新进行沟通和交流。

25 日 株机公司获签印度新德里古尔冈南延线 21 节地铁车辆订单。

29～30 日 中国南车在青岛、株洲两地举办反向路演，来自高盛、摩根斯坦利等 69 家投资机构分析师参与此次反向路演。

10 月 在第二十七届 ARC 年报大奖（2013 International ARC Awards）评选中，中国南车获制造业传统年报金奖，并同时获装备制造业财务数据银奖、装备制造业图片类铜奖以及制造业封面设计荣誉奖。

10 月 人力资源和社会保障部、国资委联合发文，授予株机公司等 3 家单位中央企业先进集体称号；授予张忠等 5 人中央企业劳动模范称号。

11 月

4 日 股份公司副总裁徐宗祥在中国南车总部会见墨西哥齐瓦瓦州州长 Cesar Horacio Duarte Jaquez，墨西哥驻华大使 Julian Ventura Valero 等参加会见。

5 日 2013 年中央企业参与中原经济区建设河南行活动重点合作项目签字仪式在郑州举行，中国南车与河南禹亳铁路签署战略合作框架协议。

6 日 中国南车与太原市人民政府战略框架协议签约仪式在太原举行。

同日 股份公司董事长郑昌泓在中国南车总部会见由马来西亚国库控股公司执行董事、拿督 Noorazman Abd Aziz 率领的代表团。

11 日 股份公司副总裁傅建国在南车总部会见伯明翰市市长埃尔伯特·鲍尔。

12～17 日 股份公司副总裁王军访问泰国，与泰国科学技术部、国际科技研究所（TISTR）、国家科技发展署（NSTDA）针对“中泰高铁联合研究中心”的建设及下一步工作计划进行交流。

13 日 中国南车与中国建材集团签订战略合作协议。

16 日 在 2013 中国人力资源管理年会暨第三届中国人力资源管理学院奖颁奖典礼上，中国南车获 2013“中国人力资源管理十大最佳实践奖”。

17 日 2013 中国经济发展论坛在北京人民大会堂举行，股份公司董事长郑昌泓荣获“2013 中国经济最具影响力十大年度人物”称号。

同日 海南首列单轨高架观光车在株机公司下线。

18 日 株机公司获广州地铁 7 号线 138 辆地铁订单。

19 日 国资委第一巡视组进驻中国南车开展巡视工作并召开动员会，国资委第一巡视组组长牛越生讲话。

19～22 日 2013 北京国际城市轨道交通建设运营及装备展览会在北京国际展览中心举行，中国南车携储能式 100%低地板有轨电车等产品模型及 CRH6 城际动车组和双能源地铁工程车实车参展。

22 日 四方股份公司举行佛山南车轨道车辆有限公司成立合资合同签字仪式。

28 日 在香港举办的第三届中国上市公司海外高峰论坛暨中国证券“金紫荆奖”颁奖典礼上，股份公司董事长郑昌泓获 2013 年度“最具影响力上市公司领袖”奖。

29 日 第九届中国证券市场年会在北京举行，中国南车获“金鼎奖”。

同日 四方股份公司与中国交通建设股份公司和佛山市轨道交通发展公司组成联合体，中标佛山轨道交通2号线BOT项目。

11月 股份公司副总裁王军入选2013年“百千万人才工程”国家级人选名单，并被授予“有突出贡献中青年专家”称号。

11月 2013年度香港上市公司“港股100强”最终获奖者名单在香港揭晓，中国南车入围港股100强评选活动主榜榜单。

11月 根据国家铁路局正式发文，准予株机公司 HX_D1D 型交流传动快速客运电力机车设计许可并颁发型号合格证，该型号合格证是中国南车第4个获得中国国铁市场准入许可的大功率交流传动电力机车项目。

12 月

1日 株机公司中标马来西亚吉隆坡安邦线30列（180辆）轻轨车辆。

3日 在2013职业经理人高峰论坛暨职业经理人资格认证工作10周年大会上，中国南车获“全国职业经理人队伍建设先进单位”称号，股份公司董事长郑昌泓获“全国职业经理人伯乐”称号。

4日 中央研究院与杜邦（中国）研发管理有限公司在中国南车总部举行战略合作签字仪式。

7日 由中国生产力学会主办的“第八届全国先进生产力理论与实践成果奖”颁奖典礼在北京举行，中国南车获“全国先进生产力典范企业奖”，股份公司董事长郑昌泓获“全国先进生产力杰出人物奖”。

同日 株机公司具有自主知识产权的静音地铁获得深圳市轨道交通11号线20余亿元的地铁车辆订单。

10日 “全国企业先进生产力示范基地”授牌仪式在中国南车总部举行，十届全国人大常委会副委员长、中国生产力学会名誉会长蒋正华，铁道部原副部长、中国生产力学会顾问国林，股份公司董事长郑昌泓、总裁刘化龙等有关领导出席授牌仪式。

12日 在香港公司管治卓越奖颁奖典礼上，中国南车获管理卓越奖。

13日 股份公司董事长郑昌泓在印度新德里参加全球公有企业论坛并发表演讲。

18日 首列“宁波制造”地铁车辆在宁波南车城轨公司竣工下线，股份公司董事长郑昌泓、宁波市代市长卢子跃等出席车辆下线仪式和宁波南车产业基地投资合作深化推进会。

同日 中国企业家发展年会暨中国企业品牌盛典在香港亚洲电视台开幕，中国南车获“2013年中国品牌企业500强”称号。

30日 中国南车第二届职工代表大会第二次全体会议以视频形式召开，会议听取了中国南车党委副书记、工会主席陈大洋作的《中国南车第二届职工代表大会第二次全体会议职工代表团（组）长调整和职工代表资格审查报告》；审议通过了股份公司总裁刘化龙的工作报告和《中国南车集体合同工资专项协议》等决议。

12月 2012年度中国铁道学会科学技术奖公示，中国南车共有17个项目获奖，其中“大功率交流传动六轴电力机车平台关键技术及应用”和“CRH380A新一代高速列车研制”获特等奖，“CRH380A动车组齿轮箱驱动装置研制”获一等奖。

12月 中国南车在第六届中国企业社会责任报告国际研讨会上获“金蜜蜂2013优秀企业社会责任报告-领袖型企业”奖项。

12月 中国南车在2013年度上市公司内部控制指数评价中名列前茅，被评为“AAA”等级，并获得“中国上市公司内部控制杰出领袖奖”和“中国上市公司内部控制百强企业奖”。

（总裁办　供稿）

概况

行政工作概述

党群工作概述

行政工作概述

【概述】 2013年，中国南车主动应对铁路改革和市场变化，深入推进“双效南车”建设，稳步改善经济效益，进一步拓展国际市场，大力发展关键核心技术，稳定企业环境，全面完成年度经营目标。在国资委2012年度经营业绩考核中，被评为A级企业。

继续发展系统集成技术。香港高铁、CRH6型城际动车组和神华新型八轴大功率电力机车先后下线，动车组、大功率机车等高端产品涵盖所有的速度等级。进一步突破关键核心技术，加紧攻关和完善制动系统、牵引变流系统、网络控制、齿轮传动等，逐步实现自主配套、国产替代。开发代表未来方向的产品和技术，如储能式轻轨车，30吨轴重铝合金煤炭漏斗车，世界最大超级电容器单体（7500F）等。

以高速动车组、大功率机车为平台，逐步拥有数字化、集成化、精密化、智能化的先进制造技术，掌握精益生产、虚拟制造、绿色制造为主的先进制造模式，形成关键零部件自主配套的产业链。硬件投入达到世界一流，工艺和管理软实力水平同步提升，基本形成先进制造业的完整体系。

【经营业绩】 落实年度工作思路和“保增长”措施，强化运营管控，经营发展平稳持续。全年集团公司实现营业收入1004.24亿元，利润总额58.11亿元，归属母公司净利润21.61亿元；净资产收益率11.44%。其中股份公司全年实现营业收入978.9亿元，同比增长8.21%；实现归属母公司净利润41.4亿元，同比增长3.26%；净资产收益率11.85%，成本费用占营业收入比率95.11%。全面完成国资委经营业绩考核指标和董事会下达的年度经营目标。

【经济效益】 开展控本经营、降本增效，压缩三项费用、采购成本、存货资金，严控人工成本、质量损失、资产规模。推进业务和财务融合，初步搭建起完整的全面预算管理体系。强化资金集中管理，直接创造经济效益超过1亿元。加强应收账款及现金流管理，加强资金回笼。发挥香港公司投融资和贸易平台作用，海外低成本融资效果初步显现。推进财税资源共享，维护集团利益。争取国家和地方政策支持，获得国资委国有资本投入8.8亿元，中央和地方其他各类产业振兴、科技成果转化、贴息等资金6.5亿元。开展股权投资，实现收益超过1亿元。在合并报表的16家生产制造型一级子公司中，有一半企业盈利低于上年，一半企业盈利低于前三年平均水平，2家一级子公司出现亏损。

【市场拓展】 调整经营策略，加大市场拓展力度，市场营销从“产品营销”向“战略营销”转型。全年集团公司新签订单1377亿元，其中股份公司新签订单1352亿元。新签城轨地铁车辆合同额继续保持行业领先；牵引系统占据国内主导地位；新能源汽车年度产销量首次突破1000辆；弹性元件产品实现对欧洲所有高铁国家的全覆盖；海外业务新签订单22.3亿美元，整机高端产品成出口主流，单笔过亿美元的订单有阿根廷电动车组项目、马来西亚电动车组增购项目、马来西亚安邦线地铁项目、伊拉克内燃动车组项目、埃塞俄比亚电力机车项目等。BT总包业务实现突破，先后签约南京麒麟、河西、宁波鄞州、常州低地板有轨电车总包项目和佛山市轨道交通2号线一期工程BOT特许经营项目。发展融资租赁业务，年内新签租赁合同22亿元，同比增长37.5%。

【生产经营】 面对前三季度市场订单不足，四季度生产经营任务艰巨繁重的局面，集团公司统一部署，上下联动，相互配合，严格落实“三保”要求，保质保量完成订单任务。四季度完成的生产经营任务占到全年的43%。全面开展管理提升年活动，统筹推进集团公司和子公司两个层面的管理提升工作。夯实精益现场基础，深化精益制造模式，试点开展模拟生产线和模拟配送线，持续提升生产现场基础管理水平。加强物资与供应链管理，强化内部配套和集中采购，关键零部件内部配套率基本达到70%以上。开展制度执行情况大检查，促进制度的建设和落地执行。推进信息化建设，不断提高信息化覆盖率。深入推进中央企业法治工作第三个三年目标的落实，不断完善法律工作体系，重要决策、重大项目与合同的法律审核把关率100%。持续推进安全生产达标建设，落实安全生产责任制，安全管理总体达标。积极开展清洁生产审核和节能监测，有效推进节能减排工作。深入开展审计监督和效能监察，加强内部控制和风险管理，促进企业健康发展。

【国际化布局】 加强战略谋划和海外布局，深入推进国际化经营。成立国际公司，设立南非公司、马来西亚公司、巴西公司和俄罗斯办事处、土耳其办事处、印度办事处。启动马来西亚制造中心建设，土耳其制造基地正式奠基，有序推进塞拉利昂和澳大利亚维保基地建设。加快海外战略布局步伐，国际化经营由“游击战”向“阵地战”转变，由输出产品向输出“产品+技术+服务”转变。积极筹备与泰国组建联合高铁研发中心，着手推动高铁产品“走出去”。稳步开展投资并购，收购德国E+M钻井技术公司；拟收购德国采埃孚集团全球橡胶塑料业务，已签署主购买协议。

【技术创新】 成立中央研究院，聚合技术和管理资源。持续优化三大技术平台建设，不断建立健全技术创新体系。合资组建广州南车有轨交通研究院，成立国内首个超级电容研究所；推进海外研发体系布局，与美国新泽西理工大学和德州大学分别设立联合实验室，推进相关基础技术研究。加强新产品研发，满足和引导市场需求。国内首列智能化高速列车、国内首款出口香港高速动车组、国内首台出口南非电力机车、出口土耳其安卡拉新型不锈钢地铁成功下线；有序推进不同速度等级城际动车组的研制、技术平移和高寒动车组研制；时速160公里客运电力机车和HXN5双司机室型大功率内燃机车完成运用考核并获得生产销售许可，4400马力调车机车进入运用考核阶段；完成具有国内领先水平的神华30吨轴重铝合金漏斗车样车研制。拥有自主知识产权的超大载重220吨电动轮自卸车下线，首台2兆瓦低风速风机、首台大功率电机变频岩巷掘进机、TQ-600型永磁同步牵引电机、储能式无轨电车研制成功。参与国内外技术标准制定，先后主持、参与15项IEC、ISO、UIC国际标准的起草编制工作，其中2013年正式颁布2项。年内共申报专利2603件，获得授权专利1806件，分别较上年增长10%、6%。“中国南车三大技术平台建设技术创新工程”项目获得2013年国家科学技术进步奖二等奖，有17个项目获中国铁道学会科学技术奖，其中“CRH380A新一代高速列车研制”等两个项目获得特等奖，有5项专利获第十五届中国专利奖优秀奖。自主研制的世界首台储能式轻轨车获“2013中国设计红星奖”金奖。中国南车获评全国先进生产力典范企业奖，并被授予“全国企业先进生产力创新示范基地”。

【产业调整】 重视战略管理，基本完成“十二五”战略修订。完善投资决策，落实投资责任，强化投资项目的竣工验收和后评价工作，统筹把握投资节奏，有效控制投资风险。

继续推动对外战略合作，落实战略合作项目。深化与铁路局、用户的资本合作，促进从“产品营销”向“战略营销”转型。稳步推进城轨车辆基地建设，动工开建常州、合肥基地。推动内部产业调整，开展大功率电力机车向戚墅堰公司、CRH6 型城际动车组向株机公司的技术平移工作；资阳公司获得新造电力机车独立投标资质；广机公司电力机车修造基地建设基本完成，二年检业务实现批量生产；加快推进洛阳公司电力机车六年检基地建设。结合退城进郊和区域轨道交通发展，研究推进成都公司、四方有限公司、二七公司的产业升级。按计划稳步推进石家庄产业园项目。

【人力资源管理】 坚持专业引领，全力推进战略性人力资源管理体系的构建与实施。持续加强企业领导班子建设，优化班子结构和整体履职能力。完善企业领导班子和领导人员考核评价体系，组织开展第三轮后备人才选拔，形成合理的后备人才梯队结构。强化核心人才选拔管理，选拔表彰第二届核心人才 360 人。创新培训方式，导入和实践行动学习法，提升培训效果。扎实推进各类人才培训工作，有效实施卓越领导力、国际化人才、台塑培训等项目。深化薪酬绩效管理，坚持价值引领分配导向，激发人力资源活力。员工收入稳步提高，同比增长 7%。优化劳动用工总量结构，防范劳动用工风险，提升人力资源效能。夯实人才工作基础，推进人力资源信息化建设。年内，中国南车获得全国职业经理人队伍建设先进单位和第三届中国人力资源管理十大最佳实践奖。在中美国际数控机床技能大赛和中央企业财会人员技能大赛中，中国南车参赛选手取得良好成绩。

【企业文化和品牌建设】 持续深入推进南车企业文化和品牌理念宣贯，以“新绿”服务形象打造工作为载体，扎实开展 BI 建设，落实品牌关键接触点行为规范，进一步提升品牌形象，增强员工践行南车文化的自觉性和积极性。创新文化活动，“道德讲堂”广受好评，司歌征集覆盖全员，扎实推进文化历史资料整理。加强对外宣传和舆情引导，抓住重大新产品问世和市场突破等重大事件，策划实施集中宣传报道，做好各类展会参展工作，促进南车品牌的健康成长。不断完善公司治理，加强投资者关系管理、市值管理和信息披露工作，维护股东利益。中国南车获得第九届中国证券市场年会“金鼎奖”、2013 香港上市公司管治卓越奖；获评 2012—2013 年度“中国企业五星品牌”、中国最具社会责任企业；在世界品牌实验室发布的《中国 500 最具价值品牌》排行榜中，南车品牌价值 295.36 亿元，位列机械行业第一位，品牌影响力被评定为世界性。

（总裁办　供稿）

党群工作概述

【概述】 2013 年，中国南车党委在国资委党委的正确领导下，深入贯彻落实中共十八大精神，积极应对铁路改革和市场变化，大力推进“双效南车”建设，扎实开展党的群众路线教育实践活动，坚持“融入中心抓党建、凝心聚力促发展”的工作思路，全面加强党的建设、企业文化和思想政治工作，为推进各项工作迈上新台阶、全面完成年度经营目标提供了坚强的思想、政治和组织保证。

【重大决策参与】 进一步健全完善党组织参与企业重大问题决策的程序和工作机制，保证民主决策、科学决策的有效落实。修订完善《中国南车股份有限公司“三重一大”制度实施办法》和《中国南车股份有限公司“三重一大”制度实施监督管理办法》。积极贯彻党的路线方针政策和上级决议、指示方面，传达了中共十八届三中全会、中央经济工作会议、全国组织工作会议、中央企业负责人会议、中央企业党委中心组学习座谈会、中央企业负责人研讨班、中央企业领导干部会议、国资委加强和改进国企新闻宣传工作视频会精神。学习了习近平在河北省委民主生活会上的讲话、《国资委党委关于进一步改进工作作风密切联系群众的具体措施》。通报了《中共中央关于薄熙来严重违纪违法案及其教训的通报》。

年内，召开党委常委会议24次，集体讨论研究议题75项。关注党建、思想政治工作、精神文明建设，审议了党委、纪委、工会、团委的年度工作要点、中国南车党的群众路线教育实践活动专题民主生活会情况报告、专题民主生活会情况通报安排、领导班子整改措施、教育实践活动总结报告，听取了中国南车优秀共产党员标兵、先进基层党组织、优秀共产党员优秀党务工作者评选表彰，群众路线教育实践活动工作安排等汇报，研究了群众路线教育实践活动有关工作、教育实践活动领导班子对照检查剖析材料、党委常委联系点制度、“两节”慰问走访和扶贫工作等事宜。针对领导班子和干部队伍建设，审议了集团公司领导班子述职报告、股份公司企业领导班子和领导人员综合考核评价办法，研究了干部任免、中央研究院建设方案等事宜，听取了子公司高管年薪清算结果、“四好”领导班子考评、第三轮后备干部选拔等情况汇报。针对党风廉政建设和责任追究，学习了中央企业反腐倡廉建设工作会议精神，听取了关于曹阳违法犯罪案件处理有关问题的汇报，审议了反腐倡廉建设暨纪检监察工作会议工作报告及讲话。

积极参与重大问题决策，研究了集团公司为上海汉格公司提供担保、集团公司2013年度及2013～2015年任期经营业绩考核目标、股份公司2012年度报告、股份公司2012年度财务决算、股份公司2013年度经营计划、股份公司2013年度财务预算、2014年度全面预算方案、四川雅安地震捐赠、集团公司管理提升活动第二阶段总结及向第三阶段转段报告、安全生产工作、海外并购项目、工作会议方案、工作会议报告、南车发展战略纲要修订等事宜。听取了股份公司2012年度经营计划执行、南车管理提升活动、“保增长”工作、国资委对赵小刚同志经济责任审计意见的整改情况、南车2012年度国资委财务决算批复整改情况、关于修订集团公司章程的议案等工作汇报。通报了子公司2012年经济责任制考核结果、总部事业部2012年考核结果、总部部门年度绩效考核结果及绩效工资兑现方案。

【党的群众路线教育实践活动】 根据中央和国资委党委部署，南车总部及23家子公司参加第一批党的群众路线教育实践活动，并按照“照镜子、正衣冠、洗洗澡、治治病”的总体要求扎实推进。健全保障机制，成立南车教育实践活动领导小组，设立活动办公室和综合组、秘书组、宣传组，并根据上下两级教育实践活动同步开展的要求，成立4个督导组，对所属子公司的教育实践活动进行督促和指导。结合南车实际，制定活动具体实施方案，南车总部和23家子公司迅速召开动员大会，全面启动教育实践活动。

采取中心组学习、专题辅导讲座、党课、自学等形式，广泛开展学习教育，南车党委先后组织中心组集中学习8次、专题辅导讲座4次、党课2次。采取下发通知和征求意见表、设立征求意见箱、信访接待等方式广泛征求意见，找准在“四风”和改革发展中存在的突出问题，同时9名党委常委带队深入各子公司，组织召开27个专题座谈会，与基层员工面对面了解情况、倾听诉求，共征集14方面373条意见建议。

对照“四风”进行检查，查摆突出问题，南车领导班子积极开展谈心交心活动，9 名党委常委相互主动约访谈心 120 余人次；班子成员亲自动手撰写个人剖析材料，并相互征求意见建议，对照检查材料经过三上三下，累计修改 32 份次。召开专题民主生活会，以整风精神认真开展批评和自我批评，相互间共提出批评意见建议 110 余条，并以视频会议形式通报专题民主生活会情况，同时部署活动第三环节的各项工作，23 家子公司也陆续完成各自专题民主生活会的召开和情况通报。

抓好整改落实，促进作风转变。针对查找出的问题，研究制定整改措施，领导班子整改方案确定 8 个整改方向、19 个整改目标、61 个整改项点，班子成员个人整改方案合计提出 348 个整改项点，并明确整改责任和期限，年内班子整改项点完成 47 项，完成率 77.04%；领导班子个人整改项点合计完成 304 项，完成率 87.36%。组织整改落实工作专项监督检查，尤其是围绕八项规定的落实，共开展专项监督检查 52 次，查出问题 52 项，督促完成整改 52 项。

总部及各子公司按照“标本兼治，注重长效”原则，扎实推进建章立制工作，以制度机制固化活动成果，确保活动取得实效。年内，在全面梳理现有规章制度的基础上，提出一系列制度的补充、修订和完善计划，包括完善党委中心组学习制度、领导干部职务消费管理办法、因公出国（境）管理规定，补充会议管理制度、公务接待管理办法，优化领导干部选拔和考核标准等，至年底，全集团补充、修订和完善相关制度 214 项。集团层面建立了党委常委联系点制度、出差审批和差旅服务外包制度，子公司层面修订了公务接待、会议管理、领导干部职务消费等管理办法。

【领导班子建设】 推进中国南车“领导力模型”应用，创新企业领导班子和领导人员考评机制，持续优化领导班子结构。完成 10 家子公司领导班子和 88 名成员的任期届满综合考评，31 名副职通过竞选重新上岗，提拔 15 人进入子公司领导班子，20 人进行内部、企业间和总部交流。根据中央研究院、国际公司设立和财务公司、投资公司、租赁公司、国际公司成立党委需要，完成 15 名相关领导人员配备。推进“四好”班子创建，不断增强领导班子合力和整体功能。加强中高层管理岗位人才发展继任计划管理，启动第三轮后备人才选拔，形成六类岗位后备人才资源池，构建合理的后备人才梯队结构。

【人才队伍建设】 完善核心人才选拔管理，组织开展第二届南车核心人才选拔工作，评选表彰核心人才 360 名，完成首届核心人才中期评估。加强专业职务评审和人才荣誉体系建设，组织工程、政工、会计、经济四个系列的职评，62 人取得教授级高级工程师、387 人取得高级专业任职资格。年内，中国南车拥有教授级高工近 400 人，“百千万人才工程”国家级人选 6 人，国家级中青年专家 1 人，享受国务院政府特殊津贴 57 人。深化培训开发体系建设，导入和实践行动学习法，依托诺丁汉大学、丹尼克斯公司、台塑集团、南车大学等资源，实施重点培训项目 24 期，培训 1067 人次。加大高技能人才和复合型技能人才培养力度，年内 238 人取得高级技师、701 人取得技师任职资格，新培养掌握第二技能的复合型人才 800 余名,高技能人才占技术工种技能员工的比例达 54%。组队参加中美国际数控机床技能大赛，获团体总分第二名并获金奖。

提升人力资源管控能力，以四新四化战略为导向，推进战略性人力资源管理体系构建与实施。加强总量控制，防范用工风险，按照“保增长”目标要求，进一步压缩用工总量的存量和增量指标，着力提高劳动效率。加强薪酬及工资总额管理工作，充分发挥薪酬分配的激励和约束作用。跟踪推进股权激励计划，激励核心员工与企业共同发展。

推进深化总部员工管理机制，在优化总部职能的基础上，实施新一轮全员聘用。按照“分级管理、区别对待、公开民主、科学配置、择优上岗”原则，完成48名部门负责人选聘，组织实施17个部门38个二级机构负责人岗位竞聘，完成15个部门35名一般员工的岗位双向选择。

【党建工作】 严格执行中央八项规定，制定《中国南车党委关于进一步改进工作作风密切联系群众的具体措施》，成立贯彻落实情况监督检查领导小组，建立有效的监督检查机制。各子公司认真抓好职责范围内八项规定的组织实施和贯彻执行，确保责任落实到人。中国南车领导班子成员从自身做起，带头改进工作作风、深入基层调查研究、密切联系群众、解决实际问题，形成表率和示范效应。总部各部门带头执行“保增长”措施，先后两次调整全年预算。各子公司采取有力措施，加强监督检查，以贯彻落实中央八项规定带动企业增收节支、降本增效，提升管理效能，提高经济效益。年内，中国南车会议数量同比降低 25.21%，会议费同比降低32.92%；业务招待费同比降低18.34%；出国（境）考察费同比降低15.11%，集团公司和子公司两级领导班子调研次数同比增加36.78%。

以“夯实党建工作基础、完善党建工作机制，创新党建活动载体、开展学标对标活动”为切入点，深入开展党建管理提升活动，修订完善一级子公司党委换届选举工作程序、两委委员增补、创先争优表彰等工作机制。进一步优化党组织设置，新组建广机公司、BST公司、广东南车、财务公司、投资公司、租赁公司党委。各级党组织围绕企业生产经营、精益生产、管理提升、降本增效及“保增长”等中心工作，广泛开展党员责任区、党员先锋岗、党员品牌工程、党员攻关键、党员主题实践等活动。

持续提升党员队伍素质，不断创新“两优一先”评选表彰工作，选树10名中国南车优秀共产党员标兵，开展先进事迹宣传学习活动，进一步发挥优秀共产党员的示范带头作用。加强党员思想教育和业务培训，积极开展党员承诺践诺活动。严把党员发展质量，党员队伍结构显著改善。全年发展党员 844名，其中生产经营一线党员704名，占发展总数的83.4%；工人党员363名，占发展总数的43%；35岁以下青年党员540名，占发展总数的64%。走访慰问困难党员和老党员264名，下拨慰问款22.36万元。

【党风廉政建设】 加强党风廉政建设，运用多种形式加强反腐倡廉宣传教育和廉洁文化教育，通过组织收看警示教育录像、邀请纪检监察机关工作人员宣讲法制教育课、组织领导人员和关键岗位人员到监狱接受现身教育等形式开展警示教育。对子公司海外代理业务有关领导和工作人员进行警示谈话廉洁从业教育。对惩防体系2008～2012五年规划落实情况进行全面评估验收，基本完成确定的9个方面32项内容156项目标任务。认真落实党风廉政责任制，积极探索制度规范与科技手段相结合的有效方法。围绕物资配件采购、投资管理、制度建设和执行力等重点工作开展效能监察，切实履行好纪检监察查办信访案件的职能。

【思想教育与文化建设】 继续深化思想政治工作和精神文明创建活动，切实加强舆论引导工作，结合改革发展实际，认真学习领会党的十八大、十八届三中全会和习近平总书记的一系列重要讲话精神，增强推动中国南车发展转型升级的主动性和坚定性。广泛开展文化创新活动，组织开展“南车之歌”征集、“深入挖掘和弘扬高铁工人精神”等系列活动，启动南车历史文化征集梳理工作。“道德讲堂”活动受到国资委好评，1 家子公司获评中央企业首批企业文化示范单位。

持续推进南车文化和品牌战略，在继续完善“舆论阵地平台、互动活动平台、信息引导平台、危机管控平台”四大平台基础上，积极宣传南车核心价值观，全力做好思想教育工作。广泛开展南车企业宗旨、发展愿景、核心价值观、企业精神和工作作风、经营理念、品牌理念的宣传教育活动。持续强化品牌管理，扎实推进 BI 建设。展会管理形成规范，精彩亮相南非展、澳大利亚展、北京展。加大品牌传播与宣传力度，配合市场开拓和热点新闻事件做好宣传策划，加大重点新产品和重要典型人物的宣传，策划实施集中报道，持续保持南车的媒体曝光度。组织开展“新绿”服务形象打造活动，推广先进企业售后服务管理经验。创新宣传方式，新媒体应对能力有效提升。加强舆情引导，及时化解负面舆情。拓宽网络媒体渠道建设，通过“火车送我回家了”、“车迷有约走进南车”等活动取得良好的社会效果。

【群团工作】 全面推进工会“精品工程”，积极推进厂务公开民主管理，有效深化班务公开，签订南车首轮《工资专项协议》。开展以“三保”劳动竞赛为主要载体的建功立业活动，及时总结推广经验，持续推进活动开展。全面推进员工素质工程，选树 26 个中国南车首批劳模创新工作室，开展中国南车首届“劳动奖章”、“劳动奖状”评选表彰活动。继续深化“三关心三保证”活动，全年筹集送温暖资金 1984.42 万元，慰问困难员工家庭 5931 户，慰问其他人员 13350 人次；开展“金秋助学”和“夏送清凉”活动，资助困难员工子女 1271 名，总费用达 147.61 万元。中国南车获“全国五一劳动奖状”称号、5 人获“全国五一劳动奖章”称号。

持续创新共青团工作，加强党建带团建，各级团组织广泛开展以完成全年生产任务、推进管理提升活动为重点的青年创新创效活动。深入开展“我的中国梦”宣传教育，以丰富多彩的活动丰富青年员工业余文化生活，持续引领青年立足本职提升素质。

加强统战和维稳信访工作，抓好统战宣传教育和统战队伍建设，支持企协、科协、体协等群众组织创造性地开展工作。落实维稳信访工作机制和责任制，妥善处置各类矛盾和问题，确保企业生产经营和谐稳定。

（党办 供稿）

中国南车集团公司行政组织机构图

（2013.12.31）

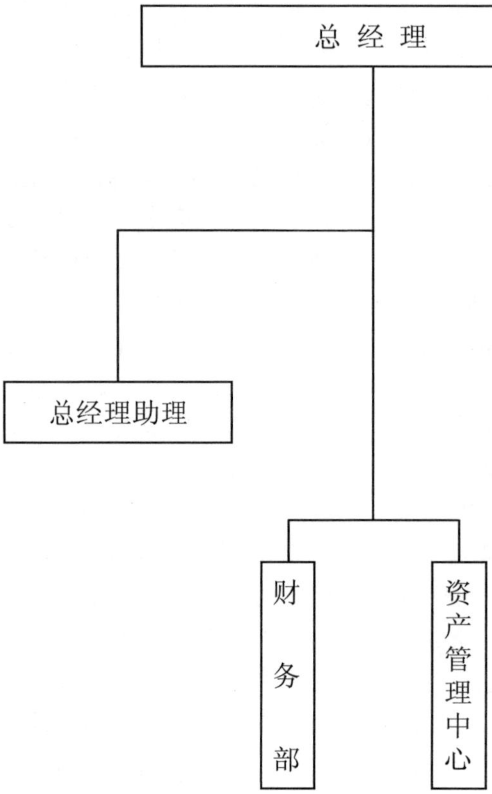

中国南车集团公司党群组织机构图

（2013.12.31）

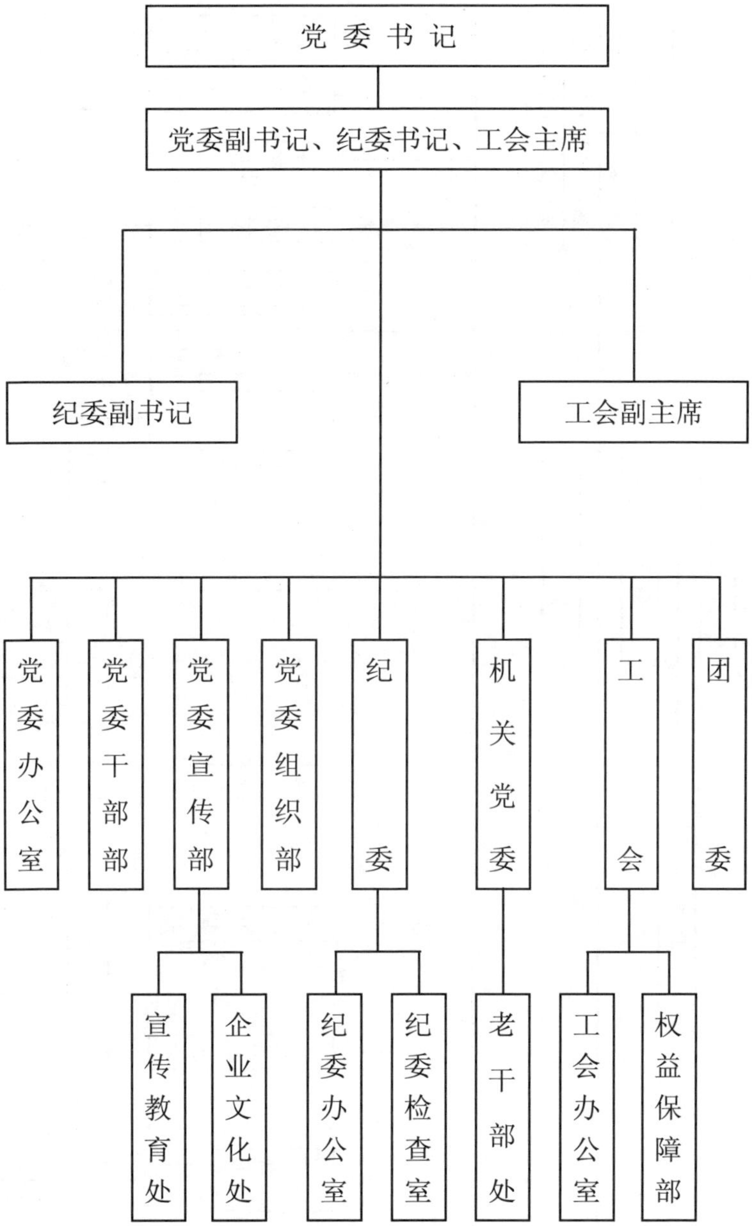

中国南车股份有限公司组织机构图
（2013.12.31）

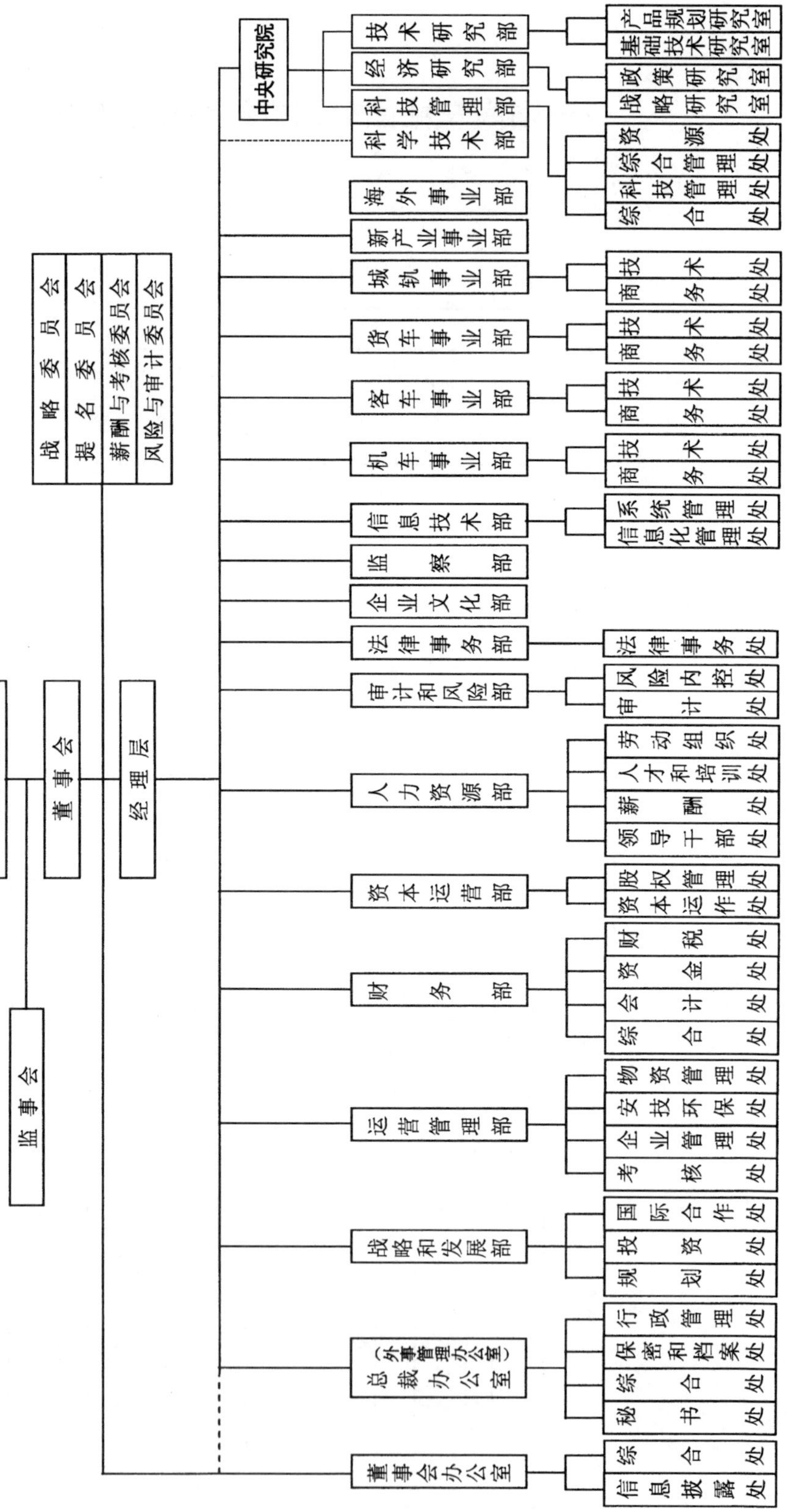

中国南车股份有限公司党群组织机构图

（2013.12.31）

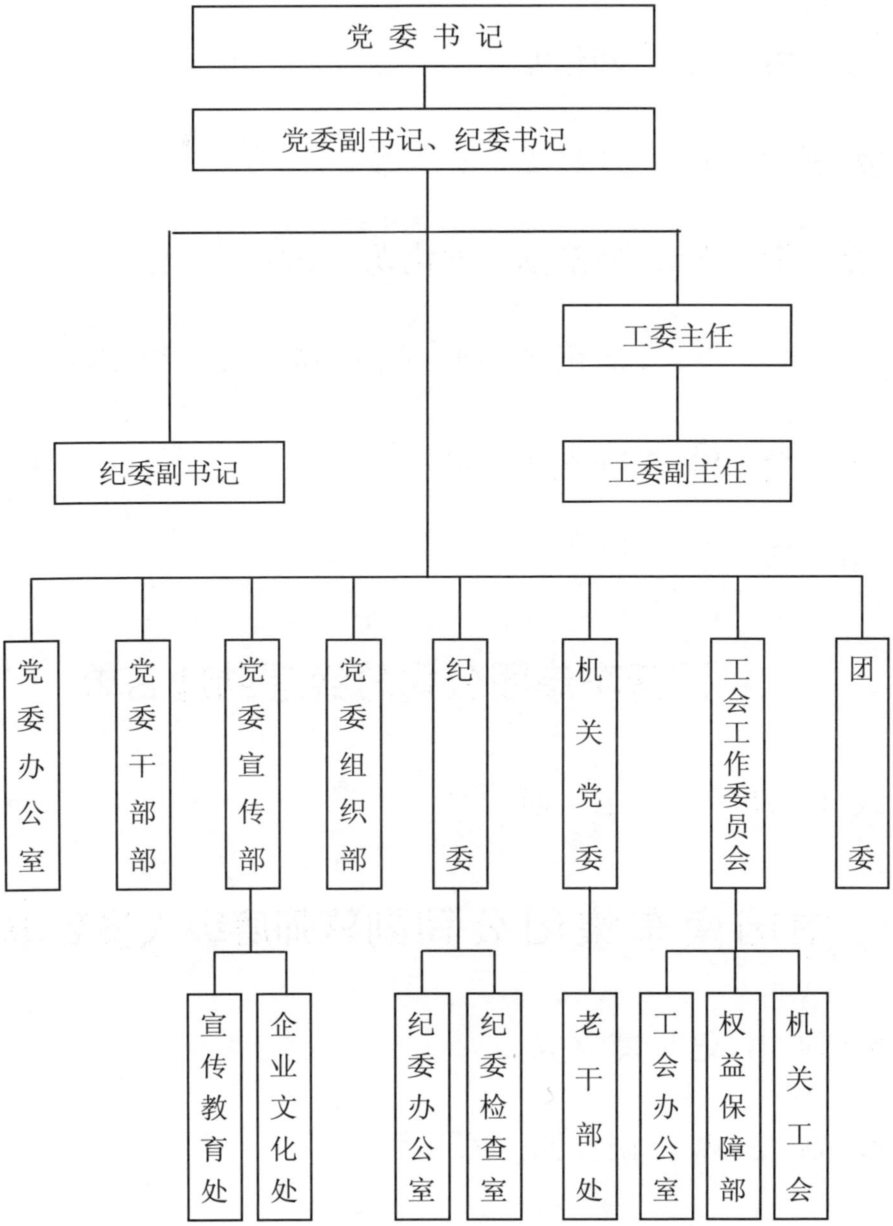

中国南车集团公司领导班子人员名单

总　经　理　郑昌泓

党委书记　刘化龙

党委副书记　郑昌泓　陈大洋

党委常委　郑昌泓　刘化龙　陈大洋　张　军　傅建国
詹艳景　王　军　楼齐良　徐宗祥

纪委书记　陈大洋（兼）

工会主席　陈大洋（兼）

中国南车集团公司总经理助理名单

总经理助理　王　研

中国南车集团公司副总师层级人员名单

纪委副书记　邱立成

工会副主席　饶　庶　邱　伟

机关党委书记　王家骐

中国南车集团公司
总部部门负责人名单
（2013.12）

财务部

部长　陈　雄

资产管理中心

主任　王　研（兼）
副主任　赵　蔚（兼）
　　　　李国勇

党委办公室

主任　何树高（兼）
副主任　牛卫东
　　　　刘国岩（9月任）
秘书处处长　杨英武（9月任）
　　　　刘国岩（9月免）
综合处处长　牛卫东（兼）
综合处副处长　刘　磊（9月任）
行政管理处处长　王富启
保密和档案处处长　周秀梅（9月任）

党委干部部

部长　薛　松（兼）
副部长　吴新林（9月任）
领导干部处处长　郝晓龙
人才和培训处处长　吴新林（兼）
人才和培训处副处长　江建春（9月任）
薪酬处处长　曲　涛（9月任）
薪酬处副处长　袁建玲（9月任）
劳动组织处处长　黄登启（9月任）

党委组织部

部长　王家骐（兼）
副部长　郑　胜
组织员　熊纯浩

党委宣传部

部长　曹钢材（兼）
副部长　王义明
　　　　刘明军（武汉市挂职，12月免）
部长助理　刘　辉（国资委挂职，12月任）
宣传教育处处长　王义明（兼）
宣传教育处副处长　徐厚广（9月任）
企业文化处处长　李　敏

纪　委

办公室主任　赵跃洲（兼，5月免）
　　　　何明新（兼，5月任）
检查室主任　盛同浩（兼）
纪检监察员　魏海臣

工　会

权益保障部部长　沙金红
工会办公室主任　王伯友
女职工委员会副主任　冯　丹

团　委

书记　何明新
副书记　王　刚

机关党委

书记　王家骐
老干部处处长　王家骐（兼）

机关工会

主席　沙金红
副主席　姜　静

中国南车股份有限公司
第二届董事会、监事会、经理层人员名单

董事会

董事长	郑昌泓
执行董事	郑昌泓　刘化龙　陈大洋
独立非执行董事	赵吉斌　杨育中　陈永宽　戴德明　蔡大维
董事会秘书	邵仁强

监事会

监事会主席	王　研
监事	王　研　孙　克　邱　伟

经理层

总裁	刘化龙
副总裁	张　军　傅建国　詹艳景　王　军　楼齐良　徐宗祥
财务总监	詹艳景
总工程师	张新宁
总经济师	邵仁强

中国南车股份有限公司
党委、纪委领导人员名单

党委书记	郑昌泓
党委副书记	刘化龙　陈大洋
党委常委	郑昌泓　刘化龙　陈大洋　张　军　傅建国　詹艳景　王　军　楼齐良　徐宗祥
纪委书记	陈大洋（兼）

中国南车股份有限公司
总裁助理等人员名单

总法律顾问　吴建兴
总裁助理　郭炳强　江　靖　谷大存　王　宪　孙　克　张　作　罗燕鸣　王　奇　李志轩（8月退）　肖孝州（10月退）
安全生产总监　苗永纯
工委主任　饶　庶

中国南车股份有限公司
副总师层级人员名单

副总工程师　王松文　孙学军　朱龙驹　黄十周　陈　笃　杨志华　徐洪春　林　田
副总经济师　何树高　阴明月光　薛　松　曹钢材
副总会计师　徐伟锋
安全生产副总监　林　田（9月任）
纪委副书记　邱立成
机关党委书记　王家骐
工委副主任　邱　伟

中国南车股份有限公司
授权代表等人员名单

授权代表　刘化龙（兼）　王佳欣
联席公司秘书　邵仁强（兼）　王佳欣
新闻发言人　邵仁强（兼）
证券事务代表　丁有军

中国南车股份有限公司
总部部门负责人名单

董事会办公室

副　　主　　任　丁有军
综 合 处 处 长　梁　军
信息披露处处长　刘宏伟（9 月任）

总裁办公室（党委办公室、外事管理办公室）

主　　　　　任　何树高（兼）
副　　主　　任　牛卫东
　　　　　　　　刘国岩（9 月任）
秘 书 处 处 长　杨英武（9 月任）
　　　　　　　　刘国岩（9 月免）
综 合 处 处 长　牛卫东（兼）
综合处副处长　刘　磊（9 月任）
行政管理处处长　王富启
保密和档案处处长　周秀梅（9 月任）

战略和发展部

部　　　　　长　孙学军（兼，4 月免）
　　　　　　　　赵明德（4 月任）
副　　部　　长　谭兴进
　　　　　　　　贾　薇（9 月任）
规 划 处 处 长　周志勇
规划处副处长　王永志
投 资 处 处 长　钟和军（9 月任）
　　　　　　　　贾　薇（9 月免）
国际合作处处长　刘文华
国际合作处副处长　马　颖（4 月免）

运营管理部

部　　　　　长　阴明月光（兼）
考 核 处 处 长　常　红
企业管理处处长　闫卫华
安技环保处处长　向　欣
物资管理处处长　阎利捷（9 月任）

财 务 部

部　　　　　长　刘　江
副　　部　　长　陈　雄（兼）
　　　　　　　　赵世军（5 月免）
综 合 处 处 长　朱晓东（9 月任）
资 金 处 处 长　朱曙珍（9 月任）
财税处副处长　胡朝丽（9 月任）
会 计 处 处 长　刘　江（兼，9 月任）
　　　　　　　　朱曙珍（9 月免）
会计处副处长　朱晓东（9 月免）

资本运营部

部　　　　　长　周爱武
股权管理处处长　白亦兵（9 月任）

人力资源部（党委干部部）

部　　　　　长　薛　松（兼）
副　　部　　长　吴新林（9 月任）
领导干部处处长　郝晓龙
人才和培训处处长　吴新林（兼）
人才和培训处副处长　江建春（9 月任）
薪 酬 处 处 长　曲　涛（9 月任）
薪酬处副处长　袁建玲（9 月任）
劳动组织处处长　黄登启（9 月任）

审计和风险部

部　　　　　长　孙　克（兼，5 月免）
　　　　　　　　陈　勇（9 月任）
副　　部　　长　陈　勇（4 月任，9 月免）
　　　　　　　　陈震晗（9 月任）

审计处处长　陈　勇（兼，9月任）
内控风险处处长　陈震晗（兼）

监察部

部长　邱立成（兼，5月免）
　　胡朝晖（5月任）
副部长　赵跃洲　盛同浩
纪检监察员　魏海臣

法律事务部

部长　张慈宏
法律事务处处长　唐龙刚（9月任）

信息技术部

部长　符　刚
副部长　李万程
信息化管理处处长　李万程（兼）
信息化管理处副处长　文志永（9月任）
系统管理处处长　杜林明

机车事业部

总经理　杨志华（兼，4月免）
　　李国强（4月任）
副总经理　何翠微
商务处处长　杨燕安
技术处处长　李国强（兼，9月免）
　　何翠微（兼，9月任）

客车事业部

总经理　王松文（兼）
副总经理　周广华
　　徐循元（9月任）
商务处处长　周广华（兼）
技术处处长　徐循元（兼）

货车事业部

总经理　黄十周（兼）
商务处副处长　余远瑛（9月任）
技术处副处长　盛震风（9月任）

城轨事业部

总经理　徐洪春
副总经理　王　飚
商务处处长　唐飞龙（9月任）
技术处处长　徐洪春（兼）

新产业事业部

总经理　林　田（兼，9月免）
副总经理　陈明军（12月任）
　　张　涛

海外事业部

总经理　沈家骏
副总经理　时圣林　武　岩

中央研究院

院长　王　军（兼，4月任）
常务副院长　张新宁（兼，4月任）
副院长　孙学军（4月任）
　　陈　笃（4月任）
　　杨志华（4月任）

——科技管理部（科学技术部）

部长　陈　笃（兼）
副部长　王全乐
综合处处长　张　涛（10月任）
科技管理处处长　谭绍军（9月任）
　　王全乐（兼，9月免）
综合技术处副处长　汤旭祥
资源管理处副处长　朱建春（9月任）

——经济研究部

部长　孙学军（兼，4月任）
战略研究室主任　田　钢（10月任）

——技术研究部

部　　　　　长　杨志华（兼，4 月任）

基础技术研究室副主任　刘天赋（9 月任）

党委组织部

部　　　　　长　王家骐（兼）

副　部　长　郑　胜

组　织　员　熊纯浩

党委宣传部（企业文化部）

部　　　　　长　曹钢材（兼）

副　部　长　王义明

宣传教育处处长　王义明（兼）

宣传教育处副处长　徐厚广（9 月任）

企业文化处处长　李　敏

纪　委

办公室主任　赵跃州（兼，4 月免）

何明新（兼，4 月任）

检查室主任　盛同浩（兼）

纪检监察员　魏海臣

工会工作委员会

权益保障部部长　沙金红

工委办公室主任　王伯友

女职工委员会副主任　冯　丹

团　委

书　　　　　记　何明新

副　书　记　王　刚

机关党委

书　　　　　记　王家骐

老干部处处长　王家骐（兼）

机关工会

主　　　　　席　沙金红

副　主　席　姜　静

法人治理

董事会工作

监事会工作

董事会工作

【概述】 南车股份董事会由8名董事组成：董事长兼执行董事郑昌泓，执行董事兼总裁刘化龙，执行董事陈大洋，独立非执行董事赵吉斌、杨育中、陈永宽、戴德明、蔡大维。董事会下设战略委员会、审计与风险管理委员会、薪酬与考核委员会、提名委员会等4个专门委员会。

年内，董事会继续健全完善制度，充分发挥战略导向、重大决策作用，围绕控战略、控投资、控财务、控风险、控人才，通过具体实施步骤，细化战略投资管控，启动财务管控新流程，建立风险管理体系，了解公司人才规划，使董事尤其是独立董事充分参与到公司治理当中。

开展外部公关，树立良好形象。在“发现中国创造力高层战略研讨会暨2012中国创造力年度盛典”上获得“中国创造力技术”大奖，在第八届“中国•企业社会责任国际论坛”被评为2012最具责任感企业，获《董事会》杂志评选的“金圆桌奖”董事会建设特别贡献奖，在第五届中国企业创新活动日暨2013中国企业创新论坛上评为“2013年中国最具创新力企业”，在“金蜜蜂企业社会责任•中国榜”中获得“2012金蜜蜂企业社会责任领袖型企业大奖”，获得2012年LACP（League of American Communications Professionals）“远见奖”年度年报银奖，获得第二十七届ARC年报制造业传统年报金奖、装备制造业财务数据银奖、装备制造业图片类铜奖、制造业封面设计荣誉奖四项大奖，在第九届中国证券市场年会上获得“金鼎奖”，在第六届中国人力资源管理年会上获得2013年“中国人力资源管理十大最佳实践奖”，列2013年度“港股100强”-“综合实力100强”87名，获得香港公司管治卓越奖。

【董事会会议】 年内，董事会共召开6次会议，即第二届第25～30次会议。

第二届第二十五次会议于2月1日在北京召开，审议通过关于发行人民币50亿元公司债券的议案。

第二届第二十六次会议于3月28日在北京召开，审议通过关于公司2012年度董事会工作报告、2012年度总裁工作报告、2012年年度报告、2012年度财务决算、2012年度利润分配预案等21项议案，听取公司2012年度独立董事述职报告及2013年度股东大会、董事会、监事会工作计划。

第二届第二十七次会议于4月26日在北京召开，审议通过关于公司2013年第一季度报告、修改募集资金使用管理办法、使用募集资金暂时补充流动资金、组织机构调整等议案。

第二届第二十八次会议于8月27日在北京召开，审议通过关于《公司2013年半年度报告》的议案、关于《公司2013年上半年A股募集资金存放与实际使用情况的专项报告》的议案、关于修改《信息披露管理办法》的议案、关于修改《董事会提名委员会工作细则》的议案。

第二届第二十九次会议于10月25日在北京召开，审议通过关于《公司2013年第三季度报告》的议案、关于公司与中国南车集团公司签署关联交易协议的议案、关于2013年度会计师事务所酬金及聘用条款的议案、关于时代新材香槟项目立项的议案。

第二届第三十次会议于12月11日在北京召开，审议通过关于公司下属企业时代新材德国并购项目的议案。

【董事会战略委员会】 董事会战略委员会主要职责是对公司长期发展战略和重大投资决策进行研究并提出建议，并在董事会授权下监督、检查年度经营计划、投资方案的执行情况。董事会战略委员会由4位委员组成：主席郑昌泓，副主席杨育中，委员刘化龙、赵吉斌。年内共召开7次会议，即第二届第14～20次会议。2月1日召开第十四次会议，审议通过关于发行人民币 50 亿元公司债券的议案。3月28日召开第十五次会议，通过关于公司2012年度财务决算、2012年度利润分配预案、2012年A股募集资金存放与实际使用情况的专项报告、2012年度社会责任报告、2013年度经营计划等8项议案，听取关于公司 2012 年度经营计划执行情况的汇报。4月26日召开第十六次会议，审议通过关于修改募集资金使用管理办法、使用募集资金暂时补充流动资金、公司组织机构调整等议案。8月23日召开第十七次会议，听取关于南车时代新材德国收购项目的情况汇报、关于公司“十二五”发展战略修订工作进展的汇报。8月27日召开第十八次会议，审议通过关于公司2013年上半年A股募集资金存放与实际使用情况的专项报告、关于调整2013年固定资产投资计划的议案，听取公司2013年上半年总裁工作报告、公司2013年度经营计划（含投资计划）上半年执行情况汇报、公司2013年上半年预算完成情况的汇报及关于为公司董事、监事及高级管理人员续保责任保险的汇报。10月25日召开第十九次会议，审议通过关于时代新材香槟项目立项、公司2014年度经营计划编制方案、2014年度财务预算编制方案等议案，听取关于公司近期开展的部分投资项目情况的汇报。12月11日召开第二十次会议，审议通过关于公司下属企业时代新材德国并购项目的议案。

【董事会审计与风险管理委员会】 董事会审计与风险管理委员会主要职能是协助董事会独立地审查公司财务状况、内部监控及风险管理制度的执行情况及效果，出具审计报告和内部管理建议书，以及与内部审计师和外部审计师的独立沟通、监督和核查工作。董事会审计与风险管理委员会由3位委员组成：主席戴德明，委员杨育中、蔡大维。年内共召开9次会议，即第二届第21～29次会议。2月1日召开第二十一次会议，审议通过关于公司2013年度内部审计、内部控制和风险管理工作计划的议案，听取公司 2012年主要经营指标、关于公司管理层报表的汇报。3月12日召开第二十二次会议，听取关于公司2012年度财务会计报表、经济增加值（EVA）情况、安永会计师汇报年报审计情况的汇报。3月27日召开第二十三次会议，审议通过关于公司2012年年度报告、公司及子公司2013年度担保安排、2013年度授信额度、2013年度A股关联交易有关事项、2012年度H股非豁免持续性关联交易等9项议案，听取关于对安永会计师事务所2012年年报审计质量的评价情况的报告。4月19日召开第二十四次会议，听取关于公司2013年第一季度财务会计报表的汇报。4月26日召开第二十五次会议，审议通过关于公司2013年第一季度报告的议案，听取关于投资租赁业务情况的汇报。8月16日召开第二十六次会议，听取关于公司2013年半年度财务会计报表的汇报。8月27日召开第二十七次会议，审议通过关于公司2013年半年度报告的议案，听取关于公司2013年上半年募集资金使用情况审计的报告、关于公司2013年关联交易半年情况的汇报、关于公司及子公司2013年对外担保半年情况的汇报。10月21日召开第二十八次会议，听取关于公司2013年第三季度财务会计报表的汇报。10月25日召开第二十九次会议，审议通过关于公司2013年第三季度报告、2013年度会计师事务所酬金及聘用条款、公司与中国南车集团公司签署关联交易协议等议案。

【董事会薪酬与考核委员会】 董事会薪酬与考核委员会主要负责制定公司董事及高级管理人员的考核标准并进行考核，负责制定、审查公司董事及高级管理人员的薪酬政策与方案。委员会由3位委员组成：主席陈永宽，委员戴德明、蔡大维。3月28日召开第二届第三次会议，审议通过关于公司高级管理人员2012年度薪酬及福利缴费的议案、关于公司董事、监事2012年度薪酬及福利缴费的议案，听取2012年度一级子公司高管年薪兑现情况的汇报、关于公司股票期权计划第一批行权情况的汇报。

【董事会提名委员会】 董事会提名委员会主要负责对公司非由职工代表担任的董事、高级管理人员的人选、选择标准和程序进行选择并提出建议。委员会由5位委员组成：主席赵吉斌，委员郑昌泓、刘化龙、杨育中、陈永宽。年内共召开2次会议。3月27日召开第二届第六次会议，审议通过关于推荐丁有军先生担任公司证券事务代表的议案，听取关于近期干部调整情况的汇报。8月27日召开第二届第七次会议，审议通过关于修改《董事会提名委员会工作细则》的议案。

【信息披露】 2013年，按照上交所和联交所的要求及时披露信息。全年在上交所发布临时公告48个，定期报告6个；在香港联交所发布临时公告86个，定期报告4个。

【投资者关系管理】 2013年，公司通过业绩发布会、反向路演、2012年度股东大会与投资者和潜在投资者进行沟通。先后开展业绩发布会、路演、反向路演，参加国内外大型机构投资者论坛和策略会8场。年内共有中外200家（次）机构提出调研意向，接待60多批次投资者总部拜访，召开12次电话会议，安排15批投资者到子公司参观考察，与投资者、分析师、基金经理交流约1000人次。

【独立董事调研】 组织独立董事参观调研南车香港公司，与子公司高管交流沟通，听取香港公司关于公司现阶段和未来业务发展的汇报、香港公司和各子公司在国际采购方面的合作情况，并及时回应独立董事提出的意见和建议。年内召开独立董事定期报告沟通会议3次，报送日常信息12次。

【股东大会决议执行情况】 5月30日召开2012年度股东大会，通过关于续聘2013年度财务报告审计和内部控制审计会计师事务所并决定其酬金确定方式的议案，并授权公司董事会决定其报酬等有关事宜；通过关于发行人民币债券类融资工具的议案，授权公司董事会根据有关法律法规及监管机构的意见和建议、按公司经营需要以及届时的市场条件确定债券的种类、具体品种、具体条款、条件和其他事宜，并同意董事会将上述授权进一步授予公司董事长及总裁具体负责实施；通过关于公司2012年度利润分配预案的议案，并授权董事小组具体实施该利润分配事宜。

（董事会办公室 供稿）

监事会工作

【概述】 监事会由3名成员组成：主席王研、监事孙克、职工监事邱伟。年内，监事会按照《公司法》及其他法律法规和《公司章程》及《监事会议事规则》的有关规定，从维护全体股东的利益出发，对公司财务、股东大会决议执行情况、董事会重大决策程序及公司经营管理活动的合法合规性、董事及高级管理人员履行职务情况等进行监督和检查，并按规定对公司依法独立经营情况、财务情况、最近一次募集资金实际投入情况、收购出售资产情况、关联交易情况、内部控制评价等事项发表独立意见。

【监事会会议】 全年召开4次监事会会议，即第二届第11～14次会议。

第二届第十一次会议于3月27日在北京召开，审议通过关于公司2012年度监事会工作报告、2012年年度报告、2012年度财务决算、2012年度利润分配预案、2013年度A股关联交易有关事项等11项议案。

第二届第十二次会议于4月26日在北京召开，审议通过关于公司2013年第一季度报告的议案、关于使用募集资金暂时补充流动资金的议案。

第二届第十三次会议于8月26日在北京召开，审议通过关于公司2013年半年度报告、2013年上半年A股募集资金存放与实际使用情况专项报告的议案，听取关于公司2013年上半年募集资金使用情况审计的报告、关于公司2013年上半年A股关联交易情况的汇报、关于公司及子公司2013年上半年对外担保情况的汇报。

第二届第十四次会议于10月24日在北京召开，审议通过关于公司2013年第三季度报告、与中国南车集团公司签署关联交易协议等议案。

【监事会对公司有关事项发表的意见】 公司依法运作情况的独立意见。通过对公司董事及公司高级管理人员依法履行职务情况、公司内部管理制度的建立健全及贯彻执行等情况的监督和检查，监事会认为：公司董事会、公司高级管理人员能严格按照《公司法》和《公司章程》及其他法律法规和制度的要求，依法运作。本着诚信和勤勉态度履行自己的职责，认真执行股东大会和董事会的各项决议和授权。未发现有损害公司利益和股东权益、违反法律法规、《公司章程》及各项规章制度的行为。

检查公司财务情况的独立意见。监事会对公司财务制度和财务状况进行了监督检查，并认真审议了公司《2012年年度报告》《2012年度利润分配预案》《2013年第一季度报告》《2013年半年度报告》《2013年第三季度报告》，出具了书面审核意见。监事会认为：公司财务体系完善，财务制度健全。公司的财务报告真实、公允、完整地反映了公司的财务状况和经营成果。年度财务报告经安永华明会计师事务所和安永会计师事务所审计，均出具了标准无保留意见的审计报告。

公司最近一次募集资金实际投入情况的独立意见。公司按非公开发行再融资方案中的承诺使用募集资金。监事会认为：募集资金的使用符合国家有关法律、法规和《公司章程》的规定，不存在损害公司和股东利益的行为。公司监事会将继续监督检查项目的进展情况。

公司收购、出售资产情况的独立意见。未发现公司收购、出售资产中有内幕交易、损害股东权益或造成公司资产流失的情况。

公司关联交易情况的独立意见。监事会对公司关联交易的审议、表决、披露和履行情况进行了监督，认为：公司2013年度关联交易的审议、表决、披露和履行符合相关法律法规和《公司章程》的相关规定，关联交易的实施是在公平、公正的原则下进行的，未发现有损害公司和股东利益的行为。

公司内部控制评价的独立意见。监事会在审阅了《公司董事会关于公司2013年度内部控制的自我评价报告》后，对董事会自我评价报告无异议。

（董事会办公室　供稿）

经营与销售

企业管理

销售工作

规划与投资

财务管理

资本运营

审计与风险管理

信息化建设

企业管理

【概述】 2013年，贯彻落实中国南车“十二五”发展战略和年度工作会议精神，遵循“持续、稳健、优质、一流”的经营原则，按照“提高运营质量，优化经营指标，夯实发展后劲，突出风险管控”的指导思想，以经营目标管理为导向，以深化精益管理为主线，以责任制考核为推动，以管理提升活动为抓手，开展好运营管理各项工作。

加强经营目标管理，组织开展“保增长”工作，提出工作目标，围绕开拓市场增加营收、压缩成本费用类指标增加收益、盘活存量用好增量、加快资产周转等，组织制定涵盖总部和子公司两个层面的工作措施。发挥责任制考核导向作用，强化目标管理体系，补充制定一系列考核措施，加大考核力度。组织制定业绩考核办法，与国资委业绩考核办法实现接轨和融合。总结年度及任期经营业绩，落实国资委考核目标。中国南车2012年度经营业绩考核结果为A级，在中央企业中排名27位，较上年排名提升5位。集团公司在2010-2012年任期经营业绩考核中结果为A级，在央企排名第24位。在2010-2012年任期业绩考核中获得业绩优秀企业奖和科技创新企业奖两项特别奖。

持续推进管理提升，夯实基础管理，构建和深化“精益制造”模式，试点开展模拟生产线和模拟配送线，提出“6621运营管理平台”，构建精益管理框架。围绕经营重点和管理主线，组织开展管理创新成果审定、发布和推广应用，全年组织审定管理创新成果20余项。

推进安全生产标准化一级达标，开展安全生产检查与专项整治活动。深化精益安全，上抓工艺设计源头，下筑工位安全基础，保持安全生产形势总体平稳、有序可控，实现安全生产与精益管理的有机融合。修订完善《危险源辨识、风险评价与控制管理办法》《安全检查与隐患治理管理办法》《员工安全生产岗位培训管理办法》和《安全检查评价标准》等安全管理制度。

全面完成节能减排主要控制指标。克服开工不足、产值减少等不利因素，万元产值综合能耗、万元增加值综合能耗比上年降低3.5%；二氧化硫和化学需氧量排放量分别比上年降低1.8%；氨氮和氮氧化物排放量分别比上年降低2.2%，全面完成国资委节能减排目标要求。中国南车在重点行业节能减排达标竞赛活动中获“全国五一劳动奖状”。

健全物资与供应链管理体系，整体规划、分级管理，形成运营管理部、事业部、子公司“三位一体”的物资与供应链管理模式。完成物资与供应链管理制度的顶层框架设计，编写各业务板块的《内部供应链实施细则》，制订《中国南车内部配套管理办法》；建立招议标、竞争性谈判等8种标准采购方式，制订《中国南车采购管理办法》；完善集中采购的实现形式和推进策略，建立总部和一级子公司两级集采，修订《中国南车物资集中采购管理办法》。

【年度经营计划】 加强运营管控，完善运营管控相关制度和流程。加强运营分析和调度，按月召开经营工作联席会议，按季召开经营分析与调度会议。加强督导、协调重点经营项目、重要经营问题的落实。跟踪并组织好月度、季度滚动计划管理和经济活动分析。下发《关于落实国资委保增长工作要求全力以赴超额完成2013年经营目标的通知》，制定《2013年资产经营责任制考核补充办法》。推动与国际同业企业对标工作，利用年报、半年报、季报广泛收集国际知名企业和国内同行业对标资料，分类整理相关数据，完成公司内部、南北车、国际同行业的主要经济指标对标资料、中国南车年鉴统计资料等。加强统计工作的规范性、有效性和时效性，制定下发《中国南车股份有限公司统计管理制度》。定期发布中国南车主要生产经营指标完成情况、订单签约与完成情况，开展经济活动分析，为公司决策提供支持。

【经营责任与业绩考评】 强化目标管理体系，补充制定一系列考核措施，加大考核力度。实行全员参与“保增长”工作，做到上下衔接，滚动监控，实现年度考核闭环管理。修订责任制考核办法，增强对“双超越”的引导考核。实施分类考核，根据中国南车所属企业发展状况和业务延伸，改变“一刀切”的考核模式。强化对标考核，强调纵向自我比较，横向行业对标。突出价值导向，坚持效益优先，加大对净资产收益率、销售净利润率和资产周转效率的考核力度。设立考核“红线”，对一些涉及公司发展方向、影响巨大的指标和事项，采取“零容忍”，加大否决力度，确保企业稳健持续发展。完成年度资产经营责任制考核，洛阳公司、四方股份公司、租赁公司、眉山公司、二七公司、株机公司、南方汇通公司、香港公司、投资公司共9家子公司综合考核为A级；长江公司、石家庄公司、四方有限公司、株洲所、浦镇公司5家子公司综合考核为B级；戚墅堰所、电机公司、资阳公司、成都公司、戚墅堰公司5家子公司综合考核为C级；广机公司、常铁校2家子公司另行评价和考核。

【管理创新】 坚持夯实“四项”基础管理（5S、TPM、改善提案、班组建设），拓展达标工位建设、标准作业、精益物流、价值流分析等精益工具的应用，丰富“4+X”基础工具应用载体，持续提升精益现场基础管理水平。以精益示范区（线）、精益车间建设为载体，拓展工位制节拍化生产方式实施的广度和深度，持续构建和深化“精益制造”模式。年内，15个生产区（线）被评定为南车级精益生产示范区（线），20个车间（分厂）被评定为南车级精益车间（分厂）。建设模拟生产线和模拟配送线，优化管理流程，打通信息孤岛，提高项目试制前的准备水平，提高项目执行能力。制定下发模拟生产线和模拟配送线建设工作方案，组织申报25个项目重点推进。四方股份的阿根廷项目、浦镇公司的无锡城轨2号线和苏丹项目、四方有限的伊拉克项目等，已取得初步成效。提出“6621运营管理平台”模型，明确“构建六条管理线、打造六个管理平台、建设两条模拟线、建立工位制节拍化流水生产线”的运营管理框架体系，推动精益管理体系的持续构建和完善。培育“精益改善”文化，持续推进“两个层面”改善，提升改善绩效。

【管理提升活动】 组织开展管理提升年活动，坚持总部和子公司两个层面同步提升。总部开展“创五星级总部”活动，强化总部管控能力。推进职能管理提升，强化专项领域和重点突破项目上的上下对接，系统联动。坚持六项管理提升工作机制有效执行，落实动态报告、月度例会、检查评价等六个方面的工作制度，做到活动的PDCA闭环管理。坚持不断丰富管理提升活动载体，确定“管理提升年”工作主题，累计征集管理提升论文400多篇。落实管理提升整改方案，以项目改进的方式推动重要和关键问题的整改。推进重点突破项目实施，以关键问题整改、关键项目实施，有效拉动基础管理提升。确定人力资源管理、全面风险管理、全面预算管理、企业安全管理、规章制度管理等五个关键领域，优化管理流程，建立工作模板，固化工作成果，累计制定、修订、完善1000多项制度流程。组织开展管理诊断基层行，汇集管理诊断下基层需求共计13类21项，开展现场诊断，落实整改措施，建立基层诊断工作模板。

【安全生产】 深化精益安全，推进货车企业精益安全工位建设，实现安全生产与精益管理的有机融合。开展“三查一暗访”活动，先后组织开展二、三级子公司安全生产检查、设备大检查、安全生产大检查，对部分子公司的安全生产现状进行暗访。开展起重机械、消防安全、道路交通、办公场所电梯及电气设施四项整治活动。全面推进中国南车所属生产型企业通过安全生产标准化一级达标，除石家庄公司、株洲所襄阳电机两家待搬迁的企业及新成立的广机公司外，24家生产型企业全部通过安全生产标准化一级达标。

开展全员应急演练活动，提高应急响应自动自发能力。修订完善各类应急预案，进一步明确应急责任，制定应急演练计划，组织开展367次应急演练活动。在“4·20”雅安地震中，集团快速反应，下达紧急通知，指导应急救援，加强应急值守，在川企业及时启动预案，做到无人员伤亡，各项工作有序开展。努力构建安全生产长效机制，组织开展全国安全生产月活动，完善10种安全教育培训要求，编制《生产安全事故典型案例》，开展安全生产警示教育。为实现常态化管理，构建安全生产投入机制、安全生产信息通报机制、安全检查整改机制、设备安全保障机制、应急响应机制和考核问责机制。制定《公司设备管理暂行规定》和千分制《设备检查评价标准》，组织收集加工中心、数控立车、卧式车床等53部设备技术标准，编制车轮车床、落地镗床、数控立车等设备的技术状态检查表和精度检测表。开展设备大检查活动，对戚墅堰公司、长江铜陵公司、四方有限、石家庄公司4家企业的设备管理及技术状态进行重点检查。提高企业间维修共享，征集333篇优秀维修案例。

【节能减排与环境保护】 持续开展节能监测和项目评审，推进节能减排基础建设。完善节能减排组织管理体系、统计监测体系和考核评价体系建设。推进能源审计，年内完成对五家所属子公司的节能检测。重点强化能源二、三级计量，在戚墅堰公司推进智能抄表系统，初步实现能源管理信息化。对浦镇、眉山公司等部分纳入国家环保部重点管控的企业，持续做好节能减排检查，对不能完成节能减排目标的企业，进行考核考评。

深化节能技改和污染减排工程治理，推进株机公司、洛阳公司等单位的污水处理升级改造建设工作。株洲所冬季采暖管控使2012至2013年度能耗费用同比下降20%，节约能源消耗费用153.6万元。通过工程技术手段助推节能减排，从根本上提高节能减排成效。根据环保部机车车辆行业清洁标准制定进程，做好信息反馈，推进所属子公司开展清洁生产审核，完成株洲所时代电气能源管理体系（GB/T23331）建设。

加强土地房屋资产合规性监管，完成南方汇通、株机公司、二七公司、石家庄公司和株洲所部分土地处置方案审议。通过项目评审、后评价，督导资阳公司、戚墅堰公司房产办证。按时做好中央企业在京单位用地计划的上报，满足在京用地需求。在董办季报中提报石家庄公司土地房产变更情况说明。依托项目评审、验收与评价，严格做好“三同时”管理。全过程参与所有新建项目前期评审，已竣工项目的验收和后评价，通过项目评审、验收和后评价，严格安全、消防、职业健康、环保、节能、房屋、土地等内容的“三同时”建设，确保建设项目安全环保与实物资产合规守法。

【物资和供应链管理】 建立内部配套物资92项，其中机车板块19项、客车板块25项、货车板块17项、城轨板块18项、新产业板块13项，明确内部配套率指标和统计方式，加强对内部配套工作的协调和跟踪检查，逐步完善管理机制，大部分关键重要零部件内部配套率达到70%以上。进一步扩大以租赁公司为平台的总部物资集中采购范围，总部集中采购物资从9种增加到46种，并已覆盖所有业务板块。大力推进以各一级子公司为平台的二级集中采购。推进各子公司模拟配送线建设，认真组织采购物资的跟踪点检，对供应商供货能力进行评价，对外部物流状况和内部物料配送进行模拟，提前暴露问题和矛盾。合理安排采购计划和仓储配送方案，特别关注存有供应风险的配件采购进度，进一步优化采购、物流管理模式，确保生产供应。选择试点项目，开展供应链价值流分析，将精益生产延伸到供应商，加强与供应商的协同及与技术、市场、财务等部门的配合，消除供应链各环节存在的浪费，不断总结管理经验，固化流程、表单，提升物资与供应链管理水平。

提高物资和供应链管理信息化水平，设计开发中国南车物资与供应链管理信息平台（以OA为门户的信息网页），动态反映物资与供应链管理的日常工作动态、法律法规、规章制度、管理经验、人员信息及采购、物流、供应商、价格等重要数据信息。组织制定中国南车采购电子商务平台建设方案，搭建符合南车采购管理要求、全面覆盖南车采购业务的电子商务平台，实现采购过程的专业化、流程化、集约化。

大力开展降本增效工作，将降低采购成本和控制存货资金作为降本增效的关键。建立对主要物资采购计划、采购过程和采购结果的监控，开展价格对标，实现价格信息共享；进一步规范采购行为，加大招议标、竞争性谈判等公开采购的力度，加大集中采购力度，全年节约采购成本3.6亿元。加强存货资金监控，合理安排交货进度和仓储配送方案，控制好货款支付进度和节奏，有效降低存货资金。组织物资清查，下发《不良存货处置方法》指引，加快处置2年以上不良存货，并逐项落实处置意见，跟踪处置进度，开展积压物资内部调剂，27项物资形成调剂意向。

【法律事务】 围绕公司发展战略，通过依法经营，维护企业合法权益，有效规避法律风险。严格按照国资委对中央企业法制工作第三个三年目标工作要求，积极稳妥地推进中国南车法制工作三年目标实施方案。实行规章制度审核，将法律管理嵌入业务流程管理。对多项规章制度进行完善、修订，开展制度执行情况大检查工作，进一步完善工作流程，明确设置法律审核的节点。继续实施经济合同审核，将法律管理延伸到业务管理。坚持合同的法律审核把关率100%，各子公司采取各具特色的做法，如资阳公司对本企业各业务部门和子企业重大合同实行法律定期评审制度，加强对各业务部门和子企业重点业务的法律管控；南方汇通建立企业法律信息化系统，实现对合同从谈判、起草、签署到履行、账款清收的全过程监控。实施重要决策审核，将法律管理提升到顶层管理。推进法律管理与企业经营管理的有效融合，南车总部及各一级子公司的知识产权、投资、品牌建设等专业管理工作组将法律部门列为成员单位，南车总部和大部分一级子公司将总法律顾问列为总裁（总经理）办公会的法定成员参加经营决策会议、项目领导小组，对一些重要决策事项还以出具法律意见书的形式履行法律审核程序。

（运营管理部、法律事务部　供稿）

销售工作

【概述】 调整经营策略，加大市场拓展力度，市场营销从“产品营销”向“战略营销”转型。全年集团公司新签订单1377亿元，其中股份公司新签订单1352亿元。新签城轨地铁车辆合同额继续保持行业领先；核心部件不断突破，牵引系统占据国内主导地位；新能源汽车年度产销量首次突破1000辆；弹性元件产品实现对欧洲所有高铁国家的全覆盖；海外业务新签订单22.3亿美元，整机高端产品成出口主流，单笔过亿美元的订单有阿根廷电动车组项目、马来西亚电动车组增购项目、马来西亚安邦线地铁项目、伊拉克内燃动车组项目、埃塞俄比亚电力机车项目等。BT总包业务实现突破，先后签约南京麒麟、河西、宁波鄞州、常州低地板有轨电车总包项目和佛山市轨道交通2号线一期工程BOT特许经营项目。发展融资租赁业务，年内新签租赁合同22亿元，同比增长37.5%。

股份公司全年销售机车650台，同比增长16.49%；机车整体业务收入199.76亿元，同比增长37.79%。销售客车1366辆，同比减少37.60%；客车整体业务收入66.19亿元，同比降低14.89%。销售货车18015辆，同比减少9.07%；货车整体业务收入99.79亿元，同比降低4.69%。销售动车组880辆，同比减少8.33%；销售收入193.38亿元，同比降低10.64%。销售城轨地铁车辆1441辆，同比增长7.94%；城轨地铁车辆业务收入82.93亿元，同比增长3.81%。新产业实现销售收入131.15亿元，同比增长19.67%。现代物流业、非轨道交通相关产业等其他业务实现营业收入205.67亿元，同比增长20.12%。

【机车车辆销售】 机车业务销售持续保持市场优势，全年签订并交付大功率交流传动机车订单共计459台，超过市场总量的一半。签订国内路外大功率电力机车市场的全部订单，保持100%的市场占有率。出口南非的电力机车研制成功并实现交付，中国研制的电力机车首次登陆非洲大陆。建立完善的服务维修体系，获得1195台机车修理订单，接近市场总量的一半。

客车业务适应市场需要，通过开展模块化设计等手段，增强在传统客车市场的竞争力。中国铁路总公司（原铁道部）全年组织三次新造客车招标共计2426辆，总金额约72亿元，中国南车共中标1418辆，中标金额约42.1亿元，分别占招标总数量及总金额的58.5%和58.4%。客车修理三次招标共计4635辆，中国南车共中标1669辆，占招标总数量的36.01%。

货车业务针对铁路货物运输大宗物资需求持续减少，铁路货车总体需求较上年大幅度缩减等不利因素，大力开拓国内外市场。年内，国内铁路货车造修招标20多项次，中国南车签订铁路货车造修合同110亿元，销售货车18354辆，货车修理32658辆。

【动车组销售】 持续保持在动车组市场的领先地位，在全年的两次招标中共获得动车组订单269列，合同金额406亿元，订单数量和金额均过半。获得动车组修理订单328列（438组），在市场份额上占据绝对优势。年内，共交付动车组126列（含BST公司），其中：短编组118列，长编组8列，合计标准编组134组；时速200～250公里的CRH1A型动车组32列、CRH2A型动车组73列，新一代CRH380AL型动车组8列、CRH380A型动车组13列。截至年底，全路共交付使用动车组1012列（即1322组标准编组），其中，中国南车共交付585列（即775组标准编组，含BST公司），市场占有率为57.1%。

【城轨地铁车辆销售】 继续推动对外战略合作，深化与地方政府的资本合作，充分利用城轨基地的地方优势，拓展城轨车辆市场。在国内20个城市招议标34个项目共计3982辆车中，中国南车获得招标项目16个、议标项目4个，合计2160辆车，占市场的54%。在城轨车辆牵引系统市场，全年共有27个项目招议标，中国南车中标 13 个。总包业务先后中标佛山地铁 2 号线（一期）工程 198.35 亿元。

株机公司获得宁波地铁 1 号线二期、广州地铁 7 号线、深圳地铁 11 号线、南宁地铁 1 号线、广州海珠有轨电车、宁波鄞州区有轨电车项目等 10 个项目 1026 辆城轨车辆订单；承揽配件订单 12 个，合同金额为 3600 万元。轨道工程车市场中标青岛地铁 3 号线 2 台、东莞地铁 R3 线 1 台；完成南京地铁 3 号线 2 台、上海地铁 2 台蓄电池电力工程车和香港 C971 项目 3 台公铁两用消防救援车合同的签订。有轨电车市场中标广州海珠区 100%低地板车辆项目。

四方股份公司新签沈阳地铁 2 号线增购、成都地铁 1 号线增购等订单，在成都市场首次实施租赁营销模式；开拓佛山、西宁、温州、许昌等新兴市场，获得广佛二期项目订单；探索城轨市场新型项目运作模式，在青岛城阳区现代有轨电车示范线 BT 项目、佛山地铁 2 号线 BOT+TOD+EPC 项目和佛山市高明区有轨电车 BOT+TOD 项目中取得突破；推进现代有轨电车技术转让和市场落地。

浦镇公司中标深圳地铁 3 号线增购、南京地铁 4 号线等 7 个项目共计 987 辆城轨车辆订单。完成孟买地铁、伊朗地铁等城轨项目 521 辆；苏州轨道交通 2 号线、无锡轨道交通 2 号线、东莞市轨道交通 R2 线下线。签订苏州高新区有轨电车 1 号线项目 18 列、深圳地铁 3 号线增购车辆项目 198 辆；签订南京麒麟、河西两个总包 BT 项目合同。

株洲所全年中标总额逾 22 亿元，自主屏蔽门项目实现首单突破；牵引、信号、制动三大核心系统在长沙地铁 2 号线完成运行调试，实现城轨信号、制动系统零的突破。

戚墅堰所销售同比增长超过 74%。齿轮传动系统新获项目 10 个，占全年新开项目的 52.6%；弹性车轮新获长客股份批量订单；首次进入检修市场，获得多个齿轮箱检修和钩缓装置架修订单；获得地铁自行式焊轨车、轻轨槽型轨焊轨车订单，北京地铁自行式焊轨车齿轮传动系统交付装车。

【新产业市场销售】 市场开拓成绩显著，在新能源装备产业板块，株洲所获得 3 个风电项目订单，合计向市场提供 2 兆瓦、1.5 兆瓦两种功率的风机近百台，总金额近 20 亿元。株洲电机与金风科技签订总金额为 20.9 亿元的风力发电电机整机合同订单，该批合同涵盖 1.5 兆瓦及 2.5 兆瓦直驱永磁同步风力发电电机整机产品 1000 余台。节能与新能源汽车方面，株洲所旗下时代电动签订的南宁 60 台混合动力公交客车成功实现上线运营。光伏产品发展向好，株洲所旗下国变中心全年新签合同额突破 2 亿元，成为国内光伏逆变器及电气系统的知名供应商和电站工程总包商。在重型工程机械产业板块，株机公司从新加坡陆路交通管理局（LTA）获得 18 台地铁工程维护车招标采购项目的订单。在高端零部件产业板块，株洲所旗下时代电气建成国内首条具有完全自主工艺能力的 IGBT 产品封装线，产品陆续投放到轨道交通、高压输配电、新能源等多个领域，自主研制的大功率等级的高压 IGBT 产品已累计批量销售达 6 万只。

【海外市场销售】 深入拓展国际市场，不断加强国际化经营能力。6 月注册成立国际公司，以加大海外战略性市场的开发和培育，协同子公司开展海外营销工作。在南车澳洲公司全面运营的基础上，加快海外战略布局，相继设立南车南非公司、南车马来西亚公司和南车巴西公司，南车俄罗斯办事处、土耳其办事处、印度办事处正在建设中。年内，完成 36 个机车车辆整车项目和多个铁路配件和延伸产业产品出口的签约，共计获得海外订单 22.3 亿美元。出口签约产品主要包括

35 台电力机车、86 台内燃机车、151 列 769 辆电动车组、12 列 110 辆内燃动车组、68 列 271 辆地铁和轻轨车辆、220 辆客车、1954 辆货车和 18 辆地铁工程维护车。签约国别包括阿根廷、马来西亚、澳大利亚、哈萨克斯坦等 40 个国家或地区。其中单笔合同金额超过 1 亿美元的项目有 5 个，分别是阿根廷萨拉门托线和米德勒线电动车组项目及阿根廷罗卡线电动车组项目、马来西亚安邦线轻轨车辆项目、马来西亚动车组增购项目、伊拉克内燃动车组项目、埃塞俄比亚电力机车项目。年出口签约金额过亿美元的企业有四方股份、株机公司、四方有限、长江公司、资阳公司、浦镇公司，其中四方股份出口签约占中国南车总签约金额的 42%。全年海外业务实现营业收入 64.2 亿元。出口销售收入占总营业收入比例超过 10%的一级子公司有 4 家，分别是长江公司、资阳公司、浦镇公司、眉山公司，其中长江公司出口销售收入占其营业收入 22%。

【售后服务】 根据各新建高铁客运专线开通情况，新设立南宁、成都、重庆三个售后服务站点，并调整售后服务站点分布，全路共设立 4 个区域售后服务中心、26 个标准化售后服务站及供应商组成的联合工作团队，派驻专职常驻售后服务人员 400 余人，为高铁运营的动车组提供技术支持和售后服务等工作，确保所有上线运行的动车组安全可靠、运行稳定。继续加强对货车造修企业的合同履约管理，动态跟踪货车造修生产交车情况，年内货车造修合同全部按要求兑现交付。

（机车、客车、货车、城轨、海外、新产业事业部　供稿）

规划与投资

【概述】 2013 年，加强企业战略规划管理，研究发展思路，及时组织开展并完成中国南车发展战略修订工作，进一步明确公司“十二五”乃至“十三五”发展的目标和任务。实施产业、产品结构调整，扩大对外战略合作。进一步完善投资管理制度体系，优化投资决策权限和流程，建立投资责任制，控制投资规模，提高资产运转效率。进一步明晰国际化经营的目标，开展境外投资项目，推进国际战略与资本合作。

【结构调整与产业布局】 适应市场竞争需要，调整产业布局。落实中国南车内部企业的转型升级，研究并推动资阳公司、戚墅堰公司取得新造电力机车独立投标资质事宜。推动检修企业转型升级，加快推进洛阳公司大功率电力机车检修基地建设，推进成都公司开展 HXD1 系列机车六年检生产技术准备工作。推进新产业布局和发展，批复贵阳时代沃顿吸收合并北京时代沃顿科重组方案。推动新产业发展规划研究，批复浦镇公司南京麒麟、河西快速公交工程 BT 项目可研报告，批复株机公司张家界磁浮项目。持续优化城轨车辆、有轨电车和城际列车的战略布局，同意在佛山、合肥、常州、南宁等地设立公司。

【战略合作】 推动与地方政府的战略合作、铁路局和大客户的资本合作、中央企业及大型企业集团的产业对接与合作，加强与科研院校、金融机构合作，拓展成长空间，提升价值创造能力。年内，中国南车与 5 个地方政府（青海省、资阳市、佛山市、常德市、太原市）、4 家铁路局（乌鲁木齐局、兰州局、成都局、济南局）、4 家知名企业（中国东方电气集团、中国能建集团、中国建材集团、中国船级社）、3 家金融机构（中国东方资产管理公司、中国进出口银行、浦东发展银行）、2 家科研院校（哈工程、铁科院）共签订 18 个战略合作协议。

【国家资金支持和项目的申报及管理】 申报国家产业振兴和技术改造专项项目，中国南车共 6 个项目通过项目评审获得中央资金支持。2012 年中国南车享受减免关税 1 亿元，位列享受税收优惠企业排名前十位。申报国家财政部、工业和信息化部关于 2013 年科技成果转化项目，争取中央补助资金。上报工业和信息化部关于 2013 年重大技术装备重点项目，上报国资委中国南车产业转型升级与发展情况报告、中央国有资本经营预算产业升级发展项目报告。上报国家发改委关于 2014 年中央预算内投资计划，申请将职工保障性安居工程建设等 12 个项目纳入 2014 年中央预算内投资计划。向国家发改委争取进口设备免税支持，完成浦镇公司不锈钢车体生产线技术改造等 3 个项目的引进设备免税确认书的办理。

【技改项目投资与管理】 修订和完善投资管理制度体系，优化投资决策权限和流程，建立投资责任制，控制投资风险。进一步规范和精细投资预算管理，有效控制投资规模，科学安排投资节奏，减轻经营和资金压力。严格审查各子公司申报的投资预算，及时进行调整，全年完成固定资产投资 41 亿元。严格重大投资项目审查，评审 12 个重大投资项目，审查 40 多个重点项目的可行性研究报告、15 个项目的初步设计。强化后期管理，及时总结经验和教训，组织完成 9 个重大投资项目的竣工验收。开展重大投资情况专项检查工作，加强对公司自 2008 年以来承担的 27 个中央预算投资项目的管理，定期跟踪建设进度和资金支付情况。

【国际合作】 开展境外投资项目，建设境外修造基地 3 个，设立境外子公司（机构）6 个，成功实施境外收购 1 个，设立南车东南亚、南非、巴西区域性子公司。跟踪和推进多个境外并购项目，组织完成时代新材收购德国 ZF 集团下属汽车减振零部件单元下的 Boge 业务的主购买协议谈判。修订《国际合作管理办法》，开展国际战略与资本合作，进一步加深与相关行业企业和中介机构的联系。

【产业与战略研究】 加强城轨市场分析和战略研究，全面调研已有城轨车辆修造基地规划、建设和运营情况，组织召开研讨会，研究制订《中国南车国内城轨车辆修造基地建设与运营工作指导意见》，明确国内城轨车辆修造基地建设与运营的指导思想、原则、工作要点和要求。分别开展制动、工程机械产业调研，形成调研报告，为后续投资决策和资源整合奠定基础。关注优势资源延伸产业的研究，组织调研襄阳工业园电机和专用汽车项目、中国南车铝材使用情况及铝型材生产企业基本情况、煤机产业发展情况，形成研究报告。提出并修改完善关于南车产业板块划分建议，研究提出集团第二支柱产业的方向及具体实施规划、子公司业务结构调整“路线图”两个课题计划。

（战略和发展部　供稿）

财 务 管 理

【概述】 2013年，财务管理以业财融合、精细化管理为突破口，以管理提升为主线，进一步夯实财务管理各项基础工作。继续推进全面预算管理，合理确定关键节点预算目标，促进经营指标均衡。开展资金集中管理和精细化管理，加强经营性现金流和应收账款管理，不断加大开源节流、降本增效力度，缓解经营压力。开展财税筹划，维护集团利益。争取国家政策支持，获得进口设备免税、国家重大技术创新及产业化资金、产业振兴和技术改造专项资金等支持。集团公司全年实现营业收入1004.24亿元，利润总额58.11亿元，归属母公司净利润21.61亿元，净资产收益率（含少数股东权益）11.44%。其中，股份公司实现营业收入978.9亿元，同比增长8.21%，实现归属母公司净利润41.40亿元，同比增长3.26%；净资产收益率（含少数股东权益）11.85%，成本费用占营业收入比率95.11%。

【预算管理】 遵循“业财融合”的理念，调研各专业部门的业务管理需求，引入管理咨询，全面梳理预算管理业务。按照标准化和信息化融合的理念，系统修订预算管理制度、流程和报表模型，编撰发布预算管理标准化工作手册，统一搭建全面预算管理信息化平台，健全完善全面预算管理体系。初步实现财务、运营、人力、投资、科技专业预算的“五个协同”和预算、决算、资金、财税业务的“四个融合”，采用“全级（次）编制、逐级汇总”的模式，通过“上下结合、三上三下”的流程，实现“纵向到底、横向到边”的全级次预算编报。

【核算管理】 围绕核算数据，重点开展数据整合、挖掘分析和对标工作。系统性整理2008年-2012年合并财务报告数据和各子公司重要财务指标，编制《中国南车集团2008-2012年财务数据年鉴》；对南北车上市之后的年报数据进行全面深入的对标分析，通过经营规模、运营质量、财务风险、发展潜力等指标的对比，提出中国南车的优势及不足。针对中介机构审计意见、国资委决算批复、国资委离任审计、外部监管机构等提出的问题，组织开展整改工作，制订《关于规范合同质量保证金会计处理的通知》、《中国南车股份有限公司发票管理指引》等文件，修改完善现金流量表补充说明对外披露报告。各级子公司结合管理提升和标准化工作，规范核算标准化流程、健全财务制度、提升会计信息质量。

【资金管理】 资金集中规模和资金集中程度大幅提高，总部和财务公司两个平台全年累计集中资金760亿元，直接创造经济效益超过1亿元，利用股份公司再融资闲置募集资金补充流动资金，全年节约资金成本1.3亿元。合理确定外部融资规模，全年发行公司债30亿元、超短期融资券六期累计融资90亿元，较同期贷款利率低1.5-2个百分点，年节约资金成本2亿元左右；利用香港公司低融资成本优势进行贸易融资6.5亿元，约占全年进口采购额的15%。加强应收账款及经营性现金流管理，下发《中国南车股份有限公司内部交易结算管理办法》，完善内部配套应收账款的长效管理机制。初步建立财务公司资金集中管理平台，加快推进子公司开户和直连上线，年内已有71家成员单位开立结算账户，33家成员单位实现资金归集，日均存款达到30亿元；稳步推进8家商业银行的直联建设，启动外汇资金集中管理平台的建设，申请即期结售汇业务资格、售汇综合头寸及外汇交易中心会员资格。积极探索融资租赁业务开展模式，全年租赁营业收入1.65亿元，同比增长71.88%。新增租赁资产14.2亿元，同比增长39.66%。待签租赁资产6.1亿元。

【财税管理】 总部成立财税处，统筹管理财税业务，组织召开首次财税视频会议和研讨会，初步实现财税管理的上下贯通。借助预决算系统平台，逐步开展财税信息监测，组织对标分析。财税筹划效益显著，全年共取得财政资金16亿元，其中：中央财政资金14.2亿元，地方财政资金1.8亿元。利用税收优惠政策13.64亿元，其中：高新企业低税率5亿元，研发费加计扣除2.6亿元，货修免税2亿元，重大技术装备关键零部件进口免税1.8亿元。

【业财融合】 以科技经费和质量损失管理为突破口，探索财务与业务管理的“业财融合”，解决财务、业务数据“两张皮”问题。针对科技、质量管理专业口的业务管理需求，制订《中国南车科技经费财务核算办法》和《中国南车质量损失财务核算办法》，将数据统计管理变为统一会计科目或工作号项下的数据归集核算，纳入预、决算报表体系，定期整合报送业务与财务信息，实现常态化管理。提出在子公司建立专兼职科技会计、质量会计岗位，负责相关业务的财务核算与业务支持工作，彻底解决财务、业务数据“两张皮”现象。

【财务人才建设】 通过两轮选拔，组织6名队员集训并代表中国南车参加国资委首届会计大赛，在90个参赛队伍中名列总分第13名，取得三等奖和案例分析全国第5名。株洲所黄蕴洁在会计领军人才选拔中名列全国笔试总分第一。眉山公司方爱武、二七公司贾春亮的论文，分别获2013年《铁道财会》全路财会优秀论文一、二等奖。截止9月末，中国南车财务人员总数1555人，其中全国会计领军人才4人，注册会计师47人，高级职称136人，中国南车资深管理专家2人，管理专家14人。总部从四大国际会计师事务所引进人才，实现人才来源多样化。 （财务部　供稿）

资 本 运 营

【概述】 2013年，围绕公司“十二五”战略目标、管理提升工作要求、保增长目标任务，按照“轨道交通、专有技术延伸产业和资本运营”三位一体的战略格局，大力筹措资本金、优化资源配置、股权投资、资本市场研究等工作，实现预期目标。开展国有资本经营预算申报工作，公司大功率半导体器件IGBT产业化建设、超级电容器产业化（一期）、电动汽车电驱动系统研发及产业化、中低速磁浮列车系统研制及产业化、厂办大集体改革等项目得到8.8亿元国有资本预算资金支持。推动产融结合，株机公司、南车投资公司参股广州地铁小额贷款公司。组织资本运营工作调研，提出《南车类金融业务发展调研报告》。通过调研及研讨，编制下发《中国南车股份有限公司资本运营指引（试行）》。

【资本市场融资】 6月，时代新材完成A股配股融资，按照10配3股的比例，配股股份总数为144080652股，配股价格8.8元/股，募集资金12.67亿元，配股完成后，时代新材的总股本达到661442092股，集团公司所属企业的持股比例累计达到41.28%；10月，时代电气完成H股定向增发，引入10名投资者，共发行91221000股H股，发行价格为每股港币25.00元，募集资金22.8亿港元。时代电气定向增发完成后，时代电气总股本达到1175476637股，集团公司所属企业的持股比例累计为52.61%。

【股权投资】 根据公司保增长的要求，结合香港H股市场走势，择机由香港公司出售华能新能源1.4亿股，获利7156万港元，由株洲所香港公司出售华电福新能源1.47亿股，获利7283万港元，两项股票出售合计获利1.44亿港元。南车华盛创业投资企业（南车基金）正式挂牌运转，内部决策体制和管理机制初步建立。10月，南车基金投资上海南车汉格船舶工程有限公司项目。12月，香港公司以锚定投资者身份投资光大银行H股IPO，认购1900万股股份，认购价格3.98港元/股。

【优化资源配置】 优化产业结构，株洲所将地铁能源回馈装置等五个项目转让给时代电气，提高时代电气的资源集中度，提升资源使用效率。优化上市公司股权结构，12月，由株洲所通过上海证券交易系统，以大宗交易的方式收购石家庄厂、眉山厂、株洲车辆厂持有的 470 万股时代新材股票。资源配置方面，按照子企业的经营需要，对株机公司、株洲所、株洲电力机车厂等一级子公司增资，对南车浦镇城轨公司、成都南车轨道公司、江苏电机有限公司等二级子公司增资。

【南方汇通重组】 组建专门团队，实施对南方汇通进行重大资产重组工作，南方汇通公司股票停牌。由于重组方中节能太阳能科技有限公司股东之间利益分歧，重组终止，3 月 18 日南方汇通股票复牌。

【股权管理】 下发《关于调查清理和规范处置低效无效股权的通知》，计划用 3 年时间，对低效无效股权进行清理，年内已形成处置计划并逐步推进和落实。进一步加强对子公司的股权监管，对多元化子公司在议案起草、审核、决策以及授权事项的办理等操作方面的流程进行规范。对四方股份、资阳公司、广机公司和南方汇通等公司三会（股东会、董事会、监事会）召开的议案进行审核。完成国资委要求的上市公司国有股权管理信息系统启用工作，指导集团内 5 家上市公司完成上线操作，实施数据更新，8 月份通过国资委关于上市公司国有股权管理系统的验收。

【利润分配】 根据公司《章程》和监管机构政策，结合公司生产经营资金需求，提出公司 2012 年度利润分配方案，经中国南车总裁办公会、董事会、股东大会审议通过后，组织实施。公司 2012 年度利润分配方案为：按照公司总股本 138.03 亿股，每股派发现金红利人民币 0.09 元（含税）。分配的利润占合并报表中归属于公司股东的净利润的比率达到 30.01%。7 月 15 日前全部 A 股、H 股股息资金到账。

【市值管理】 针对资本市场持续低迷，公司股价被低估的情况，为提振投资者信心，集团公司于 6 月 25 日、7 月 10 日分别从证券二级市场再次增持公司股票约 250 万股、313 万股。年内，集团公司持有股份公司的股数达到 77.96 亿股，占股份公司总股本的 56.48%。（资本运营部　供稿）

审计与风险管理

【概述】 2013 年，内部审计系统紧紧围绕公司经营目标和重点，强化内部控制管理，拓展风险管理，以风险为导向，以促管理为核心开展各类审计工作。总部及所属企业全年完成内部审计项目 203 项，提出审计意见和建议 1495 条；开展工程项目及预决算审计 4641 项，预决算审计金额 19 亿元，审减减低工程投资造价 1.05 亿元；审计经济合同 62432 份，涉及标的 286 亿元，提出合同条款修订意见 2027 条，合同审减 5661 万元；参加招议标项目 25384 项，审核招议标金额 150 亿元，与其他部门共同降低采购成本 3.89 亿元。

2013 年度上市公司内部控制指数评价中，中国南车名列前茅，被评为最高的“AAA”等级，获得“中国上市公司内部控制杰出领袖奖”和“中国上市公司内部控制百强企业奖”两个奖项

【内部审计】 以落实国资委经济责任审计意见为契机，狠抓问题整改，建立问题档案，对整改进程实施“销号”管理，总部各部门、各级子公司先后进行三轮整改工作。审计提出问题基本整改完成，并结合“管理提升”活动，形成管理控制的长效机制，总部和各级单位新增或修订各项管理制度共计 21 个。

加大合规性审计和绩效审计力度，加大对薪酬发放、发票验证、代理咨询、劳务费

用等专项审计。拓展企业审计新领域，部分子公司针对信息系统开发、质量成本、海外采购、存续资产等方面的审计调查，提出企业在业务执行中的新情况、新问题。电机公司在质量成本管理审计中提出增大质量预防成本投入以减少外部质量损失的审计建议并被采纳，南方汇通结合管理重点难点开展经营与内控审计，二七公司紧贴管理需求组织开展工时定额专项审计。创新审计方法，总部审计和风险部在机修、客修成本审计中，运用成本对标方法，全年完成1064个成本相关节点的分析比对。突破传统审计机制，戚墅堰公司以风险为导向开展经济合同审计，全年共为公司节约采购成本3794万元；长江公司根据总分架构和集权管控模式建立分子公司审计架构，发挥分子公司的审计潜力，加强对分子公司的管控。

【内部控制】 不断完善内部控制体系，健全内部控制管理机制。优化内部控制矩阵，根据内部控制评价结果及时修订《内部控制手册》和《内部控制评价手册》，制定《中国南车内部控制指引第4号—投资后评价》。为进一步健全内控机制，株洲所率先推进内控信息化工作，在调研基础上完成内控信息化评估报告、信息化设计方案、信息化流程三维模型等。审计和风险部与多个相关部门联合组成评价组，有针对性的选择数个投资项目试行开展后评价工作。通过对项目的决策过程、内部控制、技术工艺、财务指标、节能环保、存在问题及风险等方面的确认和评价，进一步改善和提升企业的项目投资管理水平。

将内部控制年度评价与内部控制专项审计有效结合。内部控制自我评价增加关联方交易和三包费用等业务流程，重点关注国资委经济责任审计组提出的涉及内部控制方面的缺陷，拓展内部控制的广度。根据年度评价的薄弱环节和关键单位，四方有限等企业开展生产单位层面、具体业务层面的内部控制专项审计。加强内部控制缺陷分析和整改，实现内控成果有效转化。各子公司建立定期追踪缺陷整改的机制，及时消除各类缺陷，进一步提升管理规范和效率。组织各级公司和相关部门参加财政部、国资委举办的“企业内部控制知识竞赛”。共有2734人参加竞赛答题，参赛人数达到公司总人数的5%，中国南车获“优秀组织奖”。

【风险管理】 公司以风险管理提升活动为契机，加强风险管理体系建设。制定《全面风险管理提升工作计划》，研究并提炼并购项目风险案例成果，在总部成功筹办国资委“中央企业境外项目风险管理研究案例讨论会”，制定下发《中国南车风险管理指引第4号—BT项目》，制订新版《风险清单》，风险管理制度和方法体系持续完善。洛阳公司成立审计与风险管理委员会，对公司内审、内控和风险管理工作加强指导，进一步提升工作效果；投资租赁公司成立独立的审计风险部和项目评审部，对物流和租赁业务的风险控制流程进行调整。进一步提高风险管理与业务的融合度，加强风险防范能力。针对BT模式，开展基于36个获批城轨建设项目的城市偿债风险评估和BT模式商业风险的研究，并对地方融资平台的售后回租项目进行综合风险分析评价，推动公司建立融资租赁管理制度。浦镇公司根据风险管理指引对拟建BT项目规范执行风险管理流程，风险管理与业务的融合和体系落地。资阳公司在孟加拉电站项目风险管理应用实践的基础上，进行海外总包项目风险管理的总结固化。

推动各子公司开展对重大项目风险的管理，规避企业投资风险。株机公司加强海外项目风险管控，建立《海外项目风险评估模型》和《海外项目风险评估指南》，并对已签约海外项目合同执行阶段进行专项风险评估；四方股份对广深港、阿根廷、140 公里电动车组等五个项目开展持续的动态风险评估，保持风险评估的时效性；成都公司将风险评估的触角延伸到产品开发项目、大集体企业改革改制。

（审计和风险部　供稿）

信息化建设

【概述】　2013 年，信息化建设结合集团公司“十二五”战略及信息化工作重点，开展信息化专项提升活动，推进南车网络信息安全治理、服务管理、南车网站群建设、业务信息系统实施、企业信息化建设等工作，在国资委中央企业信息化测评中获 A 级。

【信息系统等级保护】　开展信息系统等级保护工作，完成总部 15 个信息系统的等级保护定级备案、需求分析、方案设计、安全体系建设和等级测评工作。确定财务系统、南车外网网站系统为三级系统，办公自动化系统、经营管理系统等 13 个业务系统为二级系统。发布《中国南车信息安全总体方针和安全策略指引》，明确公司信息安全总体目标，形成依托于安全保护对象的“三个体系，一个中心，三重防护”的安全保障体系。成立中国南车信息安全领导小组和工作小组，明确相关岗位和职责。全面梳理总部信息安全管理制度与流程，制定并发布 25 项管理制度。年内，株机公司、株洲所、眉山公司、石家庄公司、成都公司完成重要信息系统等级保护定级备案工作，并通过等级保护综合管理平台进行相关数据管理。

【办公自动化系统全面升级】　完成新办公自动化系统（OA 系统）的升级工作，主要包括公文管理、综合办公、统计中心、电子邮件、通讯录、个人设置和个人工作台等功能，建立统一的办公流程管理平台和电子邮件系统，实现公文及邮件的跨服务器、跨部门的无缝流转，OA 系统与门户、即时通讯系统集成，实现待办待阅及邮件信息的自动推送。开发移动办公 APP，实现安卓和苹果移动设备的移动办公应用。

【中国南车网站群投入应用】　对南车网站“形象塑造能力”“市场营销能力”“在线交易能力”“客户服务能力”“网站推广能力”“资源聚合能力”“网站构建能力”“网站保障能力”等 8 个能力指标进行对标分析，确定“统一对外宣传和内部资源管理、统一新闻共享渠道、统一技术平台、统一运维体系”的建设原则，通过网站群技术整合中国南车及各一级子公司互联网资源，统一展示南车形象和品牌，逐步打造成国际知名的互联网资源。中国南车所有下属公司的网站统一纳入南车总部网站管理，实现内容的协同管理和域名的统一管理。

【中国南车门户系统建设及应用】　按照“统一架构规范、统一形象规范、统一数据交换和集成标准、统一用户身份认证，实现总部、子公司门户互联互通”的要求，在南车 17 家一级子公司全面推广门户系统实施。建成覆盖总部、一级子公司统一的信息系统综合应用平台，实现各应用系统单点登录和待办任务集成、新闻及公告发布、共用信息、常用链接、日程管理、决策支持、会议室管理等 12 个标准功能，制定南车企业门户系统总体架构及内容逻辑架构规范、形象设计规范、数据接口规范、用户与 AD 域集成规范等技术规范，进一步提升信息系统集成和协同办公效率。

【信息化体系建设】　长江公司建成 IT 服务管理体系并通过 ISO 20000 标准认证，通过培训、咨询、流程梳理、体系文件编制、试运行、内审等工作，完成 IT 服务管理体系建设，并在总部信息管理部范围内通过外审认证，取得美国国家认可委员会 ANAB 认证证书。四方股份公司启动 ISO20000 信息技术服务管理认证，利用国际上普遍认可的标准，将 IT 服务由过去的“粗放式”管理变为“集约式”管理，从组织架构、服务内容、服务标准、服务流程和管理制度几方面规范服务行为，形成从 IT 目标制定、IT 风险控制、IT 资源管理到 IT 交付一整套 IT 运作的规范和框架，保证公司信息化运营始终处于正确的轨道。

【仿真分析平台的应用】 推进中国南车协同仿真公共服务平台应用，进一步加强仿真分析在产品研制中的应用。戚墅堰公司开展新型柴油机曲轴强度计算及 R12V280ZJ 柴油机工作过程的仿真计算、中冷器上盖流场模拟，进行尼日利亚机车、HXN5B 型调车机车、北京地铁自行式焊轨车、上海地铁自行式焊轨车车体钢结构仿真计算，开展泰国机车车架风道、HXN5B 型调车机车车架风道流流体动力学计算及优化工作。依靠协同仿真平台，加强对仿真分析文件和数据进行管理。

【电子文件管理系统】 戚墅堰公司作为江苏省电子文件试点单位，深入调研国内外电子文件管理理论及实践，归纳企业对电子文件管理的需求，明确电子文件管理系统在企业 IT 架构中的位置和作用，采用云存储、智能搜索引擎、电子文件安全标签等技术开展企业电子文件管理信息系统的开发、应用，通过省电子文件管理试点工作验收。

【流程管理信息化】 四方股份公司以财务管理、招标采购管理、合同管理及基础性和支持性管理流程为重点，开展业务流程信息化建设，将管理提升成果落地。戚墅堰公司按照“管理制度化、制度流程化、流程表单化、表单信息化”的思路，实行表单化管理；开发委外工序协作审批流程，初步建立表单信息化管理平台。戚墅堰所结合管理提升活动，进一步理清制度体系优化整合思路，形成管理标准体系，完成四大类（战略类、经营类、资产类和保障类）31 项流程表单信息化管理。株洲所流程管理系统 SPM 项目在时代电气、时代新材、时代风电、国变中心、北京时代、时代电动、研究院等多个业务主体推广使用，全年共建成流程 36 个，流程申请总数突破 10 万条。

【ERP 建设及应用】 四方股份公司 ERP 二期通过中国南车验收，在 ERP 中实现公司主要业务及产品的全覆盖，累计上线检修动车组 85 列；建立企业级数据仓库和决策支持系统，创建数据分析模型 100 余个、业务数据 1.5 亿条、报表 80 余个，全面展现公司运营状况；实施工程实验室、工程研究中心 ERP 系统，开发供应商协同模块。长江公司规范并深化 ERP 系统应用，开展系统运行质量评价工作，建立两级 ERP 系统运行质量评价考核体系，共设置 16 项 ERP 系统运行质量评价指标，以量化的数据来反映系统的运行状况，确保系统的规范应用；长江株洲分公司自主开发实施 ERP 短信预警系统和质量管理不合格品处置实时跟踪功能，不合格品单个环节超时记录从初期的 40 多项记录减少到基本为零；常州分公司实施准时化配送、直送系统。戚墅堰公司不断深化 ERP 的应用，实现与机车修理信息统计与分析系统的实时交互，通过专题研讨设计变更快速变更 ERP 系统中制造 BOM 数据的管理流程及表单化管理，提高 ERP 系统中制造 BOM 准确性。株洲所 ERP 系统按单管理项目实施上线。

（信息技术部　供稿）

技术管理

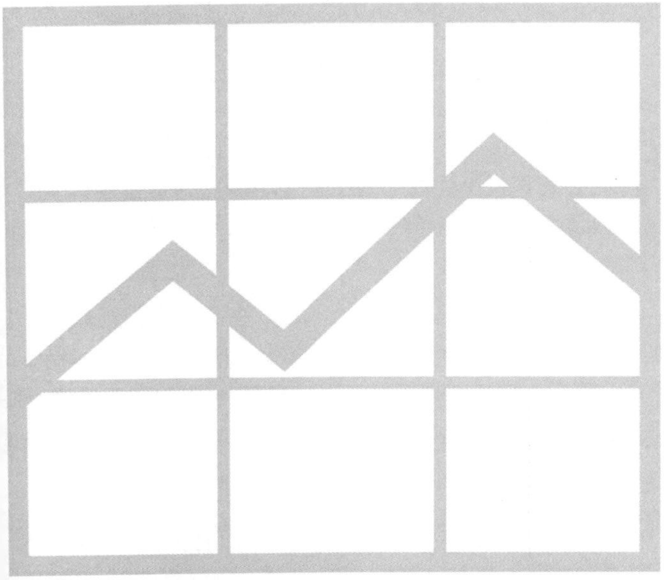

科技发展与管理

质量管理与通用技术

机车生产与技术开发

动车组生产与技术开发

城轨车辆生产与技术开发

客车生产与技术开发

货车生产与技术开发

新产业生产与技术开发

能源管理与环境保护

科技发展与管理

【概述】 2013年，中国南车牢记科技工作服务企业发展战略宗旨，围绕科技创新能力建设和核心竞争力提升，做了大量卓有成效工作，取得令人瞩目成绩。持续优化创新平台建设，成立中国南车中央研究院，聚合技术和管理资源，凝聚企业创新力量，为实现引领行业发展提供智力支持，以谋求未来发展的增量。持续优化设计、制造、产品三大技术平台建设，不断建立健全技术创新体系。合资组建广州南车有轨交通研究院，成立中国首个超级电容研究所；积极推进海外研发体系布局，成立美国联合研发中心，在新泽西理工学院、德州大学圣安东尼奥分校分别设立联合实验室，推进相关基础技术研究。加强新产品研发，满足和引导市场需求，有效整合内外部创新资源，搭建「产学研用」协同创新体系，大大缩短基础研发到产业化生产的过期。

【三大技术平台建设】 年内，组织检查《可靠性管理工作手册》《设计和开发管理工作手册》《项目管理工作手册》和基于主流三维设计软件3个标准件库共6项成果的平移和转化情况。基于《“十二五”中国南车试验验证体系建设项目指引（二级）》，完成四方股份公司、株机公司、株洲所、电机公司、长江公司等试验验证项目建设方案的研讨和评审。发布《中国南车协同仿真公共服务平台运行管理规范》，完成仿真软硬件增购，仿真平台9月份投入运行，共享13个专业、96套不同版本的仿真分析软件，基本满足17家子公司通用仿真分析工作需求。发布《中国南车协同仿真模板管理办法》，成立中国南车协同仿真设计专家工作组，组织相关子公司开展钣金成型、焊接、铸造（基于FROCAST软件环境）、客车整车动力学、货车动力学、城轨车体强度、机车冷却水循环、车辆模型前处理等8个仿真模板的开发，组织焊接仿真模板的试用培训。发布三维建模和三维标注16项企业标准，组织宣贯培训。

【科研项目管理】 全年新立项中国南车科研项目226项，新立项子公司项目558项，延续2012年各级科研项目737项。

【科技成果评奖】 年内，中国南车被授予“全国企业先进生产力创新示范基地”；作为14家央企典型案例分析单位之一，参加国资委、中国工程院组织的“加强中央企业技术创新体系建设战略研究”课题；“中国南车三大技术平台建设技术创新工程”获2013中国科技进步奖企业技术创新工程类项目二等奖；18个项目获中国铁道学会技术奖，其中“CRH380A新一代高速列车研制”和“大功率交流传动六轴电力机车平台关键技术应用”获中国铁道学会科学技术特等奖。戚墅堰所、长江公司被认定为2013年（第20批）国家认定企业技术中心，株洲所时代新材公司在年度国家认定企业技术中心评价中首次跨入全国优秀企业技术中心行列，戚墅堰所、长江公司获批国家级博士后科研工作站，四方股份公司、株机公司获评国家技术创新示范企业。

【技术标准化】 年内，主持或参与50项IEC、ISO、UIC国际标准的起草编制工作，其中正式发布2项IEC国际标准，成为全球第4个成功掌握列车控制（CBTC）核心技术的企业；主持或参与制修订国家标准98项、行业标准153项，新获国家和行业标准制修订项目58项，承担铁总技术标准制定20项，各子公司制定企业标准736项。

【专利申报】 全年申请专利2603件、较上年增长10%，其中发明专利1065件、占比40%；获得授权专利1806件、较上年增长

6%，其中发明专利235件、占比13%。3项发明专利、2项外观设计专利获得第15届中国专利优秀奖。株洲所入围首批“国家专利运营试点企业”。

（科学技术部　供稿）

质量管理与通用技术

【概述】 2013年，中国南车围绕保增长工作，编制《中国南车质量损失管理办法》，明确质量损失统计范畴和分类，建立质量损失管理流程，开展质量降损专项整治工作。组织质量损失管理提升工作专项调研，了解管理工作中存在的问题和不足，提出改进目标和措施。

【项目质量审核】 年内，以出口项目为重点开展质量审核，组织完成四方有限公司出口伊拉克内燃动车组、电机公司风力发电机、眉山公司出口摩洛哥和委内瑞拉货车、二七公司运输汽车普货两用平车等项目专项质量审核。

【质量安全风险管理】 年内，强化质量安全风险管理，下发《加强中国南车质量安全风险管理工作的通知》，明确可靠性管理为核心、加快构建企业产品质量安全风险管理机制的工作方向，提出质量安全风险管理目的、原则、定义、分级及管控要求，推进管理工作的制度化、规范化、表单化。

【通用技术培训与交流】 年内，加强焊接和无损检测通用技术管理，组织中国南车技术和质量专家帮助和指导子公司，完善相关产品正式投产前的各项技术准备工作。完成中国南车焊接和无损检测培训中心一期建设，获得德国莱茵TUV的焊工培训资格认可证书，组织3期国际焊工资格培训班。对株洲所时代电动公司、戚墅堰所、石家庄公司、广机公司、成都公司、广东南车公司等单位，进行焊接质量体系认证咨询。指导宝鸡南车时代工程机械有限公司编制EN 15085焊接质量管理体系文件。组织开展计量和理化人员技术考核和资格鉴定培训考核工作。

（科学技术部　供稿）

机车生产与技术开发

【概述】 2013年，国家经济增长速度放缓，铁路机制体制改革逐步深入，机车市场需求处于低位，市场竞争激烈，中国南车企业生产经营面临重大挑战。机车制造企业克服新造机车订单不足、生产极不均衡等困难，积极谋划未来，加快新产品开发，着力技术创新和科技成果转化，不断提升工艺制造水平和产品质量，为后续发展积蓄力量。搭建起具有国际先进水平的电力机车技术和制造平台，以株机公司为龙头，向资阳公司平移9600千瓦HX_D1型和7200千瓦HX_D1C型大功率交流传动电力机车制造技术，向戚墅堰公司平移7200千瓦HX_D1C型大功率交流传动电力机车制造技术。搭建具有国际先进水平的大功率交流传动内燃机车技术和制造平台，戚墅堰公司生产的4413千瓦（6000马力）大功率HX_N5型内燃机车，已成为中国铁路干线货运的主型内燃机车。搭建适应不同市场和用户个性化需求的、各种功率等级及传动方式的内燃机车技术和制造平台，资阳公司完成双燃料发动机和双燃料机车技术方案评审。截至2013年底，生产交付和谐型大功率交流传动电力机车2400台、HX_N5型大功率内燃机车700台。

凭借世界先进技术、多年研发经验和超前设计理念，不断适应用户定制化和多样性需求，引领现代机车技术发展潮流；持续推动铁路重载、高速、交流传动技术进步，引领铁路牵引动力装备发展。在核心技术支撑下，新一轮国产交流传动机车研发进展顺利，采用模块化设计的多种轴式与牵引力等级的大功率机车系列产品陆续问世，其轴式包括六轴、八轴、十二轴机车，充分满足多元化市场需求。其中，新一代八轴 9600 千瓦大功率交流传动电力机车实现大批量生产并投入运营获得用户好评；时速 160 公里六轴 7200 千瓦大功率交流传动客运电力机车投入运营后各项技术性能指标良好；联合神华集团研制八轴、十二轴大功率电力机车获得新的市场机遇；双司机室和谐 HX$_{N}$5 型内燃机车实现批量生产销售；3226 千瓦（4400 马力）交流传动内燃机车完成整机型式试验，投入运行考核；高原电力机车完成高原地区的运用考核；30 吨轴重电力机车完成样车试制。

株机公司出口南非电力机车研制成功并实现交付，国产电力机车首次登陆非洲大陆，首批运抵后进行相关试验。

戚墅堰公司完成澳大利亚 PN 项目的技术评审，出口尼日利亚 4 台、阿根廷 22 台。

资阳公司实施双燃料机车科技计划项目，首台双燃料样车落车；出口土库曼斯坦 2 台、哈萨克斯坦 28 台、澳大利亚 6 台、巴基斯坦 9 台内燃机车；完成首台八轴 9600 千瓦 HX$_{D}$1 型电力机车研制，通过各项型式试验，获得铁路总公司生产许可资质。

【HX$_{D}$1 型国产化货运电力机车研制】 年内，株机公司在引进 HX$_{D}$1 型电力机车基础上，自主研制深度国产化八轴 9600 千瓦大功率交流传动电力机车，延用 HX$_{D}$1 型，采用国内自主研发的牵引传动系统、控制系统，通过铁科院、中国南车、同济大学、株洲所、电机公司等单位共同参加的电传动系统方案评审。机车投入运用后，技术性能稳定，质量品质良好，受到用户的好评。

【HX$_{D}$1D 型客运电力机车研制】 年内，株机公司充分借鉴既有 HX$_{D}$1 系列大功率电力机车成熟技术，按照模块化、标准化、系列化要求，研制大功率交流传动客运电力机车，具有完全自主知识产权，是目前世界上技术先进、速度最快的电力机车。机车总功率 7200 千瓦，六轴驱动（C$_{0}$—C$_{0}$），时速达到 160 公里。采用自主研发轮对空心轴全悬挂转向架、牵引传动系统、控制系统，对机车外形进行重新设计，国产化率超过 90%。首批投入国铁干线客运后，技术性能稳定，质量品质优越，受到用户的好评。

【HX$_{N}$5 型货运内燃机车改进】 年内，戚墅堰公司在 HX$_{N}$5 型原型机车基础上，进行双司机室、转向架结构及悬挂方式的改造，彻底解决 HX$_{N}$5 型原型机车因单方向运行造成轮缘磨耗严重问题，为沈阳铁路局生产 50 台机车。该车采用模块化设计、外走廊、底架承载结构，方便制造和维修。机车轴重 25 吨，六轴驱动（C$_{0}$—C$_{0}$），轮周效率高，粘着利用率高，起动加速快，动力学性能和制动性能良好，具有卓越的防空转防滑行功能。机车总功率 4413 千瓦（6000 马力），装用 GEVO16 型柴油机，最大运用时速 120 公里。机车采用轴控式交流传动技术，装用大功率 IGBT 变流器，单司机操作，可三机重联。

【HX$_{N}$5B 型调车内燃机车研制】 年内，戚墅堰公司研制了 HX$_{N}$5B 型交流传动调车内燃机车。该车总功率 3226 千瓦（4400 马力），六轴驱动（C$_{0}$—C$_{0}$），是目前国内功率最大的交流传动调车机车。与 HX$_{N}$5 型机车比较，除改进转向架结构和悬挂方式、改善机车动力学性能外，采用新的 12V280ZJ 型柴油机。在原 280 柴油机成熟技术基础上，通过与国外著名柴油机咨询公司和主要部件供应商进行技术合作，进一步提高 280 柴油机技术性能指标、可靠性和环保性能指标，改善维修对进口配件的依赖、降低运用维修成本。

【机车关键部件研制】 年内，株洲所机车关键部件制造实现规模化产业发展效应，整条生产线采用柔性化设计及流水化作业，采用预布线工艺及自动查线工艺，实现与产品组装并行作业，产品出厂测试采用基于LabVIEW和TestStand软件平台的半自动化测试台。产品持续稳定批量交付，达到年产550台7200千瓦大功率牵引变流器及9600千瓦大功率牵引变流器、600台套网络控制系统的生产规模，产品运行稳定。

株机公司自主研制升级版DK-2型制动机，获准在国铁市场新造和维修的电力机车上小批量装车试用，打破国外企业在该领域的垄断。

电机公司完成南非双流制窄轨电力机车电机和变压器研制，完成“两局一线”173台HX_D1C型电力机车电机小齿轮现场整改工作、255台HX_D1B型电力机车高压互感器整改工作。

戚墅堰所批量生产的机车齿轮箱箱体、箱盖、大小齿轮、接地装置等关键零部件全部实现国产化。

成都公司完成HX_D1C型电力机车电机技术平移和小批量生产技术支持，完成3226千瓦（4400马力）调车机车牵引电机交流化转换，完成配属戚机公司出口尼日利亚机车电机设计试制。

【机车修理】 年内，以全过程的解决方案、成熟广泛的运用经验、完备的维修和售后服务，建立完善的服务维修体系。在完善承修既有车型的基础上，着力和谐型交流传动机车修理转型工作。在和谐型交流传动机车修理转型过程中，引入造修一体化的理念，以制造技术为支撑，带动修理企业实现高起点、高水平、高速度的转型，实现检修与原造工艺技术“零差异”、机车最佳运用状态“可持续”。机车维护、维修采用“计划预防修”方式，按修程量大小划分为大修(6年检)、中修（2年检)、小辅修（包括季检、半年检、年检)。组织协调株机公司、株洲所、电机公司、洛阳公司、戚墅堰公司、广机公司等单位，全面推进和谐型机车检修工作，促进二年检上批量。洛阳公司、戚机公司、广机公司、成都公司共承修机车1351台，其中承接传统直流传动机车大修892台、和谐型机车2年检459台。

洛阳公司主导修订《HX_D1型电力机车二年检检修规程》，并完成HX_D1型电力机车第二个二年检所必需的技术文件编制；完成首台HX_D1C-0012机车二年检转向架属地化检修，完成DF_{10D}型大中修机车试修和109Z型、109B1型牵引电动机大修。

广机公司首台HX_D1B型暨首批南昌局和谐型电力机车二年检竣工出厂，HX_D1B型电力机车二年检能力通过铁路总公司静态审查评估。

成都公司完成DF_{7C}型内燃机车中修、SS_{6B}型电力机车大修开发工作，完成DF_{7G}型内燃机车试修准备。

（机车事业部　供稿）

动车组生产与技术开发

【概述】 2013年，中国南车立足自主创新，形成集基础理论、设计制造、试验评估、运用维修于一体的高速列车技术体系，构建完善高速列车产业链。全年共交付动车组126列（含青岛BST公司），其中：短编组118列，长编组8列，合计标准编组134组；时速200～250公里的CRH1A型动车组32列、CRH2A型动车组73列，新一代CRH380AL型动车组8列、CRH380A型动车组13列。截至2013年底，全路共交付使用动车组1012列（即1322组标准编组），其中中国南车共交付585列(即775组标准编组,含青岛BST公司),市场占有率为57.1%。

持续保持动车组市场的领先地位,在全年共计5.6亿公里的全路动车组运营里程中,中国南车动车组运营里程占比55.4%;7月1日,宁杭、杭甬高铁正式开通运营,61列投入运营动车组中,44列(四方股份公司28列,青岛BSP公司16列)由中国南车制造、占比72%;12月28日,西宝高铁、厦深铁路、衡柳、邕北、钦防铁路和渝利铁路开通运营,57列投入运营动车组中,53列(四方股份公司38列,青岛BSP公司15列)由中国南车制造、占比93%。

城际动车组领域有着深厚的技术积淀,截至2013年底,基于Cinova平台研制的200公里CRH6A型和时速160公里CRH6F型城际动车组系列化产品,严格按照科学严谨的研发流程实施,历经型式试验、30万公里可靠性运用考核后,才能正式上线运营。其谱系化产品包含正在研制的时速140公里(覆盖时速120公里)城际动车组,即将形成时速140、160公里、200公里不同速度等级,3辆、4辆、6辆、8辆4种编组形式,多种平面布置的CRH6型城际动车组系列产品,并可依据线路的特点,进行多元化、多样化的配置选型,实现个性化定制,满足不同地区区域、不同条件下城际铁路、市域铁路的运营需求。

凭借强大的技术实力与可靠的产品质量,高速动车组保持良好质量记录,百万公里故障率仅为全路平均水平的一半。组建强有力的专家售后服务团队和现场指挥中心,建立24小时应急保障机制,确保新线的顺利开通运营。针对南宁局首次开通动车组情况,新设立南宁、成都、重庆3个售后服务站点,并调整售后服务站点分布,全路共设立4个区域售后服务中心、26个标准化售后服务站及供应商组成的联合工作团队,派驻专职常驻售后服务人员400余人,为高铁运营的动车组提供技术支持和售后服务等工作,确保所有上线运行动车组安全可靠、运行稳定。

四方股份公司研制CRH6型城际动车组顺利通过铁科院环行道和广珠线正线型式试验,率先在成灌线实现载客运行试验。研制的“更高速度试验列车”将实验室时速提升到605公里,在高速动车组前瞻技术研究方面又迈进一大步。

浦镇公司和广东南车公司首列CRH6型城际动车组分别于5月初和5月底下线,实现城际动车组中国南车内部技术平移。

四方有限公司出口伊拉克内燃动车组项目,借鉴中国南车已有相关机车、客车、动车组成熟可靠经验,结合伊拉克铁路运用条件进行设计,设计方案通过中国南车评审。

资阳公司和浦镇公司联合研制出口苏丹交直流电传动干线客运米轨内燃动车组,结合苏丹高温、大风沙的恶劣运用环境设计,2辆动车4辆拖车编组形式,动车采用流线形头型设计,拖车突出简洁造型、明快色彩的设计风格,最高运营时速100公里。

【智能化高速列车研制】 年内,四方股份公司承担的“十二五”国家科技支撑计划项目——《智能高速列车系统关键技术研究及样车研制》项目取得重大进展。6月25日,国内首列智能化高速列车样车竣工下线。智能高速列车以CRH380A型高速动车组技术平台、全息化列车状态感知和动态数字化运行环境为基础,以信息智能处理为支撑,不仅首次实现新兴的物联网技术、传感网技术在大型交通运输装备上的工程化应用,而且首次实现物联网、传感网、列车控制网络、车载传输网络的多网融合,形成具备自检测、自诊断、自决策能力的智能化高速列车,能够在复杂多变的运行环境下提高列车运行安全与效率。同时,通过智能化列车系统的应用,可为旅客提供服务资讯、无线宽带、电子票务等现代信息服务，满足旅客在旅途中与列车、与外界、与铁路客运服务平台之间的信息交互需求；对走行、牵引、制动等直接影响行车安全的关键系统与部件进行动态监控、智能诊断与途中预警，实现事故主动预防与故障快速处置；实时掌握列车技术动态，提高列车使用和检修效率，压缩停运检修时间。

【广深港高速动车组下线】 11月6日，广深港高速动车组首列车在四方股份公司下线。该动车组以CRH380A动车组技术平台为基础，针对港铁公司运用要求和香港—广州线路条件设计，满足中国铁路运行环境要求，速度级为时速350公里。具有符合欧洲标准的车体设计，符合欧洲标准配置和要求的转向架设计，符合欧洲供电制式和电磁兼容要求的牵引、制动、网络、辅助供电等电气系统设计，符合广深港工业设计要求的车内旅客界面及内装系统。

【时速250公里统型动车组交付】 10月28日，四方股份公司研制的9列时速250公里统型动车组交付南昌铁路局，完成铁路总公司2013年首次招标订单首批动车组交付。为更好地服务旅客、便于运营的组织管理以及检修维护，在各型动车组技术平台上，对列车的车型、定员、旅客服务设施、司机操作设施、列车的主要性能进行统一；全面设置影视系统，车内卫生间、开水炉由仅在单号车设置改为全列车均布，卫生间既有西式座式也有中国传统蹲式，每组座椅都设置电源插座，列车配置充足餐饮设施，车内设置残疾人轮椅停放区和固定设施，设置宽大的残疾人卫生间。

【动车组关键部件研制】 年内，株洲所坚持基础技术攻关与应用技术产业化协同并进，实现城际动车组主辅一体化平台装车考核，完成哈大高铁融冰装置合交付，高速动车组国产化工作进展顺利。

戚墅堰所有序推进建设成果平移，CRH380A型动车组用全国产化齿轮传动系统实现装车考核，新一代时速250公里动车组用齿轮传动系统实现批量应用，自主开发、覆盖多个速度等级的CRH6型城际动车组用齿轮传动系统完成产品研制；CRH380B型动车组用齿轮传动系统通过客户技术确认，CRH3A型城际动车组试验列车用齿轮传动系统实现装车；完成时速250公里、350公里动车组用铸钢制动盘试制。

【动车组检修】 年内，四方股份公司开展修程优化、关键检修技术、零部件深度国产化等检修技术研究；优化动车组检修工艺方法和工艺流程，缩短检修周期，提升检修产能；完成11个修程项目写实定价，批量施修车型定价率达到94%；完成动车组制造工艺向动车组检修板块平移，优化三级修调试规程，推进三级修转向架换修，实现动车组异地五级检修“零”的突破。动车组检修分为5个等级，其中，一、二级修为日常检修，三、四、五级修高级检修。CRH380A型动车组在全寿命周期20年内，约需进行15次高级检修，其中三级修8次、四级修4次、五级修3次。

（客车事业部　供稿）

城轨车辆生产与技术开发

【概述】 2013年，中国南车紧紧围绕“抓研发、抓质量”，采取“技术创新与市场开拓相结合”等方式，增强城轨车辆及主要关键零部件、系统集成等核心竞争能力，同时注重产品开发创新与安全质量提升。拥有各类整车研制技术，建立覆盖铝合金、不锈钢、碳钢等不同材质的时速80公里、100公里、120

公里多速度等级城轨车辆产品平台。在地铁、轻轨等传统城市轨道交通市场取得巨大成功，同时将目光聚焦在面向未来的绿色环保型产品研发与推广。随着磁浮系統技术、超级电容储能技术的攻克掌握，以新技术为核心的新型城市轨道交通产品相继问世，部分新型产品已获得市场载体，期待通过新技术、新产品在城市轨道交通系统中的应用，为未来城市景观增添更多亮丽的风景线。

四方股份公司持续深化技术体系一体化建设，建立健全技术体系组织架构和管理制度；进一步增强技术与市场融合度，建立科研与市场对接机制并良好运行；持续加强仿真能力和实验验证能力建设，为产品研发提供支撑；依托三大技术平台，全面推进整车三维设计、谱系化研究、配置化设计等工作；全面推进开放式创新、对外交流与合作。在巩固成熟 A、B、L 型系列产品的基础上，推进地铁配置化设计；完成青岛地铁 3 号线、北京昌八线、成都地铁 1 号线南延线、低地板有轨电车等项目研制；启动绿色节能地铁、单轨车、胶轮车、空轨车等研发；直线电机地铁的核心技术、关键技术完全实现自主化，整车的国产化率达到 90%以上，通过专家评审后正式投入运营。中标阿根廷萨拉门托线和米德勒线、罗卡线和新加坡 151B 地铁增购项目订单，共计 9.36 亿美元，签单收入创历史最好成绩。积极实施“走出去”战略，新设巴西、阿根廷、香港等分支机构。

株机公司执行马来西亚安邦线轻轨车、海珠区储能式现代有轨电车、宁波地铁 1 号线 2 期工程车辆、上海蓄电池工程车等 13 个项目，开展基础技术研究与储备项目和新技术预研究项目共 10 多个。对已下线的磁浮列车的日常运用与维保相关技术展开详细研究，充分发挥其静音、零排放等方面在城轨市场应用中的绝对优势，进一步拓展全寿命范围内的综合研究，提高技术成熟度，推动磁浮产业化进程。中低速磁悬浮列车在 1.6 公里示范运营线上，完成一系列例行、型式与研究性试验，促成湖南省政府对长沙磁悬浮商业运营线立项。围绕超级电容单体，开展国家 863 项目、宁波市重点研究课题、LIC 锂离子超级电容等科研项目研究，研制的新型超级电容关键技术研究项目，获国家 863 项目立项。在宁波南车新能源科技有限公司，设立超级电容研究所和储能系统研究所，组建成立国内首个超级电容研究所，下设超级电容研发与应用专家委员会，由日本、韩国及国内 10 余名行业顶尖专家组成。推进各科研项目及 2 条超级电容产线建成，完成 3000 法拉、7500 法拉、9500 法拉超级电容单体小批量生产。7500 法拉超级电容单体，在宁波南车新能源科技有限公司实现批量生产，首批 5000 只超级电容产品成功交付用户。SCS 动车组外观设计获中国外观设计优秀奖，储能式轻轨车获得 2013 年中国设计红星奖金奖。推进新产品、基础研发及平台建设，完善验证手段及 RAMS/LCC 体系，不断提升设计源头质量。严格供应商准入管理，创新供应商质量控制方式，提升公司质量问题系统预防和解决能力。第二次获得新加坡陆路交通管理局（LTA）18 台地铁工程维护车订单。签订新加坡吉隆坡 10 列 60 辆电力动车组 ETS2 项目订单、与西门子公司签订印度古尔冈南延线车辆项目暨马来西亚 ETS 牵引系统项目。成功中标吉隆坡安邦线（老线）30 列（180 辆）轻轨列车。土耳其制造中心在安卡拉举行奠基仪式，土耳其安卡拉不锈钢地铁车辆下线。

株洲所坚持基础技术攻关与应用技术产业化协同并进，科技创新多点突破，重大项目开花结果。无速度传感器、永磁驱动、列车以太网重联等前沿技术取得重大成果，跻身国际领先行列。城际动车组主辅一体化平台装车考核，新一代地铁牵引系统通过首件鉴定，低地板车辆牵引系统完成样机研制，基础前沿攻关屡获重大突破，中大功率、高速永磁驱动及电机设计技术日臻成熟。积极谋划推进仿真平台、三维设计技术、软件测试、试验验证、知识管理等公共技术与资源能力平台建设，研发效能和质量管控能力不断升级。在开拓既有产业的同时，时代电气坚持“技术”和“市场”同心发展主线。永磁牵引系统、列车以太网、无速度传感器等前沿技术都已取得关键性突破。公司全年获得 4 项省部级以上科技奖项。

浦镇公司完成自主 100%低地板有轨电车整车方案设计和 70%低地板有轨电车技术设计；完成自主城际动车组 PW160E 型转向架、时速 120 公里 B 型地铁转向架研制，引进庞巴迪 100%低地板有轨电车转向架技术并实施国产化；深入开展永磁直驱转向架和铰接式转向架研究，加快列车网络系统与车载 PIS 系统一体化研究和城际列车网络控制系统研究；开展综合监控系统实验室建设、有轨电车十字路口信号优先技术研究、售检票系统研究、乘务排班系统研究等工作。“新一代城际动车组研制及产业化”和“100%低地板有轨电车关键技术研究及产业化”项目被列入国家工业和信息化部中央重点产业转型升级发展资金项目计划，将获得约 4.2 亿元中央产业转型升级资金资助。签约西门子巴生谷不锈钢车体项目，获得 232 辆地铁不锈钢车体订单。

戚墅堰所新型地铁钩缓装置完成设计并进入试制。轮径 600 毫米、620 毫米的 100%低地板轻轨车用弹性车轮完成试制。国内首台槽型轨焊轨车完成自主开发，顺利通过上线施工焊接考核。首台地铁自行式焊轨车完成研制。参与的“城市轨道交通车辆关键部件及控制系统开发”项目获上海市科学技术三等奖。

【低地板车辆研制】 年内，引进、自主研发的 100%低地板车辆产品，形成完整的低地板车辆产品型谱，可以应对特大城市线网加密、二线城市或新区主干线、风景区等各种地区、各种气候区域，全面应对城市通勤客流、日常出行、观光旅游等各种市场需求。四方股份公司引进的 100%低地板首列车已进入试验调试阶段；株机公司完成广州海珠线低地板车辆设计；浦镇公司完成 100%低地板技术转让以及适应性设计工艺研发，首列车开始总装。

【首批阿根廷城际动车组交付】 1 月 9 日，阿根廷内政与交通部与四方股份公司签署 409 辆萨缅托线和麦特线的车辆采购合同，后续 300 辆，共计 709 辆。完成首列车设计研发与制造调试，12 月份交付，用时 9 个月 22 天、比合同规定提前 3 个月，良好的安全性能、时尚的人文设计赢得客户信赖。阿根廷城际动车组最高运营时速达到 100 公里，其中萨米恩特线采用 9 辆编组、米特雷线采用 6 辆编组。

（城轨事业部　供稿）

客车生产与技术开发

【概述】 2013 年，中国南车基于铁路电气化设施改造、既有线路提速以及旅客对出行更干净、更舒适、更方便的需求，集中供电、配备空调及带集便器的高档旅客列车将逐步增多的需要，通过开展模块化设计，加强技术创新，推进精益生产，在质量、效率和效益上持续提升，增强在传统客车市场的竞争力。年内，在中国铁路总公司（原铁道部）组织的 3 次招标中，浦镇公司中标新造客车 1418 辆、占招标总数量的 58.5%，四方有限公司、浦镇公司、成都公司中标厂修客车

1669 辆、占招标总数量的 36.01%。

四方股份公司开展时速 200 公里干线客车等客车前沿技术研究。四方有限公司完成一二等座车、卧铺车、餐车 4 种车型设计研发，通过 BST25T 型客车 A4-Ⅱ级试修质量鉴定。浦镇公司出口阿根廷客车、喀麦隆客车、土库曼斯坦客车、尼日利亚客车和拖车，25T 型客车新造由日产 4 辆提高到 8 辆（最高时达到日产 9 辆），25T 型青藏客车 A4 级试修通过中国铁路总公司审查及质量鉴定。成都公司完成既有客车加装真空集便装置、无障碍设施加装改造、客车电气配线造修源头质量整治“三项技术改造”，开发 25B 型硬卧车加装空调机组、青藏公司 5 种改造车、南宁局 4 种改造车，通过 25K 型客车部级评审并获取 A4 修资质。

（客车事业部　供稿）

货车生产与技术开发

【概述】　2013年，中国南车始终坚持以市场为导向，不断加强对新技术和产品可靠性的深入研究。依托先进的技术平台优势，提供多种不同轴重、不同速度等级的高质量定制产品，满足国内市场需求和海外客户不同的铁路货运需求。组织完成出口澳大利亚Roy Hill铁路货车项目、集装箱货车项目和出口毛里塔尼亚铁路货车项目技术方案评审。

组织各货车子公司积极参与铁路重载货车研发，试制多种27吨轴重通用货车，顺利完成线路动力学试验和线路适应性试验，车辆动力学性能指标优于其他同型货车产品。积极参与铁路货车行业技术管理，承担《铁路货车制动装置检修规则》等基础性文件修订及货车制动机惯性运用故障攻关项目。

通过全面推广精益生产、强化质量体系建设，货车产能与质量均持续稳步提升。拥有各型货车新造生产线10余条，年生产能力超过3万辆；铁路货车检修资质齐全，年检修能力超过4万辆。中国南车制造的30多万辆铁路货车运行于国内各大运输干线，良好工况表现与可靠运行状态，赢得市场高度认同。

【货车生产质量认证】　年内，眉山公司研制的 UIC（国际铁路联盟标准）制动系统通过 TSI（欧共体铁路互联互通技术规范）现场审核，获得分配阀、传感阀、中继阀和制动缸认证证书；控股子公司研制的机车阀、手制动机、闸调器通过 CRCC 审核认证，120 阀、旋压缸、空重车等七大类产品 27 种型号通过 CRCC 监督审查。

南方汇通公司JSQ_{3K}型、K_{18BK}型、C_{70}型、C_{70H}型车厂修和D_{22A}型车段修通过CRCC认证。

长江公司常州分公司修理C_{70}型敞车和铁路货车轮对，通过CRCC认证；武汉分部试制30吨轴重专用敞车和T型罐车，新造、货修共计8个车型通过CRCC认证，实现GF_{1E}型氧化铝粉罐车批量改造，试修70吨级货车K_5\$K_6$型转向架、转$K_2$型转向架改造、转26G\70A型以及2E\3E\3D轴转向架。

二七公司5类7个单元产品通过第三方监督审核，保持CRCC认证证书，C_{70}（H）型和SQ_{3K}型车厂修通过CRCC生产资质审查。

【KM_{98A}（H）型煤炭漏斗车研制】　12月24日，长江公司研制的30吨轴重铝合金煤炭漏斗车，通过铁路总公司评审。该车满足重载专线运输需求，可增加列车编组辆数，提高列车运输能力；配合地面机构可实现边走边卸，车辆正反方向均能实现底门自动开闭；设置的自锁装置提高了底门锁闭可靠性；装用自主知识产权的集成制动装置、驻车自动制动装置等新技术，能够提高车辆使用效率。

【SQ_7型运输汽车-普货两用车研制】　9月

17日，二七公司研制的SQ_7型运输汽车–普货两用车，通过中国铁路总公司设计方案评审，完成关键部件验证和整机试制。以双层运输汽车为主、具备运输部分普通货物功能，可适应叉车等机械化装卸作业，能够提高车辆利用率和运输效益。车辆采用了多种通用技术，方便运用检修。

（货车事业部　供稿）

新产业生产与技术开发

【概述】　2013年，中国南车通过轨道交通装备专有技术的延伸，现已形成重型工程机械、新能源装备、高分子复合材料、工业传动与自动化和高端零部件5大产业板块，产品广泛应用在高分子复合材料、风力发电、新能源汽车、轨道工程机械、民用工程机械、工业用内燃机、工业变流及电气装置等市场领域。在高分子复合材料、电动汽车、大功率半导体器件、风力发电机等行业，产品位居国内同行业领导者行列。

【重型工程机械产业】　年内，完成渣土机技术开发，研制出TR280DI型智能化旋挖钻机、小型钻机上车平台、TAR12型锚杆钻机、TR400D-II型旋挖钻机、TSDY380型湿地运管机、TR280型入岩钻具（1.2米）、TR280DS型入岩旋挖钻机、TR200DH型旋挖钻机、70吨宽体矿用自卸车、TFC858型多功能电液履带桩机、CQUY600HD型履带式起重机、TDM系列多轴连续墙钻机等新产品，多款产品成功亮相北京工程机械展，获得行业高度评价。自主研制国内首台EBZ260型纵轴岩巷掘进机成功下线，标志着煤炭机械产品向“智能化、成套化、高端化、国际化”迈出一大步。研制的LR1200-PROFILE型槽型轨移动闪光焊轨车填补国内空白，GTC-80型高原型钢轨探伤车、DAS7型接触网综合作业车已有样机下线。Icon-8型公铁两用高空作业车问世，钢轮驱动、前后索桥系统、电气、液压控制等技术实现突破。

【新能源装备产业】　年内，开展2兆瓦系列、1.5兆瓦D93机型风电机组风电设备研制，2兆瓦D110机型通过鉴衡设计认证及低穿认证，1.5兆瓦D93机型完成低穿和设计认证评估；成立风力发电机“关键技术攻关项目小组”，开展多项验证和攻关，完成磁钢机械固定方式的2.5兆瓦直驱永磁发电机样机试制，深入开展大型风冷双馈风力发电机冷却系统设计、大型双馈风力发电机轴电压产生机理及其抑制措施研究、滑环系统耐候性研究及滑环系统研制等前沿技术和基础技术研究，首台2兆瓦风机成功下线、进一步完善风电产业型谱。新型节能与新能源汽车研制，以全承载项目实施为重点，完成11款样车的试制，进一步提升电动汽车整车研发能力及技术水平，丰富产品谱系；以技术创新工程为依托，适时开展产品结构及技术路线的调整工作，启动以插电式及常规混合动力技术研发为重点的“H-1”及“P-1”项目，为更好应对政策调整提供坚实的技术及产品保障。“深度混合动力客车产业化技术攻关”和“插电式混合动力客车产业化技术攻关”2项863课题，顺利通过国家科技部节点验收，进一步奠定深度混合动力客车产业化技术领先优势；TEG6129CHEV型混合动力整车及系统成功入选2013年度国家重点新产品计划战略性创新产品，研究成果获得国家部委高度认可。首台全承载混合动力公交客车正式下线，首台超级电容无轨电车研制成功，新能源汽车型谱更加完善。针对政府、企事业单位公务用车而量身打造的纯电动中型公务车，入选2014年国家科技计划。南宁市定制的60台混合动力公交客车成功实现上线运营，新能源汽车年度产销量首次双突破

1000辆。

【高分子复合材料产业】 年内，成功开发应用于沪昆客运专线白水特大桥、国内最大吨位速度锁定支座，进一步强化中国南车在特种支座行业内高端产品的优势地位；成功研发等效阻尼比为20%的超高阻尼橡胶支座，在港珠澳大桥型式试验结果中名列前茅；甘德尔黄河大桥抗震项目，国内首次采用纵向抗震、横向减隔震技术方案，顺利通过E1地震和E2地震验算，成功展现系统解决方案的设计能力；为金风科技3兆瓦风机开发的液体复合弹簧，通过各项型式试验后在乌鲁木齐风场完成试装，成为该产品国内唯一研发成功并实现装机的厂家；抗冰冻低风速型风电叶片研制及产业化项目填补国内空白；采用特种高分子材料聚酰胺酰亚胺（PAI），为军工某型直升机开发的自润滑联轴套，成功通过地面实验；聚酰亚胺薄膜项目，顺利完成耐电晕聚酰亚胺薄膜及涂氟型聚酰亚胺薄膜2种新产品的开发，并均实现成功试用。

【工业传动与自动化产业】 年内，研制工业用内燃机，同步开展NY200型、NY240型、NY280型、NY300型等系列燃气发动机（含单燃料、双燃料）及发电机组约10种机型的研发，满足国内内燃机产业节能、减排发展要求。其中，NY200型双燃料发动机已试制成功，样机性能试验及200小时耐久试验各项技术指标均达到设计要求。研制工业变流及电器装置，完成10兆伏安SVG、直挂式35千伏链式SVG装置、军工电源等市场新需求产品开发，工业变流主型产品实现降低成本10%；开展光伏逆变器第三代产品开发，成本有望降低24%；完成工业变流主型产品的标准化、系列化工作，交货周期降低20%，全年质量损失率降低20%，大大提高产品市场竞争力。

【高端零部件产业】 年内，建成国内首条具有完全自主工艺能力的IGBT产品封装线，产品陆续投放到轨道交通、高压输配电、新能源等多个领域，自主研制的大功率等级的高压IGBT产品已累计批量销售达6万只。装载着中国南车自主研发6英寸5000安/8500伏晶闸管的换流阀，顺利通过世界输电距离最长、输送容量最大哈郑工程哈密站过负荷试验，成功经受大电流、高电压、过负荷考验，圆满完成调试任务。开展石墨烯高比能超级电容器关键技术和12000法拉方型超级电容技术的研究，自主研制出3000法拉/7000法拉/7500法拉/9000法拉/9500法拉系列化单体超级电容、16伏/30伏/48伏/60伏/75伏等系列化模组及应用集成系统，此外还完成CMS电容管理系统、750伏/1500伏2种线路储能系统样品、储能式轻轨车用储能系统、储能式无轨电车用储能系统的研制及分布式充电站的研发设计。

（新产业事业部 供稿）

能源管理与环境保护

【概述】 2013年，中国南车全面完成节能减排主要控制指标，万元产值综合能耗、万元增加值综合能耗比2012年降低3.5%，二氧化硫和化学需氧量排放量分别比2012年降低1.8%，氨氮和氮氧化物排放量分别比2012年降低2.2%。按照国资委及国家有关部委要求，组织环境日、节能周宣传教育活动，督导子公司保质保量完成发改委万家企业节能低碳行动工作任务，配合证监会及上交所做好上市公司环境责任调查，落实环保部重点监控企业环保管理工作。全过程参与所有新建项目前期评审，竣工项目验收和后评价，确保建设项目安全环保与实物资产合规守法。根据环保部机车车辆行业清洁标准，制定进程，反馈信息，保持原有子公司审核持续有效；同时推进所属子公司开展清洁生产审核，完成株洲所时代电气能源管理体系（GB/T23331）建设。

【节能减排】 年内，抓好环境管理体系持续有效，不断完善节能减排组织管理体系、统计监测体系和考核评价体系建设。向国资委提报中国南车第四任期节能减排指标建议计划。以万家企业节能目标为基础，跟踪落实子公司完成情况，并对浦镇公司、眉山公司等部分纳入国家环保部重点管控的企业，持续做好节能减排检查，对不能完成节能减排目标的企业，进行考核考评。完成5个子公司的节能检测，持续推进能源审计。通过工程技术手段助推节能减排，株洲所冬季采暖管控，电机公司B3-B7中央空调节能改造，长江公司常州分公司地源热泵中央空调替代传统空调，大大降低能耗，从根本上提高节能减排成效。新建项目评审，重点强化能源二、三级计量，推进戚墅堰公司智能抄表系统，初步实现能源管理信息化。进行四方股份公司燃煤锅炉烟气脱硫升级改造方案比选论证；审议株机公司污水站建设方案，完成整体方案的改进；推进洛阳公司污水站建设进程，消减化学需氧量和氨氮排放总量。

（运营管理部　供稿）

人力资源管理

领导班子建设

人才开发与配置

劳动用工与薪酬管理

职业技能与发展

总部建设

人力资源体系建设

领导班子建设

【概述】 对接中国南车发展战略，应用海洋工程项目成果，围绕创新干部考评机制，优化领导班子配置，强化后备人才队伍的工作主线，制定企业领导班子和领导成员考评办法，开展10家子公司领导班子和领导成员任期考评工作，完成第三轮企业领导班子副职岗位后备人才的选拔。年内，中国南车获全国职业经理人队伍建设先进单位和第三届中国人力资源管理十大最佳实践奖。

【公司领导班子建设】 加强中国南车“领导力模型”应用，以“责任”为核心，参考“大视野、强聚合、超价值”三个方面共12个项领导者能力素质标准要素，制订中国南车《企业领导班子和领导人员综合考核评价办法》。考评范围增加对领导班子和主要领导任期考评；考评内容实行由定量考核与定性评价相结合的多维度民主测评；考评程序增加领导班子及主要领导述职内容与考评结果的全面反馈环节；考评材料优化和规范班子成员任期考评表的内容。

【子公司领导班子建设】 按照新任期综合考评办法，完成对洛阳、电机、二七、南方汇通、资阳、戚墅堰所、株洲所、眉山等10家企业领导班子和 88 名领导人员任期届满的综合考评，其中洛阳、二七、资阳、戚墅堰所、眉山等5家企业25名班子副职通过竞选重新上岗。根据企业领导人员到龄及开展新业务补充人员和优化班子结构的需要，通过竞选方式为洛阳、二七、资阳、戚墅堰所、株洲所、眉山、四方有限共补充12名副职，通过考察为广东南车和香港公司各补充了 1 名副职。结合企业领导班子任期考核、工作状态和干部培养需要，企业共有20人进行岗位交流，其中12人内部轮岗交流、8人进行异地交流和总部与企业间的上下交流；有 4 名到任职年龄人员改任调研员。根据南车中央研究院、南车国际公司设立和财务公司、投资公司、租赁公司、南车国际成立党委的需要，完成15名相关岗位领导人员的配备。通过内部选派、公开招聘和委托子公司管理等形式，完成10家境外公司和办事处负责人的配备。

【后备干部管理】 按照中国南车“领导力模型”的领导力素质标准和《人才发展继任计划管理指导手册》要求，结合南车转型升级、创新发展和国际化经营对人才的需要，完成第三轮企业领导班子副职岗位后备人才的选拔。通过单位推荐、综合素质测评，结合企业班子现有人员年龄结构，从有利于近期培养使用和长远发展人才储备的角度考虑，选拔出经营管理、运营管理、总工程师、财务总监、党群工作、国际化经营等六大类岗位共计227名后备人才，40周岁以下人选占比为53%，35周岁以下人选占比为22%，33%的人员具备硕士及以上学历，形成了较为合理的后备人才队伍结构。

【四好班子建设】 组织开展上年度“四好”领导班子创建活动的考核、评比，有9家子公司和36家基层单位收到表彰。完成上年度企业负责人绩效考核和本年度企业负责人副职绩效计划的制订。

（人力资源部　供稿）

人才开发与配置

【概述】 依托国家、省部级专家人才选拔机制，不断加大专家奖项对外申报力度。修订下发《中国南车核心人才选拔与管理暂行办法》、《中国南车专业职务任职资格评审办法》，组织开展第二届中国南车核心人才选拔。全面落实《中国南车2013年培训工作要点》，实施公司级重点培训项目24期。依托《基于SIP的中国南车招聘体系》项目建设成果，创新校园招聘机制。深化推进南车大学和人力资源开发与管理研究会建设，不断提升人才开发与配置的理论和实践管理水平。

【人才队伍建设】 将管理、技术、技能三个办法整合为一个通用办法，修订下发《中国南车核心人才选拔与管理暂行办法》，新增“首席管理专家”层次，优化核心人才基本任职条件和量化评审标准；引入价值观评价、九宫格矩阵评估等专业工具，组织开展第二届中国南车核心人才选拔，共评选出首席技术专家9人、资深技术专家54人、技术专家119人，首席管理专家3人、资深管理专家15人、管理专家42人，首席技能专家7人，资深技能专家36人，技能专家76人。截止年末，公司拥有首席技术专家25名、资深技术专家140名、技术专家294名，首席管理专家3人、资深管理专家27人、管理专家79人，首席技能专家19人、资深技能专家71人、技能专家199人。从年度绩效对标、业绩量化评审、价值观综合表现考评等方面，按照所在单位评议、核心人才选拔管理办公室审查等程序组织开展首届核心人才中期评估，616名首届核心人才通过中期评估，展示核心人才职责履行、价值观态度、专业能力和工作业绩，强化核心人才工作的严肃性和权威性，完善核心人才培育机制，加速高端人才队伍建设。

【员工培训】 根据《中国南车2013年培训工作要点》的整体安排，全年共实施公司级重点培训项目24期，培训1067人次。其中，以子公司高管正职、总部部门负责人及以上人员为对象，导入“南车魂”领导力模型，组织实施卓越领导力培训154人次；依托诺丁汉大学和英国丹尼克斯公司组织国际化人才培训，选拔90人分综合管理、技术管理、市场营销三个专业参加第二期国际化人才宁波阶段学习，在此基础上，选派30人赴英国丹尼克斯公司进行为期2个月的境外培训；利用台塑优质培训资源，举办中高层管理人员、财务与信息化骨干、企业管理骨干、优秀青年人才、优秀班组长培训8期299人；通过合资公司随岗跟班工作，组织项目管理人才培训12人。为推进行动学习法在南车落地，举办了一期催化师培训，选拔公司人力资源、战略规划、运营管理、企业文化、科学技术等部门80余人参加培训学习，演练催化师核心技能，初步掌握行动学习研讨的常用工具和方法。

【校园招聘与人才引进】 校园招聘全面应用《基于SIP的中国南车招聘体系》项目建设成果，招聘成员按《南车招聘人员行为规范》和《南车对外招聘人员品牌知识培训材料》开展工作，按照“信息发布—校园宣讲—接收简历—筛选简历—网络测评—面试签约”的流程开展招聘，利用“中国南车人才测评系统”对毕业生进行“基本素质与潜能”和“感知与偏好”测评。通过组织校园专场宣讲招聘、网络招聘等方式，分四条线路开展了34个院校的招聘工作，共面试3148人。全年各单位共接收高校毕业生1906人、占计划接收总量的86.6%。

【专家人才申报】 集团公司新增国家“百千万人才工程”专家、“国家有突出贡献中青年专家”1名，是近两年轨道交通装备行业唯一一名当选专家；四方股份公司1人入选国家“万人计划”首批科技创新领军人才，四方股份、浦镇公司、戚墅堰公司、电机公司等4家单位各新增1名“茅以升铁道工程师奖”。公司现拥有国家“百千万人才工程”专家6名，获得“茅以升铁道工程师奖”荣誉人数46名。

【专业职务评审】 修订完善《中国南车专业职务任职资格评审办法》，优化高级专业职务任职资格量化评审标准，对破格申报高级职称条件进行具体量化，进一步营造有利于专业人员培养和成长的政策环境。62人取得教授级高级工程师、387人取得高级专业任职资格（高级工程师316人、高级政工师29人、高级会计师25人、高级经济师17人）。年末，公司拥有教授级高级工程师402人，高级职称人员3146人，中级职称人员8955人。

【南车大学建设】 推进南车大学资源建设，围绕领导力、核心人才、优秀青年人才、班组长和高级技能培训项目实施，创新项目过程管理，突出培训效果，充分发挥南车大学功能，提升培训开发专业化水平。

（人力资源部 供稿）

劳动用工与薪酬管理

【概述】 加强用工管理，提升效率防范风险，加强总量控制，提高劳动效率，强化法规执行；大力推进管理提升，健全建立职务消费制度体系，切实强化夯实基础管理工作。按照预算管理工效挂钩办法，控制总量平衡，集团公司员工薪酬及工资总额增长率为7.2%，员工平均工资增长率为6.3%。

【员工构成】 年末，集团公司共有员工91942人（其中股份公司86509人），与上年同期相比减少31人。其中在岗员工88208人，非在岗员工3734人。年内新增员工5871人，其中接收复转军人74人，录用大学毕业生2217人、中专毕业生300人、技校毕业生385人，其他新增2895人。年内减少员工5902人，其中退休、退职3034人，解除合同2306人，终止劳动合同130人，除名、开除、辞退13人，其他减少419人。

员工岗位结构方面：在岗员工88208人，比上年增加938人，占员工总数的95.9%，比上年提高1.1个百分点。其中：技能操作人员51139人，工程技术人员17425人，经营管理、专业管理人员15209人，其他人员4435人。非在岗员工3734人，占员工总数的4.1%，其中内部退养1944人，因病因伤长期休假837人，集体外出劳务76人，其他877人。

员工学历结构方面：本科及以上学历25107人，占员工总数27.3%，较上年上升1.8个百分点。其中，博士生142人，较上年末增加23人；硕士生3301人，比上年末增加526人；本科21664人；大专学历20428人，占员工总数22.2%；中专学历7192人，占员工总数7.8%；高中技校学历24740人，占员工总数26.9%；初中及以下学历14475人，占员工总数15.8%。高学历层次员工较上年有较大提高。

员工年龄结构方面：25岁及以下的员工共有13242人，占比14.4%；26～35岁的员工25194人，占比27.4%；36～45岁的26716人，占比29.1%；46～50岁的13868人，占比15.1%；51～55岁的7549人，占比8.2%；56岁以上的5373人，占比5.8%。员工年龄结构较合理，平均年龄为37.85岁，与上年持平。

【劳动用工管理】 按照“控制总量、优化结构、提高效率”的原则和“保增长”目标要求，进一步压缩用工总量的存量和增量指标，着力提高劳动效率。年末员工人数实现负增长，新增从业人员总数为2144人，较年度下达的控制指标减少35%，人均营业收入首次突破100万元，劳动效率不断提高。加强用工风险防范，积极应对《劳动合同法》

（修正案）实施给企业用工带来的变化，主动查找劳务派遣用工中存在的问题，聘请人社部专家组织开展劳务派遣用工管理专题培训，指导企业做好规范劳务派遣用工管理工作，防范用工法律风险。积极推进厂办大集体改制工作，制定《关于厂办大集体改革改制人员安置和劳动关系处理的指导意见》，审核了株辆厂等 6 家单位厂办大集体改革改制人员安置方案。

【薪酬管理】 公司对实施两年的分配制度进行全面评估，进一步优化岗位绩效工资制度，落实全员绩效管理体系，目前初步形成以岗位绩效工资制为基础、多种分配形式并存的收入分配模式。按照 2012 年度各企业资产经营责任制考核和高管个人绩效考核的结果及“业绩升、薪酬升，业绩降、薪酬降”的原则，结合各子公司副职目标年薪比例水平等情况，完成 2012 年度子公司高管年薪的清算及年薪台账的动态维护工作，合理控制年薪水平及与员工平均工资倍数关系，维护和谐劳动关系。做好股权激励计划的动态管理，发挥中长期激励优势，激励核心员工与企业共同发展。指导株洲所时代电气和时代新材推进股权激励计划，时代电气股票增值权激励计划获得国资委批复同意。下发了《关于加强收入分配基础管理的若干规定》，共十项 39 条，对总额预算、分配制度、支付管理、福利体系、监管与责任追究等进行了全面细致的规定。转发国资委《关于进一步规范中央企业收入分配秩序严肃收入分配纪律有关事项的通知》，对子公司提出具体要求。完成国资委对中国南车 2012 年财务决算批复及国资委经济责任审计相关问题整改情况材料。对 2012 年经济责任审计中株机公司、电机公司等单位的问题开展追踪和整改落实工作。下发《中国南车专项奖励管理暂行办法》，按办法对专项奖励实施规范管理，对总部专项奖励实现 e-HR 系统线上审批，对子公司下发兑现通知。

【工效挂钩和工资总额预算管理】 根据集团公司对子公司下达的经营指标和上年指标完成情况及薪酬发放情况，按照薪酬及工资总额增长率低于可分配复合效益增长率，全员平均工资增长率低于全员平均净利润增长率的审核原则核定薪酬及工资总额预算。按照国资委的要求，提报中国南车 2012 年度工效挂钩工资清算方案，在缺口较大的情况下，积极申请政策支持，完成国资委审核清算工作。2013 年由工效挂钩改为预算管理模式，提报《中国南车 2013 年度工资总额预算的请示》。完成各单位 2012 年度工效挂钩工资的结算工作，下发《关于 2012 年度薪酬及工资总额决算集中验审情况的通报》。审核、编制、下达各单位 2013 年薪酬总额及工资总额预算，做好预算调整工作。按照预算管理下的工效挂钩办法，准确测量总额，核定预算基数，合理分配资源，控制总量平衡，同时引入城市薪酬差异系数（CDI），充分考虑当地经济发展水平和劳动力市场价位等综合因素，结合财务预算指标及各单位员工收入水平等情况，做好总额预算管控工作。根据国资委和公司“保增长”工作要求，下发《关于加强人工成本控制落实“保增长”要求的通知》和《2013 年一级子公司高管年薪补充考核办法》，在股份公司经营形势面临多重压力和挑战的情况下，提出强化工资总额预算管理、严格控制用工总量增长、不断优化人力资源配置、加大人工成本管控力度四项工作要求，要求各子公司以降本增效为目的，将人工成本管理作为企业经营的关键环节来把握，努力完成“保增长”经营目标。跟踪各单位落实“保增长”要求具体措施，以及“两低于”原则执行情况，对不符合薪酬发放原则的单位及时发出风险提示，下发《2013

年一季度薪酬及工资总额发放情况的通报》和《中国南车薪酬管理工作简报第31期、第32期》，对薪酬及工资发放提出意见措施；参加公司（货车、机车及客车系统）经营工作片区座谈会，就加强人工成本控制提出工作要求。对重点关注子公司逐家沟通提示，配合财务部提高滚动预算工作质量，提升薪酬统计管理水平，定期做出统计分析报告，供领导决策参考；根据e-HR系统建设情况，全面实现系统上报薪酬报表工作。

【主要劳动工资指标】 人工成本控制力度较大，员工工资总额、平均工资及劳动生产率稳步提高。2013年集团公司实发工资总额为648317万元（其中股份619079万元），比上年增长7.2%（股份增长7.1%），实发员工工资总额为633092万元（其中股份604738万元），比去年增长7.7%（股份增长7.6%）。集团员工平均工资为68746元/人（其中股份69990元/人），比上年增长6.3%（股份增长6.2%），比上年增幅减少3个百分点。劳动生产率及百含工资情况。集团公司工业总产值劳动生产率达到了1073893元/人，比上年的1018787元/人提高5.4%；工业增加值劳动生产率达到了233175元/人，比上年的212527元/人提高9.7%。2013年百元销售收入工资含量为6.6，略高于上年水平。

【两个确保与稳定工作】 根据会计准则调整对精算工作的影响，下发专项通知，部署子公司做好影响精算费用的重大事件预先匡算及审核工作，根据股份公司的要求，完成20131231评估时点的精算工作。调整企业年金运营管理模式，组织开展年金运营机构招标，最终评审出4家法人受托机构、4家账管人及托管人和6家投资管理人；制定《中国南车股份有限公司实行企业年金制度的指导意见及实施细则》，成立南车年金管理委员会，公司企业年金试行方案获得国资委正式批复，并报人社部备案获批复。年末，有15家子公司建立了企业年金制度，企业年金资产达10亿元，账户人员6万人，逐步建立起中国南车多层次养老保险体系。积极履行企业社会责任，稳妥应对信访问题。

落实《关于参照北京市相关政策调整提高北京地区企业离休人员生活补贴的请示》签报精神，北京三单位自6月起实施。组织加快推进国有企业职教幼教退休教师待遇问题，指导有关子公司积极落实《关于妥善解决国有企业职教幼教退休教师待遇有关问题的通知》，组织在京企业及四方有限、戚墅堰公司、常铁校等单位积极做好待遇申报及政策落实工作。做好北京时代干改工提前退休、戚墅堰公司和石家庄公司要求按退休职教幼教落实待遇问题、长江公司原医院退休人员要求与地方医院人员同等待遇等稳定工作，向戚墅堰所、株洲所传达转制科研院所过渡期退休人员政策文件等。

（人力资源部　供稿）

职业技能与发展

【概述】 加大职业技能人才培养力度，完善专业知识结构，了解专业发展动态和四新知识，提高分析解决问题能力和综合素质，根据培训需求继续举办电焊工、冷作工、钳工、电工、数控等5个高级技能培训项目，选派多名首席技能专家承担授课任务，197名技师参加培训，激发技能人才提升岗位技能水平的热情，学习内在动力，为优秀技能人才提供展现技能水平，提升岗位素养的平台。

【职业技术教育】 按全国技能人才评选表彰办公室要求，组织拍摄中华技能大奖获得者、中国南车首席技能专家、戚墅堰公司电焊工高级技师张忠同志专题宣传片——《铁路提速追梦人》，扩大公司高技能人才的知名度和影响力。组织开展电焊工、冷作工、钳工、电工、数控等5个高级技能培训项目，选派多名首席技能专家承担授课任务，197名技师参加培训，充分发挥了核心技能人才在技艺传承方面的积极作用。

【职业技能鉴定】 深化职业技能鉴定，加大高技能人才和复合型技能人才培养力度，全年参加技能鉴定人数达到7827人，4709人取得了相应等级的职业技能等级资格证书，新培养高级技师238人，技师701人，掌握第二技能的复合型技能人才800名，高技能人才占技术工种技能员工的比例达到53%，完成年度工作目标。完成《职业技能鉴定考核站程序文件》、《职业技能鉴定考核站质量手册》、《职业技能鉴定作业指导书》等三类体系文件初稿模板的起草工作，并通过人社部专家的初审。

【职业技能竞赛】 组队参加国务院国资委在美国举办的中美国际数控机床技能大赛和精益管理论坛，公司代表队获得团体总分第二名并获金奖，6名选手全部被授予“中央企业技术能手”荣誉称号，其中4人还同时被授予“中央企业青年岗位能手”荣誉称号，在国际舞台上展示了中国南车技能员工精湛的技艺和良好的精神风貌，受到国务院国资委等部门的高度肯定。

【班组建设】 按照“深、细、实”班组建设管理工作总体部署，组织开展2012年度班组建设工作考核，细化考核标准，对5家先进单位、7家达标单位给予表彰奖励。组织开展3期优秀班组长培训，以精益管理为主线，导入行动学习，开展标杆对标和工作交流，培训优秀班组长196人。组织中国南车班组长台塑培训班1期，培训任务生产一线优秀班组长37名。

（人力资源部　供稿）

总部建设

【概述】 确立“健全体系、夯实基础，为做强做优中国南车提供坚强的人才保障”总体目标，按照“创新、价值、系统、责任”的工作方针，以管理提升活动为契机，持续完善创新驱动，落实价值创造，实践系统思考，落实体系建设、基础管理和人才发展各项工作，制订总部新一轮全员聘用方案，完成总部和境外公司和办事处负责人选聘配置。推进企业年金管理方式转换，完成企业年金标准调整。完善总部机构设置，优化部门职责。强化总部薄弱职能，优化资源配置。

【总部员工管理】 按照“分级管理、区别对待、公开民主、科学配置、择优上岗”的原则，制订总部新一轮全员聘用方案，完成48名部门负责人选聘，新提拔部门正职1名，副职7名；组织17个部门38个二级机构负责人岗位竞聘，新提拔处长15人，副处长8人；对15个部门35名一般岗位员工进行了双向选择和聘任。通过公开招聘和系统内企业调入方式为中央研究院、财务部等8个部门的部分缺员岗位补充19名人员；通过挂职交流形式为战略和发展部等8个部门缺员岗位配备了13名交流挂职人员协助工作；通过内部选派、公开招聘和委托子公司管理等形式，为10家境外公司和办事处配备了负责人。年内，总部2名人员到龄退休，为总部和在京企业12名调入人员和7名两地分居人员办理进京户口手续。实施总部企业年金管理由理事会受托向法人受托方式的转换，成立总部年金管理委员会，制订《总部企业年金方案实施细则》，通过了总部职工代表的审议和国资委的核准和人社部的备案批复，完成企业年金标准调整。

【总部职能管理】 按照建设五星总部管理

提升活动要求，结合总部职能定位，综合分析内外部因素，从有利于强化总部薄弱职能、优化资源配置和着重解决日常运转中出现部分管理边界不清、交叉重叠、责任主体不明确等方面考虑，对总部部分部门内设机构、职责分工进行调整，印发新部门职责，重新下发部门编制。机构调整中，董事会办公室投资者关系处更名为信息披露处，撤销财务部机关财务处，增设财税处；审计和风险部风险处更名为内控风险处。

成立“中国南车中央研究院”（简称中央研究院），以加强公司前瞻性、基础性、整体性的战略发展和技术研究，优化战略管控和资源整合，培育可持续发展核心竞争力，促进产业转型升级和国际化经营。中央研究院为南车直属机构，成立初期本部设：经济研究部，内设战略研究室、政策研究室；科技管理部，内设综合处、科技管理处、综合技术处、资源发展处，科技管理部与南车科学技术部合署办公；技术研究部，内设基础技术研究室、产品规划研究室。

成立“南车国际装备工程有限公司”（简称国际公司），注销中国南车股份有限公司国贸分公司，以加快推进南车国际化经营战略的实施，统筹南车海外业务，建立协同、高效的海外业务发展机制，创新海外业务发展模式。成立初期，国际公司承担总部海外事业部的管理职能。

（人力资源部　供稿）

人力资源体系建设

【概述】 通过开展人力资源管理提升活动，并依托人力资源信息化平台建设工作推进海洋工程项目建设成果落地，构建战略化人力资源体系。根据公司部署，完成“十二五”人力资源子战略修编。修订《中国南车培训管理体系文件》，深化培训体系建设。开展“五星 HR”评价工作，有序推进战略性人力资源体系建设。

【战略化管理体系建设】 按照“战略导向、系统提升、前瞻思维、创新驱动、E化支撑”的原则，稳步推进人力资源管理提升活动向纵深发展，系统开展战略性人力资源体系建设，组织9大类18个项目建设，形成16本专业管理指导手册，组织并指导各子公司开展推进第一批项目成果落地实施。6月4日，组织召开人力资源体系建设项目评审会议，第二批10个项目通过评审。以中国南车“十二五”发展战略人力资源子规划“四新四化”模型为蓝本，全面构建基于“战略化、体系化、专业化、信息化”的网络化、立体化的人力资源开发与管理平台，导入18项战略人力资源体系建设成果，编制印发《中国南车战略人力资源管理体系指引手册》，为公司人力资源管理的转型突破奠定理论和制度层面的双重基石。

【人力资源规划修编】 对照“十二五”战略目标，从三大总量目标、三支队伍结构、五项效能指标方面，系统总结人力资源工作在“十二五”期间取得的成绩，详细分析与目标值存在的差距。从深化建设六大体系、创新用工机制、推进分配改革三个方面明确“十二五”后两年人力资源的重点突破方向、发展措施。确立通过加快 e-HR 建设进程、推进万名核心骨干人才分级管理、建设学习型组织、打造一体化的招聘平台、建立人力资源效能指标定期报告制度和薪酬调查报告制度五项行动，优化人力资源运作平台建设工作，部署“十二五”后两年人力资源体系建设的重点工作。

【培训体系建设】 深化培训管理体系建设，修订完善《中国南车培训管理体系文件》，形成由1个管理手册、8个程序文件、8个专项管理办法、50张表单组成的管理体系，为培训管理升级提供了制度保障。系统推进课程体系建设，围绕领导力、成长力、发展力和创新力开发，设计经营管理、专业技能、职业化三大系列、八个类别、十大课程体系架构；围绕《南车魂•领导力模型》和《南车心•全员核心胜任力模型》，设计课程开发结构、课程内容、课程开发流程和评审标准等操作指导规范，全年共开发具有特色的课程198门，采购成熟课程71门、370课时。精心实施培训师体系建设，初步建立内训师能力素质模型，制定各层级培训师任职资格标准。各子公司新聘内部培训师1018人，内部培训师队伍初具规模。着力推进EL平台建设。系统设计策划e-Learning平台建设方案，围绕资源管理、学习管理、互动平台功能，建立中国南车e-Learning平台，为组织和员工构建管理和获取知识、信息的平台，营造运用现代信息技术、具有全新沟通与丰富资源的学习环境，拓展学习方式。同时依托HCM系统，实现与员工成长通道、绩效管理、能力评价模块的对接，通过课程资源与学习地图的高效配置，实现学习发展的信息化，促进组织学习与个人学习的有机融合，年底通过公司立项审批。全年各子公司组织行动学习培训和相关活动超过1300人次。

【人力资源信息化建设】 持续评价系统建设和应用水平，开展系统数据分析，不断提高基础数据质量。解决56项系统问题，薪资项目权限分配、人事业务、员工自助等功能得到极大提升。系统与公司门户系统、AD域、OA系统等的集成接口稳定运行，组织、岗位、人员等数据通过权限控制有效共享，系统间的集成和协调运作，提升系统的运行效率和效果，为业务创新和决策提供了有力支撑。组织完成平台升级基础业务功能需求梳理优化和评审工作，提出修订改进功能意见560项。基于“海洋工程”项目成果落地实施的信息化升级项目建设全面启动，实现全集团人力资源信息系统的集中部署，组织制定《系统升级开发方案》《集中部署方案》《系统迁移方案》《平台业务差异化分析报告》《战略性项目成果信息化方案》等，组织各子公司人事主管、战略项目执行经理、关键用户200多人次先后参加系统的HCM培训。实现HCM系统上线试运行，项目建设工作已转入战略项目成果的落地实施和平台功能优化阶段。年内，人力资源信息化建设项目获中国南车科技进步二等奖。

【五星HR创建评价】 年内，开展“五星HR”创建评价工作，从“工作理念指引、工作策划与实施、工作方法与工具、业务总结改善”等全过程环节实现人力资源管理工作的闭环管理和持续提升，明确中国南车人力资源工作共同价值理念和总体工作要求。全年评选出“五星”HR单位5家，“四星”HR单位10家，“三星”HR单位2家。

（人力资源部　供稿）

党群工作

组织工作

宣传工作

纪检监察工作

工会工作

共青团工作

机关党务工作

学会·协会

组 织 工 作

【概述】 中共中国南车集团公司委员会，有党委委员23人，其中党委常委9人，设党委书记1人，党委副书记2人。中国南车下属25个党委，其中一级子公司党委23个、学校党委1个、总部机关党委1个。基层党组织991个，其中党委62个、党总支部71个、党支部858个。共有党员42943人，其中，正式党员41590人，预备党员1353人；在岗职工党员29814人，离退休党员13076人，其他党员53名；女党员8887人。在岗党员占职工总数的32.4%。

年内，中国南车各级党组织深入贯彻落实中共十八大精神，积极应对铁路改革和市场变化，大力推进“双效南车”建设，扎实开展党的群众路线教育实践活动，坚持“融入中心抓党建、凝心聚力促发展”的工作思路，持续提升基层党建科学化水平，着力加强领导班子建设、基层党组织建设和党员队伍建设，为中国南车的转型升级和创新发展提供思想、政治和组织保证。

【党的群众路线教育实践活动】 按照中央和国资委党委统一部署，中国南车总部及所属23家子公司，同步参加全国第一批党的群众路线教育实践活动。此次活动围绕保持党的先进性和纯洁性，以“为民、务实、清廉”为主要内容，以各级领导班子和党员领导干部为重点，严格按照中央“照镜子、正衣冠、洗洗澡、治治病”的总体要求，以落实中央八项规定精神为切入点，着力作风建设，紧密结合企业实际，顺利完成“学习教育、听取意见”“查摆问题、开展批评”和“整改落实、建章立制”三个环节的各项工作，为加快建设双效南车、向世界一流企业迈进提供了坚强保证。

7月15日，中国南车在北京总部召开动员大会，7月15～22日23家子公司相继召开动员大会，全面启动教育实践活动。党委下发《关于印发<中国南车党的群众路线教育实践活动方案>的通知》和《关于成立开展党的群众路线教育实践活动领导小组和工作机构的通知》，将23家子公司分为四个片区，并派出4个督导组，对子公司教育实践活动全过程进行检查指导。7月中旬至8月中旬为第一环节“学习教育、听取意见”，主要是制定活动方案、召开动员大会、组织理论学习、开展专题讨论、广泛征求意见。8月下旬至10月底为第二环节“查摆问题、开展批评”，主要是开展谈心谈话活动，撰写领导班子和班子成员的对照检查材料，召开一次领导班子专题民主生活会和党员专题组织生活会，通报民主生活会情况。11月初至下年初为第三环节“整改落实、建章立制”，主要是制定“两方案一计划”（活动整改落实方案、领导班子成员个人整改方案、制度建设计划）、公布整改措施、开展专项整治工作，推进整改落实。其中党委明确了8个整改方向、19个整改目标、61个整改项点，并按照“准、狠、韧”的要求，不断推进整改项目的完成，至年底共完成59项，整改完成率达到96.7%。总部教育实践活动每一个环节都得到国资委第一督导组的帮助指导，三个环节紧密衔接、连贯推进，充分保证了教育实践活动的质量和效果。

【民主生活会】 根据中央和国资委党委统一部署，按照中国南车党的群众路线教育实践活动具体安排，在学习贯彻落实习近平总书记在指导河北省委常委专题民主生活会上重要讲话精神的基础上，10月9～10日上午（3个半天时间），组织召开了中国南车党的群众路线教育实践活动领导班子专题民主生活会。国资委督导一组组长解思忠、副组长孟凡良，督导组成员孟晓彤、张蕾蕾、胡玲、孟帅、申力等全程参加并指导会议。郑昌泓、刘化龙、陈大洋、张军、傅建国、詹艳景、王军、楼齐良、徐宗祥等 9 名党委常委全部参加会议。会议首先由郑昌泓通报领导班子对照检查材料，随后领导班子成员逐一对照检查，并认真开展批评与自我批评，相互提出批评意见 110 条。会前，党委认真制定会议方案，在个人自学的基础上安排了 4 次党委中心组集中学习；9 名党委常委带队深入 23 家子公司开展调研，组织召开了 27 个座谈会；采取座谈会、下发通知、设立意见箱等方式，共征求 14 个方面 373 条意见建议；班子主要负责同志与班子副职之间、副职与副职之间、班子成员与分管部门负责人之间开展了 120 多次谈心谈话活动；所有常委均撰写了对照检查材料，三上三下，累积修改 32 人次，为开好民主生活会作了充分准备。10 月 31 日，以视频会议方式，向 23 家子公司专门通报了领导班子专题民主生活会情况。

【创先争优】 各级党组织、党务工作者和广大党员认真贯彻中共十八大和十八届三中全会精神，积极践行科学发展观，在企业深化改革和转型升级中做出突出贡献。为表彰先进，激励和动员广大党员为推进双效南车建设、建成一流企业做出更大贡献，在纪念建党 92 周年之际，中国南车党委评选表彰了先进基层党组织 45 个、优秀共产党员 90 名、优秀党务工作者 45 名，同时还在各单位遴选推荐的基础上优中选优，命名表彰了 10 名“优秀共产党员标兵”，并对优秀共产党员标兵的先进事迹进行专题宣传。

【党建管理提升】 按管理提升活动总体要求，抓住党建工作中存在的共性问题，以“夯实党建工作基础、完善党建工作机制，创新党建活动载体、开展学标对标活动”为切入点，突出年度党建工作主题主线，修订完善党委换届选举工作程序、党委纪委委员增补程序、创先争优表彰机制、三重一大决策机制等，推进党建工作制度化、标准化、规范化建设。配合国资委党建局对株机公司、株洲所、电机公司和长江公司进行专题调研，就党建管理提升、党建工作评价考核、企业党委发挥政治核心作用、党员教育培训工作规划落实等方面内容进行交流研讨。

【党委换届选举】 认真贯彻执行《中国共产党基层组织选举工作暂行条例》和《党代表大会换届选举工作程序规定》，中国南车党委以深入分析形势、提出企业改革发展的总体目标、为党组织发挥政治核心作用提供行动纲领、健全党内民主建设为重点，加强对党代会代表选举、党委纪委候选人酝酿提名、党委纪委工作报告起草、党代会召开等工作的指导，促进党代会质量的提高。本年度任期届满的 6 个单位党委，除资阳公司、株洲所公司、南方汇通公司和总部机关经同意推迟召开外，四方股份公司、浦镇公司分别于 1 月 11 日、4 月 18 日召开党代会，完成党委换届选举工作。

【基层组织建设】 坚持“三同时”（新建经济组织的同时建立党组织、调整经营管理组织的同时调整党组织的设置、配备经营管理人员的同时配备党务工作人员）原则，按照精干、高效、协调和有利于加强党的工作的要求，加强对业务结构调整企业党建工作的调研指导，进一步优化党组织的设置。年内，指导广机公司、青岛 BST 公司、广东南车公司、财务公司、投资公司、租赁公司组建党委会，确保企业党组织正常开展活动。

【发展新党员】 贯彻落实中共中央办公厅《关于加强新形势下发展党员和党员管理工作的意见》和全国发展党员和党员管理工作座谈会精神，对子公司发展党员和党员管理工作进行专题调研，提出“党员发展总量控制在2%以下”的工作要求。坚持党员发展工作方针，加强对入党积极分子的教育培养，全年发展新党员844名，其中，生产工作一线党员704名，占发展总数的83.4%；工人党员363名，占发展总数的43%；35岁以下青年党员540名，占发展总数的64%；高中以上文化程度党员811名，占发展总数的96.1%。经团组织“推优”的125名优秀团员均发展入党，“推优”率为100%。新发展党员中各类先进模范人物占36.25%。

【党员教育管理】 各基层党组织认真贯彻“从严治党”方针，坚持把提高党员思想政治和业务素质作为一项长期的战略任务，切实加强党员教育管理工作。以学习贯彻中共十八大精神、增强党的意识、保持党的先进性和纯洁性为主要内容，以切实解决党员队伍中存在的突出问题、提高党员思想政治素质为目标，各级党组织坚持围绕企业生产经营、精益生产、管理提升、降本增效及“保增长”等中心工作，广泛开展党员责任区、党员先锋岗、党员品牌工程、党员攻关键、党员主题实践等活动，增强广大党员的责任感、使命感和在企业改革发展中发挥先锋模范作用的自觉性。加强流动党员、离退休党员、非在岗党员的教育管理工作，加快离退休党员转入社区管理的工作进程。

（党委组织部　供稿）

宣传工作

【概述】 围绕中国南车年度工作会议部署，持续完善“舆论阵地平台、互动活动平台、信息引导平台、危机管控平台”四大平台，深入宣传贯彻中共十八大精神和党的群众路线实践教育活动，大力传播品牌形象，加强品牌管理，扎实推进BI建设，高质量完成各类展会，积极宣传南车核心价值观，做好思想教育工作，顺利完成各项工作目标。

【对外宣传】 深入贯彻中央和国资委领导要求，召开加强央企新闻宣传工作视频会，举办中国南车新闻宣传骨干通讯员培训班，对各一级子公司对外宣传主管、报社主编进行专业培训。拓展媒体资源，重点加强中央媒体和财经媒体的联系，多次组织媒体集体采访、联谊等活动。

密切关注重点产品，及时报道产品下线情况，先后组织策划CRH6型城际动车组在浦镇公司和江门基地下线、出口型高速动车组、公铁两用高空作业车、钢轨探伤车、苏州地铁2号线列车、直线电机地铁列车、长沙地铁列车、首台2兆瓦低风速风机下线，高度可调节石砟漏斗车、DK2制动芯、单体最大超级电容、大吨位履带式起重机下线、增程式电动汽车交付用户等重要产品新闻宣传工作。

配合市场开拓和热点新闻事件，从南车角度发布一系列稿件，包括围绕国铁年内第一次招标、向莆铁路开通、总理出访泰国等社会关注点，进行选题策划；针对海外市场开拓的新闻点，及时发布南非电力机车下线、阿根廷城铁订单、马来西亚项目南车动车组、第三批澳大利亚交传内燃机车、出口哈萨克斯坦第二批干线内燃机车、泰国内燃机车举行签约、出口安卡拉不锈钢地铁起运、签约新加坡18台地铁工程维护车、株洲所中标香港地铁工程车牵引传动系统等重要消息，持续保持南车的媒体曝光度。加强专访和人物报道，完成新华社、人民日报、中央电视台、工人日报、经济日报、21世纪经济报道、香港大公报、世界轨道交通等媒体对中国南车领导进行的专访，并在中央电视台、工人日报等媒体发布中国南车五一劳模、最美一线员工等人物报道。

【新闻角度的市值维护】 按周制订新闻发布计划，与董事会办公室制订定期宣传会议制度，“两会”期间围绕全国“两会”、增发股解禁市场维护展开，保证每天的消息投放，为解禁股平稳流通营造舆论氛围。7 月下旬～8 月上旬，配合宏观政策利好，开展新闻策划，连续两周日均发布 2 篇以上稿件。针对年报发布，一季报、半年报、三季报发布引导性报道，平稳总体舆情。

【品牌建设】 开展“南车之歌”系列活动，制订相关系列活动方案，积极调动子公司参与热情，先后开展司歌歌词、曲谱征集活动；进行网络评审和三轮专家评审，确定获奖名单；对获奖作品进行专家修改，最终确定南车之歌。开展中国南车“新绿”服务形象打造活动，推广先进企业售后服务管理经验，初步制订售后服务站点形象规范。开展营销岗位情景模拟巩固系列活动，策划中国南车“品牌形象大使”评选活动。围绕 BI 建设深化工作，落实领导要求，制订 BI 工作计划，梳理前期工作，策划下一阶段 BI 计划；召集部分子公司召开研讨会，讨论做好以“内化于心、外化与行、知行合一” 为主题的 BI 全面深入推进工作。

【品牌整合推广】 除了通过对外新闻宣传推广品牌外，还通过展会、公关活动、参与评奖等扩大品牌影响力。加强展览展会规范化管理，完成展会管理调研情况汇总，并组织召开展会管理培训和研讨，年内圆满完成南非展、澳大利亚展、北京展等各类展会，参与或指导子公司筹备印度展、世界重载大会、中阿博览会、西部博览会、上海展、德国宝马展、美国展、风能展、新加坡展、泰国展、工程机械展等展会，并启动柏林展前期筹备工作。

完成品牌建设情况报告材料，撰写国资委品牌工作会议中国南车经验介绍材料，并上报国资委。南车品牌建设屡获国资委领导肯定，品牌价值再获提升，年内世界品牌实验室评定南车品牌价值为 295.36 亿元，比上年增加 84 亿元；参评中国五星品牌评审，获评“中国五星品牌”；参加新华社“发现中国创造力”颁奖活动，连续四次获评企业社会责任论坛“最具社会责任企业”称号；获评亚洲品牌 500 强第 53 位，较上年提升两位；获评“十大节能技术奖”。开展品牌深度调研和品牌价值内部评估模型设计工作，完成二级及以下子公司品牌准入和品牌复审。

【品牌风险管理】 积极应对负面舆情，通过上下协调，及时指导和处理“昆明地铁事故”“党小军事故”“南非公护人委员会对南车项目进行调查”“株机公司假发票事件”“国企招待费”“阿根廷项目”等重大负面公关危机。对于影响不大的负面舆情，亦及时与相关子公司沟通联系做好处置，对此类问题做好内部管理的调整与应对的预案。

积极探索和适应新媒体时代宣传要求，创新中国南车宣传方式，提升新媒体应对能力。创新形式联合网络媒体，邀请意见领袖，开展“火车送我回家喽”“车迷有约走进南车”等活动；拓展媒体资源，与央视网、新华网、搜狐、海子网等建立战略合作关系。收集相关调研材料和国资委相关管理办法，对代表性企业进行调研，编制《新媒体使用指导手册》。

【思想教育工作】 深入宣传中共十八大会议精神和党的群众路线实践教育活动，在《中国南车》报、OA 网开辟专栏，报道公司贯彻中共十八大会议精神和党的群众路线实践教育活动有关活动，发布学习中共十八大会议精神新闻、群众路线教育实践活动新闻 260 篇，并及时将有关信息上报国资委。坚持中心组学习制度，邀请专家进行《推进中央企业做强做优，培育世界一流企业》《近代西方社会变革—解读法国的‘旧制度与大革命’》《城镇化与轨道交通》《领导干部新媒体使用及危机应对》等专题讲座，并组织习近平总书记一系列重要讲话、党的群众路线教育实践活动系列文件等中心组专题学习；建立党委中心组学习资料库，并将学习资料整理入库。开展文化创新活动，组织开展“深入挖掘和弘扬高铁工人精神”活动，戚墅堰公司、资阳公司、电机公司等率先开展“道德讲堂”活动，戚墅堰公司获评为央企首批企业文化示范单位。

【内部新闻工作】 深入开展内部宣传报道工作，年内发布内网 OA 新闻 1329 篇、出版南车报 23 期刊、出版《看南车》2 期。在报纸开辟“学习十八大精神”“群众路线教育实践活动”“高铁工人精神”“战酷暑、保生产”“保生产、保质量、保安全”“五一劳模”等专栏，专题报道相关活动开展情况。

【历史文化资料征集】 启动中国南车历史文化征集梳理工作，凝炼企业百年发展历程，传承中国南车企业文化精髓。召开南车历史文化征集梳理工作视频会、解放前企业工作座谈会，按计划推进历史文化征集整理工作。召开部分离退休老同志座谈会，介绍情况并说明征集的相关要求，促进历史文化资料的发掘。召开部分子公司工作研讨会，明确工作方向，推动资料征集工作深入开展。

（党委宣传部　供稿）

纪检监察工作

【概述】 纪检监察工作围绕中国南车发展目标，坚持标本兼治、综合治理、惩防并举、注重预防的工作方针，以深化惩防体系建设为主线，以贯彻落实中央八项规定、加强廉洁风险防控等为重点，扎实推进企业反腐倡廉建设，取得明显成效，为中国南车改革发展提供了纪律保证。

【贯彻中央八项规定精神】 组织各单位利用多种形式，在广大党员、干部特别是各级领导干部中传达学习中央八项规定、上级关于违反八项规定典型问题的通报、关于加强企业业务招待费管理要求等重要精神，教育广大党员干部进一步提高思想认识，不断增强落实八项规定的责任意识和坚定性，全年开展八项规定教育活动 253 场次，参与人数达 27680 人次。下发相关文件、通知、简报，数次召开联席会议研究部署工作，针对存在问题，督促落实整改，并针对节假日期间腐败现象易发多发的特点，开展重点监督检查，扎实抓好中央八项规定精神的落实。各级纪检监察组织设立八项规定举报电话、邮箱，通过工作检查、随机抽查、信访举报等形式，强化执纪力度，确保中央精神落到实处。组织协调“八项规定”贯彻落实情况的监督检查和效能监察，督促各单位成立组织机构，开展自查整改，结合党的群众路线教育实践活动组织抽查，各企业全年共开展八项规定监督检查 52 次，查出并纠正问题 60 个。集团公司全年会议费和业务招待费同比下降 32.9%和 18.3%，企业负责人用车、通信等 6 项职务消费支出同比下降 19.3%。

【反腐倡廉教育和廉洁文化建设】 结合学习中共十八大精神、党的群众路线教育实践活动，教育广大党员干部深入学习党的基本理论教育，坚定理想信念，着力建立反对“四风”、廉洁从业的思想防线。组织各单位以廉政党课、廉政谈话、学习培训、交流研讨、知识竞赛等教育形式，利用检企共建、各地党风廉政教育基地等外部资源，请进来走出去，开展灵活多样的现场教育、警示教育，增强教育的体验感和震撼力。利用 OA 办公网络平台、电子刊物、手机短信、廉政手机报、电子贺卡等形式，开辟新媒体宣传教育阵地。落实《中国南车“十二五”廉洁文化建设规划》，大力开展廉洁文化建设，组织指导各单位开展“廉洁文化作品展览”“廉政短信征集”“读书思廉征文”等形式多样的廉洁文化建设活动，部分单位形成“廉洁道德讲堂”等具有自身特点的廉洁文化活动阵地。年内，开展各种反腐倡廉教育活动438场次，廉洁文化创建活动175场次，受教育人数达64697人次。

【惩防体系建设评估验收】 总结梳理2008～2012年惩防体系建设成果，召开评估工作调研座谈会听取各单位意见，认真制定评估方案，督促指导各企业加强自查评估。对各单位自查情况进行现场核查，汇总工作资料确定评估结果，分别有7个企业和10个企业（院校）被评为2008～2012年度惩防体系建设先进单位和达标单位，中国南车确定的2008～2012年惩防体系建设9个方面32项内容156项目标任务全部完成，各单位领导体制基本建立，廉政教育形成格局，制度体系建立健全，监督制约实施到位，风险防控步入轨道，惩防作用有效发挥。

【廉洁风险防控】 落实国资委党委《关于加强中央企业廉洁风险防控工作的指导意见》，重点围绕投资决策、产权交易、财务管理、境外资产、资本运营、物资采购、招标投标、选人用人和工程建设等腐败易发多发的重点领域开展廉洁风险防控。7月，召开廉洁风险防控工作进展汇报会，听取各单位工作情况和意见建议。10月，组织召开中国南车廉洁风险防控工作推进会，进一步深化和规范廉洁风险防控工作。在广泛调研和征求意见的基础上，制定下发《中国南车廉洁风险防控手册》，至年底，各单位查找廉洁风险点5217个，制定防控措施5269条，排除风险321项。

【落实党风廉政建设责任制】 层层分解反腐倡廉、惩防体系建设目标任务，并落实到各级领导人员、相关部门和单位直至责任人。将年度惩防体系建设目标任务纳入企业和基层单位《党风廉政建设责任书》，由所属企业党政主要领导与所属部门、基层单位党政第一责任人签订目标责任状，做到任务落实到部门，职责明确到岗位，责任分工到个人，形成“一级抓一级、层层抓落实”的目标管理工作机制。通过签订廉洁从业责任书、承诺书、述廉议廉等形式，强化责任落实，全年签订各级党风廉政责任书984份，责任追究4人；领导人员廉洁承诺2808人次，述廉议廉2270人次；组织任职谈话577人，诫勉谈话83人次，有44人上交礼品、礼金、礼券和有价证券共计16.4万元。

【效能监察】 突出加强对效能监察各个管理环节的改进，修订《中国南车股份有限公司效能监察办法》，完善了建立制度、制定计划、组织立项、过程督导、总结评优的闭环管理流程。加强效能监察过程的督促指导，对查出的问题和管理缺陷进行两级整改，并跟踪落实，强化内控制约。组织优秀效能监察项目评比，发现总结效能监察务实创新的经验，展示推广特色做法，发挥优秀项目的导向和示范作用，引导各子公司进一步提升效能监察工作规范化水平，全年组织对各企业申报的优秀效能监察成果（项目）29项进行评审，评出优秀项目10项。针对供应链建设，组织集团公司统一立项，共发现164项（个）问题和缺陷，发出监察建议178条；通过整改落实，健全完善150余项（个）相关制度和流程，形成16份专项效能监察报告。年内，全系统效能监察立项91项，通过效能监察提出监察建议493条，作出监察决定17个，避免经济损失7256万元，节约资金41991万元，直接增加经济效益2213万元。

【监督检查工作】 强化重要经营管理环节的监督检查，年内对集团公司集采和总部所有招议标业务活动等加强了现场监督和程序监督，并制定监督过程记录表，促进监督的规范化操作。指导所属子公司继续对重大投资项目、基建工程招投标、工程预决算管理、物资设备采购和价格管理、废旧物资设备处理、外协外包、财务资金管理、劳务派遣用工等腐败案件易发多发的经营管理关键环节进行重点监督检查，在重大项目招议标时邀请当地检察机关参与共同监督，源头把关，防治腐败，促进内控制约的强化和反腐倡廉管理提升的深化，全年各一级子公司及所属公司纪检监察人员参与工程建设、物资设备采购、废旧物资处理等招标监督 3354 人次，参与干部考察任用 84 次。全程参与对所属子公司领导班子及成员的任期考核和领导班子成员竞聘上岗工作，全年参与 11 个一级子公司领导班子考核、51 名领导班子成员的续聘和新聘工作。

【信访初核和案件查处】 贯彻执行集团公司领导关于信访初核和案件查处工作的指示，加强对有关案件的重点关注和监控，跟踪重大信访和重大违纪违法案件的进展，加强协调沟通和业务指导，统筹做好信访初核和案件查处工作，信访初核确保信访件件有批示，件件有落实。针对重大投资、产权交易、工程建设、物资设备采购、营销活动中违纪违法的案件，特别是对违反“三重一大”规定、涉及员工利益及招投标项目中的案件，加大查处力度，发挥查办案件的惩治功能。年内，受理群众信访举报 65 件次，初核 25 件，转立案 1 件，了结 24 件，立案 7 件，结案 5 件；党政纪处分 5 人，其中党纪处分 5 人，政纪处分 0 人，移送司法机关 2 人，刑事处理 3 人。全年信访举报核查兑现率、信访举报处理兑现率、领导交办重大案件责任追究完成兑现率都达到 100%。

【反腐倡廉管理提升活动】 组织党风廉政建设和纪检监察工作管理提升制度检查。开展反腐倡廉理论研究，参加中纪委“坚决反对腐败，建设廉洁政治”理论征文活动，收到理论文章 39 篇，评出一等奖 5 篇、二等奖 7 篇、三等奖 12 篇，向中纪委、国资委纪委选送优秀论文 10 篇，并出版《南车文化研究》反腐倡廉专刊。4 月 7 日，《中国纪检监察报》以“突出‘降本增效、管理提升’”为题，刊登了中国南车效能监察的经验文章。促进纪检监察干部队伍建设提升，年内组织 25 名纪检监察领导干部参加国资委纪委举办的中央企业纪检监察干部业务培训班，各子公司组织各层次业务学习培训 26 场，参加培训人数 355 人次。发挥通报情况、促进工作、交流经验的平台作用，全年编发《南车纪检监察信息汇编》66 期。根据中纪委、国资委纪委统一部署，开展纪检监察系统会员卡专项清退活动，全系统共有 247 名纪检监察干部填写了个人零报告，17 家一级子公司（院校）和总部机关纪委填写了组织零报告。

（纪委监察部　供稿）

工 会 工 作

【概述】 年末，中国南车下属工会组织 20 个，其中一级子公司工会 16 个，工会筹备委员会 2 个（广机公司、广东南车公司），职技校工会 1 个，总部机关 1 个，共有工会会员 91874 名。

中国南车各级工会紧扣企业发展的脉搏，与企业同轴共转，同心共鸣，在大局中发挥作用，在发展中彰显作为，工会各项工作取得了新成效。

【工会主题活动】 为全面贯彻落实中国南

车“十二五”战略部署，积极推进“双效南车”建设，在推进企业做强做优中更好地发挥工会职能、展示工会作为，南车工会在各级工会组织和广大员工中，深入开展“建功立业创佳绩，做强做优奔一流”主题活动，把思想和行动统一到南车的发展战略和各项要求上来，着力将工会工作提高到一个新水平，更好地为做强做优、培育具有国际竞争力的世界一流企业做出新贡献。主题活动实行统一领导、分级实施、定期总结考核的方式进行，成立了由陈大洋任组长，饶庶、邱伟任副组长的主题活动领导小组，具体负责主题活动的组织实施工作。活动在“宣传做强做优、参与做强做优、服务做强做优、奉献做强做优”方面作了具体安排，并从“巩固成果、突出特色，选树典型、提升效果，全程融入、狠抓落实，健全机制、严格考核”四个方面提出了总体要求。活动时间为2013～2015年。

【劳动竞赛】 为了贯彻股份公司董事长郑昌泓、总裁刘化龙在南车高峰论坛会议上的指示精神，落实国务院国资委和中国南车“保增长”工作要求，顺利推进南车转型升级、创新发展，更好地深化工会“建功立业创佳绩，做强做优奔一流”主题活动，激发各级工会组织和广大员工全面推进超额完成全年经营计划的积极性和主动性，在中国南车各级工会组织和全体员工中，组织开展“保指标、保质量、保安全，全面推进完成年度生产经营任务”的“三保”劳动竞赛，涌现出大批先进经验和典型。各单位组织开展以“八比八创”为主要内容的劳动竞赛，年初立项共602项，实际完成679项，其中“三保”主题竞赛385项；参与劳动竞赛近15万人次，全年劳动竞赛资金1395万元，用于“三保”竞赛的资金837万元。年内组织职工代表安全巡视督查252次，下发“红黄白通知书”146个（次），提出安全整改项目2795项，并督促整改落实。

【民主管理】 针对员工队伍结构和就业形式的快速变化，按照主动、依法、科学维权的新要求，积极营造和谐稳定的劳动关系。深入推进企业职代会制度建设、厂务公开、班务公开等工作，持续抓好职代会民主评议企业领导人员、评议中层领导工作，深化职工代表提案活动，有效推进班务公开，保障员工的知情权、参与权和监督权。年内，集团公司行政方与工会方代表签订了中国南车首轮《工资专项协议》，各一级子公司全部签订了工资专项协议；组织集团公司职工代表讨论审议了《企业年金方案》。

【三关心三保证活动】 以党的群众路线教育实践活动为载体，强化服务意识，扎实开展“三关心、三保证”活动，着力为员工办实事、办好事、解难事，全年送温暖资金筹集总额1985万元，慰问困难员工家庭总数5931户，慰问其他人员13350人次，领导干部参加慰问活动409人次；组织开展“金秋助学”和“夏送清凉”活动，共资助困难员工子女1271名，总费用达147万余元。针对四川雅安地震，及时向中国南车在川3家企业下拨救助资金，帮助受灾员工及家属解决实际困难。

【评先树模】 组织评选表彰中国南车首届“劳动奖章”40名、“劳动奖状”30个，向铁总推报火车头奖章19名、奖状3个，组织推报中央企业3个先进集体和5名先进个人。成功申报中国南车为“全国五一劳动奖状”、股份公司董事长郑昌泓等5人为“全国五一劳动奖章”，并组织相关宣传报道。开展“五一”为劳模送温暖活动，举办第7期劳模素质提升班，组织两批40余名劳模赴欧洲进行为期10天的疗、休养，营造弘扬劳模精神、尊重关爱劳模的氛围。

【员工素质提升】 充分发挥工会“大学校”作用，全面实施员工素质工程。年内，经层层推报审核，组织推选、命名和颁发了首批26个“中国南车劳模创新工作室”，并邀请公司主要领导为劳模创新工作室挂（授）牌。经层层选拔组成南车代表队，赴美国参加中美国际数控机床技能大赛，夺得大赛金奖，工会副主席邱伟被授予最佳领队奖。

【女工工作】 加强女职工组织建设，召开南车工会第三次女员工代表大会，组织女职委换届改选，选举单位产生由冯丹、胡朝晖、忻群等22名委员组成的第三届工会女职工委员会。以实施《女职工保护特别规定》为契机，切实抓好女职工工作。学习贯彻《女职工劳动保护特别规定》，组织开展知识竞赛活动，1.9万余人参赛，参与率达97%。

【文化体育活动】 以提高员工素质、繁荣员工文化为目标，坚持“重心下移，基层为主、小型多样”的原则，充分发挥协会作用，广泛开展群众性员工文化体育活动。年内经筛选选拔，向铁总推报3个节目参选全路第二届职工才艺大赛决赛节目，长江公司拉丁舞被选中参加铁总决赛，洛阳公司代表南车组队参加全路毽球比赛获第6名。征集员工书法摄影绘画作品188件（摄影102件、书法58件、绘画28件），经层层评选，多幅作品获得中国南车和铁总奖励。

【工会自身建设】 不断规范工会组织建设，修订完善工会工作目标管理考核办法，实行分片考核。指导广机公司、广东南车公司组建工会筹备委员会；指导戚墅堰公司、洛阳公司召开工会代表大会，顺利完成换届改选工作。选举参加全路工会代表大会代表，并组织推选陈大洋、欧清莲参加中国工会十六大。深入开展建设职工之家活动，各单位加大对职工小家、职工书屋的硬件投入，改善员工生产、生活和学习环境。加强工会理论研究和实践总结，评选表彰工会优秀调研论文（创新成果）一等奖9篇、二等奖15篇、三等奖5篇。推进工会信息工作，组织工会信息员培训班，全年编发《南车工会信息》173期，其中“三保”劳动竞赛专刊28期。年内，中国南车工会“目标管理”和“三关心三保证”两项工作被授予“全国铁路工会特色工作品牌”称号。

【工会财务经审】 下发《中国南车工会财务会计管理补充规定》，并由中国南车工会统一制作了《费用（物品）报销单》《出差报销单》《现金支付（发放）签收单》《物品发放（领受）签收清单》《列账通知单》《账簿启用表》等原始凭证模板。制订下发南车工会经审文书格式，进一步规范工会经审管理，南车工会财务工作获铁总一等奖。完成戚墅堰公司、成都公司、洛阳公司、二七公司等4单位工会主席离任审计和株洲所、四方股份公司、资阳公司、眉山公司、电机公司、南车体协等6单位经济责任审计。

（工会办公室　供稿）

共青团工作

【概述】 年末，中国南车团委有下属团委37个、团总支部58个、团支部301个。团员总数15927人，其中保留团籍的党员3856人。团干部总数1219人，其中专职团干32人、兼职团干1070人。

南车团委面对新形势新任务，认真贯彻中国南车工作会议精神，适应中国南车转型升级和国际化发展的新要求，着重抓好思想教育、青年人才培养和服务生产经营中心工作，为企业发展发挥了应有作用。

【青年思想引导】 组织学习宣传中共十八大精神，在学习内容上，突出全面建设小康社会总体目标等内容，坚定团员青年理想信念，坚定发展信心；突出高铁列入中国建设创新型国家重大科技成就，增强团员青年荣誉感、责任感和工作热情；突出和青年有关的内容，使团员青年感受到党中央的关怀和信任，坚定对美好未来的信心和勤奋学习、努力工作的动力。下发相关学习材料，组织各单位在抓好团委中心组学习的同时，更多关注普通团员青年的学习，了解团员青年思想动态，做好思想引导。按照共青团中央、中央企业团工委要求，组织各单位团委认真学习团十七大精神，组织广大团干部结合团十七大对共青团工作提出的要求，对如何做好南车共青团工作进行思考研讨。发挥3名团十七大代表的作用，在企业开展数次宣讲活动。针对本年度1～8月份企业订单不足，青年员工队伍思想出现波动的情况，将开展理论学习与革命传统教育、中国梦教育、企业文化教育、新媒体展示、文体比赛等结合起来，通过开展丰富多彩的各类活动，改善企业氛围，维护青年员工队伍思想稳定。

【中国梦宣传教育活动】 注重引导团员青年把中国梦与企业梦、青年梦结合起来，增强对国家强大、企业发展与个人受益的理解。重点学习习近平总书记在首都各界青年座谈会上的讲话，编写2万字的《中国创造、点燃梦想》“我的中国梦”宣讲提纲并制作PPT下发各下属企业开展普遍宣讲，共组织宣讲、论坛、读书、征文、微电影展示等活动70多场，参加员工6000多人。6月16日，《中国青年报》报道了中国南车团委开展中国梦宣讲活动的情况。

【青年成长成才工作】 深入开展五四评选先进、第二届中央企业五四青年奖章等各级各类先进集体和个人评选等活动，加强对青年先进典型的发掘、培养和宣传，并组织开展中国青年企业家协会和中国青年科技工作者协会会员推荐工作。

加强引导和服务，为青年员工成长成才创造条件。不断扩大工作覆盖面，调研不同青年员工群体的工作、学习、生活状况，全年完成青年思想、工作、生活等方面调研报告22篇，并开展不同类别青年员工职业生涯设计的引导。依托以企业团组织为核心、以各类青年社团为外围的青年组织体系开展活动，为青年员工活跃气氛、陶冶情趣、展示自我、健康成长提供平台，年内开展了单身青年联谊、集体婚礼、中秋联欢等活动，指导总部团支部开展了英语讲座学习活动，先后两次与中国国旅、中材集团、中国移动等央企组织单身青年联谊活动，连续第三年开展慰问高铁售后服务青年员工活动。

【服务生产经营】 针对本年度后4个月订单集中、各企业生产高度紧张的情况，召开专题会议，促使各单位团干部认清形势，统一思想，提高认识，把围绕生产经营发挥团员青年生力军突击队作用作为后4个月共青团工作的主线。主动改进工作作风，支持基层团组织全力服务生产经营，下发了中国南车领导在保证质量兑现订单动员会上的讲话宣讲提纲，组织各单位认真学习。加强信息报送督导，及时了解各单位工作动态，做好相关宣传引导工作。联合科学技术部、科协，共同组织中国南车第四届科技论坛论文征集工作。传达年初中国南车安全生产工作会议和年末安全生产委员会精神，组织团员青年深入学习中央、国资委和中国南车对安全生产工作的要求，落实企业各项安全生产措施，维护安全生产稳定。组织各货车企业团委积极参与企业精益安全工位建设的活动，提高本质安全生产能力。组织各单位青年志愿者队伍，围绕安全生产开展志愿服务活动。

【共青团十七大代表选举】 召开两次工作会议部署相关工作，经两上两下，完成共青团十七大代表和参加中央企业团代会代表的候选人推荐。召开团代表会议组织选举，产生 6 名参加中央企业团代会代表，团干部和基层青年各 3 人。做好参加中央企业团代表会议工作，全国技术能手、四方股份公司基层青年员工张合礼在中央企业系统 34 名候选人中列第五位当选团十七大代表，团十七大山东省和湖南省代表团各有 1 名南车青年员工当选为代表。在团十七大会议上，南车 3 名代表中有 1 人当选主席团成员。

【共青团管理提升活动】 开展制度大检查，对南车共青团各项管理制度进行检查修订。指导广机公司成立临时团组织，与中国三峡集团团委开展工作交流，指导有关一级子公司开好团代会，开展新软件学习培训，组织指导各企业做好年度统计和全国青年文明号报备工作。加大团干部培训力度，举办南车优秀青年领导力培训班，组织各一级子公司团委书记参加培训班学习。加强与各用户单位团组织的联系，年内和上海地铁局、北京铁路局、郑州铁路局、广铁集团、上海申通地铁、南京地铁、北京地铁等单位进行了交流活动，株机公司、戚墅堰公司、浦镇公司也与用户单位团组织和团员青年进行互访交流。抓好计划总结、团费收缴、信息报送、统计存档等基础工作，推进团的工作扎实开展，全年各单位信息数量超过 400 条。

（团委　供稿）

机关党务工作

【概述】 年末，总部机关党委有党总支 1 个，党支部 14 个，正式党员 250 名（其中离退休党员 90 名）。

机关党委认真贯彻中共十八大和十八届三中全会精神，围绕中心，服从大局，狠抓党的思想、组织、作风、廉政和文化建设，深入开展党的群众路线教育实践活动，充分发挥党支部的战斗堡垒作用和党员的先锋模范作用，为中国南车保增长、实现千亿奋斗目标和各项任务的全面完成做出了贡献。

【思想建设】 认真学习中共十八大和十八届三中全会精神，组织总部机关 8 次不同内容的专题讲座和培训，股份公司董事长郑昌泓、总裁刘化龙分别就党的建设、国企改革和机关作风建设讲党课、作专题报告，加深全体党员和员工对中共十八大和十八届三中全会精神的理解，增强搞好国企改革的决心和动力。各党支部认真贯彻中国南车工作会议和高峰论坛会议精神，围绕新版发展战略，制定部门转型突破的重点课题，深入开展管理提升活动，促进各项工作跨上新台阶。

【组织建设】 根据中央和国资委的部署，按照中国南车党委的要求，机关党委组织全体党员，参加第一批党的群众路线教育实践活动，促进广大党员特别是党员领导干部作风转变、廉政勤政意识增强、综合素质提升和贯彻八项规定自觉性的提高。各党支部组织党员认真学习习近平的重要讲话和中央的有关文件，并开展了学习交流；机关党委组织了专题讲座，召开了征求意见座谈会，将子公司对集团的意见和建议全部转给了有关部门；各党支部在认真准备的基础上，都召开了高质量专题民主生活会，党员出席率在 95%以上。针对查摆出来的问题，制定整改方案和措施，落实到部门和责任人。活动从本年度 7 月至下年 2 月，年内完成“学习教育，听取意见；查摆问题，开展批评；整改落实，建章立制”三个环节的工作。

深化创先争优活动，着力建设创先争优的长效机制，积极开展岗位创先争优，结合纪念建党 92 周年，表彰了 4 个先进党支部，

31 名优秀共产党员，4 名优秀党务工作者。根据总部机构和人员的变化，对党支部进行了调整，为 79 名党员调转了组织关系，并发展了 2 名新党员。

【廉政建设】 组织全体党员认真学习习近平在中纪委全会上的重要讲话和中纪委工作报告，以及中央、国资委和集团公司党委关于改进作风，励行节约，反对浪费的规定和要求。结合群众路线教育，坚决纠正四风，对总部干部、党员和员工坚持高标准严要求，并取消总部在职员工春节团拜活动。

【文化建设】 认真学习贯彻中国南车企业精神，围绕建设五星级总部，积极开展文化建设。通过谈心交流，增进员工了解，密切干群关系，构建部门和谐。着力做好总部复员转业人员和青年工作，通过开展有意义的文体活动，对外比赛和交流，培养团队意识。积极做好困难党员和困难员工送温暖工作，促进和谐总部建设。

【离退休工作】 高度重视做好离退休工作，认真学习贯彻离退休政策，为离退休老同志制发了群众路线教育活动和党的十八届三中全会学习材料，通报了集团公司开展群众路线教育活动和生产经营情况，并听取了离退休老同志对公司的意见和建议。组织 70 多名老同志参观园博会和航空博物馆，并完成老同志体检和两节送温暖活动。

（机关党委　供稿）

学会·协会

【中国南车党建思想政治工作暨企业文化研究会】 深入学习宣传贯彻中共十八大会议精神，专题研讨中共十八大报告的新思想、新观点、新论断。在中国南车内部网络、《南车文化研究》等舆论平台开辟专栏，刊登学习中共十八大精神的专题研究论文，围绕中国南车管理提升活动要求开展专题调研活动，全年编发《南车文化研究》4 期。按照中央企业政研会《关于印发 2013～2014 年度党建思想政治工作课题工作安排的通知》要求，部署开展党建思想政治工作课题研究工作，收集申报课题 66 项，择优上报的 5 项课题全部被中央企业政研会立项。配合中央企业政研会开展“中央企业先进精神调研”活动，向中央企业政研会报送《中国南车企业精神建设情况介绍》。

（党建政研会　供稿）

【中国南车企业协会】 着力办好《改革与管理》杂志，发挥南车内部综合管理核心刊物的作用。准确把握中国南车年度工作重点和经营、改革、发展主题，在选材、编辑、导向上下功夫，抓住年度集团公司工作会议、高峰论坛两个重要会议，在领会领导讲话精神基础上，以杂志规范的样本与读者易于接受的形式精心策划编辑。结合管理提升活动，在工作指导、对标培训、管理案例分析、转段推进等方面做好工作。把握精益管理主线，及时刊发集团公司工作要求，选取先进典型，推进精益管理全面展开。搭建管理交流平台，采取约稿或选取成熟经验材料供读者交流分享。密切关注集团公司管理瓶颈与难点，开辟专栏深入研究与探讨。加强《改革与管理》杂志的管理和业务指导，调整刊物主编、副主编，并优化编辑部工作流程，规范内部管理；注重编辑通讯员综合素质培养，利用网络平台传递工作要求和写作专业知识，促进刊物质量不断提升。全年出版《改革与管理》杂志 6 期约 60 万字，并以纸质、电子版两种形式发行至集团公司及一级子公司和部分二级子公司、16 家铁路局。

参与重大投资项目可行性研究报告评审，对项目建设的必要性、可行性和合理性进行评审并出具评审意见，供集团公司领导决策参考。参与重大固定资产投资项目竣工验收，通过察看项目现场、抽查相关资料和讨论后，慎重出具竣工验收鉴定意见。积极参加集团公司年度管理创新成果评审，提出审定意见，并将优秀的管理创新成果及时刊登在《改革与管理》杂志，推进成果共享。围绕企业改革、发展、管理提升等方面，开展工作调研并提交调研报告，为企业发展提供咨询。（企协　供稿）

【中国南车科学技术协会】 9月10日，中国南车科学技术协会第二次代表大会召开。中国南车的有关领导、科协专职人员，各一级子公司科协主席、科协秘书长等50人出席大会。会议由陈笃主持，杨安立代表上届科协作题为《与时俱进　发挥优势　为推动机车车辆技术进步而努力》的工作报告，唐克林作题为《发挥优势　集聚正能量　在做强做优中国南车中展现更大作为》的南车科协今后四年工作意见的报告，王松文作修改《中国南车科学技术协会章程》的报告，并宣读《南车科协第二届委员会选举办法》。大会通过中国南车科协章程及选举办法，选举产生南车科协第二届委员会，并在南车科协第二届委员会上选举产生7人常委会，王军任科协主席，唐克林（常务）、张新宁、刘友梅、丁荣军、王松文任科协副主席，陈笃任科协秘书长。股份公司董事长郑昌泓在会上作了重要讲话。

10月11~12日，科协常务副主席唐克林参加由中国科协常委会促进企业自主创新专门委员主办的冶金行业产业链——“技术创新　企业发展论坛”，并作了《坚持科技兴企战略，提升自主化能力，建设创新型企业》的主题报告，介绍中国南车基本情况、科技创新的主要做法、科技创新促进企业发展的主要成果以及提升科技创新能力、建设创新型企业的体会。

12月17日，科协常务副主席唐克林受邀参加全国企业科协工作座谈会，并作了《坚持科技兴企　聚集科技人员　推动技术创新》的典型发言，具体介绍南车科协工作的主要做法、长期以来主要开展的工作和科技创新的主要成果，并表示中国南车科协将进一步引导和动员广大科技工作者，投入到“讲理想、比贡献”活动中去，不断创新工作思路和方法，把这项群众性技术创新活动不断引向深入。

举办中国南车第四届科技论坛，提供科技人员展示才干的平台，促进企业技术创新工作。各级科协积极组织科技论文征集工作，并组织专家对征集的论文进行评审，从中筛选出较优秀的论文，按规定推荐上报南车总部。中国南车第四届科技论坛共征集论文151篇，南车科协会同南车科学技术部组织专家评审，年内完成151篇论文的初评。

（科协　供稿）

【中国南车人力资源开发与管理研究会】 落实中国南车“十二五”人才战略和年度人才工作要点，以《南车人才》为载体，深化人力资源理论研究和实践创新。全年围绕人力资本价值体系、培训开发、人才培养、劳动管理、薪酬绩效等工作的理论探讨，就国际化人才培养、高技能人才队伍建设、构建和谐劳动关系、班组管理创新等方面，介绍各单位实践创造的新做法、新经验，会刊专栏增加到19个，刊发论文170篇。5月，在中国职协“企业技能大师工作室经验交流座谈会”上，推介戚墅堰公司张忠、洛阳公司张素丽、长江公司杨卫东三个国家级技能大师工作室的业绩和经验。在中国职协2013年优秀科研成果评审中，中国南车再次夺得“优秀科研单位奖”和“科研工作组织奖”荣誉。推荐参评的论文共获得5个一等奖、

16 个二等奖、16 个三等奖。

（人力资源研究会　供稿）

【中国南车财会协会】 根据年度财务工作会议精神，针对存在的突出问题开展课题研究和攻关活动，年内组织长江公司、南方汇通公司、南车财务公司向中国铁道财会学会报送《总分公司运营架构财务管理模式的研究》《提高货修盈利能力的成本精细化管理研究》《现有监管环境下财务公司的运营管理研究》等 3 个课题。各分会按课题研究工作管理办法，积极组织若干个课题研究，并加强课题的选项立项、研究实施、成果评审、总结交流、推广应用等方面的管理。

建立区域性业务交流平台，年内株洲地区、成都地区组织召开区域性学会，探讨解决当前财务工作热点难点问题，促进提高财会工作的主动性和针对性。株洲所开展财会与审计（风险管理）论文和案例交流活动，征集参评论文和案例 49 篇，并在全所开展现场评审会，入围前 10 名的论文和案例作者进行现场陈述、专家点评以及观众参与交流。

制定管理提升活动方案，明确“一个转向、两个聚焦、三个强化、四个提升”总目标，以精益管理为主线，围绕全面预算管理体系化、资金管理精细化、财务业务标准化、财税管理精细化等四方面重点工作，深入开展财务管理提升活动。协助做好财务税收资源开发利用指南的编写，指定专人定期收集国家财政、税收优惠政策。

落实《中国南车会计人员中长期发展战略》，各分会结合实际认真编制和实施《会计人才培养实施方案》，财会学会对公司会计人才队伍情况进行全面分析、统计，制定统一报表格式，按季度汇总会计人才队伍情况。积极参加高层次会计人员培训及考试，年内组织核心会计人才 29 人参加国资委举办《金融知识》《税务知识》和《国际化财务管理》等岗位培训班，并组织符合条件的会计人员参加国务院机关事务管理局举办的会计领军人才考试。持续开展内部培训工作，根据总部各职能部门培训项目计划，组织了财务业务标准化、全面预算系统、财税政策、企业财务管理能力认证等方面的培训。

加强刊物编辑力量，组织收集文章，建立论文库以及与论文作者进行互动交流，着力办好《南车财会》杂志；各分会组织论文交流活动，鼓励公开发表、鼓励管理创新、鼓励业务交流，为《南车财会》积极推荐论文。年内，《南车财会》发行 3 期，有 65 篇论文发表，其中 2 篇论文报送《铁道财会》优秀论文评选。

（财会协会　供稿）

【中国南车体协】 根据体协年度工作计划和目标要求，围绕员工素质提升工程，深入推进《全民健身条例》和《全民健身计划》的实施。按照“重心下移，基层为主、小型多样”的原则，积极组织开展形式多样的体育健身活动，丰富和活跃了员工的文体生活，为增强员工素质，鼓舞士气，构建和谐企业，建设“双效南车”做出贡献。各级体协先后组织参与或主办铁总、所在地区的多项体育活动和体育竞赛，取得优异成绩。启动中国南车第二届员工运动会筹备工作，并召开专题会议研讨运动会赛事安排。组织洛阳公司代表队代表中国南车参加全路健球比赛，获得第 6 名。针对下半年各单位生产经营任务繁重，员工加班多、工作压力大的局面，各级体协利用业余、工余时间开展小型灵活、用时较短、员工参与面广的文化体育活动，缓解员工压力。以多层次培训为手段，提升员工整体素质。戚墅堰公司周斌、成都公司罗明亮、眉山公司李旭、成都公司冯跃军被批准为一级社会体育指导员。

（体协　供稿）

下属单位

南车青岛四方机车车辆股份有限公司
南车株洲电力机车有限公司
南车株洲电力机车研究所有限公司
南车四方车辆有限公司
南车南京浦镇车辆有限公司
南车株洲电机有限公司
南车投资租赁有限公司
南车眉山车辆有限公司
南方汇通股份有限公司（中国南车集团贵阳车辆厂）
中国南车（香港）有限公司
南车长江车辆有限公司
南车财务有限公司
南车戚墅堰机车车辆工艺研究所有限公司
南车石家庄车辆有限公司
南车洛阳机车有限公司
南车戚墅堰机车有限公司
中国南车集团投资管理公司
南车国际装备工程有限公司
南车二七车辆有限公司
广州电力机车有限公司
常州铁道高等职业技术学校
南车成都机车车辆有限公司
南车资阳机车有限公司

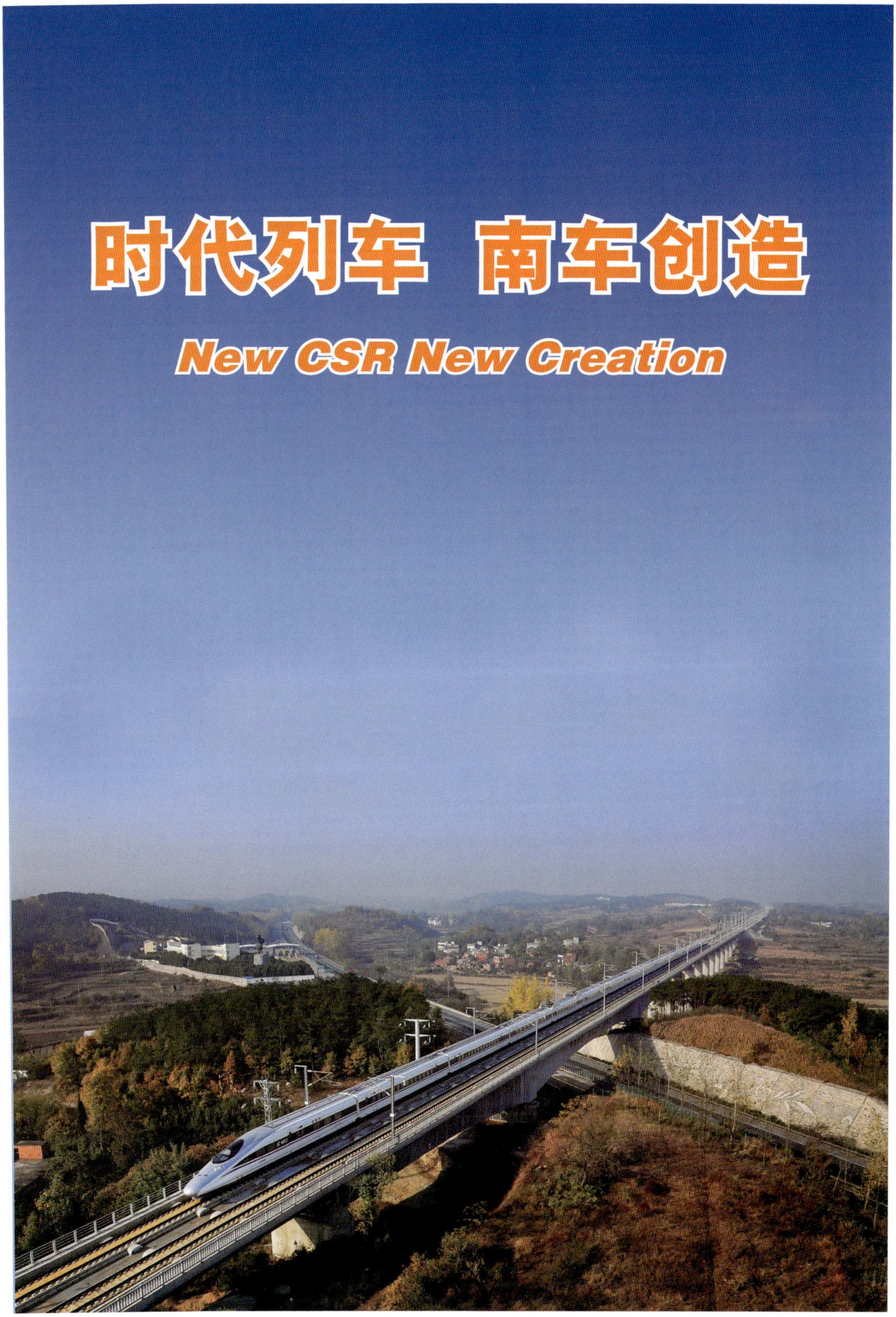
时代列车 南车创造
New CSR New Creation

● 1月9日，公司与阿根廷签订城际动车组项目合同

● 12月12日，原铁道部部长、中国工程院院士傅志寰到公司调研

● 1月10日，公司召开第三次党代会

● 3月25日，公司召开第六届一次职工代表大会

● 7月18日，公司召开党的群众路线教育实践活动动员大会

● CRH6型城际动车组

● CRH6A型城际动车组在北京中国国际展览中心展出

● 出口阿根廷城际动车组

● 青岛3号线地铁车辆

● 北京14号线地铁车辆

● 低地板现代有轨电车

统型250公里动车组

● 广深港动车组

● 8月21日，中共中央政治局委员、广东省委书记胡春华到公司视察

● 11月12日，原全国人大常委会副委员长陈至立到公司视察

● 9月13日，中国南车董事长郑昌泓出席公司与马来西亚增购动车组签约仪式

● 5月12日，中国南车总裁刘化龙到公司调研

● 9月13日，公司签订马来西亚增购动车组项目订单

● 11月20日，公司与武汉经济技术开发区签订战略合作框架协议

● 新八轴HX$_D$1型电力机车

● HX$_D$1D型电力机车

● 公司生产的神华号电力机车

● 公司出口南非电力机车

● 公司生产的长沙地铁车辆

4月9日，中国南车（马来西亚）轨道交通装备有限公司奠基

● 公司生产的无锡地铁1号线车辆

中国南车

南车株洲电力机车研究所有限公司

CSR ZHUZHOU INSTITUTE CO., LTD.

● 7月11日，公司携手美国高校成立联合研发中心

● 3月20日，公司获得“国家能源主动配电网技术研发中心”授牌

● 5月9日，公司与解放军装甲兵工程学院签订战略合作协议

● 1月21日，公司大功率IGBT产业化建设工程正式封顶

● 4月29日，株洲话节目走进公司

● 4月28日，公司召开五一表彰大会

● 6月29日，公司举办2013年“安全讲话”班组比赛

● 公司举行“我与品牌共承诺”主题活动

● 2月20日，公司总经理丁荣军接受马来西亚媒体团采访

● 3月4日，公司举办学术论文交流活动

● 9月12日，南车北京时代成功收购德国E+M钻机技术有限公司

● 风电叶片

● 10月15日，南车北京时代携新产品亮相北京国际工程机械展

● 南车时代电动研制生产的首台全承载混合动力公交客车

● JD192电动轮矿用自卸车电动机

● 光伏电抗器

● 城轨永磁电机

CSR 中国南车

南车四方车辆有限公司

CSR SIFANG CO., LTD.

● 3月14日，公司与庞巴迪签署高铁转向架构架合作项目

● 7月11日，公司召开"公铁两用牵引车"定型技术审查会

● 7月30日，公司召开伊拉克动车组项目审核评审会

● 7月16日，公司总经理夏春生赴缅甸签约

● 6月28日，公司举行纪念中国共产党建党92周年暨七一表彰大会

● 5月29日，公司组织反腐倡廉警示教育

● 10月21日，南车小镇开土动工

● 5月10日，公司签订医院交接意向书

● 10月25日，公司总经理夏春生获“年度精益人物”大奖

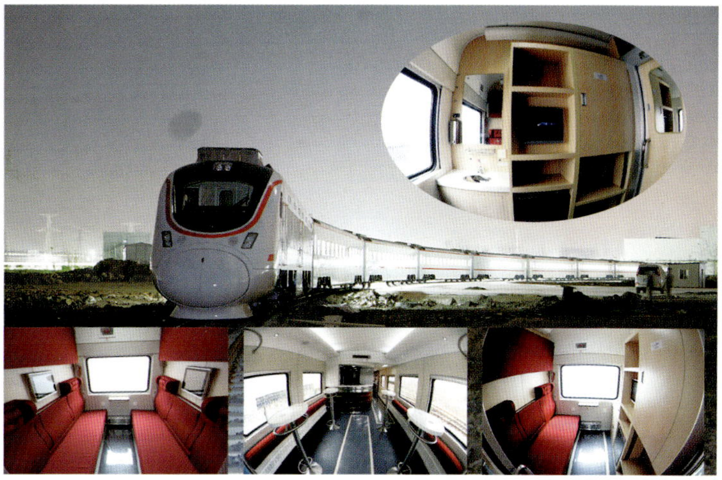

● 出口伊拉克动车组

● 3月21日，SRS公铁两用高空作业车进行室内CE认证

● 3月21日，SRS公铁两用高空作业车进行室外CE认证

● DAS7型接触网综合作业车SYD-160A转向架

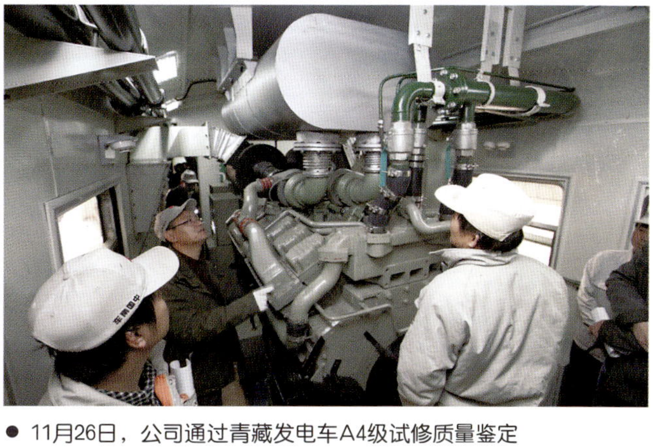

● 11月26日，公司通过青藏发电车A4级试修质量鉴定

南车南京浦镇车辆有限公司

CSR NANJING PUZHEN CO., LTD.

● 4月17日，公司与西门子公司签订地铁项目合作协议

● 5月6日，公司举行首列时速200公里CRH6型城际动车组下线仪式

● 11月16日，公司举行土库曼斯坦客车首列车下线仪式

● 9月27日，公司常州基地举行开工仪式

● 1月28日，公司召开二届四次职代会

● 公司研制的杭州地铁2号线列车

● 7月19日，公司召开党的群众路线教育实践活动动员大会

● 10月1～5日，公司参加印度国际轨道交通展

● 公司研制的时速200公里CRH6型城际动车组

● 12月26日，公司举行东莞R2线首列车下线仪式

● 2月28日，公司举行苏州市轨道交通2号线首列车下线仪式

5月1日，公司研制的印度孟买地铁上线运行

● 9月12日，公司研制的青奥会配套城际轨道交通列车出厂

● 2月22日，公司与杜邦公司签订战略合作协议

● 7月18日，公司召开党的群众路线教育实践活动动员大会

● 12月20日，公司召开供应商大会

● 1月22日，公司研制的两型车电机变压器验收

● 6月27日，公司举行质量知识竞赛

● 2月20日，公司召开一届四次职代会

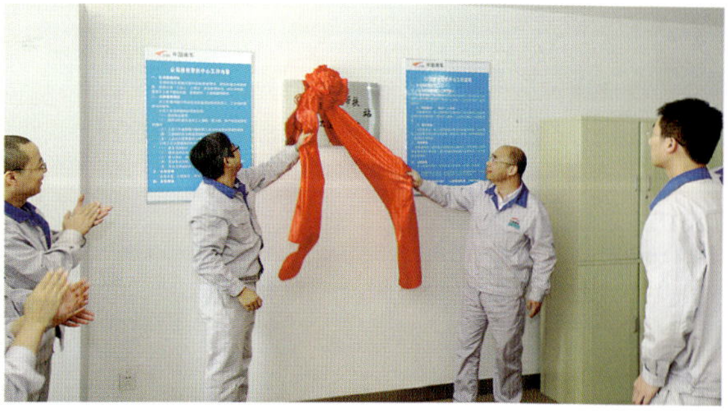

● 1月7日，维权工作室揭牌

● 9月16日，公司参加株洲市“中国梦 · 劳动美”职工文艺汇演

● 吴航电机

● TQ－100储能车用永磁牵引电机

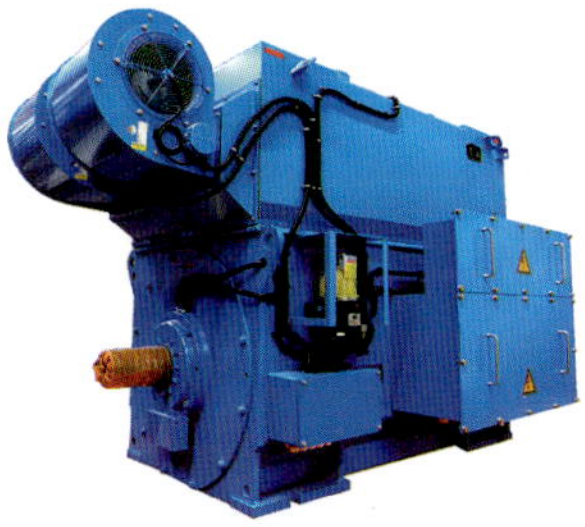

● 高速永磁风力发电机

● TQ－600高速永磁牵引电机

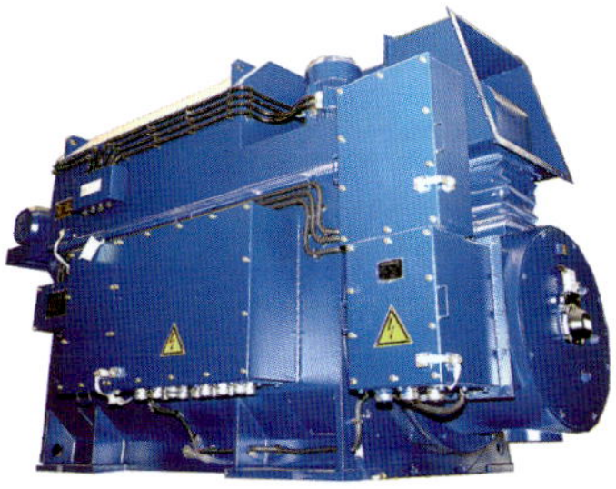

● 2MW风冷双馈发电机

● 南非YQ－755电机

● 9月28日，公司参加湘商大会

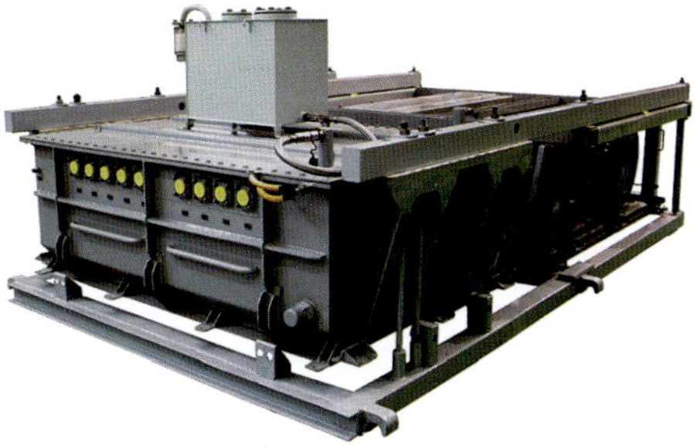

● 500公里动车组变压器

● 公司参加印度轨道交通展

● 公司参加北京城轨展

● 11月28日，中国南车总裁刘化龙到公司调研

● 2月28日，公司开展形势任务宣讲活动

● 7月18日，公司召开党的群众路线教育实践活动动员大会

● 3月19日，公司召开2013年度精益生产推进会

● 1月25日，公司召开贯彻十八精神报告会

● 2月1日，公司召开一届六次职代会

● 公司获全国模范职工之家荣誉称号

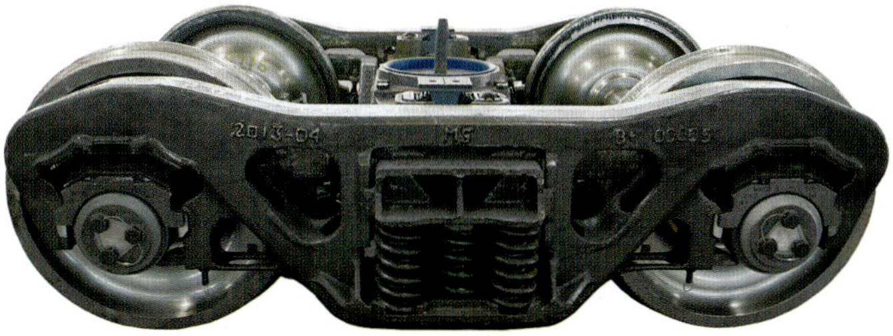

● 30吨轴重副构架转向架

● 关节平车转向架

● 五单元关节平车

7月2日，澳大利亚客商到公司考察

● 9月27日，公司举办第三届职工运动会

南方汇通股份有限公司
SOUTH HUITONG CO.,LTD.

● 8月5日，D22A型长大平车试修样车一级鉴定会

● 3月29日，公司召开两种车型试修生产质量认证会

● 9月3日，公司召开创建一级安全标准化企业评审会

● 5月25日，公司举行申发钢构久长生产基
投产仪式

● 代顺生劳模创新工作室

● 4月19日，公司举办工程硕士研究生班开学典礼

● 公司全景

● K_{18BK}型矿石漏斗车通过试修认证

● JSQ_{3K}型运输汽车专用车通过试修认证

● 轮对机加工生产线

● KZ_{70}型货车

● 车轴加工

● 自动焊接生产线

● 7月30日，公司举办总部机关员工素质提升流动课堂

● 10月11日，株洲分公司举行“欧清莲班”授牌仪式

● 6月8日，神华集团总经理张玉卓到株洲分公司考察

● 3月28日，公司召开晋中南通道用30吨轴重敞车、漏斗车设计方案审查会

● 10月23日，澳大利亚MRL公司客人到公司访问

● 12月9日，新疆广汇能源董事长尚继强到株洲分公司考察

● 4月22日，美国摇枕进行AAR认证

● 7月5日，世界知识产权组织、国家知识产权局专家到公司考察

● 中国南车三级精益车间——台车车间

● 出口塞内加尔漏斗车

● KZ70型石砟漏斗车

● 出口塞内加尔平车

● KM70型煤炭漏斗车

出口喀麦隆平车

● 轴承压装生产线

● 车轮加工生产线

● 多功能轮对压装机

● 车钩配件喷漆线

● 落车交车线

● 1月16日，常州市“交通事故物证和痕迹研究培训基地”在公司揭牌

● 2月4日，公司组织中层管理者领导力提升培训

● 8月28日，公司启动“新绿”服务形象打造活动

● 11月7日，公司汽车增压器配件产业化项目通过验收

● 5月11日，公司举办2013年地铁车辆关键零部件使用维护技术培训与交流会

● 7月17日，公司召开党的群众路线教育实践活动动员大会

● 1月24日，南京区域深化机车车辆安全质量风险管理现场会在公司召开

● 焊接和无损检测培训中心获得国际培训资质

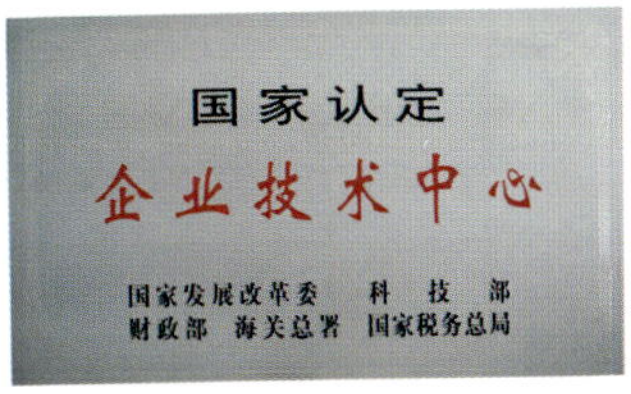

● 国家级企业技术中心

● 江苏省2012年度高校毕业生就业见习工作先进单位

● 江苏省企业管理现代化创新成果奖

● 全国质量信得过班组

● 11月18日，日本东洋电机社长到公司访问

● 5月5～7日，公司参加上海轨道交通展

● 6月12～13日，公司参加英国离岸风能展会

● 7月25日，公司开展“安全在我心中”主题演讲活动

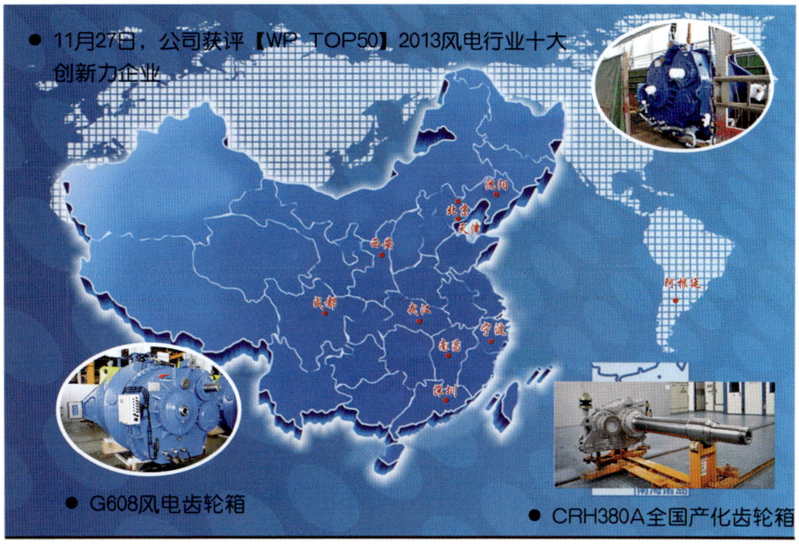

● 11月27日，公司获评【WP TOP50】2013风电行业十大创新力企业

● G608风电齿轮箱

● CRH380A全国产化齿轮箱

● 公司获得10个城轨齿轮传动系统供应商项目

● 公司介入地铁和动车维修市场

● 公司多层次、多形式开展道德讲堂活动

● 6月23日，公司组织南京大学车迷网友参观

南车石家庄车辆有限公司

中国南车 CSR SHIJIAZHUANG CO., LTD.

● 6月28日，河北省委常委、石家庄市委书记孙瑞彬现场调研南车地铁车辆

● 4月25日，石家庄市市长王亮到公司调研督导南车石家庄产业园建设工作

● 7月17日，公司召开党的群众路线教育实践活动动员大会

● 1月23日，公司召开二届二次职代会暨工作会议

● 8月6日，公司召开2013年经营工作会议

● 1月17日，公司召开2013年货车质量安全风险管理工作推进会

● 4月2日，公司召开反腐倡廉建设暨纪检监察工作会议

● 8月14日，公司组织战略落地行动学习专题培训

● 8月19日，公司召开提案改善发布会

● 6月19日，公司组织铁路货车修造技术知识培训班

● 7月2日，中国南车与石家庄市政府签订城市轨道交通装备产业发展合作协议

● 4月12日，石家庄国祥公司举行成立20周年庆典

● 11月18日，公司研制生产的E&M工程平车通过验收

● TL74型预制梁运输专用车

● X70型集装箱专用平车

● 宽轨底开门敞车

● 7月1日，公司开展“向道德模范学习做优秀共产党员”主题道德讲堂活动

● 9月29日，公司举办“中国梦 · 石车情”史诗演唱会

● 4月17日，中国南车董事长郑昌泓到襄阳分公司调研

● 2月2日，公司开展“行动学习”专项培训

● 1月26日，公司召开2013年度工作会议暨一届五次职代会

● 3月24日，公司通过IRIS体系认证

● 10月21日，公司举办“中国梦 · 南车梦 · 洛阳机车梦”演讲比赛

● 8月8日，第二次铁路机车大修合同签订会在襄阳召开

● 新建转向架组装厂房内景

● 公司检修的DF$_{10D}$型机车

● 公司检修的越南铁路起重机吊臂平车

● 朔黄铁路综合检测列车

CSR 中国南车

南车戚墅堰机车有限公司

CSR QISHUYAN CO., LTD.

● 8月16日，中国南车总裁刘化龙到公司调研

● 7月18日，公司召开党的群众路线教育实践活动动员大会

● 1月15日，公司召开企业文化建设工作会议

● 4月28日，新疆企业代表团到公司参观

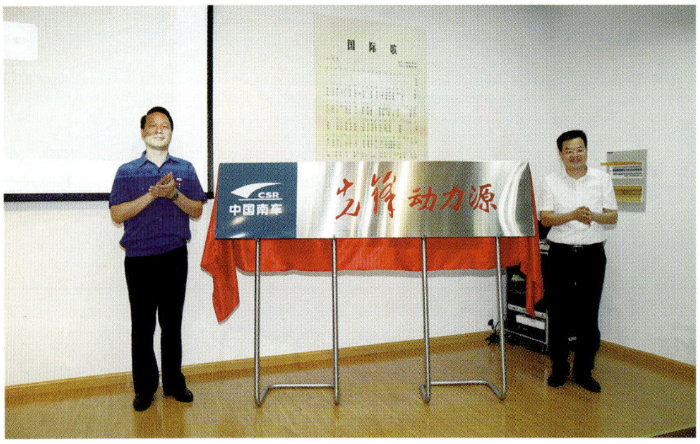

● 6月28日，公司“先锋动力源”党员教育培训示范基地揭牌

● 5月10日，公司精益研修院成立

● 1月29日，公司出口阿根廷机车批量发运

● 11月10日，公司出口澳大利亚PN机车落车

● 8月24日，公司举行HXD1C型首台电力机车落车仪式

● 12月26日，公司驻白城售后服务站揭牌

● 5月14日，多家媒体采访江苏省“最美基层干部”王延花

CSR
中国南车

南车二七车辆有限公司

CSR ERQI CO., LTD.

● 7月16日，公司召开党的群众路线教育实践活动动员大会

● 8月9日，中国南车董事长郑昌泓到公司征求教育实践活动意见建议

● 2月21日，公司召开二届一次职代会暨工作会议

● 5月3日，公司召开先进集体先进个人表彰大会

● 7月1日，公司召

● 3月19日，中国南车到公司开展管理提升督导调研活动

● 8月19日，公司启动“新绿”服务形象活动

● 12月11日，公司

● 8月28日，公司“车辆强度实验室”通过课题验收

● 12月2日，公司通过EN15085体系审查

● 9月25日，公司通过IRIS体系认证

● 12月13日，中国南车专家组对公司精益管理建设情况进行现场评价

● 5月7日，公司研制的双密封主动润滑制动缸通过技术评审

13年创先争优表彰大会

● 6月25日，公司全力进行汽车改装车生产

● 双密封主动润滑制动缸

品牌服务宣誓活动

● 3月27日，中国铁路总公司管验处到公司开展精益生产诊断调研

● 公司荣获中关村高新技术企业

● 公司荣获“北京市构建和谐劳动关系先进单位”称号

6月8日，公司与外资企业洽谈合作

● 公司开展素质提升岗位练兵活动

● 6月14日，公司组织参观反腐倡廉警示教育图片展

南车广州电力机车有限公司

中国南车 CSR GUANGZHOU ELECTRIC LOCOMOTIVE CO., LTD.

● 1月6日，公司研制的超大载重SCT－121型220吨电动轮自卸车下线

● 中国南车董事长郑昌泓宣布自卸车下线

● 7月24日，公司与中煤平朔集团签订战略合作协议

● 11月6日，广州市长陈建华到公司调研

● 9月6日，全路和谐型机车二年检工作会议在公司召开

常州铁道高等职业技术学校

CHANG ZHOU RALLWAY WOCA TIONL & TECHNICAL ACADEWY

● 7月22日，学校召开党的群众路线教育实践活动动员大会

● 3月9日，学校召开第三届八次教代会

● 12月13日，国资委第一巡视组到学校检查指导工作

● 6月8日，江苏省品牌专业建设专家组到学校检查指导工作

● 3月29日，2013年江苏省职业学校焊工技能大赛在学校举行

● 10月10日，韩国柳韩工业高等学校师生到学校访问

● 7月18日，公司召开党的群众路线教育实践活动动员大会。

● 9月23日，中国南车总裁刘化龙到公司调研

● 5月17日，公司召开2013年科技大会

● 9月29日，公司召开安全生产标准化一级企业评审末次会议

● 11月14日，公司召开产业升级退城进郊项目调研会

● 1月11日，公司25K型客车A4试修质量通过鉴定评审

● 12月18日，国资委第一巡视组到公司巡视调研

● 12月20日，公司老厂部大楼被四川省列为省级文物保护单位

● 9月10日，中国铁路总公司运输局副局长、车辆部主任陈伯施到公司检查工作

● 5月23日，中国铁路总公司运输局副局长、机务部主任申瑞源到公司检查指导工作

● DF_{7C}型内燃机车

● SS_{6B}型电力机车

● ZD109F1直流牵引电动机

● CDJF213主辅发电机

● 铁路救援车辆

中国南车

南车资阳机车有限公司

CSR ZIYANG CO., LTD.

● 7月19日，公司召开党的群众路线教育实践活动动员大会

● 3月19日，公司召开精益管理暨管理提升工作会议

● 4月28日，公司启动第五届职工技术运动会

● 4月17日，公司召开海洋工程项目试点实施暨劳动定额管理提升工作启动大会

● 11月22日，公司召开第五届职工技术运动会总结表彰会

● 9月30日，公司召开“三保”誓师大会

● 2月5日，资阳市领导现场了解公司棚户区改造项目

- 7月18日，公司与宁夏共享集团举行四川南车共享铸造有限公司投资合作签约暨揭牌仪式

- 11月29日，四川南车共享数字化铸造工厂示范工程开工建设

- 10月31日，公司召开电力机车用户座谈会

- 7月11日，公司试制成功国内首支MAN14V3240曲轴

- 8月30日，公司首支16V3240曲轴通过CCS船检

- 11月2日，南车玉柴公司研发的NY3241大功率中速发动机通过CCS船检

- 12月3日，首台双燃料机车落车

- 5月15日，首台混合动力机车投入运用考核

9月5日，重庆梨园坝电站项目整体交付

- 10月6日，公司首列苏丹内燃动车装船发运

中国南车下属子公司分布图

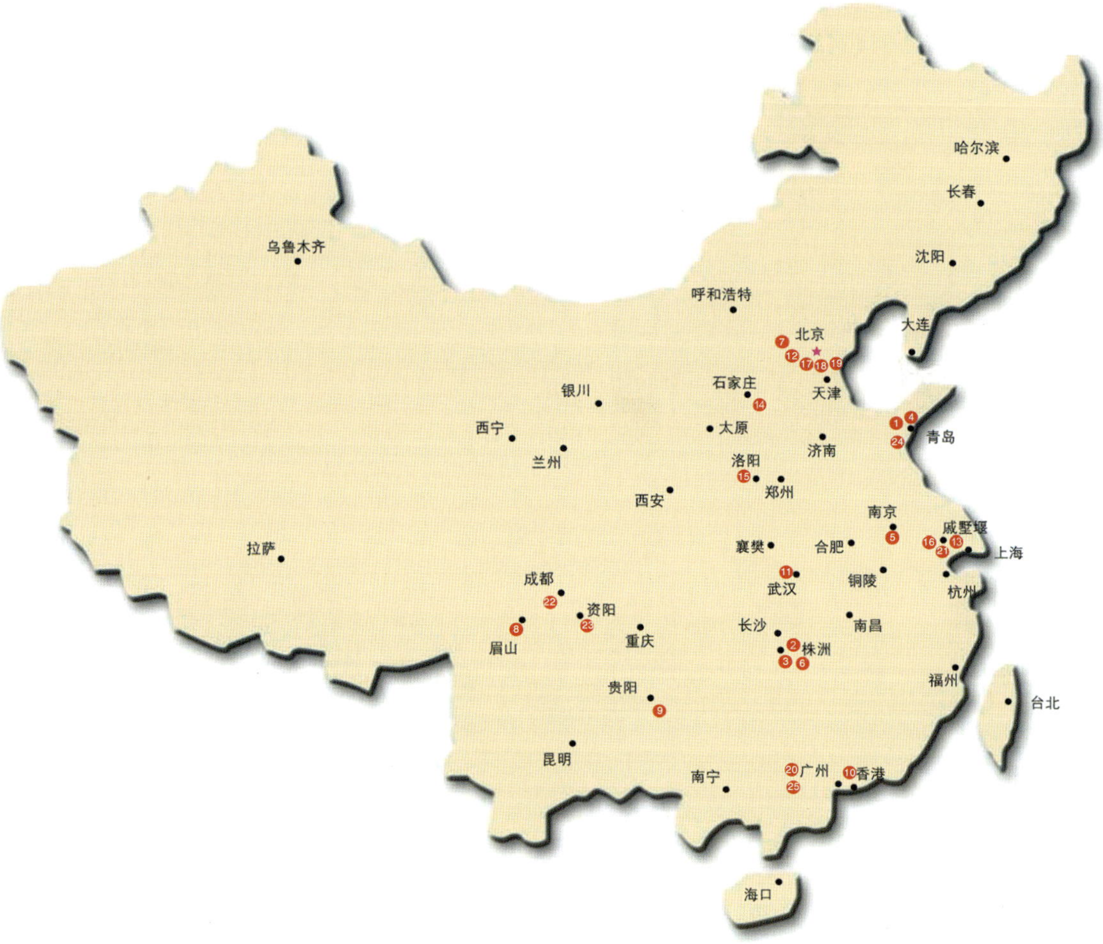

1. 南车青岛四方机车车辆股份有限公司
2. 南车株洲电力机车有限公司
3. 南车株洲电力机车研究所有限公司
4. 南车四方车辆有限公司
5. 南车南京浦镇车辆有限公司
6. 南车株洲电机有限公司
7. 南车投资租赁有限公司
8. 南车眉山车辆有限公司
9. 南方汇通股份有限公司
10. 中国南车（香港）有限公司
11. 南车长江车辆有限公司
12. 南车财务有限公司
13. 南车戚墅堰机车车辆工艺研究所有限公司
14. 南车石家庄车辆有限公司
15. 南车洛阳机车有限公司
16. 南车戚墅堰机车有限公司
17. 中国南车集团投资管理公司
18. 南车国际装备工程有限公司
19. 南车二七车辆有限公司
20. 广州电力机车有限公司
21. 常州铁道高等职业技术学校
22. 南车成都机车车辆有限公司
23. 南车资阳机车有限公司
24. 青岛BST公司
25. 广东南车轨道交通车辆有限公司

南车青岛四方机车车辆股份有限公司

（工商登记营业执照号：370200018079774）

董事长　张在中

总经理　马云双

党委书记　龚　明

【概况】　2013年末，公司总人数9455人，其中在册员工7786人；女员工1213人。有高级技术职称467人、中级技术职称943人；高级技师199人、中级技师684人。占地面积133.97万平方米，建筑面积54.80万平方米，固定资产原值43.29亿元，净值27.78亿元。公司分总部、事业部、技术本部及制造本部四大系统，共有43个单位，其中总部（含董办）有12个单位，事业部板块共4个单位，制造本部设10个单位，技术本部设7个单位，有5个全资子公司（天津公司、美国公司、武汉维保中心、销售公司、香港公司）、4个控股子公司（成都公司、南非公司、巴西公司、佛山公司）和2个参股子公司（SKR、石家庄公司）。全年新造动车组880辆、地铁车辆256辆、BST车体216辆；检修动车组3088辆、公务车15辆；动车组新造同比增长10%，动车组检修同比增长31.9%。共实现销售收入216.3亿元、净利润14.4亿元。销售收入和净利润继续保持中国南车第一。全年新签订单535.4亿元。

【规划发展】　完成“十二五”发展规划中期评估，确定规划目标保持不变和积极开拓新产业的发展思路。组织编制战略地图，研讨发展规划的战略实施路径。进一步完善内外部投资管理体系，强化年度投资预算及项目管控，尝试开展资本运营业务。完成提升高速动车组制造水平和延伸服务能力建设、成都城轨地铁车辆总装和维修基地建设、员工新餐厅建设等项目。启动提升公司动车组检修生产能力、公司转向架生产布局优化调整、佛山现代有轨电车产业基地等项目。

开展战略合作，实施战略性区域布局，公司分别与青岛城阳区政府、许昌市政府、佛山高明区政府、佛山市铁投、河南明泰铝业、中铁二院等签订战略合作协议，奠定市场营销和产业布局基础；编制《新产业发展规划（2013～2025）》初稿，在产品附加值较高和技术外延性较强的轨道交通车辆电气系统业务等方面取得进展；协同中国南车策划在中原、成渝、山东半岛、珠三角和武汉等国内城市群轨道交通规划中的产业布局。

【经营管理】　优化和局部调整行政组织机构。成立规划发展部和运营管理部及香港子公司、西南研发中心；调整焊接实验室等单位定位和隶属关系；明确国家工程实验室和国家工程中心管理模式；构建以运营管控为基础的子公司管理模式，促进子公司提高独立经营、自主管理能力。持续深化开展管理提升活动，以推进精益管理和开源节流、降本增效为主线，重点实施问题整改、机构优化和制度完善，全面完成活动第二阶段工作，取得技术创新体系建设、资本运营模式等“十二个突破”。根据机构及职能调整情况，换版现行管理标准，修订管理制度126项。持续完善年度经营计划和重点管理工作推进模式，优化经营管理绩效考评体系和指标体系。完善对标分析体系建设方案，按板块开展降本增效工作，夯实公司管理基础。强化预算管理，初步建立零部件横向价格对比机制，推动成本精细化管理，不断提升财务基础管理；完善资金管理体系，建立资金占用评价机制，健全存货指标管理体系；积极争取财税优惠政策，获得地方政府财政补贴2460万元、财政部批复的减免税进口额度1.026亿美元、高新技术企业所得税优惠1.65亿元。深化审计管理，改进和完善内控体系，提升风险管控能力；加强效能监察、专项治理和过程监督，促进管理工作按制度、流程规范运作。信息化建设卓有成效，率先在中国南车内完成ISO27001信息安全认证，获国际、国内UKAS/CNAS双认证；完成ERP项目二期，实现公司新造、检修业务的全覆盖，决策支持系统正式投入使用；在新一代PDM平台上完成高寒车转向架三维设计和工艺设计应用；在三大分厂开展MES项目试点应用，实现关键业务的验证；“四方移动运维平台”投入使用，为京广高铁包保服务提供信息化支撑；完成新OA、企业门户、经营管理系统、企业即时消息等8个中国南车重点信息化项目上线应用；完成MRO、MES、三维工程化等项目的规划与评审；业务流程信息化建设完成11支流程上线运行。

【科技创新】 持续深化技术体系一体化建设，建立健全技术体系组织架构和管理制度。持续加强仿真能力和实验验证能力建设，为产品研发提供支撑。推动实验室平台建设，一期工程验收，二期工程可研获中国南车批复，车体强度等4个试验台、40余项试验项目获得CNAS认可证书。依托三大技术平台，全面推进整车三维设计、谱系化研究、配置化设计等工作。深化高速动车组技术标准研究，组织并参与国际标准修订项目5项、国家和行业标准80项、公司标准85项。加强知识产权保护和专利申请，完成专利申请249项，其中发明专利90项。

动车组产品研发，完成统型时速250公里、350公里动车组和广深港动车组等订单项目研制；承担国家科研项目任务，完成“十二五”国家科技支撑计划智能化动车组样车研制，推进基于永磁电机牵引系统动车组及“863”动车组产品谱系化等项目研发；开展高寒防风沙动车组、公务动车组等新产品开发工作。城际动车组产品研发，在CINOVA城际动车组平台基础上，研制时速160公里城际动车组，设计完成时速140公里城际概念车。地铁产品研发，在巩固成熟的A\B\L型系列产品基础上，推进地铁配置化设计；完成青岛地铁3号线、北京昌八线、成都1号线南延线、低地板有轨电车等项目研制，启动绿色节能地铁、独轨车、胶轮车、空轨车等研发，并开展时速200公里干线客车等客车前沿技术研究。

强化新产品工艺开发、工艺创新和新技术应用，激光焊接技术在北京地铁14号线的3列地铁车辆上采用，搅拌摩擦焊技术在铝合金地铁侧墙单元和枕梁等重要部件上应用。开展动车组检修工艺方法和工艺流程优化，缩短检修周期，提升检修产能。完成动车组制造工艺向地铁和动车组检修板块的平移，提升整体制造工艺水平和产品质量。

【生产运营】　继续加强精益生产和生产组织管理。以节拍拉动式生产和工位制管理为基础，以模拟生产线、模拟配送线建设为手段，拉动物料准时化配送，强化设计、工艺、质量、设备等各系统对生产现场的支撑作用，初步建立高效生产组织管理模式，实现公司产能新突破，动车组新造、检修分别由原来日产 4 辆和 6 辆提升到日产 6 辆和 10 辆。员工成果类改善提案比上年提高 30%，节约可计算经济效益 4000 余万元。深化完善供方管理体系，加强供应商培育，拓宽单一来源配件供方采购范围，改善供方产品质量和供货情况；构建供应商管理系统和协作平台，实现供方基本信息、供货范围、资质文件等信息化管理。强化采购管理与执行，奠定完成年度经营任务的基础。推进设备全寿命周期信息管理系统建设，实现阶段性目标；开展设备设施安全隐患检查 3000 余台次，整改问题 332 项；完成设备大（项）修 46 项；全年设备完好率达 99.39%，主要生产设备故障停机率为 0.1%，主要生产设备利用率 83.00%，重大、特大设备事故为 0。

持续推行“5F”班组安全管理标准化建设，促进安全标准化管理机制的固化落地。实施隐患重复发生率管控，有效防范隐性风险。实施安全大检查，共排查整改安全隐患 852 项。加强固体废物规范化管理和节能减排的综合治理，职业健康安全与环境保护管理体系有效运行。全年无重伤及以上事故，轻伤率、轻微伤害率均为 0.4‰，低于年度控制指标；无重大环境污染事故发生，主要污染物稳定达标排放并实现总量控制。

【市场营销】　初步完成区域市场划分、体系构建和资源配置工作，市场网络化布局基本成形。发挥 6 型车产品所形成的良好效应，积极开拓中原区域、上海区域、西南区域等城际市域动车组市场，为后续市场开拓奠定基础。全年国铁市场中标中国铁路总公司一标动车组 108 组、二标动车组 161 组，获得 2 列时速 350 公里综合检测列车，并在路内外市场获得 25T 型硬座车等项目订单，共计 424 亿元，签单市场占有率为 57%。检修市场，与铁路局完成合同签订 85 份，合同总金额约 46.38 亿元。

城轨地铁市场，巩固北京、天津、成都等传统市场，新签沈阳 2 号线增购、成都 1 号线增购等订单，并同中国南车租赁公司合作在成都市场首次实施租赁营销模式。开拓佛山、石家庄、西宁、温州、许昌等新兴市场，获得广佛二期项目订单，实现战略营销、产业营销和产品营销一体化运作。探索城轨市场新型项目运作模式，在青岛城阳区现代有轨电车示范线 BT 项目、佛山地铁 2 号线 BOT+TOD+EPC 项目和佛山市高明区有轨电车 BOT+TOD 项目中取得突破。积极推进现代有轨电车技术转让和市场落地，完成斯柯达现代有轨电车研制。

积极实施“走出去”战略，科学划分全球区域市场，新设巴西、阿根廷、香港等分支机构，有效发挥“桥头堡”作用。海外市场中标阿根廷萨拉门托线和米德勒线、罗卡线和新加坡 151B 地铁增购项目等订单，共计 9.36 亿美元，新签订单金额占中国南车海外订单比重的 42%。与港铁集团洽谈广深港动车组售后维保事宜，取得初步进展。

持续加大国内外产品售后服务力度，不断完善标准化售后服务体系，提升动车组、城轨地铁、海外产品服务保障和特殊时期运用服务保障能力。搭建信息化售后服务网络，加强诊断工程师队伍建设，现场故障信息与公司技术资源实现共享。公司累计交付运营动车组 532 组，占全国在线运营动车组总量的 42.7%，累计安全运营里程超过 5.6 亿公里，百万公里故障率持续保持行业最低。

【人力资源管理】 通过领导力模型建设和领导力培训，增强班子决策能力和创新能力；构建中层管理人员“继任”选拔、培养与考评机制，完善后备人才梯队培养机制，不断优化干部人才梯队接续模式；完成公司职位管理体系与员工胜任力模型建设，有效提升人才队伍核心竞争力；坚持人才内部培养和外部引进并举，人才结构更加合理。年内，公司获第九届山东省青年职业技能大赛“优胜杯”；公司员工李启士、李志祥代表中国南车获国际数控机床大赛金奖。

【质量管理】 顺利通过ISO9001质量管理体系、IRIS体系的复评审核。进一步加强供方产品进货检验、首件鉴定、监督监造、国产化审核等工作。持续开展质量安全风险管理及达标工位建设工作，动车组新造、检修、地铁等241个关键工位全部达标，全年产品一次交检合格率为98.48%。按照技术、管理“双归零”要求，进一步加强源头质量控制和整治力度。完善质量损失和质量索赔管理制度，质量索赔取得阶段性突破。建立产品安全审查机制。CRCC认证工作实现阶段性成果，取得4种铁路客车构架、动车组6种关键零部件的CRCC认证证书。

【企业文化】 按照中国南车统一要求，系统完善品牌管理机制和平台，推进BI建设和品牌落地。组织开展“学手册、用规范、见行动”员工行为规范落地和班组行为文化建设活动；紧密围绕企业生产经营重点、难点与热点，开展宣传思想工作，增强企业凝聚力；开展“中国梦”宣传教育活动和道德讲堂建设活动，共开展道德讲堂24场，近1000人次参加；进一步梳理和完善企业文化体系，促进企业文化体系定型；全面改进《火车头报》内容与版面，彰显内部宣传新活力；加强对外宣传选题策划和内容创新，及时捕捉新闻热点，多次组织中央媒体集中到公司采访宣传，扩大公司社会影响力；成功参加澳大利亚铁路展、北京国际城市轨道交通建设运营及装备展等国内外展会12次，提升品牌影响力。

【党群工作】 公司党委坚持融入中心、服务大局，认真履行政治责任，发挥政治核心作用，将党组织的政治优势转化为企业竞争优势和发展优势。深入开展党的群众路线教育实践活动，加强党建制度修订和绩效管理平台建设，创新和改进党建工作方式，健全长效机制，不断提高党建工作实效性。深入贯彻执行党中央“八项规定”，切实将各项要求落实到从业行为和企业经营管理工作中，不断强化公司党风廉政建设。扎实推进党管干部、党管人才工作；发挥思想政治和宣传教育工作引领作用，为全面完成年度生产经营任务提供思想、组织和政治保障。

公司工会坚持以人为本，加强以职代会为基本形式的厂务公开民主管理工作，积极落实集体合同、职工代表提案，维护员工权益。不断深化“三关心、三保证”工作，多措并举保障员工身心健康，全年发放各种困难补助、医疗救助、助学金及慰问金等共371万元。深入开展保指标、保质量、保安全的“三保”劳动竞赛，提高员工劳动积极性。加强劳模选树，弘扬劳模精神，发挥劳模在生产经营中的引领示范作用；组织劳模、骨干等不同层次员工1608人进行健康疗养。

【首批阿根廷城际动车组交付】 1月9日，阿根廷内政与交通部与公司签署409辆萨缅托线和麦特线的车辆采购合同。为满足客户需求，公司仅用时9个月22天便完成了首列车的设计研发与制造调试。9月，阿根廷内政与交通部部长到公司参观访问时，对阿根廷城际动车组的设计与制造给予高度评价。

12 月 29 日，首批阿根廷城际动车组实现厂内交付，较合同规定提前 3 个月。

【广深港高速动车组竣工下线】 3 月，公司获得香港铁路有限公司 9 列高速动车组订单。11 月 6 日，首列广深港高速动车组在公司竣工下线，标志着中国高铁“走出去”战略迈出实质性步伐。该动车组采用 8 辆编组形式，设计速度达到 350 公里/小时，承袭 CRH380A 高速动车组的先进性、安全性、可靠性、经济性及舒适性等技术特色，并针对线路运用条件、业主港铁的技术标准和管理要求进行设计改进，融合了香港的文化元素。

【国际车辆系统动力学会议的承办】 8 月 19 日，由国际车辆系统动力学协会主办、公司与西南交通大学共同承办的第 23 届国际车辆动力学会议（IAVSD）在青岛召开，国际车辆系统动力学协会主席 Prof. Hans True 与 Prof.Stefano Bruni 等 11 位委员，公司总经理马云双，党委书记、总工程师龚明，西南交大牵引动力国家重点工程实验室主任张卫华、教授曾京等出席会议。来自世界 26 个国家的车辆动力学科学家、专家学者近 300 人参加会议。根据大会议程安排，与会代表到公司进行学术交流与参观。此次大会旨在搭建一个良好的技术交流平台，展示、分享世界动力学最新研究思路和成果，为促进中国车辆动力学领域的创新与发展及车辆行业的产业进步发挥积极作用。

【青岛地铁3号线首列车竣工下线】 公司2011年12月9日获得青岛地铁3号线车辆订单。产品设计过程中充分借鉴国内外先进经验，突出“科技、绿色、人文、创新”的设计理念，充分发挥本土优势，从源头提升产品研制水平；制造过程中坚持精益制造理念，确保如期造出精品车辆。2013年9月30日，青岛地铁3号线首列车在公司竣工下线。青岛市政府、青岛地铁集团公司和公司领导等参加试乘活动。人民日报（人民网）、新华社、经济日报、中央人民广播电台、科技日报、中新社、山东电视台、青岛日报、青岛电视台等27家媒体应邀参加新车试乘并对竣工下线情况进行报道。该地铁车辆为铝合金车体的B型车，最高运营速度为80公里/小时，采用6辆编组形式，最大载客量为1896人。

【下属子公司】 青岛南车四方销售服务有限公司，是四方股份公司 2011 年以销售服务中心原有业务为基础成立的全资子公司。经营范围为铁路机客车、城市轨道交通设备、动车组的配件销售、技术服务、修理及翻新改造，物资采购、销售、租赁及技术服务，物流业务等。2013 年与广铁集团合资成立“广州南车四方轨道交通有限公司”，扩大配件销售市场占有率；与供应商建立战略合作关系，在原有 105 家销售配件供应商中选取 70 家交易量大、配合紧密的供应商，协商签订战略合作协议，规范双方在销售配件市场的行为，年内与 53 家供应商完成合作协议的签订。全年完成销售收入 10.48 亿元（含配件、物资），实现净利润 6949.18 万元。

南车（天津）地铁车辆有限公司，积极开拓配件销售市场，与天津地铁运营有限公司签订《天津地铁 1 号线空气弹簧采购合同》，实现天津区域配件销售业务零的突破。与母公司签订天津地铁 3 号线车辆两年定修服务合同。前期承接的北京昌平线、天津地铁 3 号线售后服务站服务工作实现平稳过渡。配合母公司完成北京地铁 14 号线车辆和 4 号线增购车辆售后服务站建设，并完成售后服务各环节工作。全面完成年度各项经营指标，全年无重大安全事故、轻微伤害事故。

武汉南车维保中心有限责任公司，年内主要进行首列 CRH380AL 型动车组四级修、首列 CRH2C 一阶段动车组五级修、动车轮对四级修的工艺推进和实施。持续开展检修技术创新，优化三级修调试规程，推进三级修转向架换修，结合动车段布局，实施区域定置管理。建立驻段合作修质量管控模式，实施源头质量整治和技术加改项目，推进专业化部件驻段检修。完善配件管理模式，健全物料供应制度，提高配件供应效率，定期开展危险源识别，提高库房安全管理，为动车组高级检修物料供应提供保障。全年交付动车组三级修52组、四级修8组、五级修1组，实现销售收入25166万元，全面完成年度各项经营指标。全年无重大安全事故。

【境外企业】 中国南车巴西轨道装备有限责任公司。2012年12月，取得商务部颁发的境外投资证书，中文名称为中国南车巴西轨道装备有限责任公司（以下简称南车巴西公司），外文名称为CSR Brasil Equipamentos Ferroviários Ltda。公司注册地点为巴西圣保罗市。注册资本130万美元，其中，公司以现金出资 123.5万美元，占注册资金的95%；青岛南车四方销售服务有限公司以现金出资6.5万美元，占注册资金的5%。经营范围为轨道交通装备销售、配件销售以及相关售后和咨询服务。

中国南车-维克特南非有限责任公司。由四方股份公司与南非维克特控股有限公司（简称WICTRA公司）合资成立，英文名称CSR-WICTRA Holdings (Pty) Ltd.，注册地址南非，合资期限30年。公司注册资本为400万兰特（约合320万元人民币），四方股份公司以现金出资，出资额204万兰特，占注册资金的51%；WICTRA公司以现金出资，出资额196万兰特，占注册资金的49%，。公司为四方股份公司控股子公司，设董事会和经营层。经营范围为轨道交通车辆的制造、市场营销、销售、售后服务及咨询。是根据南非法律成立的有限责任公司，在法律上承担有限责任。

中国南车美国有限责任公司。年内，公司继续在美国开展相关工作，积极进行当地市场调研，获得28万美元市场咨询费订单。加强与美国当地律师事务所及合作伙伴的交流，并按照公司相关规定，不断完善公司的日常经营管理。根据美国相关法律法规要求，完成2012～2013年度税务报告，并按时提交当地税务部门。

【重要纪事】 1月9日，公司出口阿根廷、总金额超过 34 亿人民币的电动车组合同在阿根廷总统府签订。1月10～11日，公司第三次党代会召开。3月31日，公司与城阳区人民政府签署《青岛市城阳区现代有轨电车示范线工程合作框架协议》，初步确定公司以BT模式运作该项目。4月2日，公司与中铁二院工程集团有限责任公司签署战略合作框架协议。4月6～8日，根据中铁总公司要求，公司研制的3列CRH380A型动车组为在海南举行的博鳌亚洲论坛担当运营任务。4月，成都南车轨道车辆有限公司生产的首列地铁列车竣工下线。同月，公司城市轨道交通西南研发中心揭牌。5月12日，公司承办的科技部高速列车科技发展“十二五”重点专项总体专家组研讨会在中国南车召开，公司党委书记龚明作为专家参加会议并作报告。5月31日，公司国家工程实验室通过中国合格评定国家认可委员会（CNAS）的现场评审，获得CNAS颁发的实验室认可证书。5月，公司获得阿根廷内政与交通部3.54亿美元新型电动车组订单。6月28日，公司召开第三届监事会第三次会议、第三届董事会第四次会议和2012年度股东大会。6月，公司获得由国际认证机构 UKAS 和国家认证机构CNAS颁发的ISO27001:2005信息安全管理体系认证证书。7月9日，公司与河南省许昌市签署战略合作框架协议。7月20日，公司党委书记龚明入选国家“万人计划”首批科技创新领军人才。7月23日，公司与广东佛山市政府签署合作框架协议。8月1日，公司时速200公里CRH6A-4002城际动车组在成灌线、成达线开始30万公里运用考核。8月19日，国际车辆系统动力学协会主办，公司与西南交通大学共同承办的第23届国际车辆动力学会议（IAVSD）在青岛召开。9月21日，中国铁路总公司副总经理卢春房，院士、总工程师何华武等到公司参加防脱轨项目试验并参观考察。9月22日，阿根廷内政与交通部部长 Anibal Florencio Randazzo到公司访问。9月30日，青岛地铁3号线首列车在公司竣工下线。10月11日，公司中标中国铁路总公司动车组招标采购91列时速250公里动车组和17列时速350公里动车组项目。10月15日，泰国PPM公司董事长Pakorn Borimasporn到公司考察访问。10月，武汉维保中心顺利完成CRH2074C动车组五级检修，具备量产动车组三、四级检修和试修五级修的能力。11月6日，广深港高速动车组首列车在公司竣工下线。11月8日，公司碳钢车体的焊接管理体系通过国际权威检测机构的审核，获BV国际检验集团碳钢车体EN15085 CL1级证书，有效期为3年。11月12日，外国驻华使馆商务官员和中国机电商会官员代表团到公司参观访问。11月13日，公司与河南明泰铝业股份有限公司在郑州签署合作框架协议。11月22日，公司与佛山铁投公司、高明建投公司举行《佛山南车轨道车辆有限公司合资合同》签字仪式，合资兴办佛山南车轨道车辆有限公司。11月23～24日，公司通过中国合格评定国家认可委员会国家实验室认可监督评审。11月29日，公司与中国交通建设股份公司、佛山市轨道交通发展公司组成联合体，共同参与投标佛山市轨道交通2号线一期工程BOT特许经营项目并成功中标。12月29日，阿根廷萨米恩特线与米特雷线城际动车组在X1动调线完成首列车厂内交付。12月30日，公司与广西沿海铁路股份有限公司签订9辆25T型硬座客车项目合同。12月31日，公司第二次中标2013年中国铁路总公司动车组招标采购的78组（全部）时速250公里动车组（非高寒）、83组时速350公里动车组（非高寒）项目，市场份额超过50%。

【企业主要领导】

董 事 长	张在中
副董事长	马云双（兼） 龚　明（兼）
总 经 理	马云双
副总经理	龚　明（兼）　张　敏 赵家舵　田学华 倪胜义　罗　斌 管玉山　兰玉贞 梁建英
总工程师	龚　明（兼）
财务总监	张　敏
党委书记	龚　明
党委副书记	张在中（兼） 马云双（兼） 王成龙
纪委书记	王成龙（兼）
工会主席	王成龙（兼）

（四方股份公司　供稿）

地　　址　山东省青岛市城阳区锦宏东路88号

邮　　编　266111

电　　话　0532-87801188

传　　真　0532-87801688

网　　址　www.csrcqsf.com.cn

南车株洲电力机车有限公司

（工商登记营业执照号：430200000010144）

执行董事、总经理 周清和

公司党委书记 傅成骏

【概况】 2013年末，公司在册员工10184人（含各子公司员工），其中株洲本部员工8348人。各类专业技术人员共3127人，其中工程技术人员2510人。高级技术职称人员有332人，其中教授级高工53人（含工程院院士1人）。株洲本部占地面积（含生活区）225万平方米，其中生产办公用地99万平方米，建筑物面积共423068平方米；资产总计166.7亿元。公司组织架构设有3个分公司、3大事业部、7大中心及23个职能管理部门，建有19个子公司。主营业务有电力机车、城轨车辆、城际动车组及磁浮车、双源制机车、轨道工程车等产业。全年工业总产值为157.64亿元，营业收入为200.36亿元，利润总额为11.55亿元。

【规划发展】 根据中国南车发展战略要求，完成公司“十二五”发展规划修订及上半期执行情况总结。积极落实“以战略合作推动战略布局”思路，分别与陕西省、河南省、新疆维吾尔自治区、武汉经开区人民政府等省市政府签订《战略合作协议》，奠定市场拓展和产业布局基础。完成《关于公司本部产业发展和总体布局的建议报告》等10余份改善提案和专题报告，优化公司本部产业布局及工艺流程。完成中低速磁浮列车系统研制及产业化项目、轨道交通装备三维工程化建设及示范应用项目、超级电容器产业化项目等20余个项目的申报及推进工作，争取产业资金逾12000万元。

适时调整投资策略，将年度投资重点集中在国际化经营布局、轨道交通装备高端产品研制、创新能力建设、专有技术延伸、新产业培育、企业软实力提升等方面，全年安排固定资产投资预算8.04亿元，实际完成固定资产投资8.1亿元，投资预算执行率达100.7%。稳步推进宁波城轨基地、武汉城轨基地和宁波超级电容器产业化等在建项目建设。联合株洲所、广州地铁公司合资成立广州南车现代有轨交通研究院有限公司，开展有轨电车装备研发、系统集成等关键领域的技术合作。加强国际合作，完成土耳其基地、东盟制造中心的可行性研究报告并获南车批复；完成公司对埃塞俄比亚和南非本地化投资规划设计，并联合南车国际公司完成《全球轨道车辆市场调研报告》研究课题；研究公司并购战略、定位、目标、流程、架构等，初步构建公司海外投资并购体系，促进公司实现由“产品”输出到“产品+技术+资本”输出模式的转变。

【经营管理】 以公司发展战略为导向，从关键绩效指标（KPI）、重点工作指标（GS）、责任指标以及执规指标等四个维度对组织绩效体系进行重构，建立KPI指标库、GS标准库以及责任执规考核细则，制定《组织绩效实施细则》《责任执规考核细则》《重点工作管理办法》等管理办法及涵盖37个管理部门与业务单元的目标任务指标体系和评价考核体系。持续推进管理提升活动，将基于战略的全员绩效管理、推进制度和流程优化、基于效益的全流程成本管控模式等七个项目作为基础管理提升的重点，并分别制定提升方案与工作措施。开展制度流程执行情况大检查及换版修订工作，进一步完善基础管理体系。落实国资委和中国南车关于“保增长”相关要求，完善经营计划管理体系，实现降本增效。优化分（子）公司管控方式，组织修订《控股企业管理办法》，下达各分（子）公司年度绩效目标，加强对各分（子）公司经营管控。针对公司经营重点与难点，加大专项审计和重大项目风险管控力度，深化内部控制评价，提升公司运营效率与效果，确保公司依法合规经营。全年财务费用控制在－1765万元，比年度预算降低6765万元。

【科技创新】 年内执行的各类整车技术开发项目共36个，其中机车项目有30吨大轴重货运交流传动电力机车、HXD1D型时速160公里客运电力机车等21个项目，城轨车辆项目有马来西亚安邦线轻轨车、海珠区储能式现代有轨电车、宁波地铁1号线2期工程车辆等12个项目，动车组项目有ETS动车组、时速160和200公里速度等级动车组等3个项目。基础技术研究与储备方面开展的研究项目及新技术预研究项目共十余个，完成HXD1D型时速160公里客运电力机车运行考核与拆检工作以及中低速磁悬浮列车在1.6公里示范运营线上的一系列例行、型式与研究性试验，促成湖南省政府对长沙磁悬浮商业运营线立项；围绕超级电容单体开展国家863项目、宁波市重点研究课题、石墨烯产业化专项、LIC锂离子超级电容等科研项目研究，在宁波南车新能源科技有限公司设立超级电容研究所和储能系统研究所，推进各科研项目及两条超级电容产线建成，并完成3000F、7500F及9500F单体小批量生产。全年共申请专利232个，其中发明专利85个，先后有两项专利获中国专利优秀奖，SCS动车组外观设计获中国外观设计优秀奖，储能式轻轨车获得2013年中国设计红星奖金奖。

从国家科技部、铁路总公司、中国南车等获批科技项目41个，其中国家“863计划”项目1项、国家科技支撑计划项目3项、国家重点新产品计划项目1项、国家财政部“中央国有资本经营预算重点产业转型升级和发展资金项目”4项、国家创新方法工作专项1项、铁路总公司科技研究开发计划项目8项、中国南车科技计划项目23项，共获扶持资金超过6000万元，申报税费减免3000余万元。全年安排科研项目287项，计划安排项目科技费用13000万元，实际发生科研项目经费共计10321.91万元，占计划费用的79.39%。结题科技项目30项，完成率为85%。

成功申报工业和信息化部“国家技术创新示范企业”和科技部“国家火炬计划重点高新技术企业”两个科技创新平台；顺利通过国家认定企业技术中心评价、国家高新技术企业自查及大功率交流传动电力机车湖南省企业重点实验室的验收评估和湖南省轨道交通装备产业技术创新战略联盟的自评估与考察。顺利获取 HXD1D 型客运电力机车型号合格证（铁路行政许可）。完成湖南省级科技成果鉴定项目 6 个。完成省科技进步奖 3 项、省首台套科技成果奖励 1 项、省战略性新兴产业科技奖励 2 项、省机械工业奖 1 项和株洲市科技进步奖 3 项等科技项目申报，并获取省首台套科技成果奖励、省战略性新兴产业科技奖励、省机械工业奖一等奖 1 项、中国南车科技进步奖 9 项（其中特等奖 2 项、一等奖 3 项、二等奖 2 项、三等奖 2 项），累计获得外部科技奖励 193 万元。

【生产运营】 公司 ERP 于 5 月正式运行，各系统之间成功实现切换，使工艺、采购、物流、制造、项目等业务信息平台实现一体化，设计、工艺、制造实现一体化 BOM。通过创新成本管控体系、开展全流程成本管理提升、推进成本优化奖励、强力管控项目成本、研究海外项目成本要素、完善成本基础等举措，继续强化项目成本管控，年内完工的主机项目成本较年度指标降低约 1.79 亿元。全年制造费用较年度指标降低 400 万元，指标完成率 92%。全面推进公司六条示范车间（线）建设，以不锈钢车体车间、机车车体 B 线为试点，着力打造模拟生产线、模拟配送线，并深入推进精益管理。继续夯实工艺管理，推进新产品试制及基础工艺研发与推广应用，严格把控产品设计质量和制造质量。

全年共组织执行生产项目 47 个，其中机车项目 7 个、城轨项目 21 个、工程车项目 11 个、海外项目 8 个。共完成机车新造 754 节、交付 687 节，城轨新造 843 节、交付 158 列，市场配件完成 482 台转向架两年检与资电公司 85 台机车配件的制造。年内未发生重伤及重伤以上事故，无新增职业病，无环境污染事故，工业“三废”基本实现达标排放，危险固体废弃物实现无害化处置。

【市场营销】 全年，公司机车与动车市场实现销售收入 123 亿元。新签订单 133.4 亿元，其中国铁市场 85.59 亿元，非国铁市场 18.2 亿元，配件及检修市场 19.33 亿元，其他 10.28 亿元。参加铁路局及非国铁市场的大部件招投标 26 次，中标 23 次，中标率 88.5%，中标总金额 3 亿多元。全年共收回应收账款 78.52 亿元，其中国铁市场（含配件）实现回款 56.55 亿元，非国铁机车市场实现回款 21.97 亿元。

城轨市场参与宁波 1 号线二期、武汉 3 号与 4 号线、长沙 1 号线、广州 7 号与 9 号线、南宁 1 号线等 29 个城轨项目（含议标和直接增购）的投标，投标项目数较上年翻番，成功获得宁波 1 号线二期、广州海珠有轨电车、广州 7 号线、深圳 11 号线、南宁一号线、宁波鄞州区有轨电车项目等 10 个项目 1026 辆城轨车辆订单；承揽配件订单 12 个，合同金额为 3600 余万元。轨道工程车市场成功中标青岛 3 号线 2 台、东莞 R3 线 1 台电力蓄电池工程车。完成南京 3 号线 2 台、上海地铁 2 台蓄电池电力工程车和香港 C971 项目 3 台公铁两用消防救援车合同的签订。有轨电车市场成功中标广州海珠区 100%低地板车辆项目。

海外市场全年参与埃塞俄比亚 35 台电力机车、南非 599 台电力机车等国外项目投标 12 次，成功中标 6 个项目，获得马来西亚 ETS 增购项目和 30 列安邦线轻轨车、新加坡 18 台地铁维护车、印度古尔冈南延线地铁项目、埃塞俄比亚 35 台电力机车等订单。

【基建与技改】 年内完成的工程建设项目主要有城轨动调线提速改造、新民桥及西门存车线工程、主干道地下通道工程、工艺部办公楼大修、田心社区环境提质改造计划项目、研发综合大楼主体工程建设与内外装修以及城轨、机车、转向架、电气等厂房共 2

万多平方米地面改造。启动公司污水处理系统建设。完成中低速磁浮试验线交付使用、储能式轨车实验线建设和 DC3000V 直流变电站建设、公司计算机站建设等，完善实验验证体系，促进公司新产业发展。

全年完成设备采购公开招标和招议标 44 次，完成报价竞争采购 184 次，共签订 156 份总计 925 台套设备采购合同，合同总金额 7000 多万元。同时，全力推进异地子公司项目建设，完成宁波新能源基地、宁波城轨基地、武汉城轨基地、安卡拉基地等国内外基地共 109 台套总价 5600 多万元设备采购。强化设备基础管理，提升设备管理水平，荣获“第九届全国设备管理优秀单位”称号。

【人力资源管理】 围绕公司定岗定编、全员绩效、全员应知应会三大核心项目，构建具备持续提升能力的人力资源管理体系。针对异地子公司投产后人员需求缺口大的状况，及时协调母子公司之间的人员借工。通过多技能员工培养、内部余缺调剂、兄弟公司间的技术援助以及合理、合规使用劳务派遣和顶岗实习人员等方式，解决部门、产业间劳动力不平衡而导致人力资源周期性短缺矛盾，同时有效控制人工成本。尝试新型用工与顶岗实习用工模式，控制劳务派遣用工总量，优化劳动用工结构，增强用工的灵活性和机动性，同时制定《公司劳务派遣用工管理办法》，构建一体化、系统化、规范化的劳动用工管理体系，全年劳务派遣用工总量降低 83 人，劳务派遣费用减少 1069 万元。修订《劳动合同管理办法》，完善劳动合同履约评价机制，建立客观公正的绩效考核标准和程序，并严格执行绩差员工淘汰机制，调动员工积极性和创造性。

根据公司生产经营和降本增效要求，严控校园招聘数量，优化需求专业结构，全年共计招聘 84 人，其中硕士 35 人、本科 49 人。严控中层管理者数量，加强中层管理者责任追究和考核力度，构建经营业绩、关键行为、能力发展三者并举的综合考核模式，形成指标明确、项点清晰、能上能下的中层管理者绩效考核体系，同时开展中层管理者制度、体系“强基”工程，建立健全中层管理者选聘、任用、培养、考核等规章制度。积极参加中国南车第二届核心人才选拔，公司 30 人获评中国南车第二届核心技术人才、8 人获评中国南车第二届核心管理人才、12 人获评中国南车第二届核心技能人才。加强国际化人才培训和技能人才队伍建设，开展新一期青年骨干选拔，为企业后续发展提供人才储备。启动院士培养计划，制定企业院士培养实施办法，加快企业院士育成进程。

创新工资分配机制，对不同性质的工作岗位分别设计绩效工资方案，并要求各单位在分配绩效工资时严格遵循绩效结果排序以拉开差距，重点向业绩优秀、工作量饱和的员工倾斜发放，发挥绩效管理的激励和约束作用。设计绩效工资整体分配方案，合理调控工资发放节奏，适当增加员工收入。制定《公司国际化员工薪酬福利管理办法》《公司异地子公司援助人员薪酬管理办法》《班组长岗位津贴管理办法》及《员工加班及加班工资管理办法》，完善薪酬管理制度体系。

【质量管理】 根据公司发展整体战略和质量工作实际，深化质量安全风险管理，提升质量管理体系运行绩效。推进新产品、基础研发及平台建设，完善验证手段及 RAMS/LCC 体系，不断提升设计源头质量。推行 PFMEA 体系建设，理顺工艺管理流程，规范工艺管理工作，提升工艺执行力度。严格供应商准入管理，创新供应商质量控制方式，提升公司质量问题系统预防和解决能力。全年制定质量主要保证措施 216 条，设定年度质量目标 32 项和关键绩效指标 64 项。完善过程质量控制模式，实施过程质量目标管理，制定《公司（定量）质量目标测量方法和控制要求》，形成核定真实，能完整、准确反映产品质量状况的公司质量目标测量、分析、监控和改进系统。继续推行国际铁路行业标准（Ver02），年底顺利通过国际铁路行业标准（IRIS）质量管理体系认证证书年度监督审核。开展机车生产许可证和铁路维修机车维修许可证获证工作，继续保持6项机车产品CRCC证书，同时新增动车3项产品CRCC证书，HX_D1D型机车11月正式获得国家铁路局颁发的生产许可、行政许可决定书。开展机车源头质量安全大检查，形成《公司机车源头质量安全大检查自查情况和专题检查报告》及《问题完成情况汇总表》。顺利通过电力机车、地铁车辆车体、转向架焊接质量体系EN15085认证期满后的复评审核及ISO10012：2003测量管理体系认证年度监督审核。各项质量指标均达到公司设定目标值，其中铁道部、南车集团产品质量监督抽查合格率100%、在用测量设备抽查合格率98%、间隔确认的测量设备送检率98%、理化试验报告准确率99%。

【企业文化建设】 围绕公司海外基地建设、政府与业主关系、重大新闻事件等开展系列外部宣传活动，将新闻宣导、文化传播的理念注入营销工作，助推市场开拓。全年累计对外发稿1003篇次，其中国家级（含海外媒体）媒体上稿624余篇次，在省部级（行业）媒体上稿269篇次，地市级媒体上稿近110篇次，同时多次接受海内外各级媒体对公司的专题采访，大力提升公司知名度与美誉度。

开展质量文化建设活动，提升公司质量管理水平。组织“美丽田心”文化内涵讨论系列活动，从文化反思、文化执行两个层面挖掘田心文化内涵，推动公司文化变革进程。开展以“对话历史，分享荣耀”为主题的企业创建77年来老照片、老物品展，编写《企业文化宣导手册》，全面展现企业创建77年来形成的特性文化。搭建手机报平台，并利用微博营销，提升公司公众影响力。编写《株机公司品牌管理手册》，建立企业文化与品牌管理督查机制，并指导异地子公司高效开展品牌建设工作。

【党群工作】 年内，公司党委下设7个分党委、7个党总支、110个党支部，共有党员5084名，其中在职党员3428名、离退休党员1656名。按照“照镜子、正衣冠、洗洗澡、治治病”的总要求，以“转作风、强队伍、建制度、促管理”为着力点，深入开展以“为民务实清廉”为主要内容的党的群众路线教育实践活动。按照“党建工作与企业生产经营相结合，党建考核标准与群众满意评价相结合，强化基础与鼓励创新相结合”原则，再次修订和完善《南车株洲电力机车有限公司创先争优活动考核评价办法（修订稿）》，加大绩效考核结果的运用，加强群众评议，并对党建工作考核标准进行重大调整，使党建管理科学化、制度化、规范化。组织群众对公司在职党员进行民主评议。下发《公司关于进一步规范党员发展工作的通知》，明确发展程序，严控发展计划。继续开展“两优一先”评比和创建“四好”班子活动，加强党员和领导班子思想作风建设，增强中层管理团队的执行力和战斗力。

公司纪委根据中国南车《关于进一步改进工作作风密切联系群众的具体措施》，结合公司实际起草下发《关于改进工作作风、密切联系群众的实施办法》，并制定措施25项。建立健全党风廉政建设责任制相关配套制度，抓好责任强化、检查督促、完善考核三个环节，健全防控体系建设，提高惩防体系的防控能力。结合中央十八大精神及“八项规定”要求，重新修订《公司党风廉政建设责任制实施办法》《公司党风廉政建设责任追究实施办法》《公司廉政谈话制度》及创先争优党建工作内容等，健全党风廉政建设制度。扎实开展反腐倡廉教育活动，全面落实廉洁从业风险防控工作。同时，加强专项效能监察和专项调查，做好公司经营管理风险防范工作。

公司工会以创建“质量安全型企业”为目标，组织开展“创先争优”劳动竞赛和自主工装设计专项劳动竞赛活动，提升公司产品工艺质量。组织技师开展技术、质量攻关活动，创经济效益近千万元。组织开展多场技能比武竞赛，提升员工技能。广泛开展“送温暖”和慰问、救济、夏送清凉等活动，并组织员工短期疗休和劳模、优秀员工健康疗养。举办各类球赛及书法、摄影、美术展、元宵文化节、文艺联欢等活动，丰富员工文化生活。荣获全国模范职工之家、全国安康杯竞赛先进单位、湖南省创先争优先进基层工会等称号。

公司团委围绕“引领青年坚定理想信念树信心，搭建青年各类平台促成长”工作中心，开展青年文明号创建工作。举办第四届“魅力青春”主题辩论赛，开展“中国梦·田心梦”“冲刺两百亿·青年感想与行动”等主题征文比赛和青年创新创效活动，激发青年爱企爱岗、锤炼自我、建功成才热情。先后荣获中央企业五四红旗团委创建单位、中国南车五四红旗团委等称号。

【绩效管理体系建设】 公司基于战略的目标任务绩效管理体系建设工作贯穿全年。陆续完成定岗定编、绩效管理、任职资格认证、应知应会培训考试、国际化人才培养等多项基础管理提升项目，并收到较好成效。组织通用类和专业类应知应会培训和考试 16241 余人次，召开 95 场现场案例分析会、高中层管理者月度绩效发布会，组织近百名绩效优秀员工出境培训，促使绩效不断改善，绩效管理成果显现。

【首次厂庆】 3 月 31 日，公司在一届三次职工代表大会上宣布：每年 8 月 1 日为企业厂庆日。2013 年 8 月 1 日是公司首个厂庆日，公司为此举行系列庆祝活动：组织田心主要企业高管在公司四季花坛植树，寓意企业基业常青；在公司影剧院举办老物品、老照片展；公司出口南非电力机车成功落车；在公司文化宫举办书法、摄影作品展；为土耳其安卡拉不锈钢地铁车辆举行下线典礼。同时，邀请新华社、人民日报、中新社、中国科学报、湖南日报、湖南卫视等媒体到现场报道，并参观“对话·历史”老物品、老照片展。

【超级电容项目研发】 7 月，公司研制的新型超级电容关键技术研究项目获国家 863 项目立项。8 月 2 日，针对中国南车及相关交通运输领域主要应用市场的需要，公司在宁波南车新能源科技有限公司组建成立中国首个超级电容研究所，下设超级电容研发与应用专家委员会，由日本、韩国及国内 10 余位行业顶尖专家组成。9 月 12 日，世界目前最大功率超级电容单体（7500F）在宁波南车新能源科技有限公司实现批量生产，首批 5000 只超级电容产品成功交付用户。

【公司机车出口南非】 2012 年 10 月 22 日，公司获得南非国有运输集团 95 台双流制普货电力机车订单。合同要求 16 个月后交付首台车，公司仅用 8 个月就完成了机车的设计、生产，首台机车于 2013 年 8 月 20 日成功下线。11 月 18 日，两台机车顺利运达南非行政首都比勒陀利亚，南非在其金字塔机务段举行隆重的接车仪式。公司董事长、总经理周清和等出席接车仪式，并为机车剪彩。南非为纪念其前总统曼德拉，有意将此 95 台新机车命名为“曼德拉”号。

【下属子公司】 广州南车城市轨道装备有限公司。完成组织架构调整，新架构设置“四部一车间”，年末员工171人。完成广州地铁一二八号线车辆新造交付8列、车辆油漆翻新11列，在线生产广州地铁三号线（国产化）车辆1列。城轨车辆一次交验合格率100%。完成深圳地铁1号线牵引电机轴承更换项目和西门子公司广州地铁一二八号线5台车辆电机更换，实现城轨车辆部件维修领域的突破。完成投入正线运营的GML3车辆12列、GML128车辆4列的售后工作，实现售后业务突破。全年实现营业收入2.63亿元，净利润10万元。

宁波市江北九方和荣电气有限公司。重置组织架构，下设8个职能管理部门，年末员工151人。确保南车市场份额稳步提升，并在北车市场7200 kW机车和八轴车上取得60%以上市场份额，同美国应达集团公司在电感应加热领域有初步合作。全年电容器产量达46000台，比上年增加7000台，创历史新高。完成销售收入1.139亿元，首次超亿元，实现利润680万元。

北京北九方科贸有限公司。以母公司各项制度为依据完成内控的自查及整改工作，建立起合理的内部控制管理体系。全年实现销售收入5998万元、净利润208.9万元，均超额完成目标指标。

洛阳南车城市轨道有限公司。以市场开拓和产品小批量生产试制为工作重心，完成郑州1号线3列地铁车辆生产与交付，协助母公司做好郑州地铁2号线车辆投标相关准备工作及有轨电车、中原城际车辆在河南的市场开拓。全面完成各建设项目收尾工作，年底通过母公司组织的项目竣工验收。全年实现销售收入6142万元、利润-1090万元。

昆明南车城市轨道有限公司。严控制造、管理费用，加强人工成本管控，推行精益管理，全年新造交付城轨车辆90节，比上年增长200%，车辆制造、运用质量良好，车辆新造一次交验合格率达96.2%，高于目标值1.2个百分点。实现销售收入2.91亿元，比上年增长174%。

宁波南车城市轨道装备有限公司。完成基地一期工程建设任务、技术平移和首列地铁车辆试制，成功研制出创新产品——储能式无轨电车，形成销售收入2048万元。通过开源节流、降本增效，取得理财收入约1010万元，实现营业外收入1048万元。扣除各项成本费用，全年实现利润总额约15万元，连续3年实现盈亏平衡。

上海南济轨道设备科技开发有限公司。在延续原有技术服务项目的基础上，还针对性地开展技术服务平台建设及前瞻性的课题研究。上半年获得湖南省重点项目1项、一般项目1项，累计获得湖南省科研经费35万元。全年主营业务收入718万元，实现净利润114.6万元。

武汉南车轨道交通装备有限公司。以基地建设和市场拓展为工作重心，签订《国有建设用地使用权出让合同》，取得土地使用权，获得江夏区政府产业扶持资金（土地补偿款）3615万元，全面启动基地建设，获武汉市2013年度重大建设项目先进单位。配合总公司开展低地板有轨电车推介，促成母公司与武汉经济技术开发区就重点发展有轨电车等新型轨道交通产品签署战略合作框架协议。全年发生管理费用462万元，实现净利润348万元。

南宁南车铝材精密加工有限公司。积极推进厂房主体工程建设及设备增购工作，提升产能30%以上，铝材焊接与加工水平大有提升。协同母公司获得南宁地铁一号线180辆车辆订单。全年累计获得政府资金补助925万元，获得进口设备税费减免220万元，实现盈亏平衡。

宁波南车新能源科技有限公司。组建技

术管理团队，成立超级电容研究所，搭建研发、技术、工艺、质量体系平台，完成两条超大规模国际先进超级电容生产线建设。完成五层7000多平方米厂房改造与500多平方米的辅房土建施工及190余台（套）设备安装调试。如期完成年度销售计划2000万元、52万元利润目标。

河南南车重型装备有限公司。完成公司流程再造与组织设计管理提升，下设5个分公司、3个控股子公司、18个职能部门，有员工1406人。根据总公司要求，组织编制各类管理制度（流程）83项，实现管理制度化、规范化。全年累计完成产品技术创新182项，取得专利18项，其中EBZ260智能化掘进机和全视控电机车为国内领先产品。完成生产总值63000万元、销售收入54138.47万元，实现利润563.83万元。

广州南车现代有轨交通研究院有限公司。7月9日在广州市番禺区揭牌成立，是株机公司联合广州市地下铁道总公司、南车时代电气公司合资成立的股份合作制高新技术企业。项目分三期投入建设，年内依托广州有轨电车建设，以研究储能式100%低地板有轨电车为龙头，开展有轨电车行业重要装备的研发工作，达到形成有轨电车行业技术标准的目的。

张家界磁浮轨道交通有限公司。完成工商注册，搭建起张家界磁浮项目筹建平台。由于诸多因素，张家界磁浮项目已暂缓后延，公司因此暂且停止运作。

南宁南车轨道交通装备有限公司。9月初，株机公司和南宁轨道交通有限公司签订《南宁南车轨道交通装备有限公司合资协议》，以60：40占比合资建立南宁南车轨道交通装备有限公司。10月8日，公司完成工商注册，获得营业执照，注册资金1.5亿元。公司位于南宁市邕宁区新兴产业园区，12月基地建设正式开工。年内协助总公司获得南宁地铁一号线180辆车辆订单。年度经营实现盈亏平衡。

株洲南车特种装备科技有限公司。以产品研发和市场开拓为工作重心，完成海南单轨高架观光车、山东广饶仿古小火车新车试制与设计验证以及时速20公里级别双座管轨车辆系统、仿古小火车轮对组装设计工艺提升、齿轨车传动系统项目等设计任务；完成游览车体系搭建及仿古小火车、张家界单轨车标准化定型、城轨车辆淋雨架定型；通过ISO9001:2008质量体系续评与ISO3834-2金属熔化焊的质量体系认证。全年实现销售收入1.02亿元、净利润269万元。

【境外企业】 中国南车（马来西亚）轨道交通装备有限公司（简称CRM）。由株机公司联合中国南车香港公司组建。2012年9月11日，获得马来西亚公司委员会批复，正式注册成立。2013年4月9日，在马来西亚霹雳州巴都牙也市（Batu Gajah）奠基。CRM总投资4亿马币，占地307亩（约20.5万平方米），定位为“制造+服务+投资”，成为中国南车在东盟的生产和维修保养基地。项目分两期完工，第一期年产能达到100辆动车组制造以及150辆动车组架修。筹建期设有基建装备模块、商务/财务模块、区域模块、产品模块等四大业务模块。年内，承接的项目主要有马来西亚ETS增购项目、安邦线项目以及未来38列SCS的架修工作。通过强化资金管理，全年实现净利润6.6万元。

南车吉隆坡坡维保有限公司（简称CKM）。2013年末，CKM有员工137人，其中马来西亚籍96人，本地化率达到70%。年内，全面建立各类规章制度，加强现场管理，规范标准化作业流程，不断增强车辆维护能力，积累维保及管理经验。开展一系列人才培育工作，本地化率继续提高，并成为母公司海外人才培训基地。母公司生产的38列

SCS动车组全部投入运营并交给CKM维护，完成检修后提供的运营车辆数大于维保合同的规定数量，运营故障指标低于合同要求。全年实现营业收入 4124.31 万元、净利润 543.80 万元。获母公司2013年度“双创”竞赛“先锋单位”称号。

南车（南非）电力机车项目公司。为履行南非电力机车项目合同及满足南非TRANSNET的招标要求，2012年11月，株机公司在南非成立全资子公司“南车株机（南非）有限公司”。同年12月，该公司与当地BEE伙伴合作组建其控股的南车（南非）电力机车项目公司，并于2013年3月26日正式揭牌，其经营范围包括电力机车、城轨、轻轨、动车等轨道交通装备的新造、检修、大修和配套零部件销售等业务。年内，公司成功获得B-BBEE二级证书；参与南非国有运输集团 Transnet599 台电力机车项目的投标；获得TFR公司机模拟器升级与新造订单。全年主营业务未实现销售，无营业收入。

南车 MNG 轨道交通系统车辆工业与贸易有限公司。10月28日，由株机公司在土耳其的全资子公司与土耳其MAPA公司合资注册成立南车 MNG 轨道交通系统车辆工业与贸易有限公司，其中株机公司占股60%、MAPA公司占股40%。公司位于土耳其首都安卡拉SINCAN工业园，占地面积10.8万平方米，主要从事轨道交通装备的新造、维修与贸易，主要产品有机车、地铁、电力动车组、轻快铁及其他轨道交通工具。公司按照统一规划、分期实施原则，分二期建设，一期形成新造城轨车辆200辆/年产能，并在厂房设计、动能供应等方面考虑兼容 100 台/年电力机车新造要求；二期形成150辆/年城轨车辆维护、修理和大修服务能力，主要建设转向架修理及部件维修厂房。

【重要纪事】 2月21日，全国政协副主席李金华到公司考察。3月7日，公司召开基于战略的目标任务绩效管理体系启动会，拟建立健全适应公司未来发展的绩效管理体系。3月13日，公司研制生产的大功率交传机车“神华号”完成万吨牵引试验。3月26日，株机南非公司正式揭牌。3月31日，公司召开一届三次职工代表大会。4月9日，公司联合中国南车香港公司成立的中国南车（马来西亚）轨道交通装备有限公司在马来西亚霹雳州奠基。4月12日，公司土耳其制造中心在安卡拉举行奠基仪式。4月22～23日，中国南车2013年科技工作大会在公司召开。4月，公司获得宁波2号线一期工程22辆车订单。公司获得“全国绿化工作先进单位”和“中央企业职工技能竞赛先进单位”称号。5月20日，公司研制的中国首列高原地铁列车在昆明成功载客试运营。5月22日，公司被评为国家出入境检验检疫信用管理AA级企业。5月29日，由香港媒体、中央媒体及部分省市媒体组成的“港洽周”采访团到公司参观采访。6月25日，公司第二次获得新加坡陆路交通管理局（LTA）18台地铁工程维护车订单。7月9日，广州南车有轨交通研究院有限公司揭牌。7月21日，公司召开党的群众路线教育实践活动动员大会。7月26日，公司自主研制的DK-2型机车电空制动系统软件获得国家工业与信息化部电子第五研究所（中国赛宝实验室）软件测评中心功能安全认证标准符合性测评证书（国内首次）。7月，公司新型超级电容器关键技术研究项目获国家863项目立项。8月1日，公司举办系列活动，庆祝第一个厂庆。8月2日，公司在宁波南车新能源科技有限公司组建成立中国首个超级电容器研究所。8月21日，广东省委书记胡春华在湖南省委书记徐守盛等陪同下，率广东省党政代表团到公司考察。9月4日，公司与南宁轨道交通有限公司签订《南宁南车轨道交通装备有限公司合资协议》。9月13日，公司获签新加坡吉隆坡10列60辆电力动车组ETS2项目订单。9月29日，公司城轨车辆焊接技术经理、德国人诺贝特•克尼特获2013年度中国政府友谊奖，并受到国务院总理李克强接见。10月12日，河南南车重型装备公司自主研制的首台EBZ260纵轴岩巷掘进机成功下线。10月19日，公司技术中心连续第6次获发改委"国家认定企业技术中心"资质。10月22日，公司与西门子公司在九方宾馆举行印度古尔冈南延线车辆项目暨马来西亚ETS牵引系统项目签约仪式。10月23日，公司被国家工信部、财政部认定为国家技术创新示范企业。10月28日，公司获评"国家火炬计划重点高新技术企业"。10月，公司完成穆迪评级的续评工作，继续保持"Baa3"发行人评级（"可投资级别"）；公司获得"中央企业先进集体"称号；公司工会被中华全国总工会授予"全国模范职工之家"称号。11月4日，公司与中铁十一局签署战略合作框架协议。11月6日，中国南车（株机公司为主要代表）与太原市人民政府签署战略合作框架协议。11月11日，在北京第十五届中国专利奖颁奖大会上，公司两项专利"机车用四轴高速转向架"和"动车组（SCS）"分别获中国专利优秀奖和中国外观设计优秀奖。11月18日，公司获得广州地铁7号线138辆地铁订单。11月20日，公司与武汉经济技术开发区在武汉签署战略合作框架协议，并举行武汉市大汉阳地区现代有轨电车试验线工程开工仪式。12月1日，公司成功中标吉隆坡安邦线（老线）30列（180辆）轻轨列车。12月2日，公司申报的城轨车辆研发和制造资源优化项目获得2012～2013年度国家优质投资项目奖。12月5日，公司 HX_D1D 型电力机车获得国家铁路局颁发的行政许可决定书。12月7日，公司获签深圳地铁11号线20余亿元地铁车辆订单。12月12日，公司自主设计的储能式轻轨车获2013中国设计红星奖金奖。12月13日，公司再次通过安全生产标准化一级企业考评。12月18日，公司中标埃塞俄比亚国铁35台电力机车项目。

【企业主要领导】

执行董事 总经理	周清和
副总经理	傅成骏（兼） 马克湘 陈又专 肖高华 张洪权 罗崇甫 索建国 何恩广 廖洪涛 李铁生（4月免） 张力强（4月任）
总工程师	索建国（兼）
财务总监	李铁生（兼，4月免） 张力强（兼，4月任）
党委书记	傅成骏
党委副书记	周清和（兼） 刘志平
纪委书记	刘志平（兼）
工会主席	刘志平（兼）
株机厂厂长	刘 宁

（株机公司 供稿）

地 址 湖南省株洲市田心
邮 编 412001
电 话 0731-28441266
传 真 0731-28432399
网 址 www.csrzelc.com/

南车株洲电力机车研究所有限公司

（工商登记营业执照号：430200000006791）

执行董事、总经理　丁荣军

党委书记　邓恢金

【概况】　2013年末，有员工11634人，其中40%以上是技术人员，有博士100余名、硕士1100余名，人力资源结构整体呈现高学历、年轻化的特点。公司有电气传动与自动化、高分子复合材料应用、新能源装备、电力电子（基础）器件等四大产业板块及其九大业务主体，下辖三家上市公司、六个国家级科技创新平台、两个企业博士后科研工作站，并在美国、英国、澳大利亚设有四个海外技术研发中心。全年实现营业收入164亿元，比上年增长16.3%，圆满完成年度利润指标，运营状态安全可控。

【科技创新】　坚持基础技术攻关与应用技术产业化协同并进，科技创新多点突破，重大项目开花结果。无速度传感器、永磁驱动、列车以太网重联等前沿技术取得重大成果，跻身国际领先行列。南非电力机车、4400HP内燃机车、八轴9600kW和30T轴重货运电力机车项目顺利推进，DAS7型接触网综合作业车成功下线。城际动车组主辅一体化平台完成装车考核，新一代地铁牵引系统通过首件鉴定，低地板车辆牵引系统完成样机研制，高功率密度IGBT芯片及模块通过湖南省科技成果鉴定。九款低风速轻量化叶片成功开发，国内最大尺寸超高阻尼橡胶隔震支座通过设计评审，系列化高端膜产品完成样品试制。风电事业部编制国内首条风机动力学认证规范，发布高海拔风机行业技术标准，推出2.0和1.5MW新机型。工程机械产品型谱进一步丰富，多款适应不同市场需求的新产品相继面世。全承载混合动力客车研制成功，斩获全国公交节能大赛金奖。CHJ项目顺利实施，自主变流器在国防工业领域实现系统集成。空调、矿卡、船舶变频器系列化研发和降本工作顺利推进，矿卡车、钢轨打磨车等新领域用电机研制成功。仿真、三维协同、软件测试、关键物料技术深度推广，知识工程系统阶段应用，公共技术能力快速提升。

全年获市级以上科技奖励20项，首次获得湖南省技术发明一等奖；完成外部科研及产业化项目申报112项，获批资金9.48亿元，其中大功率IGBT、乘用车电驱动系统研发与产业化项目获批资金7亿元。全年申请专利

454 项，其中发明专利 292 项，均创历史新高。标准化工作接轨国际，主导起草两项轨道交通领域的国际标准。国家能源主动配电网研发中心成功获批，株洲所、时代电气、时代电动均被评为湖南省企业技术中心。

【市场营销】 年内，公司机车、动车销售规模超过 50 亿元；地铁自主牵引系统持续领跑，中标总额逾 22 亿元，自主屏蔽门项目实现首单突破；轨道工程机械产业发展迅速，规模达到 10 亿元；空气弹簧、沙漏簧产品海外热销，时代新材跻身欧洲高端市场主流供应商；海外业务实现销售收入 12 亿元。新产业也创下良好的市场业绩：风电斩获 20 亿元历史最大单笔订单，新增三家优质新客户；电动汽车产销整车超过一千台；重型工程机械产业市场规模首次突破 10 亿元；光伏 EPC 业务表现出色，新型商业模式拓宽了产业发展思路，146 米海工船项目实现中国南车自主品牌全线登船应用的里程碑突破；工业电机产业逆势增长，电抗器业务初具规模，局部市场亮点喜人；环保和军工市场销售规模突破 4 亿元；新材元件产品顺利通过军方评审，市场前景乐观。

【管理提升】 持续推进以降本增效为核心的管理提升工作，年度降本收益超过 2 亿元；加强内部供应链管理，风电叶片、工业变流产品内部配套率达到 95%；深化精益车间、精益生产线建设，存货占用资金较年初预算下降 30%，节约财务费用过亿元；积极开展“三位一体”营销体系试点，探索营销模式新变革。领导任期制管理成功落地，优胜劣汰成为职业发展“主旋律”；组织中高层及后备职业经理人领导力培训，打造高素质人才“训练营”。财务管控手段及能力不断强化，低成本融资和资金集中管理创效益。狠抓费用管理，严控领导人员职务消费，三项费用较年初预算节约 33%。加强供应链效能监察，独家供应商比例从 14.3%下降到 11.7%；推进重要岗位人员轮岗交流，交流比例达到 30%，有效降低职业风险。搭建内控与投资信息化平台，推广应用信息化运行质量评估体系，促进管理效率稳步提升。内控体系建设点面结合，风险管控能力得到提高。扎实推进制度执行大检查，增强制度的操作性与可执行性。风电完成国家安全生产标准化一级企业认证，公司安全管理基础进一步巩固，顺利实现“三零”目标。不断健全能源管理机制，成功通过国际标准认证。

【资本运作】 利用融资平台开展一系列资本运作。时代电气与时代新材再融资项目顺利完成，共募集资金折合人民币超过 30 亿元，为产业持续发展注入资本动力。加快并购重组与合资合作步伐，成功并购德国 E+M 公司，打造海外工程机械高端产业平台；推进 BOGE 项目，完成主并购协议签署，实现国际化经营与汽车 AVS 产业的新突破；与上海铁路局签署战略合作协议，探索检修业务新模式。完成 G 项目的组织实施，提高了资源配置效益；完成华电福新和开元仪器项目投资闭环，获得丰厚回报。时代高新投融资业务快速成长，资金管理规模突破 10 亿元。

【投资建设】 全力推进大功率 IGBT 产业化建设，主体工程竣工并投入使用，工艺及测试设备的采购、安装和单台调试基本完成，已着手开展整线工艺调试与整合，国内第一条具有世界领先水准的 8 英寸 IGBT 生产线将投入试运行。有序推进电动汽车二期项目基建工作，主体工程基本竣工。完成时代新材聚酰亚胺薄膜、进口云母带、连续反应尼龙、消音片等生产线调试，增添多个新的效益增长点。加快海外科技创新平台建设，成立美国联合研发中心，筹建英国南车电气传动技术研究中心；与新泽西理工学院、德州大学、谢菲尔德大学、美国电力电子系统研究中心开展技术合作，公司全球研发资源的整合能力大幅提升。

【党群工作】 深入开展党的群众路线教育实践活动，干部作风进一步转变，使命感与责任感进一步增强，为民务实清廉的氛围更加浓厚。认真贯彻中央“八项规定”，出台实施细则，狠抓落实，营造了务实高效、勤俭节约的团队氛围。坚持人本理念，开展襄阳电机棚户区改造，推进茅塘坳单身公寓建设，实施员工食堂和锅炉供热系统改造，改善员工生活条件；努力提高员工收入，促进薪酬与企业经济效益协调增长；广泛开展“三保”劳动竞赛，激发员工工作激情。团组织积极推进金色成长线等青年成才工程，加强后备人才队伍建设。

【南车电气技术与材料工程研究院】 持续完善创新体系、提升创新能力，积极推进仿真平台、三维设计技术、软件测试、试验验证、知识管理等公共技术与资源的平台建设，提升研发效能和质量管控能力。强化基础前沿攻关，中大功率、高速永磁驱动及电机设计技术日趋成熟，无位置控制成功应用于格力中央空调，异步驱动无速度传感器控制技术完成考核，大功率 IGBT 直接并联技术、新型及系列化驱动技术逐一突破，基于以太网的列车通信网络核心技术实现与国际同步。增强产品平台辐射能力，打造成功主辅变流、工业传动、新能源、军工等十多个领域的统一控制平台，完成 HXD2、低地板车、新一代地铁及多种辅变模块平台研制，完成10 余种高压变频器及 SVG、矿用和电动轮车用变流器模块的系列化设计，DTECS-2、DTECS-L、DTECS-H 等网络平台开发均达预期目标。推进新产业技术发展，完成 2MW 双馈风电变流器低电压穿越认证测试及国内领先的乘用车电机控制器样机试制，20MVA 三电平 IGCT 变流器投入商业应用并填补国内空白，新一代空调变频器技术平台属国际首创并达到国际领先水平，铰接车、装甲车变流器完成研制，400kW 艏侧推变频器实现中国南车品牌在船舶领域的首次应用，75kW/132kW 局扇变频器通过煤安认证，500kW 变频一体机变频器完成研发。

【株洲南车时代电气股份有限公司】 全年完成营业收入 88.5 亿元，同比增长 23%；人均年产值达 171 万元。如期完成股份增发，募集港币 22.8 亿元，市值和品牌影响力大大增强。同时，人才队伍建设、内部控制、降本增效、管理提升等方面都取得显著成效。圆满实现规模与效益的“双增长”。与上年相比，公司在国家铁路（机车和动车）、城轨、轨道工程机械、通信信号、电力电子、关键部件六大产业板块均有不同程度的增长，其中机车市场增幅高达 64%，城轨和轨道工程机械两大产业板块超过 10 亿元规模。在开拓既有产业的同时，坚持“技术”和“市场”同心发展主线，布局并发展城际铁路、检修维保、功率组件、柔性直流输电等新兴产业领域。全年完成海外销售收入 5.6 亿元，产品出口到新加坡、土耳其、马来西亚、澳大利亚、南非等国家。

自主交流传动技术日趋成熟，整体技术性能媲美国际同类产品，基本实现机车产品型谱全覆盖，并逐步掌握了动车组“自主芯”。永磁牵引系统、列车以太网、无速度传感器等前沿技术都已取得关键性突破。公司全年获得 4 项省部级以上科技奖，取得省级企业技术中心资质，主导发布第二项国际标准，成为国家首批知识产权贯标试点合格企业。

【株洲时代新材料科技股份有限公司】 全年实现销售收入 42.85 亿元，在全球非轮胎橡胶 50 强企业排行榜上位列第 36 位、国内第 1 位，排名再上升 1 位，先后被推举为中国橡胶协会副会长单位及橡胶制品分会理事长单位，技术中心再次名列湖南省以及铁路系统国家认定企业技术中心首位。以配股形式成功完成第二次再融资，募集资金 12.17 亿元。高速动车组国产化工作进展顺利，九款差异化风电叶片成功开发，汽车 NVH 研发检测平台建成并投入使用。成功试制高分子海水淡化膜等一系列产品，进入产业化阶段。特种尼龙树脂、IGBT 封装材料等项目分别获得批量订单，形成新的利润增长点。获得庞巴迪订单超过 1.5 亿元，同比增长 50%，成为欧洲空气弹簧高端市场的主流供应商之一。在军品市场，陆续通过军品市场所有认证，承接科研课题近 20 项。

【株洲南车时代高新投资担保有限责任公司】 中国南车旗下专业投资机构，主要从事股权投资、基金管理、新型投行、融资担保、管理咨询等业务。全年实现利润 1300 万元，人均利润超过 50 万元，同比增长 30%。主导发起设立三只创投基金，共获得国家和地方政府 3 亿元资金投入。成功实现开元仪器（股票代码：300338）从资本市场退出，投资收益率达到 150%。投资业务稳步发展，股权投资近 10000 万元；成功举办株洲市财富与创业高峰论坛，完成投融资业务平台向投融资综合服务平台的转换；主动转变投资方式，促进股权投资业务新发展；着力打造资产管理业务体系，形成稳定的盈利模式，公司资金管理总规模超过 10 亿元。

【株洲变流技术国家工程研究中心有限公司】 全年实现销售收入 4.72 亿元，同比增长 27%。落实“三聚焦”市场策略，开发培育 1000 万级合同客户 7 个、500 万级客户 12 个。高压变频器、电能质量装置销售业绩较上年增长 100%。探索 EPC 等商业模式，获得两个光伏 EPC 总承包合同；新开北京、江苏两大客户合作渠道，获得北京京城、晶奥集团批量订单。以高端替代为目标稳步推进重点科研项目，成功研制 10MVA/10kV 级联式 SVG 样机、CHJ-13-001 项目国内首台具有重复极限（浪涌）电流能力的脉冲开关及试验台。全年新增项目申报资金 500 万元，获得省部级以上科技荣誉 4 项。

全面试行“十大改革创新工程”，引入《事件管理单》及《重大事项督导》机制，提升全员执行力；实施《干部风险预约》《全员绩效联动》等方案，初步建立利益联动机制；开展流程优化，完成 73 个核心运营流程的重组、优化，平均简化节点 45%。强化降本增效，中小容量（5MW 以下）变频器全系列机组直接材料成本同比平均下降 15%以上，光伏逆变器第二代产品成本同比下降 70%以上。

【襄阳南车电机技术有限公司】 不断完善内控体系，提升管理，立足四大领域，突围六类产品，全年实现销售收入 6.54 亿元。机车电机新增巴新、包钢、哈货铁路市场及港口机车市场网络；工业电机在工矿行业普遍下行情况下，实现销售收入同比增长 20%；成套产品实施规模化发展，年销售收入突破 2 亿元，同比增长 87%；电抗器成功开发空调、光伏、移相变和城轨等多个新配套市场；托管合资公司南车襄阳电气，发挥系统集成技术优势，着力防爆变频器、软启动、功补等产业，全年获签订单 1.2 亿元。加强新产品研发，研制成功矿卡车、钢轨打磨车、陆用发电机等新领域用电机；城轨永磁电机、动车组高阻抗变压器、主变流器滤波电抗器试制成功并上线运行；首款船舶变压器通过 CCS 产品认证，GCS 开关柜获得 3C 证书，五种型号机车电机成功获得 CRCC 认证证书。全年申报专利 37 项（发明专利 18 件，实用新型专利 19 件），其中 11 项获得国家知识产权局授权。

【湖南南车时代电动汽车股份有限公司】

全年产销整车 1118 台，实现营业收入 7.1 亿元，同比增长 31.84%。年内，无轨电车系统首次在济南、上海公交实现批量销售。规划并启动以降低成本、提升节油率为重点的“H-1”及“P-1”两项生命工程；完成 11 款新型样车的研制，其中全承载样车通过试验考核，各项技术指标达到行业先进水平。全年采购实现降本 2800 余万。深入推进精益生产，制造周期由年初 14 天缩短至 11 天，日单班产能稳定在 6 台以上。基本解决变速箱、电机控制器、车身骨架开裂等 6 项重大质量问题，新车一次交检合格率同比大幅提升。平台建设稳步推进，二期工程联合厂房主体工程竣工并投入使用，全面建成投产后可具备年产 5000 台以上客车生产能力。

【北京南车时代机车车辆机械有限公司】 全年实现销售收入 104151 万元，同比增长 24.4%；实现利润 1566 万元。深入推进大区域营销体系建设，成为由五大片区、四小片区组成的面向全国的主流供应商；深化集团大客户市场拓展，实现销售收入 7137 万元；海外市场实现销售收入 4816 万元。获得“北京市工业企业知识产权运用能力培育工程试点企业”资质，全年完成专利申请 24 项；完成 TR280DI 智能化旋挖钻机、TR400D-II 型旋挖钻机、TAR12 型锚杆钻机、TSDY380 型湿地运管机、TDM 系列多轴连续墙钻机、70T 宽体矿用自卸车等新产品研制；完成基于长沙地铁 2 号线车辆用踏面单元制动缸组装试验、零部件国产化以及车辆制动控制零部件技术开发工作。强化资本运作，优化产业格局，并购德国 E+M 百年企业，促其成为中国南车工程机械海外总装基地。推动管理提升，实现“降本增效”，全年运营成本降低 3040 万元；全面落实精益生产理念，获得“南车二星精益生产示范线”称号。

【风电事业部】 成功中标华电 50 万千瓦项目，并与大型国际项目工程公司联合投标，成为泰国兰塔空项目招标综合排名第一的主机供应商。新研发的 2MW/D110 机型作为年度主打产品，获国内首张《风力发电机组传动系统动力学设计评估符合证明》证书，并获多个市场订单。顺利通过国家一级安全生产标准化认证；事业部实验室通过 CNAS 国家资格认证评审，进一步强化了试验检测能力。售后服务迈上新台阶，成为业内首家、唯一获得国家标准《商品售后服务评价体系》五星服务认证证书的企业。

【境外企业】 加拿大丹尼克斯电力电子股份有限公司（简称丹尼克斯）。原为英国一家专业从事功率半导体器件研发、生产及全球供应的厂商，在加拿大多伦多证券交易所上市，总部位于英国林肯郡，产品包括 GTO、IGBT 以及不同种类的晶闸管。2008 年被株洲南车时代电气公司收购。2013 年末，丹尼克斯在手订单为 2790 万加元，比上年同期增加 37%。全年实现营业收入 3930 万加元，其中双极器件营收与上年持平，组件业务比上年大幅上升。年内，丹尼克斯与南车时代电气在科研开发方面协作完成了 1500A/3300V、1200A/3300V、2400A/1700V 等高压 IGBT 芯片和模块以及 4500V 压接式 IGBT 芯片的研发，取得新一代应用于高压直流输电的晶闸管技术突破。其中 1500A、1600A 和 1200A 的 IGBT 模块成功在轨道交通领域进行应用考核；2400A/1700V IGBT 模块完成样品生产，尚待进行批量考核；1200A/4500V IGBT 模块完成考核，尚在客户项目上进行试验。

代尔克铁路有限公司（简称代尔克）。是一家在悉尼注册的以设计、销售轨道线路产品为关键业务的公司。2011 年，株洲南车时代新材公司收购其 100%的股权。2013 年，实现营业收入 6182 万元人民币。年内，成功开发适合英国标准的新型减震器和护轨轨道减震器，取得首批产品订单，后续将带来每年20000件产品的销售。积极开拓印度轨道减震器产品市场，首批2500件产品成功在印度试运行。与新南威尔士州铁路管理局（现悉尼火车公司）签订3年轨道扣件、轨道减震器等产品供货合同，进一步巩固市场地位。全年累计获得香港、加拿大、新加坡轨道减震器市场订单850万澳元。

【重要纪事】 1月10日，公司召开一届一次职工代表大会。1月21日，公司大功率IGBT产业化建设工程正式封顶。2月21日，公司自主研发的WT2000型风力发电机组样机成功下线。3月12日，中国南车精益管理暨管理提升工作会议在公司召开。3月20日，公司获得“国家能源主动配电网技术研发中心”授牌。4月16日，南车时代电动研制生产的首台全承载混合动力公交客车正式下线。4月19日，公司五项科技成果获湖南省科技奖励。5月9日，公司与中国人民解放军装甲兵工程学院签署战略合作协议。6月14日，南车时代新材再融资顺利完成，募集资金12.17亿元人民币。6月28日，南车国家变流中心首个外部光伏EPC工程通过国家验收。7月，南车时代高新成功举办首届“株洲市财富与创业高峰论坛”。7月19日，公司召开党的群众路线教育实践活动启动大会。7月，公司携手美国高校成立联合研发中心。9月，南车北京时代成功收购德国E+M钻机技术有限公司。9月12日，南车国家变流中心直流融冰装置获哈大高速铁路挂网测试资格。9月26日，湖南省省长杜家毫到公司参观调研。10月，公司获得国家专利运营试点企业称号。10月15日，南车北京时代携新产品亮相北京国际工程机械展。10月18日，公司冶金轧机关键技术成功应用，打破国外垄断。10月25日，南车时代电气募资22亿港币完成H股增发。10月，公司申报的大功率半导体器件IGBT产业化建设项目和乘用车电驱动系统研发及产业化项目获审通过，获批资金7亿元。11月15日，宁波南车电气设备有限公司正式奠基。12月3日，南车时代电气IGBT事业部（筹）正式搬入新基地。12月12日，南车时代新材与德国采埃孚集团签署主购买协议，拟斥资约2.9亿欧元整体收购该集团旗下的橡胶与塑料业务。12月，风电事业部获近20亿元的最大单笔订单。12月27日，公司“高压高功率密度IGBT芯片及其模块研究开发”项目通过湖南省科技成果鉴定。

【企业主要领导】

执行董事 总经理	丁荣军
副总经理	邓恢金（兼） 刘连根 贺文成（12月免） 冯江华　曾鸿平 范宝林　江　奕 熊锐华（12月任）
财务总监	贺文成（兼，12月免） 熊锐华（兼，12月任）
总工程师	冯江华（兼）
党委书记	邓恢金
党委副书记	丁荣军（兼） 杨首一
纪委书记	杨首一（兼）
工会主席	杨首一（兼）

（株洲所　供稿）

地　　址　湖南省株洲市石峰区
邮　　编　412001
电　　话　0733-8498304
传　　真　0733-8432946
电子信箱　suoban@zeiri.com.cn

南车四方车辆有限公司

（工商登记营业执照号：370200018030200）

执行董事、总经理　夏春生

党委书记　王海玉

【概况】　2013年末，有在册员工3271人，同比减少56人。公司坚持"夯实基础，传承百年底蕴，立足创新，寻求转型突破"的经营思路，全面推进企业"双效"提升。全年实现销售收入28.85亿元，归属母公司净利润4.17亿元，继续保持良好的经营发展态势。以伊拉克DMU动车组项目为代表的特种车及经济型动车组新造板块实现突破，淋浴车、文化车、SRS高空作业车、军交牵引公铁两用车等产品形成生产能力。全年共检修各型客车616辆，造修各型路用轮对4279条，承接意大利高铁转向架构架业务，完成宝鸡工程车转向架产品生产，专业大部件产品档次得到提高。物流业务持续增长，经营规模突破10亿元。年内，继续保持山东省文明单位称号，列青岛市百强企业第60位、青岛制造业企业100强第27位、青岛市纳税50强企业。所辖物流公司再次被评为综合类4A级物流企业，并获"2013中国综合实力百强物流企业"称号。

【管理提升】　完成管理提升二阶段结题和三阶段转段，基础性专业化管理取得进步，体系制度不断完善。管理创新工作制度化，完成管理创新项目立项36项。举行质量管理体系内审，对质量管理体系文件进行换版升级，通过IRIS体系复审。建立分厂制度体系指南及相应文件模板，初步搭建起公司经营计划管理体系整体框架。完善安全质量风险管控制度，现场实物质量控制得到强化。加强供应商准入过程控制，完善分级供应商管控业绩评价体系。注册QC小组65个，结题QC成果42项，其中5项被评为南车优秀质量管理小组。初步建立售后服务体系，开始实施质量索赔。成功创建国家一级安全标准化企业，无死亡、重伤、新增职业病发生。完成节能减排指标，地源热泵项目作为先进典型推荐至国家科技部。内部控制及风险防范作用显著，创造价值623万元。稳步推进信息化建设，重点实施技术信息化建设，PDM项目在新造、客车检修业务中得到系统应用，RAMS/FRACAS信息化项目和CAD软件升级有序推进。加强项目管理，确保各重点项目圆满完成。同时，通过南车项目管理成果平移，结合IRIS体系对项目管理的要求，初步建立起系统的项目管理体系。以项目成本管理为核心，以项目时间管理、范围管理为主线，有效整合管理资源，确保项目预期利润，推进项目过程实施，保证各项目有效运转。

【效益提升】 持续完善财务基础管理和业务流程，满足“保增长”和公司转型发展的需要。建立财务预算调控机制，实现期间费用较年初预算压缩 5%～7%的目标。开展效益提升活动，确定六个重大效益挖潜项目及具体挖潜指标。强化分厂成本费用控制的五项基础管理制度和体系建设。制定五个重点产品持续进行成本管理提升的具体措施，全年实现挖潜增效 2052 万元。借助南车内部良好的财务资源及资金平台，多渠道、多方式提升资金运作水平，获得资金运作收益 1265 万元。加强目标成本管理，青藏车修理、动车组大部件、新造神华客车等产品目标成本显著降低。

【精益生产】 以伊拉克 DMU 动车组项目为载体，重点推进模拟生产线和模拟配送线建设，实现双线建设从无到有、从静态点检到动态推演的转变。继续保持铝合金和客修二星示范线建设成果，重点推行总装分厂和车体分厂的工位制节拍化拉动式生产建设；电气分厂 E12 精益生产示范线在保持效率不变的前提下，线体面积缩减至原来的 25%，人员压缩 50%；打造总装精益示范线，为多品种、单件流整车组装流水线组建奠定基础；客修系统文明生产、转向架工位达标均保持较好状态。通过现场物料定置、班组工作区域定置、工位器具就近定置、作业区功能划分等办法，分厂现场管理和班组管理水平大幅提升，实现作业现场整洁有序；通过进行数字化、标准化、量化考评，班组管理取得现场精益管理实效。

【市场营销】 建立健全市场营销体系，实施多元化主动营销举措，构建新产品营销网络平台。客车修理市场继续得到巩固和扩大，高档客车检修、青藏车检修及翻新改造项目占总收入的比例大幅提高；动车组和城轨地铁配套业务稳步推进，制动、电气等大部件配套实现有益探索；继续培育国内客车新造及特种车新造市场，神华集团追加 4 辆餐车、9 辆淋浴车订单，伊拉克 DMU 动车组项目进展顺利并得到追加 2 列新订单；高空作业车成功参加北京、柏林轨道交通装备展会，在国内外市场实现多媒体、多渠道、全方位推介；签署缅甸铁路客车制造厂设计及设备采购项目、孟加拉铁路工厂改造项目合同，公司海外承包项目进入新阶段。

【科技创新】 以伊拉克动车组、SRS 工程车、军用牵引车为代表的新产品研发取得丰硕成果。成功完成伊拉克内燃动车、一二等座车、卧铺车、餐车共五种车型设计研发。不断完善以 SRS 工程车为代表的公铁车型谱化、模块化、系列化工作，成功交付英国业主 SRS 高空作业车（ICON-8），重点开展 ICON-10 公铁两用高空作业车及 SRS 起重作业车设计；军交公路铁路两用快速牵引车通过产品定型。进一步完善技术创新体系，调整、扩充产品开发部、技术工程部职能，PDM、FRACAS 系统及三维设计工具得到较好应用。引进专业技术人员 146 名，研发工艺技术人员达到 300 名，其中硕士 46 名，较上年增长 64%，外聘专家 10 余名，技术力量显著增强。全年科技开发项目立项 70 项，结题发布 36 项。新增专利授权 46 件，其中发明 2 件，专利申请量和授权量持续增长。

【人力资源管理】 通过借调、外聘专家、社会招聘成熟人才等用工方式，共招聘各类人员 341 人，有效解决生产瓶颈、技术攻关和人员不足的矛盾。严格控制劳务用工数量，加强劳务费发放管控，劳务派遣人员用工总量及劳务费总额同口径较上年均有所下降。开展前瞻性、多类型、多层次培训，共有9195人次参加中国南车、公司和社会职能管理机构举办的各类培训。新增中国南车资深技术专家1人、中国南车技术专家1人、子公司级技术专家7人、子公司级管理专家6人。初步完成员工职业生涯发展规划，启动实施技术序列人才成长通道。充分应用效益决定分配的双挂钩薪酬分配模式，增强分厂成本管控意识，阶段性激励机制得到有益尝试。年内，公司在册员工人均收入同比增长11.54%。

【党群工作】 深入开展党的群众路线教育实践活动，全面加强学习，广泛征求意见，深刻自我剖析，实现“照镜子、正衣冠、洗洗澡、治治病”的目标。明确整改方向，制定8个方面12个方向和44条整改措施。调整、优化基层党组织设置，在大部分职能部门成立独立的党支部，实现党建与生产经营的深化融合。全面开展党员目标管理活动，发挥党员先锋模范作用。全面深化企业文化建设，加大专题宣传、主题宣传力度，持续推进品牌建设；建设特色“文化墙”，打造展现公司形象、展示员工风采的特色平台；开通《四方时讯·手机报》，开辟文化宣传新渠道。全面总结2008～2012年5年惩防体系建设情况，谋划未来5年惩防体系建设工作，编制党风廉政建设风险防控工作手册，严格督促落实中央“八项规定”，发挥党风廉政和反腐倡廉效应。完成基层工会组织换届，健全工会组织结构；开展以“保增长”为主题的专项劳动竞赛和“安康杯”竞赛活动；全面深化“三关心、三保证”活动，长时间、广范围开展走访慰问和送清凉、送温暖活动。组织各类劳模骨干332人培训疗养。推进安居工程建设，南车小镇正式动工建设。

【青岛南车四方车辆物流有限公司】 四方有限公司控股子公司。拥有占地面积2.8万平方米的现代化物流基地，大型综合室内仓储面积近4万平方米，专业化的化工库和露天货场1万平方米；拥有先进的物流信息管理系统、物资射频技术管理系统、车辆运营GPS管理系统，自有70吨级起重及大型拖车等运输设备160多部。年末，各类从业人员共522人。30个部门与班组分布在青岛市内外7个经营区域。全年实现销售收入11.27亿元、利润1576万元。公司继续保持中国物流与采购联合会AAAA级物流企业及“山东省物流与采购行业综合实力五十强企业”称号，并荣获青岛市国资委“企业文化建设先进基层单位”称号。

【青岛四方机车车辆铸锻有限公司】 是四方有限公司全资子公司。年末，公司在册员工357人；总建筑面积59359平方米，其中生产面积52990平方米、辅助面积6369平方米；资产总额1541.63万元，拥有各种设备320台，其中金属切屑设备40台、动力设备6台、锻压剪切设备1台、电气设备180台、实验及检测设备57台、起重设备20台、工业炉及金属处理设备17台。全年完成铸钢产品转K2摇枕侧架800辆、汽轮机气缸体3000吨；铸铁产品1.65兆瓦箱体30套、1.65兆瓦轮毂135台份，华创1.65兆瓦轮毂、前机舱底架30套，时速380公里动车轴箱体、轴箱盖、牵引拉杆400吨。

【重要纪事】 1月18日，公司召开伊拉克内燃动车组项目启动大会。1月，公司被授予2012年度山东省文明单位称号。2月26日，伊拉克交通部国家铁路公司代表团到公司访问。3月7日，公司举行领导班子副职（营销副总经理职位）竞选大会。3月7～8日，中国南车副总裁张军、楼齐良到公司调研。3月14日，公司与庞巴迪德国公司签署意大利铁路转向架构架项目供货协议。3 月19～23 日，公司首台公铁两用高空作业车通过 CE 国际认证。3 月 20 日，中国南车副总裁徐宗祥到公司调研指导工作。3 月 30 日，公司与英国 SRS 轨道系统公司合作开发的首台公铁两用高空作业车（ICON-8）完成吊装发运，离港赴英。3 月 30 日，公司首个企业专业技术标准《铁路公路两用工程车通用技术条件》（试行）正式发布实施。4 月，公司第二次获评全国高新技术企业。5 月 8 日，公司通过青藏发电车 A4 级试修质量鉴定。5 月 10 日，公司举行职工医院移交青岛大学医学院附属心血管病医院意向书签约仪式。5 月 14～15 日，公司出口伊拉克内燃动车组设计方案通过南车级评审。6 月 13 日，公司通过 BST25T 型客车 A4-Ⅱ级试修质量鉴定。7 月 17 日，公司召开党的群众路线教育实践活动动员大会。7 月 23 日，公司正式启动出口意大利铁路转向架项目。8 月 8 日，青岛市市长张新起率市政府及相关区负责人考察公司伊拉克动车组项目。8 月 15 日，中国南车副总裁傅建国到公司检查指导工作。8 月 16 日，中国南车副总裁徐宗祥到公司参加公司党的群众路线教育实践活动员工代表座谈会。8 月 30 日，国资委监事会主席杨坚到公司检查指导工作。9 月 22 日，公司特色文化墙正式竣工展出。9 月 27 日，中国南车模拟生产线和模拟配送线现场工作会议在公司召开。10 月 18 日，中国南车总裁刘化龙到公司调研指导工作。10 月 18 日，公司通过国家一级安全生产标准化企业评审。10 月 21 日，公司“南车小镇”住宅小区建设举行开工仪式。10 月 23 日，公司领导班子召开教育实践活动专题民主生活会。10 月 25 日，公司总经理夏春生获第十届中国制造业管理国际论坛（天津）“年度精益人物”大奖。10 月 25 日，公司《四方时讯·手机报》正式开通发送。11 月 5 日，青岛市委书记李群、青岛市市长张新起率参加青岛市科学发展项目现场观摩会的代表到公司观摩重点发展项目。11 月 12 日，中国南车副总裁张军到公司指导工作。11 月 21 日，公司与孟加拉铁道部关于赛义德布尔铁路工厂改造项目的签约仪式在孟加拉铁道部举行。11 月 27～29 日，公司通过 IRIS 体系监督审核。

【企业主要领导】

执行董事 总　经　理	夏春生
副总经理	王海玉（兼） 姜　炯（3 月免） 张　军　颜　强 高玉功　尹建忠 陈剑鹏（3 月任） 李效伟（3 月任）
总工程师	高玉功（兼）
财务总监	颜　强（兼）
党委书记	王海玉
党委副书记	夏春生（兼） 臧庆春
纪委书记	臧庆春（兼）
工会主席	臧庆春（兼）

（四方有限公司　供稿）

地　址　山东省青岛市城阳区宏平路 9 号
邮　编　266111
电　话　0532-68017018
传　真　0532-68017212
网　址　//www.csrsf.com.cn

南车南京浦镇车辆有限公司

（工商登记营业执照号：320100000013998）

执行董事　刘岱华

总经理　李定南

党委书记　赵大斌

【概况】 2013年末，员工总数为6563人，其中具有高级专业技术职称149人（含正高级17人）、中级职称649人、高级技师84人、技师340人。总占地面积106.9万平方米，建筑总面积31.84万平方米，拥有各类设备2884台（套），固定资产原值19.22亿元，净值14.71亿元。公司设有管理部门（含11个职能部门）、技术中心（下设6个职能部门）、营销中心（下设4个职能部门）、制造中心（下设8个职能部门、11个生产车间），出资组建了12个控股、参股公司。全年实现销售收入85亿元，归属母公司净利润1.6亿元。获“江苏省创新创造领航企业”“国家技能人才培育突出贡献奖”、中国制造行业“PLM项目最佳实施奖”等称号。

【规划发展】 加快推进广东南车基地建设及技术平移工作，一期工程基本完成并全面投产。加速推进杭州南车基地建设，完成基建工程和设备安装调试，形成批量化生产能力。加快推进投资建厂战略布局，满足企业发展需求。联合戚墅堰公司组建成立常州南车轨道交通车辆有限公司，联合安徽皖投工业投资有限公司组建成立合肥南车轨道交通车辆有限公司，均在9月底正式奠基。联合苏州市轨道交通集团有限公司和苏州高新区经济发展集团总公司组建苏州南车轨道交通车辆有限公司，12月31日正式注册成立。加快推进创新经营模式总包项目实施进程，正式与业主签订南京麒麟、河西两个总包BT项目合同，组建南京麒麟现代有轨电车建设有限公司和南京河西新城新型有轨电车建设有限公司，同时建立健全总包经营模式管控制度和工作流程，建立项目管理信息平台，加快推进项目融资、基建工程和机电采购安装进度，其中河西项目车辆段土建基本完成。密切跟踪总包市场项目动态，积极探索TOD+BOT（公共交通导向型开发+建设运营移交）、融资租赁等新的总包建设模式。

【改革改制】 根据南车集团《关于转发国务院国资委<关于中国南车集团公司厂办大集体改革改制总体方案的批复>的通知》精神，积极推进福利厂和工业公司两个厂办大集体单位改革改制工作。继续做好老职工房补发放工作，按计划对够补发房贴条件的

281 名老职工兑现补贴金额。进一步规范资产处置，稳步推进社会职能移交工作。在完成供水管网改造的基础上，8 月份正式关闭工厂自备水厂，10 月份向市城建集团移交资产，11 月份规范履行资产核减手续。年内，福利厂改制工作已完成方案审议申报，着手工业公司改制前期准备工作。

【经营管理】 完成公司 282 个管理制度修订，并通过南车专项检查。完成新老厂区人力资源、社会保障部、资产管理和安技环保 3 个系统 7 个部门的组织机构调整，整合浦镇厂综合管理和老旧房改造项目工作部两个部门，提高组织机构工作效率。推进以精益管理为主线的管理提升活动，完成第二阶段各项问题整改，顺利转入第三阶段“持续改进、总结评价”阶段。完善以同心圆建设为核心的部室支撑体系，共细化切分管理工位 126 个，梳理输入项点 668 个，输出项点 697 个，初步形成标准化的管理输入和输出部室支撑体系。围绕“四纵两横六平台”框架，创建基于项目执行的精益研发“W”模型。开展供应商放行工位建设，引入第三方物流，提升准时化物流配送管理水平。修订完成公司组织绩效评价管理办法，加大考核力度。强化全面预算管理，滚动预算信息化模块上线运行。贯彻落实南车“保增长”要求，大幅压缩各项费用，累计压缩成本费用 1453 多万元。充分利用各种政策、获得各类扶持补贴 1511 万元。加大招议标和集采力度，累计降低采购成本 6029 万元。

【科技创新】 完成四方股份公司向浦镇公司的技术平移工作，加快推进浦镇公司向广东南车公司技术平移。开展新一代自主城际动车组研制，完成图纸设计；完成自主 100%低地板有轨电车整车方案设计和 70%低地板有轨电车技术设计；完成自主城际动车组 PW160E 型转向架、时速 120 公里 B 型地铁转向架研制，引进庞巴迪 100%低地板有轨电车转向架技术并实施国产化；开展永磁直驱转向架和铰接式转向架研究；加快列车网络系统与车载 PIS 系统一体化研究和城际列车网络控制系统研究；开展综合监控系统实验室建设、有轨电车十字路口信号优先技术研究、售检票系统研究、乘务排班系统研究等工作；完成新厂区轮轴生产线建设、轴承房和轴承清洗线改造，转向架流水线建设不断完善。加快推进部件系统试验验证平台建设，新的试验检测中心完成建设即将投入使用；院士工作站建设通过中期检查，完成江苏省工程技术研究中心申报并获批建设，通过江苏省工业设计中心认证。知识产权保护体系不断完善，全年申请专利 191 件，其中发明专利 90 件，《动车车体（车头）》专利获得第十五届国家优秀专利奖。

【生产运营】 加强生产管理与精益生产，进一步提升产能。其中，新造 25T 型客车由原先日产 4 辆提升到日产 8 辆，最高时达到日产 9 辆。全年，完成铁路新造 25G 型客车 648 辆、25T 型客车 417 辆、轨检车 12 辆，完成地方铁路新造 6 辆，累计新造客车 1083 辆；修理客车 440 辆；新造 CRH6 城际动车组 24 辆、城轨车辆 521 辆；完成孟买地铁、伊朗地铁、阿根廷客车、喀麦隆客车、土库曼斯坦客车、苏丹 DMU 动车组、尼日利亚客车和拖车等海外项目 305 辆。全年新造客车、地铁、动车转向架 1888 辆、构架 621 个；修理客车转向架 440 辆；动车组制动系统新造 826 辆、修理 1477 辆；地铁制动系统新造 52 辆；客车轴承新造 9872 套。

【市场营销】 不断调整和完善公司市场营销策略和工作思路，创新市场管理模式，取得喜人的营销业绩。中标新造一标车 721 辆、二标车 425 辆和三标车 272 辆，时速 200 公里轨检车 11 辆，地方铁路新造车 9 辆，25T

型车417辆，累计中标1438辆；中标修理一标车212辆、二标车158辆以及行李车30辆，累计中标400辆；获得金温铁路新造客车6辆、集通公司新造客车3辆、地方铁路修理车15辆；中标深圳地铁3号线增购、南京地铁4号线等7个项目共计987辆城轨车辆订单；海外市场获得土库曼斯坦客车154辆、马来西亚不锈钢车体项目232辆、苏丹DMU动车组项目、尼日利亚客车和拖车等项目共475辆车订单。

【党群工作】 深入贯彻党的十八大和十八届三中全会精神，召开公司第二次党代会，描绘并提出“中国梦”——浦镇篇章，选举产生公司第二届党委会和纪律检查委员会。扎实开展党的群众路线教育实践活动，梳理汇总广大员工群众提出的意见、建议共111条，并全部落实整改内容、时间节点和具体措施。深化四好班子建设和领导班子作风建设，不断提升两级领导班子履职能力；加强形势任务教育，增强各级领导干部和广大员工的发展意识、危机意识。以惩防体系建设为主线，坚持标本兼治、综合治理、惩防并举、注重预防方针，督促落实“八项规定”，推进廉洁风险防控与管理提升；抓好效能监察，保证政令畅通，促进廉洁从业，保障公司科学发展。围绕公司经营管理、精益生产等重点工作，深化“创先争优”六项工程，充分发挥党支部的战斗堡垒作用和党员的先锋模范作用。不断加强文化建设和品牌管理，规范VI标识运用，利用CRH6等新产品下线，大力宣传展示企业品牌形象。深入开展文明员工、文明班组创建、季评十件新事等活动，弘扬新风尚，传递正能量。加大“三关心、三保证”工作力度，提高重困员工补助标准，扩大对重困员工走访慰问范围，全年用于员工“三关心、三保证”金额达180万元。组织23名劳模、432名先进员工分别赴香港、澳门、青岛、武夷山等地进行健康疗养。公司团委以共青团管理提升工作为主线，广泛开展“共青团创先争优、项目管理提升”主题实践活动，强化团组织建设，推动组织青年、引导青年、服务青年等各项工作取得新成效，充分发挥团组织在公司发展中的生力军和突击队作用。

【常州南车轨道交通车辆有限公司】 2013年7月5日，公司正式挂牌成立。公司注册资本5000万，其中浦镇公司占比51%、戚墅堰公司占比49%；注册资本分两次到位，首期注册资本1000万。公司以B型地铁车辆和低地板车辆为代表产品，承担城轨车辆、低地板有轨电车的维保业务。产品目标市场为常州及周边城市的地铁与低地板车辆市场。年末有员工25人，其中技术人员8人、管理人员17人。

经多次沟通、谈判，促成《投资协议书》12月5日签订，为建设施工开辟了绿色通道。完成设计招标、初步设计和施工图设计、一期1号地块的购买等建设前期的相关工作，已获得建设用地规划许可证、国有土地使用权证，并将尽快获得建设工程规划许可证和建设工程施工许可证，为基地正式开工做好充分准备；单体厂房开工手续已基本完成，进入招标程序。完成2013年江苏省经信委重点项目推进检查资料。参加2013第八届上海轨道交通展览会、北京ABB公司举办的关于城轨车辆牵引解决方案研讨会。完成低地板有轨电车技术平移协议（初稿）、100%低地板有轨电车宣传资料的编制；赴广州中车公司交流阿根廷罗萨里奥28列有轨电车项目；收集和整理国内有轨电车概况资料。多次与常州市政府进行深入洽谈，力争让常州市政府尽快确定有轨电车线位；认真研究国内城轨市场，制订营销推广计划，及时整理分析客户需求信息，为公司生产研发提供第一手资料。

【广东南车轨道交通车辆有限公司】 梳理和修订公司成立以来的各类规章制度，形成八大板块共174项公司级规章制度体系，使公司管理工作实现制度化、标准化和规范化。与浦镇城轨公司签订《关于东莞R2线合作协议》。依托母公司浦镇公司投标平台获得深圳3号线198辆地铁车辆增购项目。按建设计划完成一期工程新造项目并投入使用，主要包括总装厂房、车体厂房、表面处理厂房、单车调试厂房、静调试验厂房、一号迁车台、二号迁车台、动调试验线和连接线。

公司以试制生产4列CRH6型城际动车组为载体，按工业化转化进程，分阶段形成制造能力，上半年完成3列CRH6型城际动车组编组调试，5月28日首列CRH6型城际动车组在公司顺利下线。12月25日，中国南车召开关于CRH6型城际动车组项目推进工作会议，决定在四方股份公司向浦镇公司技术平移的同时，由四方股份公司主导与浦镇公司共同完成总装调试制造技术向公司平移，由浦镇公司主导与四方股份公司共同完成车体制造和转向架组装技术向公司平移。按此要求，公司与浦镇公司成立联合工作组，形成固定工作机制，细化相关工作目标，浦镇公司继续派员支持公司生产工作。为尽快形成公司的制造能力，在试制CRH6型城际动车组时，公司安排技术、管理、技能、质检人员跟班学习，做到边施工边培训，使公司新员工尽快具备独立上岗能力。

【南京南车浦镇城轨车辆有限责任公司】 公司已成为具有生产城轨A型、B型，铝合金、不锈钢车以及海外城轨项目能力的大型专业化轨道车辆制造中心。年内，公司通过强化项目预算管控，加强成本费用分析，提高资金使用效率，顺利完成103列/576辆地铁车辆生产交付任务，实现销售收入22.34亿元、净利润5312.9万元。年末，在册员工1204人，注册资本5亿元人民币。

全年中标南京4号线、深圳3号线增购、深圳4号线扩编增购、苏州2号延伸线、南京1号线增购、合肥1号线、苏州4号线共计7个项目987辆车市场订单。完成时速200公里CRH6型城际动车组（两门）项目技术平移，并实现首列车下线。先后建立工艺项目管理模块、结构化工艺模块以及铝合金全焊B型车体柔性化制造平台。实现供应商目视化管理、网上监控功能。开展安全管理专项整治，加强事故安全隐患整改，推进公司环境安全管理体系建设。优化内部控制及风险管理体系，持续推进ERP成本模块、PDM设计工艺一体化建设。

【南京南车海达铁路服务有限公司】 公司2013年营业收入约500万元。与浦镇公司签订6套真空制动系统组件供应合同；与戚墅堰公司签订突尼斯7台内燃机车项目代理合同。

【南京浦镇海泰制动设备有限公司】 公司已具备年生产300列动车组制动系统和300辆地铁制动系统的生产能力。年末有正式员工355人，其中硕士学历人数占11%、本科学历人数占34%、大专学历及其他学历人数占55%，拥有高级工程师3名、工程师21名；经营管理人员占总人数15%，工程技术人员占总人数32%，生产及其他人员占总人数53%。

【杭州南车城市轨道交通车辆有限公司】 公司年末在职员工总人数104人（不含派遣人员），其中博士研究生3人、硕士研究生13人（包括海归1人）、本科48人、大专38人；高级职称4人、中级职称12人、初级职称22人。7月27日，公司顺利通过由国内轨道交通知名专家参加的基地投产前技术评审会，试生产开工条件获杭州市地铁集团认可。9月27日，公司实现正式投入生产。公司全年参与投标共8次，成功中标5个项目。

【合肥南车轨道交通车辆有限公司】 2013年6月27日，浦镇公司和安徽皖投工业投资公司在合肥政务中心举行签约仪式，合资投建合肥南车轨道交通车辆有限公司。7月30日，该合资公司在合肥完成工商注册登记，正式成立，注册资本为5亿元人民币，其中浦镇公司出资4亿元，占注册资本的80%；安徽皖投工业投资有限公司出资人民币1亿元，占注册资本的20%。公司主营业务：地铁车辆、城际轨道交通装备、有轨电车的组装、维修；关键零部件研制；海外车辆制造业务等。公司占地约527.53亩，根据合作协议、相关实际情况及市场情况，拟择机启动建设。项目一期工程建成达产后，可具有新造地铁200辆/年、现代低地板有轨电车100辆/年、城际车辆200辆/年的总组装生产能力。年内，公司组织架构以股东大会、董事会、监事会、总经理为核心领导层，下设行政部、财务部、技术部、市场部、制造部、质保部、采购部等7个主体部室。年末员工16人，主要来源当地招聘、浦镇公司挑选、单位推荐3个渠道，本科以上人员占比85%以上，其中研究生3名。

【河西项目公司】 南京河西新城区有轨电车1号线工程项目位于南京市河西新城，连接新城中部、南部地区，工程起点位于地铁2号线奥体东站区域，终点位于新河路中段。线路主要沿江东路为发展轴，其线路走向由江东中路——江东南路——红河路——新河路，全长约7.76公里。为做好该工程项目，浦镇公司牵头占股80.64%、广发建设占股2%、南京轨交公司占股8.68%、国电南自占股8.68%共同出资组建河西项目公司，中铁二局、广发建设作为总承包商共同执行本项目工程。2013年5月24日，该项目公司完成工商注册，正式成立。筹建期，公司下设综合管理部、工程部、安质部、设备物资部、合约部、融资部、财务部共七个部门。

【南京麒麟现代有轨电车建设有限公司】 南京市麒麟科技创新园（生态科技城）快速公共交通，线路全长8.95公里，起自地铁2号线马群站，高架上跨绕城公路、宁芜铁路、仙西联络线，之后主要沿芝嘉东路和沧麒东路地面铺设，并在王五庄地铁设车辆段及控制中心。车型选用钢轮钢轨、100%低地板有轨电车。为做好此工程项目，浦镇公司牵头占股82%、南京轨交公司占股9%、南瑞占股9%共同出资组建南京麒麟现代有轨电车建设有限公司（简称“麒麟项目公司”），中铁二局作为总承包商共同执行本项目。2013年5月27日，公司完成工商注册，正式成立。筹建期，公司下设综合管理部、工程部、安质部、设备物资部、合约部、融资部、财务部共七个部门。

【重要纪事】 1月9日，公司获苏州高新区有轨电车1号线项目18列有轨电车订单。1月23日，公司首列时速200公里CRH6型城际动车组全焊接铝合金车体完成试制。1月28日，公司召开第二届四次职工代表大会。2月28日，苏州轨道交通2号线首列车在公司下线。3月1日，第二届“车迷有约•走进南车”浦镇公司与您相约活动在公司举行。4月11日，公司获西门子巴生谷232辆不锈钢车体订单。4月18日，公司第二次党代会召开。5月4日，公司与乌鲁木齐铁路局签订《关于加强双方合作组建合资公司的备忘录》。5月6日，公司在新厂区举行首列时速200公里和谐号CRH6型城际动车组下线仪式。5月13～15日，公司CL242型、CL242-K型、SW-160型、209HS型焊接构架通过中铁铁路产品认证中心（CRCC）审查认证。6月6日，公司获得深圳地铁3号线增购车辆项目198辆地铁车辆订单。6月7日，公司25T型青藏客车A4级试修通过中国铁路总公司运输局专家组审查及质量鉴定。6月27日，公司与安徽皖投工业投资公司合资组建合肥南车公司签约仪式在合肥市举行。7月16日，公司首列出口土库曼斯坦客车下线。7月19日，公司召开党的群众路线教育实践活动动员大会。8月2日，中国南车董事长郑昌泓到公司与基层员工座谈交流，并为公司"楚永萍劳模创新工作室"授牌。8月27日，公司与苏州市轨道交通集团有限公司、苏州高新经济发展集团有限公司合资组建的苏州南车轨道交通车辆有限公司投资协议签约仪式在苏州市举行。9月22日，公司在中国铁路总公司2013年第1次新造客车招标中成功中标425辆25型铁路客车项目。9月23日，无锡轨道交通2号线首列车在公司下线。9月26日，合肥南车轨道交通车辆有限公司奠基仪式在合肥新站综合开发试验区举行。9月27日，常州南车轨道交通车辆有限公司城轨车辆基地开工仪式在常州戚墅堰经济开发区举行。10月2日，中国南车副总裁楼齐良到公司慰问国庆加班员工。10月3～5日，公司代表中国南车组织参加在印度首都新德里国家展览馆举行的2013印度轨道交通装备展（IREE）。10月22日，国资委监事会主席杨坚到公司检查指导工作。10月25日，中国南车副总裁张军到公司调研。11月6日，公司高速铁路客车及城际动车组产业化项目、轨道交通车辆（不锈钢车体）扩能技术改造项目通过中国南车验收。11月14～15日，公司测量管理体系通过国家中启计量体系认证中心江苏分中心专家组监督评审。11月19日，公司工业设计中心被江苏省经济和信息化委员会认定为江苏省工业设计中心。12月5日，公司环境安全管理体系通过上海质量体系审核中心认证。12月20日，公司《新一代城际动车组研制及产业化》和《100%低地板有轨电车关键技术研究及产业化》项目被列入国家工业和信息化部中央重点产业转型升级发展资金项目计划，获得约4.2亿元中央产业转型升级资金资助。12月26日，东莞市轨道交通R2线首列车在公司下线。

【企业主要领导】

执行董事	刘岱华
总经理	李定南
副总经理	赵大斌（兼） 王晓阳 张英凯 施青松 吕任远 陶兆山 郭新 李立
总工程师	施青松（兼）
财务总监	张英凯（兼）
总工艺师	吕任远（兼）
党委书记	赵大斌
党委副书记	刘岱华（兼） 李定南（兼） 忻群
纪委书记	忻群（兼）
工会主席	忻群（兼）
浦镇厂厂长	陶云南

（浦镇公司　供稿）

地　址　南京高新开发区泰山园区浦珠北路68号
邮　编　210031
电　话　025-85847402、85847433
传　真　025-58604655
网　址　www.csrpz.com
电子邮箱　csrpz@csrpz.com.cn

南车株洲电机有限公司

（工商登记营业执照号：430000000021082）

执行董事、党委书记　周军军

总经理　肖安华

【概况】　2013 年末，公司从业人员 3300 余人（含子公司），其中工程技术人员 380 余人（含教授级高工 16 人、中高级职称 200 余人），经营管理人员、工程技术人员、技能操作人员、其他从业人员占全体从业人员的比例依次为 17%、12%、49%、22%。占地面积 315 亩（21 万平方米），固定资产 8.59 亿元，净资产 11.4 亿元，总资产 40.5 亿元。公司管理架构为矩阵式，由职能平台、业务部、技术中心、生产车间、子公司构成，其中职能平台有企划部、财务部等 15 个单位，业务部有海外业务部、动车事业部等 5 个单位，技术中心有牵引电机研发部、牵引变压器研发部等 11 个单位，生产车间有牵引电机铁芯车间、牵引电机线圈车间等 9 个单位，子公司有全资子公司江苏南车电机有限公司和控股 80%的内蒙古南车电机有限公司。全年实现销售收入 40 亿元，同比增长 60%，归属母公司净利润稳步增长。

【科技创新】　持续从设计与验证、制造与试验、运用与考核等方面入手，完善技术创新体系，构建先进的设计技术平台、科学的制造技术平台、完善的试验验证平台。年内开展科研项目 209 项，其中国家科技支撑计划 1 项、铁道部科研项目 6 项、中国南车级项目 35 项。

研制出南非双流制窄轨电力机车电机和变压器及国家 863 计划重点科研项目——高速动车组 600kW 永磁牵引电机；开展高寒动车组项目研究，解决牵引电机和牵引变压器在高寒环境下运行的难题。以整合并购企业技术资源为依托，开展 1.5MW 直驱永磁风力发电机磁钢及固定结构、2MW 低风速直驱永磁风力发电机、许继风电 2MW 双馈等项目研究，奠定拓展市场的基础。开展商用空调、电动轮自卸车系列电机、煤矿用隔爆变频电机的研制，抢占高端电机市场先机。

依托电力设备电气绝缘国家重点实验室株洲实验基地、国家风力发电技术工程研究中心电机研究室、湖南省轨道牵引电机工程技术研究中心、国家认可实验室，开展牵引电机绝缘系统简统化、兆瓦级直驱永磁风力发电机定子绝缘结构技术攻关、机车牵引电机轴承质量攻关、高速永磁牵引电机试验技术研究等基础性研究，不断提升产品质量。

【运营管理】 持续开展以精益管理为主题的管理提升活动。结合公司24个专项提升组第一阶段的问题诊断情况，确立并完成279个整改问题，覆盖公司管理的各个层面。坚持以精益生产为主导，开展工位制节拍化流水生产线建设，建成辅助变压器铁心制作工区、牵引电机定子铁芯叠压工区等13个工区。实现生产线管理从班组到工位的转变，解决生产高峰瓶颈问题。加大安全投入和安全隐患整改力度，顺利通过安全生产标准化一级达标检查。从设计源头到物流采购，从产品制造到生产后勤保障，全面落实“保增长”工作，实现设计降成本1033余万元、采购降成本4540余万元、制造降成本3190余万元、人工生产成本降低1240余万元。全年争取纳税优惠5132万元；可控费用较年初预算降低6.65%，其中财务费用降低2068万元，占销售收入比重同比下降46%。

【市场营销】 全年新签订单50.74亿元，同比增长166%，其中机车新造和修理订单16.48亿元，获得南非双流制窄轨电力机车95台车100%配置率订单；城轨地铁电机新签合同约1.4亿元，同比增长1.34亿元；动车产品获得新造和修理及配件销售订单6.79亿元，将市场占有率由80%提升至91%，并完成青岛检修基地建设，达到日检修8台电机的能力；新产业签约26.07亿元，同比增长297%，其中风电产业获得新签订单25.16亿元。工业特种电机产业中，商用空调电机与电动轮电机均形成市场突破，实现了批量生产；矿用隔爆变频一体机，成功取得防爆证、煤安证等各项矿用资质，并在煤矿电机销售领域实现零的突破。

【人力资源管理】 全面构建起涵盖经营管理类、工程技术类及技能操作类共计2245人的员工职业生涯发展通道，稳步推进“海洋工程”战略落地。强化中国南车核心人才选拔管理，共12人获得中国南车核心技术资深专家、核心技能专家等称号。以边学边做的方式，组织关键岗位管理人员深入生产现场，促进职能管理由管理向服务转变。优化牵引装备、风力发电、工业及特种电机三支营销人员队伍，创建杨学军、杨下沙、马建成等个人工作室，培养一支从基层操作人员到公司技术专家的阶梯型专业技术队伍，实现知识经验分享和人才培育发展的目标。

【质量管理】 开展JD160（A）电机转轴内锥孔修复、无损检测、1.5兆瓦级直驱永磁发电机绝缘项目等质量控制工作，保证产品运用安全。依据IRIS（国际铁路行业标准）要求，重新构建文件化质量管理体系。建立完备的质量信息台账，重新搭建运用质量信息系统，继续优化并开展FRACAS系统建设。对供应商技术能力、工艺能力和质量保证能力等进行评估审查，强化供应商质量管理。开展惯性质量问题整改工作，完成“两局一线”173台HXD1C型交流机车电机小齿轮现场整改工作、255台HXD1B型机车高压互感器整改工作；完成1694台交流机车牵引变压器A端子烧损故障普查、650台交流机车（HXD1、HXD1B）辅助变压器接地故障的辅助工作；完成JD160（A）牵引电机转轴（小齿轮）故障整改工作；完成动车组速度传感器及温度传感器普查工作。

【企业文化建设】 创新文化理念，完善文化体系建设。推进文化和品牌理念宣贯，积极参加南非铁路展、印度铁路展、北京风能展等行业展会，展示企业形象，提升公司品牌价值。加大内外部宣传力度，全年对外新闻报道共计270余篇次。以“道德讲堂”为载体，开展文化活动，激励广大员工立足本职岗位践行职业道德，爱岗敬业、乐于奉献。围绕客户文化、精益文化、学习型组织建设、质量文化等专题开设专栏、专文，将公司先进文化植入到每名员工心中，其中《转型发展中的“精益学习”文化建设》获湖南省企业管理现代化创新成果二等奖。

【党群工作】 深入开展以“为民务实清廉”为主要内容的党的群众路线教育实践活动。坚持开门搞活动、敞开大门听意见、查访实情解难题，集中解决员工群众反映强烈的一批“四风”问题，促进各级领导干部工作作风转变，密切了党群、干群关系。通过长期收集意见建议和持续改进，形成教育实践活动在企业落地的长效机制。将创建学习型组织活动与企业发展需求有机结合，创造性地设定学习型组织建设评价标准，并发挥标准在实践中的指导作用，为后续推广及应用打下良好基础。推进党风廉政工作，强化党风廉政建设责任制，筑牢反腐倡廉的基础防线。持续抓紧抓实惩防体系建设。注重监察职能发挥，着力降本增效。巩固湖南省“模范职工之家”建设成果，深化“三关心、三保证”工作，开展“两关心一关注”“服务员工在基层”活动，促进企业和谐环境构建。

【下属企业】 2013年是江苏南车电机有限公司和内蒙古南车电机有限公司继整机并购、业务重组后整体运作元年。江苏南车电机有限公司紧跟产能需求，内提技术质量、外优市场服务，大力开拓维保市场，全年共完成定子生产981台、整机生产894台，实现销售收入19.6亿元。内蒙古南车电机有限公司积极推行精益生产、标准化作业，提升产能和工艺，完成1.5MW风力发电机组535台，实现销售收入7.24亿元。

【重要纪事】 1月4日，公司国家863计划重点科研项目——高速列车TQ-600型永磁同步牵引电机成功下线。3月18日，国家863计划重点科研项目，具有完全自主知识产权的“抗去磁”600kW高铁永磁电机——TQ-600型永磁同步牵引电机成功下线。4月10日，顺利完成南非电机零号机试制任务。8月，公司3MW半直驱永磁同步风力发电机被湖南省经信委和湖南财政厅联合审核认定为“2013年湖南省首台重大技术装备”。9月，公司与金风科技签订20.9亿元的风电整机合同。10月15日，公司获评“2013湖南100强企业”。

【企业主要领导】

执行董事　胡　洋（12月免）
　　　　　周军军（12月任）
总经理　胡　洋（12月免）
　　　　肖安华（12月任）
副总经理　肖安华（12月免）
　　　　　王小方　江有名
　　　　　李敏良　胡雄辉
总工程师　江有名（兼）
财务总监　李敏良（兼）

党委书记　周军军
党委副书记　胡　洋（兼，12月免）
　　　　　　肖安华（兼，12月任）
　　　　　　余　斌
纪委书记　余　斌（兼）
工会主席　余　斌（兼）

（电机公司　供稿）

地　址　株洲市石峰区田心高科园
邮　编　412001
电　话　0731-28441308
传　真　0731-28441530
网　址　http://www.csrmotor.com.cn/
电子邮箱　ncdj@csrelectric.com

南车投资租赁有限公司

（工商登记营业执照号：100000000031587）

执行董事、总经理　王石山

党委书记　王日钢

【概况】　2013年，公司积极扩展直接集中采购物资的品种和范围，组织开展货车车轴、车轮、轴承三项配件的集中采购工作，稳步推进24项新增集中采购物资的集采工作，开发新供应商优化供应渠道，全年直接集中采购实现销售收入24亿元，组织集中采购物资4.8亿元（此项不计入营业收入）。直接集中采购和组织集中采购物资累计近29亿元，与上年加权平均采购单价相比，为中国南车降低采购成本超过1.8亿元，成本降低率达6.0%。建立健全贸易管理制度，控制项目风险，深化与大型国企的业务合作，开拓贸易市场，完善供应链再造业务，继续开展代采购业务，积极参与铁路基建工程项目的招投标，全年销售钢材111.7万吨、矿石131.7万吨。实现贸易收入85亿元。修订和完善租赁业务管理办法，强化租赁项目管理，防范项目风险，拓展租赁市场范围，全年签订租赁合同58个，新签租赁合同金额近20亿元，实现租赁业务销售收入1.62亿元。全年累计实现销售收入110.9亿元、净利润1.2亿元，全面完成中国南车下达的资产经营责任指标和“保增长”目标。

【集中采购】　直接集中采购物资的品种和范围不断扩展，由上年的9个品种扩展到18个品种，从主要是货车物资扩展到机车、客车和城轨物资。板材集采品种已扩展到低合金板、转向架厚板等，集采物资实现品种和范围横纵两个方向的延展。全年完成直接集中采购钢材25.9万吨、轮轴产品38018件、电缆87.4万米。

努力推进新增集采物资的组织集中采购工作。在第一次配件集中竞价采购完成后，及时对招标方案和招标过程进行总结，组织主要企业召开集中采购工作推进会，分别成立不锈钢板和铝合金型材、电线电缆类、进口轴承、油漆油脂油品四个专业工作组，并制定组织集采物资的采购方案，组织相关子企业进行评审，完成电缆的组织集采前期准备工作。4月、9月分别组织完成第二次和第三次配件的组织集中采购工作，价格平均降幅达7.42%。

【社会市场贸易】　充分利用集采工作积累

的资源优势，一方面与中国南车既有战略合作伙伴太钢、武钢、宝钢开展销售和采购等多种形式的合作，另一方面通过与太重、新兴重工等大型国企加强合作，寻找商机。全年与太重开展钢材贸易 12.4 亿元，与武钢相关企业开展钢材贸易 29.7 亿元，与太钢相关企业开展不锈钢贸易 17.23 亿元，与宝钢开展不锈钢板坯贸易 2.9 亿元，与马钢销售车轮及轮坯 1.76 亿元。同时，积极参与中铁四局海南、南宁两个工程项目的投标，并中标南宁工程项目。

【供应链再造业务】 积极探索构建新型供应链关系，降低供应链整体成本。充分发挥中国南车在采购成本、资金成本、品牌影响力等方面的优势，与供应商实现优势互补；对上年的业务进行筛选，停止与信誉不好的供应商合作；在铜、铝、镀锡丝等的采购中与子公司的供应商建立互惠互利合作关系，降低供应链整体成本。全年共采购各类物资 15537.6 吨，实现销售收入 2.5 亿元，同比增长 38.9%。

【融资租赁业务】 年内，公司跟踪和调研的融资租赁项目达到 50 个，业务范围除国铁、城轨地铁、大型设备、城市基础设施等以外，还涉及化工、机场、自来水等多个领域，进一步拓宽融资租赁业务的视野和触角，为进一步开拓租赁业务奠定了基础。全年累计签订租赁合同 58 个，比上年增加 37 个；新签租赁合同金额近 20 亿元，实现租赁业务销售收入 1.62 亿元。

【项目风险控制】 在市场贸易方面，制定下发《市场贸易管理办法》和《贸易客户管理办法》，为开展贸易业务、控制项目风险提供保障。在租赁业务方面，新成立项目评审部，将租赁业务拓展、市场开发职能与项目评审和审批相分离；修订《融资租赁业务管理办法》，制订《项目评审管理办法》，建立和规范融资租赁业务流程。通过强化贸易项目和租赁项目风险控制，公司逐步形成有效防范融资租赁业务风险、提升融资租赁业务质量和效益的制度保证体系。

【株洲物流基地建设】 积极与株洲市政府、广铁集团、广空后勤部联系沟通，完成铁路专用线接轨审批、铁路专用线征地审批、项目延期核准等行政审批工作。基地项目用地拆迁正式启动，已完成土地补偿和青苗补偿工作。先期拆迁的 64 户，已完成近 40 栋房屋的拆迁。项目周边道路的线性设计已经完成并通过专家评审。项目周边道路“时代大道”南北辅道施工已列入 2014 年株洲市重点建设的市政道路，并完成了施工招标工作。株洲物流虽处于筹建阶段，但利用采购渠道已开展经营业务，全年实现销售收入 6 亿元、净利润 165 万元。

【管理提升活动】 建立“月度重点工作计划”推进机制、“月度经营工作例会”检点机制和建章立制的固化机制，完成管理提升活动各项工作。同时，以“保增长” 和完成经营目标为中心，持续推进工作流程的建立和优化、管理制度的修订和完善、重点提升项目的开展和落实，把管理提升工作机制固化到公司经营活动的全过程，形成常态化改进提升机制，使公司基础管理得到全面提升，荣获“中国融资租赁十大诚信品牌”“2013 北京融资租赁十强企业”“2012 北京融资租赁贡献奖”“海淀区依法统计工作先进单位”等称号，并获得北京市海淀区商务委员会发展奖励资金 100 万元。

【党群工作】 加强党委和支部两级班子组织建设，深入开展党的群众路线教育实践活动。健全党的组织和工作方式，形成比较健全的公司党组织体系和工作秩序。6 月根据中国南车党委批复，确定公司党委组成人员，设置公司机关党支部和株洲物流党支部，并健全支委会和党小组；日常工作坚持两个结合，即主要领导亲自抓与支部、部门、子公司共同抓相结合，理论教育实行个人自学与专题辅导、专题研讨、集中培训相结合。强化正风守纪，倡导廉洁从业。“七一”召开公司第一次党员大会，组织全体党员重温入党誓词，倡导自觉正风守纪；公司领导班子成员和中层领导干部签订《廉洁从业责任书》，强化廉洁从业责任意识和行为意识。健全制度规定，加强机制建设。制定下发党委工作规则、党委会议制度、党支部工作细则、党风廉政建设责任制实施细则等 9 项制度，同时认真落实中央八项规定。在选人用人机制、人才培养机制和激励约束机制方面进行积极探索与创新，推进干部队伍建设。融入经营中心，坚持“三重一大”相关规定，组织开展“保增长、做贡献”主题活动，推动公司快速发展，实现销售收入和净利润的双跨越。下半年深入开展党的群众路线教育实践活动，组织领导班子成员和干部、党员认真学习，查找问题，开展批评与自我批评，并围绕“四风”方面存在的突出问题进行认真整改和落实。其间，共计查摆出问题 9 个方面 27 项。经过结合实际，制订措施，认真整改，全力推进作风转变，年内已解决 17 项。

【重要纪事】 1 月，公司入选北京市重点总部企业（第一批）名单。1 月，公司与重庆铜梁县金龙城市建设投资（集团）有限公司签订 2 亿元的融资租赁合同。4 月，根据中国南车统一安排，公司组织铁路货车部分配件集中竞价采购，采购标的物合同金额 2.1 亿元，与集中采购前的合同单价相比，降低采购成本 954 万元。7 月，公司召开第一次党员大会。7 月，公司总经理王石山拜访呼和浩特铁路局和内蒙古集通铁路（集团）有限责任公司。7 月，公司在中国南车总部组织召开中国南车城轨地铁项目融资租赁业务推介会，中国南车副总裁楼齐良到会讲话。7 月，公司与昆明市城建投资开发有限责任公司签订 10 亿元融资租赁合同。7 月，公司执行董事、总经理王石山拜访株洲市委书记贺安杰，就加快推进南车株洲物流基地建设相关问题进行沟通与交流。9 月，公司获“中国融资租赁十大诚信品牌”证书；获得北京市批发业发展奖励资金 100 万元。10 月，公司和北京南车时代在昌平续签新版《工程机械融资租赁业务合作协议》，为北京南车时代提供 3 亿元融资支持。

【企业主要领导】

执行董事 总经理	王石山
副总经理	王日钢（兼） 杨瑞欣　杨　理
财务总监	杨瑞欣（兼）
党委书记	王日钢

（租赁公司　供稿）

地　　址　北京市海淀区西四环中路 16 号院 5 号楼
邮　　编　100036
电　　话　010-51872580
传　　真　010-51862265

南车眉山车辆有限公司

（工商登记营业执照号：511400000001304）

执行董事、总经理　孟维新

党委书记　郑　平

【概况】　2013年末，有员工3842人，其中工程技术人员446人、经营管理人员522人、技能操作人员2755人。公司占地面积79.42万平方米，建筑总面积32.99万平方米，固定资产10.04亿元。公司下设2个子公司、3个分公司、5个车间和21个管理部室，年内，公司根据市场变化情况，适时调整经营策略，拓展国内国际市场，着力技术创新，深化管理提升，提高运营质量，共计销售各型铁路货车4699辆、机车车辆配件212.74万套（组、件），实现销售收入、归属母公司净利润分别同比增长5.94%、31.32%。

【规划发展】　实施公司“十二五”中长期规划，积极开拓市场，加快新产业发展。2013年主营业务收入、归属母公司净利润分别完成“十二五”规划目标的49%、37%。创新多维度标准化的新产业项目论证模式，全年论证新产业项目10项。积极寻求与国内外企业的战略合作，在选定区域内开展货车本土化组装、制造、维保服务等战略布局，对澳大利亚等合资合作项目进行研究论证，阿根廷项目已迈出实质性步伐。

【改革改制】　为加快新产业发展，以同升紧固件公司现有人员、资产、业务为基础，注入部分资产，设立眉山南车紧固件科技有限公司，通过体制变革和机制转换，建立以资本为纽带的母子公司关系，激发同升紧固件公司经营活力和发展潜力，使眉山南车紧固件科技有限公司成为中国高档紧固件龙头企业。为进一步激发铸钢车间、锻压车间活力，公司以铸钢、锻压车间现有业务、资产和人员为基础，将公司相关的销售、物资采购、仓储、工艺设计等职能、人员和资产等下移，将铸钢、锻压车间分别改设为铸钢分公司和锻造分公司，以求实现铸、锻件产业化发展目的。

【经营管理】　持续推进以精益生产为主线的管理提升活动，促使管理不断细化、优化，解决生产经营的难点和突出问题，改善运营质量。将精益评价指标纳入绩效指标体系，以指标为引领，实施物料消耗全过程管控；建立和完善定额优化机制，提升材料综合利用率。强化大宗材料及配件采购成本管控，开展物流价值分析和优化，加大培育战略供应商力度，使冷弯型钢、耐候板材、铸造用砂等大宗物资采购成本持续优化。完善预算管理，严格执行预算审批流程，严控预算外支出，成本费用占营业收入比率下降1.5个百分点。加强信息系统集成，促进管理信息化、流程化、表单化。进行流程改造，实现管理的扁平化和设计工艺并行开发；通过ERP计划平台，提升各业务口的协同能力。公司存货周转率处于南车集团领先水平，销售利润率处于货车板块领先水平。

【科技创新】 年内开展的研发项目有71项，其中42项完成样机试制。自主研发的3辆P66K（H）型活动侧墙棚车实现销售；铝合金运煤漏斗车研发已攻克一系列技术难关，完成样机试制。大力开发符合AAR、UIC和俄罗斯标准的货车技术，开展不同国家和地区不同运输种类的车辆新产品研究，其中8种产品年内投入批量生产。成功研发出6种制动系统新产品，其中104E型客车阀通过中国铁路总公司技术评审；主动润滑制动缸经中国铁路总公司批准在P70型棚车和X70型平车上各装用200套；货车惯性质量故障攻关通过中国铁路总公司技术审查；闸调器、手动机取得生产资质，成为全系列制动产品的供货商。加强典型产品的国际化认证，UIC（国际铁路联盟标准）制动系统通过TSI（欧共体铁路互联互通技术规范）现场审核，获得分配阀、传感阀、中继阀和制动缸认证证书。紧固件面向城轨、专用汽车、风电市场推出8项新产品，并通过城轨动车、专用汽车、风电产品的严格认证，打破薄板连接依赖进口产品的局面。专汽公司推出系列周转仓产品，为用户提供定制化解决方案取得成功。开展橡胶密封件领域研究，努力实现以技术创新带动产业发展。围绕提高产品质量、缩短生产周期、降低产品成本，开展工艺优化、技术改善和惯性质量攻关，L70型粮食车、P70型棚车、SQ6型双层车等工艺改善项目及薄板“以热代冷”、车轮免粗车工艺等实施后效果显著。全年取得国内专利授权65件，其中发明专利7件。

【市场营销】 针对国铁车、企业自备车市场特点，实施“低成本”和“差异化”两种营销策略。在国铁市场，将营销的重点放到进一步调整和优化产品结构上；在自备车市场，深入了解客户需求、维保检修的适应情况，加大满足不同需求的专用货车市场开发。全年新签铁路货车订单3700辆，国内整车市场份额达到9.2%，业内排名第三；新签配件订单9458万元，同比增长230%。整车订单收入14.34亿元，平均销售单价提高4个百分点。完成摩洛哥、委内瑞拉等项目履约，出口产品实现销售收入2.33亿元，占公司全年收入的9.14%；新签出口订单4269万元。

【生产运营】 针对市场变化情况和市场订单的不确定性，编制预排计划和滚动计划，严格管控生产过程中的关键时间节点；建立生产异常处置机制，缩短生产异常时间，及时调整生产安排，保证生产组织忙而不乱。在单一品种生产时，首次安排三班生产，使各单位的生产能力合理利用。结合推进生产线节拍化，建立高效物流配送体系，满足生产线均衡生产物料需求。落实安全生产责任制，推进安全工位建设，杜绝重伤、死亡事故、环境污染事故和新增职业病例，轻伤事故控制在指标范围内，实现安全生产“三零”目标。9～12月，连续创下单月交车1007辆、新造货车3215辆、月均交车803辆等纪录，圆满完成全年订单。

【基建与技改】 全年完成固定资产投资3362万元，其中基建投资500万元。公司重点项目技术研发中心内外装修工程完成招标，开始现场施工。按计划实施备料预处理线技改、机械轮轴线工艺平面调整、棚车线产能提升、铸钢射芯机、冶金天车等项目，相继购置各类设备 168 台（套），合同金额 1191.2 万元。

【人力资源管理】 提升人力资源效能，平均从业人员同比降低 2.67%，从业人员劳动生产率同比提高 5%。制定公司《核心人才选拔与管理暂行办法》，首次开展公司内部管理专家、技术专家和技能专家评选。组织开展中国南车第二届核心人才选拔推荐和首届中国南车核心人才中期评价。以技能专家工作室为依托，搭建高技能人才技术攻关创新平台和高技能人才培养平台，培养高级技师 9 人、技师 20 人，公司技师总数达到 244 人、高级技师达到 65 人。成立职位与职业发展、薪酬福利管理、人才选拔、薪酬绩效、员工关系等 5 个项目实施小组，并确定各体系项目成果实施要点，形成"职位分类表、领导岗位能力素质简表、职位核心能力素质简表"等阶段性成果。完善《下属分（子）公司经营管理者年薪管理办法》《下属分（子）公司工资总额预算管理办法》，编制分（子）公司薪酬管理工作简报，及时对工资发放情况进行风险提示，促进分（子）公司完善分配制度。对车间实施差别计件工资，提高生产效率。全年举办内部培训班 478 个班次，培训员工 20782 人次；选派 291 人次参加 81 项外部培训，荣获"四川省技能人才培育突出贡献奖"。制定《国际化人才队伍建设规划》和《国际化人才培养方案》，选派 97 名员工参加国际化人才培养项目宁波和英国阶段培训、中国制造业管理国际论坛专题培训以及 PMP、高级职业经理人等资质认证。

【质量管理】 以贯彻实施 IRIS 质量体系为载体，以提高产品质量为中心，结合中国南车"品牌建设"和"三大技术平台"建设要求，通过质量及技术安全目标管理、质量损失率统计分析、过程/产品监督审核等工作，强化产品过程管控，提高员工质量意识、服务意识及产品品牌效应。完善体系建设，持续推进部分产品国军标体系认证。开展产品质量安全风险管控，实现风险管控的精益化。探索创新质量检验考核模式，制定《"零缺陷交检"质量联合攻关考核办法》，推行零缺陷交检、零缺陷交验；推行标准化检查流程，编制整车交验、转向架检查、原材料检查等关键工序的标准化检查流程，固化检查线路、检查项点、检查步骤等内容，堵塞检查漏洞。按照 CRCC 和合格供方准入制度，定期对供方质量体系、制造过程、实物质量进行审核，从源头抓好产品质量。及时收集并处理外部质量故障及有关信息，积极做好售后服务工作。加强质量成本管理，完善质量损失统计分析平台。年内，整车一次交验拒收率 0.66%，同比降低 0.18 个百分点；质量损失率 0.42%，同比降低 0.03 个百分点。

【企业文化建设】 坚持内聚人心鼓干劲、外塑形象扩影响并重，开展品牌建设和企业形象与产品的对外宣传，不断增强企业文化和品牌建设的影响力。根据公司生产经营形势，开展"应变局、激活力、促发展"形势任务教育。设计制作中文版三折页的广告宣传单及国内车辆产品单页合集、英文版出口车辆产品单页合集，广泛开展产品宣传。开展 VI 整改，统一公司内外 VI 应用规范，规范和提升企业形象。完善 BI 建设，将 BI 建设纳入公司精益管理体系，融入公司的管理提升工作中，促使员工将行为规范落实和体现在工作之中。开展"新绿"服务形象打造活动，加强品牌关键接触点员工的行为规范，提升员工职业化素养和企业品牌形象。

【党群工作】 公司党委重点开展党的群众路线教育实践活动，做好动员学习、专题讨论、意见征集工作，共收集意见、建议 121

条。认真查摆问题、相互批评，开好领导班子民主生活会和党员专题组织生活会。确定8个整改方向、19个整改目标、57个整改项目，已完成整改项目23个。坚持理论学习“2111”工程，组织学习十八大、十八届三中全会精神；坚持党员领导人员撰写调研报告制度，全年收到调研报告83篇。深化创建“四好”班子活动，优化领导人员选拔任用及管理体系，全年交流、选拔领导干部38人次，公司班子连续七年被评为中国南车四好班子。加强组织建设，32个基层党组织圆满完成换届选举。开展创先争优活动，并组织基层党组织、党员扎实开展公开承诺、践诺、评诺活动；持续实施党建“精益双目标管理”，促进党建、经营两不误、双促进，其创新成果先后荣获中国南车管理创新成果二等奖、四川省企业管理现代化创新成果一等奖。夯实“五大工程建设”，以“五好”为标准，推进支部“堡垒工程”建设；开展“建好阵地、激活细胞”活动，推进党小组“阵地标杆工程”建设；推进“双培养工程”建设，吸收发展新党员26人。

公司工会组织开展“建功立业创佳绩，做强做优奔一流”主题活动和“八比八创”劳动竞赛。针对后4个月繁重的经营任务，开展“大干4个月、再创新佳绩”专题劳动竞赛，确保公司年度生产经营任务全面完成。全年共开展9项悬赏攻关竞赛项目和16项劳动竞赛。先后召开11次职工代表团（组）长会议，审议通过“年度效益奖发放方案及标准”“考勤管理规定”等重大事项。改善员工生产、生活条件，为基层班组配送59台微波炉，为员工发放劳动防护用品及防暑降温饮品；实施“三关心三保证”工程，广泛开展“送温暖”活动，发放慰问金近150万元；组织1300名员工健康体检，498名员工健康疗养。荣获“全国模范职工之家”称号。

公司团委以管理提升、精益改善活动为依托，以青年人才培育为主线，以服务生产经营和夯实自身建设为重点，组织开展“第四期青年网络学习家园”、2013年职业技能大赛、“推优入党”工作、庆“五四”系列活动、“我的中国梦，青春在行动”等活动，引领广大青年在转型突破、市场开拓、生产经营等工作中建功立业。成功召开公司第二次团员代表大会。公司团委被评为“四川省五四红旗团委”。

【四川制动科技有限公司】 年内，公司设股东大会、董事会、监事会、市场营销部、财务部、综合管理部、制造部、质量管理部、制动研究所、机加车间、铸造车间等机构。在册员工706名。全年完成销售收入2.65亿元、净利润510万元。

进一步挖掘路局、检修配件等细分市场，提高市场份额。首次承揽683套120阀检修业务，业务模式转型迈出新步伐。产品在中集公司、长江公司、太原公司的出口车上实现随整车出口；130型制动系统收到澳大利亚公司直采订单。主动融入大用户价值链，寻求提供维保服务，在争取市场机会的同时实现服务增值。机车阀、手制动机、闸调器通过CRCC审核认证，120阀、旋压缸、空重车等七大类27种型号产品通过CRCC监督审查。全年申报知识产权30件，其中发明专利12件；新获专利授权21项，其中发明专利2项。

加强内部管理，建立激励与约束机制。建立预决算沟通机制，提升预决算管理工作质量与效率。按照“保增长”要求，对业务招待费、会议费、差旅费进行专项管控，全年管理费用压缩8.37%，销售费用压缩10%，制造费用中的可控部分压缩12.07%。推行物资竞标采购，降低采购成本。加大积压物资处理力度，盘活存货资产，降低库存资金占用。实施更新改造，确保各类设备安全运行。

【眉山南车紧固件科技有限公司】 公司前身为眉山公司同升紧固件公司。7 月经中国南车批准设立，是眉山公司全资子公司。公司已形成直径 4～45 毫米全尺寸及单面、双面、可重复使用铆钉、销铆钉、短尾铆钉、防漏拉铆钉等系列产品生产能力，产品在铁路机车、车辆、矿山机械、军事装备、城市工程等行业得到广泛运用。公司占地 80 余亩，总资产 1.18 亿元，有员工 107 人。全年生产各类紧固件 121 种规格共 1030 万套，销售收入、净利润分别是上年的 132%、147%。

利用在矿山重机市场、军工市场开发取得的经验和效果，以点代面，加强新市场的开发，面向城轨、专用汽车、风电市场推出 8 项新产品，打破薄板连接依赖进口产品的局面。产品成功进入美国、澳大利亚市场，与英国、日本、瑞士等国公司进行交流，创造条件开展合资合作或并购重组。梳理和完善公司各职能部门的职责范围、管理制度、管理流程、经济责任制，新制定规章制度 36 个。实施全面预算管理，严格控制成本，实行刚性考核。加强采购成本管理，全年原材料采购成本较上年降低 3%，辅材采购价格较上年降低 5%；下半年通过竞标，产品委外加工价格平均下降 7%、工装模具价格平均下降 5%。落实精益生产“三定”原则，完善各种周转料斗的定容、定量标识，规范原材料、辅助材料、半成品、待处理品、废品的标识，促进生产现场规范化管理。强化质量管理体系建设，取得国军标质量管理体系认证证书，为开拓军品市场提供了条件。

【重要纪事】 1 月 18 日，公司出口摩洛哥石砟漏斗车完成卸砟平砟试验，首创国内铁路货车高度可调节平砟技术。2 月 6 日，同升紧固公司通过国军标质量管理体系认证审核。3 月 25 日，同升专用汽车公司开发的铁路集装化运输周转仓投入批量生产。6 月 6 日，同升专汽公司制造生产的 15T 箱式周转仓在中央电视台晚间新闻播出。7 月 18 日，公司启动党的群众路线教育实践活动。7 月 19 日，公司成立眉山南车紧固件科技有限公司。9 月 9 日，公司中标中国铁路总公司 P70 型通用棚车 2700 辆、SQ6 型凹底双层汽车运输专用车 200 辆。10 月 15 日，同升专汽公司开发的首台直升机运输半挂车交付使用。

【企业主要领导】

执行董事 总经理	孟维新
副总经理	郑　平（兼） 孟庆远（12 月免） 雷自原　肖　颖 危　勇　潘树平 王云东（12 月任） 黄核仁（12 月任）
总工程师	潘树平（兼）
财务总监	危　勇（兼）
党委书记	郑　平
党委副书记	孟维新（兼）　王志强
纪委书记	王志强（兼）
工会主席	王志强（兼）
眉山厂厂长	王云东（12 月免）

（眉山公司　供稿）

地　　址　四川省眉山市东坡区崇仁镇
邮　　编　620032
电　　话　0833-8502013
传　　真　0833-8502046
电子信箱　cb@msrsco.com

南方汇通股份有限公司
（中国南车集团贵阳车辆厂）

（工商登记营业执照号：5200001205272）

董事长、党委书记　黄纪湘

总经理　周家干

【概况】　2013 年末，员工总数 4497 人，其中在册员工 3040 人；具有高级专业技术职称 108 人、中级职称 202 人，高级技师 35 人、技师 131 人。公司占地面积 118 万平方米，建筑面积 63 万平方米，拥有各类设备 2629 台（套），资产总额 23.21 亿元，固定资产原值 9.49 亿元、净值 5.21 亿元。公司运营架构主要分 3 级设置 24 个职能部门，下辖 4 个分公司。公司主要从事铁路货车修理、制造及其配件生产，棕纤维弹性材料、复合反渗透膜产品研制，钢结构等产品的生产销售。全年修造货车 11218 辆，其中检修 10208 辆、新造 1010 辆，巩固了万辆检修大厂的地位；货车配件实现外销收入 2.45 亿元，其中铸造事业部 1.4 亿元、弹簧事业部 9006 万元、青岛汇亿通 1508 万元。新兴产业方面，时代沃顿、大自然、钢结构三家公司共计实现营业收入 7.4 亿元，股权折算利润 5091 万元。国际市场，时代沃顿成功进入长期占据复合反渗透膜产品垄断地位的美国、日本市场，基本覆盖全球反渗透膜需求地区，海外销售额同比增长 25.04%；弹簧产品出口销售额达 1077 万元，同比增长 41.15%。全年实现营业收入 22.85 亿元，同比增长 3.36%；利润 6600 万元，同比增长 10.97%。

【五项评审】　开展质量安全风险管理活动，完善工艺文件，细化流程管理、标识管理、异常情况管理等风险管理内容，全面落实“管理规范化、作业标准化”，实现质量安全风险管理由“反应型”向“预见型”转变。开展国家一级安全质量标准化认证工作并顺利通过审查，安全质量得到有效提升。开展铁路整车产品 IRIS 贯标认证，已完成第二阶段评审。开展公司理化实验室国家级标准认证，通过国家认可委员会（CNAS）评审，取得了“检测和校准国家试验室”资质。开展精益车间评审，已有三个单位通过公司精益车间验收，其中弹簧事业部和转向架车间已申报参加中国南车先进精益车间评比。五项评审工作，有效提升了企业管理水平。

【精益管理】　举办七期精益特训营，着力推进精益车间、精益示范线、精益班组建设。按照“大工位、小工序”和“主线工位节拍化生产、配件模块化检修”思路，确定货车检修生产主线29个工位，形成货车检修工位制节拍化生产。编制《精益工位编码规则》，对工位进行统一编码，并编制工位说明书，按车型建立物料清单，为工位制节拍信息化建设奠定基础。选取木拆、垫车、交车线三大节点为主要控制点，按照每天工作8小时、日产量45辆的目标，平衡调配工序能力，实现节拍化生产。对货车破损程度进行分类识别，根据破损程度分为A、B、C、D四类，进行节拍控制。制定《公司生产异常管理办法》，对各生产单位人、机、料、法、环、测6个方面所产生的异常情况进行分类统计、讨论分析、及时改进。优化精益生产评价管理体系，拟定以精益车间标准为主要内容的精益管理评价办法，基本形成完整的三级管理体系。继续开展精益示范区（线）建设，已建成10条示范区（线），其中2条被中国南车评为二星级示范线。开展精益班组竞赛活动，精益班组整体达标率达到43.4%。

【科技创新】 新产品开发方面，JSQ3K、K18BK、C70、C70H等厂修车型和D22A段修车型通过CRCC认证，取得生产资质，厂段修车型品种进一步增加；KZ70、P70两种检修车型通过厂级鉴定；完成P9牵引销、多个型号的工程机械弹簧和机客车弹簧等配件的开发工作。时代沃顿公司成功研发VNF1纳滤膜和新型海水膜；大自然公司开发出“强护脊”床垫和棕榈食品初产品。技术开发和工艺改造方面，完成120主阀体和中间体内腔清洗工艺攻关，制作的试验设备清洗效果远高于同行业水平；完成新造车工艺完善改造，提高了工艺水平、产品质量及生产效率，同时降低了劳动强度，改善了作业环境；完成转向架落成线改造，理顺工艺流程，基本解决了转向架落成生产瓶颈问题；完成特种车检修厂房建设和轴承一般检修、353130B型轴承组装线、呼吸阀检修线改造等工作。大自然公司主导制订的《床垫用棕纤维丝》行业标准已于7月发布，并完成《软体家具·剑麻纤维弹性床垫》企业标准的起草工作，获得“生态工业知识产权示范企业”称号。此外，公司创新采用隔离卡方式，成功完成内外网隔离工作，比兄弟工厂普遍采用的方案节约成本约500万元。

【质量工作】 制定、发布《深化质量安全风险管理实施细则》和《质量风险管理细则补充规定》，深入开展质量风险点管理和“立标树型”活动，推进“管理规范化、作业标准化”工作；加强对质量问题的整改，着力提高售后服务水平，使公司产品质量稳中有升：致命缺陷、重缺陷比上年有所降低，没有发生D类以上质量事故，主产品无批量返厂，主产品质量监督检查合格率达100%。下半年公司招标质量分排名全路第一，网上抽查对标检修第一、新造第四，实物对标和典型故障检查排名也在中上游，实现连续第23个质量安全年。

【运营管理】 开展降本增效，压缩各项费用，严控费用支出，“减支”工作成效明显，公司本部管理费比上年降低11.5%，其中差旅费、会议费、招待费分别比上年降低30%、75%和51%。加强采购管理，开展对标活动，强化市场研判，实行定点、分时采购，全年采购价格指数为95.41%，降低采购成本2470万元。加强滚动预算分析，强化对EVA、现金流量、周转类等关键性指标的监管，保证预算指标的实现；通过建立资金集中管理平台，开具银行承兑汇票、通知存款等手段，提高资金使用效率，全年减少财务费用817万元；利用国家税收优惠政策，全年减税金额达到6800余万元。连续10年获得贵阳市

“守合同、重信誉”单位。加强设备工装管理，认真开展MTTR、MTBF等设备指标统计分析和设备管理体系对标评价，提高设备管理水平。加强物资管理，及时清理库存积压物资，对有使用年限和储存期限的物资通过K3系统进行警示管理，杜绝产生新的积压物资。开展内部控制自我评价，及时整改存在的缺陷和不足，确保公司各项资产的安全运行。建立合同动态管理制度，坚持事前防范、事中控制，严把法律关口，全年无重大合同纠纷发生。

【安全环保工作】 认真贯彻中国南车和地方政府安全生产要求，提高安全意识，加强安全培训，加大硬件投入，强化隐患整改，继续推行安全工作一票否决、“党政同责、一岗双责”和领导安全值日制度，有效防范各类重大安全生产事故的发生。开展清洁生产审核，做好污染源和危险废物的规范化管理，公司主要污染物排放总量控制在政府规定的范围之内，杜绝了污染事故的发生。全年杜绝重伤及以上安全事故，工伤频率为3.86‰，同比下降0.93个百分点，实现了零重伤、零死亡、零新增职业病的“三零”目标和连续第14个安全生产年。

【人力资源管理】 按照“控制总量、优化结构、提高效率”的原则，重新编制技管和技能岗位定员，严把入口，疏通出口，采取“部室只减不增，车间优化结构”措施，推进优员增效和冗员清理工作，有效控制了用工总量。秉承“以人为本，人尽其才”人才观，以提高待遇、优化配置、加强培训等为手段，统筹推进各类人才特别是高层次人才队伍的建设，其中2人晋升为教授级高级工程师、3人分别被中国南车评为“资深管理专家”“资深技能专家”和“技术专家”、13人取得高级专业技术职务任职资格，公司高级专业职务人数突破100人。成立公司第一个劳模创新工作室——“代顺生劳模创新工作室”。围绕“整合内外资源、打造专业队伍、加大培训投入、增强培训量能”思路，导入行动学习法、沙盘演练法、工作教导法等新型培训方法，开展一系列贴近公司年度重点任务的培训，先后举办“战略罗盘”“精益管理特训营”“重庆大学工程硕士班”“安全质量风险管理培训”等92个培训项目，员工培训覆盖率达98.8%，年人均受训次数3.1次。

【企业文化建设】 深入宣贯企业文化理念与核心价值观，将企业文化建设与管理制度有机结合，确保企业文化紧扣公司经营战略、发展目标，增强广大员工的认同感与凝聚力。开展贯穿全年的“群策群力保目标、真抓实干保效益”主题活动，激励员工齐心协力完成各项目标；组织开展“精益班组竞赛”“红旗设备竞赛”“设备TPM红牌作战”和合理化建议等活动，营造相互学习、取长补短、比学赶超的良好氛围，推进公司创新文化和精益文化建设；举办大型“百姓健康舞”文艺汇演和长跑、登山、球赛等各种文体活动，展示企业文化特色。同时，积极参加各类展会，宣传公司品牌，提高企业知名度；在公司重组工作中，及时与政府、监管部门、投资者、员工进行沟通，避免负面影响，维护了公司的良好形象。

【改善民生】 实施多项措施，改善员工生产、生活条件。组织603人参加健康体检；对500名接触职业危害作业人员进行建档备案。完成整车油漆线建设，改善工作环境，减轻油漆对操作者和环境的危害。与都新社区一起改善生活区环境，改造农贸市场，购买清扫车清扫公司主要道路。完成600余套廉租房建设并交付使用，对大学生公寓进行室内装修，改善员工居住环境。组织公司二等功以上员工赴欧洲考察学习。

【党群工作】 坚持“围绕中心抓党建、抓好党建促发展”的工作思路，狠抓党建管理提升。加强两级领导班子建设。根据党章规定及上级党委的要求，认真筹备第三次党代会，选举产生150名党代表；对公司28个基层党（总）支部进行换届改选，两级领导班子民主生活会召开率达100%，“四好”班子创建活动持续深入开展。按照党中央、国务院国资委及南车集团党委的统一部署和安排，扎实开展以“为民务实清廉”为主要内容的党的群众路线教育实践活动。按照“党管干部、党管人才”的原则，加强人才的培养和选拔使用，努力打造过硬的领导班子和技管人才队伍。完善惩防体系建设，梳理并确定廉洁风险岗位和等级，组织重要岗位人员开展警示教育，对全体中层以上人员开展述责述廉活动，积极营造廉洁文化氛围，党风廉政建设取得新成效。党建管理提升、党支部“达标创先”工作取得新突破，党建工作迈上新台阶；深化“双培养”工程，不断壮大党员队伍，全年共吸收发展新党员37名。公司班子再一次被中国南车党委评为“四好领导班子”；公司党委被贵州省国资委党委授予“五好基层党组织”光荣称号。以“双带”为抓手，充分发挥工会组织的桥梁纽带作用和共青团的助手作用，努力维护员工群众的合法权益，把“三关心、三保证”落到实处，群团工作展现新活力。

【贵州大自然科技有限公司】 继续推行精益生产管理，优化生产组织结构，提高生产效率，产量屡创新高，10月产量达到5127立方米。实行以订单为基准的物流管理，理顺生产组织，解决物流瓶颈问题。开展节能降耗活动，原材料消耗、动能消耗比上年均有所下降。完善产品工艺和原材料标准，加强生产工艺纪律监督管理，提高工艺、技术、质量文件的执行率，产品质量稳步提高，裸板一次交验合格率98.23%，成品交验合格率97.78%，顾客投诉率降低至1%。全年实现收入2.7亿元、股权折算利润1400万元，分别同比增长12.14%和7.94%。

加强对经销商的考核，将销售任务完成情况与市场的去留联系起来，加强市场监管，规范销售行为。同时，适当修订店面评级指标和户外广告补贴标准、新增店面和新开市场标准，提高经销商市场开发的积极性，全年新开店面130多间，全国有效店面达到700多间。充实网络销售队伍，提升网络销售服务水平和网店形象，全年实现网络销售近600万元，较上年同比增长190%。

持续实施技术创新战略，保持公司在行业中的绝对领先地位。设计完成第二代植物纤维生产流水线、包装流水线及原材料预处理系统工艺技术方案；开发“强护脊”床垫，市场反响良好，已成为公司新的经济增长点。主导制订的《床垫用棕纤维丝》行业标准已于7月发布，并完成《软体家具·剑麻纤维弹性床垫》企业标准的起草工作，获得“生态工业知识产权示范企业”称号。完成专利分析平台建设，全方位构建公司知识产权保护体系，配合省知识产权局开展知识产权贯标试点企业建设工作。全年共获得专利授权35件，其中发明专利5件。

【贵州汇通申发钢结构有限公司】 年内，由于新基地建设和搬迁，公司生产经营受到很大影响。建立健全规章制度，强化员工管理。加强现场管理与现场技术服务，确保产品质量。全面实施“问题倒追、目标倒排、成本倒算”工作方法，降成本提效益。精打细算，压缩非经营性支出，降低管理成本；规范库存物料管理，减少库存积压，同时建立材料领用制度，采取以旧换新领用、日用量领用和限额领用等方法，降低材料成本。

完成久长基地一期工程建设，并于6月投入正常生产，共建成标准化厂房11栋，建筑面积65000平米，存料棚4000平米，库房等辅助设施3000平米，露天料场、道路等30000平米。新购、搬迁各类数控等离子切割机、数控钻床、刨光机、龙门焊、十一辊矫正机等设备80余台，钢结构生产线12条。完成扎佐收费站、奥迪君奥4S店、贵安新区行政中心、会议中心、1号食堂、3号食堂等项目钢结构的加工与施工安装；完成白云大道人行天桥工程孔桩、桥墩、楼梯承台基础钢筋绑扎及砼浇筑，新添大道人行天桥安装工程桥墩柱吊装，大自然项目103#厂房、104#厂房主钢结构吊装以及久长基地DQ板生产大棚屋架吊装等。加强与北京华电重工、浙江精工、中建四局、中建三局、中铁八局、中铁电气化局、中铁重工、中铁二局等单位的合作，努力提高工程项目市场份额。

【贵阳时代汇通膜科技有限公司】 公司国际市场实现新突破，成功进入长期占据复合反渗透膜产品垄断地位的美国、日本市场，基本覆盖全球反渗透膜需求地区，海外销售额比上年增长25.04%；时代沃顿全年实现收入3.5亿元、股权折算利润3155万元，分别比上年增长16.84%和42.37%。

研发成功VNF1纳滤膜和新型海水膜，完善膜片均一稳定性工艺，解决了膜片漏点问题，产品质量稳步提高；完成公司沙文园区建设场地平整工作，项目一期工程获得中国南车批复，主体建筑S104#（刮覆膜厂房）、S103#（组件厂房）、S102#（膜材料研发中心）施工图审查完毕，并完成设计、监理、施工招投标工作。主体厂房部分已完成孔桩浇注，年末进入主体施工。

【重要纪事】 1月10日，中国南车副总裁、财务总监詹艳景到公司慰问部分特重困员工。3月29日，JSQ3K、K18BK厂修车型通过CRCC认证。4月19日，公司与重庆大学联合开办的工程硕士班举行开学典礼。6月14日，公司检测中心收到中国合格评定国家认可委颁发的“实验室认可证书”（证书编号：CNASL 6231）。8月5日，D22A段修车型通过CRCC认证，取得生产资质。9月6日，公司通过由中国机械工业安全卫生协会组织的国家一级安全生产标准化企业评审。10月30日，公司在总装车间举行“代顺生劳模创新工作室”揭牌仪式。11月15日，中国南车董事长郑昌泓到公司召开基层员工座谈会，听取员工的意见和建议。12月19日，国务院国资委第一巡视组到公司调研、考察。

【企业主要领导】

董事长	黄纪湘
总经理	周家干
副总经理	张万军　许国樑
	刘火长　朱洪晖
	张晓南（7月任）
	胡鹏飞（5月任）
财务总监	朱洪晖（兼）
总工程师	张晓南（7月免）
	张万军（兼，7月任）
党委书记	黄纪湘
党委副书记	周家干（兼）　崔景泉
纪委书记	崔景泉（兼）
工会主席	崔景泉（兼）
贵阳厂厂长	胡鹏飞（5月免）
	崔景泉（兼，5月任）

（南方汇通公司　供稿）

地　址　贵州省贵阳市白云区都拉营
邮　编　550017
电　话　0851-4470382
传　真　0851-4470141
网　址　http://www.southhuiton.com
电子信箱　nfht@southhuiton.com

中国南车（香港）有限公司

执行董事、总裁　郭炳强

【概况】 2013年，公司作为中国南车在港办事机构，开展包括协助召开中国南车业绩发布会等办事与接待工作。作为中国南车在港联络机构，与有关机构和投资者保持沟通，开展投资者关系管理工作。全年实现营业收入4.98亿元，实现归属母公司净利润5318万元，总资产报酬率和成本费用占营业收入比率分别达到5.91%与99.7%。

【贸易融资业务】 与长江公司、资阳公司、戚墅堰公司、四方股份、四方有限、成都公司、租赁公司、株洲所（北京时代）等公司合作开展贸易融资业务，总签约额超过8.8亿元，同比增长192%。对比境内融资，年内所开展的贸易融资业务为中国南车节约融资成本3400万元以上。

【地铁配件进口业务】 继上年成功签订广三线北延段车辆采购项目进口、广三线增购、广州市轨道交通一、二、八号线增购、昆明市轨道交通首期工程、宁波市轨道交通一号线一期工程、上海轨道交通十一号线南段工程车辆采购、无锡轨道交通一号线工程等7项采购合同，累计实现销售1.93亿元，年内又签订广州市轨道交通七号线车辆采购合同，将付款5300万元以上用于境外配件采购。

【投资工作】 非上市股权投资方面，经中国南车总部批准，公司陆续持股中国华能旗下4家企业（华能盘锦风力发电有限公司、华能铁岭风力发电有限公司、华能大兴风力发电有限公司和华能开原风力发电有限公司）股权，其中华能盘锦持股额年内变更为47%，其余3家企业各持股25%。持股昆明南车城市轨道车辆有限公司30%的股权。年内，公司投资6000万元（持股30%）与株机公司在马来西亚吉隆坡建立中国南车（马来西亚）轨道交通装备有限公司。截止年底，公司已完成非上市股权投资3亿元以上，为推动中国南车拓展风电和城市轨道交通装备市场发挥了积极作用。

上市公司股票投资方面，根据中国南车总部安排，继续持有600万股中国中冶H股；代株洲所持有1.5亿股华能新能源H股，年内以均价3.05港元陆续沽出1.4亿股；与中银国际签订基石投资协议，于2012年12月至 2013 年 1 月认购 7175.5 万股中国机械工程 H 股（其中 2013 年完成认购 6464 万股）。经中国南车总部批准，12 月作为锚定投资者参与光大银行国际配售，共认购光大银行 H 股 1900 万股。

【重要纪事】 1 月 23 日，中国南车董事会培训班在香港举办，中国南车董事长郑昌泓出席培训班。3 月 8 日，中国南车副总裁王军到公司考察指导工作。3 月 25 日，中国南车副总裁兼财务总监詹艳景到公司检查指导工作。4 月 9～10 日，中国南车董事长郑昌泓、副总裁傅建国、副总裁兼财务总监詹艳景到香港参加中国南车年报路演工作。5 月 21～23 日，中国南车国际化经营座谈会在香港召开，中国南车董事长郑昌泓、副总裁兼财务总监詹艳景、副总裁徐宗祥出席座谈会。7 月 9 日，经中国南车党委会研究，王佳欣任公司财务总监，不再担任公司财务经理职务。10 月 30 日，中国南车董事长郑昌泓在香港会见香港交易及结算所有限公司行政总裁李小加，并到公司检查指导工作。12 月 18 日，中国南车党委副书记、纪委书记、工会主席陈大洋到香港出席中国企业家发展年会，并到公司检查指导工作。

【企业主要领导】

执行董事、总裁　郭炳强
财　务　总　监　王佳欣

（香港公司　供稿）

地　　址　香港湾仔港湾道 1 号会展广场办公大楼 41 楼 4112 室
电　　话　852 25981959
传　　真　852 28779375

南车长江车辆有限公司

（工商登记营业执照号：420115000003429）

董事长　张　作

总经理　胡海平

党委书记　桂祖康

【概况】　2013 年末，长江公司员工总数 13548 人，其中在册员工 12202 人，其他从业人员 1346 人，具有高级专业技术职称 275 人，中级职称 720 人，高级工人技师 202 人，中级技师 611 人。在册员工中，在岗员工 10992 人，占在册员工的 90%；非在岗员工 1210 人，占在册员工的 10%。女员工 2552 人，占在册员工的 23%。公司总占地面积 217.08 万平方米，总建筑面积 70.33 万平方米，拥有各类设备 13674 台（套），固定资产原值 33.81 亿元（合并），净值 23.23 亿元（合并）。公司运营架构主要为总、分模式，总部设置 19 个职能部门，下辖 1 个子公司、3 个分公司（分部），另有 1 个中外合资经营企业。全年销售新造货车 9762 辆，修理货车 9214 辆；实现营业收入 53.15 亿元，其中本部主营业务收入 50.30 亿元，铜陵公司并表主营收入 1.36 亿元，斯威公司并表主营收入 0.71 亿元，其他业务收入 0.78 亿元；实现净利润 0.80 亿元，归属母公司利润 0.63 亿元。

【发展规划】　根据内外部环境变化，编制上报公司“十二五”发展规划实施评价和修订建议。根据国家能源结构调整及铁路货车个性化需求，组织推进 LNG 铁路罐车等特种货车项目，与合作方签订《LNG 铁路罐车项目合作协议》，确定研发进度的里程碑计划。结合铁路体制改革和铁路货运改革，开展铁路货运“门到门”服务所带来的多式联运铁路装备、物流租赁等上下游产业的市场需求调研，寻求拓展公司新产业的切入点。结合戚墅堰公司铸造业务迁出原址项目，就其并入铜陵公司的可行性进行专项调研，并提报中国南车决策；上报《关于建议由长江铜陵公司供应石家庄及二七公司摇枕侧架的请示》及《关于申请将铜陵公司客车车轴纳入南车内部配套的请示》，积极争取中国南车支持，拓展铜陵公司业务领域。探索“制造+服务”业务模式，稳步推进海外维保基地布局，完成塞拉利昂维保基地的设立，合资公司正式接手维保业务；成功通过澳洲 PN Coal 公司维修供应商的短名单投标，并编制提交车辆检修维护和翻新解决方案，奠定拓展澳洲业务的基础；拟定中东维保项目开展的路线图，编制提交阿联酋车辆运营前维护方案，并与业主就长江公司承担铁路货车维保业务进行磋商，着力开发中东维保市场。制订国际并购的总体实施方案，并着手推进全球货车及维保市场的信息收集分析及市场进入策略的制订。收集整合海外铁路货车市场信息，完成《斯洛伐克 TVP 公司并购分析报告》《墨西哥铁路货车市场分析报告》《俄罗斯货车市场情况介绍》《与 OVZ 公司合作情况介绍》以及德国尼斯基公司及其母公司德铁相关信息搜集和并购可行性分析评估。

【经营管理】 加强全面预算工作的组织与协调，明确各单位预算控制指标，在公司各部门、各公司（分部）间进行横向与纵向的指标分解与落实；建立预算执行分析与监控机制，及时预警与纠偏，改善管理中的薄弱环节，强化制度的落实与执行；开展行业对标，制定改进措施，不断优化预算控制指标；将预算指标与绩效考核指标有机结合，突出关键业绩指标，并将预算措施完成情况纳入责任部门重点工作进行考核管理，形成预算管理闭环。深化管理提升活动，抓住重点落实活动长效机制，建立起“标杆交流，项目管控，精益增效，流程控险”工作机制。推进绩效管理工作，建立适应海外产品标准的质量指标体系，并完成存货指标的建立及指标落地工作。针对国铁新造车价格大幅下降的状况，制订降低物料采购成本、加强委外管理、优化资产管理、严控费用等 13 项措施，全年国铁车外购物料采购成本较预算降低 3300 万元，降幅为 4.57%。完善项目成本管理，建立以责任制为中心的成本分解管理体系，推行责任成本制，提高出口产品盈利能力。强化资金调度，改善筹资结构，同时加强汇率风险管理，有效控制财务成本，全年发生财务费用 1235 万元，同比下降 41%。加强财税筹划和政府补助管理，全年争取各类政府补助 1081 万元。持续推进精益管理，夯实 6S、TPM 等四大基础管理，全年存货降低至 5.52 亿元，同比减少 5.93 亿元，存货周转次数达到 5.27 次。

【科技创新】 持续优化三大技术平台，完成设计技术、制造技术等 14 个子项目平台建设。开展基础技术研究，增强核心技术优势，完成低动力转向架参数优化和快运棚车、冷藏车关键技术等 17 项整车及零部件技术研究项目；与美国铁路运输技术中心（TTCI）合作，完成 40 吨轴重低动力转向架的重车蛇行稳定性等 6 项试验。加强产品研发，提升公司核心竞争力，完成中南通道 30 吨轴重运煤敞车和漏斗车的设计、试制和试验，30 吨轴重铝合金煤炭漏斗车（KM98A（H））的研制并通过铁路总公司的评审，TB2 型四氧化二氮储罐保温运输车、T14（T15）车组、T31 平车等四种特种车的设计和试制，大轴重新型三大件式低动作用力转向架、新型集成制动装置、主动润滑制动缸、停车自动制动装置等 10 种关键零部件的研制，以及澳大利亚 FMG 矿石敞车、RoyHill 系列货车等 18 个出口产品的研发。全年实施科研项目 114 项（含往年结转项目），包括国家火炬计划立项 1 项、武汉市科研计划立项 1 项、武汉市高端装备和首台（套）项目立项各 1 项、南车科研计划立项 13 项，有 78 个项目通过结题，其中全部结题 66 项、部分结题 21 项。

全年专利申请 146 件，授权专利 79 件。其中，获澳大利亚发明专利授权 1 件，获政府资助 23.69 万元；获中国发明专利奖优秀奖 1 项，获得奖励 10 万元；获武汉市外观设计优秀奖 1 项，获得奖励 2 万元。成功通过国家级企业技术中心认定，并取得博士后科研工作站资格。

【市场营销】 加强营销管理基础建设，完成《国内营销管理办法》《客户信用等级评价管理办法》的修订；开展管理提升活动，完成“加强项目管理，提高特种车合同履约率”等2个重点整改项目结项工作；完成客户关系管理系统上线运行和相关培训，实现客户关系维护的系统化、信息化、规范化。实行项目动态管理，分区包干责任到人，保证项目及时跟踪和有效管理。把握市场需求趋势，完成粮食、液化天然气运输车等行业市场调研。组织神华集团等大客户到公司调研观摩和交流，推介公司新产品、新技术和公司品牌形象。完成CS100试运行和资质申请工作，为小批量生产作准备。完成神华集团铁路用运煤敞车注册供应商投标，成功进入短名单。以中国铁路总公司为核心，以华北、东北、西北（特别是新疆地区）、淮南等资源密集型地区为重点，以神华集团、中石油、中石化、中铁集、中储粮北方物流公司、大唐淮南洛河发电厂等为主要目标客户，有针对性开展营销工作，全年国内铁路货车市场共计投标23次，其中货车新造投标13次，货车修理投标5次，呼和浩特局、大秦公司及神华集团等单位配件投标5次。新签货车新造合同7468辆，货车修理合同9650辆。

【国际贸易】 组织修订《国际市场营销管理办法》《出口产品客户现场交验及售后服务管理办法》《进口配件管理办法》，健全国际营销工作各个环节质量风险的识别和管控，改进工作流程，提高工作质量和效率。参加印度高铁大会、美国铁路工业展、澳大利亚铁路展和深圳高新技术成果交易会等4次国内外展会，加强市场宣传和推广，全面提升公司形象。加强海外市场需求信息收集和分析，立足重点市场，跟踪重点项目，积极参与海外投标和报价，全年收集各类海外需求信息数十条，正式商务立项的海外投标和报价项目达30余次。着力维护客户关系，加强重点客户走访，培育新的国际项目，全年20余批次出国走访10多家客户，接待10多个国家40多批次客户来访。建立海外客户投诉登记台账，完善售后服务工作，维护公司良好信誉。年内，国际贸易新签整车订单1277辆，折合人民币12.51亿元。全年实现出口收入11.54亿元，其中出口销售整车1612辆、收入9.82亿元，出口贡献率92.47%；出口收入占公司营业收入的21.7%。

【人力资源管理】 健全和完善人力资源管理制度，新增、修订中层职业经理人管理、员工职位管理、员工职业生涯发展通道管理、国际员工外派及薪酬福利、专业技术职务任职资格管理、出国（境）管理和员工奖惩管理等相关制度文件22个，初步构建一体化、规范化的管理体系。结合内外市场环境变化，重点分析人员总量控制、人员结构优化、人力资源效能提升和核心人才队伍建设等方面情况，修订和完善“十二五”人力资源规划。实施职位管理体系项目，重点归并现有岗位，完成2900个岗位预审，初步保留设置职位1616个，并完成职业管理办法起草。制定《公司中高级职业经理人选拔任用管理办法》和6个子制度，全面完善和优化职业经理人管理制度体系。组织后备人才选拔，建立公司管理者梯队。推进国际化人才队伍建设，下发国际化员工管理实施细则及薪酬福利管理办法，并招聘选拔首批派驻境外机构技能人员22名。完善核心人才管理，选拔推荐57名南车核心人才，并制定核心人才年度评价方案，开展上年度业绩考核和中期评估工作，兑现业绩奖励230余万元。制定《公司职业发展通道管理办法》，并研究各通道准入基本标准和专业标准，制定《长江公司研发人员和工艺人员职业发展评价细则和标准》，试点实施研发和工艺人员职业发展评价，推进职业发展通道建设。制定招聘管理办法，吸引高端人才，年内校园招聘13名硕士、105名本科毕业生，引进成熟人才6人。成功取得博士后科研工作站资格，并出台博士后科研工作站管理办法。打造公司特色培训课程体系，重点开发车辆工艺、国际贸易和铆焊技能三类人员分级培训课程体系，加强人才培训开发。深化薪酬预算管理，工资总额预算以劳动量为基础，同时兼顾工资刚性增长因素、社会平均工资增长情况，实现人工成本有效管控。制定班组（工位）标准实施细则，并开展班组绩效试点工作，深入推进班组建设管理。

【基建与技改】 铜陵公司一期技改项目调整后总投资44009万元，至年末，已形式实施43356万元，占总投资99%，产能达到原有设计纲领要求；车轴扩能技改项目总投资8170万元，至年末，已开工实施6243万元，占总投资77%，已具备车轴10000辆份/年的生产能力，占设计纲领的70%。常州分公司技改项目总投资10494万元，至年末，开工实施11087万元，超支投资6%，符合股份公司技术改造项目投资超额控制在10%以内的要求，产能达到货车检修4000辆份/年，钢结构配件下料加工能力8000吨的设计纲领要求；技改配套项目总投资4200万元，至年末，开工实施2349万元，占总投资56%，工装设备已投用，配套设施和基建工程处于施工收尾阶段，基本具备货车修理存车能力提升、70T检修线配置、小批量多品种新造等配套功能。员工生活区暨南车花园（武汉）项目建设，25栋单体建筑（23栋高层、1栋综合楼、1座幼儿园）和4.8万平米的地下室全部实现主体结构封顶，所有楼房二次结构砌块施工工作量超过90%，墙体保温、室内抹灰及地坪、外墙涂料、水电管材、消防工程、塑钢窗、进户门、电梯安装等装饰装修及辅助设施施工全部展开。

【生产运营】 根据生产预算和国内外订单，以生产预排产为手段，应对多变市场，降低生产组织风险。针对生产品种转换频繁的情况，加快新造品种转产速度，做到“无缝对接”，避免产能浪费。完善精细生产管理，每周对武汉分部、株洲分公司期量标准执行情况进行检查，强化生产过程中各环节的衔接。根据产品市场需求信息，组织原材料、配件的市场调研，摸清生产厂家的生产情况及供应能力，确保生产物资的供应。借助公司电子采购平台，完善公司采购评标细则，坚持“公开竞标，最低价中标”原则，建立竞价采购招标机制，实现采购实施过程的控制，年内公司自采原材料配件相比预算价格降低采购成本3565万元，降幅4.33%。全年完成货车新造9177辆，货车修理9216辆。

【质量管理】 以确保产品质量和运营安全为重点，全面深化质量安全风险管理，制定措施计划151条并全部得到落实。开展“零缺陷管理、商品化交验”活动和工位达标，推行标准化作业。实施产品升级交检、交验管理制度，规范首件鉴定和符图性检查工作，并开展质量安全自控型班组建设。建立质量信息周报制度，全年发布36期质量信息周报，及时上报和处置厂内外出现的质量安全风险信息和非正常作业情况。组织制动惯性质量专项提升活动，提升制动系统检修组装质量，制动故障件数同比下降36%。建立FRACAS故障管理平台，实现产品故障信息化闭环管理。构建并运行设计、制造、服务等全过程的质量信息管理系统，实现对质量信息的有效管理和综合运用。开展“新绿”服务形象打造活动，创新售后服务模式，用户满意度达到96%。全年无批量返厂修及批量质量问题，无顾客重大质量问题投诉。

【企业文化建设】 开展企业文化建设调研，建立长江公司企业文化评价体系。针对原有制度的不适用性和不合理性，修订完善《南车长江车辆有限公司行为管理考核办法》《长江公司总部员工规范着装规定》。强化VI规范应用，提升公司对中国南车品牌的贡献率。推进企业文化及品牌建设管理提升，组织实施8项企业文化及品牌建设工作现状、问题点的整改计划，促进员工行为规范化、品牌化。开展企业文化专业知识培训，提升品牌建设专管人员专业素养，夯实公司开展企业文化建设的基础。扩大行为规范学习覆盖率，开展关键岗位学习示范片活动，加深员工对行为规范的认识认知。组织“我身边的正能量”员工品牌故事征集活动，征集品牌故事85篇，并在《长江车辆》开辟专栏刊登。开展“‘微’能量”微电影比赛，推广新媒体应用，推进品牌建设管理提升。举办专业技术PPT比赛，对技术中心、产品技术平台、制造技术平台、设计技术平台、试验研究中心五个版块进行PPT展示，服务于公司国际化、市场化的需求。实施“新绿”服务形象打造活动，专项开展各联保站VI项点整改活动，完成整改项点16个；开展“我与品牌承诺”征文活动，共征集“承诺”103篇，20篇获评优秀作品；开展售后服务微电影拍摄，展示公司售后服务品牌形象；开展专题售后服务礼仪培训，展示售后服务人员职场礼仪规范。借受邀参加美国TTCI年会和AAR年会之机，宣传“同一个中国南车”，树立CSR品牌形象，促成TTCI就公司转向架试验情况的深层次约谈。

【党群工作】 开展“学创”（学习贯彻十八大、争创发展新业绩）主题实践活动。选定“围绕思想领先，凝聚力量，组织学习十八大报告知识竞赛活动”等21个项目为重点内容，促进公司盈利能力、发展质量的提升。落实创先争优长效机制，开展党建工作管理提升“党员示范岗”创建活动，共创建“党员安全示范岗”47个。开展党的群众路线教育实践活动，坚持“两手抓、两手硬、两促进”，完成“学习教育、征求意见”“查摆问题、开展批评”二个环节的工作，并下发领导班子整改落实方案，开展“整改落实、建章立制”第三环节工作。成立中共塞拉利昂铁路机车车辆维保公司筹备工作组临时支部委员会，实现“海外项目建到哪里，党的组织就覆盖到哪里”工作目标，促进海外业务持续健康发展。持续打造学习型党组织，全年中心组组织开展学习研讨29次，学习内容包括央视大型电视纪录片《国企备忘录》《大国重器》以及党的十八大、十八届三中全会、党的群众路线教育实践活动、质量安全等；参加中央企业党建政研会课题申报，共征集课题55项，其中2项课题入选国资委中央企业课题研究项目；组织“十八大学习体会”和“管理提升”论文征集活动，收到论文60篇。组织教育实践活动宣传，编发《党的群众路线教育实践活动简报》17期，在南车OA网上刊发宣传稿件47篇。围绕公司各项工作重点，结合铁路体制改革、质量、安全、生产等主题，开展各类专题宣传活动。重点聚焦易冉、方俊明等典型人物，宣传身边人身边事，营造比学赶超的氛围。选定书籍《节约的都是利润》，开展全员读书活动，倡导厉行节约意识。加强对外报道工作，全年在央视等媒体发表各类新闻稿件 63 篇，“武汉市见义勇为先进分子”方俊明的事迹在央视《新闻联播》《朝闻天下》《今日面孔》《共同关注》《东方时空》等播出。建立廉洁风险数据库，完善廉洁风险防控，排查评估廉洁风险点632个，制定660条防范措施。强化重要领域关键环节监督，参加各类招议标监督活动789次。开展效能监察11项，提出监察建议43项，完善制度9项，节约成本9339万元，直接创经济效益425万元。

工会围绕公司生产经营中心，坚持服务

员工、服务企业发展。以“保指标、保质量、保安全”三保劳动竞赛为主线，大力开展群众性经济技术创新活动，共有16个分工会上报立项项目18项，审定15个车间处室签订《专项劳动竞赛协议书》，确保竞赛活动取得实效。深入开展精益生产改善提案活动，共征集提案7172件，实施率达90.7%。构建企业技能人才培养平台，发挥先模在技术研修、攻关、创新、带徒传艺中的作用，创建劳模创新工作室6个。深入推进职工民主管理和监督，切实维护员工的监督权和知情权，株洲分公司、铜陵公司获所在城市厂务公开民主管理先进单位。建立帮扶体系软件模块，实现送温暖、金秋助学等活动情况的信息报表功能。年内，走访慰问困难员工家庭1896户，发放送温暖资金213.96万元；开展助学活动，资助困难员工家庭583户，发放助学资金30.27万元。

公司团委围绕生产经营，持续加强青年员工形势任务教育，增强青年发展信心，稳定青年员工队伍。组织“实现中国梦 青春勇担当”主题宣传教育活动，引导团员青年立足本职岗位，实现自己人生梦想。结合“安全生产月”“质量月”活动的开展，深化青工“降本增效”活动，促进公司经济效益提升。开展“青年安全生产示范岗”创建活动，16个一线班组被授予“青年安全生产示范岗”，16名团员青年被授予“青年安全生产先锋”。组织“立足岗位当先锋 兑现订单创佳绩”青年岗位练兵活动，搭建青年技能员工展示才华的平台。开展第二届“长江公司十大杰出青年”评选活动，激励青年团员立足岗位、赶超先进、贡献青春和智慧。选树优秀青年典型，16个先进青年集体和16名优秀青年分别获得中央企业团工委、中国南车、省、市级表彰，公司团委被中央企业、武汉市、中国南车分别授予“五四红旗团委”称号。

【株洲分公司】 年末，有在册员工2600人，实际在岗员工2529人。占地面积60万平方米，固定资产原值5.85亿元，净值2.72亿元。全年新造货车完成5337辆，其中出口车935辆，实现主营业务收入30.27亿元。

完善绩效评价体系，开展生产员工绩效评价，建立绩效管理指标四级体系，实现绩效管理全员覆盖。采取工位写实、正面激励等措施，合理配置人力资源，有效控制劳动用工，全年同比减少劳务用工201人，劳务费用下降600万元，劳动生产率达到17.23万元/人。强化可控费用的内部管控，加大成本分析和控制力度，分解量化下移各项指标，全年可控费用下降10%，节约目标成本632万元。推进班组标准化建设，建立班组长人才库，开展班组质量、安全评价工作，全年班组建设标准化达标率达95%。以绩效为导向，全面推行精益车间建设，提升基础管理水平，年内备料车间获评南车三级精益车间，组装车间获评南车二星级精益示范区，台车车间通过精益车间年度复评。建立质量管理体系的日常监督检查机制，按月对质量体系各模块进行审核整改，确保质量体系有效运行；融质量安全风险于质量管理体系之中，对现有质量管理文件进行全面梳理、风险识别和分析评价，建立质量管理人员逐级评价机制；以“八防”工序为重点强化过程质量控制，加强质量缺陷追溯和责任落实，全年整车一次交验拒收率1.58%，A、B类辆均缺陷分别同比降低41.92%和35.83%。组织开展K6转向架工序价值流分析、门式柔性车体翻转胎设计、意大利数控折弯机改造、焊接机械手程序优化等工艺技术研究，增强生产服务保障能力。完成二组装扩建、新建打砂房、培训基地等基建项目和意大利成型磨床、螺杆式空压机、折弯机等设备安装，实施工业气体管道配送，提升装备保障能力，全年主要设备完好率达 96%，关键设备故障停机率低于 2%。实施科技项目立项攻关，全年完成 C80 铝合金敞车的工艺优化及产量提升、X70 集装箱专用平车车体工艺提升、制动系统漏泄控制等 54 项技术创新项目。

【常州分公司】 年末，有员工 1048 人，占地面积 19.9 万平方米，拥有资产总额 2.99 亿元，固定资产原值 16766 万元，净值 8538 万元。全年完成修理货车 4745 辆、国铁新造货车 150 辆、出口新造货车 152 辆、各型工矿新造货车 10 辆，实现销售收入 5.13 亿元。

完善财务管理制度建设，修订、制订《货币资金管理办法》《新造车目标成本绩效指标考核管理办法》《外来发票管理办法》等规章制度；加强源头采购成本管理，自采物料采购价格同比下降近 4 个百分点；落实“保增长”工作措施，重点加强成本、费用管理，年内目标成本指标累计节约 800 余万元，货修边际贡献率达到 33.1%。严格核定各类委外和外委产品劳动定额，共核定 3800 余项产品定额工时；针对货车新造以小批量、多品种为主的特性，进行劳动力平衡；按技术改造后的工艺要求、流程压缩生产车间辅助岗位定员，提高劳动效率。以示范（区）线和示范车间建设为主线，围绕现场 6S、设备 TPM、改善提案、班组建设四大基础模块，全面推进精益生产工作，提升效益、效率、品质和管理水平。基本完成生产区域 6S 的全覆盖，综合定置率达到 90%；完成 141 台设备自主保全，自主保全率均达标；征集改善提案 1479 条，提案实施率达 97%。台车车间获中国南车三级精益车间称号。开展安全质量风险评估，识别出厂修货车修理工序相关高风险，并制定风险应对措施，落实质量风险管理控制；推进“立标树型”活动和“达标工位”建设，评选出“树标杆，提质量”5 个标杆班组和 5 名标杆个人。全年未发生一般 D 类行车事故及批量返厂修和批量质量问题，修理车整车落成一次交验拒收率为 0.4%，新造货车一次交验拒收率为 0%。积极开发货车修理产品品种，C70 型敞车和铁路货车轮对成功通过 CRCC 认证，并进入批量生产阶段。组建市场处，着力拓展多元业务市场，全年非主营业务实现销售收入 8006 万元、利润 818 万元。

【铜陵公司】 年末，有在册员工 2006 人，实际在岗员工 1950 人。占地面积 34.82 万平方米，建筑面积 10.93 万平方米，固定资产原值 6.92 亿元，净值 5.20 亿元。全年实现营业收入 4.36 亿元，其中外销收入 1.36 亿元。

开展行业对标，不断优化成本费用指标。利用改善提案、竞标采购、质量课题、工艺降本等措施，严格控制成本费用，提升主产品毛利率，全年可控费用产值费用率同比降低 1.15 个百分点，主产品综合毛利率同比上升 3.14 个百分点，主产品边际贡献率同比上升 1.68 个百分点；物料采购价格同比降低 7% 以上，减少采购成本 2200 余万元。围绕“六突破两提升”重点任务，深入开展管理提升活动，11 项管理提升重点整改和突破项目全部结项。持续加强精益 6S 与 TPM 等基础管理，5 个车间共 90 台设备或系统（线）通过 TPM 活动现场验收。开展中层管理人员“管理提升金钥匙”活动，收到项目申报 167 个，有 21 个项目被评为优秀奖。开展工艺优化和质量攻关，有效运行质量管理体系，全年车轴一次交验拒收率累计为 0，铸钢件一次交验拒收率累计为 1.06%，未发生一般 C 类及以上行车责任事故和批量返厂质量事故。车轴扩能改造项目建成投产，产能达到设计纲领要求，具备专业化规模化发展基础。

积极开拓国内外市场。利用南车配套政策，加强与南车内部公司合作，将产品销往各大路局和其他各细分市场，基本实现对 18

个路局的全覆盖，并在俄罗斯摇枕、侧架、南非车轴、英国转臂等多个项目取得进展。推进新产品研发，南非车轴取得试制证书，委内瑞拉、澳洲等车轴实现试制和批量生产，EN1A 车轴实物轴完成试制，毛里塔尼亚轮对完成转化设计，矿车轮对完成设计和样件生产，喀麦隆米轨转向架完成技术转化、工艺方案设计和批量生产，印度轮对完成设计及投标资料准备，土库曼斯坦客车侧梁完成铸造工艺设计和批量生产。

【武汉分部】 年末，员工总数 4463 人，占地面积 50 余万平方米，建筑物面积 25.56 万平方米，拥有各类设备 4747 台（套），固定资产原值 14.948 亿元，净值 11.44 亿元。全年完成 8 个品种 3519 辆货车新造、13 个品种 4494 辆货车检修、263 组份出口配件。

建立预算执行长效机制，全面推行目标成本控制，强化内部成本管理，有效控制各项费用，年内目标成本指标累计节约 792 万元。组织开展“改善与提升”“提升之星”“管理实践”等特色提升活动，完成中层领导干部“三个一”提升活动项目评价。完善精益现场长效管理机制，试点开展安全工位建设，推进精益示范车间（示范线）创建，台一车间被评为中国南车三级精益车间。优化质量管理制度和流程，提高质量管理体系运行的有效性。完善质量安全风险管理机制，将厂验共同文件确定的工作内容纳入到质量目标计划并建立监督检查机制，确保厂验共同文件贯彻落实。加强对关键部件的质量控制，重点检查和监控质量安全风险源，从源头上保证大部件及关键工序的产品质量。全年无批量返厂修和批量质量问题，厂修车一次交验拒收率 1.92%，新造车一次交验拒收率 2.20%，一般 C 类行车责任事故 1 次。

推进新产品试制，完成 30 吨轴重专用敞车试制和 T 型罐车试制技术准备，8 个造修车型通过 CRCC 认证，GF1E 型氧化铝粉罐车实现批量改造，并完成 70 吨级货车 K5\K6 型转向架、转 K2 型转向架改造、转 26G\70A 型以及 2E\3E\3D 轴转向架试修等工作。进一步优化新造工艺，完成 C70E、P70 车体钢结构部分作业指导书的修订和换版工作，并优化 C70E、P70、L70 生产工艺。加快工艺技术更新，实现 60 吨级车型与 70 吨级车型并线生产，并完成备料薄板预处理线、台二轴承清洗线、30B 型轴承一般修建线、分解车体抛丸除锈生产线方案设计和实施。

【境外企业】 中国南车长江（澳洲）车辆技术服务有限公司。2012 年 4 月 23 日在澳大利亚墨尔本注册成立，由长江公司与康吉森国际（香港）有限公司合资组建，注册资金 200 万澳币，其中长江公司股比 51%、康吉森公司股比 49%，是长江公司控股子公司。主要业务是提供铁路货车产品技术服务以及售后服务，铁路货车配件销售，铁路货车整车产品的交付，货车检修服务业务等。年末，公司有员工 5 人，其中澳大利亚当地员工 3 名，中国派驻员工 2 名。全年实现营业收入 492799.78 澳元，亏损 258636.48 澳元。

中国南车塞拉利昂有限公司。2013 年 5 月 13 日在塞拉利昂的弗里敦注册成立，由长江公司与中国铁路物资（香港）控股有限公司合资组建，注册资金 100 万美元，其中长江公司股比为 60%、中铁物（香港）股比为 40%，是长江公司控股子公司。主要业务是铁路机车车辆和其零部件、机械、机器、装备、工具、用具、器具、仪器以及材料的销售；铁路机车车辆维修、保养和技术服务，专业维修设备的进口及安装调试等等。2013 年末，公司有全职员工 18 人，全部为中国派驻员工。年内，公司承接了非洲铁路港口服务（塞拉利昂）有限公司的铁路货车维保、配件及设备提供、厂房建设业务，其中，维保业务合同期限从2013年7月至12月，后又续签至2014年6月。全年公司营业收入600万元，净利润32万元。

南车长江车辆有限公司阿布扎比分公司。2012年12月27日注册成立，是长江公司设在阿联酋的分公司，主要是为了满足合同需求，为后期市场的开拓提供支持，并寻求开拓中东地区铁路货车维保市场。2013年末，公司兼职员工3人，全部为中国派驻员工。年内，分公司没有业务收入。

【重要纪事】 1月11日，中国南车安全生产工作会议在公司召开。1月15～16日，中国南车董事长郑昌泓莅汉走访武汉市政府和武汉铁路局，并慰问武汉维保中心、武汉动车段员工和长江公司困难员工。1月21日，公司召开第一届董事会第二十三次会议和第一届监事会第六次会议。1月26日，中华全国铁路总工会副主席刘润英走访慰问武汉分部困难员工。2月1日，公司召开一届四次职代会暨2013年工作会议。3月28日，公司30吨轴重运煤敞车、漏斗车设计方案通过中国南车专家组审查。6月8日，神华集团公司总经理张玉卓到公司考察30吨轴重铝合金煤炭漏斗车样车试制和C80型铝合金敞车生产情况。6月27日，在北京召开的“战略性新兴产业国际化发展形势分析会”上，公司获得国家科技兴贸创新基地授牌。7月17日，公司召开党的群众路线教育实践活动动员大会。8月9日，中国南车总裁刘化龙到公司调研，听取公司领导班子2013年上半年生产经营情况和开展群众路线教育实践活动情况的汇报。9月4日，国家铁路局副局长傅选义率国家铁路安全大检查第二督查组到长江公司检查质量安全及问题整改情况。10月，公司设立博士后科研工作站的申请获国家人力资源和社会保障部批准。10月，公司申报的“出口铁路货车仿真与试验平台建设”项目获批2013年度国家火炬计划立项。11月16日，公司首次参加在深圳举办的第十五届中国国际高新技术成果交易会。12月10日，公司与澳大利亚Aurizon公司签订860辆准轨煤炭漏斗车供销合同。12月24日，公司30吨轴重KM98A（H）型煤炭漏斗车设计方案通过中国铁路总公司组织的评审。

【企业主要领导】

董事长	张　作
总经理	胡海平
副总经理	桂祖康（兼）　刘建华 何朝阳　刘　涛 吴晓东　郭　杰 周东海　王红卫 姜强俊
财务总监	刘建华（兼）
总工程师	姜强俊（兼）
党委书记	桂祖康
党委副书记	张　作（兼） 胡海平（兼） 孙玉昌
纪委书记	孙玉昌（兼）
工会主席	孙玉昌（兼）
株洲厂厂长	姚建云
武昌厂厂长 江岸厂厂长	司　同
铜陵厂厂长	成　光

（长江公司　供稿）

地　　址　湖北省武汉市江夏经济开发区大桥新区
邮　　编　430212
电　　话　027-51170122
传　　真　027-81942011
网　　址　www. csrcj.com/
电子邮箱　office@csrcj.com

南车财务有限公司

（工商登记营业执照号：110000015449882）

董事长　詹艳景

总经理　徐伟锋

【概况】　2013年是公司创业发展的第一个完整年度。全年实现营业收入1.56亿元，归属于母公司净利润5526万元，均超额完成总部下达的年度目标任务。累计归集资金640亿元，办理代理支付4000笔，结算资金810亿元；累计自营贷款余额26.86亿元，发放委托贷款29.22亿元。

【资金集中管理】　加快推进中国南车各一级子公司及重点二级子公司开户和直连上线，提高资金集中的深度与广度；推进8家商业银行直联建设，加快系统测试、调试，提高资金集中的效率与水平。全年共有71家成员单位在公司开立结算账户，33家成员单位实现资金归集，初步建立起集团集中管控型的人民币资金集中管理平台，并不断发挥资金集中管理平台的优势。

【金融服务】　实地调研走访成员企业，了解信贷需求，有针对性地推出"流动资金贷款、固定资产贷款、委托贷款、纸票贴现"等基础信贷产品。探索集团产业链票据融资模式，牵头协调、参与BT项目的融资方案组建，创新开展"电票承兑、电票贴现、银团贷款"等新业务。公司发放的贷款不仅投向集团公司的轨道交通装备制造核心产业，而且还支持了集团公司"煤机、超级电容器、柴油机、工程机械、汽车零部件"等新兴产业的发展。

【集团公司委托业务】　按照集团公司总部下发的总部财务部与财务公司关于资金管理职能分工文件的要求，积极承担集团公司总部各项资金管理工作。做好集团公司总部日常资金管理业务，落实资金计划，确保集团公司"保增长"目标顺利实现。代理集团公司总部积极筹措资金，通过银行借款、证券市场和银行间融资多渠道来保障集团整体资金供应，年度内累计实现对外融资269.5亿元。充分利用内源资金二次归集进行内部调剂，提高内部资金使用效率，通过集团公司总部资金集中平台累计二次归集资金约120亿元，下拨归集资金约105亿元；累计向子公司调剂资金约135亿元，大幅降低了财务费用。加强对成员单位集中代理开立银行承兑汇票管理，严格执行操作流程和风险管控，协助集团公司解决应收应付票据双高问题，降低财务成本和票据操作风险。

【风险合规管理】 制定并实施《全面风险管理体系建设框架》，推动公司全面风险管理体系建设。在认真梳理的基础上，启动对公司、业务、部门三个层面的风险识别与评估活动，查找公司各项业务及管理活动中所面临的风险点，制定和完善控制措施。开展每月风险检查，形成《内部控制与风险管理月度报告》，对公司运营中出现的问题进行揭示并提出合理化建议。对公司流动性资产和流动性负债进行精细化管理和监测，研究流动性控制应对方案，避免公司重要监控指标触碰监管红线。加强公司内部控制管理，推进合规工作有序开展。制定并实施《规章制度体系建设指导纲要》，分年度、分步骤对公司各项规章制度进行整合、完善，使公司制度规范化、流程化、信息化。加强规章制度宣贯，提高员工遵守公司规章制度的意识，促进公司风险管理文化建设。

【重要纪事】 3 月 6 日，公司召开一届董事会和监事会第二次会议，审议 2012 年财务决算等议题。4 月，中国财务公司协会专职常务副会长王岩玲一行到公司调研。5 月 16 日，公司为投资租赁公司成功办理首笔纸票贴现业务。5 月、8 月和 12 月，北京银监局领导三次到公司现场评级检查工作。6 月 4 日，公司召开第一次全体党员大会，公司党委正式成立并开展工作。6 月，公司成为“中国票据网”会员，并正式推出网上金融系统账户管理功能。8 月 16 日，公司召开一届董事会和监事会第三次会议，审议五年发展规划等议题。8 月起，公司党委开展党的群众路线教育实践活动。9 月 27 日，公司为戚墅堰公司成功办理首笔 100 万元金额的电子银行承兑汇票，正式推出此项业务。11 月 25 日，公司为戚所公司办理首笔电子银行承兑汇票贴现 500 万元。12 月 17 日，公司举办纪念成立一周年暨首届“快乐工作，健康生活”羽毛球比赛活动。

【企业主要领导】

董 事 长　詹艳景（兼）
总 经 理　徐伟锋
副总经理　刘学文
财务总监　郝志军
风险总监　张世东

（财务公司　供稿）

地　址　北京市海淀区西四环中路16号院5号楼 五层
邮　编　100036
电　话　010-51872507
传　真　010-51872504

南车戚墅堰机车车辆工艺研究所有限公司

（工商登记营业执照号：320400000000790）

执行董事　王　奇

总经理　王文虎

党委书记　孙周明

【概况】　2013年末，在岗员工3493人，其中博士研究生6人、硕士研究生300人、大学本科生826人。年内，戚墅堰所成功入选国家认定企业技术中心，获批设立国家级博士后工作站，下属子公司瑞泰公司通过国家高新技术企业认定。新成立锻压事业部、焊接和无损检测培训中心。销售收入稳中有进，突破50亿元大关，同比增长15.18%。

【经营管理】　根据中国南车统一部署，启动“十二五”发展规划修订工作，并基本完成新版规划编制。开展管理提升第二阶段整改工作，推进活动顺利转入第三阶段。开展管理咨询工作，启动集团化管控体系顶层设计。强化职能业务部门履职责任，建立职能业务部门与公司资产经营责任指标及基层单位相关指标挂钩考核机制。作为中国南车首家试点单位，对齿轮传动系统产业化扩能项目开展投资后评价。构建固定资产运营考核体系，完成考核指标和考核系数的设计。搭建“业财融合”预算管理模式，提高专业预算与财务预算的协同性。加强经营风险预警防控，强化建设项目风险管控，同时优化合同审计流程，构建子公司内控风险体系，以风险为导向开展多项专项管理审计。组织开展制度执行力、供应链管理、“中央八项规定”执行情况等效能监察。落实重要岗位人员换岗交流机制，对财务、采购系统关键岗位人员进行全面换岗交流。完成协同办公平台、数据中心、决策支持系统等综合管理平台开发以及质量管理系统二期、工艺管理系统、齿轮传动事业部生产管理系统二期、汽车零部件公司生产管理系统一期等专业管理平台建设。启动标准成本体系建设，建立制造费用预算制，优化成本核算流程。从严控制期间费用，首次将子公司期间费用纳入预算管理，大幅压缩费用预算并收紧审批权限。加强存货和应收账款管理，有效降低资金占用成本。

【科技创新】　全年累计取得各类科技成果35项，其中国家重点新产品1项、铁道学会科学技术奖一等奖1项。累计承担公司外部标准制定56项，其中铁道行业标准10项。累计完成专利申请180项，其中发明专利60项。加强企业技术标准建设，累计完成42

项企业标准制订和58项企业标准复审。积极搭建学术交流平台，成功承办由中国工程院和中国南车联合举办的轨道交通装备制造“三基”技术创新论坛。持续优化三大技术平台，有序推进建设成果平移。其中，CRH380A动车组用国产化齿轮传动系统实现装车考核，新一代时速250公里动车组用齿轮传动系统实现批量应用，自主开发、覆盖多个速度等级的CRH6型城际动车组用齿轮传动系统完成产品研制；全面介入中国北车动车组用齿轮传动系统国产化工作，自主设计的CRH380B动车组用齿轮传动系统已通过唐车公司和长客股份公司的技术确认，CRH3A城际动车组用齿轮传动系统分别在唐车公司和长客股份公司试验列车上实现装车；有序推进中国标准动车组用齿轮传动系统研制。动车组用齿轮传动系统开发的多项突破，奠定了公司在国内动车组用齿轮传动系统领域第一地位。株机公司、同车公司两个平台的30吨大轴重货运机车用齿轮传动系统完成研制并通过FAI，公司机车齿轮传动系统全面覆盖铁路总公司主推的时速160公里客运机车、4400马力调车机车、30吨大轴重货运机车等三大主型机车。1.5兆瓦、2.0兆瓦风电齿轮箱完成集团外部客户定向开发，3兆瓦半直驱风电齿轮箱完成概念设计，风电齿轮箱系列化平台进一步完善，浮动式闸片通过中国南车组织的评审，时速250公里、350公里动车组和时速160公里客运机车用铸钢制动盘完成试制，新型地铁钩缓装置完成设计并进入试制，轮径600毫米、620毫米的100%低地板轻轨车用弹性车轮完成试制，多个系列的矿用卡车制动器和重卡盘式制动器完成自主开发。首次将闪光焊焊接技术及装备成功应用于75公斤重型钢轨焊接上；自主开发完成国内首台槽型轨焊轨车，并顺利通过上线施工焊接考核，成功完成首台地铁自行式焊轨车研制。保质保量完成上海铁路局P95大修列车项目，赢得用户高度认可；完成S27A活塞组件、EMD动力组件开发并交付用户，其中4400马力调车机车柴油机活塞组件通过台架试验；完成可变径稳定器、下套管自动灌浆解卡装置、抽油机减速器、角传动箱等新产品开发；成功攻克中间体D、E型石墨问题，使成品率提高至90%；突破不锈钢涡壳铸造关键技术瓶颈，汽车零部件公司成为国内第三家掌握不锈钢涡壳铸造技术并实现量产的企业。深化铝合金箱体铸件制造工艺研究，HXD1C大功率电力机车用箱体返修率降低10%，动车组用箱体毛坯成品率提升至90%以上，铸件外观质量明显改善。加强铸钢制动盘制造工艺研究，稳定材料熔炼及热处理工艺，解决了轮盘变形及夹杂问题。开展新一代硬质合金钎焊工艺研究，开发的新一代硬质合金捣镐实现装车考核。开展大型薄壁锻件锻造工艺和深腔锻件模具设计研究，完成大叶片和石油阀体的开发。加强机械传动系统、摩擦磨损与制动试验验证技术研究，机械传动试验、摩擦磨损与制动试验获得国家试验室资质认定。完成多通道疲劳试验台和大功率机车轮轴驱动系统试验台的方案设计和主要设备采购。

【生产运营】完善精益生产示范线、精益车间评价机制，启动模拟生产线和模拟配送线建设试点，建立持续改善定类分级管理机制。强化供应商管理，集中供应商准入审批权，对重要二次供方开展质量保证能力评估，落实供方质量责任追究机制和不合格供应商淘汰机制。持续推进集中采购平台建设，扩大集采范围，加大优质供应商开发，实现废钢、生铁等大宗物资多家招标竞价采购。加强客户管理，组建客户服务部，修订完善售后服务管理制度流程，组织实施“新绿”服务行动。优化基层安全管理组织架构，推进子公司安全生产标准化创建工作，加大安全隐患排查和整改力度，启动精益安全工位建设试点。规范物流运输管理，加强消防保卫、绿化保洁、物流等外包服务管理，保障公司安全、正常运营。

【市场营销】 铁路业务方面，动车组齿轮传动系统覆盖中国南车内部所有项目（市场配套率由上年的 80%提高到 100%），风缸新获四方庞巴迪公司全部项目订单；机车齿轮传动系统在戚机公司的市场份额进一步提高，电机座铸件销售同比增长超过 3 倍，活塞在洛阳公司的销售数量同比增长 30%，机车制动盘实现小批量销售；客车制动盘在唐车公司的市场份额由上年 50%提高到 67%，分体式制动盘销售同比增长 10%；铁路大型养路机械及零部件横向市场销售再创新高，焊轨车首次进入工程局海外市场，米轨捣固装置和车轴齿轮箱首次应用于主机企业出口项目。城轨产业方面，销售同比增长超过 74%，其中齿轮传动系统新获项目 10 个，占全年新开项目的 52.6%；弹性车轮新获长客股份批量订单，并与浦镇公司、株机公司、唐车公司等主机企业建立合作关系；首次进入检修市场，并获得多个齿轮箱检修订单和钩缓装置架修订单，实现城轨产业由新造市场向售后服务市场的延伸；首次获得地铁自行式焊轨车、轻轨槽型轨焊轨车订单，实现城轨产业由车辆市场向线路工程市场的延伸。新产业方面，汽车零部件产业销售同比增长超过 50%。其中，乘用车配件销售突破亿元，不锈钢涡壳实现批量销售；风电齿轮箱销售同比增长超过 150%，集团内部市场配套率提升至 50%以上，并成功开发 2 家集团外部用户，进入 2.0 兆瓦、1.5 兆瓦市场；完成多个平台的矿用卡车轮边减速器、制动器首批产品交付；水泥辊压机行星减速机维修与服务市场销售同比增长超过 60%；导向滑靴销售同比增长超过 2 倍；船用配件在沪东重机的销售同比增长超过 30%；大叶片、石油阀体进入小批量供货。海外业务方面，出口收入同比增长 20%。其中美国、南非两个海外办事处以及澳洲站已正常运作；阿特拉斯多种焊接件实现批量销售；首次进入英国 JCB 海外市场并获得杰出供应商称号。新的商业模式培育方面，与武汉动车基地、上海动车基地分别就动车组用齿轮箱、减振器落地修建立战略合作，并完成相关能力建设和资质获取；首次承接神华公司重载线路焊轨服务，实现“产品+服务”的重要突破；进一步拓宽焊接和无损检测培训中心业务范围，高速列车齿轮传动系统综合试验台、1:1 制动动力试验台积极开展外部试验验证服务，取得“技术+服务”的良好效果；在铁路养路机械领域首次开展“设备租赁”模式探索；海外业务尝试“集成出口”模式。

【基建与技改】 汽车增压器配件产业化扩能项目、高速动车组及大功率机车关键零部件产业化项目通过竣工验收。完成设备维修业务的下移和活塞环车间搬迁。中国南车焊接和无损检测培训中心完成一期建设，并获得德国莱茵公司国际焊接认证资质。强化设备及动能管理，成立设备管理委员会，集中特种设备管理权限，建立设备管理巡查机制；开展动能降本工作，推进公司内部节能监测与服务。

【人力资源管理】 完善干部管理体系，制（修）订《中层管理者管理办法》《中层管理者年度绩效考评办法》等多项管理制度，明确中层管理岗位设置及定编原则，规范干部选拔程序和考核模式，健全干部目标经营绩效年薪核算模式。优化员工“三位一体”职业发展平台，修订完善《职位层级选拔管理办法》，鼓励员工在专业领域向纵深方向发展。有序推进“1236”育人工程，引入行动学习法，整合内外培训资源，加大员工培训，全年累计实施领导力开发培训 5 期、国际化人才培训 60 余课时、技术管理类专业培训 300 人次、技能提升培训 1100 多人次，满足了多层次、差异化的岗位能力提升需求。建立内部人才流动机制，完善重要岗位换岗交流机制，实施工资总额制，稳步推进定岗定编及劳动定额管理。全年共有 23 人获评中国南车第二届核心人才，其中首席技术专家 1 名；1 人获评国务院政府特殊津贴、2 人获评第十一届“茅以升铁道科学技术奖”、2 名员工入选中国南车代表队参加中美数控大赛并荣获团队金奖。

【质量管理】 深入推进产品质量安全风险管理，开展质量风险源识别，在七个制造过程中梳理出 151 个关键（特殊）工序、751 个工步和控制项点。积极推进铁路产品取证工作，多个品种的动车组、机车配件通过 CRCC 认证。加大质量改善攻关，26 个 QC 小组获得市级以上奖项，其中 1 项获得国优。

【企业文化建设】 开展“规范员工行为，彰显南车形象”主题教育活动，深化道德讲堂建设与企业文化理念。以“行为文化深化推进年”活动为契机，以“新绿”服务形象打造工作为载体，扎实开展 BI 建设，落实品牌关键接触点行为规范改善。拍摄公司新版宣传片，开展对外媒体新闻发布，参加海内外展览展会，有效提升公司品牌的影响力和美誉度。结合员工需求，开通员工心理咨询专线，启动实施员工疗养，举办首届集体婚礼，营造和谐的企业文化氛围。

【党群工作】 深入学习、宣传、贯彻党的十八大和十八届三中全会精神。按照中国南车统一部署，深入开展以为民务实清廉为主要内容的党的群众路线教育实践活动，集中查摆“四风”问题，促进领导干部作风转变，保证党群干群关系的和谐健康。加强基层党组织建设，利用基层党建创新活动平台及创党员先锋岗、党员攻关项目等载体，充分发挥基层党组织战斗堡垒作用。推进反腐倡廉和惩防体系建设，严格落实党风廉政责任制。推进员工民主管理，坚持抓好职代会制度建设，落实“三关心、三保证”，并取得良好成效。共青团、各协会、老干部等方面工作均有新进展。

【全资子公司】 年内，公司全资子公司有常州市瑞泰工程机械有限公司、常州南车铁马科技实业有限公司、常州南车汽车零部件有限公司、常州南车柴油机零部件有限公司、常州乐泰贸易有限公司等 5 家。

常州市瑞泰工程机械有限公司 2013 年获国家火炬计划“国家高新技术企业”认定，轨道交通养路机械科技创新平台及省级工程中心建设获江苏省管理创新成果认定。产品齿轮箱、捣固装置新造、捣固装置大修、分动箱与减速箱分别实现 100%、85.6%、78.5%、81.2%的市场占有率，实现槽型焊轨车销售 1 台、焊机大修及配件销售超 2000 万元，大超上年；全年横向市场销售额较上年增长 20%；积极探索“设备租赁”营销模式，下半年签订 2 台份租赁合同和 2 台份捣固装置大修合同。全年完成新产品开发 41 种、新装备 1 套，申报专利 31 件，发表论文 6 篇，制定企业标准 4 项，获各类成果奖励或认定 5 项，完成 P95 大修列车项目。成功开发 DC-32、DCL-32 站线捣固装置等大型养路机械延伸产品；针对莫桑比克 1067mm 轨距研制出米轨捣固装置，米轨捣固车、配砟整形车车轴齿轮箱已交付主机厂实现装车；成功研制 DAS7 接触网综合作业车、PGM-48II 型钢轨打磨车两种车型的车轴齿轮箱产品样机，同时完成港铁 861D 超声波检测车齿轮传动系统、快速换轨车 3 种车型车轴齿轮和 DWL-48 捣稳车卫星小车及辅助驱动齿轮箱的技术设计，进入科研试制阶段。建立起知识产权管理体系，编制2013年风险管理体系建设推进计划，并组织完成焊轨车、车轴齿轮箱、捣固装置和稳定装置四大类产品的风险管控识别。

常州南车铁马科技实业有限公司　全年客车制动盘实现销售44000只，其中分体盘销售较上年增长10%，轴箱体、轴箱盖销售同比增长61%；弹性车轮获得长客股份4列续订订单，并获得41列意向订单；铁路配件实现销售4814万元，同比增长66.6%；研磨子实现销售3212万元，同比增长16.8%，同时新增郑州、北京等路局客户。获得四方有限伊拉克项目单元制动缸10列订单，并完成2列产品交付；与武汉动车段达成车钩落地修意向，同时取得南京地铁车钩检修订单，成功实现地铁车钩检修业绩突破；新开辟动车过滤材市场，实现销售3000余万元；导向滑靴项目销售额同比增长200%。浮动闸片已通过中国南车技术方案评审，铁路轨道工程车基础制动装置完成技术设计评审及样品试制评审，风电制动器完成2MW主轴、偏航制动器的设计开发，并通过株洲所技术方案评审；完成1500吨冷剪机用湿式组合离合器/制动器、低地板轻轨车用钩缓装置的技术开发；完成动车组用锻钢制动盘组装工艺、前、后置式330型钩缓装置、10式车钩和半永久车钩等试验验证；完成时速250公里、时速350公里以及重载机车用铸钢制动盘、重庆地铁制动盘、PW160E动车组转向架踏面清扫器、高寒动车组用钩缓装置、无锡地铁前置式钩缓、600mm及620mm轮径的100%低地板轻轨车用弹性车轮、整体式独立轮轴桥等产品的研发试制。地铁制动盘与上海地铁达成装车意向，踏面制动单元、紧凑式夹钳、制动缸、湿式组合离合器/制动器实现装车，轻轨制动盘完成产品交货。全年累计申请专利21件，其中发明专利8件、实用新型专利13件。

常州南车汽车零部件有限公司　进一步完善公司一体化管理体系，对组织机构、各部门工作职责进行优化调整，设12个职能管理部门和5个生产单元，各生产单元均设制造部、技术部、质量部。全面启动金蝶K3生产信息系统，并模拟上线运行。顺利通过安全生产标准化二级企业的达标与职业健康、环境安全三体系监督审核；通过ISO9001:2008、TS16949、IRIS等质量管理体系认证。全年共获得16个超过1000万的新项目，其中超过3000万的项目有5个。乘用车项目方面获得博格华纳长城高镍涡壳、沃尔沃MP和LP中间壳项目，霍尼韦尔上汽通用、长城高镍涡壳和中间壳项目，三菱的海马、吉利、通用不锈钢涡壳项目，IHI丰田、奥迪中间壳项目。海外业务获得霍尼韦尔北美福特DYNO项目、JDL项目、欧洲MAN项目、天纳克北美通用项目等；英国JCB项目实现量产并获得JCB杰出供应商奖；通过了大陆集团和佩卡集团的过程审核。全年申请专利20项，其中发明专利5项。开发项目共479项，完成PPAP认证项目117项，完成544次共28071件的样件提交，客户涉及霍尼韦尔、康明斯、博格华纳、上海菱重等。新品订单交付完成率97.01%，合格率95.57%，PPAP一次通过率达96.7%。

常州南车柴油机零部件有限公司　全年实现销售7400万，其中国铁完成3150万，海外销售2400万，船配市场销售1850万。先后获得DF_{11G}的中修活塞、R280柴油机活塞、DF_{11}活塞、DF_{7G}活塞等订单，实现活塞批量销售；获得24台份$HX_{N}5$机车活塞新造、37台大修机车中点装订单，广柴320整体活塞通过客户认可，并获得首批订单；曼透平涡轮壳项目实现首批批量交货。石油机械活塞开发4种新活塞，并形成销售；船配市场首次获得CW200活塞订单，实现3240环组首批小批量销售，获得325活塞、PA6活塞、CW200活塞等订单。全年累计完成科技项目结题11项，专利申请9项，其中发明2项、外观专利1项、实用新型6项。与上海711研究所合作设计开发S27A活塞组件，并通过客户及军方验收；开发EMD动力组件，成功试制出缸头、连杆、缸套及活塞销，并完成交样；开发PA6凸轮轴，完成首件试制，并通过客户及军方工艺评审；完成南车玉柴240高强度活塞组件的设计初稿并交客户评审；为重庆潍柴开发的20/27四气门中速柴油机活塞及活塞环组，经过经验设计与模拟验证（静强度分析与温度场计算），完全能够满足客户要求；开发成功240钢顶铁裙活塞，并完成两台份活塞的交付；完成270铬陶瓷活塞环类金刚石涂层试制。

常州乐泰贸易有限公司　公司年内注册资金3000万元人民币，主要从事工业生产资料、钢材、有色金属、有色金属矿产品及原辅材料销售，机车车辆配件加工、制造、销售，铁路废旧物资再生利用（限戚墅堰所内经营），机械技术开发、技术服务等。

【控股子公司】　年内，公司控股子公司有2家：资阳南车传动有限公司、江苏朗锐茂达铸造有限公司。

资阳南车传动有限公司　获得兰州机车公司电力机车齿轮供货资质并首次供货，与北京银桥公司签订从动齿轮供货合同，成功开发兰州铁路局、兰西机务段等新市场。在石油角传动箱、抽油机齿轮箱、泥浆泵及连杆、海洋石油等石油机械产品市场取得突破；开辟化工行业齿轮箱及零配件市场；获得武汉晨风、永济电机等工程机械齿轮箱批量订单；辊压减速机修理数量同比增加60%。全年累计开展科研项目20项，结题16项。产品开发实现销售约600万，10项专利申报获得授权。成功试制SWC系列建材万向轴、和谐型机车检修试验平台联轴器，并实现批量生产。轨道市场，完成四方公司出口内燃动车上辅助传动箱试制及巴基斯坦机车零部件产品；完成和谐型7200 kW机车抱轴箱、电机转轴的加工试制，其中电机转轴实现批量生产。延伸市场，完成兰州石油公司320和114两种型号的抽油机减速器小批量生产；完成化工行业成都蓝星公司传动箱、成都昆仑石油公司角传动箱、ZNC70选粉机减速器、株洲万向联轴器和ZNC63车轴齿轮箱的设计试制工作。

江苏朗锐茂达铸造有限公司　公司有员工近百人，其中工程技术人员十余名。通过ISO9001-2000质量体系认证，并被评为江苏省高新技术企业。全年提交专利2项，其中发明专利1项；申报科技项目5项。全年共发生科技项目费用374万元。新产品开发工作，完成空气制动夹钳本体系列铸件试制、250公里/时动车组轴箱体试制并大批量生产、城轨车车钩缓冲器系列铸件试制、庞巴迪支架完成试制与装车试验、新加坡地铁定位转臂和中心销小批量生产、西班牙地铁中心销装车试验；工程机械方面的矿卡轮边减速器已经形成系列化，并完成山东黄金35吨矿卡轮边铸件、广机60吨矿卡轮边铸件、广机220吨轮边减速器铸钢件及制动系统相关铸件等开发及装车考核；采煤机械方面也已形成系列化开发，其中三一重装导向滑靴产品已完成30余种开发；汽轮机方面，新开发高压阀壳、蒸汽室盖等高温承压铸件，并通过客户首检；与同济大学合作开发完成大型钢结构建筑铰接铸件并交付客户进行型式试验。公司铸件合格率较上年提高4个百分点。

【中外合资公司】年内，公司有两家中外合资公司：常州朗锐凯迩必减振技术有限公司、常州朗锐东洋传动技术有限公司。

常州朗锐凯迩必减振技术有限公司是公司于2008年8月与日本KYB工业株式会社共同出资成立的国家高新技术企业，注册资金为4000万人民币，厂房面积4500余平方米。2013年末有员工40余人，其中技术研发人员占22%。主要经营机车、车辆用油压减振器、高度阀、差压阀及其他相关产品的设计开发、生产制造、销售与服务等。通过上海动车基地油压减振器三级检修资质审核和首件鉴定，顺利进入上海动车基地进行油压减振器驻段检修工作。CRH2 新造动车组用油压减振器市场份额达到50%，动车油压减振器修理业务实现了从主机厂向动车检修基地的延伸。

常州朗锐东洋传动技术有限公司是公司于2006年8月与日本东洋电机制造株式会社联手成立的合资企业。公司注册资金为1000万人民币，厂房面积4128平方米。主要从事城市轨道交通车辆用齿轮传动系统以及相关产品研发与生产。年内成功获得成都 3、4号线、西安3号线、沈阳1号线加车项目订单；中标北京10号线三期牵引系统，获得齿轮箱部件订单；获得成都3、4号线816套、西安3号线656套齿轮箱订单，实现成都、西安地铁市场占有率100%；获得北京7号线扩编284套齿轮箱、沈阳1号线加车126套齿轮箱、天津2号线加车48套订单。完成齿轮传动装置等方面共12项设计开发工作，完成受电弓部分零部件的试制工作，完成两项专利的编写和提交工作。顺利通过安全生产标准化三级企业评审。

【重要纪事】 1月8日，公司自主研发的首件大功率乘用车齿轮箱在汽车零部件公司完成生产组装。1月10日，瑞泰公司中标武汉铁路局大型养路机械互换配件订单。1月16日，朗锐茂达公司成为阿尔斯通合格供应商。1月17日，常州市“交通事故物证和痕迹研究培训基地”在公司揭牌。1月25日，南京区域深化机车车辆安全质量风险管理现场会在公司召开。1月27日，柴油机零部件公司获曼透平 TCR12 涡轮增压器涡壳项目订单。1月31日，公司3项管理创新成果获“江苏省企业管理现代化创新成果”奖。2月1日，公司与山东黄金集团烟台设计研究工程有限公司签订 35 吨地下铰卡矿车关键部件供货合同；汽车零部件公司中标霍尼韦尔公司潍柴GT35 GEN2项目。2月25日，公司试验检测中心通过国家计量认证、实验室认可监督评审和扩项评审。3月1日，公司5种齿轮箱产品通过CRCC产品认证。3月7日，汽车零部件公司成功中标麦格纳公司DQ380油泵壳项目。3月14日，公司焊接和无损检测培训中心通过德国 TUV（莱茵）公司焊工培训与考试资格审核。3月19日，公司生产的首台2MW风电齿轮箱下线。3月28日，汽车零部件公司与霍尼韦尔公司正式签署泛亚1.4及上汽通用五菱1.2中间体项目开发协议。4月1日，公司承担的“江苏省科技平台提升”项目通过省科技厅中期检查。4月9日，公司获得上海、南京两地地铁齿轮箱大修项目订单。4月15日，汽车零部件公司中标霍尼韦尔高镍涡轮壳项目。5月3日，公司获南昌地铁1号线齿轮传动系统批量订单。5月9日，锻压事业成功试制HXN5型内燃机车柴油机连杆锻件。5月17日，资阳传动公司首台320型抽油机减速器研制成功。5月24日，广深港动车组用齿轮箱驱动装置通过FAI。5月31日，瑞泰公司研制成功接触网综合作业车齿轮箱。6月9日，公司成功中标阿根廷地铁齿轮传动系统项目。6月13日，公司研制成功中国首台槽型轨闪光接触焊机组。6月20日，公司通过中国船级社质量管理体系评估。6月24日，公司高强化大缸径船用柴油机活塞组件通过中船重工711所验收；时速160公里客运机车电机铸件通过南车电机公司首件验收。6月26日，公司召开领导班子任期述职及班子副职竞选大会 。6月27日，轨道交通装备制造“三基”技术创新论坛筹备工作首次会议在公司召开。7月1日，公司获评“江苏省全民健康生活方式示范企业”。7月4日，公司大直径内燃机活塞环被认定为江苏省高新技术产品。7月5日，公司与三一重装签订采煤机行走轮共同研发协议。7月16日，“CRH380A型动车组齿轮箱深入国产化”项目通过方案评审和试用评审。7月29日，公司承办2013年南车无损检测技术交流会。8月1日，公司通过EN15085质量体系换证审核。8月8日，公司工会被中华全国铁路总工会授予“全国铁路模范职工之家”称号。8月26日，公司通过IRIS管理体系2013年度监督审核。8月29日，公司召开集团化管控体系建设项目启动会。8月30日，公司启动“新绿”服务形象打造活动。9月3日，公司“风力发电齿轮传动系统系列化开发及产业化”项目获省市专项资金支持。9月5日，公司中标长江公司检测设备大修业务。9月10日，“WT1650风电齿轮箱”产品获国家重点新产品认定。9月16日，公司召开劳动定额管理试点总结暨工作推进会。9月29日，中国南车董事长郑昌泓到公司考察。10月16日，公司企业技术中心入选国家认定企业技术中心。10月24日，公司通过美国国家标准与技术研究院比对试验认证。10月25日，国资委监事会主席杨坚到公司检查指导工作。10月29日，瑞泰公司成功获得莫桑比克米轨养路机械订单。10月31日，公司通过2013年度质量/环境/职业健康安全管理体系监督审核。11月4日，公司获批设立国家级博士后科研工作站。11月8日，汽车增压器配件产业化扩能项目、高速动车组及大功率机车关键零部件产业化项目竣工验收。11月22日，中国首届轨道交通装备制造“三基”技术创新论坛在公司举行。11月28日，公司获评“【WP TOP50】2013风电行业十大创新力企业”。12月25日，公司获2011～2012年度省级“重合同、守信用”企业。

【企业主要领导】

执行董事	王　奇
总经理	王文虎
副总经理	孙周明（兼）
	陈　伟　李培顺
	赵世军　金国宝
	郑剑云
财务总监	赵世军（兼）
党委书记	孙周明
党委副书记	王　奇（兼）
	王文虎（兼）
	陈智芳
纪委书记	陈智芳（兼）
工会主席	陈智芳（兼）

（戚墅堰所　供稿）

地　址　江苏省常州市戚墅堰区五一路258号
邮　编　213011
电　话　0519-89808888
传　真　0519-89808889
网　址　www.leadrun.com
电子信箱　szb@leadrun.com

南车石家庄车辆有限公司

（工商登记营业执照号：130100000081406）

执行董事、总经理　赵维宗

党委书记　王合法

【概况】　2013年末，公司在册员工总数4198人，其中高级专业技术职务125人（含正高级职务2人）、中级专业技术职务230人，高级技师59人、中级技师128人。公司运营架构分3级，即公司、二级子公司（4家）、三级子公司（1家）。全年实现营业收入224590万元、归属母公司净利润5216万元，资产总额262495万元。获得“河北省最具影响力和最具成长性企业”“河北省明星企业”等荣誉称号；在河北省“人才兴企河北最佳雇主”评选中，公司名列“2012年度最佳雇主品牌企业20强”榜单。

【规划发展】　结合管理提升活动，制定职能发展规划和货车、工程机械、制冷空调、新能源汽车、城规等业务发展规划，并对各业务发展规划进行评审、审核与备案；评价公司“十二五”发展规划实施情况，从货车制造与修理、工程机械、新能源汽车、空调制冷装备以及城轨车辆等几个业务板块，系统评价创新管理、人力资源管理、精益管理、财务管理、质量安全、企业文化等职能管理工作；修订公司“十二五”发展规划，制定公司“十二五”后三年发展规划及确保公司“十二五”目标实现的措施。

【科技创新】　完成香港E&M工程平车项目方案设计，并根据《香港E&M工程平车样车试制项目（质量）计划》，制定工艺方案、试制工艺流程，编制货车新制下料、组装、检查等工艺文件，完成首件、首辆鉴定工作，实现批量生产，实现销售8辆。完成TL74预制梁运输专用车项目从方案设计到批量生产全过程，实现销售24辆。

开展符合俄罗斯GOST标准的宽轨底开门运煤敞车结构及转向架研究，完成该产品图样设计及样车试制等工作；完成米轨集装箱车方案设计和转向架试制工作；开展符合柬埔寨1000mm轨距铁路运用要求并满足TOLL皇家铁路公司需求的45ft和60ft两种窄轨铁路集装箱平车研究；卷钢、矿石粉铁路运输专用货车总体设计方案与客户达成一致，兑现项目目标；装用27吨轴重转向架特种装备运输用车辆项目，完成一种车辆的工程图设计和一种车辆的总体方案设计。

开展新车型的检修与改造，扩大货修新

品种。完成C70型敞车、C70H型敞车、RE2A轮轴试修及批量生产，并完成首辆首件鉴定工作；开展TJ165型架桥机组用NJ3、NJ4车辆异地段修试修工作，制定试修项目（质量）计划、工艺方案；完成敞棚车13系列上作用车钩提杆、罐车13系列上作用车钩提杆、漏斗车13系列上作用车钩提杆、P63车钩提杆、手制动拉杆导架吊板、脚踏式制动机绕链棘轮与螺杆组装等各型新造或试修货车的技术改造；完成转K5转向架、C70检修图、P70图样等配件或所需图纸的技术转让和转化。

积极深化三大技术平台建设：建立并完善公司技术标准体系，完成专利申请39项，其中发明专利9项、专利授权11项，有效专利总数达到94项，累计申请147项。年内，获批中国南车科技研发项目2项，获得科技经费30万元。

【生产运营】 全年完成货车检修10769辆，成为全路唯一国铁通用货车厂修超过万辆的企业。努力开拓路外市场，在自备市场启动之前，积极培育潜在客户，为获取后续订单奠定基础。蒙古总包项目圆满收官，香港工程平车和中土运梁车顺利交付，海外市场开拓呈现稳步发展态势。积极延伸货车产业链条，以南车环保、东方销售、路友公司为代表的货车配件相关产业迅速起步发展，年度实现销售收入7022万元。列车空调业务全年实现营业收入9.47亿元。

开展精益安全工位建设，探索实践工位制生产模式，为搬迁后顺利达产做好准备。以流程对标为抓手，梳理管理过程中不增值环节，不断提升管理效能。推进设备使用维修一体化建设，大幅降低设备故障率，满足生产平稳要求。开展工位容器设计竞赛，规范5S管理，提高现场管理水平。积极应对造修不平衡问题，检修平均日产44.52辆，较上年提升1.12辆；新造X70日产由4辆提升至5辆，有效保证订单兑现。

【市场营销】 全年，货车板块市场签订合同金额133005万元，其中国铁厂修货车合同数量10825辆，合同金额57624万元；检修企业自备车合同数量160辆，合同金额979万元；新制货车合同数量482辆，包含300辆路用货车、174辆国内自备货车和8辆出口货车，合同金额19131万元；组合式制动梁7100根，合同金额675万元；动机空调864组，合同金额26444万元；橡胶件合同金额2605万元；国内其他配件合同金额25217万元；出口配件合同金额330万元。新产业板块方面，工程机械产品在与北京南车时代、北车重工合作的基础上，新开发奇瑞重工、内蒙包一机、石煤机、上海彭浦等客户，签订相关产品销售合同；新能源汽车产品与石家庄市公交总公司签订22辆气电混合动力城市公交车合同。海外板块方面，出口蒙古项目按合同履约完成，收回货款1.65亿元（其中2013年收回货款0.94亿元），占销售总额1.79亿元的92%；与香港公司签订8辆E&M工程平车销售合同，合同金额288万元；通过与国际铁路工程公司的合作，与中国土木工程集团有限公司签订出口埃塞俄比亚的24辆TL74预制梁运输专用平车，合同总额为864万元。

【人力资源管理】 开展核心人才中期评估工作，采用年度绩效与业绩贡献综合评价方式，考核核心人才在任期内的工作绩效和业绩贡献；择优推荐、合理储备高级职业经理后备人才11名，建立高级职业经理后备人才资源池，实施人才发展继任计划；组织骨干挂职到国祥公司交流学习；加大战略紧缺高端人才引进力度，引进2名新产业发展高级技术人才；深入推进“四型”班组建设项目，组织开展标杆班组评比创建活动；编制《职位管理实施方案（试行)》《职位管理实施细则（试行)》《职位体系框架（试行)》《职位说明书编写规则》，公司职位管理体系项目平稳落地，并与原岗位管理体系有效对接；开展由中高层管理人员、内部培训师、班组长参加的行动学习专题培训；制订岗位 KPI 指标库；首次全面、系统整理编撰公司《铁路货车修造技术》系列培训教材。

【质量管理】 贯彻落实中国南车“十二五”质量工作规划和铁道部 2013 年全路车辆工作会议精神，全面落实“管理规范化、作业标准化”，突出质量过程控制、超前防范，以“立标树型”活动为抓手，创新开展“季度总经理交车”等活动，促进质量管理由“反应型”向“预见型”转变。全年，未发生一般 D 类及以上质量事故，厂外信息反馈同比明显降低，工序交检 A 类缺陷较上年下降 53.7%，惯性质量问题得到有效控制。

【基建与搬迁】 加速推进搬迁再造，产业园建设全面铺开。厂区土地收储资金到位 9.82 亿元，争取到央企入冀引导资金 1500 万元；获得土地指标共计 1350 亩；达成铁路专用线接轨协议。完成货车板块 5 个标段 18 万平方米厂房主体建设及新增设备招标；综合办公楼建设顺利推进，电力、排水、采暖、天然气、智能一体化等配套工程次第展开；积极研究整体搬迁过程控制及保障措施，为整体搬迁顺利过渡做好准备。

【企业文化建设】 制定公司《2013 年品牌建设工作计划（BI 建设工作计划)》；评价公司“十二五”发展规划的企业文化与品牌发展规划部分，撰写评价报告，提出修订建议；在新闻媒体和宣传媒介媒体持续宣贯中国南车企业文化和品牌理念；开展新入职员工企业文化与品牌培训；开展司歌征集系列活动；制定《企业色彩应用管理办法（试行)》《企业环境目视化管理办法（试行)》；开展户外 VI 设施工程设计，完成新产业园建设项目部宣传环境设计和布置工作；完成营销人员、售后服务人员、采购员、办公室秘书、驾驶员、内部保安等典型岗位行为规范以及《文明办公行为规范》《公共场所行为规范》《文化活动行为规范》《园区员工及车辆通行规范》《食堂就餐规范》等员工通用行为规范的制定。

扎实开展“新绿”活动。完成售后服务满意度调查并撰写《调查报告》；设计制作售后服务指导手册、提示卡、服务承诺桌摆；专题学习售后服务行为规范；举办“我与品牌承诺讨论”活动；按照 VI 要求，全面整改公司售后服务办公室和外部服务站点。

【党群工作】 公司党委高度重视两级中心组理论学习，严格落实学习制度，丰富学习内容，确保学习实效。开展“四好”班子创建活动，注重后备人才选拔培养，加强领导人才梯队建设。贯彻落实中央“八项规定”的自查自纠工作，从制定贯彻落实办法和配套制度、精简会议活动、厉行勤俭节约等七个方面提出 26 项自查内容，明确 6 个责任单位，共收到自查报告 30 份，查出问题 2 项，均制定整改落实方案。开展“以纪律保转型，以监控保搬迁”教育活动，加强对党员、领导干部尤其是参建人员的法规法纪、廉洁自律意识教育；借助市检察院力量，对基地项目进行监控，抓好项目施工建设流程制度的监管。运用精益管理理念，深入推进精益党建活动体系建设；开展党员提案改善活动，促进生产经营精细化。开展党的群众路线教育实践活动，推进长效机制建设；公司党政工团各部门联合开展包涵 29 项具体活动的“追逐梦想·创新突破”主题系列活动。党委委员深入车间、部室集中宣贯职代会精神；每季度针对公司生产经营形势，集中调研员工的思想状况，对不利于企业稳定的倾向性问题及时做好分析预判，研究制定防范措施。

公司工会制定《职代会管理程序》，将公司职代会建设纳入体系管理，进一步健全和完善“二级职代会、三级民主管理”制度，形成制度化、程序化的长效工作机制。采取不同单位交叉互查、两级职工代表联合检查、调研问卷、员工座谈等形式，扎实开展每季一次职工代表主题安全巡查，并将巡查发现的问题和亮点提报公司安委会，由安委会专门制定整改措施落实表，督促整改。开展“双节”送温暖活动，送慰问金、慰问品共计51.75万元；开展金秋助学活动，为11名困难员工子女，发放助学金和学习用品共计2.8万元；为70名员工办理公共保障房申请。

公司团委制定《团支部年度工作考评细则》，规范基层团组织各项基础工作，确保团支部年度工作考评公开、公平、公正；在团干部理论培训中运用流程对标理念，促进团干理论培训流程化，标准化；举办青年英语风采大赛、单身青年交友会及“学礼仪·树形象·展风采”礼仪系列培训活动，丰富和提升青年员工的综合素养；安全月期间，开展“我当一天安全员”活动，将车间生产现场变为课堂，丰富青年员工的安全知识，使他们切身感受到安全工作的重要性。

【石家庄东方车辆配件销售有限公司】 公司于2012年11月6日在石家庄市注册成立，注册资本100万元，其中石家庄公司出资51万元（持股51%）、河北省鹿泉市东方工业公司出资49万元（持股49%），主要经营车辆配件、工程机械配件的销售、仓储及技术咨询。2013年实现营业收入3887万元、利润16.94万元，其中市场销售收入2718万元，超年度计划700万。公司已发展稳定客户10家，在拓展业务客户5家。年末，公司总资产1151万元、净资产112.26万元。

【河北南车环保科技有限公司】 公司于2012年7月16日在邢台市注册成立，注册资本400万元，其中石家庄公司出资140万元。主要经营金属-高分子复合件环保循环利用、装备制造、金属橡胶复合件钢件检修环保循环利用。年内，公司实现营业收入1910万元、利润总额602万元；共计完成弹性旁承体钢件检修26万个、轴向橡胶垫检修105万个、轴箱橡胶垫检修11万个，共计3722吨。公司先后建成三条专用生产线，改扩建厂房6处约2400平方米，并建起独立的试验室，招录培训员工80余人。公司已具备月处理检修用橡胶件500吨的生产能力，完全能满足处理全路橡胶件的生产能力。已相继在中国南车下属所有检修企业、中国北车下属检修企业（除沈阳、哈尔滨、齐齐哈尔等公司外）开展旧橡胶件的回收及检修用橡胶件回送业务；与6家橡胶件生产企业联合拓展16个铁路局（青藏公司、昆明局因场地搬迁暂缓实施）的旧橡胶件回收及检修用橡胶件的回供工作。年末，公司资产总额（合并口径）4310万元，负债总额2974万元，所有者权益总额1336万元，分别较年初的365万元、1万元、364万元增加3945万元、2973万元、972万元。

【石家庄新源废旧金属经销有限公司】 公司是石家庄公司全资子公司，注册资本33.66万元。主营业务为生产性废旧金属回收、销售。年内，公司实现营业收入3788.84万元，其中主营业务收入3787.54万元；实现销售废旧物资17621.97吨，其中废钢铁16293.79吨、废木质料1025.33吨、其他杂品302.85吨；实现净利润9.46万元。公司资产总额129.6万元，净资产43.56万元。

【重要纪事】 1月15日，全国总工会党组纪检组组长、书记处书记王瑞生到公司走访慰问。1月16日，经欧洲工业联盟（UNIFE）

IRIS管理中心批准，公司取得国际铁路行业标准IRIS认证证书。1月18日，中国南车总裁刘化龙到公司慰问困难员工。1月23日，公司召开第二届二次职工代表大会暨工作会议。3月12日，铁道部运输局车辆部货车处处长陈雷到公司检查指导工作。4月25日，石家庄市市长王亮、副市长王韶华到公司调研督导南车石家庄产业园建设推进工作。5月8日至9日，中国南车副总裁傅建国到南车石家庄产业园、石家庄国祥运输设备有限公司调研指导工作。5月29日，公司编纂完成《铁路货车修造技术》系列培训教材，这是公司首次全面、系统整理编纂产品技术培训教材。6月28日，石家庄市委书记孙瑞彬到石家庄国祥运输设备有限公司现场调研石家庄地铁车辆装备情况。7月2日，中国南车董事长郑昌泓拜会河北省省长张庆伟，洽谈中国南车与河北省深化战略合作事宜，并会见石家庄市委书记孙瑞彬，就深化落实双方战略协议，加快南车石家庄产业园及城轨装备产业建设作深入交流。8月1日，中国南车党委副书记、纪委书记、工会主席陈大洋到公司和石家庄国祥运输设备有限公司调研指导党的群众路线教育实践活动。10月9日，石家庄市市长王亮、副市长郝竹山到南车石家庄产业园调研指导建设工作。10月24日，中国南车副总裁徐宗祥与中国南车投资管理公司总经理、党委书记赵蔚到公司调研指导工作。10月29日，中国南车总裁刘化龙到公司考察调研新能源汽车项目发展、新厂区建设和员工收入等情况。12月2日，石家庄市市长王亮到南车石家庄产业园调研指导工作。

【企业主要领导】

执行董事 总经理	赵维宗
副总经理	王合法（兼） 耿祥建　张建武 孙瑞林　陈伟京 王宏斌　唐绍明
总工程师	陈伟京（兼）
财务总监	唐绍明（兼）
党委书记	王合法
党委副书记	赵维宗（兼） 贾海林
纪委书记	贾海林（兼）
工会主席	贾海林（兼）
石家庄厂厂长	贾海林（兼）

（石家庄公司　供稿）

地　　址　河北省石家庄市车辆厂前街125号
邮　　编　050000
电　　话　0311-87637642
传　　真　0311-87023570
电子信箱　szgs@sjzclc.com

南车洛阳机车有限公司

（工商登记营业执照号：410300110053423）

执行董事、总经理　王官成

党委书记　高　亢

【概况】　2013 年末，公司在册员工总数 4739 人，其中在岗员工 4344 人；具有高级专业技术职称 120 人、中级职称 313 人、高级技师 194 人、中级技师 383 人。公司总占地面积 102.8 万平方米，建筑面积 26.8 万平方米，拥有各类设备 5068 台（套），固定资产净值 3.15 亿元。公司运营架构为总、分模式，总部设置 11 个职能部门，下辖洛阳分部、襄阳分公司和 1 个全资子公司（河洛星公司）、1 个参股子公司（洛阳南车城轨公司）。公司全年完成机车检修 719 台，稳居全路机车检修行业第一位，其中既有机车 403 台、和谐型机车 316 台。完成时代宝工配套构架 257 台（套）、金鹰配套转向架 133 台（套）、轮对检修 1847 对。全年实现销售收入 23.01 亿元，同比增长 25.2%；净利润 5008 万元，同比增长 18.9%。

【市场营销】　持续拓展三大基本业务。在既有机车检修方面，策划实施副总经理级领导“2+1”营销辅助机制，公司高管副职全年共走访 43 个局段、8 个地方铁路客户，带回《机务段走访记录》27 份、客户意见 196 项；针对“三多”（在保机车多、客运机车多、机破临修多）局段客户采取专项服务举措，同时制定双节、两会及春运、暑运的专项服务方案，强化售后服务工作。在年内两次国铁招标中，公司共承揽既有机车 324 台，市场占有率达到 25.6%。在和谐型机车检修方面，公司实现和谐型机车 3 个车型检修能力从技术平移、技术准备、试修验证到批量检修的快速提升，产量从上年 206 台节上升到 344 台节，并开拓太原、武汉等 9 个铁路局相关业务。在工程机械业务方面，公司高端轨道工程车业务实现由车辆分包商到联合供应商再到整车集成商三个阶段的升级跨越，顺利完成朔黄综合检测车、钢轨探伤车的交付，港铁钢轨探伤车进入制造阶段，并成功获得上海地铁检测车和探伤车订单。

【经营管理】　发挥与株机公司搭建的紧密型造修一体化联合体优势，进一步平移株机公司的工艺技术和管理经验，推动公司和谐型机车二年检业务快速发展。推进和谐型机车关键零部件专业化集中修基础上的属地化检修，西门子主逆变柜、宁波时代卫生间、南车电机主变压器以及 HXD1 型机车的转向架等关键零部件均实现属地化检修。完善公司总部职能设置和人员配置，强化运营管控和管理决策作用；持续优化“洛电襄内”产品布局，使洛襄两地内燃机车产量比由 2010 年的 2:1 调整到本年的 2:3，襄阳分公司内燃机车检修产量首次超过洛阳分部。巩固分公司成本中心管控模式，实施三层经营计划和三级精益预算。搭建公司 ESC 战略三角和目标架构，选取 92 个关键目标项点，形成三级目标体系。

【科技创新】 主导修订《HXD1 型电力机车二年检检修规程（含第二个二年检内容）》，并完成 HXD1 型机车第二个二年检所必需的技术文件编制，全年共完成 HXD1 型第二个二年检机车 28 台。推进 HXD1B/C 型机车转向架属地修工作，完成首台 HXD1C-0012 机车二年检转向架属地化检修。完成 DF_{10D} 型大中修机车试修和 109Z、109B1 型牵引电动机大修以及 SS_{3B}、$DF_{7A/B}$、DF_{5C} 等型机车和 DF_{21} 轮对改造的技术筹备工作。下发《技术项目工资管理办法》，规范科技项目管理。识别和收集港铁项目标书涉及的技术标准，形成技术标准明细表，同时启动国外技术标准采标分析工作。全年申报专利 65 项，获政府专利资助 6 万元，专利费用减免 8 万元。

【生产运营】 策划开展“端到端”项目管理，将原有机车检修管控流程上下延伸，最大限度满足客户需求。继续推进既有机车“1-21-2”工程与和谐机车“1-12-5-2”工程。策划实施机车检修全循环周期管控，通过强化机车均衡入厂和及时开工管理、加强机车检修过程的管控、压缩试运周期并提前与用户做好沟通协调等措施，切实缩短检修停时和工期。打造机车总成及转向架总成精益线，实现和谐机车以及转向架解体检修与总成的分离。搭建完成物料配送体系，实施现场“三定”管理，建立生产车间“三零”管理看板，制定《“三零”考核管理办法》，实行“三零”二级管理。完善安全管理体系，落实安全生产责任制，圆满实现安全“三零”目标。

【基建与技改】 年内完成固定资产投资 12160 万元。推进和谐型电力机车检修基地建设项目，修改后的和谐基地项目初步设计获得中国南车批复。完成和谐基地第一期工程建设，累计完工面积 2.6 万平方米，其中转向架总成厂房、电机联合厂房已交付使用，电子装置厂房完工进入内装饰阶段，新建东区新大门和值班室，改造及新建厂区道路约 1860 米。和谐基地二期已完成建设网络图编制，先后完成热处理厂房、博泰电机搬迁。按计划完成北一、北二厂房拆除工程及解体厂房公开招标等，已开始施工。完成分部污水处理站招标，制定分公司优化曲轴磨床改造方案，襄阳机车厂大学生公寓楼项目获中国南车批复。

【人力资源管理】 针对公司高、中及基层管理团队分别策划实施素质与结构的优化。组织领导班子副职竞聘，补充 3 名高层管理者，公司领导班子配置 11 名成员。与中人网合作，策划实施领导力梯队发展（LDP/MDP）项目，选拔公司中高层后备人才队伍，并开展个人能力与领导力课程的专项培训。实施专业口中层管理者持证上岗制度，组织质量工程师、注册安全工程师、IRIS 体系认证考试，有 41 人获得质量工程师资质，8 人通过注册安全工程师考试，42 人通过 IRIS 质量内审员考试。组织实施“春雨行动”项目，促进大学毕业生快速成长。优化业绩评价与考核体系，制定公司副总经理级领导年薪比例模式，实施中层管理者“两力”（领导力和执行力）季度测评，开展“高标准、严要求、零容忍”专项考核，推动各级管理者从“人人说管理”向“人人抓管理”转变。强化技术人员培训，先后组织“标准和专利知识培训”“从技术走向管理高级实务”“质量管理体系国家注册审核员培训”“国家注册质量工程师考前培训”和“EN15085 系列标准培训”，41 人取得国家注册质量工程师资格，66 人获得 IRIS 体系内审员资格，33 人通过国家 ISO9001 注册审核员考试。

【质量管理】 组织策划机车大修质量提升年活动和机车源头质量安全大检查及走行部专项检查活动，并以专项活动为契机，持续夯实质量基础管理，确保产品质量基本稳定，在铁路总公司 2013 年度第二次机车大修质量评价中获得了第 1 名。按照“端对端”项目管控理念，实施机车入厂前的技术对接和机车回段后的零公里整备；细化零公里整备考核评价机制，强化车间技术副主任的职责履行和作用发挥。组织策划“百台整备零反馈，综合评价双第一”活动，实现 101 台和谐型机车整备零反馈。强化供应商管控，以和谐型机车部件供应商为切入点，实施过程兼修、首件鉴定等工作，建立供应商交办工作机制。进一步优化公司质量管理职能，在分部、分公司周质量例会基础上，建立公司级质量例会和工艺例会平台，开展月度质量信息的统计分析，强化日常质量管理。积极推进 QC 质量管理活动，完善 QC 日常管理工作机制，有 5 项 QC 项目被中国南车发布，其中洛阳分部的 HXD1 型机车整体轮对压装推荐铁路总公司发布。不断完善质量管理体系，顺利通过 IRIS 贯标认证。

【企业文化建设】 开展以“价值创造”为主题的 ACCS 行动学习活动，建立 ACCS 行动学习常态化机制。公司《创建 ACCS，实现组织智商与绩效双倍增》管理创新项目获中国南车管理创新成果一等奖。修订下发《企业文化建设管理制度》《品牌危机管理办法》。提炼并形成公司企业愿景、企业使命等文化核心理念。以庆祝公司整合发展五周年为契机，组织开展公司企业文化故事征集、“南车之歌”征集活动，编发《五年•追梦的脚步》一书，策划与编制《回眸 2012》画册，充实公司的企业展室、史料实物库。

【党群工作】 以为民务实清廉为主要内容，以贯彻落实中央“八项规定”为切入点，以解决“四风”方面员工群众反映强烈的突出问题为着力点，扎实开展党的群众路线教育实践活动。坚持中心组学习制度，重点学习“工程机械技术与市场”“再制造工程及其前景”等专题内容。开展中层管理者“深化落实年”活动，促使各级领导团队“守土有责，守土负责，守土尽责”。按照管理提升活动要求，扎实推进党建管理提升，深化精益党建，夯实党建工作基础。以“品牌党支部”创建活动为载体，激发基层党组织的工作活力和战斗力。在全体党员中开展“七一献礼双过半”专题活动、“决战四季度、献礼五周年、再创新成绩”专项活动以及“双培养”等活动，引导广大共产党员立足岗位当先锋、做表率，发挥党员先锋模范作用。围绕牡丹奖评选、创先争优、争做巾帼明星等活动，广泛宣传和弘扬榜样的力量，营造学先进、赶先进、争做先锋的积极氛围。坚持以党内监督活动为切入点，充分发挥纪检监察作用，进一步增强党员干部拒腐防变能力。深入推进企业民主政治建设，维护员工民主权益，实行厂务公开，拓宽员工参政维权途径。开展“建功立业创佳绩，做强做优创一流”主题活动和“三保一比”劳动竞赛活动。

【襄阳分公司】 年末，有员工 1622 人；有各类设备 1670 台（套），固定资产 2.23 亿元，资产总额 4.95 亿元。全年完成机车检修 242 台，机辆轮对修制 1304 条，工程机械业务收入 1.27 亿元，其中 JW-4 整车组装 47 台、转向架组装 153 台、主车架制造 68 台、铁路架线钢柱680根、金鹰轮对修造76条。实现营业收入6.32亿元，同比增长6.5%。

按照IRIS文件要求，编制项目策划书和检修工艺文件。完成东风10D型机车大中修及109Z、109B1型牵引电动机大修和越南铁路起重机吊臂平车研制等开发工作。加强现场工艺纪律检查，制定整改措施，新编检修工艺规程216份，编制作业指导书304份，下发工艺更改通知83份。落实厂验质量共同文件，执行质量风险预警制度，与厂验联合开展机车走行部质量安全大检查工作。开展“提高检修质量，压缩检修停时，提升客户满意”活动及专项服务和质量走访，加强售后服务管理。创新成本管理模式，建立以部室纵向与车间横向管理体系。从目标、过程控制、措施落实等全方位参与成本管控。优化精益管理体系，推行工位制节拍化生产。启动QDCS-“1144”管控项目，通过一台车、一张表、四项指标、四个报告的形式，实施单台机车质量、周期、成本、安全指标销号管理。融入“1-21-2”工程、精益成本、安全工位等专业管理，形成以结果为导向的“单台车报告”管控模式，优化机车质量、周期、成本、安全四项核心指标。

【重要纪事】 1月11日，公司召开干部大会，竞聘高管副职。1月26日，公司召开2013年度工作会议暨一届五次职代会。4月，公司获河南省厂务公开民主管理示范单位称号。4月13日，公司召开第二届“牡丹奖”颁奖礼暨一季度经营活动分析会、科技大会暨领导力梯队及绩效管理体系建设项目启动会。4月28日，公司获“2012年洛阳经济突出贡献企业”称号。5月8日，公司通过IRIS审核认证。6月29日，公司召开纪念建党92周年暨创先争优表彰大会。7月19日，公司召开党的群众路线教育实践活动动员启动大会。7月19日，公司召开上半年经营活动分析会暨一届六次职代会。8月7日，国家铁路局副局长陈兰华到公司督察“安全大检查”活动。8月8日，“2013年第二次铁路机车大修合同签订会”在襄阳分公司召开。10月17日，公司领导班子召开党的群众路线教育实践活动专题民主生活会。10月31日，公司通过国家一级安全生产标准化复评。11月22日，公司召开党的群众路线教育实践活动公司领导班子专题民主生活会情况通报会。

【企业主要领导】

执行董事 总经理	王宫成
副总经理	高　亢（兼） 黄建东　王　淼 李　涛　杜志品 陈东平　谢永才 秦　远　滕南春
财务总监	滕南春（兼）
总工程师	谢永才（兼）
党委书记	高　亢
党委副书记	王宫成（兼） 王永和
纪委书记	王永和（兼）
工会主席	王永和（兼）
洛阳厂厂长	王永和（兼）
襄阳厂厂长	占德海（兼）

（洛阳公司　供稿）

地　　址　河南省洛阳市启明东路2号
邮　　编　471002
电　　话　0379－62635310
传　　真　0379－63570296
网　　址　http://www.lylw.com
电子信箱　bgsh@lylw.com.cn

南车戚墅堰机车有限公司

（工商登记营业执照号：320400000004096）

执行董事　王洪年

总经理　姚国胜

党委书记　邹哲贤

【概况】 2013年末，公司有员工5365人，其中具有高级专业技术职称177人、中级技术职称429人，高级技师82人、中级技师242人。公司占地面积97.715万平方米，建筑面积40.88万平方米，各类设备4706台（套），固定资产原值167793万元，净值100691万元。年内，公司加快产品结构调整，推动转型发展，培育新产业，积极进入电力机车、城轨车辆新造企业行列。加速新产品研发，巩固内燃机车龙头地位。全年完成各型内燃机车新造87台，修理各型内燃机车347台。实现营业收入42.2亿元，净利润4647万元，全面完成中国南车下达的经营指标。

【经营管理】 加强产品成本管控，对修理机车、出口机车及机车配件等影响公司成本的主要因素进行专项调研，做好HXN5型机车新造成本对标，查找降本增效途径，实现降本增效。积极实施税收筹划，充分利用和享受税收优惠政策，降低企业税务成本。加强内部价格管理，做好HXN5型机车两年检、双司机室HXN5型机车新造、东风7G型机车修理成本写实工作，严格审核产品计划价格，确保内部价格规范，为产品定价做好基础工作。落实资产经营责任制，分解资产经营责任制指标，把收入和成本费用指标细化分解到职能部门和生产单位，提高资产运行效率，控制内部成本费用。开展资金精准化管理，提高资金使用效率，适度控制贷款规模，最大限度降低企业运营成本。

调整公司产品结构，成功进入电力机车、城轨车辆新造企业行列。完成首批两台HXD1C型电力机车样车试制；城轨车辆项目获得中国南车批复后，全力推进城轨车辆项目实施，做好常州城市低地板示范线总包和城轨车辆制造基地项目推进工作。大力发展专有技术延伸产业，在柴油机、铁路工程机械等方面取得突破性进展，协同开展自行式焊轨车、探伤车、桥梁检查车研制，拓展产业应用领域，做大做强发动机产业。强化工艺管理，完善工艺体制和流程，打造公司“大工艺”格局。完善质量管理体系，提升质量管控能力，加大产品质量问题整改力度。

完善创新体系，建立健全重大科技项目过程管控机制，做好省部级和中国南车级重要科技项目过程管控和结题验收。强化战略思维，对兼并重组项目进行全面、充分评估和论证，规避投资风险，提高投资效益。持续增强产品差异化竞争优势，加速柴油机多元化产业拓展。加快培育低成本运营能力，进一步控制和压缩各项成本费用。关注资产结构变化，千方百计回收应收账款。强化质量管控，有效提升产品美誉度和市场生命力。

开展经济活动分析，按月将问题原因和改进措施在公司 OA 系统中发布。针对生产经营活动中存在的重点问题及难点展开专题分析，召开公司级经济活动分析会，确保公司生产经营活动顺利开展。加强“工效挂钩考核办法”“部室绩效考核办法”的 KPI 指标考核，确保指标计划严肃、有效，提高指标完成率。

全年修订清理规章制度 172 项，有序推进管理表单化。持续推进精益生产，抓好 CTPM 现场管理改善。进一步完善 ERP 系统，抓好三维工程化应用项目、门户系统、EAS 接口平台、业务数据表单化平台、销售管理系统、供应商管理信息系统建设，提升公司信息化平台。公司通过国家安全生产标准化一级企业延期评审。审计和风险管控、法律事务力度不断加大，为推进公司健康发展提供保障，公司获“江苏省依法管理诚信经营先进单位”称号。

【市场营销】 国铁市场，年内获 50 台 HXN5 型内燃机车新造订单；中标大修机车占铁道部投放总数的 17.2%，与上年基本持平。拓展淮南矿业等 6 家路外市场新客户，获得新造机车订单 14 台、各类修理机车订单 36 台。做好机体、轮对等高附加值大部件订单落实工作，订单数量同比增加 198%。新签康菱 2 台柴油机及其辅助系统、工程机械焊轨车 2 台合同。海外市场，签订出口泰国 20 台交流传动内燃机车、4 台尼日利亚动车和 4 台坦赞铁路机车合同，机车配件出口逐年增加；参加南非 465 台交流机车、阿根廷 100 台机车项目等 14 个项目投标工作，完成 24 台出口阿根廷内燃机车和 6 台坦赞机车交车工作；建立 10 个国内售后服务站，4 个海外售后服务点。

【科技创新】 加速新产品研发，全力巩固内燃机车龙头地位，增强公司影响力、竞争力。推进出口澳大利亚内燃机车、伊朗小限界 STG 机车、尼日利亚动车研制工作，已完成出口尼日利亚机车制造和出口澳大利亚机车组装；启动出口泰国内燃机车设计和出口沙特内燃机车设计工艺改进工作，完成 3000 马力 R8280ZJ 型柴油机施工设计。做好中国南车仿真公共服务平台推广应用工作，不断完善制造技术平台和建设基于 PDM 系统的设计、工艺一体化管理平台，切实提升公司工艺设计和管理水平。建成 6000 马力产品技术平台；HXN5 型双司机室内燃机车完成运用考核并通过铁路总公司技术审查，实现批量生产；构建 4000 马力产品技术平台；加快调车机车、客运机车和货运机车研制步伐。抓好 R12V280ZJ 型柴油机降低排放和新一代低排放低油耗柴油机研发，并根据国内外市场潜在需要，开展 R8L280 柴油机研制。

进一步提升公司三大技术平台建设水平，持续优化设计技术平台，全面建成机车试验验证中心并投入有效运行。做好中国南车仿真公共服务平台推广应用工作，完成机车冷却水循环系统流体仿真模板和机车转向架构架疲劳仿真模板开发。推进二次开发，在 PDM 系统实现主产品全三维设计。完善制造技术平台，建立设计、工艺一体化 PDM 管理平台，切实提升公司工艺设计和管理水平。公司 5 个科研项目获中国铁路总公司立项，18 个项目获中国南车立项，1 个项目获常州市立项。GEVO16 曲轴国产化研制、出口沙特 SDD17 型内燃机车研制分获常州市科技进步二、三等奖。

夯实科技创新基础，持续完善创新体系。进一步加强科技项目管理，建立健全重大科技项目过程管控机制，做好省部级和中国南车重要科技项目过程管控和结题验收。贯彻实施“十二五”后三年专利工作计划，加强专利管理能力建设、专利创造能力建设、专利运用能力建设、专利保护和风险评估能力建设，完善研发、专利一体化工作模式，建立从立项到结题验收全过程专利工作机制。全年申请专利172件，其中发明专利63件。实施“十二五”后三年技术标准化工作规划，抓好3项国际标准制定，开展电力机车、新产业和海外市场标准体系研究。

加快推进知识工程建设，实施《知识工程管理办法》，探索建立实用性强、覆盖面广的知识工程体系，实现知识有效共享。《出口沙特 SDD17 型内燃机车研制》《中国南车17项工艺管理标准》《GEVO16 曲轴国产化研制》《出口几内亚 SDD16 型内燃机车研制》等4项科技成果获得中国南车科学技术奖。

【基建与技改】 完成机车试验验证中心转向架参数台、机车滚动试验台调试和验收，并交付运用。新建完成轮对驱动轴承压装间；轴向轴承压装间和电机轴承压装间尚在施工中。做好电力机车和城轨车辆平台建设各项工作，完成电力机车项目技改投资 5800 万元。年内，完成机械动力设备购置 68 项 95 台，设备安装调试并投产 91 项 135 台。三维工程化项目完成设计软件、计算机工作站、存储设备等招标采购。新建房屋建筑面积 615 平方米。

【人力资源管理】 新培养高级技师 9 名、技师 25 名，高级工以上高技能人才占公司技能操作人员比例达到 51.11%。增选和推荐江苏省第四期“333 高层次人才培养工程”第三层次培养对象 4 人。选送优秀技能人才参加江苏省第二届技能状元大赛常州市选拔赛，4 个工种 12 人参加选拔竞赛。加快人才培养和职业发展步伐，提升高端人才队伍的国际化程度，推动“国际人才本土化，本土人才国际化”进程。年内，申报“全国技术能手”1 人、“国家级技能大师工作室”1 人、“江苏省技能大师工作室”1 人、“常州市技能大师工作室”1 人、“江苏省中青年专家”1 人、“江苏省 333 工程培养对象”1 人、“江苏省企业首席技师”2 人、“常州市企业首席技师”3 人，公司通过江苏省高技能人才培养示范基地复评复审工作。与高校继续联合培养在职研究生，年内考取上海交通大学工程硕士 10 人、大连理工项目管理工程硕士 8 人、南京理工大学 MBA（工商管理硕士）19 人。开展 4 期国际焊工取证考试，累计取得国际焊工证书 160 张。

【质量管理】 完善质量管理体系，提升质量管控能力。修订 IRIS 等体系质量手册和程序文件，解决质量管理中“两张皮”问题。针对铁路产品行政许可、第三方认证、产品质量缺陷召回等，建立质量安全风险管理机制。通过公司管理提升和精益管理工作，完善标准化售后体系，提高质量管控能力。继续推广“达标工位”建设，筑牢质量风险防控大堤。加大产品质量问题整改力度，结合 HXN5 型内燃机车二年检工作，快速系统解决机车质量问题。开展大修机车质量提升年活动，进一步控制修理机车在厂停时和零公里质量问题，扭转大修机车质量滑坡局面。年内下达内部考核质量指标 158 项，实际完成 135 项，较上年同期下降 15.15 个百分点。厂外质量反映较上年同期上升 11.52%。

【企业文化建设】 加强文化理念培育，不断深化“道德讲堂”建设工作，使“道德讲堂”成为提升员工素质、践行核心价值的企业文化“高地”，使其成为公司企业文化建设的一张靓丽“名片”。挖掘公司百年文化，对公司1898年建厂的史料进行深入考证，考证结果得到中国南车和中国铁路总公司的认同。加强精益文化建设，以精益车间打造等为载体，促进员工树立精益制造理念，养成精益制造习惯，真正把精益做成一种文化。加强品牌建设，全面推广中国南车员工日常行为规范和品牌关键接触点岗位行为规范，重点建设标准化售后服务站，推进中国南车行为识别系统在公司落地。加强品牌对外传播，参加主题展览展会，策划公关活动，加大对外宣传，塑造企业良好形象，促进产品销售和市场拓展。加强文明创建，开展不文明、不规范行为查找等活动，不断提升员工文明素质和单位文明水平。

【党群工作】 党委深入贯彻落实公司第二次党代会精神，按照“融入中心抓党建、凝心聚力促发展”的工作思路，围绕“调结构、稳增长、保发展”这一主线，加强和改进党建、企业文化和思想政治等工作，努力将党组织的思想政治优势转化为企业的竞争优势和发展优势，为实现公司改革发展新目标提供思想保证、政治保证和组织保证。加强思想政治建设，把学习好、宣传好、贯彻好党的十八大精神作为首要政治任务，切实把广大员工的思想统一到十八大精神上来，把行动统一到重大决策部署上来，把智慧和力量凝聚到落实各项目标任务上来，为实现公司改革发展新目标提供政治引领和思想保证。强化班子和队伍建设，以“职业化、专业化、绩效化、全球化”为引领，构建战略性领导力开发体系；优化领导班子和领导人员管理，推进领导班子建设和管理工作科学化。加强和改进党建工作，不断完善党组织参与重大问题决策与公司法人治理决策等机制。创新党建工作，通过党员责任区、党员先锋岗、党员攻关键等载体，把建设高素质的企业经营队伍、人才队伍、党员队伍和员工队伍贯穿党组织活动始终。提升党员素质，推行党员岗位承诺制，建立目标明确、管理严格、奖惩分明、操作规范的承诺机制，发挥党员先锋模范作用。加强文化和宣传工作，为公司实现改革发展新目标提供舆论支持。

扎实推进廉政建设，筑牢廉洁从业思想防线。重点抓好中高层管理人员和关键岗位人员正确政绩观、高尚生活观和合法利益观的教育，继续开展“四个一”教育活动，增强廉洁从业的自觉性和坚定性。完善惩治和预防腐败体系，逐步建立动态监控、实时预警、定期分析的廉洁风险防控体系，提高企业拒腐防变的能力。继续深化与地方检察机关预防职务犯罪的“企检共建”工作机制，形成惩治腐败的强大合力。健全和完善效能监察领导体制和保障机制，发挥部门专业优势，促进效能监察规范化。坚持“三重一大”决策程序，加强重要工作环节的监察监督。

公司工会通过抓重点分类指导、“三保”活动竞赛得分排序、工会常委责任包保等举措，推进“建功立业创佳绩，做强做优奔一流”和“三保”活动的开展。开展“建功立业创佳绩、齐心协力保目标”、电力机车新造和EN15085体系国际焊工技能培训考试取证等劳动竞赛及群众性经济技术创新活动；组织劳模先进和岗位技能带头人开展技术讲座与操作演示等活动，共组织岗位练兵58场次、技术交流321场次、操作示范表演78场次，组织65名岗位技能带头人开展名师带徒活动，与69名员工签订推广应用先进操作法责任书。制定新一轮“安康杯”竞赛活动计划和目标，公司再次获得全国“安康杯”竞赛优胜企业。按照建设“双效南车”新要求，制定25项工会工作目标管理项目，提升工会工作目标管理水平，公司工会获中国南车“工会工作红旗单位”称号。修订2013版《公司职工代表大会实施办法》《公司厂务公开控制程序》《送温暖活动管理办法》，不断推进企业民主管理，保障员工权益，公司被评为全国厂务公开民主管理先进单位。

公司团委以加强思想引领、深化创先争优、夯实基础工作为重点，切实增强团组织活力、凝聚力和战斗力，团结带领广大团员青年在学技对标、岗位立功、突击奉献等方面展示新作为。建立培养、举荐青年人才有效机制，激励广大团员青年在生产经营工作中建功立业。1 名团员获团中央表彰，29 个集体和个人获团省委、团市委表彰，公司团委荣获江苏省十大“五四红旗团委标兵”。

【常州南车通用电气柴油机有限公司】 常州南车通用电气柴油机有限公司是2010年4月由戚墅堰公司和通用电气（中国）有限公司合资建立，主要从事大功率牵引柴油发动机及其配件的生产、组装、加工、修理等业务，2013 年底公司资产总额达 22072.18 万元。年内，新造动力组 1013 台、修理动力组 1158 台；新造增压器 115 台、修理增压器 35 台。全年实现销售收入 15105.19 万元，税前利润 58.81 万元。

【常州南车轨道交通车辆有限公司】 2月1日，中国南车与常州市政府签署城市轨道交通车辆项目合作协议，戚墅堰公司联合浦镇公司成立常州南车轨道交通车辆有限公司，合力推进城轨车辆基地建设。7月5日，该公司挂牌成立。9月27日，其制造基地开工建设。年内完成地质勘探、环评报告，取得建设用地规划许可证、国有土地使用权证，并完成设计招标、初步设计和施工图设计、一期1号地块146亩购买等相关工作。

【出口澳大利亚机车】 公司 2011 年通过竞标获得澳大利亚太平洋国家公司 5 台窄轨交流传动内燃机车订单。该机车开发难度大，是当今世界上功率最大、外形最小、轴重最轻的窄轨交流传动机车，集成了欧洲、北美洲、澳洲等国际供应商的产品特点，在牵引性能、排放性能、噪音指标和电磁兼容方面处于世界先进水平。年内，完成 5 台样车试制，待发运澳大利亚。

【出口伊朗小限界 STG 机车】 公司 2011 年与伊朗 STG 公司签订 4000 马力小限界机车技术规范，2012 年 3 月完成机车图纸设计与文件编制。机车设计满足了 UIC505 限界要求，并针对中东地区特殊环境和气候条件，在机车防风沙方面进行强化，采用模块化设计便于机车组装及维修。机车已完成相关试验，即将运往伊朗。

【HXD1C 型（7200kW 六轴）电力机车】 该项目通过平移株机公司整车制造技术，与株机公司共享产品研发、制造工艺平台、采购物流平台、客户服务平台。2 月，项目正式启动；11 月 13 日，两台样车实现厂内交车；11 月 18 日，两台样车到北京环形铁道进行型式试验。整车型式试验项目全面完成后，公司即可向国家铁路局申请生产资质，获取电力机车制造许可证。

【自行式焊轨车】 年内，公司获得两台自行式焊轨车订单，分别供北京地铁和上海地铁使用。6 月启动北京地铁自行式焊轨车研制，12 月完成样车试制。供上海地铁用的自行式焊轨车，是在北京地铁自行式焊轨车基础上于 9 月启动，10 月底完成技术设计，12 月底完成施工设计。

【出口柴油机发动机组】 该产品是公司为满足大型能源、工矿等企业需求而开发的应急机组，已在国内造纸、核电等行业小批量运用，并已小批量出口伊朗、巴基斯坦、东南亚等国家和地区，运用情况良好，受到用户好评。年内完成 9 台出口伊朗柴油发电机组生产。

【机车试验验证中心】 2013 年建成投用，建筑面积 3877 平方米，主要有机车滚动试验台、车体静强度试验、曲线模拟试验台、转向架参数试验台、多轨距综合称重试验台等装备。先后完成出口阿根廷 SDD7 型内燃机车、出口伊朗小限界 STG 机车、HXN5B 型交流传动调车机车、双司机室 HXN5 型交流传动机车、出口澳大利亚 PN 公司 SDA2 型交流传动机车、四方有限公司出口伊拉克 DMU 动车等产品综合性能试验，以及部分机车称重试验、小曲线试验及车架静强度试验和模态试验。

【HXN5B 型调车机车】 公司开发的 HXN5B 型 4400 马力交流传动调车内燃机车，年内完成机车牵引试验、动力学试验、低温试验、高温试验在内的型式试验，并按照铁路总公司要求完成青藏高原应用研究试验，性能优良。两台样车分别在上海南翔段、西安新丰镇机务段进行运用考核，运用情况良好。7 月 31 日，HXN5B 型机车顺利通过由铁科院、部质检中心、哈尔滨铁路局、沈阳铁路局、乌鲁木齐铁路局、大连机车公司、资阳机车公司及株洲、大连、大同、常州机车车辆验收室等组成的专家组进行的铁路总公司技术审查。

【重要纪事】 2 月 1 日，中国南车与常州市政府签署城市轨道交通车辆项目合作协议。2 月 17 日，公司获全国首批“中央企业企业文化示范单位”称号。3 月 8 日，公司与株机公司签订 HXD1C 型（7200 kW 六轴）电力机车技术平移协议。5 月 17～18 日，美国 AAR 审核组对公司 M-1003 质量保证体系进行年审，确认公司 M-1003 质量体系运行正常有效，建议 AAR 总部继续颁发公司 AAR M-1003 质量保证体系证书。6 月 20 日，公司召开北京地铁焊轨车项目启动会，正式进军工程机械领域。6 月 25 日，公司中标泰国 20 台交流传动内燃机车项目。7 月 14 日，公司检测、校准实验室通过中国合格评定国家认可委员会监督评审。7 月 19 日，公司启动出口泰国 20 台内燃机车项目。7 月 31 日，HXN5B 型机车通过铁总技术审查。8 月 24 日，公司举行 HXD1C 型电力机车落车仪式，标志着公司电力机车项目取得阶段性成果。9 月 27 日，常州南车轨道交通车辆有限公司制造基地举行开工仪式。10 月 25 日，公司首台 HXD1C 型电力机车整车通过评审，发运铁科院进行型式试验。12 月 7 日，公司完成 50 台双司机室 HXN5 型内燃机车新造。

【企业主要领导】

执行董事　王洪年
总经理　姚国胜
副总经理　徐　俊　秦　辉
　王卫平　徐世保
　沈永平
　邹哲贤（兼，1 月任）
　罗玉红（4 月任）
　许人华　李　扬
　张力强（4 月免）
总工程师　许人华（兼）
财务总监　张力强（兼，4 月免）
　罗玉红（兼，4 月任）
总工艺师　李　扬（兼）

党委书记　王洪年（1 月免）
　邹哲贤（1 月任）
党委副书记　王洪年（兼，1 月任）
　姚国胜（兼）
　史小余　刘春阳
纪委书记　刘春阳（兼）
工会主席　刘春阳（兼）

戚墅堰厂厂长　史小余

（戚墅堰公司　供稿）

地　址　江苏省常州市戚墅堰延陵东路 358 号
邮　编　213011
电　话　0519-85060114
传　真　0519-88770358
电子信箱　qs@qscn.sina.ne

中国南车集团投资管理公司

（工商登记营业执照号：110000005012255）

总经理　赵　蔚

【概况】　公司是南车集团公司的全资子公司，主营业务有股权投资管理、资产运营管理、物业管理，兼营市场经贸活动。2013年组织架构设有综合管理部、财务部、物业管理部、资产管理部、投资管理部等五个职能部门，下属子公司有海南鑫源置业发展有限公司、泰安傲徕峰山庄有限公司。9月5日，公司注册资本变更为57955万元。年末资产总额18.35亿，公司总部及下属子公司从业人员平均人数为237人。年内，公司创新资本运营思路，加强内控制度建设，不断提高物业服务质量和管理水平，全力管理和经营好国有资产。全年实现销售收入4985万元、利润449万元。

【资产状况】　公司有两家控股子公司，持股情况是：持有泰山傲徕峰山庄有限公司100%股权，持有海南鑫源置业发展有限公司70%股权。

公司参股公司有6家：北京南车创业投资有限公司（持有50%股权）、时代新材股份有限公司（持有9.98%股权）、中国南车股份（持有0.67%股权）、北京诺安舟缓降机械装置有限公司（持有20%股权）、航天精工（持有9.929%股权）、中信重工（持有0.73%股权）。

公司两处权属物业：中车大厦（位于北京市海淀区羊坊店路11号）和白纸坊楼（位于北京市西城区白纸坊西街10号），2009年起同期处于出租状态，租期均为10年。

公司物业管理项目为中国南车大厦（北京市海淀区西四环中路16号院5号楼），总面积20664.84平方米。

【投资工作】　年内，依靠投资公司、南车华盛基金、南车创投的三个投资平台，加强项目信息收集，积极推进股权项目投资，资本运作市场化、专业化的股权投资取得实质性进展，完成北交信通、康平玻璃、纳优科技、利德测控、南车汉格、四机轻金属等投资项目立项；实施股权投资项目2个，完成投资金额5064万元，其中南车汉格项目投资金额3300万元，利德测控项目投资金额1764万元。

根据中国南车产融结合的要求，投资1500万元占比5%参股广州地铁小额贷款有限公司。在提供小额贷款金融服务的过程中，公司积累了投资、管理金融业务和探索商业模式的经验，为此后在南车集团产业相对聚集的地方如四方、株洲、浦镇等组建小额贷款公司、拓展新产业等打下基础。

积极拓展北京市科委、北京市投资促进局、西部证券、央企投资俱乐部等渠道，并通过平台建设推动投资业务开展和后续项目开发；建立信息化共享平台和项目库，采取项目专人跟踪办法，确保项目前期工作有序开展，为全面推进股权投资工作奠定基础。

【管理提升】 各专业管理提升小组高度重视诊断问题的解决，优先推进和落实“边诊边改”工作，所有 A 类问题 14 项全部整改完成。通过自我诊断，全面梳理公司现有业务，重点查找制度及流程执行的疏漏，修订公司对外业务法人代表授权制及合同办理内部审批流程，补充完善公司法律顾问对合同审核的履职流程，完成公司岗位设置、岗位职责、工作要求、岗位描述等，完成本部固定资产台账清点和无效、低效资产清理，整顿中车大厦一层面馆和白纸坊楼后院活动房经营、管理问题，加强考勤管理和员工统一着装等工作。以上举措使公司各项管理有序而规范。

9 月，邀请集团公司审计部对公司内部控制进行专项审计，对经营管理中存在的缺陷和问题进行梳理和分类汇总，共计 4 大项 15 点。针对审计结果，公司制定整改落实表并下发各部门进行整改，促使公司管理制度和工作流程不断优化，管理水平进一步提高。

【安全管理】 对所辖楼宇实行月度定期安全巡视检查，及时排查各类危险源，及时与业主、承租单位沟通并解决发现的安全隐患。汇编公司系统安全检查项点目录，修改完善应急预案，完善安全生产管理体系，做到有据可依。重大节日及国家重要会议期间，开展不定期安全生产大检查活动。完善资产监管体系，确保各项经营管理业务正常、有序开展。

【物业管理】 完善各项规章制度，修订南车办公楼《门禁卡使用办法》《疏导上访和处置突发事件的应急预案》《消防疏散逃生应急预案》《中国南车办公楼防雷击事故应急预案》等管理办法，并完善工程材料、工具领用、材料盘点等相关制度。与中国南车签订《中国南车总部餐饮服务监管委托书》，正式接管餐饮服务监督管理工作，并利用信息技术，加强餐饮管理。采取定期检查与抽查相结合的办法，对整栋办公楼及其设施设备进行全面检查和维修，确保大楼安全、设备设施良好运行。

【综合管理】 按照“公开民主、竞争上岗、择优聘用”原则，在核定的编制及公布的岗位范围内，开展全员竞聘，达到“岗位有调整、工资有升降、人员有进入”的目的。

全面深化预算管理，发挥预算在日常经营管理工作中的协调作用，落实应收账款责任制，严格控制人工成本，努力降低财务费用，确保公司整体运行可控。

经与多方沟通、协调，11 月终于取得中车大厦房产证，彻底解决了这个停滞近十年的历史遗留问题。

【党的群众路线教育实践活动】 按照“照镜子、正衣冠、洗洗澡、治治病”的总要求，公司扎实开展党的群众路线教育实践活动。成立开展党的群众路线教育实践活动领导小组及办公室，明确工作职责，制定活动具体实施方案。通过广泛征求意见，深刻查摆问题，为民主专题生活会做好准备。公司班子成员从落实八项规定、转变工作作风等方面的情况和问题着手，认真开展批评与自我批评，共确定五个整改方向、12 个整改目标、

28 个整改项目。对需整改的问题，下发整改措施表，公司领导带头整改，确保教育实践活动取得成效。

【党建工作】 根据集团公司党委批复，5 月成立公司党委，并由赵蔚、顾建勇、陈晓洁组成公司党委会，赵蔚任书记。加强基层党组织建设，组建两个党支部；下发党费收缴工作通知，明确公司党员范围、党费标准及收缴和管理规定；开展优秀党员评选表彰工作。按照“一把手负总责，各分管领导各负其责”的原则，下发《关于投资公司开展中央八项规定贯彻落实情况监督检查工作实施方案》，对负责人厉行节约和职务消费等方面进行具体规定，将厉行节约、反对铺张浪费落到实处，切实抓好党风廉政建设，落实八项规定，公司年内业务接待费发生 6 万元，同比降低 40%；公务用车发生 28 万元，同比降低 23%。

【海南鑫源置业发展有限公司】 年内，公司下属酒店——鑫源温泉大酒店继续实行承包经营管理模式。酒店对其人事部、客房部等部门实行工资包干制，其娱乐部实行内部承包经营，严格控制人工成本。投入 200 万元分别对 12、13 楼进行装饰翻新，对 25 楼冷却塔及 25、26 楼管网等设施进行大修改造，使酒店的硬件环境得到明显改善。全年营业收入完成 2372.82 万元，为年度计划的 96.85%；全年上交资金 750 万元。全年无重大安全事故，并顺利通过海南旅游局年度星级评定。

【泰安傲徕峰山庄】 对资产进行两次安全大检查，认真排查安全隐患，建章建制，有效监控承租人安全使用资产；多次制止周边单位越界侵占使用山庄地盘，保证资产的完整性；对承租方装修、改造施工进行全程监督与管理，制止并纠正餐厅楼被违章拆改；积极做好固定资产报废清理工作，按规定报废清理汽车一部；做好各项证件的年检工作，并及时地缴纳各项税金；配合律师胜诉一场租赁官司。

【企业主要领导】

总 经 理 赵 蔚

副总经理 顾建勇

（投资公司 供稿）

地 址 北京市海淀区西四环中路 16 号院 5 号楼 401 室

邮 编 100036

电 话 010-51862231

传 真 010-51862172

南车国际装备工程有限公司

（工商登记营业执照号：110000015886195）

执行董事、党委书记　沈家骏

总经理　李　瑾

【概况】　公司成立于2013年5月13日，是中国南车的全资子公司，注册资本6亿元人民币，其前身为中国南车国际贸易分公司。主要经营范围包括货物进出口、技术进出口、代理进出口、销售轨道交通装备和机械、铁路运输设备租赁、机械设备租赁、经济信息咨询、项目投资、工程勘察、工程设计、施工总承包。公司设立3个业务部门和2个职能部门，在海外设立南非公司和马来西亚公司，托管澳洲公司和南美公司，并着手筹建印度办事处、俄罗斯办事处和土耳其办事处。2013年末，有员工22名。年内业务收入以贸易收入和机车车辆代理收入为主，全年实现营业收入2.6亿元，净利润218.3万元。

公司是以中国南车的品牌、资质和资源为依托的经营主体和法人实体。在经营方面，是中国南车的一级子公司，独立开展经营业务，承担经营责任；在管理方面，代表中国南车总部统筹协调南车海外业务，培育资源，壮大能力；在业务发展方面，开展市场营销，从事宜由中国南车出面的海外业务；在对外关系方面，代表中国南车与客户、政府和相关企业、机构开展合作，是中国南车海外业务的窗口和国际化经营平台。

【市场开发】　组织全球铁路市场调研和市场细分，按季度更新市场分析报告，及时掌握市场最新动态。结合区域公司成立，实地开展项目调查，按细分的12个区域市场，综合分析市场需求、市场特征、环境特点、技术要求、供应商情况等内容，完成市场分析报告，制订符合区域市场需求和行之有效的市场营销策略，指导海外营销活动。组织召开南车新产业海外营销战略专题会议，加强新产业国际市场的分析与战略对策研究。

机车车辆板块，牵头组织投标项目共计21个，其中已投标项目15个、计划投/议标项目6个。加快高铁“走出去”进程，除继续推进美国高铁、泰国高铁、新马高铁以及老挝高铁项目外，积极关注并参与匈塞铁路、墨西哥高铁、澳大利亚高铁、英国高铁等项目。贸易及新产业板块，完成的项目有神华物资集“京铁八轴”车配件、日本FTC公司进口A板售电机公司D001项目，同时理清南车新产业的主要板块及产品，统一印制南车海外销售的样本资料，奠定营销推广工作基础。海外铁路工程方面，现场跟踪斯里兰卡科伦坡捷运项目、津巴布韦城际铁路及矿山铁路项目，并联合中铁二局和土耳其当地公司参与伊兹密尔有轨电车总包项目。

【运营管理】 夯实管理基础，建立健全有关制度，下发《财务核算管理制度》《员工薪酬管理办法》等27个专项管理制度和《经营计划管理办法》《公司规章制度管理办法》等16个综合管理制度。加强经营计划管理，实行经营计划动态监控，包括月度计划指标滚动情况、季度经营分析与调度、年度执行情况总结和重大经营活动事项专题报告等，并在年终对各业务部门和子公司全年经营活动和效果进行全方位考核、考评和评价、奖罚。强化全员成本意识，严控不合理开支，增强财务约束能力，全年除因业务拓展引起工资成本和差旅费用较上年有增加外，其他各项管理费用均明显降低。合理运用资金，并优化存款类别和期限，为公司创造经济收益。针对公司经营特点和海外子公司多的情况，规范一级子公司员工管理，并积极开展各级管理人员和业务人员招聘，满足业务发展需求；对营销人员实行工资与业绩挂钩的尝试，激励他们获取订单和创造效益。

【海外业务管理】 修订南车海外营销管理办法，引导子公司加大海外营销力度，建立海外业务目标管理体系，确保计划和预算全面实现。结合子公司海外核心业务的资质管理和目标市场分工情况，推进全区域全产品的海外市场营销。系统推进海外业务“独家支持”工作，制订相关制度文件，并成功协调孟加拉150辆客车项目、斯里兰卡EMU项目、土耳其伊兹密尔10辆轻轨车增购项目以及蒙古铁路辅轨设备项目。开展海外项目内部配套管理，理清海外项目内部配套情况，进一步提高内部配套率。与国资委、发改委、财政部、商务部、外交部、中财办、机电商会、总包商会、贸促会、口行、开行、中信保等相关单位保持密切沟通，及时提报相关资料、探讨项目合作和组织参与访问交流。

【海外市场营销】 加快海外战略布局，相继设立南车南非公司、南车马来西亚公司和南车巴西公司，并积极筹建南车俄罗斯、土耳其、印度办事处。全年累计完成36个机车车辆整车项目和多个铁路配件及延伸产业产品出口的签约，签约国别包括阿根廷、马来西亚、澳大利亚、哈萨克斯坦等国家或地区，出口签约产品主要包括35台电力机车、86台内燃机车、151列769辆电动车组、12列110辆内燃动车组、68列271辆地铁和轻轨车辆、220辆客车、1954辆货车和18辆地铁工程维护车，出口签约总金额为22.27亿美元，超额完成中国南车海外签约20亿美元年度目标。

中国南车各一级子公司加强合同履约管理和风险防范，全力保障重点项目的执行，年出口签约金额过亿美元的有四方股份公司、株机公司、四方有限公司、长江公司、资阳公司、浦镇公司6家一级子公司，占中国南车总签约金额的90%以上，其中四方股份出口签约占42%。全年中国南车实现出口销售收入53亿元。出口销售收入占总营业收入比例超过10%的一级子公司有长江公司、资阳公司、浦镇公司、眉山公司4家，其中长江公司达到22%。

【境外企业】 中国南车（澳洲）有限公司。2012年7月10日在澳大利亚悉尼注册成立，注册资金100万澳币，是由中国南车股份有限公司投资并完全控股的海外子公司。2013年末，公司有全职员工3人，其中澳大利亚当地员工1名，中国派驻员工2名。年内，主要是根据中国南车和南车国际公司的国际化经营指导方针和年度经营计划积极拓展澳洲市场。作为中国南车在大洋洲的对内对外窗口，公司主动与澳大利亚联邦及地方政府、行业企业协会以及中国在澳总商会积极沟通交流，同时全力配合中国南车各子公司赴澳开展业务。全年公司实现收入1988278.2元，实现盈利2300.58元。

中国南车（南非）有限公司。2013年3月26日在南非成立，注册资金100万美元，由南车国际公司投资组建。主营业务包括货物进出口；技术进出口；代理进出口；销售轨道交通设备、机械；铁路运输设备租赁；机械设备租赁；经济信息咨询；项目投资。年末，公司有员工2人，无外籍员工。年内，切实履行股份公司赋予的职责，初步建立统一的管理平台和对外窗口，统筹协调和管理中国南车在南部非洲的业务。组织市场调研和信息收集工作，进一步完善销售网络，积极开展市场营销和公司经营业务。加强客户关系维护和政府关系疏通，强化中国南车（CSR）品牌宣传，奠定公司经营良性发展的基础。把握市场信息，积极参与多个项目的投标，投标产品包括内燃机车、电力机车、货车摇枕侧架、货车车轴、货车车钩、空气制动阀、电焊丝等方面。

中国南车（马来西亚）有限公司。2013年7月26日在马来西亚首都吉隆坡完成注册并领取营业执照，注册资金100万美元，由南车国际公司投资组建。主营业务包括货物进出口；技术进出口；代理进出口；销售轨道交通设备、机械；铁路运输设备租赁；机械设备租赁；经济信息咨询；项目投资。年末，公司有员工2人，其中外籍员工1人。年内，完成东南亚区域的铁路市场调研，明确各国干线铁路对机车车辆的潜在需求，掌握该区域中心城市的轨道交通规划，提出实现南车十二五海外业务目标的营销策略和建议。组织协调马来西亚国铁30台内燃机车的15年租赁和维保项目的投标，并参与马来西亚—新加坡高铁项目、马来西亚机场线项目、马来西亚MRT 2号线和3号线项目、印尼运煤专线项目、泰国高铁以及货车项目等多个项目。

中国南车（巴西）有限公司。公司筹备组建事宜由四方股份公司前期筹备。2013年10月，根据南车股份战略［2013］332号文件要求，南车国际公司对巴西公司进行托管。但最终注资和注册成立需待代理合同确认后在2014年2月实现最终注册。巴西公司自托管后，对南美区域的几个主要项目进行了跟踪。主要包括：秘鲁阿雷基帕单轨车项目，巴西圣保罗1、2、3号线增购项目，巴西圣保罗6号线项目，秘鲁利马2、4号线项目，巴西Curiciba轨道交通项目。以2013年11月中巴企业家论坛为起点，积极建立与中资驻巴机构的关系联系，着力在巴西当地寻找相应代理资源。

【重要纪事】 3月29日，中国南车下发组建南车国际公司决定的文件（南车股份战略2013第134号文）。5月13日，公司正式注册成立。7月26日，投资设立马来西亚公司。8月16日，投资设立南非公司。8月，开始托管澳洲公司和南美公司。

【企业主要领导】

执行董事　沈家骏
总经理　李　瑾
副总经理　时圣林　武　岩

党委书记　沈家骏

（国际公司　供稿）

地　址　北京市海淀区西四环中路16号院5号楼
邮　编　100036
电　话　010-51862183
传　真　010-63984786

南车二七车辆有限公司

（工商登记营业执照号：1101066010299723）

执行董事、党委书记　史硕致

总经理　兰　叶

【概况】　2013 年末，公司本部在册人数 2748 人，其中教授级高级工程师 14 人、具有高级专业技术职称 87 人、中级专业技术职称 214 人。公司固定资产原值 48326.22 万元，生产用地 64 万平方米，房屋建筑 19.2 万平方米。有各类机械动力设备 1765 台，其中主要生产设备 1333 台。公司机构设有行政部室 22 个、党群部门 5 个、生产车间 7 个（5 个直接生产，2 个辅助生产）、控股合资企业 2 个、全资子公司 1 个。公司具备年新造铁路货车 4000 辆、修理铁路货车 3000 辆的综合能力及年产 MT 和 HM-1 型缓冲器 2.5 万套、交叉支撑装置 6 万份、轴承保持器 300 万件的配件生产能力。2013 年，面对增产不增收、增收不增利的困局，公司认真落实“抢订单、抓项目、降成本、增活力”工作思路，完成新造货车 2878 辆、修理货车 2884 辆，实现营业收入 22.12 亿元、归属母公司净利润 871 万元。

【规划发展】　组织制定《利用区位优势、盘活土地资源，整合集团优势、聚集社会资源，打造南车在京总部基地和高端制造基地总体方案》。公司“建两园、鼎三足”的转型发展战略已达成共识，其中“两园”是 “产业园”和“科技园”，“三足”是“货运轨道交通装备及配件新造、客运轨道交通装备新造及维修、承载高新科技孵化的总部基地”。

【改革改制】　优化调整组织架构和职责分工，成立国际贸易部、传感器项目部，整合机修、动能车间并成立装备能源服务分公司。合理调控劳动与薪酬关系，实现工时定额与工时单价统一管理。严控用工总量，优化用工结构、提升用工效率、规避用工风险。

【经营管理】　严控制造、管理和采购三项费用，实现降本增效。通过实施车体打砂等项目外包，压低车体面漆喷涂等外包业务价格，优化制修工艺、严控材料定额和外委配件，争抢报废车拆解，修旧利废配件，采用先进节能技术等措施，降低制造成本 1807 万元。通过招议标价格谈判，设定最高限价，利用及时付款杠杆与集采等方式，降低物资采购成本4208万元。加强资金管理，合理安排月度资金计划，财务费用仅发生约250万元。落实应收账款催收责任和目标，全年共收回应收账款19.1亿元，完成1亿元经营性现金流目标。全年财税优惠政策创造价值5202万元。获中国南车财务决算管理先进单位。全年获得各种科技项目资金支持365万元。年内制定规章制度21项、修订制度61项。建立KPI/GS指标管理模板，重新修订KPI/GS指标管理办法，理清两者的区别和关系，明确各指标的用途和考核标准。改进控股子公司考核机制，引入非关联交易指标，实施断奶工程，提升控股子公司自我发展能力。建立主要产品快速报价系统。制定承揽外委业务奖励办法，鼓励各单位和广大员工利用现有资源，对外承揽业务，争取订单，提高收入。强化总经理督办事项清单化管理机制。积极推动“专项提升、协同推进”管理提升第二阶段活动，顺利转入活动第三阶段。管理创新成果《深入实践原材料精细化管理 提升企业市场竞争力》获中国南车第六届企业管理现代化创新成果二等奖。加强供应商管理，开展供应商评价结果相互采信与利用调研，动态维护合格供应商目录，形成相互支撑、三位一体的供应商管理体系。加强信息化建设，深化ERP应用，完成质量信息和知识管理系统建设，升级主动防御和设备资产管理系统，档案管理系统投入运用。修订、实施法律事务与合同管理办法，推进合同管理信息化。深入开展审计监察，加强风险管控。构建与生产需求相匹配的能源供应模型，整合细化设备管理标准。开展清洁生产审核，实现节能减排达标排放。

【科技创新】 持续优化三大技术平台，重点提升产品研发、工艺制造和质量保证三大技术能力。NX80型共用车参加全路重载货车线路适应性试验，效果良好。SQ7型运输汽车-普货两用车、接触网维护用专用车设计方案通过铁路总公司方案审查，其中SQ7关键部件验证和整机试制已完成，接触网维护用专用车已实现批产。与中铁特货签订SQ7和SQ8型关节式双层运输汽车专用车、卡车运输车研发协议。双密封主动润滑式制动缸、手制动机断链快速连接器已通过铁路总公司鉴定定型，其中主动润滑制动缸已小批量生产，手制动链断裂快速修复技术已推广使用。运煤专用敞车重载货车缓冲器通过神华公司招标立项答辩。SQ6型车集成制动方案、SQ1型车上端门改造方案通过铁路总公司技术审查。5类7个单元产品通过第三方监督审核，继续保持CRCC认证证书；C70(H)和SQ3K型车厂修通过CRCC生产资质审查。主持制、修订行业标准3项，参与行业标准或规程制、修订6项。开发长纤维复合材料产品10余项并实现销售。传感器项目中四合一室内污染物检测仪获得产品CE认证，签订销售合同127万元。诺安舟高楼逃生舱获三项专利和北京市特种设备检测中心出具的鉴定证书，已进入供货安装阶段。积极开拓新项目，对轮轴再制造、液化天然气罐式集装箱、垃圾资源化、减隔震产品制造基地和农业机械等8个项目进行深入调研，形成调研报告，并与北京工业大学就减隔震项目签订战略合作协议。公司首个获国拨经费支持的北京市科技计划课题—车辆强度试验室已通过市科委组织的验收。年内获北京金桥工程项目奖2项、铁道学会科技奖2项、南车科学技术奖5项，被批准为国家级高新区中关村科技园高新技术企业，并成为首都科技条件平台丰台工作站百家重点实验室成员单位。

【生产运营】 公司前三季度订单不足，而四季度生产任务却异常繁重，新造产量占到年度产量的48%，前松后紧是全年生产突出特点。公司统一部署，上下高效联动，紧密配合，认真落实“三保”要求，合理组织，挖潜增效，运用精益理念，夯实现场管理基础，打造生产现场标准工位，提升工位制节拍化生产流水线建设覆盖面和节拍兑现水平，大幅度提升产能，形成多品种并行稳定生产新格局，其中C80单班由4辆提升到8辆、X70双班由12辆提升到16辆、SQ6单班由4辆提升到5辆，保质保量完成了订单任务。

【市场营销】 分区域跟踪24家自备车用户，分别与5家公司签订技术咨询协议。与4家铁路车辆企业签订战略合作框架协议，促进公司配件销售。与中铁联合物流签订铁矿粉—卷钢运输专用车技术合作协议。成功进入神华公司铁路货车敞车供应商名录。积极开拓海外市场，跟踪项目约30个，参与投标项目6个，其中泰铁车项目已通过外方技术和价格最终评审，有望签订合同；津巴布韦高帮敞车项目通过了外方评审。全年新增整车订单2953辆，其中国铁中标1900辆；自备车获订单1053辆；检修车市场中标3150辆；销售配件17793件。

【精益生产】 继续推进精益生产线建设，打造生产现场标准工位，提升工位制节拍化生产流水线建设覆盖面和节拍兑现水平，精益示范区（线）建设涵盖所有车间并扩展到参控股子公司。试点模拟生产线和模拟配送线建设。C70E制动组装生产线被评为中国南车二星级精益生产示范线。落实安全生产责任制，实施安全生产包保，试点精益安全工位建设，安全生产形势总体平稳、有序可控，获北京市安全文化建设示范企业称号。

【人力资源管理】 推行人力资源精益管理，整合精简管服岗位，优化管服人员配置，严控生产车间劳动用工，规范梳理劳务用工，核减、清退各类人员56人。加强中层团队素质和能力建设，开展系统化培训，推行中层领导任期制，建立中层领导退出常态化机制。按照“职类—职群—职种”结构框架制定职位管理办法，并试点实施职业生涯发展通道管理。完善全员绩效管理，322名员工岗资级别得到调整。完善绩效奖励体系，搭建整体奖励框架，突出部门业绩导向，强调逐级授权与二次分配。与中国南车总部积极沟通，争取相关政策，为16名两地分居员工解决北京市户口。全年举办一、二级培训班184期，培训5612人次。评选出南车级核心人才31人，新增教授级高工2人、高级技术职务人员14人、高级技师14人。1人获丰台区有突出贡献人才奖。13人通过全国质量工程师考试。

【质量管理】 IRIS管理体系以72%得分率通过第二次监督审核，连续三年保持整机企业最高得分率。通过EN15085焊接体系审查，证书有效期延长一倍。开展质量月、质量问题回头看、货车厂修规程执行情况回头看等活动。组织X70、SQ6批产焊缝质量对规检查，进行探伤、轮轴及制动等专项工艺检查。推行“商品化、零缺陷”理念，建立大部件零缺陷交验机制，动态调整完善交车质量指标，产品实物质量得到明显提升，全年铁路货车造修质量抽查新造、检修均并列第一。2项QC成果获铁道部级奖励，2项成果获中国南车级奖励。梳理修订《运用返回配件、索赔配件管理办法》。深入基层列检单位，开展用户走访活动。全年发生D类质量责任事故1起，未出现因处理不当被顾客投诉情况。

【企业文化建设】 持续深入推进企业文化和品牌宣贯。以打造“新绿”服务形象为载体，开展品牌承诺活动，举行售后服务岗位宣誓仪式。扎实开展BI建设，落实品牌关键接触点行为规范。以“抢定单、抓项目、降成本、增活力”为主线，开展形势任务宣传教育。组织“中国梦”“二七梦”解读宣讲，并注重员工思想疏导，不断增强企业文化与品牌建设感召力，为公司发展提供思想保证和舆论支持。

【党群工作】 公司党委围绕保持党的先进性和纯洁性，结合八项规定贯彻落实，深入开展以为民务实清廉为主要内容的党的群众路线教育实践活动，促进各级领导干部作风转变，保证党群干群关系和谐健康。加强基层党组织建设，完成党支部换届选举工作。深入推进反腐倡廉和惩防体系建设，严格落实党风廉政责任制。抓好职代会建设，开展经济技术创新活动，落实“三关心、三保证”。公司获北京市构建和谐劳动关系先进单位、北京市厂务公开民主管理先进单位、北京市无偿献血先进单位、中国南车四好班子、丰台区诚信统计单位等荣誉称号。

【北京丰华实机械有限公司】 公司为中外合资企业，主要从事铁路车辆配件的生产与服务。2013 年末有职工 148 人。年内，公司以岗位风险管理为基础，立足环境、职业健康/安全管理体系、安全质量标准化建设，深入推进精益生产示范区建设工作，规范员工作业行为，顺利通过质量管理体系认证及环境、职业健康/安全管理体系认证、北京市二级安全质量标准化复评。生产销售转 K6 交叉杆 7000 辆份、制动梁 5260 辆份、8G 交叉杆 260 辆份、120 阀保护罩 4680 辆份、C70E 小门门板 390 辆份、铝 80 侧墙 600 辆份、SQ6 大小侧墙 360 辆份、SQ6 板料磷化 360 辆份、重卡委改 221 辆、NX70A 中梁 11 辆份。

【北京隆长泰工程机械有限公司】 公司是中国铁路机车车辆配件、轴承辅件、金属冲压件等机电产品的制造基地之一，占地面积约 7000 平方米，房屋建筑面积约 8000 平方米。年内，成功研制出货车轴承工程塑料保持架和货车侧架立柱磨耗板，填补国内轴承产品的空白；密封罩产品顺利通过铁路产品认证（CRCC）年度监督审核。通过 ISO9001 质量体系、ISO14000 环境/职业健康安全管理体系和安全生产标准化认证，产品质量稳定，全年未发生重大质量事故。全年实现销售收入 1.11 亿元，超年度预算 100 万元。其中，非关联交易 4487 万元。

控股合资企业北京隆轩橡塑有限公司主要产品有：铁路车辆轴承用工程塑料保持架、塑钢隔圈、注塑心盘磨耗盘、磨耗板等，2013 年经营业绩良好。

【北京二七储运公司】 公司为二七公司全资子公司，以仓储、运输、配送、装卸、采购为主营业务，兼营其它商业储存、配送、运输业务，拥有仓库面积 34000 平方米，硬件设施配置齐全。年末有员工 150 余人。年内，完成物料配送任务 96 万余次，物料收发作业频次 14 万余次，出入库吞吐量 49 万余吨。完成营业收入 1.64 亿元，实现利润和上缴贷款利息 320 余万元，净利润 200 万元，非关联收入 1.31 亿元。

【重要纪事】 1 月 14 日，中国南车董事长郑昌泓、工委主任饶庶到公司慰问特困员工和退休病困劳模。2 月 21 日，公司召开第二届职工代表大会第一次会议暨公司年度工作会议。3 月 6 日，公司召开 2013 年工会工作会议。3 月，行政保卫部被北京市公安局授予“单位内部治安保卫工作集体嘉奖”。3 月 24～26 日，公司五类产品顺利通过中铁铁路产品认证中心（CRCC）进行的第三次监督审核。3 月 15 日，中国南车工作组到公司检查三大技术平台建设成果平移项目的转化和落实情况。4 月 17 日，公司成为中关村科技丰台园高新技术企业。7 月 1 日，公司召开创先争优表彰大会。7 月 16 日，公司召开党的群众路线教育实践活动动员大会。8 月 9

日，中国南车董事长、党的群众路线教育实践活动领导小组组长郑昌泓到公司与基层员工座谈交流，并出席公司“李德龙劳模创新工作室”揭牌仪式。8月22日，国务院国有重点大型企业监事会主席杨坚在中国南车总裁刘化龙陪同下，到公司检查指导工作。8月19日，售后服务部召开中国南车“新绿”服务形象打造活动动员会。8月28日，公司承担的首个获得国拨经费支持项目“车辆强度试验室”通过北京市科委组织的专家组验收。9月25～27日，公司IRIS管理体系以72%的高得分率顺利通过德国莱茵审核专家组监督审核。10月11日，公司召开党的群众路线教育实践活动领导班子专题民主生活会，按照“照镜子、正衣冠、洗洗澡、治治病”的总要求，开展批评与自我批评。10月12日，中国南车副总裁徐宗祥、工委主任饶庶到公司调研。12月2日，公司顺利通过E15085体系审查。12月19日，中国南车副总裁、财务总监詹艳景到公司调研。12月，公司被授予“北京市构建和谐劳动关系先进单位”和“2013年北京市安全文化建设示范企业”。

【企业主要领导】

执行董事　史硕致
总经理　兰叶
副总经理　张志山（5月任）
安卫　戴志勇
孙斌　贾春亮
王武建（5月任）
总工程师　王武建（兼，5月任）
财务总监　贾春亮（兼）

党委书记　史硕致
党委副书记　兰叶
杜向东（5月任）
纪委书记　杜向东（兼，5月任）
工会主席　杜向东（兼，6月任）

二七车辆厂厂长　杜向东（兼，5月任）

（二七公司　供稿）

地址　北京市丰台区张郭庄甲1号
电话　010-83804071
传真　010-83876184
邮编　100072
网址　http://www.eqc.com.cn
电子邮箱　cb@eqc.com.cn

广州电力机车有限公司

（工商登记营业执照号：440101000148794）

董事长、总经理　朱龙驹

党委书记　皮国萍

【概况】　公司在广州和谐型大功率电力机车检修基地新造板块的基础上注册成立，基地工程征地约 1186.6 亩，工程总投资约 32 亿元。项目设计房屋建筑面积 22 万平米，分新造区和检修区两大区域，其中新造区房屋建筑面积 10.5 万平米，检修及公共区房屋建筑面积 11.5 万平米。总规模可满足年检修 500 台二年检机车、200 台六年检机车以及年制造 200 台新车能力。2013 年完成和谐型机车二年检 165 台，形成多品种批量检修的能力，实现销售收入 3.56 亿元。年末有员工 367 人。

【规划与发展】　公司 2013～2015 年的规划与发展目标见下表：

年　份		2013年	2014年	2015年
二年检机车（台）		150	300	350
六年检机车（台）		0	2	150
220t 电动轮自卸车（台）		1	10	50
60t 铰接式电动轮自卸车（台）		0	30	100
合计（台）		151	342	
营业收入（万元）	电力机车	28000	56000	140000
	工程机械	2000	32000	140000
	合计	30000	88000	280000

【生产运营】　年内，公司持续优化流程，使生产能力快速提升。改进机车组装生产线吊具，实现仓储管理与组装台位之间智能化物流配送，提高机车组装效率；重新调整和优化工艺流程，新设机车分解和检修区域，在确保机车新造工艺流程不受影响的前提下，实现按工作区域、按专业的机车二年检流水作业和机车造修一体化。这些举措使公司机车二年检产量由上年的 20 台增长到本年 165 台，最大单月检修产量达到 25 台；台车平均检修周期由上年的 42.7 天下降到 36.36 天，单台机车最快检修周期仅为 19 天，已基本接近中国铁路总公司的目标。

【科技创新】　1 月 6 日，公司成功下线具有完全自主知识产权的超大载重 SCT-121 型 220 吨电动轮自卸车，实现产品研发零的突破。SCT-A261 型 60 吨铰接式电动轮自卸车研制取得重大进展，7 月 25 日通过中国南车组织的设计评审，已进入组装和调试阶段，有望拓展公司在矿山运载装备市场的范围和领域。节能型模块化轻钢结构房项目已完成初步设计，正在开展设计验证和改进设计。

八轴交流传动电力机车转向架技术设计方案于4月19日通过公司组织的设计评审，已基本完成设计工作。完成货物周转箱各项设计和评估工作，首批8个货物周转箱已交付用户使用，实现销售收入8万元。全年申请专利73项，其中发明专利10项、实用新型57项、外观专利6项；获得专利授权50项，其中实用新型专利44项、外观专利6项；申报的《电力机车牵引电源测试系统》等10项著作版权于8月获得国家版权局认定登记。12月底，公司技术中心获得广州市市级技术中心授牌。

【市场营销】 年内，在确保广铁集团和谐型机车二年检市场的基础上，公司先后开拓南昌局、武汉局、兰州局和乌鲁木齐局等铁路局的机车二年检市场，全年共进车175台。在电动轮自卸车市场上，公司与中煤平朔集团有限公司签署《战略合作框架协议》，与神华新疆能源有限公司签署《SCT-121型电动轮自卸车工业性试验协议》。在售后服务方面，公司开展驻段售后服务站点的建设和人员配备工作，初步建立备品备件、售后信息处理、客户满意度等管理机制，各项工作逐步规范。

【人力资源管理】 组织开展各类培训班共55班次1004人次，举办管理和技术岗位竞聘503人次。持续开展毕业生“3+1”校企合作，并与2014届12名硕士研究生、24名本科生和80名大中专毕业生签订就业协议；吸纳3名教授级高级工程师、1名工程车领域领军人、1名南车核心技能人才，充实技术带头人队伍。积极开展专业技术职称评定工作，培养和评定工程师5名，推荐1人参加中国南车教授级高级职称评审。积极开展职业技能鉴定工作，53人取得中级工资质，6人取得国际焊工资质，2人取得欧洲无损检测资质，2人取得中国铁道无损检测资质，59人次持有特种作业（设备）资质。

【质量管理】 根据质量管理体系运行实际情况，启动质量管理体系文件全面修订工作，完成《质量手册》、29个程序文件、43个管理规章的修订工作，顺利通过国际权威认证机构质量管理体系认证续评审核。开展围歼机车“小而广”质量问题专项整治活动，通过开展机车源头质量安全大检查、产品质量问题攻关以及产品检验、供应商管理、无损检测及计量工作改进等专项活动，改善了影响产品质量各因素的受控状态。机车交验台车平均回修件数从16件降至11.7件，降幅26.9%，机车一次交验合格率达到98.4%。

【企业文化建设】 通过健全工作机制和完善制度流程，构建品牌建设的长效体系，从严从快部署VI规范。同时，强化宣传教育，多渠道多角度植入企业理念。深化“三关心三保证”活动，坚持开展“冬送温暖、夏送清凉、一年四季送健康”等活动，同时组织各式各样员工体育、联谊活动，既增进内部员工的协作与团队凝聚力，又促进公司与地方单位的交流。

【重要纪事】 1月6日，拥有自主知识产权的超大载重SCT-121型电动轮自卸车在公司顺利下线。1月14日，中国南车总裁刘化龙、副总裁王军到公司调研指导工作。2月2日，公司党支部、临时团组织成立。2月2日，公司召开2013年工作会议。3月7日，公司获得第三方国际权威认证机构——法国贝尔国际验证机构颁发的质量管理体系认证证书。3月19日、20日，公司HX_D1B型机车二年检能力通过中国铁路总公司专家组的检查与评估，并顺利通过静态审查评估。4月10日，中国南车副总裁张军到公司调研。4月19日，公司“八轴交流传动电力机车转向架技术设计”通过专家组评审，可以开展施工设计。5 月 30 日，公司与神华新疆能源有限公司签署《SCT-121 型电动轮自卸车工业性试验协议》。6 月 7 日，公司工会筹备委员会成立。6 月 25 日，公司首台 HXD1B 型暨首批南昌局和谐型电力机车二年检竣工出厂。7 月 8 日，经过改进设计的 SCT-121 型 220t 电动轮自卸车在公司完成规定的试验项目后，解体运往新疆进行工业性试验和运行考核试验。7 月 17 日，公司召开党的群众路线教育实践活动动员大会。7 月 22 日，公司召开机车关键部件检修供应商质量大会。7 月 24 日，公司与中煤平朔集团有限公司在山西省朔州市签署《战略合作框架协议》。9 月 6 日，由中国铁路总公司运输局机务部组织的 2013 年全路和谐型机车二年检工作会议在公司召开。9 月，公司召开 PDM（产品数据管理）系统上线启动会，开始设计研发工作信息化建设。11 月 6 日，广州市市长陈建华到公司调研指导工作。12 月，公司技术中心成为为广州市市级技术中心。12 月 18 日，国务院国资委第一巡视组副组长迟文江到公司调研指导工作。12 月 20 日，中国南车副总裁徐宗祥、安全总监苗永纯到公司调研指导工作。

【企业主要领导】

董事长 总经理	朱龙驹
副董事长	何健桦
副总经理	金　彪　李悠盛 李　略　刘桂军 刘曙蓉　林良荣
总工程师	金　彪（兼）
财务总监	李　略（兼）
党委书记	皮国萍
党委副书记	王建平
纪委书记	王建平（兼）

（广机公司　供稿）

地　　址　广州市花都区山前旅游大道西 18 号
邮　　编　510850
电　　话　020-32278999
传　　真　020-37728888
网　　址　www.csrgz.com.cn
电子邮箱　gzloco@gzloco.com

常州铁道高等职业技术学校

（事业单位法人证书号：46728393—X）

党委书记　史小余

校长　曾金传

【概况】 2013 年，常铁校有全日制在校生 3000 余人、教职工 188 人（其中教师 158 人），专业教师中具有高级以上职业资格证书的“双师型”教师占 75%以上。学校设机电工程系、轨道交通系，开设城市轨道交通运营管理、城市轨道交通车辆、机电一体化技术、机械制造与自动化、数控设备应用与维护、焊接技术及自动化、电子商务等十多个高、中职专业。其中，焊接技术及自动化为江苏省五年制高职特色专业，数控设备应用与维护为江苏省五年制高职品牌专业。年内，学校录取新生 740 人，毕业生数 984 人，一次性毕业率达到 95%以上。

【高水平现代化职业学校创建获得立项】 根据江苏省教育厅、财政厅《关于做好江苏省高水平现代化职业学校建设工作的通知》（苏教职〔2012〕35 号）文件精神，2013～2015 年重点建设一批江苏省高水平现代化职业学校。对照建设内涵和标准，学校认真组织建设方案的编制，年内申报省高水平现代化职业学校并获得立项，为学校建设发展赢得新机遇。

【校企合作】 完善“校企一体、前校后厂”办学模式，创新体制机制，大力推进集团化办学。牵头组建“常州市轨道交通职教集团”，并在校企合作人才培养上发挥积极作用，集团校企成员间新签轨道交通专业培养订单 140 余人，开展顶岗实习 300 余人。服务行业企业人才培训工作也大有成效，承办地方企业员工培训班 15 期计 715 人，再就业培训班和农村劳动力转移培训班 30 期计 1708 人次。

【实训基地功能发挥】 坚持把建好实训基地作为体现办学特色和促进持续发展的重要环节，充分发挥实训基地服务功能，承办各级各类技能大赛，为企业提供在职培训、农村劳动力转移培训、下岗再就业培训等，年技能培训人员接近 4500 人次。3 月，学校严格按照大赛组委会要求，圆满承办江苏省职业学校焊工技能大赛，并获得 2 金 5 银的成绩。

【常州市轨道交通职教集团成立】 4 月 28 日，常州市轨道交通职业教育集团成立大会在学校举行。该职教集团由行业协会、企业、院校等23家单位组成，其中戚墅堰公司任理事长单位，常铁校牵头任常务副理事长单位。职教集团以推进区域轨道交通产业快速发展为目标，以高素质技术技能型人才培养为主要任务，以校企双赢为基本目的，以校际合作、校企合作和工学结合为主要形式，以教学、培训、科研为主要内容，是一个具有联合性、互利性、非营利性的产教联合体。

【重要纪事】 3月9日，学校第三届教职工代表大会第八次会议召开。3月29日，2013年江苏省职业学校焊工技能大赛开幕式在学校举行。4月28日，常州市轨道交通职业教育集团成立大会在学校举行。6月14日，全国机械职业教育材料工程类（中职）专指委工作会议在学校召开。7月18日，美国埃弗里特社区学院国际教育部执行长 Visakan Ganeson 教授到学校洽谈关于开展合作办学的各项事宜。7月22日，学校召开党的群众路线教育实践活动动员大会，对深入开展党的群众路线教育实践活动进行动员和全面部署。9月9日，江苏省教育厅、财政厅联合下发《关于公布江苏省高水平现代化职业学校立项学校名单的通知》（苏教职［2013］28号），学校正式被确定为省高水平现代化职业学校立项学校。9月10日，学校举行常州地铁订单教育班开班仪式。10月10日，韩国柳韩工业高等学校师生代表团共 13 人到学校访学。11月5日，常州市职业学校教学、学生、后勤三项管理及德育工作视导专家组到学校进行三项管理及德育工作专项视导。

【学校主要领导】

党委书记　史小余
党委副书记　苗　苗
纪委书记　苗　苗（兼）
工会主席　苗　苗（兼）

校　长　曾金传
副校长　朱月红　赵太平
　　　　俞永清

（常铁校　供稿）

地　址　江苏省常州市戚墅堰区工房10区1号
邮　编　213011
电　话　0519-85052428
传　真　0519-88358832
网　址　http://www.cztljx.org
电子信箱　ctx1958@163.com

南车成都机车车辆有限公司

（工商登记营业执照号：510100000083143）

执行董事、总经理　赵晓谦

党委书记　曾继宗

【概况】 2013年末，公司员工2795人，其中管理人员399人、工程技术人员376人（含正高级职称6人）、技能人员2020人。固定资产原值53053万元，主要生产设备1120台，公司占地面积512593.19平方米，建筑面积180781.58平方米。全年完成机车修理260台、电机制造1348台、客车修理883台，实现工业总产值134692.85万元、销售收入147309万元、利税4036万元、净利润-1968万元。

【经营管理】 对247份管理制度进行清理、评审及执行情况检查，对2156份合同、57项规章制度进行法律审核。开展“两上两下”“三个一”管理提升活动，共查找出整改项77项，并制定系统整改方案，明确专项、重点提升项目7项。落实中国南车“保增长”措施，细化分解各项指标，建立动态跟踪督导机制，开展月度滚动预算。控制成本，严禁新增委修项目，提高新制自制件和本土化生产比例，减少外协件数量，并加大原材料、备品备件、产成品、在产品及自制半成品等存货清理处置力度，压缩工装设备购置等各项费用指标。完成两网隔离工程、决策支持系统、经营管理系统等16个信息化项目，成为中国南车信息化建设B级企业。参股的成都南车轨道车辆有限公司运行平稳，实现投资收益82.64万元。

【市场营销】 不断强化高层交流，深化厂段战略合作，前移服务重心，充分运用集团内部配套政策，强化主机厂调研。全年，机车业务签订国铁大修机车订单213台，市场占有率16.7%；签订地方铁路机车54台；完成大部件修造1054万元。电机业务抓住$HX_{D}1C$机车、$HX_{N}5$机车两年检、多品种小批量出口机车等市场机遇，共签订各类电机电枢合同1815台。客车业务营销再创新高，全年签订客车修理合同858辆，其中国铁客车758辆、地方铁路和邮政客车45辆、改造车55辆，国铁市场占有率15.57%，总量在9家客车修理工厂中排名第一位；与成都铁路局等签订1053条轮对检修和新造合同。

【科技创新】 机车完成DF_{7C}内燃机车中修、SS_{6B}电力机车大修及DF_{7G}内燃机车试修准备；电机完成$HX_{D}1C$机车电机技术平移和小批量生产技术支持、4400HP 调车机车牵引电机交流化转换以及配属戚机公司尼日利亚机车电机和 438 kW 直流石油钻井电机的设计试制等；客车完成既有客车加装真空集便装置、无障碍设施加装改造、客车电气配线造修源头质量整治“三项技术改造”，新开发 25B 型硬卧车加装空调机组、青藏公司 5 种改造车、南宁局 4 种改造车，通过 25K 型客车部级评审并获取 A4 修资质。

推进三大技术平台建设，完成电机产品数字样机的示范性建设，开展集团协同仿真平台成果平移各项基础工作；推进知识管理体系建设，建立知识管理制度、识别标准、工作流程和模板表单，完成机、客车修理的 CAPP 工艺设计和工艺管理系统的建立，实现新造板块和修理板块 CAPP 工艺设计和工艺管理系统的全覆盖。强化知识产权保护工作，年内申请并获得专利申请号 52 件（其中发明专利 11 件）；顺利通过省级技术中心、高新技术企业资质复审。

【设备更新与改造】 投入大量资金，用于设备更新改造与增购，其中机车业务板块投入 1242.61 万元、关键零部件板块投入 299.58 万元、客车业务板块投入 248.51 万元。主要完成动力压风站改造、数控踏面车床、电机分厂 VPI-20 真空压力浸漆设备、超高压油泵等项目的设备更新改造，同时新增 4400HP 主辅发电机型式试验台、轮对反拔机等设备，充分满足生产及工艺需求，减少委外加工，并使产品质量得到显著提高。

【产业升级】 及时调整策略，将中国南车发展战略与地方经济发展紧密结合，加大与成都市委、市政府的沟通，促成市领导及相关部门拜访南车总部，调研考察成都公司和成都轨道等企业，并对公司予以产业升级的政策、用地、市场等方面支持。加大与四方股份、株机公司、株所公司等合作洽谈的密度、强度，促使合作项目落地。公司以集团公司整体利益为出发点，将解决产能过剩与公司产业升级有机结合，将龙头企业技术优势与公司政府资源融为一体，年底形成的《成都公司退城进郊产业升级实施方案》得到中国南车高层领导和相关部门高度认可。

【精益生产】 狠抓机车车间、电机分厂和车辆轮对车间等 5 个精益车间（分厂）建设，推进机车解体、转向架组装、交牵电机检修、交牵机座精加工、客车解体等 7 个精益生产示范区（线）建设。29 个生产班组（工位）100%达标，累计精益班组达到 154 个。常态化组织开展创意提案工作，并持续推进跨团队改善项目，其中电机接口尺寸风险点识别与控制等 6 个精益管理改善项目收效明显。

机车业务建立精益生产管理平台，及时反应动态，暴露梗阻环节，实行早会抓计划、定措施，晚会抓结果、落责任的早晚交班会制度，全力打通瓶颈。把控交牵电机机座自制等关键点，抓好 HX_N5 机车电机预投产，协调好 HX_D1C 机车电机图纸准备、技术平移、物料供应、生产组织等工作；客车业务修订生产组织激励制度，细化关键工序周期，固化定点作业流程，抓牢精益物流配送，基本实现每天 4 辆的生产目标。

【质量管理】 围绕“夯实质量基础管理、强化工艺过程控制、强化服务管理、强化生产组织”四个方面，扎实开展机车大修质量提升年活动，持续提升机车产品质量。邀请直接用户进门提意见、开门听真言，梳理意见建议，制定整改措施，并抓好落实整改。设立出厂专项整备组，有效降低零公里故障。深刻汲取 B 类事故教训，抓好主变检修专项整治。电机制造全面实施质量卡随行制度，并运用质量工资的经济杠杆作用，切实提升电机运用可靠性。开展客车风险源点质量卡控与管理，加强首件评审，延伸供方管理。开展防火、防脱专项检查和惯性质量围歼。以客车 C 类事故为重点，制作教育手册和展板，开展全员警示教育，强化安全风险意识、质量责任意识、客车无小事意识。全面落实安全生产责任制，安全管理实现“三零”目标。职业健康安全管理体系实现转版认证，IRIS体系、测量体系、环境管理体系顺利通过外部监督审核。

【人力资源管理】 做好人员招聘、管理及调配工作。落实中国南车“提低、扩中、控高”薪酬政策，调整工资倍比关系，优化工资结构，扩展岗薪等级，建立工资与绩效联动机制。落实70名通道人才的目标责任，充实15名研发人员到电机研发队伍，新增4名教授级高级工程师，新聘中层领导助理14名，新选拔公司级核心人才43名（其中6名成为中国南车级核心人才），推荐7名中层领导干部为中国南车后备人才人选。持续开展员工学历提升教育，共完成内部培训261项、委外培训300人次。开展技能鉴定和技能竞赛，提升员工的技能水平。

【企业文化建设】 编制下发《公司VI系统运用规范管理制度》和《公司报纸编辑出版管理制度及流程控制规范》，完成中国南车百年历史文化人物推荐上报工作。为生产经营营造良好的舆论氛围，全年共出版《蓉城机车》20期，发布OA新闻1449条。整合运用内外部媒体资源，统筹建立和动态管理全公司媒体资源库，改善媒体关系管理。上报稿件82篇，被南车新闻中心、《中国南车》采用64篇。省市及以上媒体上报稿件14篇，被《四川工人日报》采用14篇。在internet网《新闻中心》《行业动态》和《国资信息》上共计发布新闻181条。

【党群工作】 公司党委围绕公司转型升级和持续健康发展，按照“管理提升抓党建，融入中心促发展”工作思路，为公司实现年度经营目标提供思想、政治和组织保证。开展系列学习宣贯活动，在OA公共信息栏和《蓉城机车》开辟党的十八大、十八届三中全会解读学习专栏，开展5次党委中心组学习及2次专题党课，宣贯十八大精神和习近平同志重要讲话。进一步深化管理提升活动，研讨党建和反腐倡廉管理提升诊断问题并制定整改措施，全年完成整改项点134项。结合管理提升，扎实开展教育实践活动，将“照镜子、正衣冠、洗洗澡、治治病”的总要求贯穿活动全过程，明确“一个标准”、坚持“四个贯穿”、抓好“五个结合”。加强领导干部管理，优化干部队伍，修订完善公司干部制度体系，完善中层领导干部选拔任用体制。开展“两优一先”评比活动，坚持党组织建设“三同时”原则。加强党风廉政工作，开展中秋、国庆“两节”期间廉洁自律教育、中央“四项严禁”学习教育，完善纪检监察制度，建立“八项规定”检查机制。

工会持续提高民主政治水平，发挥职能作用，扎实推进职代会制度建设，深化厂务公开民主管理。围绕生产经营中心，开展“提质、增效，推进转型升级”“三保一评”等主题劳动竞赛以及安康杯”安全生产知识竞赛、“创优”竞赛、创意提案征集等群众经济技术创新活动。做好帮扶救助专项工作，组织1415名员工参加中国职工互助会成都市医疗互助保障计划，230名员工因病报销费用17.08万元；开展“三关心三保证”，救助4226人次，总支出76.28万元；开展结对帮扶活动、“两节”送温暖、员工体检和疗养、女员工“1.2.3.4”工程和各类主题文体活动。组织员工参加成都百万职工技能大赛并承办二级大赛，加强岗位练兵提升员工职业技能。

团委继续深化“青年文明号”“青年安全生产示范岗”“青年岗位能手”等品牌活动，助推青年成长成才。举办“五四”表彰、青春微电影、“元旦、春节”慰问、“公司发展我参与，释放青春正能量”培训讲座等活动，并修订下发《公司共青团组织管理办法》和《公司推优入党实施办法》，进一步增强团组织服务企业、服务青年的能力。

【4400马力交流内燃调车机车配套电机开发】 消化吸收HXN5机车配套电机制造技

术及其他交流牵引电机的先进技术，结合国内变流器技术的实际，开发出4400马力交流内燃调车机车配套电机。此配套电机包括主辅发电机CDJF212、交流牵引电动机CDJD113、外转子散热器冷却风扇电机CDJD402，具有自主知识产权。通过第三方型式试验、装车后通过铁路整车环形线路试验及在铁路线上应用一年的考验，它能满足机车运用各项技术参数、质量要求和商业运营要求，已得到路局认可，表明公司已具备铁路机车交流传动平台配套电机研制能力。

【成都南车通力铁道车辆有限责任公司】 年末，在册员工620人，其中工程技术人员85人、管理人员86人、技能人员449人。固定资产11585.57万元，主要生产设备322台（套）。全年完成客车检修883辆。实现销售收入6.32亿元，同比增长44.31%；实现净利润2439万元，同比增长46.14%。

加强降本增效工作，将成本管理覆盖到经营业务的各个环节。以配送物流为主，加强过程控制，变三日计划为单日计划，严把各工序间配件交接时间，全面推行工位制节拍化生产，确保完成每天4辆车任务。

在稳步增长国铁客修数量的同时，大力开拓地方铁路、邮政车厂修市场及大部件修理市场，客车大修综合排名继续保持前三。全年签订858辆客车厂修合同，其中国铁758辆、地方铁路27辆、改造车55辆、邮政车18辆。与成都铁路局、西安铁路局、长江公司、广梅汕公司共签订1053条轮对检修和新造合同，合同金额1603万元。

完成既有客车加装真空集便装置、无障碍设施加装改造、客车电气配线造修源头质量整治等三项技术改造，其中前两个项目分别于3月、6月通过部级鉴定。实行改造车项目管理，完成广铁集团25B型硬卧车加装空调机组和青藏公司5种改造车、南宁局4种改造车等改造开发任务。

【重要纪事】 1月11日，公司25K型客车A4修试修项目通过铁道部质量鉴定评审。3月5日，成都市副市长苟正礼到公司调研。4月11日，公司首台中修DF7C模块化机车试修成功。6月4日，公司首辆既有客车无障碍设施改造通过部级质量鉴定。8月23日，公司通过IRIS体系监督审核。9月，公司获“2013年成都企业100强”称号。9月23日，中国南车总裁刘化龙到公司调研电机产业运营情况。9月29日，公司以934.20分的成绩通过一级安全生产标准化企业评审。10月15日，中国南车副总裁傅建国陪同国务院国资委监事会第20处主任金丹阳到公司开展投资专项检查。10月15日，公司通过2013年环境/职业健康安全管理体系评审。11月，公司获四川省百强企业称号。

【企业主要领导】

执行董事 总经理	赵晓谦
副总经理	曾继宗（兼） 杨明 曾得江 吴岱滨 杨松 晋军 蔡德权（12月免）
财务总监	吴岱滨（兼）
总工程师	晋军（兼）
党委书记	曾继宗
党委副书记	赵晓谦（兼） 胡彬
纪委书记	胡彬（兼）
工会主席	胡彬（兼）
成都厂厂长	胡彬（兼）

（成都公司 供稿）

地　址　成都市二仙桥北路31号
邮　编　610057
电　话　028-84113424
　　　　061-48222（路电）
传　真　028-84128984
电子信箱　cdc@cdjcc.com

南车资阳机车有限公司

（工商登记营业执照号：512000000001009）

董事长　罗燕鸣

总经理　向　军

党委书记　姚卫东

【概况】 2013 年末，公司在岗员工 5030 人，其他从业人员 219 人，非在岗员工 347 人，经营管理、工程技术、技能和其他从业人员结构比约为 19%、15%、62%、4%。公司占地 3200 余亩，资产总额 30 亿元，各类设备和检测仪器 2000 余台套。公司设有 29 个职能部门，下辖 3 个事业部、2 个分公司、3 个控股子公司、2 个参股子公司以及 4 个改制企业。公司业务板块主要有机车、发动机及延伸产业、优势零部件产业等板块。全年新造机车 159 台、中速发动机 94 台、高速发动机 4.4 万台、成品曲轴 795 支，实现营业收入 33.83 亿元。

【规划发展】 制订公司战略规划管理办法、战略合作管理办法，编制《产业发展战略研究》，完成公司“十二五”规划调整、修订。引入战略合作伙伴，以铸造业务既有资产入股，合资成立四川南车共享铸造有限公司，新厂房破土动工，数字化铸造生产线开始建设，铸造业务有望迈上发展新平台。推进掘进机业务转型调整，着力盘活设备资产、土地资源。

【经营管理】 完善投资管理制度体系，建立年度重大投资计划预审、项目监督管理和项目竣工验收管理办法。建立公司海外投资机构管控体系、控股/参股企业管控模式。以苏丹内燃动车组为载体，强化出口项目成本控制。探索国际化经营新模式，注册成立澳大利亚子公司。总结孟加拉电站总包工程管理经验，成功获得境外工程总包资质，为承揽新的工程创造了条件。法律事务前伸后延，编制法律风险防范矩阵手册，制定重大经营决策管理办法，防范决策风险。以“风险管理融入业务流程”为出发点，评估出公司外部、内部重大风险16个，分别制定风险管理策略和应对措施38项。强力落实保增长措施，加强可控费用预算管理，强化预算与业务之间的联动性；大力降低采购成本，全年可比物资价格同比下降约5.8%。加强非正常存货处置力度。争取各级政府对技术、新产品的资金扶持与优惠政策，共获得4843万元扶持资金。

【科技创新】 自主研制的集中动力式内燃动车组成功出口苏丹。完成出口巴基斯坦内燃机车研发工作，首批机车交付用户。按照与中国铁路总公司科技司签订的科技开发项目计划，完成双燃料机车开发工作，首台双燃料样车已成功落车。首台混合动力机车投入运用考核，进一步深化混合动力机车技术研究。有序推进新280、新240柴油机与280双燃料发动机的研制及NY200、240、280、300等系列单、双燃料燃气发动机及发电机组研发工作。成功开发机、客车电气连接器，低压电气连接器首次进入北车市场。推广应用曲轴毛坯减重工艺成果，有效降低制造成本。全年申报专利120项，其中发明专利25项；出口澳大利亚SCT交流传动内燃机车研制、混合动力内燃机车的研制项目获得中国南车科技成果一等奖。

【市场营销】 中国南车调整资电公司股权比例，公司控股资电公司，进而取得参与国铁机车招投标资质，并获得首批85台电力机车订单，标志着公司成功回归国铁市场。资电公司取得八轴9600kW电力机车生产资质，参与国铁招标增添新车型。海外市场新签出口机车合同90台，金额9.3亿元（人民币）。赢得土库曼斯坦、哈萨克斯坦、苏丹等一批“回头客”，同时增添巴基斯坦铁道部、泰国TPI公司等新用户。出口澳大利亚第三批机车完成试运。跨行业发展取得突破，孟加拉两座重油电厂成功运营，重庆梨园坝燃气电站项目整体交付，为公司拓展电站工程市场积累了经验。

【基建与技改】 截止11月底，募投大轴项目累计完成资金支付27005万元。项目投产后，扩大了曲轴品种，同时曲轴产能和产品质量显著提升；曲轴中频加热装置改造成功。募投冷加工项目基本投入完毕，基本实现大型中速机建设纲领，产品质量进一步提高。募投热加工项目的重锻锻锤已完成改造，生产成本显著降低，锻件产品利润空间扩大。信息化建设项目已逐步实施到位，公司ERP系统建设进入检测和试运行阶段；内外网隔离项目已交付使用，提高了公司网络系统的安全性和保密性。完成机车事业部车体车间照明系统改造、污水处理改造，完善了事业部安全、环保体系。

【人力资源管理】 深化人力资源战略体系建设，全面实施绩效管理。完善组织绩效和个人绩效的指标体系与评价体系，实现所有在岗员工绩效工资与绩效考核结果挂钩分配。通过多种方式和渠道，加大国际化人才培训力度。坚持“控制总量、用好增量、盘活存量、优化结构”的原则，实施多种用工方式并存，建立多元化用工新机制。强化人才梯队建设，完善干部管理制度与管理流程，完善、修订、新增相关文件15个，完成96名分层级技术人员的任期考核和资格审查工作，21人被推荐为中国南车各类核心人才，选拔出33名新一届后备干部。有效控制劳动用工总量，组织开展在岗员工岗职清理工作，对长期缺岗人员、岗职不符、其他从业人员（劳务人员）三类人员分别进行清理，全年清退劳务人员20人，办理解除劳动合同7人，岗位调整14人。

【质量管理】 开展知识管理，制定管理细则，搭建管理框架及模板，7个知识库开始运行。完善设计管理，制定技术规范、设计成本控制管理办法，深化出口机车全寿命周期成本研究。完善工艺管理，将17项工艺管理标准要求纳入工艺管理制度，推行工艺设计、评审，成效显著；修订完成5种机车技术定额、劳动定额；工具工装引入招议标采购方式，降低采购成本达13.50%。改制单位产品由行程管理向采购管理过渡。强化质量管理，持续完善质量管理体系，推行按订单项目负责制，制定专项质量控制计划，加强制造过程和外购外协件质量监管。开展CRCC认证，

3项11个型号产品通过认证或监督检查。完善技术标准体系，开展出口巴基斯坦机车采标分析，编制完成六个企业标准。

【生产运营】 全公司23个班组通过公司5S达标验收；TPM设备管理进入常态化阶段，自主保全、专业保全实现制度化；开展车体组焊、机车总组装、转向架、曲轴加工、电控台柜等9条精益生产示范区（线）的建设，推行节拍化生产。平稳推进资源整合，建立立体仓库，库房集中管理，建设仓储信息化平台，精益配送初具雏形。建立安全标准化管理体系，通过国家安全生产一级达标；开展“百日百案”事故案例学习活动，提高安全意识；以安全生产“八抓”“八定”“八防”为工作重点，实施安全生产目标管理；强化职业健康管理；全年重伤0起，轻伤3起，无责任死亡事故，无新增职业病例。

【党群工作】 公司党委以和谐、精益、职业为核心，围绕公司重点工作，大力实施文化引领行动，加强队伍建设，增强中层责任意识，服务生产经营发展，为实现公司效率效益“双提升”提供思想和组织保障。结合公司年度重点工作，制定十八大精神宣贯方案，将员工思想统一到发展轨道上来；围绕修订“十二五”发展规划和未来四年公司发展目标，公司班子成员开展多项专题调研并作深度沟通交流，进而达成公司未来四年发展思路和各产业板块发展方向的共识，形成指引公司未来四年发展方向的党代会报告。落实中央“八项规定”，以开展党的群众路线教育实践活动为切入点，通过广泛征求员工意见和建议，追根溯源查找问题；通过谈心谈话、行动学习等方式，达成共识并制定措施；通过整章建制建立长效机制，确保活动取得实效。精益党建聚焦“双效”，融入生产经营，进一步完善工作平台和考核机制。出台“三重一大”实施细则，参与决策更具操作性。工会积极组织开展“三保一促”劳动竞赛，挂牌“劳模创新工作室”等，促进群众性经济技术创新创效活动取得成效。加强职工切身利益重大事项审议管理，有效推进民主管理与建设。扎实开展“三关心三保障”工作，组织两节入户走访慰问、困难职工帮扶、医疗救助、金秋助学、空巢老人志愿服务等，共发放各类慰问救助金196万余元；开展情系地震灾区、车城爱心日捐款，4152名职工捐款13.5万元。举办技术运动会，开展6个工种技术比武，促进员工技能提高。团委通过开展青年学习交流会、征文、座谈会、大讨论等多种活动，为青年成长搭建平台。

【资阳晨风电气有限公司】 年末，公司有员工300余人，拥有各类先进的生产及检测设备百余台。主要产品遍布全国29个省、市、自治区的铁路局和冶金、石化、港口、动车、地铁等行业，机车配套产品先后出口亚洲、非洲、南美洲、澳洲等地区。全年累计销售收入1.22亿元，实现净利润1667万元，净资产收益率达到26.67%。职工薪酬同向增长。公司获得南车“四好领导班子”和“先进基层党组织”荣誉。

年内，稳步推进精益生产，电控台柜组装生产线通过中国南车二星级示范线评审。新建电气连接器试验室，配备振动试验台、高低温交变湿热箱、盐雾腐蚀试验台等试验检测设备，科技创新及工艺、质量检验手段进一步丰富。获得国家税收资金减免22万元，降本增效指标全面完成，成本费用实现100%控制。公司电气连接器形成高、中、低压并重格局。机车电气连接器成功配装苏丹动车及巴基斯坦机车；大连地铁108芯、24芯低压电气连接器通过评审并批量装车；宁波4芯、7芯、14芯、MY105及模拟信号检测电气连接器通过型式试验，电气连接器型谱进一步扩大。头车自动电气连接器通过四川省科技厅科技成果鉴定；辅助变流、励磁充电完成样件试制并获批量生产；首套DZD单元制动器成功下线。产品成功进入南京浦镇、广东江门、时代电气、北车大连等东南北三大区域市场；中标55列阿根廷电动车组司机室信号柜及客室电气柜，这是公司电控产品首次以自主销售方式应用到国外电动车组；车间高压及头车电气连接器进入高寒防风沙动车新领域；100%国产化的电气连接器首次进入天津、福州、南宁等地铁领域。

【南车玉柴四川发动机股份有限公司】 公司占地面积677亩，年末员工1180人。主要产品有NY200、NY210、NY240、NY280、NY320和YC4D、YC4E、YC6A、YC6J、YC6L、YC6M及YC6C、YC6J燃气机等系列中高速船机、机车柴油机、汽车用柴油机及气体机，功率覆盖40kW～9180kW，其中"海洋船舶发动机高端制造项目"列入四川省2013年战略性新兴产业重点扶持项目。年内，完成高速机第二条生产线建设，公司高速机年产达到20万台产能。初步建立覆盖中、高速发动机的SAP信息系统，搭建起先进的信息化管理平台。开展军品资质认证工作，国军标质量管理体系通过一阶段审核。提升安全管理水平，公司二级安全标准化通过达标验收。调整部分组织机构，修订《管理手册》及程序文件，新增管理制度28个。颁布实施《公司工程技术人才职业发展规划管理办法》，制定《高速机多技能工培养和考评实施办法》。全年产销各类中速机94台（其中船电产品实现销售14台）、各型高速发动机44082台，实现销售收入15.9亿元（含税），同比增长20.65%；实现净利润2199万元。获得四川制造业100强企业、四川省工业企业优势品牌等称号。

年内，大力推进铁路新一代机车柴油机研制工作，280双燃料机车发动机样机试制下线，各项指标达到设计要求；NY12V280ZJA柴油机已进入台位性能试验；完成NY12V240ZJA柴油机设计工作，已进入样机试制阶段。根据中国船舶主推市场和地面电站市场要求，开展相关发动机产品研制，其中NY32/41大功率中速发动机已通过IMO排放试验、CCS船检型式试验和100小时耐久试验；NY200双燃料发动机已试制成功；NY6240多点进气双燃料发动机样机试制完成阶段目标。全年申请各项专利33项，国家专利局已受理20项。

新签船电产品订单41台，其中具有世界先进水平的NY320大功率发动机首次签单；中标印尼OKI发电机组项目，合同金额1350万美元，是公司成立以来中标最大的出口订单；中标刚果（布）机组订单，首次进入非洲市场；新签订2台16V280吸砂船发动机订单并顺利交付，成功进入吸砂船领域；500吨滚装船主推发动机成功交付并通过海试，得到使用方好评。公司与大连因泰集团开展战略合作，推进"运河之星"项目、内河运输船新造及改造项目，进军双燃料和纯气体船舶发动机市场。

【资阳南车电力机车有限责任公司】 公司占地面积5.3万平方米，配置工艺装备1000余套，是西南地区唯一的铁路货运电力机车制造基地，年末员工300余人。公司2013年获得独立投标资质，首次参与国铁招标，并获得85台HXD1C型电力机车（六轴7200kW）订单。全年实现销售收入13.34亿元，净利润363万元。

完善管理制度体系，编制、实施《组织手册》《制度手册》《流程手册》与《标准表单册》，实现管理制度化、制度流程化、表单标准化。狠抓员工培训，强化班组管理，制定《车间班组建设标准》，对班组实施动态化、透明化管理。实施全员绩效管理，将员工绩效评价结果与岗位工资调整相结合，加强员工薪酬绩效管理；健全员工职业生涯通道，开展首席调试师评聘工作，选拔3名首席调试师。加强质量体系建设，补充、修正质量管理体系程序文件与KPI指标，顺利通过IRIS体系复审；制定、实施85台HXD1C项目实施质量控制计划和检验、试验计划，严格执行质量控制流程；提升质量检验工作，规范生产秩序，持续稳定工序质量。加强现场安全管理，开展环境因素和危险源的识别和评价，通过中质协环境安全体系外部审核，实现年度“四零”安全管理目标。

获得株机公司转让的HXD1型电力机车（八轴9600 kW）专项技术，并完成首台机车研制，通过铁路总公司型式试验，获得生产许可资质。大力推进机车物料本地化工作，降低机车配件采购成本与周期，已完成HXD1C型机车部分部件本地化开发设计图纸和施工图纸设计及本地供应商开发等工作。成立营销部，先后走访乌鲁木齐局、兰州局等重点用户及潜在的目标客户；召集6局5段的用户和11家供应商在资阳召开座谈会，就HXD1C型机车运用情况及惯性质量问题进行交流，梳理出20项机车惯性质量问题，并制定解决方案和整改计划，为市场开拓打下良好基础。

【重要纪事】 1月16日，四川省委书记王东明到公司调研。2月1日，公司获得巴基斯坦的50台机车订单。2月5日，资阳市委书记李佳、市长邓全忠到公司现场了解棚户区改造项目推进情况并正式启动该项目。3月8日，公司首次总承包的2台重庆梨园坝煤矿瓦斯发电机组完成设计，这是公司首次总承包发电站项目。7月18日，公司与宁夏共享集团举行四川南车共享铸造有限公司投资合作签约暨揭牌仪式。7月19日，公司召开党的群众路线教育实践活动动员大会。7月26日，公司通过国家一级安全生产标准化评审。8月7日，中国南车董事长郑昌泓到公司为中国南车“钟俊林劳模创新工作室”揭牌。8月19日，晨风电气成功中标55列阿根廷电动车组司机室信号柜及客室电气柜，公司电控产品首次以自主销售方式应用到国外电动车组。9月23日，公司中标乌鲁木齐、南昌、郑州铁路局共85台6轴7200kW电力机车。11月23日，苏丹当地媒体《苏丹时报》以整版方式宣传公司，为公司出口苏丹内燃动车组下线剪彩营造氛围。12月21日，国资委副主任徐福顺在中国南车总裁刘化龙陪同下到公司就中国南车和公司劳动用工、收入分配管理等情况进行专题调研。

【企业主要领导】

董事长	罗燕鸣
总经理	向　军
副总经理	温晓昕　熊建平 许德祥　李　权 杨文胜　胡宪昌
总工程师	许德祥（兼）
财务总监	胡宪昌（兼）
党委书记	姚卫东
党委副书记	罗燕鸣（兼） 向　军（兼） 马　旭
纪委书记	马　旭（兼）
工会主席	马　旭（兼）
资阳厂厂长	马　旭（兼）

（资阳公司　供稿）

地　　址　四川省资阳市晨风路6号
邮　　编　641300
传　　真　028-26653416
网　　址　http：//www.zyloco.com
商务热线　4008899431

存续企业

中国南车集团株洲电力机车厂

中国南车集团资阳机车厂

中国南车集团戚墅堰机车车辆厂

中国南车集团南京浦镇车辆厂

中国南车集团株洲车辆厂

中国南车集团眉山车辆厂

中国南车集团武昌车辆厂

中国南车集团铜陵车辆厂

中国南车集团成都机车车辆厂

中国南车集团洛阳机车厂

中国南车集团襄阳机车厂

中国南车集团北京二七车辆厂

中国南车集团石家庄车辆厂

中国南车集团武汉江岸车辆厂

中国南车集团（青岛）四方机车车辆资产管理有限公司

中国南车集团株洲电力机车厂

2013年，实现营业收入26843万元，其中，主营业务收入22578万元；实现归属于母公司净利润1334万元。

年内，接收天力锻业公司股利转增资本，所占股权达78.23%。逐步建立健全资产监督体系，督促各投资单位及时上报所需资料，完成各投资企业经营管理信息资料的收集、整理、归档工作。依据《株机厂债权债务管理办法》（初稿），对株机厂形成的债权、债务进行摸底和调查分析，并依据债权、债务明细台账及协议完成各项催收工作，暂缓收回的款项，也取得债务人提供并确认的相关函证，确保国有资产保值、增值。全面整理出租的固定资产，适度提高租金收入，并与各租赁单位签订年度租赁合同。组织对九方宾馆公司经营管理漏洞的整改，并召开董事会和股东会修改章程，完善其经营管理。按照田心医院移交协议，对其购置设备和设施改造项目进行监督并建立完整的存档资料，按项目计划监督支付459.96万元。

加强老旧小区改造，先后筹资政府补贴924万元，用于九方公寓一、二期改造；筹资联诚集团900万元，用于大操场主席台及看台改扩建；筹资南车电机公司和株洲所各450万元，用于小区提质改造。编制上报集团公司《关于第二幼儿园回购及改扩建的请示》，获拨款800万元用于改扩建，满足日益增长的员工小孩入园需求，年底启动改扩建、拆迁以及工厂向公司回购第二幼儿园资产前期工作。编制《关于申请改建大操场主席台及看台的请示》并报经集团公司批复同意，年底启动改扩建、拆除工作。完成《田心山庄棚改安置小区项目》招投标工作，进入前期整体拆除、施工阶段。

提升投资、改制企业生产经营资质，编制天力锻业公司增资扩股方案，完成审计、验资评估和增资扩股、工商变更以及增资扩股后的财务并表工作。完成株洲特种装备科技公司、装模、电热公司的调研，启动株洲装模、电热公司增资扩股前期工作。

中国南车集团资阳机车厂

2013年末，企业资产总额为32697.81万元，实现营业收入779.06万元，利润3.3万元。

年内，加速资产处置工作，抓住棚户区改造的契机，在全面盘查和清理所涉区域存续资产的基础上，按照保值增值原则，做好黄泥巴山存续资产征收补偿处置工作，收回资产处置款866.23万元。全年处置资产21项，报废无效固定资产17项。

按照“政府主导、企业主体、群众参与、市场运作、自求平衡”的原则，推进老旧住宅区改造工作，展开黄泥巴山余下23栋500户的拆迁安置工作。根据资阳市政府统一规划，将黄泥巴山新区、刘家湾、黄泥坪、周祠坝、潮土湾、清泉铺住宅区2700多户作为棚户区旧房改造，年内开展了土地整理阶段的招商引资工作，并完成112户单身职工的搬迁任务。

全面推进社区建设工作，成立社会职能移交领导小组，经多次与地方政府及相关部门谈判协商，达成一致意见，签订了按地方政府管理模式实行3年过渡授权管理办法的协议，并积极筹备成立“四三一社区居民委员会”。

中国南车集团戚墅堰机车车辆厂

2013年末，资产总额为15483万元，负债总额6654万元，所有者权益8829万元，实现营业收入292万元，实现利润9.6万元。

年内，加大低效、无效资产的处置力度，完成原戚墅堰所划入对外投资单位的股权处置。根据国资委和集团公司文件精神要求，完成厂办大集体戚墅堰机车车辆厂工业公司整体改制工作。用于戚墅堰公司及长江公司常州分公司新就业单身大学生员工住宿的戚墅堰厂科技人员公寓工程项目竣工交付使用，并完成科技人员公寓楼的房产证申领工作，被授予“常州市廉洁示范工程”。加强员工食堂的管理，监督经营单位严把食品进货关，从源头上控制原材料质量，并通过减少中间环节、增加花色品种等手段稳定食堂餐费价格，维护员工的权益，确保员工放心用餐。加强员工单身宿舍的管理，不断完善安全、环境卫生等各项日常管理工作；探索科技人员公寓对外托管新的管理模式，做好科技人员公寓对外托管督促工作。

中国南车集团南京浦镇车辆厂

2013年末，资产总额13932万元，负债总额2766万元，净资产11166万元，实现营业收入701万元、净利润52万元。

年内，完成浦镇厂企业生活用水改造项目投资787万元，累计项目投资3410万元，与南京水务集团、南京城建集团签订《供水管网改造资产移交协议》，供水管网改造资产以无偿划转方式完成资产移交并及时办理产权变更登记，工厂自备水厂关闭，原居民6739户、企事业单位103户实现供水社会化。根据政府颁布的南厂区征收令，工厂老旧房改造由自建变更为政府主导、企业协同，工厂及时调整工作部署，开展了南厂区资产核查、西厂区资产摸底、棚户区资产排查、未来5年资产处置方案规划等工作，并完成了南厂区资产评估，与浦口区拆管中心签订《补偿协议》，办理南厂区资产交接。根据《公司2012年度老职工住房补贴发放方案》，符合房补条件的281人，发放住房补贴1436万元。

推进厂办大集体改革改制工作，完成浦镇福利厂员工身份认定、资产评估审计等工作，上报集团公司《南京浦镇福利工厂改革改制实施方案》获批复，上报集团公司《南京浦镇福利工厂改制资产处置方案》待批复，工厂所属两家大集体改革改制工作一家基本完成，另一家因历史遗留问题和职工诉求较多，尚在协调推进之中。规范存续资产管理与处置，办理南厂区房建物等20项资产报废手续，清理南厂区账销案存资产20项，完成固定资产大维修22项。

中国南车集团株洲车辆厂

2013年末，总资产为19252万元，其中流动资产为2068万元，可供出售金融资产8901万元，长期股权为700万元，固定资产净额5445万元。负债2781万元，其中流动负债1122万元，非流动负债1659万元。净资产为16383万元。实现净利润860万元。

年内，推进生活用水改造移交工作，完成工厂生活区主管网铺设以及茶园小区、东风小区、革命村集中用户和黄泥塘部分农村转供户“一户一表”改造，固定资产投资2050万元，3300多户用水户转交自来水公司管理。推进生活用电改造移交工作，完成改造现场查勘设计和设计方案评审，并编制上报集团公司立项报告和可行性分析报告，获得同意立项的批复。利用政府棚户区改造政策，新建朝阳村3栋108户共9000多平方米经济适用房完成主体工程。完成单身公寓公租房改造项目立项，对单身公寓分期分批进行了提质改造。完成东风村绿茵停车场建设、茶园村马路大修改造，改善员工生活环境，规范社区管理。稳妥推进厂办大集体改革，制定上报《株洲车辆工业公司改革改制实施方案》《人员安置方案》，并根据集团公司批复进入改制实施阶段。

中国南车集团眉山车辆厂

2013年末，资产总额18033万元，负债1929万元，所有者权益16104万元。全年各项收入1927万元，其中资产处置收入571万元、投资收益1085万元；利润1109万元。

年内，按“政府主导、市场运作、统筹规划、分步实施”的原则，推进生活区老旧住房改造工程，完成新建员工住宅“碧江馨苑”后续证件办理工作，完成3栋生活区老旧住房的拆除，并实施绿化美化工程。基本完成生活区用电改造工程施工，将启动资产移交工作。投入资金100多万元，加大存续资产维保力度，确保生活区各项设施的安全可靠。加大资产处置力度，处置眉山同升小区门面及住房资产共计24套（间）、收入571万元；出售时代新材150万股股权，实现收益1085万元；规范资产租赁管理，全年实现租金收入194万元；清理报废80项低值无效资产，涉及资产净值29万元。

中国南车集团武昌车辆厂

2013年末，总资产为71916万元，其中流动资产为70722万元，固定资产为1845万元；负债为73365万元，净资产为-1449万元；实现净利润173万元。

武昌厂下设综合管理处和社会事务处，有员工44人。

年内，围绕存续资产管理和处置，认真做好存续资产租赁经营工作，全年签订租赁合同16份，年租赁费460万元。按照集团公司要求，推动厂办大集体企业改制，取得实质性进展。加大应收账款催收力度，追回外单位拖欠原武昌厂账款29万元。

中国南车集团铜陵车辆厂

2013年末，资产总额为6144万元，较年初增加641万元，其中流动资产3972万元，长期股权投资 50 万元，固定资产净额 987 万元，在建工程 1135 万元。全年实现营业（资产租赁）收入 157 万元、净利润 1 万元。

年内，加强存续资产日常管理，建立实物台账，确保存续资产的完整和安全。定期进行货币资金检查，及时编报资产报表。成立工厂资产处置专项工作组，加快对低效无效资产的处置。实行资产出租审批制，针对不同对象制定资产出租方案，出租给南车长江铜陵公司，原则上租金双方协商定价；出租给其他单位和个人，租金不低于市场价，且逐年递增。推进厂办大集体改制工作，完成 182 名集体员工身份认定工作，上报集团公司改制方案、人员安置方案、资产处置方案等并通过审批。

推进家属区转供电改造移交工程，项目计划投资 1312 万元，签订合同 1308 万元，本年度支付工程预付款及进度款 722 万元，款源为集团公司专项投入工厂的资本金。完成 422 套保障房项目的土地证办理手续，新建小区命名为“铜兴家园”并获得铜陵市民政局批准。

中国南车集团成都机车车辆厂

2013 年末，资产总额 5577 万元。全年实现营业收入 223 万元，利润总额 2 万元，净利润 2 万元。

年内，加强存续企业资产出租管理，参考周边房建物租赁价格，调整制定房建物租赁价格并实施。修订《中国南车集团成都机车车辆厂单身公寓管理办法》，，调整新单身公寓住房租金按员工入住年限实施阶梯收费制。进一步盘活资产，将存量房屋改建为乘务员公寓。

启动厂办大集体改革改制工作，组织开展了清查核资、审计评估以及制定《改革改制实施方案》《人员安置和劳动关系处理方案》等工作，并上报集团公司《关于呈报成都机车车辆厂二分厂厂办大集体改制方案的请示》。

中国南车集团洛阳机车厂

2013 年末，资产总额为 13850 万元，其中流动资产为 6407 万元，非流动资产为 7543 万元；净资产 12009 万元。全年实现营业收入 187 万元、净利润 5 万元。

年内，根据经营环境和业务单元的增减合理编制存续企业年度预算，强化预算管理。根据市场化原则改制扶持政策，与改制公司签订资产租赁协议并及时回收租赁资金。坚持同根同缘同发展的原则，与改制公司签订业务委托协议，建立为市场合作关系，促进共同发展，保证长期投资的合理回报。加大存续资产处置力度，加速处置低效无效资产，可处置资产基本全部处置完毕；规范资产处置流程，着力减少对改制企业投资户数，逐步使全部国有资产退出改制公司。

推进美丽家园建设项目，营造良好环境。西机车社区旧房改造工程，一期二批游泳池项目主体工程及外墙粉刷完工；一期二批饮食城 3 栋楼项目完成招标，开始办理开工前的各项手续。社区综合配套改造项目，东市场改造方案基本完成，体育场恢复工程完成准备工作，垃圾中转站建设完成调研。

中国南车集团襄阳机车厂

2013 年末，资产总额 4067 万元，负债总额 1308 万元，资产负债率 32%，所有者权益 2759 万元。全年实现收入 386 万元，其中改制单位房屋租赁收入 375 万元、其他综合服务费收入 11 万元；利润总额 3 万元。

年内，有序推进棚户区改造，棚户区一期改造工程 152 套职工住宅完成分配；棚户区二期改造工程获襄阳市规划局批准建设 1932 套，年内完成拆迁及场地平整。积极推进大学生公寓建设，完成项目立项审批、规划审批、地质勘探、施工图设计工作，项目年底实现开工，项目总投资 1352 万元。组织推进供电改造工作，完成项目可行性分析报告，并与地方政府沟通，签订了供电改造移交框架协议。启动美丽家园建设，完成企业美丽家园建设规划及实施方案编制工作，并按照规划要求，完成生产区道路改造、环境绿化及生活区停车位设置等工作。

中国南车集团北京二七车辆厂

2013 年末，总资产 9825 万元，负债 2074 万元，所有者权益 7751 万元，流动资产 5544 万元，长期股权投资 2485 万元。固定资产净值 921 万元，主要是土地、房屋建筑物、住宅区公共设施设备等。全年实现营业收入 81 万元、归属母公司净利润－446 万元。

年内，加强预算管理，编制月度预算，严格财务监督及日常管理，确保实际发生控制在预算范围内。根据集团公司《关于调整离休人员生活补贴有关情况的说明》的文件精神，调整执行离休人员生活补贴标准，金额由 8.3 万元/月提高到 21 万元/月，共计办理补发 491 万元的离休人员生活补贴。根据集团公司规范存续企业出租资产管理的要求，加强对出租资产的核查，及时清理到期租赁合同，并分别与北京长铁车辆有限公司和北京二七长辆物业管理有限公司重新签订合同 4 份，最大限度地确保工厂的利益。加强债权债务的清欠力度，清收北京长铁车辆有限公司和河北石铜铸造有限公司欠款共计 94.8 万元。加快低效无效资产处置，报废和拆除处理俱乐部、煤气站等固定资产。

中国南车集团石家庄车辆厂

2013 年末，资产总额 18037 万元，负债总额 11737 万元，所有者权益总额 6300 万元。营业收入 489 万元，净利润 1263 万元。

年内，集团公司以 150 万元的价格，将铁龙公司 33.33%的股权划转工厂，工厂持有铁龙公司股权占比增至 77.78%。根据中国南车《关于出具认购时代新材配股股份承诺函的通知》，工厂持有的南车时代新材公司股份按 10 配 3 的比例配股，持股数量由 5259837 股增至 6837788 股，持股比例为 1.03%；根据中国南车《关于集团内部部分企业通过证券市场大宗交易转让部分时代新材股票的通知》，将持有的南车时代新材公司 200 万股股票转让，工厂持股数额减至 4837788 股。全面清查存续租赁资产，针对石铜铸造基地承租单位可能退出的情况，对双方资产进行清查，有效保证各方权属利益。审计工厂投资的铁龙公司和工厂医院的财务收支、经营管理及内部控制情况，加强投资风险和内部经营风险控制。加强社区管理，与国孚公司签订《社区换热站运行管理委托协议》，实现一、四宿舍供暖全面托管；完成九宿舍锅炉置换，并与金房公司签订《锅炉房供暖投资运营合作协议》，实现九宿舍供暖社会化移交。

中国南车集团武汉江岸车辆厂

2013年末，资产总额15655万元，货币资金同比增加673万元，其他应收款增加808万元。负债总额14151万元，较年初增加1882万元。全年营业收入268万元。

年内，针对九鼎物业公司土地使用权可能存在国有资产流失的问题，积极组织相关调研并多次咨询知名法律事务所，最终完成九鼎公司土地使用权补偿收益的回收。经审计评估、挂牌等规范程序，完成改制公司“神骏专汽”购置工厂在黄陂滠口冯岭村地块的出让工作；另一块新江岸4亩土地，找到有购买意向的商户，土地移交手续尚在办理中。推进大集体改制工作，完成基本情况、工资数据，拟采取的改制方式、资产、土地房产、社保缴纳、债权债务以及员工安置成本的调查认定和计算统计等基础工作。根据武汉市政府要求，完成工厂门面房的补偿拆除工作。加强应收账款催收工作，除与“制冷公司”签订限时限额还款协议外，通过发“对账函”“律师函”等方式追讨清账，着力解决应收账款的难题。推进“为一”社区危房改造，完成水、电、绿化、电梯、消防等工程施工及验收；完成两栋楼房（13层、14层）建设，130户拆迁居民搬入新居。

中国南车集团（青岛）四方机车车辆资产管理有限公司

2013年，实现收入255万元，处置固定资产净收入361万元，实现利润3万元。

年内，完成兴隆商厦5层房产的评估和公开拍卖转让工作，实现处置金额680万元，增值129.1%，除去账面成本和各种税费，净收益361万元。严格管控出租资产和回收租金，组织对5处房产重新签订房屋租赁合同；对技术学校占用的固定资产实施有偿使用，签订机械设备租赁协议，年度实现资产租赁收入255万元。加强股权投资管理，开展对外股权投资情况调查，提出股权处置意见。

推进企业社会职能的剥离，探索技术学校、托幼中心属地化移交的渠道，并开展职工医院并入青岛大学医学院附属医院的谈判协商工作。完成5700余平方米宿舍区房屋大修项目，确保房屋资产的状态和使用安全。组织开展管理提升活动，加强对经营单位的管控，基层经营单位的经营情况持续改善，技术学校实现营业收入 2540 万元，并通过“国家中等职业教育改革发展示范学校建设方案及任务书”评审复核，全面启动创建国家示范学校工作；职工医院实现营业收入3202万元；幼儿园实现年度营业收入234万元，实现利润1万元。

（南车集团资产管理中心　供稿）

中外合资经营企业

青岛四方-庞巴迪铁路运输设备有限公司

株洲西门子牵引设备有限公司

株洲时菱交通设备有限公司

石家庄国祥运输制冷设备有限公司

南京浦镇恩梯恩铁路轴承有限公司

常州朗锐东洋传动技术有限公司

常州朗锐凯迩必减振技术有限公司

株洲斯威铁路产品有限公司

青岛四方-庞巴迪铁路运输设备有限公司

青岛四方-庞巴迪铁路运输设备有限公司是由四方机车车辆有限责任公司和庞巴迪公司于1998年设立的中外合资企业，总投资约7300万美元，双方各占50%股份。合资企业主要经营范围：设计、生产高档客车，普通客车车体，电动车组，豪华双层客车，高速客车及城市轨道车辆等，销售自产产品，提供相关售后服务。2013年新造250公里时速动车组32列，修理200及250公里时速动车组46列，销售收入约43亿元人民币。2013年，董事长由夏春生变更为刘杰。

株洲西门子牵引设备有限公司

株洲西门子牵引设备有限公司是由西门子（中国）有限公司、株洲南车时代电气股份有限公司和南车株洲电力机车有限公司于1998年11月组建的中外合资企业，投资总额约3.4亿元人民币。合资企业主要经营范围：设计、开发、制造交流传动电力机车和其他交流传动轨道车辆及其关键部件，销售公司自产产品，提供相关售后服务。2013年，实现营业收入3.8亿元。

株洲时菱交通设备有限公司

株洲时菱交通设备有限公司是南车时代电气股份有限公司和日本三菱电机株式会社于2005年4月8日成立的中外合资企业，投资总额约2300万美元。合资企业主要经营范围：轨道交通车辆用电气部件和机械部件的设计、开发、制造、销售及售后服务。2013年销售收入约4.9亿元人民币。

石家庄国祥运输制冷设备有限公司

石家庄国祥运输制冷设备有限公司是由南车石家庄车辆有限公司和台湾国祥股份有限公司共同出资组建的中外合资企业。公司成立于2003年7月，注册资金1050万美元。合资企业经营范围：设计、生产和大修采暖设备、运输设备、电子设备、制冷空调通风设备等轨道车辆专用设备及零备件。2013年销售空调机组7661台，实现营业收入9.47亿元。

南京浦镇恩梯恩铁路轴承有限公司

南京浦镇恩梯恩铁路轴承有限公司是南京浦镇车辆有限公司和恩梯恩（中国）投资有限公司于 2007 年 12 月设立的中外合资企业。合资企业主要经营范围：机车车辆主要零部件设计与制造，铁路高速客车车轴用精密轴承及其零部件的开发、生产和销售。2013 年实现轴承销售 5036 对，销售收入 1245.2 万元。

常州朗锐东洋传动技术有限公司

常州朗锐东洋传动技术有限公司是南车戚墅堰机车车辆工艺研究所有限公司与日本东洋电机制造株式会社于2006年8月成立的中外合资企业，注册资金为 1000 万元人民币。经营范围：城市轨道交通车辆用齿轮传动系统以及其它相关产品的设计开发、生产制造、销售以及售后服务等。2013 年实现营业收入 1 亿元。

常州朗锐凯迩必减振技术有限公司

常州朗锐凯迩必减振技术有限公司是由南车戚墅堰机车车辆工艺研究所有限公司和日本 KYB 株式会社于 2008 年 8 月成立的中外合资企业，公司注册资本 4000 万元人民币。经营范围：机车、车辆用油压减振器、高度阀、差压阀及其它相关产品的设计开发、生产制造、销售与服务等。2013 年累计修理 3、4、5 级修动车减振器 317 列，累计修理各车型各修程减振器 24480 余个，减振器修理数量同比增长 70%，另一方面，由于 2013 年上半年基本没有动车新造业务，而且半主动减振器用量大幅减少，对减振器新造业务影响很大。2013 年实现营业收入 1.55 亿元。

株洲斯威铁路产品有限公司

株洲斯威铁路产品有限公司是南车长江车辆有限公司和美国 ABC 铁路产品中国投资公司于2001年9月共同组建的中外合资企业。公司总注册资本约 1 亿元人民币。经营范围：设计、开发、加工、制造，购买和/或组装并在国内及国际市场上营销和/或销售整套铸钢转向架、转向架部件、其他铸钢产品及相关铁路工业产品，为上述产品提供售后服务，并排他地向中国境内的第三方及关联单位分许可技术和商标。2013 年全年完成销售吨位 17326 吨，实现销售收入 2.28 亿元。

（战略和发展部　供稿）

人物与荣誉

先进人物

先进集体

先进人物

【全国五一劳动奖章】
中国南车总部　郑昌泓
株机公司　李　琼
浦镇公司　郭有东
长江公司　易　冉
戚墅堰公司　王延花

【全国生产力杰出人物奖】
中国南车总部　郑昌泓

【全国职业经理人伯乐】
中国南车总部　郑昌泓

【国家百千万人才工程专家】
有突出贡献中青年专家
中国南车总部　王　军

【国家万人计划首批科技创新领军人才】
四方股份公司　龚　明

【全国三八红旗手】
株洲所　王　进

【全国五一巾帼标兵】
株机公司　罗　辉
电机公司　吴细坤
眉山公司　李春梅
戚墅堰所　翁敏红
戚墅堰公司　王延花
成都公司　高云霞

【全国优秀工会工作者】
戚墅堰公司　王延花

【全国优秀工会积极分子】
四方股份公司　王成龙
浦镇公司　忻　群
南方汇通公司　崔景泉
长江公司　董　军
戚墅堰公司　秦兆俊

【全国群众体育先进个人】
资阳公司　陈文国

【全国职工职业道德先进个人】
戚墅堰公司　王延花

【全总《女职工劳动保护特别规定》知识竞赛优秀个人奖】
中国南车工会　冯　丹
石家庄公司　杨子萍
洛阳公司　柴笑玲　冯明莹
戚墅堰公司　夏祥梅　王延花
资阳公司　刘志荣

【全国安康杯竞赛安全文化宣传先进个人】
资阳公司　王　戈

【全国优秀团干部】
中国南车团委　何明新

【中央企业劳动模范】
株洲所　尚　敬
浦镇公司　刘岱华
眉山公司　李春梅
戚墅堰所　万升云
戚墅堰公司　张　忠

【中央企业职工技能竞赛优秀工作者】
中国南车总部　钟少锋
四方股份公司　林　豹

【第二届中央企业五四青年奖章】
四方股份公司　李　兵

【中央企业优秀共青团员】
成都公司　李　亮

【中央企业优秀共青团干部】
株洲所　唐　皓
浦镇公司　徐子心
眉山公司　郑　丹

二七公司　　牛宏睿

【中央企业青年岗位能手】

四方股份公司　　张合礼
株机公司　　朱　献　殷　奎
株洲所　　李启乐
长江公司　　易　冉
石家庄公司　　霍晓杰

【茅以升铁道工程师奖】

四方股份公司　　刘　泰
浦镇公司　　奚华峰
电机公司　　胡　贵
戚墅堰公司　　张晓芳

【火车头奖章】

四方股份公司　　王成龙　孙孝彦
株机公司　　郑　荣　谢光明
株洲所　　胡文波
四方有限公司　　安海亮
浦镇公司　　胡基贵
电机公司　　龙谷宗
眉山公司　　郑　平
南方汇通公司　　吴　波
长江公司　　赵汉江　陈红兵
戚墅堰所　　刘寿华
石家庄公司　　王　立
洛阳公司　　王灵军
戚墅堰公司　　杨根保
二七公司　　王　伟
成都公司　　李光耀
资阳公司　　钟俊林

【全国铁路优秀工会工作者】

株洲所　　杨首一
眉山公司　　王志强
长江公司　　孙玉昌
石家庄公司　　贾海林
资阳公司　　马　旭

【全国铁路优秀工会之友】

南方汇通公司　　黄纪湘
长江公司　　桂祖康

【全国铁路优秀工会积极分子】

四方股份公司　　滕克磊
株机公司　　李鹏齐
株洲所　　龚　文
四方有限公司　　臧庆春
浦镇公司　　薛为芳
电机公司　　袁　铮

【全国铁路先进女职工】

株洲所　　钟金玉
石家庄公司　　李　俊

【全国铁路先进女职工工作者】

成都公司　　王冀蓉

【铁总《女职工劳动保护特别规定》知识竞赛优秀个人奖】

四方股份公司　　孙惠萍
株机公司　　罗正义
株洲所　　梁　莅　高小杰
四方有限公司　　阎可婷
浦镇公司　　杨　迎
电机公司　　刘文进
眉山公司　　杨玉兰
南方汇通公司　　张　宏
长江公司　　黄　燕
戚墅堰所　　王勤毓
石家庄公司　　庞　红
二七公司　　郭育花
成都公司　　冯昭英
资阳公司　　唐　艳

【省级青年岗位能手】

四方有限公司　　丁颖杰
石家庄公司　　马振峰

【省级优秀共青团干部】

眉山公司　屈一鸣
长江公司　王　清
资阳公司　陈　洁

【省级优秀共青团员】

长江公司　丁小丽

【省级优秀青年志愿者】

株机公司　廖亚军

【第二届中国南车核心技术人才】

首席技术专家

四方股份公司
邓小军
株机公司
杨　颖　阮殿波
株洲所
王　进　刘可安　刘国友
浦镇公司
唐永明
长江公司
焦　辉
戚墅堰所
万升云

资深技术专家

四方股份公司
刘　泰　马利军　李　莉　田爱琴
邓学寿
株机公司
李冠军　罗华军　颜　罡　佟来生
李耘茏　周安德　闵阳春　陈陟悠
株洲所
王卫安　赵清良　郭红锋　黄友剑
王立鹏　宋传江　杨卫峰　黄燕艳
晏红文　张亚新　许峻峰　卜继玲
刘海涛
四方有限公司
战成一
浦镇公司
陈美霞　奚华峰　印建明　杜彦品
王爱武
电机公司
杨学军　曹　飞　曹瀚清　杨振中
周黎民
眉山公司
林结良　邓成尧
长江公司
王宝磊　王　剑　雷青平
戚墅堰所
朱正锋　阙红波　张勋林
戚墅堰公司
张晓芳　胡华林　芮孟寨
洛阳公司
吴龙发　袁其刚
二七公司
张四梅
资阳公司
叶顶康　廖忠文　王平华

技术专家

四方股份公司
张月军　张立国　梁君海　王学亮
刘先恺　赵　民　魏京利　杜　健
胡学永　孙笃玲　李　鹏　刘德刚
张志毅　刘天赋　吴　莹　侯方东
姜良奎
株机公司
康明明　易兴利　王　玲　毛金虎
颜志军　蒋廉华　孙永鹏　邹文辉
曾艳梅　罗彦云　李晓春　晋军辉
肖云华　高　楠　吴志明　彭　驹
罗显光　陈尚强　李　顺　杜玉峰
株洲所
张志学　李鸿岩　黄安民　曾　嵘
郭春杰　唐广笛　曹国荣　刘　军
王　靛　刘文松　盛建科　张步峰
唐文进　席力克　林　胜　朱红军

汪　伟　陈灿辉　李　华　肖　勇
翁星方　肖功彬　郭　锐

四方有限公司

孙元德

浦镇公司

徐凤妹　王兴元　倪宝成　陈日发
谢　宁　薛淑胜　陆丽芬　陈光湖

电机公司

王建良　袁春龙　殷　强　邵平安
梁湘湘　何云风

眉山公司

杨　鸣　胡方年　张显锋　张超德
安　鸿　秦　啸　李志强　刘　兵
张志昌　肖维远

南方汇通公司

时小兵

长江公司

涂智文　陈　伟　刘翀原　曾丁轩
石胜平　刘军祥　吕长乐　陶德强
罗桂琼　彭万祥

戚墅堰所

吴　刚　黄腾飞　张新国　靳国忠
肖静岚　盛　伟　吴　鹏

洛阳公司

毛　宏　许东力　李国宾

戚墅堰公司

张　健

二七公司

王秀琴　朱　丽　孟　宏　孙　蕾
田　川　陈时虎

成都公司

高云霞

资阳公司

张　斌　江太宏　李廉枫　苏　程

【第二届中国南车核心管理人才】

首席管理专家

株洲所

袁志刚　申宇翔

戚墅堰公司

王延花

资深管理专家

四方股份公司

林　豹　邬群亮　林贤军　高文慧

株机公司

肖经行

株洲所

杜劲松　靳勇刚　马文俊　方光华

浦镇公司

陶良麒

南方汇通公司

简　勇

长江公司

向　鹏

戚墅堰所

刘晓峰　张　萍

二七公司

何　山

管理专家

四方股份公司

王小锋

株机公司

单　勇　陈　成　高　杰　周俊好
傅维臣　文国元　李一鸣

株洲所

李群波　孙剑梅　王　鹏　张利芝
胡文波　熊锐华　刘大喜　任其昌
姜素仙　唐先贺　陈　剑　蒋富林

浦镇公司

黄选平　范卫华

租赁公司

文　凭

眉山公司

葛启珩　黄核仁　王洽军　王绍良

长江公司

张海红　代晓岚　胡灼文

戚墅堰所

莫彦承　陈扣琳

二七公司

黄志强　党永平　马庆林　赵　海

洛阳公司

李国庆　施绍民　刘　艳　吕宗虔

陈延辉　张炬明

【第二届中国南车核心技能人才】

首席技能专家

株机公司

聂　毅

电机公司

文照辉

浦镇公司

孙景南

眉山公司

张志发

石家庄公司

乔　东

戚墅堰公司

袁志刚

资阳公司

钟俊林

资深技能专家

四方股份公司

高思军　仲积峰　王宝昌　宋金祥

株机公司

桂志红　李忠辉　谢光明　罗　锋

唐亚红

株洲所

刘闽盛

浦镇公司

周聚强　尹正宏　童　宙

眉山公司

毕永邦　陆沛治

南方汇通公司

代顺生

长江公司

黄　祎　向　明　李继平　陈　涛

胡献军

戚墅堰所

刘寿华　王思忠　杨余明

石家庄公司

刘志彬　李高明

洛阳公司

李万坤　贾少伟　方　猛

戚墅堰公司

丁　京　姚　俊　何东英

成都公司

张广川　戴自文

资阳公司

吴永鹏　李　彬

技能专家

四方股份公司

管　敏　毛瑞海　李　鹏　王炳倩

宁允展　杜明果　侯方电　迟金刚

张　强　周国栋

株机公司

周海华　张　智　吕　宏　刘　伟

李　琼　盛　福

株洲所

周　进

四方有限公司

袁敬芳　倪树友　张　波

浦镇公司

张仁水　刘　洪　吴　斌　马　捷

杨树忠　蔡永晶　周冬冬　赵　林

屠跟林　季学金

眉山公司

王　强

长江公司

陈汉昌　李晓辉　江小山　孟繁华

张旭波　杨福才　罗柏成　张文胜

彭　景　尹　辉　言　铸　赵成富

刘忠友　杨之忠　沈建诚　尹　利

周粉良

戚墅堰所

宗建军　唐欧平　董国节　陆堰龙

丁春松

石家庄公司

安利民　郭　磊　任建斌

洛阳公司

王京锁

戚墅堰公司

李秋生　任　铭　徐遵敏　万文兴

刘建华　花　云　冷洁枫　朱奕宇

二七公司

刘国强　刘建国　宗建国　彭士中

成都公司

周玉林　吴小兵　刁明长

资阳公司

肖　艳　吕海寅　吴铁志　余明达

【中国南车劳动奖章】

中国南车总部	薛　松		
四方股份公司	王传刚	矫尊田	冯全克
株机公司	王雪芳	谭　艺	颜　罡
株洲所	张志学	陈燕平	杨　辉
四方有限公司	蔡　坚	袁　野	
浦镇公司	郭　毅	严　琨	
电机公司	万　军	杨下沙	
眉山公司	曲金伟	文希忠	
南方汇通公司	肖昌武		
长江公司	宋　涛	于夏生	陈德根
戚墅堰所	金国宝	王文涛	
石家庄公司	刘静宜	刘惠生	
洛阳公司	丁　辉	李　凯	吴千涛
戚墅堰公司	申根林	刘　刚	张　健
二七公司	张　志	韩文致	
常铁校	张廷旺		
成都公司	李贵武	熊春友	
资阳公司	李六如	李　化	索雪松

【中国南车劳模创新工作室】

四方股份公司

周勇劳模创新工作室（车辆电工专业）

郭锐劳模创新工作室（车辆钳工专业）

株机公司

李樟兴劳模创新工作室（冷作工专业）

陆斌劳模创新工作室（钳工专业）

李琼劳模创新工作室（涂装工专业）

株洲所

郭淑英劳模创新工作室（电动及电传动技术）

周桂法劳模创新工作室（网络控制技术）

浦镇公司

楚永萍劳模创新工作室（转向架研发技术）

电机公司

文照辉劳模创新工作室（数控车工专业）

眉山公司

廖仲宾劳模创新工作室（电炉冶炼专业）

南方汇通公司

代顺生劳模创新工作室（机修钳工专业）

长江公司

株洲分公司

罗云富劳模创新工作室（数控编程操作）

易冉劳模创新工作室（电焊工专业）

欧清莲劳模创新工作室（电焊工专业）

杨卫东劳模创新工作室（电焊工专业）

常州分公司

戚健东劳模创新工作室（电焊工专业）

戚墅堰所

杨余明劳模创新工作室

石家庄公司

许秀峰劳模创新工作室（货车设计制造专业）

乔东劳模创新工作室（冷作工专业）

洛阳公司

洛阳分部

张素丽劳模创新工作室（钳工专业）

张景劳模创新工作室（电焊工专业）

李万坤劳模创新工作室（机车电工专业）

戚墅堰公司

张忠劳模创新工作室（电焊工专业）

潘德昌劳模创新工作室（车工专业）

李春劳模创新工作室（铸工专业）

二七公司

李德龙劳模创新工作室（电焊工专业）

成都公司

罗郭君劳模创新工作室（机车电工专业）

资阳公司

钟俊林劳模创新工作室（电焊工专业）

【中国南车安全讲话先进个人】

四方股份公司

张振辉　李秀兰　李　义

株机公司

余　冰　钟　剑　邬建玲

株洲所

易安定　董立坤　李昌生

四方有限公司

徐义明　潘春明　邢功璋

浦镇公司

顾华山　高　峰　尹继兵

电机公司

余　艳　李　南　郑继红

眉山公司

韩久明　王　健　谢小平

南方汇通公司

陈善春　申雅婷　王黔忠

长江公司

总部

徐　红

武汉分部

赵　益　杨汉华

株洲分公司

范　霖　童应明　顾芳山

铜陵公司

钱同明　吴兆虎

常州分公司

赵心丹　顾建平

戚墅堰所

蒋友强　车鹏杰　何　帆

石家庄公司

张文利　韩金才　王振普

洛阳公司

洛阳分部

贾少伟　李　军　李建生　王文清

襄阳分公司

张铁流　李再筠　孙丽华

戚墅堰公司

潘小英　朱燕萍　邓智勇

二七公司

狄二利　安亚江　王爱民

广州公司

黄　刚　王　鹏　胡新桥

成都公司

冉　文　廖永胜　邓时海

资阳公司

谭依平　贾林渊　王　戈

【中国南车工会优秀财务工作者】

王冬梅　徐静芳　景义兰　黄长缨

贺　华　张　涤　李　莹　张　宏

冷志宏　周培杰　孙春玲　蒋　影

【中国南车工会财务工作先进个人】

叶秋平　刘淑君　李　乐　孙烨歆

张颂时

【中国南车青年岗位能手】

四方股份公司　安　勇　姜　石

株机公司　郭晓鹏　彭章祝　曹　彦

株洲所　刘良杰　马伯乐　朱志勇

四方有限公司　耿建林

浦镇公司　赵　林

电机公司　郑宇华

眉山公司　汪雪梅

南方汇通公司	肖昌武
长江公司	胡　涛
财务公司	张抚童
戚墅堰所	冉成文
石家庄公司	景　朝
洛阳公司	韩志利
戚墅堰公司	丁　可
二七公司	樊洪超
常铁校	胡小凤
成都公司	翟士镔
资阳公司	祁　易

先 进 集 体

【全国五一劳动奖状】
中国南车股份有限公司

【全国企业先进生产力创新示范基地】
中国南车股份有限公司

【中国科技进步二等奖】
中国南车轨道交通装备三大技术平台建设技术创新工程

【全国工人先锋号】
株机公司电气设备分公司屏柜车间屏柜一班
株洲所时代电气电力电子事业部

【全国模范职工之家】
株机公司工会
眉山公司工会

【全国模范职工小家】
四方股份公司
　　总装分厂 EMU 骨架二班工会小组
洛阳公司
　　洛阳分部机加工车间分会

【全国青年文明号】
四方股份公司
　　技术中心车外开发部车下设计组

【中央企业先进集体】
四方股份公司技术中心
株机公司
南方汇通公司

【中央企业职工技能竞赛先进单位】
株机公司
戚墅堰公司

【全国厂务公开民主管理先进单位】
戚墅堰公司

【全国工会市级财务工作先进集体】
戚墅堰公司工会

【全国职工教育培训示范点】
株机公司工会
资阳公司工会

【全国安康杯竞赛优胜单位】
株机公司
戚墅堰公司
资阳公司

【全国安康杯竞赛安全文化宣传先进单位】
资阳公司工会

【全国《女职工劳动保护特别规定》知识竞赛优秀组织奖】
南方汇通公司工会女职工委员会

【中央企业青年文明号】
四方股份公司总装分厂 EMU 调试一工段
四方有限公司客修分厂塞拉门班
电机公司技术管理部
戚墅堰所技术中心

【中央企业五四红旗团委】
长江公司团委
戚墅堰公司团委

【中央企业五四红旗团支部】

洛阳公司洛阳分部轮对车间团支部

【火车头奖杯】

株机公司转向架事业部

长江公司株洲分公司台车车间

洛阳公司技术中心

资阳公司机车事业部总装车间电工一班

【中国铁道学会科学技术奖】

特等奖

四方股份公司

CRH380A 新一代高速列车研制

株机公司

大功率交流传动六轴电力机车平台关键技术及应用

一等奖

戚墅堰所

CRH380A 动车组齿轮箱驱动装置研制

二等奖

四方股份公司

时速 200～250 公里 16 辆编组卧车动车组研制

株洲所

兼具直流融冰、无功补偿的多功能可移动式变流装置研制与应用

具有列车直供电功能的大功率交流传动客货通用电力机车研发与应用

电机公司

大功率交流传动电力机车用牵引电机及牵引变压器

长江公司

D32A 型 320 t 凹底平车开发与应用

二七公司

NX_{70A} 型共用平车

货车关键锻轧部件工艺技术、显微组织特征与力学性能关系的研究

三等奖

株洲所

重载列车无线重联同步操控关键技术及装备研究

戚墅堰所

高速动车组用密接式车钩及缓冲器的研制

电机公司

新一代（CRH380A）动车组用牵引电机及牵引变压器

资阳公司

HX_N3 型机车柴油机曲轴国产化制造工艺开发

眉山公司

铁路车辆专用拉铆销的研制

C_{70C} 型焦炭运输专用敞车

二七公司

X_{70} 型集装箱专用平车

戚墅堰所

DWL-48 连续走行捣固稳定车捣固装置的研制

【全国铁路模范职工之家】

南方汇通公司工会

戚墅堰所工会

石家庄公司工会

戚墅堰公司工会

二七公司工会

【全国铁路模范职工小家】

株洲所南车时代电气股份有限公司工会

四方有限公司铝合金分厂工会

浦镇公司客车设计部工会支会

电机公司牵引装备业务部和动车事业部联合工会

眉山公司机械车间工会

长江公司铜陵分公司车轴车间工会

洛阳公司襄阳分公司工会

成都公司机车分厂柴油机车间工会

资阳公司曲轴事业部工会

【全国铁路工会财务工作先进集体】

南方汇通公司工会
石家庄公司工会

【全国铁路巾帼标兵岗】

资阳公司机车事业部总装车间电工一班

【全国铁路先进女职工组织】

戚墅堰公司工会女职工委员会

【全国铁路先进女职工集体】

电机公司牵引电机线圈车间并头二班
资阳公司机车事业部总装车间电工一班

【铁总《女职工劳动保护特别规定》知识竞赛优秀组织奖】

株洲所工会女职工委员会
长江公司工会女职工委员会

【省级青年文明号】

株洲所时代电气印制电路母排生产班组
浦镇公司电器研发部
长江公司
　常州分公司钢结构车间工艺组
　铜陵公司车轴车间精车轴身班

【江苏省青年安全生产示范岗】

长江公司常州分公司落车车间阀类班

【江苏省五四红旗团委标兵单位】

戚墅堰公司团委

【四川省五四红旗团委】

眉山公司团委

【省级五四红旗团支部】

株洲所时代电气制造中心团总支
长江公司常州分公司钢结构车间团支部

【江苏省先进班集体】

常铁校检 1051 班团支部

【中国南车劳动奖状】

四方股份公司
　技术中心
　财务部
株机公司
　制造服务中心
　机车事业部车体车间部件五班
　城轨事业部涂装车间
株洲所
　时代新材公司
　南车北京时代
四方有限公司
　物流公司
浦镇公司
　转向架车间
　车架车间
电机公司
　江苏南车电机有限公司
眉山公司
　同升紧固件公司
　备料车间
南方汇通公司
　车体车间
　转向架车间
长江公司
　国际贸易部
　株洲分公司备料车间折弯班
　常州分公司台车车间
　铜陵分公司车轴车间
戚墅堰所
　试验检测中心
　焊接表面技术工程部
石家庄公司
　财务部
洛阳公司
　洛阳分部和谐机车车间
　襄阳分公司轮对车间
戚墅堰公司
　人力资源部

机车一公司
二七公司
货车车间
成都公司
成都南车通力铁道车辆有限责任公司
资阳公司
机车事业部总装车间钳工班
晨风电气公司加工车间加工一班

【中国南车四好领导班子】

四方股份公司
株机公司
眉山公司
南方汇通公司
株洲所
浦镇公司
洛阳公司
石家庄公司
二七公司

【中国南车基层单位四好领导班子】

四方股份公司
检修服务事业部
转向架分厂
株机公司
技术中心
机车动车组营销中心
株洲所
研究院
南车时代电动公司
四方有限公司
综合管理部
转向架分厂
浦镇公司
客车设计部
城轨总装车间
电机公司
新产业部
牵引电机加工车间党支部
眉山公司
财务管理部
国内市场部
南方汇通公司
时代沃顿公司
转向架车间
长江公司
财务管理部
株洲分公司
武汉分部台车一车间
铜陵公司车轴车间
常州分公司机关综合一党支部
戚墅堰所
技术中心
工程机械事业部
石家庄公司
人力资源部
钢结构车间
洛阳公司
洛阳分部机车试验车间
襄阳分公司延伸产业党支部
戚墅堰公司
动力公司
机车分厂总装二车间
二七公司
生产部
转向架车间
常铁校
电气系党支部
成都公司
车辆公司总装车辆
机车分厂
资阳公司
晨风电气公司
机车事业部

【中国南车班组建设管理工作先进单位】

四方股份公司

浦镇公司
南方汇通公司
戚墅堰所
戚墅堰公司

【中国南车安全讲话优秀班组】

四方股份公司
车体分厂加工工段边梁加工班
转向架分厂地铁构架3班
总装分厂调试工段EMU试验五班
株机公司
城轨事业部车体车间不锈钢顶盖班
转向架事业部总成车间A团队
制造服务中心备料车间天车班
株洲所
南车时代电气电力电子事业部三线管芯班
南车时代新材工塑产品事业部改性材料生产一班
风电事业部布线班
南车时代电动总装车间总装一班
四方有限公司
转向架分厂制动中心班
铝合金分厂卫生间组焊班
车体分厂ESS班
浦镇公司
压铆车间下料工位
转向架车间C2001-02工位
台车车间C3001工位
电机公司
牵引变压器组装车间组装三班
牵引电机铁芯车间焊二班
牵引电机线圈车间线二班
眉山公司
备料车间4000T班
机械车间轴一班
货一车间P70上部电焊班
铸钢分公司清中件组

南方汇通公司
动力车间变电班
总装车间车钩检修班
弹簧事业部交叉杆班
转向架车间探伤班
长江公司
武汉分部
落车车间三通阀组
台二车间大件组
台一车间轮对组
常州分公司
落车车间阀类班
台车车间大件班
株洲分公司
备料车间激光班
台车车间钳二班C80端墙班
组装车间C80端墙班
铜陵分公司
铸造车间车钩焊修班
戚墅堰所
常州南车汽车零部件有限公司机加工A2班组
瑞泰公司精密车间精密二班
常州南车铁马科技实业有限公司夹钳踏面班组
铸造技术工程部精铸班
石家庄公司
钢结构车间车门二班
制备车间冲压班
工艺制造部生产处调车班
洛阳公司
洛阳分部
和谐机车车间落成班
机车组装车间大件班
机加工车间加三班
襄阳分公司
部件车间风机班
电器车间线路班

戚墅堰公司
- 动力公司焊工班
- 机车一公司油漆班
- 铸铁公司天车一班

二七公司
- 转向架车间侧架班
- 动能车间氧气站班
- 货车车间车钩检修班

广机公司
- 检修项目部解体班
- 检修项目部电气一班

成都公司
- 电机分厂总装车间总装组
- 机车分厂柴油机车间缸头组
- 车辆公司空调电器车间试验组

资阳公司
- 晨风电气加工一班
- 机车事业部组装班
- 曲轴事业部孔类班

【中国南车五星 HR 创建评价】

五星 HR
- 株机公司
- 四方股份公司
- 株洲所
- 电机公司
- 戚墅堰公司

四星 HR
- 浦镇公司
- 戚墅堰所
- 眉山公司
- 石家庄公司
- 长江公司
- 资阳公司
- 二七公司
- 南方汇通公司
- 洛阳公司
- 四方有限公司

三星 HR
- 成都公司
- 广机公司

【中国南车工会财务竞赛特等奖单位】

株机公司工会
四方有限公司工会
浦镇公司工会
眉山公司工会
南方汇通公司工会
长江公司工会
石家庄公司工会
洛阳公司工会
资阳公司工会

【中国南车青年文明号】

四方股份公司
- 检修服务事业部项目部
- 技术工程部转向架组焊接片

株机公司
- 电气设备分公司电器组装车间
- 制造服务中心备料车间
- 转向架事业部总成车间

株洲所
- 时代电动技术中心
- 风电事业部制造中心工程部
- 人力资源部

四方有限公司
- 物流公司仓储管理部综合库

浦镇公司
- 城轨市场部市场组

电机公司
- 牵引变压器部件车间迭片班

眉山公司
- 铸钢车间技术组

南方汇通公司
- 信息化办公室

长江公司
- 株洲分公司工艺处车体组

戚墅堰所

汽车零部件公司营销部

石家庄公司

制备车间铆焊二班

洛阳公司

售后服务部湖东售后服务组

戚墅堰公司

产品设计部制动设计组

二七公司

货车车间管工班

常铁校

机电工程系

成都公司

车辆公司客车检修总组装工区

资阳公司

综合技术部翻译室

【中国南车五四红旗团委】

四方股份公司团委

株机公司团委

株洲所团委

四方有限公司团委

浦镇公司团委

电机公司团委

眉山公司团委

长江公司团委

戚墅堰所团委

资阳公司团委

【中国南车五四红旗团支部】

四方股份公司

总装分厂团总支

转向架分厂团总支

株机公司

城轨事业部团委

技术中心团委

项目管理中心团总支

机车客户服务部团支部

株洲所

电力电子团支部

检测试验中心团支部

新材桥梁产品事业部团总支

四方有限公司

总部机关团支部

浦镇公司

城轨技术团总支

压铆车间团支部

电机公司

牵引电机加工车间团支部

牵引电机组装车间团支部

眉山公司

备料车间团支部

南方汇通公司

武装保卫部团支部

长江公司

常州分公司落车车间团支部

戚墅堰所

机关一团支部

铁马科技团总支

石家庄公司

工程机械事业部团总支

洛阳公司

襄阳分公司机关团支部

戚墅堰公司

热处理公司团支部

配件三公司团支部

二七公司

备件车间团支部

常铁校

机电工程系检 1151 班团支部

轨道交通系电 1053 班团支部

成都公司

电机分厂机关团支部

资阳公司

物流事业部团总支

统计资料

2013年中国南车集团主要经营指标完成情况综合表（表1）

2013年股份公司利润表及现金流量表（表2）

2013年股份公司主要资产构成及同比变动情况表（表3）

2013年股份公司主要负债构成及同比变动情况表（表4）

2013年股份公司各业务板块收入分析表（表5）

2013年股份公司重大资本性支出情况表（表6）

2013年中国南车设备汇总表（表7）

表 1　　2013 年中国南车集团主要经营指标完成情况综合表

指标名称	单位	实际完成	名　称	单位	实际完成
营业收入	亿元	1004	期末手持未完成生产订单	亿元	1112
其中：主营业务收入	亿元	990	其中：股份公司	亿元	1111
利润总额	亿元	58	从业人员平均人数	人	91512
归属母公司净利润	亿元	22	其中：股份公司	人	87477
资产总计	亿元	1282	工业总产值	亿元	1022
负债总计	亿元	811	工业增加值	亿元	211
所有者权益合计	亿元	471	新造及修理机车产量	台	1980
净资产收益率	%	11.40	新造及修理动车组产量	辆	4674
总资产周转率	次	0.80	新造及修理城轨、地铁产量	辆	1490
固定资产投资完成额	亿元	38	新造及修理客车产量	辆	3297
当年新签生产订单合计	亿元	1377	新造及修理货车产量	辆	51012
其中：股份公司	亿元	1352	其中：股份公司	辆	39794

表 2　　2013 年股份公司利润表及现金流量表

科　目	本期数（千元）	上年同期数（千元）	变动比例（%）
营业收入	97886300	90456242	8.21
营业成本	80468902	73944314	8.82
销售费用	3085197	3152751	-2.14
管理费用	8548030	7616844	12.23
财务费用	458919	492875	-6.89
经营活动产生的现金流量净额	5411851	2394692	125.99
投资活动产生的现金流量净额	-7245304	-4245623	70.65
筹资活动产生的现金流量净额	1473079	-5672474	-

表 3　2013 年股份公司主要资产构成及同比变动情况表

项　目	2013 年 12 月 31 日		2012 年 12 月 31 日		增长率（%）
	金额（千元）	占比（%）	金额（千元）	占比（%）	
流动资产合计	82952781	68.48	72261391	68.68	14.80
其中：货币资金	16400137	13.54	15044694	14.30	9.01
应收票据	6196202	5.12	3735597	3.55	65.87
预付款项	4875717	4.03	5055270	4.80	-3.55
应收账款	34120810	28.17	26618776	25.30	28.18
存　货	17721119	14.63	18770236	17.84	-5.59
非流动资产合计	38176631	31.52	32955910	31.32	15.84
其中：固定资产	21562666	17.80	19966042	18.98	8.00
在建工程	3637929	3.00	3004521	2.86	21.08
无形资产	5201300	4.29	4959126	4.71	4.88
资产总额	121129412	100.00	105217301	100.00	15.12

表 4　2013 年股份公司主要负债构成及同比变动情况表

项　目	2013 年 12 月 31 日		2012 年 12 月 31 日		增长率（%）
	金额（千元）	占比（%）	金额（千元）	占比（%）	
流动负债合计	67000199	89.36	61538414	93.66	8.88
其中：短期借款	5075731	6.77	4487248	6.83	13.11
应收票据	13574959	18.11	12948103	19.71	4.84
应付账款	31798126	42.41	26714857	40.66	19.03
应付短期融资券	2000000	2.67	2000000	3.04	0.00
非流动负债合计	7974582	10.64	4169026	6.34	91.28
其中：长期借款	568511	0.76	727376	1.11	-21.84
应付债券	3000000	4.00	-	-	-
其他非流动负债	3196781	4.26	2413488	3.67	32.45
负债总额	74974781	100.00	65707440	100.00	14.10

表 5　　2013 年股份公司各业务板块收入分析表

项　　目	2013 年		2012 年		增长率（%）
	金额（千元）	占比（%）	金额（千元）	占比（%）	
机　　车	19975733	20.41	14497334	16.03	37.79
客　　车	6618654	6.76	7776751	8.60	-14.89
货　　车	9978874	10.19	10470356	11.58	-4.69
动 车 组	19338111	19.76	21641833	23.93	-10.64
城轨地铁	8293204	8.47	7988575	8.83	3.81
新 产 业	13115071	13.40	10959408	12.12	19.67
其　　他	20566653	21.01	17121985	18.91	20.12
合　　计	97886300	100.00	90456242	100.00	8.21

表 6　　2013 年股份公司重大资本性支出情况表

项　　目	2013 年（千元）	2012 年（千元）
房屋及建筑物	75767	326564
机器设备	336472	336278
运输工具	17968	18525
办公设备及其他	153653	126490
土地使用权	140891	280320
软件使用权	106053	117147
工业产权及专有技术	172207	52872
在建工程	3729769	2438301
合　　计	4732780	3696497

表 7

2013 年中国南车设备汇总表

序号	项目 设备分类		保有总台数	固资原值（万元）	主要生产设备台数	其中				完好率%	利用率%
						一级	二级	三级	四级		
一	金属切削设备		4261	357220.1	3580	1619	1834	107	20	97.3	75.9
	其中：大型、精密		1058	188121.3	1007	402	512	89	4	97.7	74.1
二	锻压、剪冲设备		1800	102141.9	1451	726	683	37	5	96.4	71.6
	其中：大型、精密		375	69445.6	360	132	196	32	0	96.8	72.2
三	动力设备		4910	42294.8	1149	563	544	33	9	97.6	71.2
	其中	锅　炉	62	4075	57	23	34	0	0	99.4	36.7
		空压机	645	13303.1	500	244	243	11	2	98.1	57.3
		制氧机	0	0	0	0	0	0	0		
四	电器设备		18375	210499.1	13204	6129	6568	418	89	96.7	74.4
	其中：变压器		874	13580.2	808	414	381	8	5	99.2	87.8
五	起重、运输设备		6873	115945.9	5731	2121	3384	199	27	95.2	62.3
	其中	载重汽车	315	4575.4	287	137	125	21	4	96.1	48.9
		起重机含（1、2 类）	3343	57751.7	2981	1008	1897	67	9	95.8	57.2
六	工作炉、金属处理设备		1358	51620.3	1108	429	628	46	5	95.7	56.0
七	木工、铸工设备		734	56575.5	576	108	437	25	6	96.1	48.5
八	试验设备		3938	129257.9	2653	1128	1382	125	18	98.2	47.6
九	工程机械		22	201.5	18	5	11	1	1	96.7	48.3
十	杂项设备		12418	198647.7	5486	1021	2838	1568	59	95.5	47.2
	合　计		61361	1615257	40956	16209	21697	2787	263	96.9	61
	其中：精密设备		412	74684.3	385	203	170	12	0	98.8	66.4
	大型设备		2235	328257.4	2124	1189	895	34	6	98.6	69.7

附录

2013年铁道统计公报

时速500公里试验列车研制

基于混合FE-SEA方法的高速动车组车内噪声仿真预测研究

对城市轨道公共交通工程演化的思考

搅拌摩擦焊在轨道车辆行业的应用现状与展望

高速动车组牵引齿轮国产化研究

内燃机车及内燃动车西欧市场前景

2013 年铁道统计公报

2013 年，铁路管理体制政企分开改革有序推进，铁路部门以改革为动力，深入推进安全风险管理、运输组织改革、铁路基本建设，维护铁路安全稳定，各方面工作都取得了新成绩。

一、运输生产

旅客运输。全国铁路旅客发送量完成 21.06 亿人，比上年增加 2.04 亿人、增长 10.8%。其中，国家铁路 20.75 亿人，增长 10.7%；非控股合资铁路 0.24 亿人，增长 15.0%；地方铁路 0.07 亿人，增长 18.4%。全国铁路旅客周转量完成 10595.62 亿人公里，比上年增加 783.29 亿人公里、增长 8.0%。其中，国家铁路 10550.32 亿人公里，增长 8.0%；非控股合资铁路 38.02 亿人公里，增长 17.7%；地方铁路 7.28 亿人公里，增长 5.9%。

全国铁路客运量

指 标	单位	2013 年	比上年±%
旅客发送量	万人	210597	10.8
国家铁路	万人	207541	10.7
非控股合资铁路	万人	2366	15.0
地方铁路	万人	690	18.4
旅客周转量	亿人公里	10595.62	8.0
国家铁路	亿人公里	10550.32	8.0
非控股合资铁路	亿人公里	38.02	17.7
地方铁路	亿人公里	7.28	5.9

货物运输。全国铁路货运（含行包）总发送量完成 39.67 亿吨，比上年增加 0.63 亿吨、增长 1.6%。其中，国家铁路 32.22 亿吨，下降 0.4%；非控股合资铁路 4.95 亿吨，增长 12.6%；地方铁路 2.50 亿吨，增长 9.1%。全国铁路货运（含行包）总周转量完成 29173.89 亿吨公里，比上年减少 13.20 亿吨公里、下降 0.05%。其中，国家铁路 26845.01 亿吨公里，下降 1.4%；非控股合资铁路 2173.94 亿吨公里，增长 18.8%；地方铁路 154.94 亿吨公里，增长 13.8%。

全国铁路货运量

指 标	单位	2013 年	比上年±%
货运总发送量	万吨	396697	1.6
国家铁路	万吨	322207	-0.4
非控股合资铁路	万吨	49491	12.6
地方铁路	万吨	24999	9.1
货运总周转量	亿吨公里	29173.89	-0.05
国家铁路	亿吨公里	26845.01	-1.4
非控股合资铁路	亿吨公里	2173.94	18.8
地方铁路	亿吨公里	154.94	13.8

全国铁路货物发送量完成 39.61 亿吨，比上年增加 0.66 亿吨、增长 1.7%。其中，国家铁路 32.16 亿吨，下降 0.3%；非控股合资铁路 4.95 亿吨，增长 12.6%；地方铁路 2.50 亿吨，增长 9.1%。全国铁路货物周转量完成 29031.61 亿吨公里，比上年增加 63.61 亿吨公里、增长 0.2%。其中，国家铁路 26702.85

亿吨公里，下降 1.1%；非控股合资铁路 2173.82 亿吨公里，增长 18.8%；地方铁路 154.93 亿吨公里，增长 13.8%。

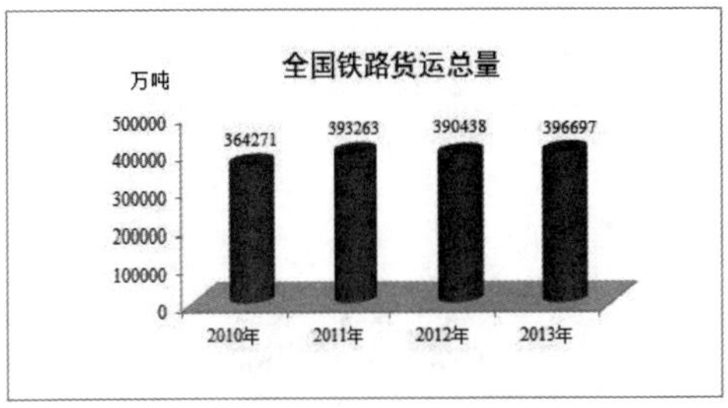

全国铁路行包发送量完成 598 万吨，比上年减少 340 万吨、下降 36.2%。其中，国家铁路 593 万吨，下降 36.3%；非控股合资铁路 5 万吨，下降 23.1%；地方铁路 0.2 万吨，下降 8.9%。全国铁路行包周转量完成 142.28 亿吨公里，比上年减少 76.81 亿吨公里、下降 35.1%。其中，国家铁路 142.16 亿吨公里，下降 35.1%；非控股合资铁路 0.12 亿吨公里，下降 22.9%；地方铁路 0.01 亿吨公里，下降 12.4%。

重点运输。全国铁路煤炭运量完成 23.22 亿吨，比上年增长 2.7%。冶炼物资运量完成 8.51 亿吨，下降 0.8%。石油运量完成 1.39 亿吨，增长 0.8%。粮食运量完成 1.10 亿吨，增长 5.4%。化肥及农药运量完成 0.87 亿吨，下降 6.0%。集装箱运量完成 0.88 亿吨，下降 4.5%。全国铁路口岸共完成进出口货物运量 0.58 亿吨，增长 7.3%。其中：满洲里、绥芬河、二连、阿拉山口四大口岸站共完成进出口货物运量 0.56 亿吨，增长 4.5%。

全国铁路主要品类运量

指　标	单位	2013 年	比上年±%
煤	万吨	232222	2.7
冶炼物资	万吨	85137	-0.8
石油	万吨	13894	0.8
粮食	万吨	11005	5.4
化肥及农药	万吨	8741	-6.0
集装箱	万吨	8844	-4.5

换算周转量。全国铁路总换算周转量完成 39769.51 亿吨公里，比上年增加 770.10 亿吨公里、增长 2.0%。其中，国家铁路 37395.33 亿吨公里，比上年增长 1.1%；非控股合资铁路 2211.96 亿吨公里，比上年增长 18.8%；地方铁路 162.22 亿吨公里，比上年增长 13.4%。

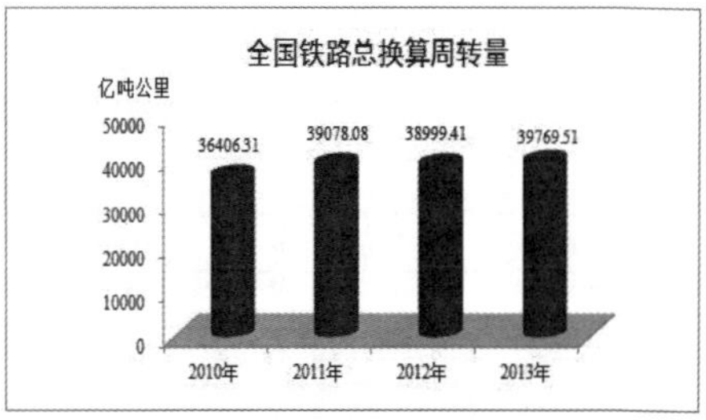

运输收入。国家铁路完成运输总收入 6050.35 亿元，比上年增加 741.45 亿元、增长 14.0%。

运输效率。国家铁路货运机车日车公里 493 公里，比上年延长 2 公里、增长 0.4%；货运列车平均总重 3548 吨，提高 18 吨、增长 0.5%；货运机车日产量 139.7 万吨公里，增加 1.4 万吨公里、增长 1.0%。全国铁路日均装车完成 168482 车，增加 2410 车、增长

1.5%；国家铁路货车平均静载重完成64.4吨，提高0.4吨、增长0.6%；货车周转时间完成4.72天，延长0.04天。

国家铁路主要运输效率指标

指　标	单位	2013年	比上年±%
日均运用机车	台	15024.8	-0.6
机车总走行公里	亿公里	28.24	-2.1
货运机车日车公里	公里	493	0.4
货运列车平均总重	吨	3548	0.5
货运机车日产量	万吨公里	139.7	1.0
全国铁路日均装车	车	168482	1.5
货车平均静载重	吨	64.4	0.6
货车周转时间	天	4.72	延长0.04天

运输安全。全年未发生特别重大、重大铁路交通事故和旅客列车较大铁路交通事故，铁路交通事故路外死亡人数同比下降5.7%。

服务质量。客运方面：继续深化客运改革，完善售票组织方式，强化站车服务措施。实现12306网站技术升级，推出手机购票业务，推广自动售取设备。210个车站实现二代证刷卡进站功能。货运方面：大力实施货运组织改革，实货制运输取得成效，货改以来铁路发运客户增长8%，零散白货当日受理率达99%以上。全路门到门运输办理站数量达到1909个。全路零担办理站从货改前的29个增加至181个。

二、铁路建设

铁路固定资产投资（含基本建设、更新改造和机车车辆购置）完成6657.45亿元。

基本建设。全国铁路共完成投资5327.70亿元，其中国家铁路和合资铁路完成投资5308.88亿元。路网大中型项目332个（含23个台账管理项目），完成投资5308.05亿元。其中，新建铁路完成投资4291.0亿元，既有线扩能改造完成投资1017.05亿元，分别占80.8%和19.2%。地方铁路完成投资18.82亿元。

全年共投产新线5586公里，其中高速铁路1672公里，津秦、西宝、宁杭、盘营、杭甬等高铁开通运营；投产复线4180公里、电气化铁路4810公里。完成新线铺轨7025公里、复线铺轨5954公里。

全国铁路新开工项目情况

项　目	项目个数	投资总规模（亿元）	建设总规模		
			Ⅰ线	Ⅱ线	电气化
总　　计	49	4889	4720	3602	4992
新建铁路	28	4133	4246	3090	3969
复　　线	6	332	301	299	398
电 气 化	2	35			499
枢　　纽	13	389	174	212	227

更新改造。国家铁路更新改造完成投资291.75亿元，比上年增加23.10亿元、增长8.6%。

路网规模。全国铁路营业里程达到10.3万公里，比上年增长5.7%。其中，高铁营业里程达到1.1万公里；合资铁路营业里程达到3.2万公里，地方铁路营业里程达到0.4万公里。路网密度106.9公里/万平方公里，比上年增加5.7公里/万平方公里。其中，复线里程4.8万公里，比上年增长10.4%，复线率46.8%，比上年提高2个百分点；电气化里程5.6万公里，比上年增长9.4%，电化率54.1%，比上年提高1.8个百分点。西部地区铁路营业里程达到4万公里，比上年增加2245公里、增长6.0%。

移动装备。国家铁路机车车辆购置完成投资 1038 亿元。全国铁路机车拥有量为 2.08 万台，比上年增加 38 台，其中和谐型大功率机车 7017 台，比上年增加 972 台。内燃机车占 47.8%，电力机车占 52.1%。全国铁路客车拥有量为 5.88 万辆，比上年增加 0.11 万辆；其中空调车 4.86 万辆，占 82.6%，比上年提高 4.8 个百分点。“和谐号”动车组 1308 组、10464 辆，比上年增加 225 组、1800 辆。全国铁路货车拥有量为 68.8 万辆，比上年增加 1.74 万辆，增长 2.6%。

全国铁路机、客、货车拥有量

指　标	单位	2013 年	比上年±%
机车	台	20835	0.2
客车	辆	58820	1.9
货车	辆	688042	2.6

合资建路。2013 年，新组建合资铁路公司 9 家，铁路建设规模约 1600 公里，投资总额约 1800 亿元，项目资本金约 880 亿元，吸引社会资本协议出资约 340 亿元。

三、科技创新

铁路安全技术创新。研发了高速列车追踪接近预警系统、动车组防脱线技术装备等安全技术装备，并逐步推广应用机车安全防护系统（6A）。会同国家电网公司开展高铁雷电防护技术研发，与中国地震局共同开展高铁地震监测预警技术研究及试验，取得重要进展。

重点技术攻关。大力推进中国标准动车组研制工作，推进 30 吨轴重机车车辆关键技术深化研究和样车研制。深入推进高速铁路 CRTSⅢ型板式无砟轨道、长大复杂桥梁、列控系统、牵引供电、30 吨轴重重载铁路道岔、轨枕、扣件、无砟轨道技术及评估监测、新一代客票系统、货运电子商务系统、运营维护等关键技术研究。

重大综合试验。组织开展了既有线 27 吨轴重综合试验、75 米长钢轨普通平车运输装载加固运行试验、液化天然气（LNG）罐式集装箱运输试验、接触网防融冰、京广高铁坪土隧道空气动力学效应试验、浮置板道床试验、福厦地震监测试验等试验工作。开展大西客专、沪昆客专高速综合试验和山西中南部通道重载综合试验相关准备工作。

重要技术标准制定。继续完善铁路技术标准体系，发布了五批共 73 项行业标准，发布了铁路专用产品标准性技术文件 151 个。推进标准国际化工作，主持和参加修订了国际铁路联盟（UIC）标准、国际电工组织牵引电器标委会（IEC/TC9）标准、国际标准化组织标准共 11 项。

知识产权及获奖成果。铁路行业 5 项科技成果荣获 2013 年度科学技术奖，其中《三索面三主桁公铁两用斜拉桥建造技术》荣获国家科技进步一等奖，《高速铁路供电综合监控技术与装备》《桥建合一及功能可视化立体疏解客流铁路车站设计建造技术》《湿陷性黄土地区高速铁路修建关键技术》荣获国家科技进步二等奖，《新型自密实混凝土设计与制备技术及应用》荣获国家技术发明二等奖。铁路 6 项专利荣获第十六届中国专利奖优秀奖，分别为“纵连板式无砟轨道水泥乳化沥青砂浆”“机车用四轴高速转向架”“既有线三维约束测量方法”“无砟轨道系统”“蓄电池充电控制方法”“货车及其底门装置”。中国铁路总公司科技研究开发计划 2013 年结题项目获得专利、软件著作权及论文 1249 项，其中，专利 340 项，软件著作权 40 项，论文或专著 869 项。

四、劳动效率

劳动用工。国家铁路从业人员为 218.44 万人，比上年增加 3.91 万人。其中，运输业从业人员为 175.41 万人，比上年增加 6.77 万人。

劳动生产率。国家铁路多元化经营劳动生产率完成48.26万元/人，比上年增长5.6%。运输业劳动生产率价值量完成35.94万元/人，比上年增长9.9%；实物量完成221.9万换算吨公里/人，比上年下降2.6%。

五、节能减排

综合能耗。国家铁路能源消耗折算标准煤1743.0万吨，比上年减少9.9万吨、降低0.56%。单位运输工作量综合能耗4.66吨标准煤/百万换算吨公里，比上年减少0.08吨标准煤/百万换算吨公里、降低1.7%。单位运输工作量主营综合能耗3.88吨标准煤/百万换算吨公里，比上年减少0.02吨标准煤/百万换算吨公里、降低0.5%。

主要污染物排放量。国家铁路化学需氧量排放量2103.3吨，比上年减排40.1吨、降低1.9%。二氧化硫排放量3.55万吨，比上年减排0.23万吨、降低6.1%。

沿线绿化。国家铁路绿化里程4.06万公里，比上年增加0.19万公里、增长5.0%。

注：1. 除注明外，国家铁路含控股合资铁路。

2. 客货发送量、客货周转量为确报数，其余数据均为速报数。

3. 各项统计数据均不包括香港特别行政区、澳门特别行政区和台湾省。

4. 除注明外，比上年为同口径。

（摘自铁路局网站）

时速500公里试验列车研制

1　研究背景

近年来，中国高速铁路建设和高速列车技术得到长足发展，高速铁路路网规模居世界前列。到2013年，中国铁路26条运营线路总长度9356公里，其中时速200～250公里线路长度3946公里、时速300～350公里线路长度5410公里。截至2013年8月15日，中国高速铁路投入运营高速列车867列，其中时速250公里速度级426列、时速350公里速度级441列；车型包括长编、短编、座车、卧车等不同速度等级共18种车型；路网覆盖地域辽阔，地理、地质、气候条件复杂多变；运营模式包括既有线提速、区域快速、长达2000公里跨区域高速和100公里城际快速。

中国在既有提速线、京津城际、武广、郑西、京沪等高速铁路开通之际，采用运营列车进行科学研究试验，在列车关键技术如转向架、头型、气密强度、减振降噪技术、牵引制动、弓网、舒适性等方面取得大量创新成果，高速列车试验速度不断提高。2008年，京津城际最高试验时速394.3公里；2009年，武广高铁重联动车组最高试验时速394.2公里、沪杭高铁最高试验时速416.6公里；2010年，京沪试验段最高试验时速486.1公里，创造世界运营铁路试验时速最高记录。

中国高铁技术在引进时速200～250公里动车组技术之后，结合既有技术，通过引进中的联合设计、线路试验以及运用中的考核验证，初步构建高速动车组的研发平台。在不同速度等级高速列车研发过程中，通过理论模型分析论证、实车试验验证、理论模型修正的不断循环迭代，高速列车研发的理论模型逐步完善。

2 项目目标

四方股份公司依托其承担的原铁道部科学技术司2010年科研项目《更高速度等级试验列车技术-系统集成技术与应用》（合同编号：2010J002-A），自主研发更高速度试验列车。持续深入研究高速列车安全性，为基础性科学问题研究提供试验平台，为新材料、新技术应用提供验证平台。安全性是高铁技术发展的决定性指标，通过探索更高速度条件下高速列车的运行稳定性、结构强度、车-线-网匹配关系等安全性能，进一步提高安全冗余；在更宽的速度范围内进行高速列车前瞻性基础问题的研究，揭示高速列车动力学行为、特征和规律，研究关键结构部件在更高速度条件下的强耦合作用响应特征，指导商业运营列车的工程实践和工程运用。更高速度试验列车的研制为中国进行高速列车应用基础理论的研究提供试验基础，为国家重点基础研究发展计划（973计划）项目“时速500公里条件下的高速列车基础力学问题研究”提供试验载体；作为持续研发的试验平台，对进一步强化产学研用的研究体系、建立可持续发展的人才队伍提供了有力保障。通过各种新材料、新技术的应用研究，进一步丰富和完善高速列车技术体系，为保持中国高速列车的持续技术能力预留创新空间。

3 关键技术

高速列车关键技术问题示意图，如图1所示。

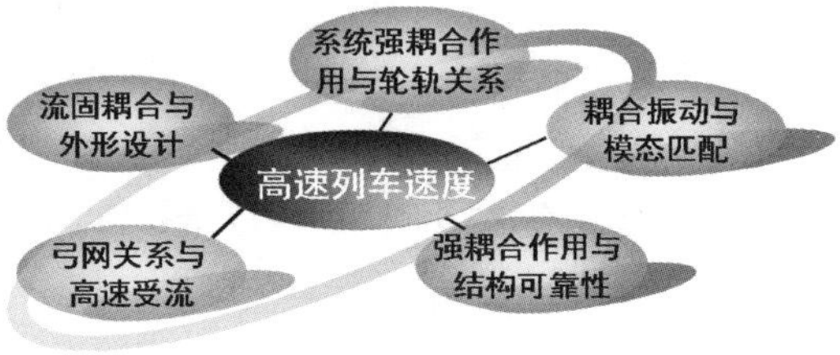

图1 高速列车关键技术问题示意图

更高速度下的车-线-网-气流大系统耦合作用更加剧烈，对高速列车的运动行为影响显著；复杂耦合条件下的轮轨、弓网、流固耦合关系与列车动态行为、特征及相互作用，决定了试验列车速度目标的实现。

通过优化转向架悬挂和结构参数的途径，实现临界时速大于690公里目标；头尾车采用不同头型结构，实现阻力和升力的最优匹配；通过减小车体断面，增加头型长细比的途径，系统提升超高速列车气动性能；简化弓网关系，采用单弓受流和主动控制方式，保证高速气流作用下的受流品质；通过模态匹配和传递函数优化的途径，解决全速度范围内移频性多点激扰的强迫振动问题。

3.1 系统强耦合作用与轮轨关系匹配技术

更高速度运行时，系统耦合作用更为强烈，线路激扰和气动作用显著增强，使轮轨关系更为复杂。列车运动稳定性和脱轨安全性面临更大的挑战，高速列车大系统耦合作用如图2所示。

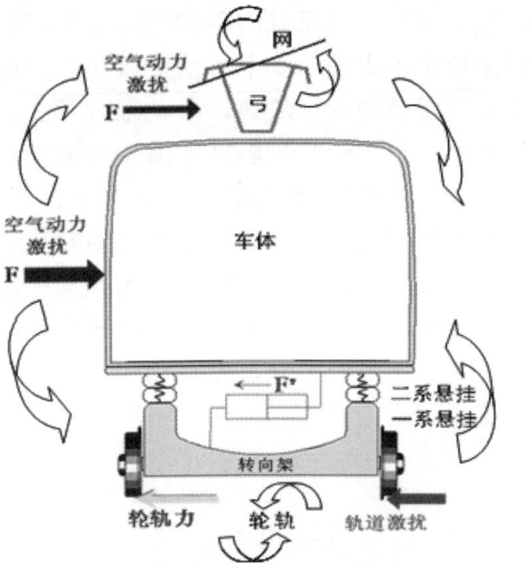

图 2 高速列车大系统耦合作用示意图

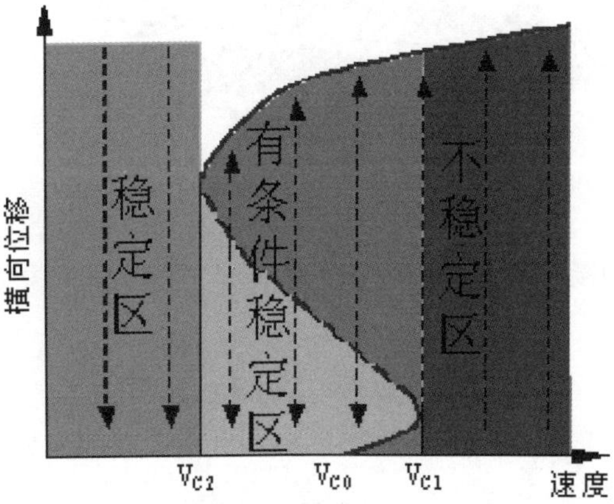

图 3 高速列车临界速度示意图

临界速度是评价高速列车全局稳定性的关键指标，高速列车临界速度示意图如图 3 所示。在复杂的耦合关系作用下，高速试验列车的临界时速应在 690 公里以上，以保证稳定性有充足的安全裕度；对踏面等效锥度、抗蛇行阻尼、一系定位刚度和轴距等关键参数合理匹配，实现临界速度提升。

针对脱轨安全性，CRH380A 型动车组试验结果表明，安全指标未发现随速度提高明显增加，时速 486.1 公里时的安全裕量充足，其中脱轨系数为 0.13（限度 0.8），轮轴横向力为 14.96 千牛（限度 46）；但研究表明，线路短波不平顺和侧风的扰动作用，对脱轨安全性指标的影响显著，有必要通过控制短波和优化气动特性，以减少激扰，提高列车运行安全性。

3.2 流固耦合与外形设计

高速列车在大气稠密的地面运行，流固耦合关系更加复杂。气动阻力与总阻力如图 4 所示，气动效应导致的轴重减载如图 5 所示。研究表明，随着速度的提升，气动阻力急剧上升，列车外形对阻力的影响提升；强气流激扰造成轮轨减载变化显著，抑制尾车升力和侧向力变得尤为关键；强气流激扰下

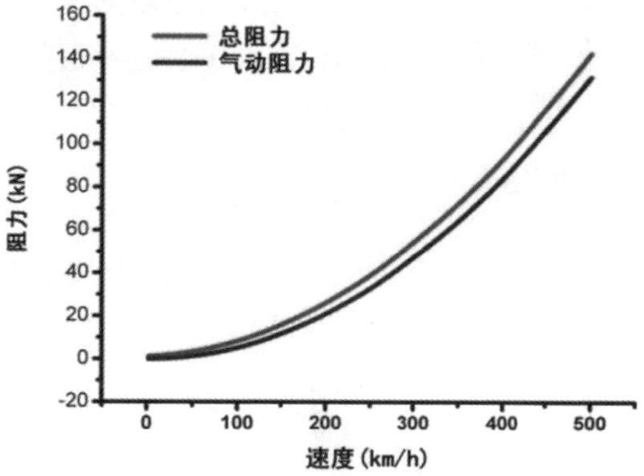

图 4 气动阻力与总阻力

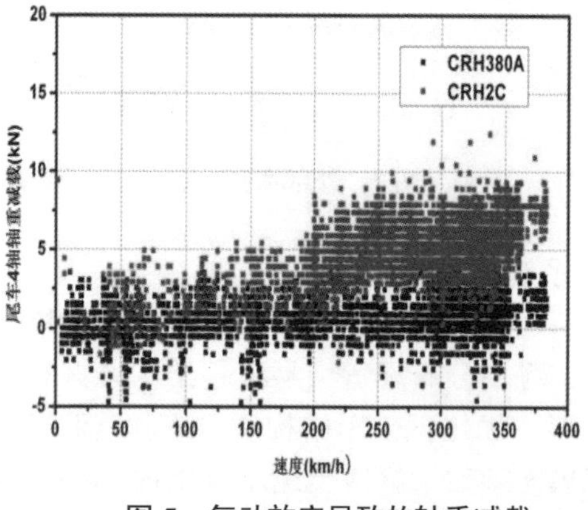

图 5 气动效应导致的轴重减载

的受电弓涡致振动和气动升力不容忽视，接触网振动明显加剧；地面效应具有持续性与非周期性特点，随速度的提高变化幅值加大；减少断面面积、增大长细比、平顺化车体对降低气动阻力最为有效；超高速下的气动性能参数对列车外型更加敏感，通过对列车表面流场进行微控达到气动安全性的提升。

3.3　弓网关系与高速受流

外部激扰如图 7 所示，轴箱垂向振动功率谱如图 8 所示。随着速度的提高，轮轨和气动扰动对弓网系统耦合作用不断增强，在大幅提升受电弓载流量的条件下，对高速稳定受流提出了更高的要求。研究表明，受电弓滑动速度越趋近于波速，振动幅度越大，接触越不稳定；提高接触网的波速为高速稳定受流创造条件，在接触线强度允许条件下，提高接触线张力，提升波动速度；随着速度的提升，接触压力呈线性增长；高速双弓受流时后弓受流质量下降明显，超高速宜采用单弓受流；接触压力随速度波动加剧，受电弓宜采用主动控制方式提高受流质量。

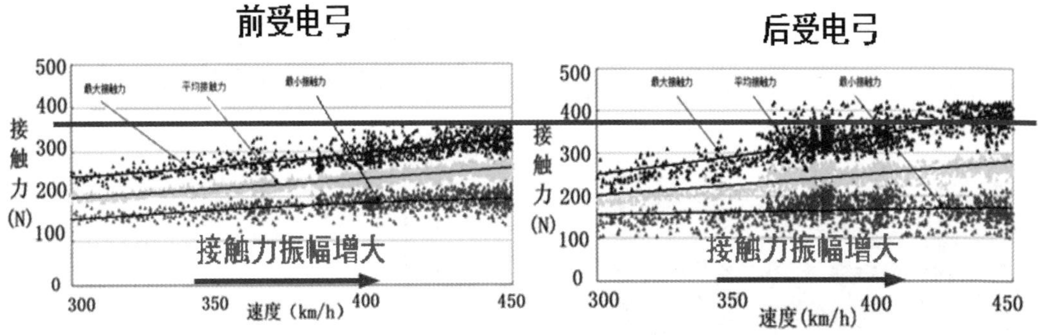

图 6　京沪先导段实测接触压力

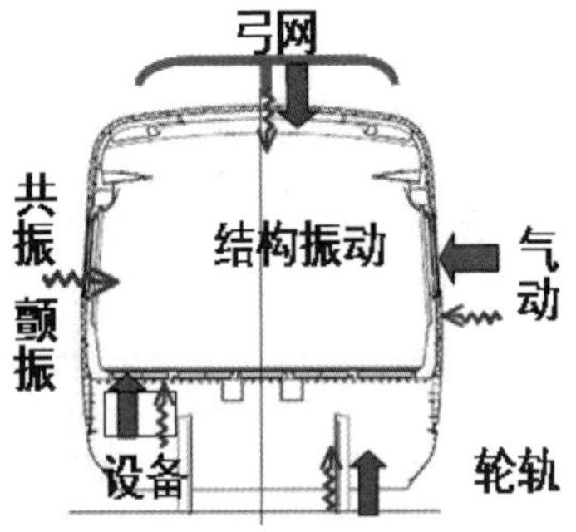

图 7　外部激扰

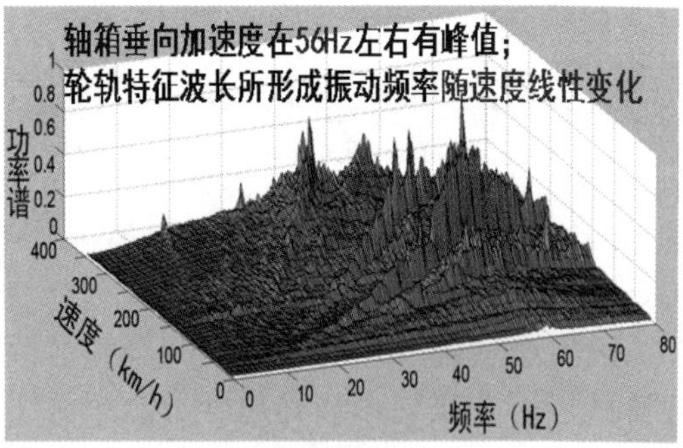

图 8　轴箱垂向振动功率谱

3.4　系统耦合振动与模态匹配

随速度提升，轮轨和气流激扰振动幅值更大、频率分布更宽。易激起结构谐振和局部颤振。优化试验车结构质量-刚度-阻尼，匹配模态参数，解决全速度范围内移频性多点激扰的强迫振动问题。

3.5　强耦合作用与结构可靠性

在高速条件下，线路不平顺激扰加剧、气流扰动增强，结构振动幅值更大。列车底部薄板组件在地面效应引起的交变强载荷作用下，易疲劳裂损，遇超常载荷会瞬间失效。试验列车须考虑超高速运行的耦合作用载荷强对结构可靠性的影响，复杂运行工况下交变载荷对可靠性的影响。

4　技术方案

试验列车以 CRH380A 新一代高速列车自主创新成果为基础，以安全、可靠运行为首要目标，对系统集成、头型、车体、转向架、牵引、制动等关键系统进行创新研究，取得一系列创新成果。试验列车编组图如图 9 所示，列车采用 6 辆编组，全部为动车，具备动力学、空气动力学、弓网关系、振动模态、牵引系统、制动性能、动应力和载荷谱、综合系统等 9 大类科学试验和检测功能。

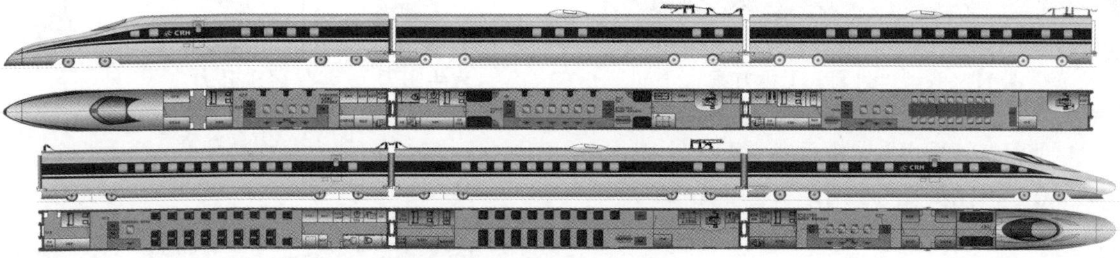

图 9　试验列车编组图

4.1　总体技术参数

试验列车线路试验时速 500 公里以上，最高运营时速 450 公里，持续运营时速度 400 公里，滚动台试验时速度 600 公里以上；最大静轴重 15 吨以下，转向架构架、轮对按 16 吨设计；车长 153.5 米，中间车辆长度 25 米，头车车辆长度 1 号车 27 米、6 号车 26.5 米，车体宽度 2.95 米，车顶距轨面高度、新轮、不含受电弓的车辆高度 3.65 米，转向架中心距 17.5 米、轴距 2.8 米，车轮直径新轮 920 毫米、全磨耗 860 毫米，动车组定员 85 人，列车牵引总功率 21120 千瓦，时速 550 公里以上可实施 10 次纯空气制动。

4.2　头型

试验列车采用 2 种新头型，头尾不同头型结构，可以详实对比分析 2 种头型的气动性能，验证不同设计要素对气动性能的影响，为各速度等级动车组头型的设计奠定基础。

头型设计目标为头车气动阻力降低 12%，阻力系数小于 0.13；尾车升力接近于 0。对应措施为断面优化，减小车体断面积，鼓形断面圆滑；通过增加长细比，优化综合气动性能；头、尾车不同头型，头车注重降低气动阻力，尾车降低气动阻力的同时要兼顾气动升力性能。

头型“剑”工程方案示意图如图 10 所示，重点考虑降低阻力；结构特点为尖楔形结构，纵断面型线为双拱形，水平断面型线为尖梭型，准直线形导流槽，尖楔形低鼻锥。

图 10　头型“剑”工程方案

头型“火箭”工程方案示意图如图 11 所示，气动升力接近于零；结构特点为旋转抛物体特征的楔形结构，纵断面型线为双拱形，水平断面型线为长扁梭型，流线形导流槽，扁楔形鼻锥。

图 11　头型“火箭”工程方案

试验列车采用小断面，断面轮廓与 CRH380A 相比如图 12 所示。断面轮廓结构特点为断面积减小 16.2%，降低压差阻力；列车表面积减小约 8%，降低磨擦阻力；侧顶圆弧增大，降低横风作用力。

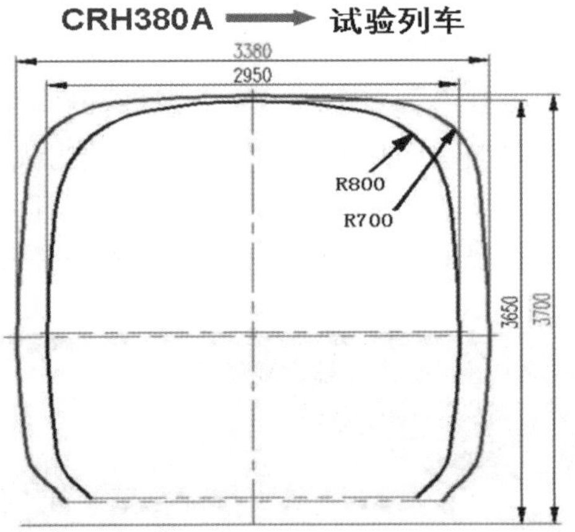

图 12　断面轮廓图

试验列车仿真分析项点为列车表面压力分布、明线交会及侧向力、隧道耦合及侧向力、列车侧风稳定性能、列车气动噪声性能。CRH380A、剑（头）-火箭（尾）和火箭（头）-剑（尾）方案仿真分析如图 13 所示。剑（头）-火箭（尾）方案，6 编组云图如图 14 所示，头车阻力降低 17.8%，尾车升力降低 12.6%，6 编组阻力降低 13.8%。

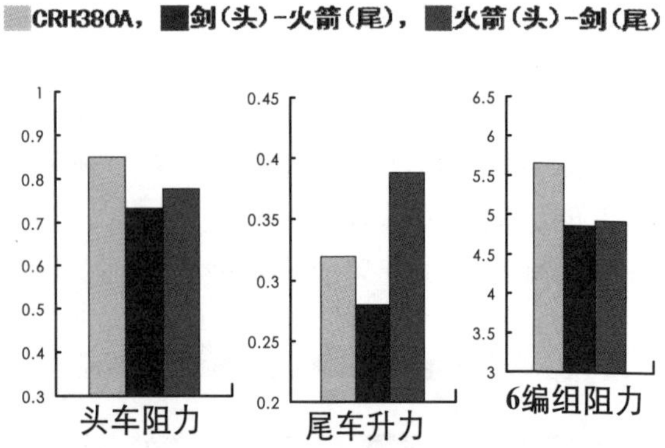

图 13　仿真分析

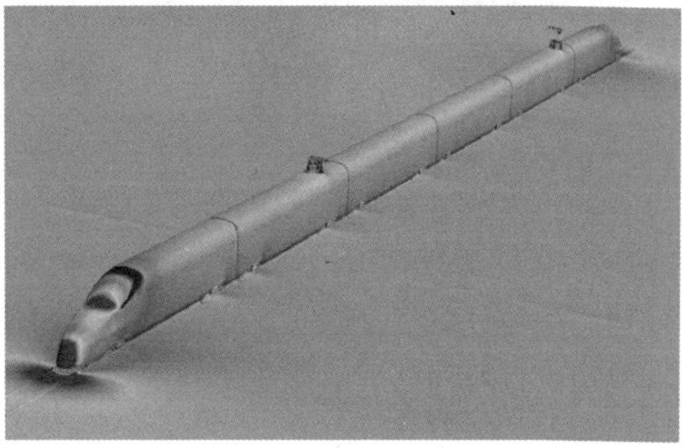

图 14　剑-火箭 6 编组云图

试验列车 1:8 缩比模型、19 个角度、8 种风速的风洞试验示意图如图 15 所示。头型“剑”作头车气动阻力性能最优，气阻阻力较新一代降 21.4%；头型“火箭”作尾车阻力性能最优，同时气动升力及俯仰力矩最小；两种头型具有较优的横向气动性能；“剑”与“火箭”分别作为头、尾车，气阻阻力 3 编组较新一代降低 9.1%，尾车升力接近于 0。

4.3　车体

试验列车车体工程方案示意图如图 16 所示。车体设计目标为车体一阶垂向弯曲振动频率大于 10 赫兹，气密强度±6 千帕，车体重量小于 9 吨。

图 15　风洞试验示意图

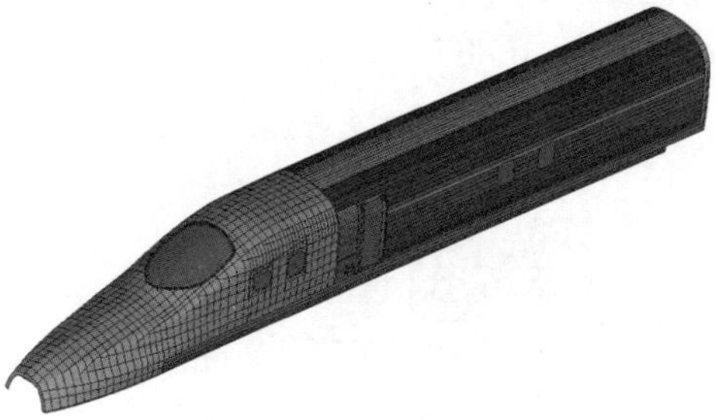

图 16　车体工程方案示意图

车体为薄壁、筒形的整体承载式、轻量化铝合金结构，基于轻量化设计目标、等强度设计理念，主要提升项点为型材变截面设计，提高刚度和气密强度；底架边梁、地板和侧墙连接区采用高强度结构，提高刚度和气密强度；端墙、门区采用中空型材，提高局部刚度和气密强度；优化刚度-质量-阻尼分布，合理匹配模态参数。

车体试验结果表明，轻量化车体结构、等强度设计良好，强度、刚度、气密强度、模态参数满足设计要求；车体结构重量为 8.76 吨，气密强度达到±6 千帕，车体结构一阶垂弯频率 21.6 赫兹，整备车体为 10.6 赫兹大于 10 赫兹。

4.4　转向架

试验列车转向架示意图如图 17 所示。试验列车设计目标为最高试验时速 550 公里，临界时速 690 公里以上，各项安全性、平稳性、可靠性指标优良。对应措施为对影响动力学性能的轮轨关系、悬挂参数和结构参数进行单因素分析和合理匹配，保证列车在全速度范围内具有优良的运行稳定性、结构可靠性和舒适性。增大一系定位刚度，增大抗蛇形减震器卸荷速度、卸荷力，增大轴距和车轮直径。

工程方案为试验列车转向架在新一代动车组转向架基础上，进行技术提升。总体思路是在现有的 CRH2 型转向架技术平台基础上，保持构架主体结构型式不变，优化一、二系悬挂参数，轴距由 2500 毫米调整至 2800 毫米和车轮直径由 860 毫米调整至 920 毫米，提升临界时速（仿真分析不低于 700 公里），加装实时监控装置，选择国内外高速动车组上有运用业绩的国际合作伙伴，通过比选、优化论证，实现轮对组成、齿轮箱驱动装置、抗侧滚扭杆、抗蛇行减振器、基础制动装置的技术升级及调整。

图 17　试验列车转向架

主要结构参数为 H 型结构构架，轴距 2800 毫米，车轮直径 920 毫米，轴重 15 吨，车轮踏面为 LMA，匹配 CN60 钢轨，轮对内侧距 1353 毫米，一系悬挂为转臂式定位+螺旋钢弹簧，定位刚度为纵向 20 兆牛/米、横向 10 兆牛/米，二系悬挂为非线性空气弹簧+抗侧滚扭杆+半主动横向减振器+单侧双抗蛇行减振器，卸荷速度 0.005 米/秒、卸荷力 10 千牛。

仿真分析基于中国线路特点研制的 LMA 磨耗型踏面，采用循环优化方法，系统匹配悬挂参数和结构参数，临界速度达到 700 公里/时以上，平均接触应力降低 10%～

12%，脱轨系数、轮轴横向力等指标满足安全运行要求。

列车采用京津谱在时速 605 公里（受试验台最高速度限制）以内，未出现蛇形失稳现象。稳定性滚振试验测点位置、最值和频率，如表 1 所示。故障工况下，列车失稳速度如表 2 所示。故障工况试验结果表明，抗蛇行减振器故障对车辆临界速度的影响最为显著。平稳性滚振试验项点、指标和评定如表 3 所示。

表 1　稳定性滚振试验

测点位置	最大值（g）	最大值（g）	频率（Hz）
1 位轮对横向	12.206	-12.129	173.575
3 位轮对横向	10.221	-13.232	173.662
1 位构架侧梁一端横向	4.329	-4.654	173.575
车体 1 位端横向	0.344	-0.441	173.582
车体 1 位端横向	0.477	-0.464	112.555
1 位构架侧梁中部横向	2.137	-1.775	112.527
车体中部端横向	0.701	-0.643	319.701

表 2　故障工况下列车失稳速度表

序号	项　点		失稳速度
1	变轨距		500 km/h 未失稳
2	空簧失气		
3	一、二系垂向减振器		
4	抗蛇行减振器失效	全部拆除	250 km/h
5		斜对角拆除	420 km/h
6		1 位端 2 位侧	450 km/h
7		其他方案	500 km/h

表 3　平稳性滚振试验

序号	项点	指标	评定
中国京津谱　80-550 km/h			
1	横向平稳性指标最大均值	2.038	优
2	垂向平稳性指标最大均值	2.493	优
3	舒适度指标最大均值	3.124	中等
德国低干扰谱　80-380 km/h			
1	横向平稳性指标最大均值	1.991	优
2	垂向平稳性指标最大均值	2.071	优
3	舒适度指标最大均值	1.871	良好

4.5　弓网匹配

试验列车弓网匹配示意图如图 18 所示。设计目标为列车运行时速 550 公里时，受电弓离线率满足使用要求。工程技术方案为接触网采用弹性链型悬挂、150 平方毫米高强高导导线，接触网张力提高到 40 千牛；受电弓采用半主动控制、单臂单滑板，接触力稳定、提高气动性能。仿真分析结果为接触网波时速达到 620 公里，列车时速 550 公里时，波速利用率为 0.887，离线率为 17.72%，满足超高试验要求。

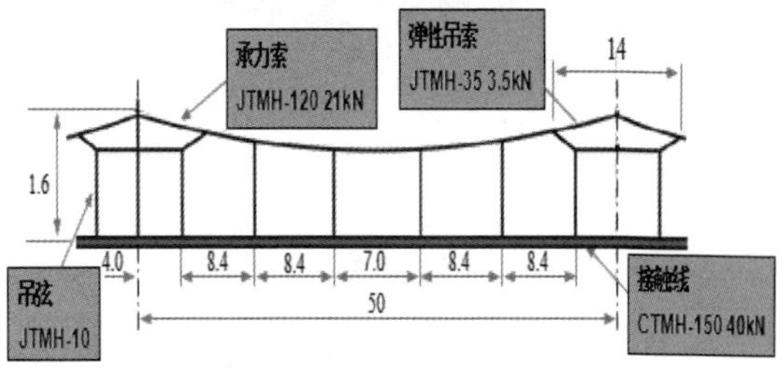

图 18　试验列车弓网匹配示意图

4.6　模态匹配

试验列车设计目标为在常用速度范围内车辆系统内及车辆与外部环境无共振现象。仿真分析列车共振图谱如图 19、图 20 所示，在全速度范围内，轮对动不平衡和钢轨长度引起的强迫振动是与列车系统发生共振的主要因素，须严格控制轮对动不平衡，定期对钢轨接头进行打磨处理。

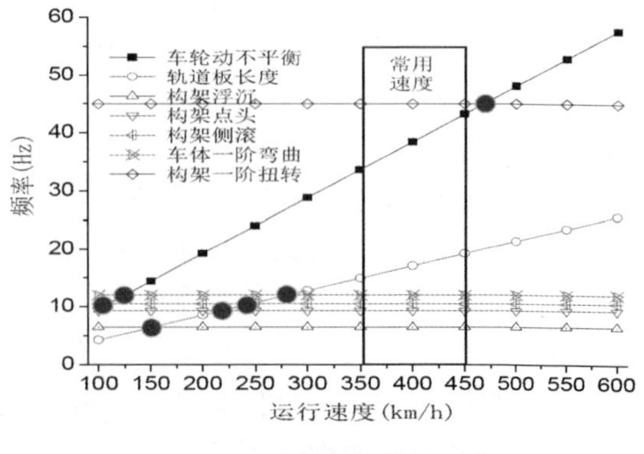

图 19　列车高频共振图谱

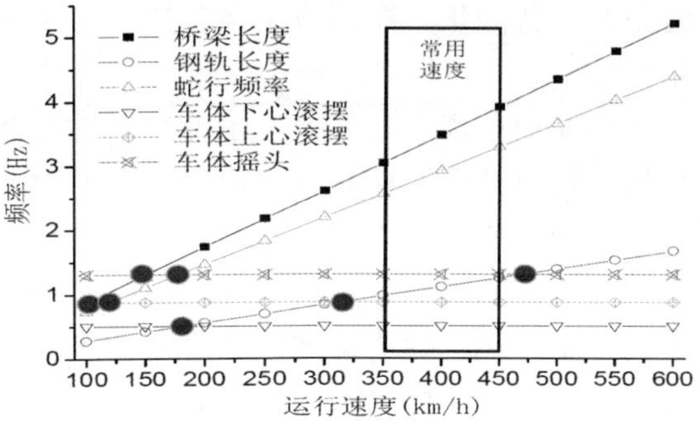

图 20　列车低频共振图谱

4.7　牵引系统

试验列车牵引系统以成熟的干线电力机车牵引系统为基础，自主创新，牵引变压器由壳式结构改为芯式结构，牵引变流器采用两电平控制方式、主辅一体化设计（目前现有的 CRH2/380A 型车的 3 电平、主辅分离的设计），牵引电机额定输出功率为 600 千瓦，短时 880 千瓦。试验列车牵引曲线如图 21 所示。

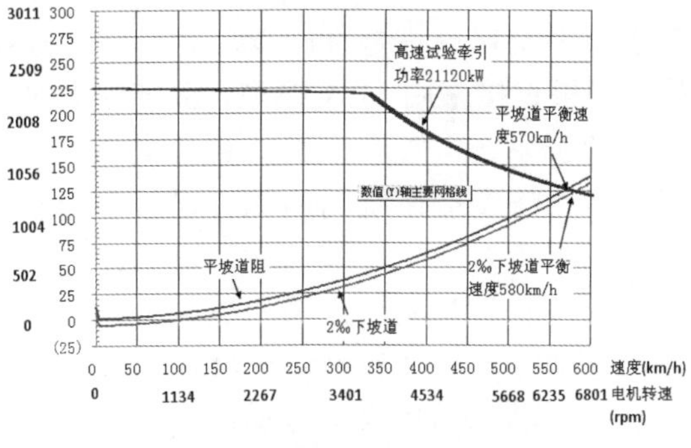

图 21　试验列车牵引特性曲线

4.8　制动系统

在新一代制动控制基础上，以整列作为一个控制单元；BCU 之间采用 CAN 总线进行通信；同时 2 车、3 车、5 车增加风阻制动装置，探索非粘着制动系统的应用。制动系统特点如下：充分利用粘着，合理设计制动减速度曲线；优先采用电制动，电制动功率达到 16000 千瓦，提高能量回馈；用大热容量基础制动装置，初速度 550 公里每小时时，紧急制动距离小于 23 公里，并满足 10 次纯空气紧急制动。试验列车制动特性曲线如图 22 所示。

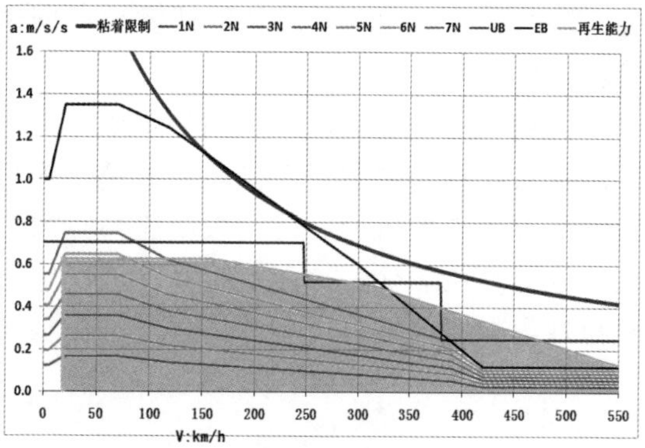

图 22　试验列车制动特性曲线

5　线路试验和主要研究任务

中国铁路总公司总体策划利用新客运专线联调联试到开通前的一段时间进行高速综合试验，为高速铁路核心技术攻关提供技术支撑。试验列车计划 2014 年初在沪昆客运专线南昌西至宜春东区段开展科学研究性试验。试验列车将要承担的研究任务为高速列车气动效应与流固耦合特性研究，高速列车轮轨系统动力学与安全性研究，高速列车弓网关系研究，高速列车持续运行可靠性研究，高速列车耦合条件下技术速度研究。

高速列车气动效应与流固耦合特性研究主要包括：复杂地面效应下列车底部流场特性、列车表面湍流边界层随机不稳定发展规律、列车尾部复杂流场特性、列车运行阻力与速度的关系、复杂工况下气动力和气动载荷特性变化规律、气动载荷与结构振动关系、强气流激扰与列车运动姿态关系。

高速列车轮轨系统动力学与安全性研究主要包括：高速轮轨接触行为与粘着特性研究、高速列车轮轨振动频谱特性研究、复杂高频激励下高速列车动力学行为、全速度范围内振动传递规律及模态匹配、非线性因素耦合作用下轮轨动态行为研究。

高速列车弓网关系研究主要包括：弓网运动行为研究、弓网耦合振动与接触网波速关系研究、弓网滑动接触特性研究、弓网电接触特性研究。

高速列车持续运行可靠性研究主要包括：轮轨磨耗与疲劳损伤机理、关键结构件疲劳断裂与失效机理，持续大电流与频繁开关、温湿度快速交变、电气绝缘性能、电气密封性等电器与器件可靠性，运营维护与服役跟踪，智能化主动预防技术，运行环境适用性技术。

高速列车耦合条件下技术速度研究主要包括：轮轨粘着及控制方式对速度的影响、气动效应对速度的影响、高速轨道参数对临界速度的影响规律、高速转向架悬挂和结构参数对临界速度的影响规律、高速列车速度与经济性、节能环保关系研究等。

（四方股份公司 供稿）

基于混合 FE-SEA 方法的高速动车组车内噪声仿真预测研究

1 引言

在研究系统中频噪声问题时，混合有限元统计能量分析（FE-SEA）方法是一种有效的新方法，它将有限元分析（Finite Element Analysis，FEA）和统计能量分析（Statistical Energy Analysis，SEA）方法相结合，采用动力平衡和功率平衡方程计算声振系统的响应，既解决有限元分析在高频计算量大，计算时间长的问题，又解决 SEA 方法在低频计算不精确的问题。由于混合 FE-SEA 方法的优越性，它被广泛应用于汽车、航天、船舶等领域，但在高速列车领域却鲜见报道。

2 建立车身结构混合 FE-SEA 模型

本文的研究对象为时速 350 公里高速动车组，该动车组整车结构非常复杂，车身部分分为内外两层，外层为中空铝合金挤压型材，内层为由波纹板、铝蜂窝等轻质薄板组成的内饰结构。中空型材与内饰之间是一定厚度的空气层，以及具有吸声隔热防火功能的填充材料。车窗为双层中空玻璃，车体底架由刚度比较大的牵引梁、枕梁、横梁等结构组成。

2.1 车体型材等效方法

车体中空挤压型材由双层板以及中间的瓦楞状斜筋构成，结构如图 1（a）所示。对于车体型材这种特殊的双层铝合金加筋结构，如果直接采用 SEA 模型，会出现大量细而长的子系统，既增大了计算量又会因为过多的子系统增加系统间的耦合误差，因此本文提出采用多层板等效的方法对车体型材进行简化，其等效简化遵循的原则为：等效板上、下两层结构的材料及厚度均与等效之前相同，中间层的材料为一种虚拟材料，但总厚度、面密度不变；等效前后结构的动态特性基本一致；等效前后结构的隔声性能相近。以面积大小为 1 米×0.95 米、厚度为 30 毫米的车体地板为例，根据以上等效原则，应用 ANSYS 软件建立面积相同的等效多层板有限元模型（图 1（b）），具体材料参数如表 1 所示。然后对车体型材等效前后的模态进行计算，表 2 为前五阶模态频率的对比情况。从表中数据可以看出，等效前后的模态频率基本一致，误差均在 5%以内。

（a）三维几何模型

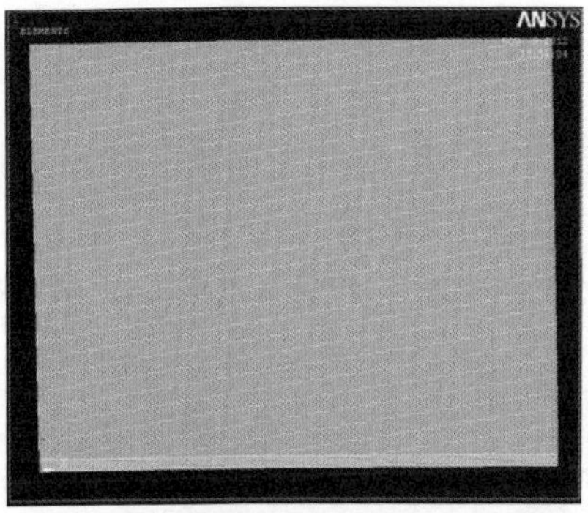

（b）ANSYS 有限元等效模型

（c）Vaone 等效多层板模型

图 1　车体地板等效

表 1　等效地板材料属性

结构＼参数		材料	厚度（mm）	密度（kg/m^3）	弹性模量（Pa）	泊松比
车体地板	上层	铝	2.5	2700	7.1e10	0.3296
	夹层	虚拟材料	24.5	299.96	4.0e9	0.3
	下层	铝	3	2700	7.1e10	0.3296

表 2　等效车体地板模态频率

结构＼模态阶数		第 1 阶（Hz）	第 2 阶（Hz）	第 3 阶（Hz）	第 4 阶（Hz）	第 5 阶（Hz）
车体地板	等效前	69.803	96.789	148.45	168.82	195.89
	等效后	70.807	94.175	151.70	169.91	199.99

将有限元的等效模型导入 VA one 软件，由于车体地板型材上下两层结构的厚度不同，因此采用 VA one 软件中的多层板模型（General Laminate）对其等效，图 1（c）为等效之后的声学模型。然后对声学等效模型进行隔声量仿真计算，图 2 为仿真结果与其相应结构的隔声量试验结果对比图。从隔声量的对比结果可以看出：车体地板部件等效转换后，在 100～1000 赫兹频率范围内，其隔声性能与原结构基本相似，每个频带内的隔声量误差均不超过 2.5 分贝。综合分析车体地板部件等效前后的隔声量以及前五阶的模态频率对比情况，遵循动态特性基本一致和隔声性能相近的简化原则，因此可以采用该等效方法对车体结构进行仿真建模。

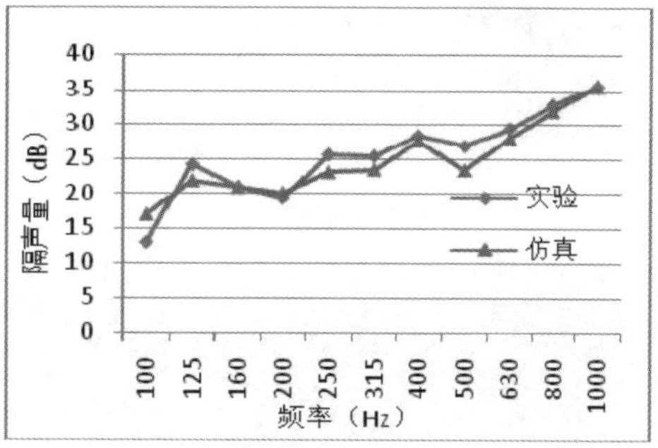

图 2　车体地板等效前后的隔声量变化曲线

2.2　整车混合 FE-SEA 模型

建立车身结构的混合 FE-SEA 模型，首先需要建立车身结构的有限元模型，然后在此基础上，采用 ESI 公司的 VA one 软件对有限元模型进行 FE 子系统和 SEA 子系统的划分。根据动车组的结构特点以及混合 FE-SEA 方法的基本原理，将刚度较大、模态密度较小的牵引梁、枕梁、横梁以及两侧端墙等结构，划分为 FE 子系统，将车体型材、内饰板以及玻璃窗等面积较大的板件结构划分为 SEA 子系统，车身内外夹层空腔和客室内部建立多个 SEA 空腔子系统。图 3（a）为建立的整车结构混合 FE-SEA 模型，图 3（b）和图 3（c）分别为内饰结构以及内部空腔的声学子系统。

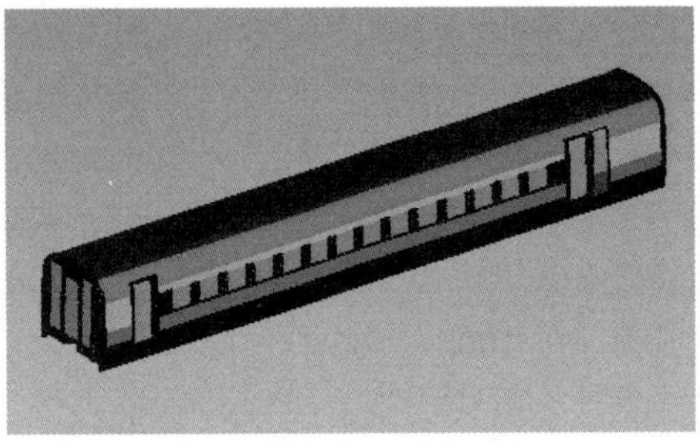

（a）整车混合 FE-SEA 模型

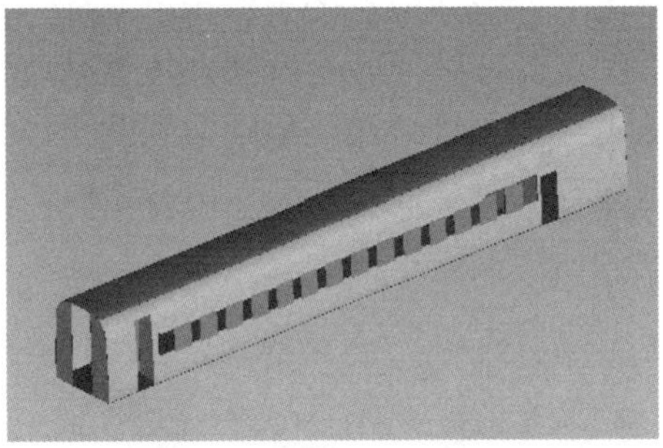

（b）内饰混合 SEA 模型

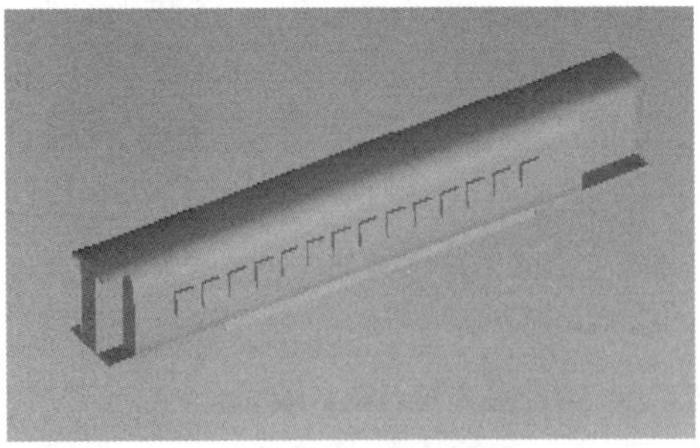

（c）车内空腔 SEA 子系统

图 3　整车混合 FE-SEA 模型及内部子系统图

3　混合 FE-SEA 模型参数及激励确定

3.1　子系统参数确定

混合 FE-SEA 模型中的参数包括模态密度、内部损耗因子和耦合损耗因子。文献中罗列了常见结构和腔体的模态密度计算方法，对内损耗因子和耦合损耗因子的理论计算进行了详细的描述。为了更精确地实现动车组车内噪声的仿真预测，本文采用稳态能量流方法对车体以及内饰结构各个部件的内损耗因子进行了测量。以车体地板为例，如图 4 所示，采用软弹性皮筋将车体地板结构进行悬挂，使其处于自由状态，并在其表面上布置 6 个加速度传感器。采用白噪声进行激励，同时记录激励信号和各传感器的振动加速度信号。试验中选取 3 个位置进行激励，且每个激励点分别测量 3 次，最后的测试结果如图 5 所示。

图 4　车体型材内损耗因子试验图

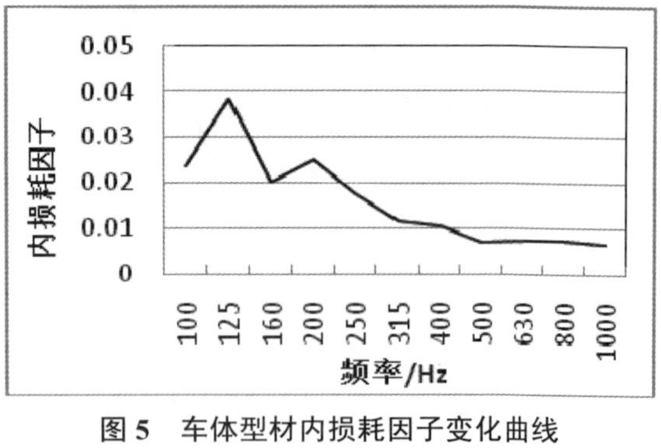

图 5　车体型材内损耗因子变化曲线

3.2　混合 FE-SEA 模型激励的确定

高速动车组客室内部的噪声主要来源于转向架的轮轨噪声、车体表面的气动噪声、受电弓电弧摩擦噪声以及车下设备的振动噪声等。为了研究高速列车在实际线路上的激励状况，我们在京津和武广做了大量的线路试验，并对高速列车在运行时速为 350 公里时的车内噪声以及整车受到的外部激励进行了测量，其中，转向架处的轮轨激励为转向架空气弹簧、抗蛇形减震器以及牵引拉杆与车体连接处实测的加速度值；设备间的声激励主要是车下设备舱内测得的噪声值；车下设备对车体的振动激励为设备与车体连接点处的实测加速度值，由于车下设备与车体连接的吊挂点较多，试验中取了对角位置的吊挂点进行测试。

车体表面的气动噪声由表面声传感器测得，由于受布点的限制，只取了车身的一位端、二位端以及中部三个断面进行测试，每个断面分别在车顶、侧顶圆弧和车窗部位布置一个测点，其中，测量得到的一位端车顶部位的气动噪声如图 6 所示，从图 6 可以看出，车外气动噪声的频谱呈连续分布的特性。

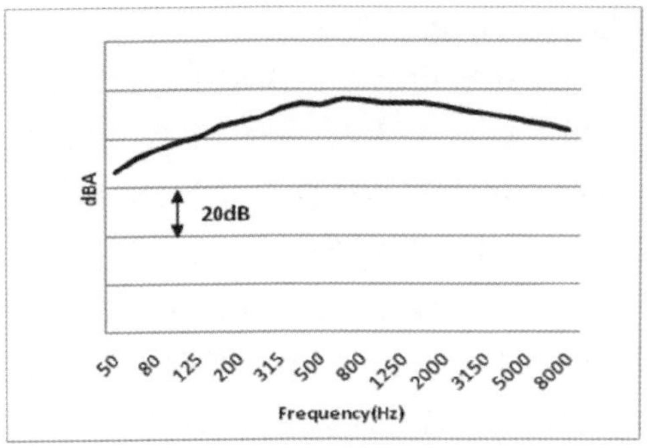

图 6　车外噪声频谱分布图

4　车内噪声分析与预测

将试验测量获得的外部激励加载到混合模型中，施加激励后的模型如图 7 所示。利用该模型对高速列车的车内噪声进行仿真计算，为了验证计算结果的有效性，将客室中部 1.2 米标准点的仿真结果与在列车时速 350 公里行驶时测得的噪声值进行对比，图 8 为预测结果与试验结果的对比图。

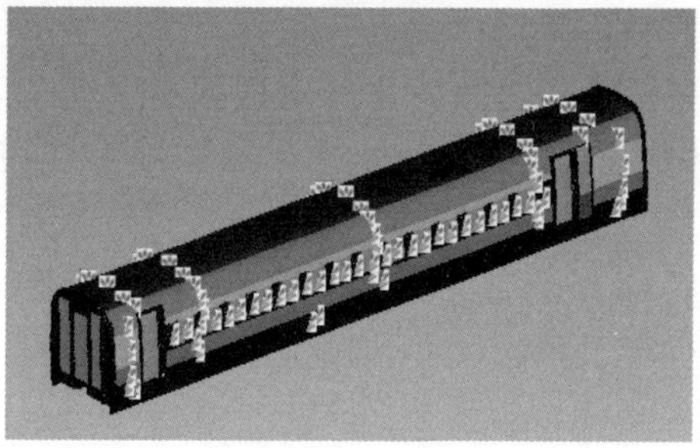

图 7　施加激励后的混合 FE-SEA 模型

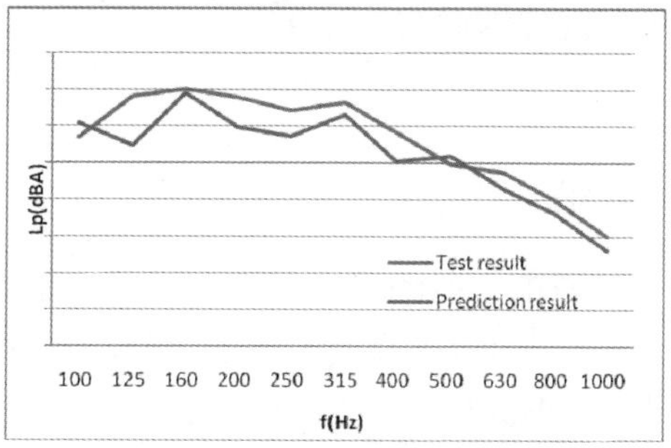

图 8　车内噪声仿真与试验数据对比

从图 8 可以看出，在 100～400 赫兹的频率范围内，预测结果与测量结果误差较大，而在 400～1000 赫兹的频率范围内预测结果与测试结果吻合较好。误差产生的主要原因是有限元建模产生的误差，由于高速列车整车模型比较复杂，在建模过程中存在模型的简化和等效，尤其是一些倒角、圆孔等细节在建模时会忽略，因此会引入误差。另外，高速列车的激励源比较多，而在线路试验过程中，受布点的限制，测量获得的输入激励源不完整，也会引入误差。但从整个分析频段来看，预测结果和试验结果的趋势基本相同，误差在 3 分贝以内，可以满足工程需要。

5　结论

针对高速列车车内噪声具有中低频的显著特性，在高速动车组整车有限元模型的基础上，采用 FE-SEA 混合方法对整车模型进行 FE 子系统和 SEA 子系统划分，并针对车体中空挤压型材的特殊结构，采用多层板等效方法进行等效简化，再根据高速动车组的结构特点，建立高速列车的整车混合 FE-SEA 模型，通过试验方法获得模型的外部激励，然后对 100～1000 赫兹频率范围内的车内噪声进行了预测，并与试验结果进行了对比，对比结果表明在 100～1000 赫兹的中频范围内 FE-SEA 模型的预测结果与试验结果吻合较好，满足工程需要，该方法可以有效实现高速动车组车内噪声的仿真预测。

（四方股份公司 供稿）

对城市轨道公共交通工程演化的思考

1 概论

对城市交通的研究早在发达国家的学者就开始，例如美国宾西法尼亚大学的维坎·维契克（Vukan R. Vuchie）教授，将城市交通大致分为“自用式运输交通”、“服务式运输交通”和“大众式运输交通”三种性质。“自用式运输交通”所含步行、自行车、摩托车及私用小汽车等，属于私人拥有、自行运用的性质；“服务式运输交通”所含出租车、出租包车、小巴士等，属于私人拥有，但为众多客户提供可选择性服务的性质；“大众式运输交通”所含公共交通运输的大巴车、电车、城轨列车以及城市轨道列车，属于为大众集体服务方式的公共乘用的性质。三种不同性质的交通方式均在不同历史时期发挥过重要作用，随着经济发展，城市化加快，人口密度增长，市民活动加急，人们生活提高以及要求能源节约，保护环境等因素的强烈冲击下，使各种运输交通方式不断在演变、进化，优胜劣汰。人类通过实践、反思、完善，形成了以城市轨道交通方式为主体的城市大众交通主干地位，这体现了人类文明的进步，人类科技的进步。

轨道交通已经成为城市大众交通的主干，各种轨道交通型式的功能定位和作用由于城市形态需求不同而不同，应有各自的选择，以适应不同城市“主干”交通的需求。运能是选择交通路线、交通车辆、交通规划最基本要素，按中国现行标准《城市轨道交通工程项目建设标准》（建标 104—2008），单向高峰小时客运能力分为三个量级四个类别：即Ⅰ类高运能级，单向运能为 4.5～7 万人次/小时，实行全封闭式专用路权；Ⅱ类大运能级，单向运能为 2.5～5 万人次/小时，实行全封闭式专用路权；Ⅲ类中运能级，单向运能为 1.5～3 万人次/小时，实行全封闭式专用路权；Ⅳ类中运能级，单向运能为 1～2 万人次/小时，实行平交道口公用的半封闭式半专用路权。按此延伸，认为小运能（单向运能小于 1 万人次/小时）可实行全开放式公用路权，尤如现代有轨电车的街面公共交通。

2 城市轨道公共交通工程演化必然性

世界发达国家城轨交通系统发展较早，早在 1807 年英国、1828 年美国就出现了马拉牵引的有轨车辆。第一次工业革命发明了瓦特蒸汽机后，斯蒂芬逊工程师制造了蒸汽机车，1825 年世界上第一条铁路在英国问世，结束了数千年来陆上交通依赖牛马牵引运输的历史。从此轨道交通模式开始进入工程化进程，并突显其无可争辩的优势。“轨道”作为轨道交通的基础因子，根据它的技术特征，凡“轨道”具备垂向支撑载荷、纵向传递牵引、横向实现自导向功能的均被定义为“轨道交通”，并由于轨道交通的有序性、大众性、快捷性和低能耗、低成本而被广泛推崇。尤其在1879年德国研制了电力驱动的有轨电车（见图1）之后，开创了世界轨道电力牵引的先河，为轨道交通进入城市奠定了技术基础。1888年美国弗吉尼亚州的里磁门德市，首例把市内有轨马车线路改造成电气化有轨电车线路，成为世界上第一条投入商业运营的城市轨道交通系统，古老的街面有轨电车成为了城轨交通体系的鼻祖（见图2），而世界第一条电力牵引的地下铁道仅于1890年在伦敦开通。至1895年美国有轨电车运营里程就达到12100公里，1920年美国运营有轨电车的城市达370个之多，线路总长达25000公里，年客运量达到137亿人次，占美国全部城市客运总量的88%。在1895年至1900年欧洲约一半大城市的有轨电车路网迅猛兴起，仅英国1920年有轨电车线路总里程就达5000公里。1899年北京出现了我国第一辆有轨电车，1908年上海继后出现有轨电车，1909年之后大连、天津、哈尔滨、长春、沈阳、鞍山、香港等地都相继开通了有轨电车。有轨电车发展成为最早的城市轨道交通主流模式，在有轨电车的鼎盛时代，促使城市形态发生了深刻变化，沿线土地开发迅速成为繁华地带，激发了城市的经济、社会发展。

图1　德国研制的世界上第一台电力驱动的轨道电车

图2　世界上早期投入商业运营的城市轨道交通系统

20世纪开始由于汽车的兴起，街面出现了电车、大巴、小汽车的混合交通局面，造成了交通拥挤、车辆干扰、低效运能、服务下降、可靠运行受阻等严重问题，构成了街面有轨电车的没落。并由于电车维修与运营费用增加，线路欠缺保养，在20世纪30年代，全世界范围内出现有轨电车“下马”风潮，老式有轨电车从城轨交通的主流模式舞台上退出。此时，面对历史问题，为挽救运营危机，产业界试图通过技术进步促使街面有轨电车的蜕变，使城轨交通工程演化的必然性得以继承。直至20世纪70年代，以汽车为主导的城市交通模式所带来的问题越来越严重，能源危机、环境污染、土地紧缺、交通拥堵、财经困难迫使发达国家重新考虑将轨道交通纳入城市公共交通发展的重点。技术进化的结果衍生出了现代有轨电车，“现代”的内涵，是应用低地板车辆技术和交流驱动、网络控制等智能技术的产品升级，同时通过运营路权制式的改革，将混合式公用路权调整到以平交道口公用的半封闭式半专用路权，并通过信息化运行管理和平交道口轨道交通优先的公用信号管理，使现代有轨电车的便捷性、舒适性、安全性、美观性和经济性受到肯定。工程演化至今的现代版有轨电车，经技术进化已回归成为都市街面运输的轨道交通主流模式，特别在中小城市具有广泛的适应性和经济性。同时，以上的技术进化也催生了轻轨交通（LRT）的问世。

轻轨交通是通过有轨电车交通的工程演化和技术提升之后，开始成为城轨交通一种新的主流模式，它可以灵活选择采用专用路权或半专用路权，很快地成为以地面为主的线路定位，小型化的车辆选型，低成本的投资方式，中运能的公交运输为目标的城市“快线交通”。并由于在车辆技术上的关联性，以及城市发展中不同运能等级的经济性与规划性，当前除特大城市高运能的需求采用“地铁”以外，在大、中城市中采用轻轨交通系统作为大运能的主导路网具有更强的适用性，显得更为经济和便捷，值得以主流模式大力推广。

3 城市轨道交通多样性的工程演化

回顾历史是为了承前继后，在传承和创新之中推进科技进步。城轨交通装备的工程演化是随着城市生活方式的演变而演变，它要有很强的技术经济特征。从 20 世纪 70 年代之后，世界很多城市急激扩张，出现几百万、上千万的人口都市，都市的住宅、交通、水源、环保以及就业等问题突现，其中交通问题最为严重，因为交通对解决住宅、环保与就业都有连带关系。所以解决交通就成为提升城市功能的关键，尤其是轨道交通因具有旅行速度高、运输能力大而成为城市依附的大众化便捷交通。

根据轨道交通里程占世界前十位的城市经验，呈现出多层次、多类型、多技术的发展模式，例如东京、伦敦多达 7 种以上轨道交通系统，德国法兰克福多达 8 种以上轨道交通系统。各类轨道交通系统不但有市中心高密度地区形成交叉、环环相扣的“多流交通”地铁模式：还有为扩大城市功能提升运输途径，在市中心与郊区或核心商业区之间，以及卫星城镇之间形成的“快线交通”轻轨网络：还产生了为郊区扩散性开发带来的市域低密人群社区服务所需的，具有“集散交通”功能的通勤交通。

各国市政当局为改善自己城市的交通状况，一般总在抑制旅客“需求”和增加运输“供给”两个方面中选择。增加供给是硬道理，而抑制需求已不现实，所以目前大众交通已把轨道交通作为城市公共交通的主流。由于城市发展形态的演变，生活圈的扩大，城市旅客运输类型的改良，促使自用式运输转向大众化公共式运输。由于市民居住方式的演变，对环境美化的追求，单一住宿功能向多功能生活圈的转变，促使城市轨道交通发展成多样性系统。世界范围内经过工程演化而形成的城轨交通有地铁交通系统（Metro）、轻轨交通系统（LRT）、有轨电车交通系统（Tramwav）、跨座式单轨交通系统、吊挂式空列交通系统（H-Bahn）、自动导轨交通系统（AGT）、磁浮导轨交通系统（EMS）、市域快线交通系统（CMU）以及特种交通系统等多样性技术体系，技术多样性又反推了城轨交通装备的技术进化和产业壮大。

中国第一条地铁——北京一号线 1971 年建成通车，拉开了我国城轨公共交通的运营序幕。继北京之后有上海、天津、重庆、广州、深圳、武汉、南京、沈阳、长春、大连、成都、西安、昆明、苏州等 15 座城市累计开通了 62 条城轨交通运营线路，至 2011 年底，总运营里程达到 1777 公里。从城轨交通装备的技术模式分类看，除北京、上海、天津、广州、深圳、南京、武汉等大城市以采用地铁交通为主外，已经出现天津、大连、武汉的轻轨交通，重庆的跨座式单轨交通，北京机场 T3 航站和广州珠江新城的自动导轨交通 AGT（又称 APM），上海张江科技城的导轨式胶轮电车（Lohn）等多样性的初始格局。根据未来城市轨道交通的规划发展，最有望进入的还有吊挂式空列交通、现代有轨电车、中低速磁浮交通、储能式轨道交通等新型轨道交通模式，将构成中国的城轨交通多样性技术模式的框架。多样性发展更符合“资源节约型、环境友好型”方针，可以预见，随着我国城市化增长，现代化推进，对节能环保要求更高以及城轨交通装备技术的自身进化，必将迎来更多、更好、更适应社会和自然需求的新型城轨交通装备进入市场，为城市居民提供便捷的多样性服务。

城轨交通多样性决定了车辆及轨道的多样性机电特征，其中包括承载方式、导向方式、驱动方式和运行控制方式。

承载方式：车辆与线路间垂直承接载荷的方式，一般有轮轨式、吊挂式、单轨式、磁浮式、胶轮式。

导向方式：车辆行驶方向的引导方式，一般有轮轨式、导向轮式、磁力导向式、导轨导向式。

驱动方式：一般指车辆牵引力/制动力的生成及传递方法。其中有直流电动机（DCM）驱动、交流电动机（ACM）驱动、线性感应电动机（LIM）驱动。

运行控制方式：在运营系统中调度车辆运行的控制方法，重点在于控制各列车间的运行间距和列车到发，一般有目视驾驶、信号管制、自动运行控制等方式。

4　城市轨道交通工程演化的可持续性

根据工程演化理论[8]，工程演化动力系统的“力学模型”，由推力、拉力、制动力、筛选力构成（见图3）。

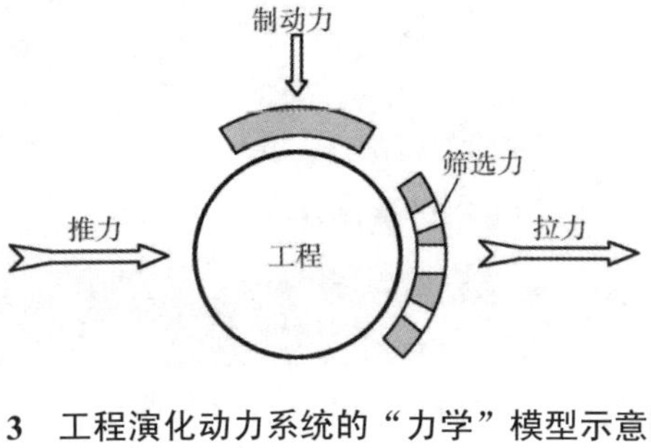

图3　工程演化动力系统的“力学”模型示意图

推力：由于新工艺、新材料、新装备、新资源、新资本所带来的技术进步，推动着工程演化。

拉力：由于市场需求、产业需求、环境需求和社会公益需求所带来的拉动工程演化的前进。

制动力：由于土地供应、资源供应、能源供应、社会供应等问题的强劲制约，对工程演化产生阻碍、减缓及停止作用。

筛选力：由于社会文化、环境容量、工程标准、科学规律对工程演化所具有的自然淘汰力，实施优胜劣汰的技术选择，使工程演化获得进化或退化。

轨道交通发展一百多年来，由于需求的多样性，使轨道交通方式也形成了多样性格局，多样性推进了城轨交通装备的技术进化，而不是退化。虽然存在轨道交通装备技术的多样性，但始终保持着轮轨式交通运载装备（包括地铁、轻轨和电车）的主流地位，因为它是最经济、最可靠、最便捷的交通型式，也是交通装备制造业发展的主流。对轮轨方式的城轨交通装备而言，由于社会和自然的需求更高，科技的发展步伐更快，技术上的传统和创新并存。当前，技术再进化的朝向应该是：开展全寿命周期中安全性、可靠性研究，提高全寿命周期及再制造水平；提高能源循环利用研究，进一步发挥好电力牵引技术优势，通过储能技术应用，实现能量准守恒的循环利用，达到全面的节能降耗高品质目标；降噪技术应用研究，改进机械、气动结构性能，提升消隔噪音措施，改善环境，改善乘坐舒适度；开展以可靠性为中心的维保技术（RCM）研究，实现装备全寿命周期质量保证，推进维保技术“制造化”。

制造业在坚持主流性的同时，发展多样性，让产品多元化去适应城市交通的特殊性要求。但不同城市要根据自身的特殊建设环境去经济性规划和选择交通模式，因为城市轨道交通必然是一个完整的网络系统，装备的多样性对于同一个城市而言一定要慎重选择，不能让多样性破坏了城轨交通的网络效应和完整性。正确对待各种交通模式首先是要有科学的定位，这是推进多样性的重要理念，城市轨道交通技术模式选择时要坚持主流为前提，坚持交通网络整体性为原则，切记不要跟风潮赶时髦，求政绩。总之。要以实现经济效益与社会效益最大化为目标。

面对全球、全国，强调轨道交通装备技术多样性，不放弃主流性。尤其是产业界应具有多样性技术装备提供能力，让市场选择。相信产业界通过技术进化，会有更多、更优的城轨交通装备成为多样性的新成员。特别期待为中国城轨交通多样性新格局，做好产品多元化技术准备。政府部门要在技术标准、选型定位、交通规划等相关政策方面，支持城轨公共交通模式主流性与多样性有机结合，实现完整优势互补，让正在快速发展的城轨交通事业，实现可持续良性发展，推动中国城市化进程快速健康发展。

（株机公司 供稿）

搅拌摩擦焊在轨道车辆行业的应用现状与展望

1 引言

随着客车轻量化需求及铝合金型材制造技术的快速发展，城市轨道车辆和高速列车使用铝合金材料制造的车体，在轨道车辆行业中所占比例越来越高。

对于铝合金材料而言，1991 年发明搅拌摩擦焊（FSW）技术，由于其焊接接头强度损失小，焊接变形小，不需要对焊接作业环境进行除尘除湿，焊接过程中不需要焊丝及保护气体，焊接容易实现自动化，焊接质量稳定等优点，在轨道车辆行业得到快速发展。

2 搅拌摩擦焊工艺在轨道车辆上应用的现状

2.1 搅拌摩擦焊工艺在国外轨道车辆上的应用

在日本，日立公司在 1998 年最早将 FSW 技术用于地铁车体侧墙。随后在地铁、城轨动车组及高铁车体上大量采用 FSW 技术，其使用部件从最初的侧墙扩展到车顶，接头型式从单层单面到双层双面。川崎重工（KHI）将搅拌摩擦点焊（FSSW）技术用于列车 Fastech 360Z 车顶制造。日本住友轻金属公司采用 FSW 技术生产地板，日本车辆公司将 FSW 技术用于新干线列车部件制造。

目前，日本企业已在车体总组焊工序中采用 FSW 工艺，将侧墙与车底焊为一体，保证车体美观性，为铝合金车体免涂装打下基础。图 1 和图 2 为采用 Fsw 技术制造的整车。

在欧洲，瑞典 SAPA 公司从 1997 开始向所有主要列车生产商提供采用 FSW 工艺的铝合金挤压型材焊接部件，这些生产商包括 Alstom，Bombardier，CAF，Siemens 等公司。

图 1 采用 FSW 的车体

图 2 采用 FSW 的车体局部

Alstom 为丹麦制造的列车顶板采用 FSW 工艺，详见图 3 及图 4。

Bombardielr 在市郊列车和地铁车辆侧墙等车体部件中采用 FSW 工艺。FSW 焊接的低热输入使材料变形很小，焊后的铝合金车体壁板喷涂后具有非常出色的表面光洁度。图 5 为采用 FSW 焊接的 Class 377 列车组装，图 6 为组焊中的 Class 377 列车车体。

图 3 采用 FSW 的丹麦列车

图 4 采用 FSW 车顶板组焊成车体

图 5 采用 FSW 焊接的 Class 377 列车组装

2.2 搅拌摩擦焊工艺在国内轨道车辆上的应用

2004 年，常州轨道车辆牵引研究中心采购 FSW 设备开始研究地铁车辆驱动箱铝型材零部件、驱动箱散热器等小部件焊接。

图 6 组焊中的 Class 377 列车车体

2008 年，南车株洲电力机车有限公司进行了列车用铝合金材料 FSW 常规力学性能和疲劳性能的基础研究。

2009 年，南车青岛四方股份有限公司开始高速列车铝合金枕梁 FSW 焊接工艺研究。2010 年，FSW 技术在轨道车辆领域应用取得了突破性进展，南车株洲电力机车有限公司采用 FSW 技术焊接地铁车辆侧墙研制成功，并在广州地铁 3 号线车辆中投入批量化制造，这在国内是首次 FSW 技术在轨道车辆车体上的工程化应用，图 7 为首节采用 FSW 侧墙组焊成的车体，图 8 为采用 FSW 技术制造的侧墙板。同年，南车青岛四方股份有限公司在广州地铁 5 号线车辆上小范围地使用了采用 FSW 焊接的侧墙。

图 7　首节采用 FSW 侧墙组焊成的车体

图 8　米用 FSW 技术制造的侧墙板

2011 年，北车长春轨道客车股份有限公司研制出采用 FSW 技术制造的大部件的高速列车车体样车。

2012 年，南车南京浦镇车辆有限公司研制出采用 FSW 技术制造的大部件的地铁车体样车。

2010 年到 2013 年，南车株洲电力机车有限公司相继在广州地铁 3 号延伸线、马来西亚城际动车组、昆明地铁、宁波地铁 1 号线、郑州地铁 1 号线、无锡地铁 1 号线、上海轨道交通 16 号线、武汉地铁 4 号线、马来西亚安邦轻轨等多个项目车体上采用了 FSW 技术，车体数量合计已达 600 多节，使用范围从最初的侧墙板延伸到车顶空调板、车顶受电弓板、底架地板等部件，FSW 技术在轨道车辆上已进入批量工程化应用阶段。

3 轨道车辆用搅拌摩擦焊装备

3.1　搅拌摩擦焊设备

目前国内轨道车辆用焊接装备为国产设备和进口设备并存的局面，国产设备所占的市场份额较大。目前常用的列车 FSW 设备主要有静龙门式 FSW 焊接专机（见图 9）、动龙门式 FSW 焊接专机（见图 10）、FSW 焊接机械手等。龙门设备刚性好，对于枕梁及车钩板等中小厚板部件，常采用静龙门 FSW 焊接专机：对于侧墙、车顶板、地板等大部件，常采用动龙门式 FSW 焊接专机。机械手刚性小，但柔性好，可实现全方位焊接，常用于薄板及空间曲线焊缝的焊接，FSSW 常采用机械手型式，FSW 焊接机械手的主要设备供应商为美国的 FSL 公司和奥地利 IGM 公司。目前国内主要轨道车辆企业及其供应商 FSW 设备配置清单见表 1。

图 9　静龙门式 FSW 焊接专机

图 10　动龙门式 FSW 焊接专机

表 1　国内主要轨道车辆企业及其供应商 FSW 设备配置清单

序号	企业名称	设备形式	制造商
1	南车株洲电力机车有限公司	静龙门焊接专机 动龙门焊接专机 大型（52 m）动龙门焊接专机	北京赛福斯特
2	南车青岛四方股份有限公司	静龙门焊接专机	美国 MTI
3	南车南京浦镇车辆有限公司	大型（26 m）动龙门焊接专机	北京赛福斯特 瑞典 ESAB
4	北车长春轨道客车股份有限公司	静龙门焊接专机	北京赛福斯特
5	常州轨道牵引传动工程技术中心	静龙门焊接专机	北京赛福斯特
6	南京雷尔伟新技术有限公司	静龙门焊接专机	北京赛福斯特
7	吉林麦达斯铝业有限公司	动龙门焊接专机	美国 MTI
8	吉林利源铝业股份有限公司	焊接机械手	奥地利 IGM
9	烟台丛林精密机械有限公司	动龙门焊接专机	北京赛福斯特

3.2　搅拌头

搅拌头是 FSW 设备的主要部件，它虽是一个易耗件，但却是 FSW 技术是否能够工程化应用的关键，它直接决定着产品的焊接质量。针对不同产品接头，需要设计制造不同型式的搅拌头，并经过一系列的焊接工艺试验才能确定。目前轨道车辆部件焊接常用的搅拌头如图 11 所示。为获得更好的表面质量，最新一代的有静轴肩式搅拌头，焊接时搅拌头旋转，轴肩沿工件滑动，并不旋转，如图 12 所示。

图 11　常规搅拌头

目前最新一代的搅拌头有双轴肩式搅拌头，它的发明使无支撑式对接接头的焊接成为可能（见图 13）。

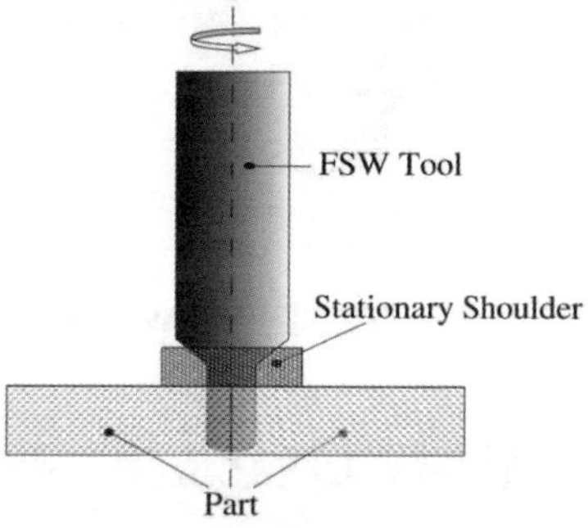

图 12　静轴肩式搅拌头示意图

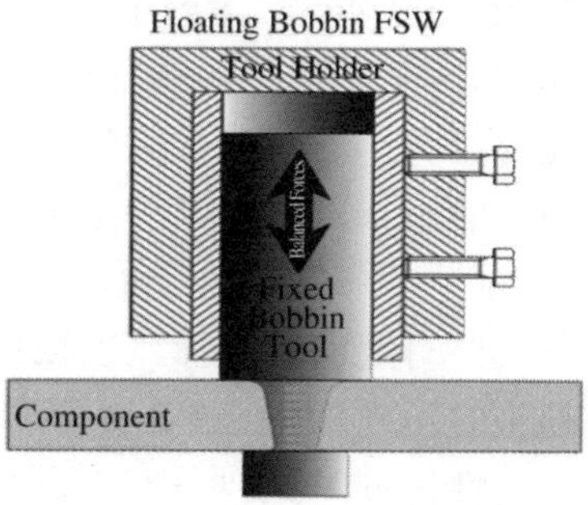

图 13　双轴肩式搅拌头

目前已开发出针对不等厚板材的焊接专用搅拌头，图 14 为不等厚对接接头示意图。针对角焊缝及 T 型接头，开发出了 T 型接头的搅拌头，图 15 为 T 型接头 FSW 焊接示意图。

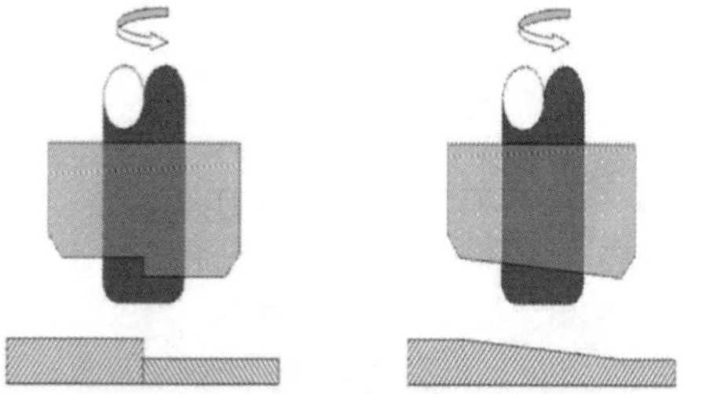

图 14　不等厚对接接头

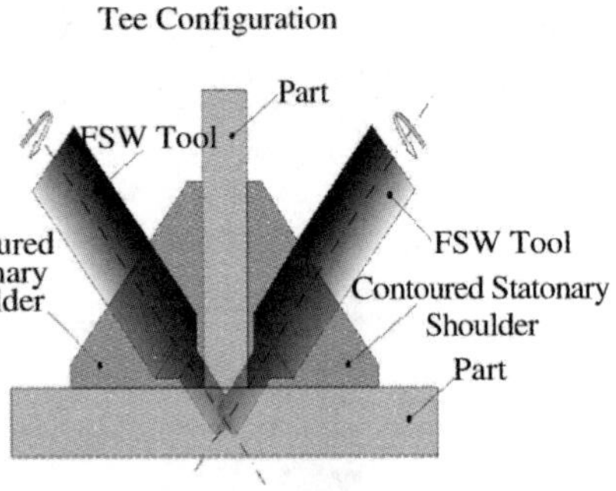

图 15　T 型接头 FSW 焊接

4　搅拌摩擦焊工程化应用主要影响因素

4.1　接头设计

FSW 接头的设计除考虑结构的强度外，必须考虑到 FSW 工艺的特殊要求。传统的铝合金熔化焊接头，通常对接接头要设计成自带焊接垫板的型式，以降低焊接工艺难度。采用 FSW 工艺的中空铝合金型材对接接头，其底部一定要有足够的支撑，以抵抗焊接时来自搅拌头的压力。接头设计既要考虑 FSW 焊接的工艺性，同时又要考虑铝合金型材制造的工艺性。

目前铝合金车体多采用大型中空截面铝型材，采用 FSW 工艺接头设计多采用以下两种方式：双层双面搅拌摩擦焊接头（见图 16）和双层单面搅拌摩擦焊接头（见图 17）。

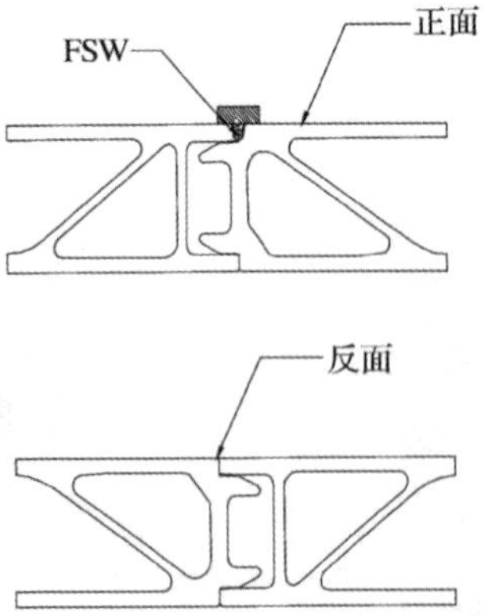

图 16　双层双面搅拌摩擦焊接头

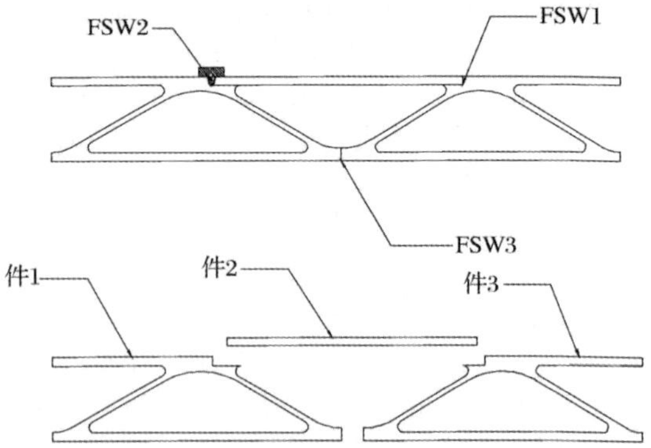

图 17　双层单面搅拌摩擦焊接头

对于采用双层双面搅拌摩擦焊接头的部件，制造时先将 5 到 7 块型材置于工装上定位夹紧，采用 FSW 工艺完成朝向车外一侧焊缝的焊接，然后将工件翻转，完成朝向车内一侧焊缝的焊接。

为减少工件的翻转，有的车体部件 FSW 接头设计成双层单面搅拌摩擦焊接头型式，工件不必翻转，先将朝向车外一侧的型材面紧贴工装，从内侧进行 FSW 焊接，然后再装配内侧补板，完成内侧两条 FSW 焊缝的焊接。这种型式的接头增加了焊缝的数量，但节省了工作翻转的时间。

对于铝合金车体的侧墙，由于在车门处应力较大，常使用闭口型材门立柱，门立柱与侧墙板之间的垂向焊缝，目前国内企业还都是采用 MIG 焊工艺，在日本已采用 FSW 工艺。

对于整车采用 FSW 技术，目前日本企业已实现将车体侧墙与车体底架采用 FSW 工艺焊为一体，该处接头制造工艺较为复杂。由于受车体预制挠度、侧墙及底架制造精度的限制，采用常规方法，无法满足 Fsw 焊接条件。目前日本企业采用的方法是将侧墙下部型材外侧板与底架边梁型材形成对搭接型式的 FSW 接头，侧墙下部型材内侧板与底架边梁型材形成角接 MIG 焊接头，如图 18 及图 19 所示。对于外侧对搭接式 FSW 接头，利用底架边梁型材内部的加强筋板作为FSW接头的支撑，焊前先加工出标准的槽，然后向槽中插入填充材料，最后采用FSW工艺完成焊接，这种巧妙的接头设计，保证了车体获得非常平滑、匀称的外侧表面，非常适合免涂装车辆。

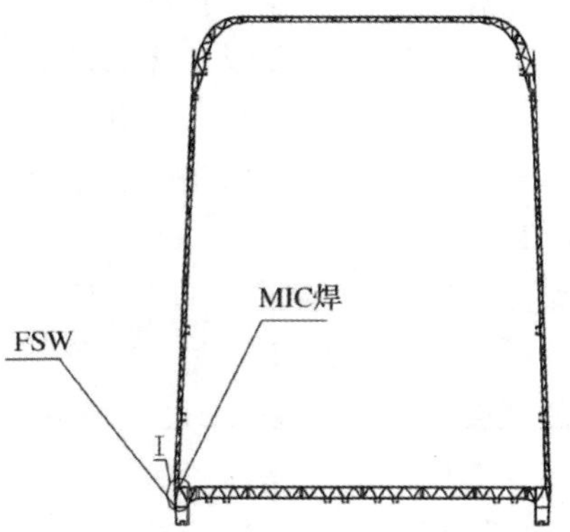

图18　采用FSW接头的车体示意图

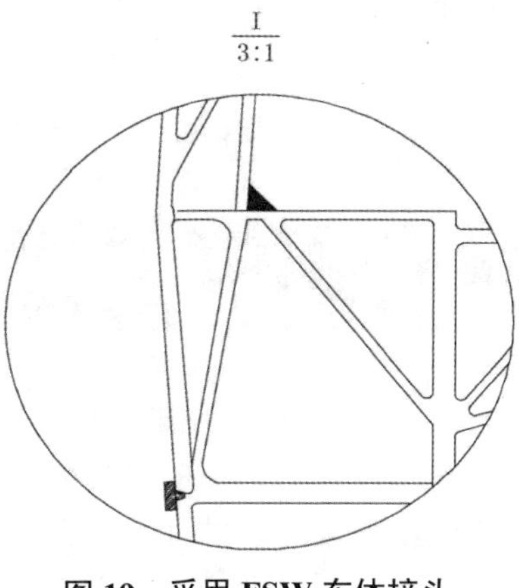

图19　采用FSW车体接头

4.2　铝合金型材制造精度

由于目前常用的FSW为不填丝的工艺，因而对铝合金型材的形位公差要求比采用MIG焊工艺焊接的要高。除对单根型材进行要求外，通常还要关注型材装配后的错边量及焊接间隙。目前国内主要铝型材制造商的产品都能满足要求，不过在一个新FSW接头试制初期，型材的报废率相对较高。

4.3　焊接工艺

一种新设计的焊接接头在批量化挤压型材前，需要对焊接工艺试验进行验证。FSW的工艺主要包括工装设计、搅拌头选型、焊接工艺参数选择三部分。工装设计主要考虑工装一定要能够将工件刚性约束固定，以减少焊接变形和保证焊接接头的质量。搅拌头通常根据FSW焊接接头型式向专业厂家订做，其开发的周期较长，通常要经过多次焊接试验才能确定。在搅拌头确定之后，焊接压力、搅拌头转速、焊接速度三大主要工艺参数决定了焊接热输入，最终决定着焊缝的质量。

4.4　质量标准及检验技术

目前已有铝合金FSW的国际标准ISO 25239：2011，但对于铝合金FSW焊缝质量等级的标准还没有建立，FSW焊缝的相关无损检验标准也缺乏，包括车体的焊接接头设计也是基于MIG焊的静强度、疲劳极限图进行的。相关标准缺乏直接影响着FSW在轨道车辆领域大规模的工程化应用。中国南车集团从2012年就组织人员制定轨道车辆铝合金FSW工艺及检验标准，预计该标准在2013年底前可发布。

FSW相比与MIG焊，是非常稳定的工艺，不过在焊接条件不理想的情况下，例如型材装配后的错位及间隙精度达不到要求时，也会产生焊接缺陷。外观的焊接缺陷可以通过目视检查较易判定，对于未熔合、未焊透、隧道缺陷等内部缺陷，很难进行无损检查，有时超声波检查也受产品结构等多种条件限制，不是每一条焊缝都能进行100%的无损检查。实际应用中，对于侧墙、地板等部件，由于焊后通常要对型材两端进行机加工以满足后期装配接口，因而采用对加工的料头或加工后型材截面进行外观及着色渗透抽样检查，以判定FSW焊接接头的内部质量。

5　搅拌摩擦焊技术在轨道车辆上的应用展望

随着对FSS技术研究的深入，在轨道车辆行业，使用FSW的范围将不断扩大，中国与日本、德国、英国等发达国家在FSS技术的差距在缩小，今后会进一步拓展FSW工程化应用，主要体现在以下5个方面。

在侧墙、顶盖、地板使用FSW技术的基础上，逐步扩展到车钩板、枕梁、缓冲梁、端墙、门框及列车裙板等部件，努力实现侧墙与底架采用FSW工艺焊接，基本实现铝合金车体的整车搅拌摩擦焊，提高铝合金车体的表面质量，从而实现铝合金车体免涂装工艺，使轨道车辆进一步成为绿色环保的工业产品。

由于FSW的静强度及疲劳强度都明显高于MIG焊，在FSW技术成功应用的基础上，通过适当减小型材壁厚，在主要受力部件上大量使用高强铝合金等措施，优化铝合金车体的设计，进一步降低车体的重量。

加强FSW新技术的开发及推广，使其在不等厚对接焊缝、薄壁结构、中空铝及其它复杂结构中均得以运用，使FSW新技术从实验室逐步走向工程化应用。如焊搅拌摩擦点焊、浮动式双轴肩搅拌摩擦焊、不等厚材料搅拌摩擦焊、对接填丝搅拌摩擦焊、搅拌摩擦粉末工艺、填丝角接或T型接头搅拌摩擦等新技术的出现，将会使工程化应用的焊接接头型式从目前的常用对搭接扩展到对接、角接、T型接头。

加快建立轨道车辆行业FSW标准体系主要包括FSW接头的设计、FSW接头强度及疲劳强度计算、FSW工艺、FSW检验质量等多方面标准的建立。

加快以相控阵超声波检测为代表的搅拌摩擦焊无损检验技术的研究，为FSW的工程化应用提供坚实的保障。

（株机公司　供稿）

高速动车组牵引齿轮国产化研究

高速动车组牵引齿轮作为齿轮箱驱动装置的关键零部件之一，其工作性能好坏直接影响到高速动车组运行的可靠性和安全性。国内运行的CRH系列高速动车组，牵引齿轮采用进口欧洲或日本的产品，见表1，采购周期长、成本高。为此，本文依托在齿轮研发、新材料、新工艺及新技术研究方面的综合优势，对日本模式的CRH380A高速动车组牵引齿轮，从设计、材料、热处理、锻造、制造等方面进行系统研究，实现高速动车组牵引齿轮进口产品的国产化替代，满足中国CRH系列高速动车组安全运行性能要求。

表1　中国CRH系列高速动车组牵引齿轮概况

车型	CRH1	CRH2	CRH3	CRH5	CRH380A	CRH380B/C	CRH380D
最高运营速度/km·h^{-1}	250	250	350	250	380	380	380
传递功率/kW	265	300	550	550	365	575	625
中心距/mm	355	362	380	——	363	380	380
传动比	93/25	85/28	81/29	55/22	69/29	85/35	95/39
齿轮模数	6	6	6	9.2	7	6	5.5
齿轮类型	斜齿轮	斜齿轮	斜齿轮	锥齿轮	斜齿轮	斜齿轮	斜齿轮

续上表

车型	CRH1	CRH2	CRH3	CRH5	CRH380A	CRH380B/C	CRH380D
齿轮材料	低碳合金钢	中碳钢、低碳合金钢	低碳合金钢	低碳合金钢	中碳钢、低碳合金钢	低碳合金钢	低碳合金钢
厂家	安捷达/戴维布朗	住友金属	弗兰德	采埃孚	东洋电机	福伊特/弗兰德	福伊特
产地	比利时/英国	日本	德国	德国	日本	德国	德国

1 材料替代

牵引齿轮采用斜齿圆柱变位齿轮，如图 1 所示。由于牵引齿轮需承受较大的启动扭矩、线速度 50～70 米、秒，考虑低温冲击性能，同时考虑到大、小牵引齿轮材料匹配，结合国外重载机车、高速动车组齿轮箱牵引齿轮设计经验，国产化大、小齿轮材料均采用低碳合金钢渗碳淬火，轮齿芯部硬度 HRC30～45，表面硬度 HRC 58～62。

（a）大齿轮

（b）小齿轮

图 1 牵引齿轮图

2 设计校核

大、小齿轮基本参数见表 2，按 GB/T 3480—1997 和 GB/T 6413—2003 进行齿轮弯曲疲劳强度、接触疲劳强度和胶合承载能力校核，见表 3，大、小齿轮弯曲、接触、胶合安全系数均满足高可靠度要求，具有足够的强度和胶合承载能力。

表 2 大、小齿轮基本参数[1]

名 称	符号	小齿轮	大齿轮
法向模数	mn	7	
齿 数	Z	29	69
传动比	i	69/29=2.379	
齿轮副中心距/mm	a'	363	

表 3 齿轮强度校核[1]

工况		短路	启动	持续	高速
电机转速/r • min^{-1}	n	300	300	4142	6120
传度扭矩（Nm）	N	10050	1900	841.5	655.3
弯曲安全系数	SF1	3.72	2.82	3.40	4.64
	SF2	3.77	2.90	3.50	4.78
接触安全系数	SH1	2.01	1.54	1.81	2.12
	SH2	2.01	1.59	1.86	2.18
胶合安全系数	Sints	2.93	3.53	3.21	3.29

3 试制及验证

3.1 工艺方案及试制过程

国产化工艺方案与日本东洋电机基本相同，大、小齿轮采用锻造、粗加工、滚齿、齿面硬化热处理、精加工、磨齿的技术路线，其中，国产化大、小齿轮齿面硬化采用渗碳淬火工艺，区别于日本小齿轮采用渗碳淬火、大齿轮采用高频感应淬火，另外加入了轮齿喷丸强化工序，进一步提高齿轮抗弯曲和抗冲击的性能。

3.2 小齿轮工艺难点及解决措施

3.2.1 短端中心孔精度控制

该中心孔加工精度直接影响齿轮齿形精度及外圆机加工精度。由于采用与东洋电机相同的加工方式，即热处理前短端中心孔在热处理后不再进行加工，因此控制该中心孔的精度较为困难。解决措施：优化粗加工工序中中心孔钻削的工艺参数，提高加工表面粗精度；在滚齿过程中加强对中心孔的保护。

3.2.2 热处理变形控制

工件的热处理变形有可能会在磨齿后出现齿面凸台、黑皮等现象。由于采用了渗碳后直接淬火的工艺，因此控制热处理变形较为困难。解决措施：优化热处理工艺参数和装炉方式；设计结构巧妙的热处理装炉工装。

3.2.3 磨齿精度控制

磨齿精度尤其是修形精度直接影响齿轮的啮合精度以及齿轮箱的运行性能。由于小齿轮修形最小公差 0.00275 毫米，相当于 ISO 1 级精度，对于加工设备精度、工艺参数的选择要求相当高，因此控制磨齿精度较为困难。解决措施：采用进口 NILES 磨齿机；优化砂轮、磨削进给量、转速等工艺参数。

3.2.4 锥面磨削精度控制

锥面的接触面积及控制高将影响联轴节的装配精度。由于锥面接触面积要求 90%以上，锥度 1:50，直径公差 0.019 毫米，因此难于控制锥面磨削精度。解决措施：采用粗磨加精磨的方式；优化砂轮、磨削进给量、转速等工艺参数；采用专用环规进行检测。

3.3 大齿轮工艺难点及解决措施

3.3.1 油孔加工精度控制

该油孔加工精度直接影响大齿轮注油退卸。由于该油孔为渗碳淬火后加工，硬度较高，因此控制该油孔加工精度较为困难。解决措施：设计专用工装用于钻孔定位；优化钻孔刀具及工艺参数，提高内孔表面粗精度。

3.3.2 热处理变形控制

工件的热处理变形有可能会在磨齿后出现齿面凸台、黑皮等现象。由于采用渗碳、淬火分开工艺，工件进行二次高温加热，而且工件的辐板较薄，因此控制热处理变形较为困难。解决措施：优化热处理工艺参数和装炉方式；设计结构巧妙的热处理装炉工装。

3.3.3 内孔加工精度控制

内孔的加工精度直接影响到滚齿和磨齿的加工精度，但齿轮内孔公差较小，为 0.029 毫米，难以控制。解决措施：优化刀具、砂轮、进给量等工艺参数；设计专用环规检测。

3.3.4 磨齿精度控制

磨齿精度尤其是修形精度直接影响齿轮的啮合精度以及齿轮箱的运行性能。由于大齿轮齿形精度相当于 ISO 5 级，对于加工设备精度、工艺参数的选择要求较高，因此控制磨齿精度较为困难。解决措施：采用进口 NILES 磨齿机；优化砂轮、磨削进给量、转速等工艺参数。

3.4 试验验证

采用实物解剖、滚动接触疲劳试验、整机加载试验、装车试验等形式，对大、小齿轮国产化性能进行验证。小齿轮完成近 120 万公里的运用考核，大齿轮于 2013 年年初开始装车运用。根据小齿轮的运用状况，初步判断国产化大齿轮性能将满足性能要求。

（戚墅堰所　供稿）

内燃机车及内燃动车西欧市场前景

1 更新改造必要性

内燃机车和车辆的欧洲环保标准IIIB，2012 年底起开始实施。该项标准与原来的IIIA 标准相比，氮氧化物和固体颗粒物的排放要减少 90%。为使内燃机车车辆（内燃机车和柴油列车）和其动力装置（发动机）的行为符合该项排放标准规定，制造公司打算采用能实现排放气体再循环工艺。但是，随着竞争日趋激烈，在机车车辆柴油机牵引传动方面出现新的备选工艺。

Frost & Sullivan 公司所作《内燃机车和柴油列车牵引传动装置在欧洲市场可选工艺分析》研究结果表明，到 2020 年，将为西欧铁路生产 10862 台内燃机车和 9314 辆内燃动车车辆，包括为补充机车车辆数量和更换陈旧机车车辆而形成的订货总量。

用于陈旧机车车辆使用造成维修费用增加，促使客户将订单放到购置新的机车车辆上，从而可以把快到寿命末期的机车车辆更换掉。Frost & Sullivan 公司的分析研究指出，仅在法国和德国就有运行年限接近 40 年或超限的内燃机车 2326 台。

法国、德国、意大利、西班牙和英国铁路，内燃机车平均使用年限约为 37 年，10298 台内燃机车的实际使用年限大于 30 年。近年来，在燃油消耗显著增长的背景下，运营公司和租赁公司努力去购置最经济节能的机车车辆。

按照制造公司的观点，用新的柴油机、牵引传动装置和控制系统对内燃机车进行技术更新，所需费用与新一代现代内燃机车成本是差不多的。但是，运营商可以购置内燃机车需求同供应商可以提供内燃机车之间存在着很大的差异。

在内燃机车车辆领域，主要问题是如何正确评估市场规模。有关铁路机车车辆实际磨损、要求的确定，在租赁公司、运营商和最终使用方（购买预算由他们来制订）之间的市场争论非常突出，而这些争论必须由铁路技术装备的制造者来解决。

为确保市场竞争能力，制造公司对其提供的机车车辆提出新的技术方案。例如，可以认为，到 2017 年像永磁激励同步牵引电机新技术将成为这一领域的标准化产品，新的战略将是运营公司+制造厂的商业模式。

内燃机车和动车车辆结构平台实施标准化已经证明是正确的，即在许多方面已经没有必要进行单一设计。在模块原理的基础上进行机车车辆生产，之后以运行状态直接交付。在此模式下，产品的具体修改，则可根据订货方的特殊要求进行。

2 西欧市场状态

内燃机车。2010 年，西欧内燃机车市场总规模估算为 9502 台。其中，法国所占份额为 34.5%，德国所占份额为 30.7%，意大利所占份额为 18.6%，英国所占份额为 8.2%，西班牙所占份额为 8%。但是，预计英国由内燃机车牵引的货运将会有很大发展，大致将会有与意大利相同的份额。在现有机车车辆老化以及预计年平均货运量增长约 4.1%的条件下，将促使内燃机车销售量的增加。

内燃动车列车和轨道公交车。2010 年，西欧内燃动车车辆市场总规模估算为 6116 辆。其中，最大潜在订货方是德国、市场份额达到 42.1%，西班牙所占份额为 20.7%，英国所占份额为 17.8%，法国所占份额为 13.65%，意大利所占份额为 5.8%。

主要发展趋势。发展趋势是带联合牵引

传动（柴油机一电力）的内燃动车列车的数量会增加。联合牵引传动的动车列车既可以在非电气化的线路上，也可以在电气化的线路上运行。由于电气化线路在不断增长，这种通用化内燃动车列车将是最为有利的。

2.1 西欧各国情况

西欧铁路内燃机车和内燃动车车辆总数为 101097 台。其中，内燃机车数量为 25717 台，内燃动车车辆和轨道公交车辆的数量为 17568 辆。

英国铁路内燃机车和内燃动车总数为 4491 辆。其中，内燃机车数量为 969 台，内燃动车车辆和轨道公交车辆数量为 1150 辆。在英国开始实施大规模的铁路电气化计划，就牵引方式而言，正在向电气化列车方向推进，至少旅客运输情况是这样的。

德国铁路机车和动车总数为 13514 辆。其中，内燃机车数量为 2918 台，内燃动车车辆和轨道公交车辆数量为 2577 辆。在功率大于 2000 千瓦西欧内燃机车市场上，德国铁路是最大的顾主。

法国铁路机车和动车车辆总数为 8752 台。其中，内燃机车数量为 3280 台，内燃动车车辆和轨道公交车辆数量为 831 辆。大部分电气化线路主要用于旅客运输，这种情况阻碍内燃动车车辆增加。

西班牙铁路机车和动车车辆总数为 3216 台。其中，内燃机车数量为 553 台，内燃动车车辆和轨道公交车辆数量为 255 辆。由于该国存在不同轨距线路，因此电气化是按不同牵引供电系统来实施的，从而迫切需要对机车车辆进行通用化，这样内燃机车采购量会有所增加。

意大利铁路机车和动车车辆总数为 6554 台。其中，内燃机车的数量为 1765 台，内燃动车车辆和轨道公交车辆数量为 1264 辆。虽然意大利有很高电气化水平，但内燃动车像以前一样仍广泛用于客流较少线路上，所以内燃动车数量增加仍然是有可能的。

2.2 机车车辆老化情况

服役期限超过 30 年内燃机车总数，在德国(估计)为 5501 台、在法国为 2327 台、在意大利为 1548 台、在西班牙为 424 台，在英国为 498 台。上述国家内燃机车的平均机龄是 36.7 年。

服役期限超过 25 年内燃动车车辆和轨道公交车辆总数，在德国（估计）为 289 台，在法国为 202 台，在意大利为 930 台，在西班牙为 160 台，在英国为 279 台。上述国家内燃动车车辆的平均机龄是 26.9 年。

由上述情况可知，必须更新该种类型的机车车辆，对于德国和法国来说尤为需要。

德国铁路货运公司 DB Schenker 公司目前正在运行的功率 2200 千瓦 232 系列内燃机车 709 台，其平均机龄为 38 年。功率为 810 千瓦 290 系列内燃机车 408 台，其平均机龄为 47 年。德国铁路地区客运公司 DB Regio 公司正在运行的功率 2061 千瓦 218 系列内燃机车 398 台，其平均机龄为 40 年。

法国铁路的运营公司 SNCF 正在运行的功率为 220 千瓦的 Y8000 系列内燃机车 374 台，它们的平均机龄为 34 年；功率为 129 千瓦的 Y7400 系列内燃机车 437 台，它们的平均机龄为 48 年。

3 到 2020 年时的销售量

3.1 内燃机车

到 2020 年时，上述国家销售总量为 10862 台，其大部分功率将处在 560 千瓦至 2000 千瓦的范围内。这样，此类内燃机车既可用于调车作业，也可用于牵引列车，机车总数比例将上升至 54%。如此，就很可能出现这样的情况，即上述功率范围的电力机车将不再存在。

2010 年，内燃机车总数为 28291 台。其中，功率小于 560 千瓦内燃机车占比为大于

34%，功率为 560 千瓦～2000 千瓦内燃机车占比 44%，大于 2000 千瓦内燃机车占比 22%。到 2020 年，内燃机车总数为 36158 台。上述功率范围的内燃机车占比，据推测分别为 32%、48%和 20%。

3.2 内燃动车车辆和轨道交通车辆

到 2020 年，内燃动车车辆和轨道公交车辆销售量为 9314 台。其中，绝大多数将是功率小于 560 千瓦的动车车辆、总数比例将上升至 45%，功率为 560 千瓦～2000 千瓦动车车辆占比则要小一些，功率大于 2000 千瓦动车车辆占比则就很小了。

2010 年，内燃动车车辆和轨道公交车辆总数为 17506 台。其中，功率小于 560 千瓦的内燃动车车辆和轨道公交车辆占比达到 68%，功率为 560 千瓦～2000 千瓦内燃动车车辆和轨道公交车辆占比则为 31%，功率大于 2000 千瓦内燃动车车辆和轨道公交车辆占比则为 1%。到 2020 年，内燃动车车辆和轨道公交车辆总数为 26820 台，上述功率范围的内燃动车车辆和轨道公交车辆占比，据推测分别为 65%、34%和 1%。

由于在许多欧洲国家铁路旅客运输实行地区化政策，因此在购置内燃动车车辆和轨道公交车辆时，地区和地方的财政部门的参与将发挥重要的作用。

4　技术进步

4.1　总体系统

通过采用辅助动力机组以及自动启动和切断主动力机组的装置，缩短主动力机组在无载行程时的工作时长；依靠动力制动（展望到 2015 年）和再生制动（展望到 2025 年的）节约燃料；采用蓄能器，即使用铅酸蓄电池和超级电容器（展望到 2015 年），以及锂离子电池和镍镉蓄电池（展望到 2025 年）；采用交流牵引电机，即同步交流电机（展望到 2015 年）和永磁激励的同步电机（展望到 2025 年）；在牵引传动系统中使用动力半导体装置－IGBT 晶体管（展望到 2015 年），宽脉冲调整装置（展望到 2020 年），以及监控适配系统（展望到 2025 年）。

4.2　动力机组

通过采用涡轮增压器和中间冷却器（展望到 2015 年），以及采用变几何形状的增压器（展望到 2015 年），使柴油机的增压达到最佳化（展望到 2015 年）；通过对气门开、闭系统实施柔性控制（展望到 2015 年）和燃烧控制实现最佳化（展望到 2025 年），改进燃油的燃烧；通过废气循环，采用催化一氧化装置和固体颗粒滤清器（展望到 2015 年），以及借助选择催化方法（展望到 2025 年）提高排放气体的清洁度。

4.3　备选能源

通过使用高铅酸蓄电池（展望到 2015 年）以及锂离子蓄电池（展望到 2025 年）使用柴油机－电机混合牵引传动系统；通过使用氢燃料电池（展望到 2025 年）研制混合牵引传动系统。

应该指出，世界上不同国家在上述方面积累了一定经验，并且有许多技术新成果已经通过试运行条件下的试验。作为这方面的例子，可以分析一下辅助动力机组和储能器的使用情况。

2010 年，辅助动力机组已经安装在 9% 的内燃机车上。它们通常是在内燃机车处于紧急停避和等候状态时开通。这样就能减少主动力机组在非经济的空载工况下的工作时间。同样功率的 2 台甚至 3 台动力机组的内燃机车，也可以安装辅助动力机组，如 Railpower 公司制造的具有 3 个动力机组的 RP20BD 型调车内燃机车（见图 1），其概念是当动力机组启动，进入工作状态，或者随着对牵引功率的需求发生变化而停机时，可以考虑采用辅助动力机组的某一种方案。至于说到内燃列车，可以认为 100%的车辆是可以实现这种思路的。因为现代化内燃列车都不少于 2 节动车车辆，其中之一的动力机组把握列车运行方向，可以看作是辅助机组。据推测，到 2020 年，60%的内燃机车将装备辅助动力机组。这样，1 台内燃机车 1 年节约燃油估计可达 29000 升。

图 1　RP20BD 型调车内燃机车

在内燃机车上，储能器主要是在重载工况下用来提供辅助动力。此时，主动力机组功率是不够的，在储能器中积累的能量是由电动力制动时产生并供给的。

作为储能器，传统的铅－酸蓄电池正在逐渐被效率更高的新型镍镉电池、金属氢化电池和锂电池所代替。后者具有更大的比能量（单位重量所储存的能量），并能维持更多的充电与放电循环。例如，与铅酸电池相比，锂电池的储能容量是它们的 3 倍，而镍－镉电池的充电－放电循环次数也相当于它们的 3 倍。

举一个具有混合牵引传动系统内燃机车和轨道公交车辆的例子，如东芝公司制造、具有柴油机－蓄电池混合牵引传动系统的 HD300 系列内燃机车（见图 2），储能器同主动力机组一起使用，能使柴油机节省燃油 30%～40%，降低噪声水平 10 分贝。

目前，采用以氢燃料电池为基础装置作为辅助动力机组的试验已经开始。

图 2　HD300 系列内燃机车

5　结束语

Frost & Sullivan 公司在其研究报告的结束部分列出了发明成果的清单，包括上面介绍的内容。根据公司专家们的意见，这些创新成果将在 2020 年之前逐步应用到西欧的铁路内燃机车车辆上，与 2010 年相比可以降低对燃油的单位需求 16%～20%。

在不远的将来预期可以引入的创新成果包括：制造重量轻，尺寸小，喷油系统和气门控制系统经过改进以及摩擦损耗得到减轻的柴油发动机；为减少固体颗粒和氧化氮的排放，对排放气体进行后处理；采用优化的装有涡轮增压器的增压系统；采用先进的微处理系统，以对牵引传动和能量分配进行控制；采用更轻、更强的结构材料，从而能经受住更多次重复加载循环。

预期在（稍远）以后有发展前景的、可以在内燃机车车辆上使用的发明成果有：采用辅助动力机组（或者某些主动力机组）；有效利用在电动力制动时发出的电能；在新的、更有效的半导体动力装置的基础上使用再生能源；在柴油机上使用更加有效的 HCCI 型燃烧系统；使用更加有效的储能装置；将电子装置整合到柴油机中。

（戚墅堰所　供稿）

索　引

使用说明：

1. 本索引采用主题分析法编制，年鉴中具有实质检索意义的类目、条目列入索引范围；综述类条目因重复出现不列入，“下属单位”栏目中只列类目。

2. 本索引标引按照现代汉语拼音音序排列，同音字依据声调顺序排列，首字相同则以第二个字排列，以此类推。

3. 索引标目后的数字表示内容所在的页码。

图书在版编目（CIP）数据

中国南车年鉴. 2014/《中国南车年鉴》编委会编. 一北京：中国铁道出版社，2014.12

ISBN 978-7-113-19234-1

Ⅰ. ①中…　Ⅱ. ①中…　Ⅲ. ①机车－车辆工厂－中国－2014－年鉴　Ⅳ. ①F426.472-54

中国版本图书馆 CIP 数据核字（2014）第 210519 号

书　　名：中国南车年鉴（2014）

作　　者：《中国南车年鉴》编委会

责任编辑：罗桂英　　　**电话**：51873698

责任校对：龚长江

责任印制：赵星辰

出版发行：中国铁道出版社（100054，北京市西城区右安门西街 8 号）

网　　址：http://www.tdpress.com

印　　刷：大连内燃机车研究所科技服务公司印刷厂

版　　次：2014 年 12 月第 1 版　　2014 年 12 月第 1 次印刷

开　　本：787 mm×1092 mm　1/16　印张：25.5　插页：78　字数：659 千

书　　号：ISBN 978-7-113-19234-1

定　　价：260.00 元

版权所有　侵权必究